नन्दन निलेकणी, *इन्फ़ोसिस टेक्नोलॉजीज़ के सह-संस्थापक और पूर्व सीईओ, भारतीय विशिष्ट पहचान प्राधिकरण (आधार) के संस्थापक अध्यक्ष रह चुके हैं। टाइम पत्रिका द्वारा दुनिया के 100 सबसे प्रभावशाली व्यक्तियों की सूची में आपको दो बार शामिल किया जा चुका है। 2014 में, आर्थिक और सामाजिक नवाचार की श्रेणी में 'द इकोनोमिस्ट' पत्रिका ने आपको 'इनोवेशन पुरस्कार' से सम्मानित किया। साक्षरता और गणना का लाभरहित मंच, 'एकस्टेप', के आप अध्यक्ष हैं।*

विरल शाह *ने भारतीय विशिष्ट पहचान प्राधिकरण में नीति और प्रौद्योगिकी के संयोजन पर काम किया, जहाँ आपने 'आधार' के इस्तेमाल से सरकार के भुगतान और अनुवृत्ति मंच योजना का नेतृत्व किया। 'जूलिया प्रोग्रामिंग भाषा' के सह-निवेशक, और फ़ोर्थलाइन टेक्नोलॉजीज़ के सह-संस्थापक, शाह ने कैलिफ़ोर्निया विश्वविद्यालय, सांता बार्बरा से कम्प्यूटर साइंस में पीएच.डी. की है।*

रीबूटिंग इंडिया

एक अरब भारतीयों की महत्त्वाकांक्षाओं को साकार करने की रूपरेखा

नन्दन निलेकणी
विरल शाह

शोध : स्वप्निका रामू

चित्र : अपर्णा रंजन

राजपाल

हिन्दी अनुवाद सौजन्य

ट्रान्सलेशनपैनाशिया

अनुवादक

ऋतु शर्मा

₹ 495

ISBN : 9789350642726

REBOOTING INDIA (Economic Development)

by Nandan Nilekani & Viral Shah

(Hindi Edition of *Rebooting India*)

(First published in Allen Lane by Penguin Books India)

मुद्रक : रेकमो प्रेस लिमिटेड, नयी दिल्ली

राजपाल एण्ड सन्ज़

1590, मदरसा रोड, कश्मीरी गेट-दिल्ली-110006

फोनः 011-23869812, 23865483, फैक्सः 011-23867791

e-mail : sales@rajpalpublishing.com

www.rajpalpublishing.com

www.facebook.com/rajpalandsons

यह पुस्तक उन सभी को समर्पित है जिन्होंने 'आधार' पर काम किया है।

हम विशेष रूप से धन्यवाद देना चाहते हैं उन हज़ारों 'आधार' कार्यकर्ताओं को, जिन्होंने 'आधार' की कल्पना को साकार करने के लिए अपने अथक परिश्रम का योगदान दिया।

~

समर हलार्नकर की अमूल्य प्रतिक्रिया के लिए हम अपना आभार प्रकट करना चाहेंगे, जिसने इस पुस्तक को और अधिक पठनीय व रोचक बना दिया है।

रीबूटिंग इंडिया

प्रस्तावना

> हमें ध्यान में रखना चाहिए कि एक नयी व्यवस्था लागू करने के प्रयास से अधिक कठिन, उसकी सफलता से अधिक संदिग्ध, और उसके नियंत्रण से अधिक ख़तरनाक कुछ भी नहीं है।
>
> —निकोलो मैकियावेली, *दि प्रिंस* (1532)

सत्तर वर्षीय बासुदेब पाहन, झारखंड में एक दूरदराज घने जंगलों वाले इलाके में रहते हैं। भारत सरकार की ओर से उन्हें मिलने वाली वृद्धावस्था पेंशन (सेवावृत्ति) उनके बैंक खाते में जमा होती थी, लेकिन बैंक की निकटतम शाखा उनके घर से 15 किलोमीटर दूर रामगढ़ में थी, जहाँ पहुँचने के लिए पाहन को पहाड़ियों और जंगलों से होकर गुज़रना पड़ता था। अभी यह कहानी का केवल आधा हिस्सा ही है। क्योंकि हर महीने अपने उन 400 रुपयों को हासिल करने के लिए पाहन को घंटों लाइन में खड़े होना पड़ता था। कभी-कभी तो उन्हें अगले दिन भी वापस आना पड़ता था। इस आने-जाने और खाने-पीने के खर्च मिलाकर अपनी पेंशन का 12 प्रतिशत से अधिक भाग पाहन उसे मिलने से पहले ही खर्च कर देते थे। उनकी मुसीबतों का यह पहाड़ तब और भी बढ़ जाता जब अक्सर भुगतान प्रक्रिया पूरी होने तक उन्हें दो या तीन महीने प्रतीक्षा करनी पड़ती थी। पाहन, स्थानीय सरकार, और वास्तव में पूरा पेंशन वितरण सिस्टम (व्यवस्था) एक पेंचीदा मकड़ जाल में उलझे हुए थे।

फिर 2011 में, पाहन के जीवन से इन परेशानियों के बादल छटने लगे और उन्होंने ख़ुद को इतिहास के दलदल भरे तालाब से बाहर भारत की तकनीकी क्रांति के मुहाने पर खड़ा पाया। एक बैंक के स्थानीय व्यवसाय प्रतिनिधि की मदद से पाहन अपने गाँव

से कुछ ही दूर स्थित स्थानीय पंचायत कार्यालय पहुँचे और वहाँ एक माइक्रो-एटीएम नाम से प्रसिद्ध डिवाइस (यंत्र) के उपयोग द्वारा पाहन के जीवन ने एक नयी करवट ली। उनकी मुट्ठी में बन्द उस वायरलेस (बिना तारों का) डिवाइस यानि माइक्रो-एटीएम का इस्तेमाल करने के लिए उन्हें केवल एक सक्रिय मोबाइल डाटा कनेक्शन की आवश्यकता थी। बस फिर क्या था, उस व्यवसाय प्रतिनिधि ने पाहन की बारह अंकों वाली 'आधार' संख्या को उस डिवाइस पर टाईप किया, और पाहन ने वहीं साथ लगे एक फिंगरप्रिंट रीडर (उँगलियों के निशान पहचानने वाली मशीन) को अपनी उँगलियों से दबाया और बस क्षण भर बाद उस व्यवसाय प्रतिनिधि ने पाहन को उनके रुपये सौंप दिए, ठीक वैसे ही जैसे किसी बैंक टेलर (मुद्रा वितरण मशीन) द्वारा प्राप्त होते।[1]

पाहन को होने वाला यह सरल और बाधा रहित ग्राहक अनुभव, आम तौर पर भारत के निजी क्षेत्रों में ही देखने को मिलता है, सरकारी में नहीं, लेकिन इस 'नागरिक सर्वोपरि' के अनुभव से एक नयी सोच का उदाहरण स्थापित करने में मदद मिलती है, निःसंदेह हमारी प्रशासन व्यवस्था में भी इसे लागू करना चाहिए।

पाहन की मुख्य समस्या थी, बैंक सुविधाओं तक आसानी से न पहुँच पाना। हालाँकि किसी बैंक द्वारा उनके गाँव में एक शाखा खोलने से यह समस्या सुलझ सकती थी, मगर इसकी उम्मीद न के बराबर थी। बैंकिंग नेटवर्क का निर्माण करने के लिए गाँव-गाँव जाकर अपनी शाखाएँ खोलने के एक प्रगतिशील बदलाव की जगह प्रौद्योगिकी ने रातों-रात इसका एक साहसिक समाधान निकाला और बैंकिंग को पाहन की दहलीज़ पर ला खड़ा किया। हमारा मानना है कि प्रौद्योगिकी में राज्य और नागरिकों के सम्बन्धों की परिभाषा को दोबारा गढ़ने की क्षमता है। क्या होगा यदि स्मार्टफ़ोनों और बायोमेट्रिक रीडरों (शारीरिक चिन्हों जैसे उँगली के निशान अथवा आँखों की पुतलियों द्वारा व्यक्ति विशेष की पहचान करने वाली मशीनें) से लैस लाखों बैंक प्रतिनिधि 120 करोड़ भारतीयों को बैंक सम्बन्धी सेवाएँ पहुँचा सकें? क्या होगा यदि प्रत्येक नागरिक मोबाइल बैंकिंग (मोबाइल फ़ोन और टैबलेट पर उपलब्ध बैंक सेवाएँ) का उपयोग कर बिना नक़द दिए अपने बिल का भुगतान कर सके? वित्तीय क्षेत्र से अलग हटते हुए, क्या हम प्रौद्योगिकी का इस्तेमाल भारत की कुछ एक अन्य ज्वलंत समस्याओं का हल करने के लिए भी कर सकते हैं, जैसे कि स्वास्थ्य और शिक्षा स्तर को सुधारने के लिए, सरकारी खर्च में अपव्यय की कटौती और राजस्व वृद्धि के लिए, टैक्स (कर) वसूली को नागरिकों के लिए सहज बनाने के लिए, हमारी अदालतों को सुव्यवस्थित बनाने और भ्रष्टाचार की जड़ को उखाड़ फेंकने के लिए।

यह सब और ऐसे ही अन्य प्रश्नों पर हमारी पुस्तक ध्यान केन्द्रित करती है, प्रत्येक अध्याय में हमने कुछ ऐसे 'बड़े सुझावों' का प्रस्ताव रखा है जो मौजूदा

व्यवस्था के मौलिक ढाँचे को नया रूप दे सकते हैं और इस प्रक्रिया द्वारा सरकार अनुमानत: सालाना 1 ट्रिलियन (1 लाख करोड़) रुपये बचा लेगी। कागज़-पेन लेकर रुढ़िवादी तरीके से भी यदि गणना की जाये तो यह बचत हमारे सकल घरेलू उत्पाद के 1 फ़ीसदी के बराबर होगी जोकि प्रति वर्ष देश भर में दो 'गोल्डन क्वाड्रीलेटरल' राजमार्ग के निर्माण की व्यवस्था के लिए[2] या फिर हर वर्ष 200 मंगलयान मिशन को मंगल ग्रह पर भेजने के लिए काफ़ी होंगे।[3] वर्ष भर की यह बचत देश के हर परिवार को तीन वर्ष तक न्यूनतम स्वास्थ्य बीमा प्रदान करने के लिए भी पर्याप्त है।[4]

सॉफ्टवेयर दुनिया को चला रहा है

नेटस्केप के सह-संस्थापक मार्क एंड्रीसन ने 2011 में यह प्रसिद्ध घोषणा की थी कि 'सॉफ्टवेयर दुनिया को चला रहा है'। अधिक से अधिक प्रमुख व्यवसायों और उद्योगों को सॉफ्टवेयर पर चलाया जा रहा है, फ़िल्मों से लेकर कृषि और राष्ट्रीय सुरक्षा तक, सभी ऑनलाइन सेवाओं के रूप में प्रदान की जा रही है। इन महारथियों में से कई सिलिकॉन वैली की तर्ज़ पर चल रही उद्यमशील प्रौद्योगिकी कम्पनियां हैं जो घुसपैठ करके अच्छे-खासे स्थापित उद्योगों के ढाँचे को उलट-पलट कर रही हैं।[5] अधिकतर क्षेत्रों में इस तरह के व्यवसाय और सेवाएँ पिछले दस वर्षों में ही अस्तित्व में आए हैं, लेकिन इन्होंने हमारे सामाजिक परिदृश्य को इतना बदल दिया कि अब हमें यह सोच कर आश्चर्य होता है कि हम उनके बिना आखिर कैसे काम चला रहे थे। 1990 के दशक तक, एक अदद टेलीफ़ोन कनेक्शन का होना एक बहुमूल्य दुर्लभ उपलब्धि मानी जाती थी और उसे हासिल करने में भी सालों लग जाते थे, जबकि आज 90 करोड़ से अधिक उपभोक्ताओं वाले भारत का मोबाइल दूरसंचार नेटवर्क, विश्व का दूसरा सबसे बड़ा नेटवर्क है। पहले हमारे यहाँ एक कॉल के लिए प्रति मिनट 16 रुपये लगते थे;[6] जबकि आज एक पैसे प्रति सेकंड के हिसाब से हमारी कॉल दरें विश्वभर में सबसे कम हैं। 19 करोड़ से अधिक उपभोक्ताओं वाला भारत आज दुनिया का तीसरा सबसे बड़ा इंटरनेट उपभोक्ता आधार होने का दावेदार है, जिनमें कई लोग ऑनलाइन ख़रीददारी के लिए स्मार्टफ़ोनों का उपयोग कर रहे हैं; कम्प्यूटरों को लगभग पूरी तरह दरकिनार करते हुए भारत में सभी ई-कॉमर्स (इलेक्ट्रॉनिक अथवा इंटरनेट के माध्यम से किया जाने वाला व्यवसाय) लेन-देन का लगभग 40 प्रतिशत अब मोबाइल फ़ोन द्वारा किया जा रहा है।[7]

चाहे फ़िल्म हो, क्रिकेट मैच और फिर कोई नाटक ही देखना हो, हममें से कई लोग अब सिनेमा हॉल की टिकट खिड़कियों के सामने भीड़ में धक्के खाने की

बजाय 'बुकमाईशो' (BookMyShow) जैसी वेबसाइटों से टिकट ख़रीदना पसन्द करते हैं। रेल का टिकट हम 'आईआरसीटीसी' (इन्डियन रेलवे केटरिंग एण्ड टूरिज़्म कॉरपोरेशन) की वेबसाइट द्वारा आरक्षित करवा लेते हैं, हवाई उड़ानों के लिए 'मेकमाईट्रिप' (MakeMyTrip) अथवा 'यात्रा' (Yatra) वेबसाइटों पर उनकी स्थिति का जायज़ा ले लेते हैं, और यदि हमें बस से यात्रा करनी हो तो हम रेडबस (RedBus) वेबसाइट का उपयोग करते हैं। हम ओला या उबर जैसी ऑनलाइन सेवाओं के माध्यम से अपनी कैब बुक कर, जीपीएस (GPS—ग्लोबल पोजिशनिंग सिस्टम) द्वारा उसकी स्थिति पर नज़र रखते हैं और भाड़ा देते समय बिना अपनी जेबों को टटोले इलेक्ट्रॉनिक तरीके से अपने किराये का भुगतान करते हैं।

अब आप वाट्सएप्प (WhatsApp) पर अपनी स्थानीय किराना की दुकान से राशन ऑर्डर (आदेश) करने के साथ-साथ उसे घर बैठे प्राप्त भी कर सकते हैं, यह एक ऐसा व्यापार मॉडल है जिसका आज कई छोटे व्यापारी अनुसरण कर रहे हैं। बिगबास्केट (BigBasket) और ग्रोफर्स (Grofers) इसी तर्ज़ पर, लेकिन बड़े स्तर पर काम कर रहे हैं। यदि आप इंटरनेट पर फल और सब्ज़ियाँ खरीद सकते हैं, तो एक किसान ऑनलाइन ऑर्डर कर उर्वरक और बीज घर बैठे क्यों नहीं प्राप्त कर सकता? एक ग़रीब परिवार स्मार्टफ़ोन का इस्तेमाल कर खाना पकाने के लिए गैस सिलेंडर क्यों नहीं ऑर्डर कर सकता? सूखे की घोषणा होते ही फ़सल बीमा की रकम किसानों के बैंक खाते में अपने-आप स्थानांतरित क्यों नहीं की जा सकती?

अब आप विभिन्न विषयों में से अपना मनपसन्द पाठ्यक्रम चुन कर स्काइप (Skype—वीडियो चैट और वॉइस कॉल सेवा) द्वारा उसकी ऑनलाइन क्लास में शामिल हो सकते हैं, आज ऑनलाइन माध्यम द्वारा देश भर के छात्र, दुनिया के सर्वश्रेष्ठ विश्वविद्यालयों में से कुछ जैसे कोर्सेरा, यूडासिटी और ईडीएक्स (Coursera, Udacity and edX) की कक्षाओं तक पहुँच चुके हैं। भारत के सभी सरकारी स्कूलों में पढ़ने वाले प्रत्येक छात्र के लिए बिलकुल ऐसी ही परिस्थितियाँ निर्मित कर पाना क्या सम्भव है? प्रैक्टो (सर्वश्रेष्ठ डॉक्टरों को ढूँढने की एक ऑनलाइन सुविधा) जैसे व्यवसायों की बदौलत अब आप स्मार्टफ़ोन द्वारा अच्छा डॉक्टर (चिकित्सक) ढूंढ सकते हैं, उपभोक्ता इस माध्यम द्वारा डॉक्टरों की सेवाओं की गुणवत्ता के आधार पर उनका मूल्यांकन भी कर सकते हैं। हमारे सरकारी प्राथमिक स्वास्थ्य केन्द्र और अस्पताल भी इसी तरह से इस तकनीक का इस्तेमाल कैसे कर सकते हैं?

सपनों और वास्तविकता के बीच की खाई

अड़तालीस वर्षीय रायाप्पा पिटकेकर, मुंबई के धारावी इलाके में चमड़े के ठेकेदार हैं; धारावी को विश्व की सबसे गन्दी झुग्गी बस्तियों में से एक होने का दर्जा हासिल है, सालाना 3000 करोड़ रुपये से अधिक का कारोबार समेटे, धारावी की यह अनौपचारिक अर्थव्यवस्था इसकी समृद्धि का बखान करती है,[8] जिसके लिए पिटकेकर और उनके जैसे कई अन्य लोगों की व्यावसायिक प्रवृत्ति को धन्यवाद है। पिटकेकर एक कचरा बीनने वाले का बेटा है, जो स्थानीय प्लास्टिक उद्योग द्वारा पुन: उपयोगी कबाड़ प्लास्टिक को कचरे में से चुन कर दिनभर में 1.25 रुपये कमाता था, दिन में पढ़ाई करने के बाद पिटकेकर दो नौकरियां करता था, शाम को लोकल ट्रेनों में प्रति 100 अख़बार बेचने पर उसे 5 रुपये की कमाई होती और फिर रात में वह एक होटल में काम करता। जबकि आज चमड़े की वस्तुओं के कारोबार में उसकी सालाना बिक्री लाखों तक पहुँच जाती है; उसकी बेटी प्रियंका 'कल्पना चावला' की तरह एक अंतरिक्ष यात्री बनना चाहती है; जबकि उसके बेटे कुणाल का सपना डॉक्टर बनना है।[9] तीन पीढ़ियों तक मुंबई की एक झुग्गी बस्ती में खुरचन पर जीवन निर्वाह करने को मजबूर पिटकेकर परिवार अब सच में चाँद को मुट्ठी में भरने की चाहत रखता है।

एक स्वतन्त्र राष्ट्र के रूप में अपनी पहचान पाने के बाद, शुरू के कुछ दशकों तक हमारा ध्यान अपनी आन्तरिक परिस्थितियों को सुधारने में रहा और हम बांधों, इस्पात कारखानों, विश्वविद्यालयों और शहरों के निर्माण में लगे रहे जो कि आधुनिक भारत के पहले आधार-स्तम्भ बने। फिर जैसे ही हमारे देश के बुनियादी ढाँचे ने आकार लेना शुरू किया, तब हरित क्रांति और आर्थिक उदारीकरण भी अंकुरित हो रहे थे, जिसमें से आर्थिक उदारीकरण में पुराने ज़माने की अलगाववादी और व्यापार संरक्षणवादी नीतियों पर यह पुस्तक समाप्त होती है, उसी दौरान हमने ग़रीबी हटाने जैसी भयावह चिंताओं से दो-दो हाथ करते हुए, वैश्विक आर्थिक मंच पर हमारे देश को सही जगह पहुँचाने की ज़रूरत को पहचाना। उदारीकरण की ठंडी हवा ने भारत के लोगों में एक नयी सोच का संचार किया; अब अपने पूर्वजों की तरह लकीर के फ़कीर बन कर उसी पुराने ढर्रे पर चलने से लोगों को संतुष्टि नहीं मिलती थी, उनकी महत्त्वाकांक्षाएँ बढ़ने लगी थीं। अब उन्हें एक ऐसी व्यवस्था की चाहत थी जो ग़रीबी से बाहर निकलने की उनकी कोशिशों में उन्हें सहयोग दे और उनके साथ-साथ उनके बच्चों के उज्ज्वल भविष्य को भी सुनिश्चित करे।

भारत की जनसंख्या, भारत की बहुत बड़ी ताकत है, यह देश 2020 तक दुनिया में सबसे अधिक युवाओं वाला देश बन जाने की आशा रखता है, तब हमारी जनसंख्या

का 64 प्रतिशत, मोटे तौर पर कहें तो लगभग 80 करोड़ लोग कामकाजी उम्र के होंगे।[10] यानि 80 करोड़ लोग शिक्षा, रोज़गार, अच्छा स्वास्थ्य, बेहतर बुनियादी ढाँचा, कुशल प्रशासन और एक भ्रष्टाचार मुक्त समाज की माँग सूची हाथ में लिए सरकार के दरवाज़े पर दस्तक दे रहे हैं। जिस अर्थव्यवस्था से इन माँगों का बोझ उठा सकने की उम्मीद की जा रही है, वह साल के बेहतरीन दिनों में लगभग 9 प्रतिशत के हिसाब से एकल अंक में बढ़ रही है। जोकि एक बेहतर जीवन के सपने की इमारत के लिए एक कमज़ोर नींव है। हम इन सपनों का पोषण और उन्हें साकार करने के लिए इस नींव को और मज़बूत कैसे बनायेंगे?

सरकार द्वारा लोगों की आकांक्षाओं को पूरा करने का सुझाव, सरकार और जनता के रिश्ते पर गहराई से पुनर्विचार करने की आवश्यकता की ओर इशारा करता है, जो कि प्रौद्योगिकी की परिवर्तनकारी शक्ति को अपनाने के मामले में अनिच्छुक होने के कारण लगता है जैसे अभी भी बीते युग में ही अटके हैं। प्रौद्योगिकी ने हर तरह से प्रगति की है, 'डॉट कॉम क्रांति' को भारत ने बड़े उत्साह से गले लगाया था, व्यापार के नए मॉडल जो हर दिन विकसित हो रहे हैं, भारत के ऑनलाइन पदचिह्न बढ़ते जा रहे हैं, लेकिन इस सबके बावजूद बासुदेब पाहन और भारत भर में उसके जैसे लाखों अन्य लोगों को अभी भी सरकारी कार्यालय या बैंक शाखा की लाइनों में लगना पड़ता था, घंटों इंतज़ार करना पड़ता, कई बार ख़ाली हाथ वापिस लौटना पड़ता, यानि उस भुगतान को प्राप्त करने के लिए, जो टाइम-बेटाइम पहुँचता था, उन्हें अपने आने-जाने के किराये के रूप में इस सुविधा की एक कीमत चुकानी पड़ती थी। फिर चाहे पेंशन लेना हो, सरकारी सहायता या राशन स्टोर से सस्ता अनाज, यह सभी प्रक्रियाएँ बेहद जटिल होने के साथ-साथ अधिक समय लेने वाली नौकरशाही व स्थानीय हितों के दलदल में फंसी और गरीबों पर भारी आर्थिक बोझ थोपने वाली थीं।

यहाँ तक कि एक मध्यवर्गीय शहरी भारतीय के लिए भी सरकार के साथ लेन-देन करना बोझिल काम था। रुई के ढेर से सुई ख़ोज निकालने से कम मुश्किल काम नहीं है। ड्राइविंग लाइसेंस, पासपोर्ट, जन्म या मृत्यु प्रमाण पत्र बनवाना लम्बे समय तक खिंचने वाले मसले हैं, जिसके लिए सम्बन्धित सरकारी कार्यालयों में कई-कई चक्कर काटने पड़ते हैं। बेंगलुरू नागरिक सेवा केन्द्र और हाल ही में कर्नाटक सरकार द्वारा देश में पहला मोबाइल गवर्नेंस मंच बनाने की पहल इन प्रक्रियाओं को कम पेंचीदा बनाने की ओर सराहनीय कदम हैं, लेकिन यह सब अभी बहुत कम लोगों तक ही सीमित हैं।

भारत में किसी भी छोटे व्यवसायी से पूछिए कि उसकी सबसे बड़ी शिकायत क्या है, तो संभावना है कि उसकी सूची में 'स्थानीय कानूनों का पालन' सबसे ऊपर लिखा दिखाई देगा। भारत में सिर्फ़ एक नया व्यापार शुरू करने में हफ़्तों लग जाते हैं;

जिसमें से अधिकतर समय आवश्यक कागज़ी कार्रवाई और कानूनी औपचारिकताओं को पूरा करने में जाता है। फिर चाहे कर के भुगतान का मामला हो या पेंचीदा श्रम-कानून आवश्यकताओं की गुत्थी को सुलझाना हो, सही मायने में हमने अभी तक ऐसे व्यवसायी अनुकूल वातावरण का निर्माण नहीं किया है जहाँ कोई भी व्यक्ति एक बढ़िया योजना और कुछ पूंजी लगा कर आसानी से अपना व्यवसाय शुरू कर सके। इस तथ्य पर गौर करें कि 'व्यवसाय करने की सुगमता' पर संकलन की क्रम सूची बनाने के लिए विश्व बैंक द्वारा किये गये 189 अर्थव्यवस्थाओं के सर्वेक्षणों में से भारत खेदजनक रूप से 142 वें पायदान पर है, जोकि ब्रिक्स (ब्राजील, रूस, भारत, चीन, दक्षिण अफ्रीका) की तुलना में उल्लेखनीय रूप से काफ़ी पीछे है।[11] कुल मिलाकर, इस काम में हुई परेशानी को लेखक जॉन मिक्लेदवेट और एड्रियन वूल्ड्रीज ने बलपूर्वक इसका सार प्रस्तुत किया है क्योंकि सरकारें 'एक क्विल पेन (पंख की कलम) और अबैकस (गिनतारा)' के द्वारा गूगल और फेसबुक की दुनिया पर शासन करने का प्रयास कर रही हैं।[12] सरकार प्रौद्योगिकी का उपयोग उसी तरह के ग्राहक सेवा अनुभव को प्रदान करने के लिए कैसे कर सकती है जिसका भरोसा निजी क्षेत्र में दिया जाता है?

स्वतन्त्रता के बाद से हमने, हमारे संविधान, सार्वजनीय मताधिकार, संसदीय व्यवस्था, हमारी अदालतें, सिविल (नागरिक) सेवाएँ, संघीय ढाँचा और अधिकारों के विभाजन सहित और कई अन्य क्षेत्रों में भी कई बड़े संस्थानों का निर्माण किया है जो कि समय की कसौटी पर खरे उतरे हैं। घोर ग़रीबी में जन्मे, हर सम्भव संसाधन को पाने के लिए संघर्षरत, दुनिया के सबसे विशाल और सबसे विविध लोकतन्त्र के लिए इतना सब कर पाना कोई आसान कार्य नहीं है। नियंत्रण और संतुलन द्वारा इस लोकतन्त्र को संचालित करना काफ़ी हद तक कामयाब रहा है। हालाँकि, एक राष्ट्र के रूप में यह लगता है कि हमने बाबासाहेब अम्बेडकर की इस विचित्र मसीही भविष्यवाणी को पूरा किया है: कि 'राजनीतिक जीवन में हममें समानता होगी तथा सामाजिक व आर्थिक जीवन में हममें असमानता बनी रहेगी।'[13] बदकिस्मती से देश के विकास का लाभ सभी नागरिकों में समान रूप से नहीं बंट पाया है। अमीरों और गरीबों के बीच की यह खाई न सिर्फ़ आज भी विद्यमान है बल्कि यह पहले से कहीं अधिक गहरी होती जा रही है। हमारा औपचारिक क्षेत्र समाज का वह हिस्सा है जो अपने कर का भुगतान करता है, ऋण लेता है, यही क्षेत्र सरकार को भी नियंत्रित करता है, और उसने 'आधार' युग से पूर्व आईडी (पहचान पत्र) जारी किये थे, यह औपचारिक क्षेत्र हमारे विशाल, स्वयं-संगठित अनौपचारिक क्षेत्र के शीर्ष पर बिछी महीन परत की तरह है, यह अनौपचारिक क्षेत्र काफ़ी हद तक सरकार के दायरे से बाहर रहता है, और आर्थिक समृद्धि की सीढ़ी पर अपनी पकड़ बनाने के लिए लगातार संघर्ष कर रहा है।

कैसे
प्रौद्योगिकी
सरकार को
बदल सकती है?
1 पैमाना
वे समाधान जो लाखों लोगों और अरबों के लेनदेन को सँभाल सकें।
2 रफ़्तार
वे समाधान जो दशकों में नहीं बल्कि महीनों और सालों में विकसित किये जा सकें।
3 लागत
वे समाधान जो प्रक्रिया को छोटा और सेवा की लागत को कम करें।
4 प्रवर्तनीयता
वे समाधान जिनकी वास्तविक समय में निगरानी की जा सके।
5 विविधता
वे समाधान जो नवीनीकरण को बढ़ावा देने वाले मंच का कार्य करें।

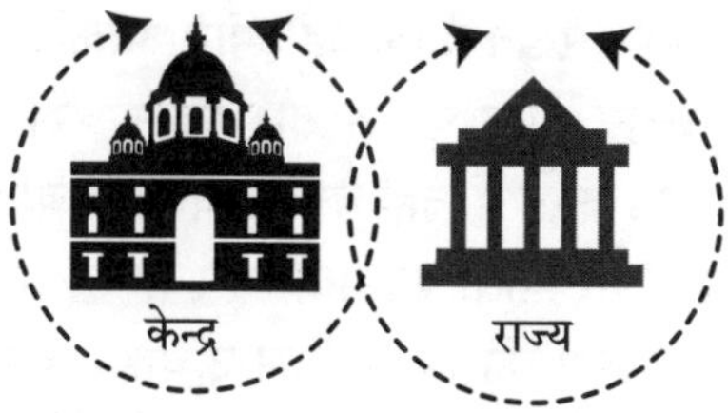

6 स्वायत्तता
वे समाधान, जो सरकार (केन्द्र, राज्य, स्थानीय) और उसकी संस्थाओं को स्वतन्त्र रूप से कार्य करने की अनुमति दें।

7 गतिशीलता
वे समाधान, जो देश भर में सभी स्थानों पर आसानी से उपलब्ध हों।

8 एकीकरण
वे समाधान, जो सर्वोत्तम घटकों/हिस्सों को सम्पूर्ण सार्वजनिक-निजी स्पेक्ट्रम (पंक्ति/श्रेणी) में शामिल करें।

9 सहभागिता
वे समाधान, जो जानकारी को साझा करें और सरकार में भागीदारी को विकसित करें।

10 समावेशन
वे समाधान जो प्रवेश बाधाओं को कम और उन तक सभी की पहुँच को विस्तृत करें।

अपने निर्वाचित राजनीतिज्ञों से हम यह आशा रखते हैं कि वह हमारी आकांक्षाओं को पूरा करने के लिए एक स्प्रिंगबोर्ड (छलांग मारने का तख्ता) प्रदान करें। हम उनसे एक ऐसे वातावरण के निर्माण की अपेक्षा करते हैं जहाँ बच्चे ऊँची और बढ़िया शिक्षा हासिल करने के लिए स्कूल जायें, जहाँ हर किसी को सर्वोत्तम स्वास्थ्य सेवाएँ आसानी से उपलब्ध हों, जहाँ व्यवसायी सफ़लता की हर मुमकिन ऊँचाइयों को छू सकें और हर योग्य व्यक्ति के लिए अच्छी कमाई वाले रोज़गारों के अवसर पैदा कर सकें। हम अपनी सरकार से अंतिम सहारा उपलब्ध कराने के साथ-साथ समाज की छलनी से छिटक कर गिरते बदकिस्मत लोगों के लिए एक सामाजिक सुरक्षा जाल के निर्माण की आशा करते हैं। बिना कोई शिकायत किए हम उन घटिया सेवाओं को स्वीकार कर रहे हैं जिन्हें यह खैरात समझ कर बाँटते हैं; लेकिन अब हम एक 'माई-बाप सरकार' के लिए निवेदक बन कर नहीं रहना चाहते। हमें अब एक ऐसी सरकार चाहिए जो हमारी संस्थाओं की ताकत, हमारे बाज़ारों की शक्ति के साथ-साथ उच्च स्तरीय गुणवत्ता समाधानों का निर्माण करने वाले लोगों के परिश्रम का लाभ उठाये। जातीय असमानताओं, धार्मिक मतभेद और आरक्षण की छाप वाली भारतीय राजनीति, अतीत की राजनीति है। भविष्य की राजनीति एक अरब आकांक्षाओं को पूरा करने की राजनीति होगी, जिसमें असफ़लता का अर्थ सर्वनाश है।

प्रौद्योगिकी पर बहुत कुछ निर्भर

बिहार स्थित मुजफ्फरपुर जिले के रत्नौली गाँव निवासी संजय साहनी को स्कूल से निकाल दिया गया था, आज संजय नयी दिल्ली में बतौर इलेक्ट्रीशियन (बिजली मिस्त्री) काम कर रहे हैं। छुट्टियों में जब भी संजय अपने गाँव लौटते तो गाँव वाले अपनी शिकायतों का पुलिंदा उनके सामने खोल कर रख देते, उसी दौरान संजय को गाँव वालों से यह पता चला कि ग्रामवासियों के लिए बनी सरकारी योजना 'मनरेगा' (महात्मा गाँधी राष्ट्रीय ग्रामीण रोज़गार सृजन अधिनियम) के तहत उन्हें उनकी बकाया राशि नहीं मिल रही थी। जबकि इस योजना का उद्देश्य ही ग्रामीणों के लिए रोज़गार का वादा और उन्हें मज़दूरी प्रदान करना था। साहनी अपने उपकरणों को नयी दिल्ली के एक साइबर कैफ़े (वह स्थान जहाँ किराये पर इंटरनेट का उपयोग करने की सुविधा प्रदान की जाती है) में रखते थे, कम्प्यूटर के मामले में अज्ञानी होते हुए भी एक दिन आवेग में आकर संजय ने जैसे ही गूगल पर 'नरेगा बिहार' टाइप किया तो उन्हें उन ग्रामीणों की सरकारी सूची देखने को मिली जिन्हें लाभार्थी माना जा रहा था। और फिर पता चला कि उन सूचीबद्ध लोगों में से कइयों को कोई

काम नहीं मिला था और कइयों को उनका पूरा भुगतान नहीं मिला था। बल्कि उनके पैसों से ठेकेदारों, गाँव के मुखिया और सरकारी अधिकारियों की जेबें भरी जा रही थीं। जानकारी के इस ब्रह्मास्त्र के मिलते ही साहनी ने अपने ग्रामीण साथियों को 'सही रोज़गार और उचित मज़दूरी' दिलाने की जंग को सफलतापूर्वक लड़ा।[14] और एक भ्रष्टाचार विरोधी योजना को बढ़ावा देने के लिए सरकार को कोई पहाड़ नहीं खोदना पड़ा, बल्कि सिर्फ़ उस जानकारी को डिजिटाइज़ (अंकीकरण) करवा कर उस तक आम लोगों की पहुँच को आसान बना दिया, और फिर बाकी बचा काम ख़ुद लोगों ने ही कर लिया। एक पूरी व्यवस्था के ख़िलाफ़ एक आम आदमी की यह जंग सिर्फ़ एक आदर्श विजयगाथा ही नहीं है बल्कि यह सरकार और जनता के बीच शक्ति संतुलन की एक मज़बूत पारी के वे निशान हैं जिन्हें सिर्फ़ प्रौद्योगिकी के इस्तेमाल द्वारा ही दोहराया जा सकता है।

भारतीय समाज बेहद जटिल है, जो कि करोड़ों अमीर-ग़रीब, शहरी, ग्रामीण, बहुजातीय, बहुभाषीय लघु भारतों को मिला कर बना है। सही मायने में एक लोकतांत्रिक समाज वह है जिसमें इन करोड़ों लघु भारतों के प्रत्येक नागरिक को मुख्यधारा में शामिल किया गया हो, हर एक नागरिक सरकारी सेवाओं से लाभ प्राप्त करने में समर्थ और देश के विकास में हिस्सा लेने में सक्षम हो। उपयोग में आसान, भौगोलिक रूप से स्वतन्त्र और कम लागत वाले समाधान प्रदान करते हुए हमें देश की समस्याओं को बड़े पैमाने पर, तेज़ी से सुलझाने की आवश्यकता है। सभी को एकसमान अधिकार देने वाली प्रौद्योगिकी ही हमारे इन लक्ष्यों को पूरा करने के लिए आशा की एकमात्र किरण है।

जहाँ तक रफ़्तार और स्तर की बात है तो ज़रा सोचिये कि आज फ़ेसबुक एक अरब उपभोक्ताओं की डाटाबेस (आधार-सामग्री) का प्रबन्धन सफलतापूर्वक करता है, एक समय था जब मोटे तौर पर हर पाँच महीने में 10 करोड़ उपभोक्ता इसके साथ जुड़ रहे थे।[15] वाट्सएप्प (WhatsApp) की रफ़्तार फ़ेसबुक से भी तेज़ रही और उसने देखते ही देखते अपनी पहुँच 90 करोड़ उपभोक्ताओं तक बना ली। आज, हम अपने मोबाइल फोन का टॉपअप (रीचार्ज करवाना) मात्र पाँच रुपये में करवा सकते हैं, टॉपअप करवाने के लिए देश भर में यह सबसे सामान्य कीमत है। परिणामस्वरूप, अधिक से अधिक लोग कॉल करने के लिए मोबाइल फ़ोन खर्च वहन कर सकते हैं। पिछले पंद्रह वर्षों में ही हमने मेंढक कूद द्वारा लैंडलाइन फ़ोनों को पीछे छोड़, फ़ोन रहित जीवन से लगभग हर किसी के पास फ़ोन की उपलब्धता वाली स्थिति को हासिल कर लिया है। 'आधार' दस साल से भी कम समय में पूरे देश की दूरी नाप लेगा।

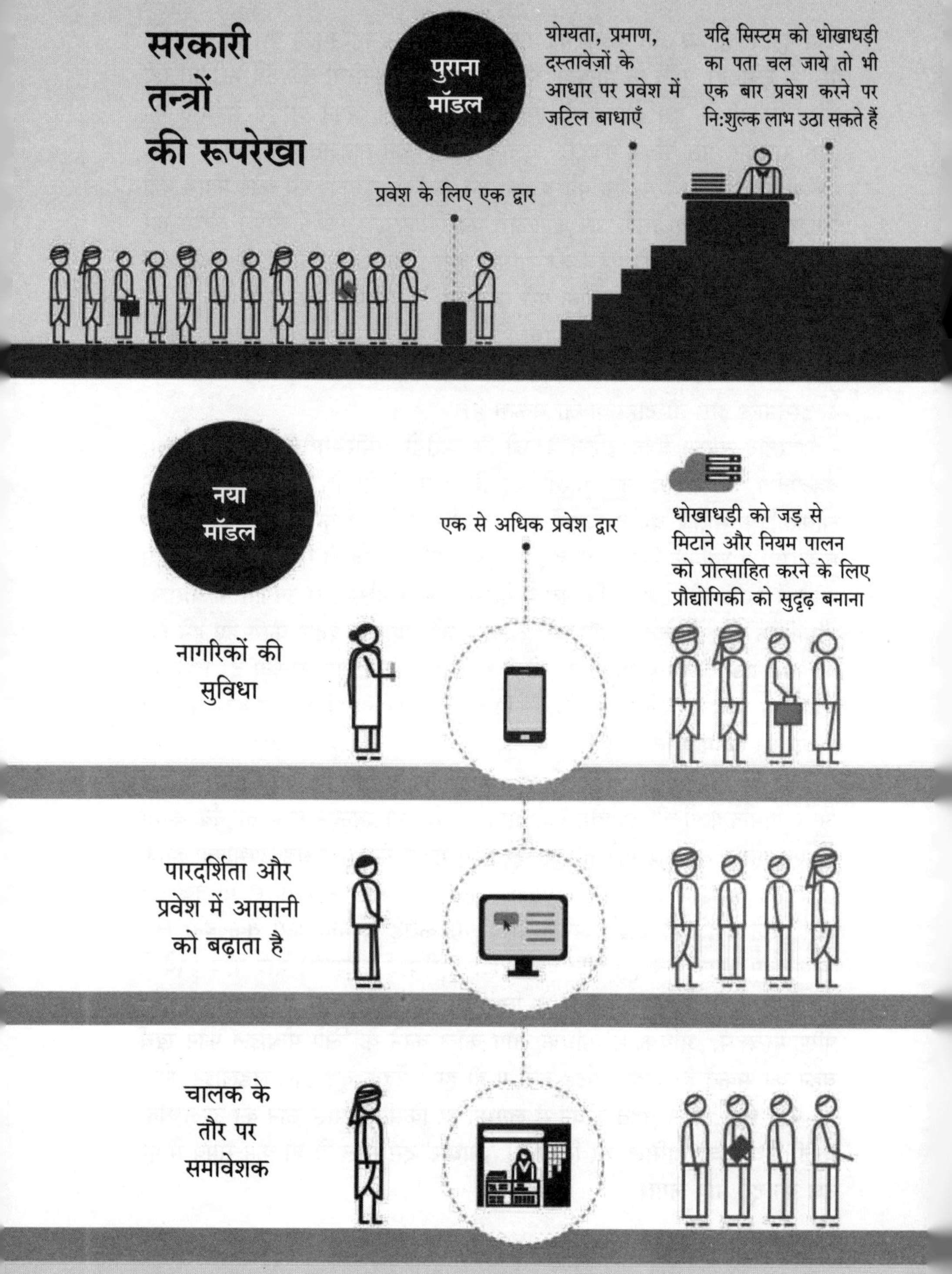
सरकारी तन्त्रों की रूपरेखा
पुराना मॉडल
योग्यता, प्रमाण, दस्तावेज़ों के आधार पर प्रवेश में जटिल बाधाएँ
यदि सिस्टम को धोखाधड़ी का पता चल जाये तो भी एक बार प्रवेश करने पर नि:शुल्क लाभ उठा सकते हैं
प्रवेश के लिए एक द्वार
नया मॉडल
एक से अधिक प्रवेश द्वार
धोखाधड़ी को जड़ से मिटाने और नियम पालन को प्रोत्साहित करने के लिए प्रौद्योगिकी को सुदृढ़ बनाना
नागरिकों की सुविधा
पारदर्शिता और प्रवेश में आसानी को बढ़ाता है
चालक के तौर पर समावेशक

हमारे जैसे विकासशील देश के लिए प्रौद्योगिकी का सबसे बड़ा गुण सस्ते समाधान उपलब्ध कराने की क्षमता है जो कि हमारे लिए विशेष रूप से महत्त्वपूर्ण है। और इस दृष्टिकोण ने पहले भी कई बार अपनी इस श्रेष्ठता को सिद्ध किया है। उदाहरण के लिए, पहले किसी बैंक से पैसे निकलवाने में दस मिनट से एक घंटे तक का समय लगता था, जिसके लिए बैंक को लगभग 50 रुपये प्रोसेसिंग फ़ीस (काम करने का शुल्क) लगता था, लेकिन एटीएम (स्वचालित टेलर मशीन) के आने से, अब वही काम महज़ पाँच मिनट और 15 रुपये की लागत में पूरा हो सकता है। पैसों के लेनदेन में हो रही यह बचत एटीएम को स्थापित करने और उनके रखरखाव पर खर्च के लिए काफ़ी है। राष्ट्रीय शेयर बाज़ार (एनएसई—नेशनल स्टॉक एक्सचेंज) और नेशनल सिक्योरिटीज डिपॉजिटरी लिमिटेड (एनएसडीएल) ने हमें पूरी तरह इलेक्ट्रॉनिक ऑनलाइन शेयर ट्रेडिंग सिस्टम (इंटरनेट पर शेयर ख़रीदने-बेचने की प्रणाली) पर जाने में सहायता की है, यही नहीं इससे इस कारोबार पर लागत को कम करने में मदद के साथ-साथ महत्त्वपूर्ण दस्तावेज़ों के संग्रहण पर होने वाले खर्च का स्तर लगभग उसी जगह पहुँच गया है जहाँ वह एक दशक पहले था। 2000-2005 के बीच, इन पाँच सालों में एनएसडीएल पर प्रति लेन-देन होने वाला 23 रुपये का खर्च लुढ़ककर मात्र 5 रुपये तक आ गया है, और यदि इसे मुद्रास्फीति के अनुकूल किया जाये तो इस लागत में भारी कमी आ जाती है। यह अब 4.5. रुपये तक पड़ता है।[16]

भूगोल की सीमाओं से ऊँचा उठने की क्षमता, प्रौद्योगिकी संचालित समाधानों की एक अन्य ख़ासियत है जो इसे बेहद आकर्षक बनाती है। आज, हमारा देश एक प्रगतिशील राष्ट्र है। पिछले दो दशकों में, भारत की शहरी जनसंख्या में विस्फ़ोट हुआ है जिसके लिए शिक्षा, रोज़गार और बेहतर जीवन की तलाश में गाँवों और छोटे शहरों से लगातार पलायन हो रहे लोगों की बाढ़ ज़िम्मेदार है—पिछली गणना के समय भारत के भीतर स्थानान्तरण करने वालों की संख्या 30 करोड़ से अधिक थी।[17] प्रवास की इस घातीय दर के साथ तालमेल रखने में प्रौद्योगिकी कामयाब रही है—मिसाल के तौर पर, आंध्र प्रदेश के किसी गाँव में पंजीकृत किया गया एक मोबाइल फ़ोन कनेक्शन अब बेंगलुरू में भी सुचारू रूप से काम करता है। या फिर हो सकता है कि आपका बैंक खाता मुंबई में खुला हो, लेकिन अब आप अपने बैंक बैलेंस की जाँच देश के किसी भी हिस्से में कर सकते हैं।

विकास के इस प्रवाह की तुलना में, सरकारी सेवाएँ बेहद सख्त और उपलब्धता की दृष्टि से नियत स्थानों तक ही सीमित रहती हैं। नन्दन ने 2014 के आम चुनावों में बेंगलुरू दक्षिण चुनाव क्षेत्र से चुनाव लड़ा था; उनके चुनावी अभियान के दौरान

हम कई ऐसे लोगों से मिले, जो हाल ही में उस शहर में स्थानांतरित हुए थे लेकिन वे मतदान नहीं कर सके थे क्योंकि उनके वोटर आईडी (मतदाता पहचान पत्र) को उनके मूल स्थान से तब्दील नहीं किया गया था। स्थान बदल कर शहरों में रहने को आये नागरिकों को यहाँ आने पर पता चलता है कि उनके गाँव के राशन कार्ड पर शहर के राशन स्टोरों से रियायती खाद्य सामग्री लेने की अनुमति नहीं है। अपनी पेंशन पाने के लिए बैंक की कुछ ख़ास शाखाओं पर निर्भरता उनकी मजबूरी है। सेवाएँ प्रदान करने के मामले में निजी क्षेत्रों ने प्रौद्योगिकी को सफलतापूर्वक लागू कर इन भौगोलिक बाधाओं से पार पा लिया है। इस बार सरकार ने भी यही किया था।

जिस रफ़्तार से प्रौद्योगिकी को विकसित कर सकते हैं वह मूर के सिद्धांत के अधीन है, जो कि इंटेल के सह-संस्थापक गॉर्डोन मूर द्वारा की गयी एक प्रसिद्ध भविष्यवाणी है जिसके अनुसार कम्प्यूटिंग (कम्प्यूटर पर काम करना) की गति हर अठारह महीनों में दुगनी होगी—तेज़ी से विकास करने का वह सपना जिसे मोटे तौर पर साकार कर लिया गया है। आज एक सामान्य स्मार्टफ़ोन, उस कम्प्यूटर की तुलना में अधिक शक्तिशाली है जिसने अंतरिक्ष यात्री अपोलो को चांद पर पहुँचाया था। आज से पाँच साल बाद यह पिछले दशक के सुपर कम्प्यूटरों की तुलना में और अधिक शक्तिशाली हो जायेंगे। पिछले कुछ दशकों में, इंटरनेट की रफ़्तार हज़ारों गुना बढ़ गयी है जबकि कम्प्यूटर डाटा (सांख्यिकी) संग्रहण हज़ारों गुना सस्ता हो गया है। इस विकास ने क्लाउड कम्प्यूटिंग (इसके अंतर्गत माँग के अनुसार साझा संसाधन, डाटा और जानकारी को कम्प्यूटर व अन्य उपकरणों पर उपलब्ध कराया जाता है) को जन्म दिया है, जहाँ आप बीस रुपये प्रति घंटे के हिसाब से अमेज़ॉन और माइक्रोसॉफ्ट से शक्तिशाली कम्प्यूटर किराए पर ले सकते हैं, बेशक यह कीमत चाय के कुछ एक कपों के बराबर ही है। आज यूट्यूब (YouTube) कुछ ही दिनों में अपलोडिंग (फ़ाइल हस्तांतरण) और वीडियो स्ट्रीमिंग (सामग्री जो संकुचित रूप में इंटरनेट पर भेजी जाती है और दर्शकों द्वारा वास्तविक समय में प्रदर्शित की जाती है) के माध्यम से शायद उससे कहीं अधिक डाटा इकट्ठा कर लेता है जितना चिकित्सा उद्योग वर्षभर में कर पाता है। एक तरफ़ जहाँ कम्प्यूटर सस्ते, तीव्र और बेहतर हो रहे हैं वहीं दूसरी तरफ़ उनका आकार छोटा और पहुँच बढ़ती जा रही है; जूते से लेकर कपड़े, चश्मे और रोबोट तक सभी को कम्प्यूटर का साथ मिल रहा है। प्रौद्योगिकी की ये वह प्रमुख विशेषताएँ हैं जिन्हें हमें भारत की अनगिनत चुनौतियों के समाधान की रूपरेखा तैयार करते ध्यान में रखना चाहिए।

101 लोग भारत की सभी समस्याओं को कैसे सुलझा सकते हैं

पिछले दो दशकों में, प्रचलित लोकाचार में एक नयी, विश्वसनीय अलंकारिक बोली का चलन शुरू हुआ है-एक छोटे से गैराज या छात्रावास के कमरे में बैठे प्रोग्रामर हैकिंग (किसी के कम्प्यूटर खाते में बिना अनुमति घुसपैठ करना) कर रहे हैं, सोडा और जंक फूड (खाना जो स्वास्थ्य के लिए अच्छा नहीं परन्तु बनाना आसान है) के दम पर एक 'स्टार्ट-अप' (एक नयी युवा कंपनी जिसका विकास अभी आरम्भ हुआ है) बना रहे हैं जो कि आखिरकार पूरी दुनिया पर अपनी धाक जमा के अरबों में खेलेगा। यह सब किसी एक सोच की उस शक्ति का साक्षी है जिसके कारण एक छोटी सी, सम्पूर्ण रूप से समर्पित टीम (समूह) वह सब हासिल कर सकती है जिसे कई बड़े संगठन तक हासिल नहीं कर सके। जब यूट्यूब के लिए गूगल एक बिलियन डॉलर से अधिक का भुगतान कर रहा था उस समय वह उस कंपनी के मालिकाना अधिकार हासिल कर रहा था जो इंटरनेट पर बैंडविड्थ (इलेक्ट्रॉनिक संचार उपकरण या सिस्टम की प्रसारण क्षमता) के सबसे विशाल उपभोक्ताओं में से एक थी, जबकि उसमें काम करने वालों की संख्या लगभग 40 ही थी। जब एक लोकप्रिय फ़ोटो-शेयरिंग एप्लिकेशन (कम्प्यूटर पर तस्वीरें साझा करने का माध्यम) 'इंस्टाग्राम' को फ़ेसबुक ने एक अरब डॉलर में खरीदा तब उसमें सिर्फ़ 12 कर्मचारी थे। क्या यही स्टार्ट-अप मॉडल, शासन व्यवस्था की समस्याओं को हल करने के लिए भी लागू किया जा सकता है?

सुनने में यह अटपटा लग सकता है कि दरअसल भारत स्वतन्त्रता के बाद से ही अपनी सरकार के भीतर स्टार्ट-अप की गौरवपूर्ण परम्परा को विकसित कर रहा था। इसमें सबसे पहला नाम 'परमाणु ऊर्जा आयोग' का था, जिसकी स्थापना भौतिक विज्ञानी और समृद्धशाली होमी भाभा ने की थी, वह उस तरह के अनोखे 'सरकारी बाबू' थे जिस तरह के 'सरकारी बाबू' को कभी देख पाने की बस मन में आशा ही की जा सकती है। सहयोगियों की एक छोटी और समर्पित टीम के साथ उन्होंने भारत के अपने, स्वदेशी परमाणु ऊर्जा कार्यक्रम का निर्माण किया, जिसका उद्देश्य देश की बिजली सम्बन्धी ज़रूरतों को पूरा करना और राष्ट्रीय सुरक्षा को मज़बूत बनाना था। इसका एक और उत्कृष्ट उदाहरण हैं विक्रम साराभाई; जिन्होंने उसी भारतीय अंतरिक्ष अनुसंधान संगठन (इसरो) की स्थापना की थी; जो अपनी एक हालिया महत्त्वपूर्ण उपलब्धि चन्द्रयान और मंगलयान जैसी सफलताओं का सेहरा अपने सिर पर सजाये आज भी प्रशंसा बटोर रहा है। अपनी पुस्तक *'विक्रम साराभाई: ए लाइफ़'* में अमृता शाह लिखती हैं कि :

क्यों सरकार में प्रौद्योगिकी का इस्तेमाल करना कठिन है?

1

जानकारी की कमी
नवीनतम प्रौद्योगिकीय विकास और अपनी क्षमता को न समझ पाना

2

उदासीनता
दृढ़ता, नज़रिया और जोख़िम उठाने की चाहत का अभाव

3

कार्यान्वयन
जटिल प्रौद्योगिकीय परियोजनाओं का प्रबन्धन सँभालने की योग्यता में कमी

4

स्वचालन के लिए शक्ति परिवर्तन
भ्रष्टाचार के अवसरों और किराए की माँग मिटाता है

5

नए खिलाड़ियों के लिए शक्ति परिवर्तन
संचालन के पारंपरिक ढाँचे में बदलाव का विरोध

6

समन्वय
सहभागिता की बजाय सिस्टम द्वारा क्षेत्र और पदानुक्रम को महत्त्व देना

7

निजता एवं सुरक्षा
डाटा असुरक्षा की काली छाया और 'बिग ब्रदर'

8

कार्यनीति से पहले रणनीति
शक्ति को बनाए रखने और परिवर्तन से लड़ने के लिए एकजुट होना

9

परिवर्तन का डर
वर्तमान-स्थिति के अभ्यस्त

10

नकारात्मक गठबंधन
अल्पकालिक दृष्टि जो कि जनहित से पहले संरक्षण को प्राथमिकता देती है

> 1970 तक, उन्होंने अपनी सूची (अंतरिक्ष आवेदनों की) का विस्तार कर उसमें कृषि, वन-विज्ञान, समुद्र विज्ञान, भूविज्ञान, खनिज पूर्वेक्षण और मानचित्रकारी तक को शामिल कर लिया था...विकास के साथ प्रौद्योगिकी को जोड़ना, एक बेहद जटिल कामकाजी संस्कृति और वैज्ञानिक क्षमताओं को बढ़ावा देते हुए, आम जनता की ज़रूरतों का भी ध्यान रखना, यह विक्रम का ही सपना था। 'मेंढक कूद' उनके पसन्दीदा मुहावरों में से एक था। जोकि विकासशील देशों में उनकी लम्बी, कठिन प्रक्रियाओं को मिटाने के लिए, पश्चिमी देशों द्वारा इस्तेमाल की जाने वाली प्रौद्योगिकी की क्षमता में भाभा और नेहरू सहित विक्रम के अत्यधिक विश्वास की ओर संकेत करता है।[18]

अनाज और दूध के मामले में भारत की आत्मनिर्भरता भी स्टार्ट-अप के ही परिणाम हैं: जिसके लिए नॉर्मन बोरलॉग जैसे वैज्ञानिकों, एम.एस स्वामीनाथन जैसे नौकरशाहों द्वारा संचालित, और इंदिरा गाँधी सरकार द्वारा प्रशासकीय रूप से समर्थित 'हरित क्रांति' ज़िम्मेदार है, जबकि वर्गीज़ कुरियन के नेतृत्व वाले 'ऑपरेशन फ्लड' ने भारत को विश्व का सबसे बड़ा दुग्ध उत्पादक बना दिया था। दोनों ही मामलों में प्रतीत होता है कि इन अड़ियल समस्याओं को उन छोटी टीमों द्वारा सँभाला जा रहा था जिन्हें मज़बूत प्रशासनिक सहायता दी गयी थी, और जिसके परिणाम अपनी सफ़लता की कहानी खुद बयां करते हैं। अपने अनुभव को तेज़ी से आगे बढ़ाते हुए, नौकरशाहों के एक समर्पित समूह और तकनीकी विशेषज्ञों ने मिलजुल कर काम किया और भारत के 1.2 बिलियन नागरिकों में से प्रत्येक को एक अनूठी पहचान देने वाले 'आधार' कार्यक्रम के निर्माण और वितरण के वादे को पूरा कर दिखाया। 'आधार' के साथ-साथ ही भारत ब्रॉडबैंड परियोजना का भी शुभारम्भ हुआ था, जिसका उद्देश्य 2,50,000 गाँवों को फाइबर ऑप्टिक (एक तकनीक जिसमें कांच या प्लास्टिक के फाइबर (धागे) का उपयोग डाटा संचारित करने के लिए किया जाता है) नेटवर्क के साथ जोड़ना था। 'आधार' को जानबूझ कर शुरू से ही बड़े पैमाने और रफ़्तार के लिए डिज़ाइन किया गया था, और अब 90 करोड़ से अधिक नागरिकों के पास 'आधार' संख्या है; दूसरी ओर, भारत ब्रॉडबैंड डिज़ाइन की अक्षमताएँ एक ऐसी कठिन स्थिति में पहुँच गईं, जिसके कारण यह परियोजना अभी तक लड़खड़ा रही है। इसलिए डिज़ाइन का शुरू से ही सही निर्माण करना ही सफ़लता कुंजी है।

हमारा प्रस्ताव है कि सावधानी से चुने गये 100 व्यक्तियों की एक टीम भारत को कमज़ोर बनाने वाली सभी प्रमुख समस्याओं को बखूबी हल कर सकती है। लेकिन यह व्यवस्था काम कैसे करेगी? अब मान लीजिये कि प्रधानमन्त्री द्वारा ऐसी

दस महा–चुनौतियों की पहचान की जाती है जिनका सामना आज भारत कर रहा है। जिसमें प्रत्येक सुझाव 'सरकारी स्टार्ट–अप' के लिए एक अचूक लक्ष्य भेदी तीर साबित हो सकता है। प्रत्येक समस्या का प्रभार दस व्यवहारकुशल लीडरों को दिया जाये, और बदले में वे लोग सरकार के अन्दर और बाहर के डोमेन विशेषज्ञों में से बेहतरीन दिमाग वाले दस सदस्यों की टीमें बनायेंगे जो अपनी अतुलनीय सोच का इस्तेमाल करके प्रगतिशील समाधान निकाल सकें। इस पूरी पुस्तक में हम इसी प्रकार के सशक्त समाधानों के उदाहरण देंगे।

संक्षेप में, किसी भी नयी सरकारी परियोजना के साथ स्टार्ट–अप जैसा ही व्यवहार करना चाहिए, जिसके लिए ख़ुद अपनी भागीदारी का दावा करना आवश्यक हो। इस प्रकार की परियोजना के प्रभारी अधिकारियों को अपनी व्यावसायिक सूझबूझ का प्रदर्शन बहुत बड़ी मात्रा में करना चाहिए। असली व्यवसायी सभी सरकारी प्रक्रियाओं का पता लगा कर उनका सही तरीके से पालन करेगा। वह नौकरशाही के उपमार्गों पर अपना रास्ता बनाते हुए अपने अनेक रहनुमाओं को ख़ुश रखेगा, हर संबद्ध सरकारी दस्तावेज़ और महत्त्वपूर्ण भाषण में अपनी परियोजना का उल्लेख करवाएगा; अपने बिलों को संसद में पेश करवा के उसे कानून के रूप में अधिनियमित करवाएगा, अपने बजट को सँभल कर खर्च करेगा, जाँच संस्थाओं को सहयोग देगा, अदालत के आदेश पर प्रतिक्रिया देगा, संसदीय सवालों के जवाब देगा, आरटीआई (सूचना का अधिकार) अनुरोधों में माँगी गयी जानकारी लगातार उपलब्ध करवाएगा; सरकार के भीतर निर्मित विभिन्न कल्याण समूहों और बाहर के नागरिक समूहों के बीच आम सहमति का निर्माण करेगा; ऐसे सहयोगी दलों को अपने साथ जोड़ेगा जो मुसीबत के समय उसे समर्थन दें; और यह सब करते हुए वह एक सर्वश्रेष्ठ टीम की नियुक्ति पर भी अपना ध्यान केंद्रित करेगा और साथ ही साथ एक ऐसे संगठन का निर्माण करेगा जो एक सुनियोजित लक्ष्य प्राप्ति के लिए समर्पित हो।

'रोज़मर्रा का काम' वाली सामान्य नियमावली को अब खिड़की से बाहर फेंक देना चाहिए। उन अधिकारियों को मिला कर बनी नौकरशाही जो सिर्फ़ प्रशासनिक प्रक्रिया विशेषज्ञ हैं, उतनी बड़ी और जटिल परियोजनाओं को नहीं सँभाल सकेगी जिनसे हमारी सरकार को निपटने की आवश्यकता है। हालाँकि इनमें कई प्रतिभावान, मेहनती और ईमानदार अधिकारी भी हैं; इसलिए हमें व्यवस्था की ख़ामियों को भी समझना होगा। जैसे कि एक अटल पदानुक्रम जो वरिष्ठता के अनुसार तरक्की देता है; क्षेत्रीय लड़ाइयाँ; उलझनों के प्रति पूर्वाग्रह; कम अवधि का कार्यकाल, अल्पकालीन दृष्टि बनाता है; यह सोच कि बड़े बजट के साथ अधिकाधिक लोगों पर हुकुम चलाना ही असली ताक़त है और अंतर–सेवा प्रतिद्वंद्विता।

सरकार इतनी रूढ़िवादी क्यों है? 1787-88 में प्रकाशित 'द फेडेरलिस्ट पेपर' में अमेरिकी संविधान को बनाते समय किये गये फ़ैसलों पर विस्तार से चर्चा की गयी थी। फेडेरलिस्ट क्रमांक 51 में संयुक्त राज्य अमरीका के चौथे राष्ट्रपति जेम्स मेडिसन ने सरकार पर रखे जाने वाले आवश्यक नियंत्रण की व्याख्या की है:

> लेकिन सरकार अपने-आप में है क्या? मानव स्वभाव पर पड़ने वाले सभी प्रतिबिम्बों में से सबसे बड़ा प्रतिबिम्ब। यदि मनुष्य देवदूत होते, तो किसी सरकार की आवश्यकता ही नहीं होती। यदि देवदूतों को मनुष्यों को नियंत्रित करने का कार्यभार सौंपा जाता, तो सरकार पर न तो बाहरी और न ही आंतरिक नियंत्रण की आवश्यकता होती। एक ऐसी सरकार का निर्माण करने में जिसे मनुष्यों द्वारा मनुष्यों पर शासन करना हो, सबसे बड़ी मुश्किल यह है कि आपको पहले सरकार के अधीन नागरिकों को नियंत्रित करने के लिए सरकार को सक्षम बनाना होगा और फिर सरकार को ख़ुद पर नियंत्रण रखने के लिए बाध्य करना होगा।[19]

हमारे सामने भी यही चुनौती खड़ी है। शासन की संरचना को कमज़ोर किये बिना, स्टार्ट-अप संस्कृति की ऊर्जा को उपयोग में लाने के साथ-साथ हम किस प्रकार सरकार में एक नयी श्रेणी के लोगों को शामिल कर सकते हैं? हमारा मानना है कि 'आधार' के दौरान में हमें हुए अनुभव समाधान के कुछ हिस्सों पर प्रकाश डालेंगे।

भारत को रीबूट करने के लिए रूपरेखा

भारतीय विशिष्ट पहचान प्राधिकरण (यूआईडीएआई) के फ़ोर्मर हैड ऑफ़ डिमांड जेनेरेशन (माँग उत्पादन के पूर्व अध्यक्ष) शंकर मरुवडा, जिन्होंने भारत में मार्केटिंग (बिक्री-कला) और भारतीय ग्राहकों की मानस प्रवृत्ति के बारे में सोच-विचार करने में अपना तमाम व्यावसायिक जीवन व्यतीत किया है, उन्होंने हमें बताया कि आधिकारिक तौर पर 'आधार' का शुभारम्भ करने से पहले उनकी टीम ने ज़मीनी रूप से काफ़ी अनुसंधान किया है जिसके लिए उन्होंने छह महीने तक भारत भर में भ्रमण किया। तभी इस टीम ने ग्रामीण और शहरी दोनों दृष्टिकोणों को ध्यान में रखते हुए असली भारत की एक तस्वीर निर्मित की। उन्होंने बताया कि उसी दौरान 'हमें पता चला कि भारत का सबसे बड़ा ब्रांड *'शेर छाप'* है जो कि एक सरकारी चिन्ह है।' लोग सच में यह मानते हैं कि सरकार दिल से लोगों का भला चाहती है, और

इस पर आँख मूंद के भरोसा करते हैं, भले ही सरकार में अग्रणी कार्यकर्ता और अधिकारी, जिनसे उनका सीधे-सीधे वास्ता पड़ता है वे भ्रष्ट या अयोग्य हैं। हमारी चरमराती और जीर्ण-शीर्ण सार्वजनिक सेवा प्रणालियों के बावजूद सद्भावना और विश्वास का एक महासागर निर्मित हो चुका है। यदि सरकार प्रौद्योगिकी को अपनाती है और नागरिकों से व्यवहार करने के अपने बुनियादी तौर-तरीकों को पुन: परिभाषित करती है तो ज़रा कल्पना कीजिये कि यह परिवर्तन किस स्तर की सकारात्मक ऊर्जा उत्पन्न कर सकता है, और यह ऊर्जा देश को शक्ति प्रदान कर, उसे उपलब्धि और समृद्धि के सबसे ऊँचे शिखर पर स्थापित कर सकता है।

बुनियादी तौर पर इस पुस्तक का उद्देश्य विश्व के सबसे बड़े सामाजिक पहचान कार्यक्रम 'आधार' परियोजना निर्माण के दौरान हुए हमारे अनुभवों पर आधारित उन तरीकों को समझाना है जिनसे हमारी सरकार में बदलाव आने के साथ-साथ हमारी नागरिक अनुकूल सार्वजनिक संस्थानों की एक नयी शृंखला के निर्माण में प्रौद्योगिकी को उपयोग किया जा सके। नन्दन के एक अर्थशास्त्री मित्र लांट प्रिटचेट भारत को एक ऐसे रेंगते हुए राज्य के रूप में देखते हैं जिसका दिमाग तो काम कर रहा है लेकिन अपने बाकी अंगों से उसका नाता टूट चुका है, एक ऐसी स्थिति जिसमें राष्ट्रीय और राजकीय स्तर पर राज्य-पुलिसकर्मियों के क्षेत्रीय स्तर के क्षेत्रीय प्रतिनिधियों के रोज़मर्रा कार्यों से लेकर इंजीनियरों, शिक्षकों और स्वास्थ्य कार्यकर्ताओं पर नियंत्रण प्रशासन की पकड़ से बाहर होता जा रहा है।[20] हमारा राष्ट्र 'एक तेज़ी से बढ़ती अर्थव्यवस्था और विश्व स्तरीय बेहतरीन संस्थानों वाले लोकतन्त्र' वाला देश है, मगर साथ ही साथ हम 'सबसे बुनियादी सेवाओं के प्रबन्ध में अव्यवस्था से भी संघर्ष कर रहे हैं।' और हमारा देश तब तक एक वैश्विक महाशक्ति नहीं बन सकता जब तक हम इन विरोधाभासों को हल कर, अपने समाज को विकृत करने वाली दरारों को भर नहीं लेते।

हमारी पुस्तक का पहला भाग 'आधार' योजना को नवीन श्रेणी की सेवाओं के निर्माण का एक मंच बनाने के उद्देश्य पर केंद्रित है। इसमें इलेक्ट्रॉनिक भुगतान नेटवर्क, पुन: परिकल्पित सामाजिक सुरक्षा प्रणाली और अपने ई-केवाईसी (e-KYC-ग्राहक को जानिए) शामिल हैं। उसके बाद हम संस्था निर्माण के लिए प्रौद्योगिकी का उपयोग एक उपकरण के रूप में करने के विचार पर छानबीन करते हुए सिंगल मार्किट के ब्लॉक्स (एकल बाज़ार के खंड) को निर्मित करने के लिए वस्तु एवं सेवा कर (जीएसटी-GST, गुड्स एन्ड सर्विसेस टैक्स) और इलेक्ट्रॉनिक टोल संग्रह (ईटीसी-ETC, इलेक्ट्रॉनिक टोल कलेक्शन) पर ध्यान केंद्रित करेंगे। इसके बाद हम भारत में चुनावी प्रक्रिया के दोनों पहलुओं यानि चुनाव करवाने और लड़ने पर

एक नज़र डालेंगे, बाद के संदर्भ में हम इस बात पर रोशनी डालेंगे कि प्रौद्योगिकी ने दल को एक मंच के रूप में ढालने की अवधारणा को कैसे जन्म दिया। अन्त में, हम बड़ी तस्वीर की ओर रुख़ करते हुए यह देखेंगे कि भारतीय प्रशासन की सबसे महत्त्वपूर्ण चिंताओं में से कुछ जैसे न्याय, स्वास्थ्य और शिक्षा आदि का समाधान निकालने के लिए प्रौद्योगिकी का उपयोग कैसे किया जा सकता है।

राष्ट्रपति प्रणब मुखर्जी ने सरकार पर प्रौद्योगिकी के प्रभाव की व्याख्या करते हुए एक बढ़िया समरूपता पेश की थी। वित्त मन्त्री के रूप में मुखर्जी के कार्यकाल के दौरान, सब्सिडी सुधार के मुद्दे पर एक रिपोर्ट प्रस्तुत करने के लिए नन्दन उनसे मिले थे, और उन्होंने भारत की जटिल समस्याओं में से कुछ एक को सुलझाने के लिए प्रौद्योगिकी मंचों के महत्त्व पर बल दिया था। मुखर्जी ने बात को तुरंत समझा, और कई अन्य मंत्रियों और सचिवों की ओर मुख़ातिब हो उन्हें समझाते हुए कहा कि 'देखिये, यह भी एक रेलवे प्लेटफ़ार्म की तरह है। एक रेलवे प्लेटफार्म पर अलग-अलग ट्रेनें आती हैं, प्रत्येक की एक अलग मंज़िल होती है, और लोग अपनी-अपनी मंज़िल के हिसाब से उस पर चढ़ते और उतरते हैं। उसी तरह, प्रौद्योगिकी प्लेटफ़ॉर्म एक केन्द्र स्थान है, जहाँ विभिन्न राज्य सरकारें, संस्थान, और नागरिक एकत्रित हो सकते हैं। सभी सरकारी सेवाओं और योजनाओं को एक ही मंच पर उपलब्ध कराने से लोग एक ही स्थान पर सभी उपयुक्त सेवाओं के लिए अपना नामांकन कर सकते हैं।'

अब हमारे सामने चुनौती यह है कि हमें एक ऐसे प्लेटफ़ॉर्म का निर्माण करना है जहाँ से भारत के सभी 1.2 अरब लोगों को उसकी मनपसन्द मंज़िल तक पहुँचने के लिए ट्रेन मिल सके।

1

‘आधार’ : पाँच वर्षों में शून्य से एक अरब तक

> गरीब लोग बोन्साई पेड़ की तरह हैं। उनके बीजों में कोई कमी नहीं होती। सिर्फ़ समाज ही उन्हें विकसित होने के लिए आधार नहीं देता।
>
> —मोहम्मद यूनुस, *क्रिएटिंग अ वर्ल्ड विदाउट पावर्टी*

गुजरात सीमा के करीब महाराष्ट्र के जिला नंदुरबार स्थित तेम्भ्ली गाँव एक छोटा सा धूल भरा क़स्बा है, जहाँ भील आदिवासियों की आबादी अधिक है। शहर से 50 किलोमीटर दूर तेम्भ्ली में अच्छी सड़कें और बिजली दोनों का अभाव था, यहाँ के निवासी या तो आस-पास के खेतों में छोटी-मोटी मज़दूरी कर अपना और अपने परिवार का पेट पाल रहे थे या फिर रोज़गार की तलाश में दूसरे राज्यों में जा बसे थे। फिर 2010 के अन्त में, तेम्भ्ली में एक नाटकीय बदलाव आया। गाँव की सड़कों पर डामर बिछ गये, इमारतों पर ताज़ा रंग-रोगन किया गया, पानी के पंप लगाये गये, और इस गाँव को अपना पहला बिजली कनेक्शन भी मिल गया। तेम्भ्ली को मिले इस सम्मान की असली वजह थी ‘आधार’, क्योंकि तेम्भ्ली वह स्थान था जहाँ भारत सरकार के महत्त्वाकांक्षी कार्यक्रम ‘आधार’ को हरी झंडी दिखाने का फ़ैसला लिया गया था। उस समारोह में तत्कालीन प्रधानमन्त्री मनमोहन सिंह और भारतीय राष्ट्रीय कांग्रेस अध्यक्षा सोनिया गाँधी सहित कई अन्य गणमान्य व्यक्तियों ने भी हिस्सा लिया था। इसी समारोह में एक तीस वर्षीय गृहिणी रंजना सोनवणे को ‘आधार’ संख्या प्राप्त करने वाली पहली भारतीय नागरिक होने का सौभाग्य मिला।

जिसके बाद ग्रामीणों के मन में यह आशा घर कर गयी कि अपनी 'आधार' संख्या के दम पर वो लोग उन साधारण कामों को अब आसानी से कर सकेंगे जिनसे वो आज तक वंचित थे–उनके सरकारी रिकॉर्ड (अभिलेख) की निगरानी, बैंक खाता खोलना और यह भी सुनिश्चित हो सकेगा कि कोई धोखाधड़ी से उनके लाभ-भुगतान पर अपना दावा न कर सके।

फ़ोटो खिंचवाने के लिए अपनी यूनिक आईडी (विशिष्ट पहचानपत्र) संख्या अंकित सरकारी कार्ड को हाथ में पकड़े मुस्कुराती सोनवणे, यह कोई नया दृश्य नहीं था, किसी भी नयी सरकारी योजना के आरम्भ होने पर इस प्रकार के दृश्य हमने हर बार देखे हैं। फिर भी इस बार कुछ अलग था, और वो थी उस संख्या की ताक़त जिसे सोनवणे ने कसके अपनी उँगलियों में बड़े गर्व से जकड़ा हुआ था। पहला, सभी भारतवासियों के लिए 'आधार' एकमात्र सकल पहचान है, यहाँ तक कि जिनके पास उनकी पहचान का अन्य कोई साधन नहीं है, 'आधार' के द्वारा उनकी उपस्थिति से पहली बार राज्य को परिचित करवाया गया। दूसरा, 'आधार' वो दुर्लभ सरकारी योजना है जो कि किसी एक-इकलौती ज़रूरत को पूरा करने के लिए ही नहीं बनाई गयी, बल्कि यह एक खुली पहचान सत्यापन प्रणाली है और इसे हर उस आवेदन पत्र के साथ संलग्न किया जा सकता है जिसमें किसी व्यक्ति को अपनी पहचान प्रमाणित करने की आवश्यकता हो, फिर चाहे ग्रामीण रोज़गार गारंटी योजना में नाम दर्ज करवाना हो या फिर बैंक में खाता खुलवाना हो। किसी की पहचान पुष्टि के लिए बायोमेट्रिक (शारीरिक चिन्ह) पहचान सत्यापन के तहत उस व्यक्ति की उँगलियों के निशान और आइरिस (आँखों की पुतलियाँ) का उपयोग किसी भी अन्य पहचान योजना में इतने बड़े स्तर पर कभी नहीं किया गया। और आखिरकार, अब सोनवणे को अपनी 'आधार' संख्या का उपयोग करने के लिए हर बार इस सरकारी कार्ड को पेश करने की ज़रूरत नहीं, बस उसे अपनी 'आधार' संख्या को याद कर लेना भर काफ़ी है और इतना कर लेने के बाद सिर्फ़ उसकी आँखें और उसकी उँगलियों के निशान ही दुनिया को यह बताने के लिए काफ़ी हैं कि वो और सिर्फ़ वो ही तेम्भ्ली की रंजना सोनवणे थी।[1]

उस दिन 90 करोड़ से भी अधिक भारतीय निवासियों में रंजना सोनवणे को सबसे पहले 'आधार' संख्या प्राप्त करने का सौभाग्य मिला, आज 120 करोड़ से भी ज़्यादा आबादी में से दो-तिहाई से भी अधिक लोगों के पास अपनी ख़ुद की 'आधार' संख्या है।[2] तेम्भ्ली के उस समारोह में मंच पर उपस्थित नन्दन के साथ-साथ दर्शकों के बीच बैठे हम सभी के लिए रंजना सोनवणे हमारी उस असाधारण यात्रा की प्रतीक थी, जिसे हमने 'आधार' योजना लागू करने के लिए निर्मित संगठन 'भारतीय विशिष्ट पहचान प्राधिकरण' का हिस्सा बनाकर पिछले चौदह महीनों में शुरू

किया था। सरकारी संस्थाओं व निजी संगठनों के कई प्रतिभाशाली व्यक्तियों ने इस कार्यक्रम में हिस्सा लेने के लिए निजी और व्यावसायिक स्तर पर कुछ कठिनाइयों का सामना भी किया। हमने अधूरे निर्मित कार्यालयों और अर्ध-सुसज्जित अपार्टमेंटों में अपना डेरा जमाया, देर रात तक काम करने के कारण हम कॉफ़ी के अनगिनत कप गटक गये, और मुख्यमंत्रियों और सीईओ (CEO-चीफ़ एक्सेक्यूटिव ऑफिसर-मुख्य कार्यकारी अधिकारियों) के साथ समान रूप से मुलाकात करने के लिए देश के कोने-कोने की यात्रा की। और ये सब इसलिए किया क्योंकि हम सभी एक ही उद्देश्य के लिए प्रतिबद्ध थे कि प्रत्येक भारतीय को उसकी एक पहचान पाने का अधिकार है जो उन सभी मौलिक प्रश्नों के उत्तर देने का तरीका हो कि मैं कौन हूँ?

देश के दो-तिहाई से भी अधिक निवासियों तक पहुँचने में 'आधार' को पाँच वर्षों से भी कम समय लगा; यानि वाट्सएप्प की तुलना में इसने कम समय में अधिक लोगों तक अपनी पहुँच बना ली, वाट्सएप मोबाइल पर सन्देश भेजने वाली वो एप्लीकेशन (सेवा) है जिसे फेसबुक ने 1900 करोड़ डॉलर में खरीदा था। उन पाँच वर्षों के दौरान यूआईडीएआई (UIDAI-यूनिक आइडेंटिफिकेशन अथॉरिटी ऑफ इंडिया-भारतीय विशिष्ट पहचान प्राधिकरण) में हमने इस कार्यक्रम के सम्पूर्ण ढाँचे का शून्य से लेकर निर्माण किया था, अपने लक्ष्यों को निर्धारित समय पर हासिल करने के लिए हमें कई सरकारी व निजी संस्थाओं के साथ काम करना पड़ा। और ये सब कुछ हमने भारत सरकार के दायरे में रहते हुए किया, हम उसी व्यवस्था के अंदर काम करते रहे जहाँ इस कार्यक्रम को बहुतों ने कठोर, अनुत्तरदायी, पुराने ढर्रे का और अक्षम कह कर अत्यंत कटु ढंग से ख़ारिज कर दिया था। फिर भी हमारी नज़रें जहाँ तक गयीं हमें वहाँ दूरदृष्टि, प्रतिबद्धता और बदलाव के लिए दिल में जोश रखने वाले लोग मिले। जो कि हमारे हिसाब से 'आधार' की महान सफलताओं में से एक था।

लाखों गुमनाम भारतीय

फ़ारूक़ आलम उत्तर प्रदेश का एक प्रवासी मज़दूर था, और रोज़ी-रोटी की तलाश में पत्नी और परिवार को पीछे छोड़ आया था। 2010 में, फ़ारूक़ ने 'आधार' संख्या लेने के लिए नयी दिल्ली में आवेदन दिया।[3] लेकिन वह अपनी ही आयु के बारे में सुनिश्चित नहीं था; भारत में पैदा हुए 59 प्रतिशत बच्चों की तरह,[4] उसके जन्म का पंजीकरण नहीं करवाया गया था, और न ही उसके पास कोई जन्म प्रमाण

पत्र था। बिना आयु प्रमाण के फ़ारूक़ अपना वोटर आईडी (मतदाता पहचान पत्र) या ड्राइविंग लाइसेंस भी नहीं बनवा सकता था। दरअसल उसके पास अपनी पहचान साबित करने के लिए कोई दस्तावेज़ था ही नहीं। उसकी नामांकन प्रक्रिया पूरी होने के बाद जब उससे ये पूछा गया कि अब जबकि उसके पास एक ऐसा दस्तावेज़ है जिससे यह साबित किया जा सकता है कि वह कौन है, तो उसके हालात में क्या बदलाव आएगा? उत्तर में उसने कहा कि ''शायद कुछ लाभ हो'', जबकि उसके मुँहफट सहकर्मी गुलज़ार खान का उत्तर था कि ''पहले मेरे पास ये आईडी नहीं थी इसलिए मैंने कभी इस बारे में सोचा ही नहीं कि इसका क्या मतलब होता है, पर अब मेरे पास ये आईडी है, तो लगता है कि यदि मैं किसी दुर्घटना में मारा भी गया तो कम से कम लोगों को यह तो पता चल सकेगा कि मैं कौन हूँ?''

कुछ ऐसा था उन लाखों भारतीयों में से एक होने का मतलब जिनके पास अपनी पहचान के लिए कोई दस्तावेज़ नहीं था, जिनके पास यह साबित करने का कोई तरीका नहीं था कि वो कौन हैं, जिनके जन्म, जीवन और मृत्यु से सरकारी अधिकारी पूरी तरह अनजान थे। अपनी पहचान की कमी का एहसास उन्हें तब होता था जब हज़ारों छोटे-बड़े सुअवसर उनके हाथ से निकल जाते थे। इन 'अदृश्य' भारतीयों को बिना उनकी पहचान के औपचारिक श्रम बाज़ार में भी काम पर नहीं लगाया जा सकता था, नतीजा, इन लोगों को देश के विशाल असंगठित श्रम क्षेत्र में अत्यधिक शारीरिक श्रम की माँग और कम भुगतान वाले रोज़गारों की तरफ़ धकेला जा रहा था। मतदाताओं के रूप में उन्हें पंजीकृत नहीं किया जा सकता था, इसलिए अपने नेताओं के चयन में उनकी कोई भागीदारी नहीं थी। गरीबों को लाभान्वित करने के लिए बनी किसी भी सरकारी कल्याणकारी योजना में उनके लिए कोई स्थान नहीं था। ये लोग कार चलाने, देश से बाहर यात्रा करने, मोबाइल कनेक्शन के लिए सिम कार्ड लेने, बैंक खाता खोलने के अधिकार से भी वंचित थे और अगर कभी सड़क पर पुलिस रोक ले तो उन्हें दिखाने के लिए उनके पास कोई दस्तावेज़ नहीं था। अपने इन हालातों से बाहर निकलने का रास्ता खोजने में असमर्थ, वे अदृश्य लोग सदा गरीबी के दलदल में फंसे रहे।

भारत के अधिकांश गरीबों के लिए उनकी पहचान को किसी भी रूप में हासिल करने के मार्ग में खड़ी बाधाएँ अलंघनीय रूप से ऊँची थीं। फिर चाहे जन्मतिथि प्रमाण पत्र हो, मतदाता पहचान पत्र, पैन कार्ड या फिर राशन कार्ड; हमारे देश में प्रत्येक मुख्य आईडी के लिए आपके पास पहले से कम से कम एक अन्य आईडी का होना आवश्यक है। यानि मात्र यह साबित करना कि 'आपकी पहचान क्या है?' किसी दो-धारी तलवार पर चलने के समान दुष्कर था, इन कठिनाइयों के कारण

वे ग़रीब जिन्हें सरकारी सामाजिक सुरक्षा तन्त्र की सबसे अधिक आवश्यकता है रुकावटों की इन दरारों के बीच से फिसल कर गिर रहे थे।

हालात को और अधिक जटिल बनाने के लिए आईडी के यह सभी रूप हर किसी के लिए उपलब्ध नहीं थे, उदाहरण के लिए एक वोटर आईडी या ड्राइविंग लाइसेंस बनवाने के लिए आपकी आयु अठारह वर्ष से अधिक होना आवश्यक था और 'पहचान के प्रमाण पत्र' के रूप में इनमें से किसी भी दस्तावेज़ को सभी जगह स्वीकृति प्राप्त नहीं थी। जिसका सीधा सा अर्थ था कि यदि किसी लेन-देन को करते समय आपको अपनी पहचान के सत्यापन की आवश्यकता होती, जैसे यदि बैंक में खाता खुलवाना हो, तो आपको उन दस्तावेज़ों का एक अच्छा-खासा पुलिंदा इकट्ठा करने में काफ़ी पसीना बहाना पड़ता था जो बैंक खाता खुलवाने की प्रक्रिया को पूरा करने के लिए आवश्यक थे, और फिर उस बैंक के ऐसे अनेकों क़ानूनी कागज़ों में जानकारियाँ भरनी पड़ती थीं जो सिवाय उस बैंक के और कहीं लागू नहीं होते थे। ये सारा तामझाम थकाऊ, महंगा और समय की बर्बादी वाला था, परिणामस्वरूप ये सेवाएँ उन लोगों की पहुँच से बाहर थीं जिन्हें इनकी सबसे अधिक आवश्यकता थी।

बैंक के लिए भी, 'पहचान सत्यापन' भी समान रूप से मुश्किल था, जिसके लिए बड़ी मात्रा में कठिन प्रयास करने पड़ते थे। और तो और बैंकिंग या किसी अन्य सेवा में इस्तेमाल हुआ यह सारा डाटा एक ही खूंटे की गाय बन के रह जाता था, यानि इसका इस्तेमाल किसी और सेवा में हो सके, इसका सवाल ही नहीं उठता था। साधारण शब्दों में, ड्राइविंग लाइसेंस का आवेदन करते समय आपके द्वारा दी गयी जानकारी, आपके ही के द्वारा पासपोर्ट का आवेदन करने पर पासपोर्ट कार्यालय की पहुँच से बाहर होती थी। ऐसे में आपको उसी पूरी प्रक्रिया से दोबारा गुज़रना पड़ता था। इस तरह के अपारदर्शी, पहुँच से बाहर डाटा सिस्टम के कारण गलतियाँ खोज कर, उन्हें दूर करने का कार्य और अधिक कठिन हो गया था, जिसकी वजह से धोखाधड़ों के बच निकलने की सम्भावना बढ़ती जा रही थी। अवैध तरीके से लाभ लेने के लिए बने नकली लाभार्थी और अदृश्य कार्यकर्ता हज़ारों की संख्या में मौजूद थे, जबकि असली ज़रूरतमंद लाभार्थियों को उनकी देय राशि के लिए धोखा दिया जाता, परिणामस्वरूप इस व्यवस्था के लिए वो सदा अदृश्य ही बने रहे।

यदि हम सच में भारत की आर्थिक प्रगति के लाभों को देश के प्रत्येक निवासी तक पहुँचाना चाहते हैं तो हाशिये के उस पार धकेले गये लाखों अदृश्य लोगों को अंधेरे से निकल कर उजाले में आना होगा और औपचारिक वित्तीय क्षेत्र का हिस्सा बन कर अपनी सही जगह लेनी होगी। ठीक इसी समय, सरकारी लाभ योजनाओं का अरबों रुपया परनाले में बह रहा था, उदाहरण के लिए सार्वजनिक वितरण प्रणाली

मुद्दा पहचान का

सरकार द्वारा प्रदान अधिकतर आईडी किसी कार्यक्रम से जुड़े और किसी प्रशासनिक प्रयोजन के लिए बनाये गये हैं।

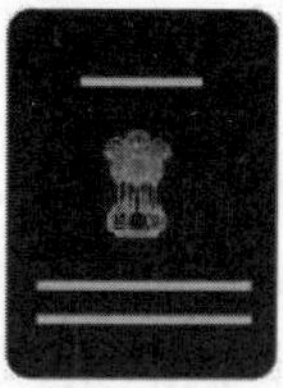

पासपोर्ट
सिर्फ़ देश से बाहर यात्रा करने वाले नागरिकों के लिए

वाहन चालक लाइसेंस
सिर्फ़ वाहन चालकों के लिए 18 वर्ष और उससे अधिक सीमित वैधता

पैन कार्ड (स्थायी खाता संख्या)
केवल करदाताओं के लिए

मतदाता/वोटर आईडी
सिर्फ़ 18 वर्ष और उससे अधिक आयु के नागरिकों के लिए

राशन कार्ड
केवल सब्सिडी/अनुवृत्ति पाने योग्य नागरिकों के लिए

बीपीएल (ग़रीबी रेखा से नीचे) कार्ड
केवल एक निश्चित स्तर से कम आय वाले नागरिकों के लिए

नरेगा (राष्ट्रीय ग्रामीण रोज़गार गारंटी) कार्ड
केवल ग्रामीण रोज़गार योजना के लिए निर्मित

AADHAAR

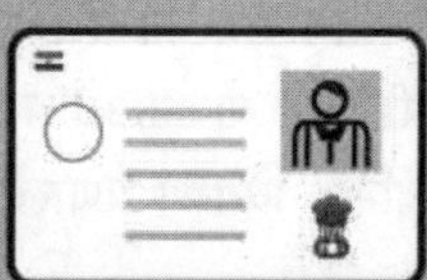

आधार कार्ड
प्राथमिक कार्य किसी व्यक्ति को उसकी पहचान प्रदान करना

- विश्वव्यापी • डिजिटल (इलेक्ट्रॉनिक प्रौद्योगिकी)
- सुरक्षित सत्यापन
- कई उपयोग जैसे ई-केवाईसी, अनुदान, पेंशन
- वित्तीय पते के तौर पर इस्तेमाल किया जा सकता है

से गेहूं, चावल और मिट्टी के तेल के लिए हर वर्ष लगभग 30,000 करोड़ रुपये गायब हो रहे थे। यदि इस प्रकार के सहायता कार्यक्रमों को वास्तव में प्रभावशाली बनाना है तो इन रिसावों को रोकना होगा। प्रसिद्ध इस पृष्ठभूमि पर भारत सरकार ने देश के सभी 120 करोड़ निवासियों को एक विशिष्ट पहचान संख्या ('आधार' नाम से प्रसिद्ध, विभिन्न भारतीय भाषाओं में 'आधार' का अर्थ है 'नींव') जारी करने की योजना आरम्भ की। जैसा कि हमने सामने दिए चित्र में समझाया है, पहचान की अन्य मौजूदा किस्मों के विपरीत इस संख्या का अर्थ एक सकल पहचान है, जोकि सभी सरकारी सेवाओं और लाभों के समूह को हासिल करने के लिए आवश्यक 'पहचान सत्यापन' के लिए उपलब्ध एकमात्र जानकारी का काम कर सकता है। पहचान सत्यापन की लागत को कम करने और नामांकन के लिए एक समावेशी मंच विकसित करने के पीछे इस कार्यक्रम का उद्देश्य राज्य की नज़रों में प्रत्येक भारतीय की उपस्थिति को ज़ाहिर करना था, फिर चाहे वो कितना भी ग़रीब या पिछड़ा हुआ क्यों न हो।[5]

कई दशक पूर्व तत्कालीन प्रधानमन्त्री राजीव गाँधी द्वारा की गयी एक प्रसिद्ध घोषणा के अनुसार सरकार द्वारा खर्च किए गये प्रति एक रुपये में से मात्र 17 पैसे असली ज़रूरतमंद व्यक्ति तक पहुँचते हैं, बाकी सब भ्रष्टाचार की भेंट चढ़ जाता है। 'आधार' कार्यक्रम द्वारा स्थापित अधिक पारदर्शिता और उत्तरदायित्व इन रिसावों को बन्द करने में बहुत सहायता करेंगे। यह 'आधार' संख्या एक ऐसे मॉडल (तन्त्र) की बुनियाद के रूप में सहायता कर सकती है जिसके द्वारा लाभ को सीधे उसके असली हकदारों को हस्तांतरित किया जा सकता है। अगले कुछ अध्यायों में हम ऐसे कई परिदृश्यों का पता लगायेंगे जिनमें इस प्रकार के मॉडल का उपयोग किया जा रहा है। प्रत्यक्ष लाभ हस्तांतरण व्यवस्था द्वारा संसाधनों की बेहतर देखरेख और अधिक से अधिक पारदर्शिता सम्भव होती है, धोखेबाज़ों और नकली पहचान जैसी समस्याओं को खदेड़ने में मदद मिलती है। यह व्यवस्था हर किसी के लिए इस्तेमाल में आसान और सुविधाजनक होने के साथ-साथ उच्चस्तरीय सुरक्षा भी प्रदान करती है जो कि सरकारी नियमों के लिए बेहद ज़रूरी है।

पहली बार जब 'आधार' योजना को प्रस्तावित किया गया तब इसके तात्कालिक परिणामों की दो मुख्य कल्पनाओं में पहली 'एक विश्वव्यापी पहचान प्रदान करना' और दूसरी 'एक प्रत्यक्ष लाभ हस्तांतरण व्यवस्था के निर्माण को प्रेरित करना' थी। प्रौद्योगिकी की परिवर्तनकारी शक्ति को देखते हुए हम यह आशा करते हैं कि अब हर एक व्यक्ति उन अनगिनत आवेदनों के लिए अपनी 'आधार' संख्या का उपयोग करने में जल्दी सक्षम होना चाहिए, जिनके लिए पहचान के सत्यापन की आवश्यकता पड़ती है।

एक अप्रत्याशित यात्रा

इस तरह का एक 'राष्ट्र व्यापी तन्त्र (नेटवर्क)' बुनने के लिए, सबसे पहला और महत्त्वपूर्ण कदम प्रत्येक नागरिक के लिए एक विशिष्ट और सर्वव्यापी आईडी प्रदान करना होगा। बेहतर सार्वजनिक सेवाएँ प्रदान करने और उन्हें सही तरीके से योजनाबद्ध करने के लिए नागरिकों का एक राष्ट्रीय रजिस्टर बनाने, उन्हें विशिष्ट आईडी प्रदान करने के साथ-साथ उन्हें पैन कार्ड और पासपोर्ट जैसे राष्ट्रीय डाटाबेस (आधारभूत आंकड़े) समूह के साथ जोड़ने के प्रभाव दूरगामी हो सकते हैं। प्रत्येक नागरिक के लिए एक विशिष्ट पहचान उनके बुनियादी अधिकार को सुनिश्चित करता है—देश में 'एक स्वीकृत अस्तित्व' होने का अधिकार, जिसके बिना किसी भी देश के अधिकाधिक ग़रीब गुमनाम और नज़रअंदाज़ किये जा सकते हैं और सरकारों को बड़े पैमाने पर ग़रीबी और बेबसी पर पर्दा डालने का मौका मिल सकता है।

ये यूआईडीएआई मिशन (लक्ष्य) वक्तव्य के बोल हैं? जी नहीं। यह शब्द नन्दन की पूर्व पुस्तक *'इमेजिनिंग इंडिया'* से लिए गये हैं।[6] बहुत पहले 2008 में, राष्ट्रीय पहचान कार्यक्रम के सवाल पर नन्दन ने बड़ी गम्भीरता से विचार किया था। लगभग उसी दौरान, सरकार ने इस कार्यक्रम को, पहली बार जिसका सुझाव 2006 में रखा गया था, लागू करने की दिशा में अपने आरंभिक कदम उठाए। औपचारिक रूप से यूआईडीएआई 28 जनवरी 2009 को अस्तित्व में आया, नन्दन की सहभागिता लगभग तत्काल शुरू हो गयी थी, इस सच्चाई के बावजूद कि उसके बाद उन्हें आधिकारिक तौर पर अध्यक्ष की पदवी पर साल भर तक नियुक्त नहीं किया गया था।

2009 की गर्मियों में, विरल कैलिफोर्निया के सांता बारबरा में रह रहे थे। सर्फिंग करने (समुद्री लहरों के ऊपर खेला जाने वाला खेल), फ्रिसबी खेलने, और बुर्रितो (मैक्सिकन व्यंजन) खाने के शौक को कायम रखते हुए विरल बोस्टन स्थित स्टार्टअप के लिए काम कर रहे थे। इसके साथ-साथ विरल सांता बारबरा स्थित कैलिफोर्निया विश्वविद्यालय, ज़हाँ उन्होंने कंप्यूटर विज्ञान और इंजीनियरिंग में अपनी पीएचडी (डाक्टरेट की पढ़ाई) पूरी की थी, उसी शिक्षण संस्थान में फाइनेंस कोर्स (वित्त पाठ्यक्रम) पढ़ाते भी थे। नेशनल काउन्सिल ऑफ़ एप्लाइड इकोनॉमिक्स रिसर्च (NCAER—एनसीईआर—राष्ट्रीय अनुप्रयुक्त आर्थिक अनुसंधान परिषद) ने विरल को नयी दिल्ली में आयोजित एक सम्मेलन में भाग लेने का मौका दिया, उसी सम्मेलन में नन्दन भी हिस्सा ले रहे थे, वहीं एक गलियारे में दोनों का आमना-सामना हुआ और अर्थशास्त्री अजय शाह

ने दोनों का परिचय करवाते हुए विरल को बताया कि ''दरअसल नन्दन कुछ बेहद महत्त्वपूर्ण काम कर रहे हैं और तुम्हें इसका हिस्सा ज़रूर बनना चाहिए।'' गलियारे में हुई वह आकस्मिक मुलाकात, नयी दिल्ली के एक होटल की लॉबी में 15 मिनट की बैठक में बदल गयी, जहाँ नन्दन ने विरल को अपने उस 'कुछ बेहद महत्त्वपूर्ण काम' का अर्थ विस्तार से समझाया। अमरीका वापस लौटने पर विरल का स्टार्टअप माइक्रोसॉफ्ट ने अधिगृहीत किया, और उसके बाद विरल ने तय किया कि वो कॉरपोरेट मशीन में फंस कर नहीं रहना चाहते, इसलिए उन्होंने अन्य अवसरों की तलाश आरम्भ कर दी। अब विरल के पास एक विकल्प ये था कि वो मैसाचुसेट्स इंस्टीट्यूट ऑफ टेक्नोलॉजी (MIT–एमआईटी) के गणित विभाग में पोस्ट–डॉक्टरल फेलोशिप ग्रहण करें, लेकिन इसके लिए उनकी वीज़ा स्थिति में बदलाव की आवश्यकता थी। नतीजतन विरल उसी वर्ष सितंबर में वापस मुंबई अपने घर लौट आये, यहाँ अमेरिकी वाणिज्य दूतावास के चक्कर लगाने के अलावा मरीन ड्राइव पर लम्बी सैर और अपने परिवार के साथ समय बिताना उनकी दिनचर्या का हिस्सा बन गया। इन ज़बर्दस्ती की छुट्टियों के बीच वह नन्दन के पास यह पता लगाने पहुँचे कि आखिर 'आधार' कार्यक्रम में क्या चल रहा था। नन्दन ने छूटते ही कहा, ''आप क्यों नहीं दिल्ली आकर इसे शुरू करते?'' बिना समय गंवाये विरल दिल्ली पहुँचे और पहले दिन उन्होंने भारतीय डाक कार्यालयों की बैठक में भाग लिया, फिर महीने भर के अन्दर ही विरल ने यूआईडीएआई में अवैतनिक स्वयंसेवक के रूप में काम शुरू कर दिया। एमआईटी और फेलोशिप के खयाल अब भुलाये गये थे। और फिर 6 महीने बाद विरल के नाम के साथ 'प्रबन्धक, वित्तीय समावेशन' की एक आधिकारिक पदवी के साथ उनके बैंक में एक चेक जमा हो चुका था।

विश्व की सबसे बड़ी सामाजिक सुरक्षा योजना का निर्माण

शंकर मरुवडा, अपने ख़ास मज़ाकिया अंदाज़ में यूआईडीएआई मोर्चे पर घटित एक घटना का ज़िक्र करते हुए बताते हैं कि बतौर मार्केटिंग टीम सदस्य हमने लोगों तक पहुँचने और यह जानने के सच्चे प्रयास किये कि क्या वो 'आधार' के लिए नामांकन भरने में रुचि लेंगे? उसी दौरान 'आधार' के लिए अपना नामांकन करवाने के उद्देश्य से, उत्तर भारत की 40 डिग्री सेल्सियस तपती गर्मी के बावजूद लाइन में खड़े एक ग्रामीण से हमारे एक स्वयंसेवक नमन पुगलिया ने बात की। उस ग्रामीण ने बताया कि उसके पास पहले से ही तीन अन्य प्रकार की आईडी हैं, फिर भी चौथी

को पाने के लिए वह धैर्यपूर्वक इन्तज़ार कर रहा है। जब नमन ने इसका कारण जानना चाहा, तो उस ग्रामीण ने बड़ा ही दिलचस्प उत्तर देते हुए कहा ''बुड़बक, अगर हमारे पास तीन भैंसें हैं, और सरकार हमें चौथी भैंस दे रही है, तो हम लाइन में खड़े क्यों नहीं होंगे?''

इस 'आ हा' पल ने हमें यह एहसास दिलाया कि भारतीय लोग किसी आईडी को एक आर्थिक परिसंपत्ति के रूप में महत्त्व देते हैं, जोकि 'आधार' के लिए विशेष रूप से महत्त्वपूर्ण था। एक ऐसा कार्यक्रम जिसका अर्थ 120 करोड़ लोगों को एक विशिष्ट आईडी प्रदान करना था, जो ऐसा कोई प्रतिबन्ध नहीं लगाता कि उस आईडी का इस्तेमाल कहाँ और किसके लिए किया जा सकता है, और जिसकी सफलता काफ़ी हद तक लोगों द्वारा उसकी स्वीकृति पर निर्भर करती है, ऐसी आईडी को साधारण श्रेणी के दायरे के बाहर रखना चाहिए। सरकारी दायरे में प्रौद्योगिकी सक्षम परियोजनाओं के लिए एक टेम्पलेट (सांचा) बनाने की प्रक्रिया में 'आधार' योजना और उसकी संगठनात्मक संरचना बनाने और उन्हें व्यवहार में लाने को लेकर हुए अच्छा-खासा विचार-विमर्श हुआ।

'आधार' की असामान्य विशेषताओं में कुछ कौन सी हैं? सबसे पहले 'आधार' संख्या प्राप्त करना बिलकुल भी अनिवार्य नहीं है, निवासी अपनी इच्छानुसार नामांकन करने का निर्णय ले सकते हैं, किसी भी सरकारी सेवा अथवा लाभ को यह अनुमति नहीं दी गयी है कि वह 'पहचान का सत्यापन' करने के लिए 'आधार' के उपयोग पर कोई जनादेश दे। दूसरी विशेषता है इसका खुलापन, जो इस तथ्य को उजागर करता है कि 'आधार' का निर्माण एक ऐसे मंच के रूप में किया गया है जो एक-अकेला ही सभी तरह की सेवाओं में पहचान का सत्यापन करने के लिए काफ़ी है, और जिसे आसानी से किसी भी आवेदन के साथ संलग्न किया जा सकता है। आज, 'आधार' का उपयोग कई प्रकार की सरकारी योजनाओं और सेवाओं में पहचान का सत्यापन करने के लिए किया जाता है। महात्मा गाँधी राष्ट्रीय ग्रामीण रोज़गार गारंटी अधिनियम में भी भुगतान के लिए अब 'आधार' संख्या का ही उपयोग किया जाता है, और प्राप्तकर्ता जब चाहे 'आधार' से जुड़े माइक्रो-एटीएम का इस्तेमाल करके अपना पैसा निकलवा सकते हैं। एलपीजी (LPG—लिक्विफाइड पेट्रोलियम गैस—द्रवरूप पेट्रोलियम वायु) की सब्सिडी व्यवस्था में भी उपभोक्ता जानकारी के साथ उनकी 'आधार' संख्या संलग्न की जाती है। बैंकों में नए बैंक खातों को खोलने के लिए 'आधार' का उपयोग कर ई-केवाईसी प्रक्रिया की स्थापना की है, यहाँ तक कि अब सरकार भी अपने कर्मचारियों की उपस्थिति पर निगरानी रखने के लिए 'आधार' का उपयोग करती है।

इसे सहज-सरल रखा जा रहा है

अध्यक्ष पद पर नियुक्ति के कुछ महीनों बाद नन्दन ने 'आधार' उपयोग से सम्बन्धित एक प्रेजेंटेशन प्रस्तुत करने के लिए आईसीआईसीआई के तत्कालीन अध्यक्ष के.वी. कामथ से मुलाकात की। बातचीत के अन्त में, आश्चर्यचकित कामथ ने यह घोषणा की कि यह पूरी योजना 'घोर सादगी' की डींगें मारती है। जबकि इस सरलता की वजह का आंशिक भाग विशुद्ध व्यावहारिक था, जैसे यदि 120 करोड़ डाटा समूह एकत्रित करना हो, और किसी निवासी द्वारा अपनी 'आधार' संख्या का उपयोग करने पर हर बार उस डाटा की तुलना एक दूसरे से करनी पड़े, तो बेहतर होगा कि वो जानकारी न्यूनतम सम्भव मात्रा में एकत्रित की जाये।

व्यावहारिकता के दायरे में रहते हुए यदि आप ऐसा 'सरल' समाधान प्रदान करते हैं जो अन्य सरकारी संस्थाओं की सीमारेखा का उल्लंघन नहीं करता, तो निःसंदेह सफलता का पथ आसान है। 'आधार' एकमात्र, स्पष्ट रूप से परिभाषित सूचना का वो टुकड़ा है जो एक व्यक्ति की पहचान से अधिक कुछ प्रदान नहीं करता। इस न्यूनतम दृष्टिकोण ने तराज़ू के पलड़े का रुख प्रतियोगिता की बजाय सहयोग की ओर झुका दिया। एक और महत्त्वपूर्ण बात, जिन संस्थाओं ने 'आधार' को उपयोग के लिए चुना उन्हें यह निर्णय लेने की स्वतन्त्रता थी कि वे इसे कैसे लागू करना चाहती थीं, उसका उपयोग बैंक खाता खोलने के लिए किया जाये या पेंशन वितरण के लिए। इस हद तक स्वतन्त्रता प्रदान करने के कारण इस व्यवस्था के हिस्सेदारों का मनमुटाव कम करने में नाटकीय रूप से मदद मिली।

'आधार' की सादगी इसके उपयोग तक ही सीमित नहीं थी; नामांकन प्रक्रिया में भी इस तथ्य को स्पष्ट रूप से व्यक्त किया गया था। हम नागरिकों को उसी तरह का सहज और रुकावट रहित अनुभव प्रदान करना चाहते थे जिसकी उम्मीद उन्हें निजी क्षेत्र से होती है। इसी लक्ष्य को मन में साध कर, लोगों को किसी भी तरह और किसी भी सुविधाजनक स्थान पर नामांकन करवाने की स्वतन्त्रता दी गयी थी (इस नामांकन मॉडल की व्याख्या अगले अध्याय में काफ़ी विस्तार से की है)। बात जब 'आधार' को लागू करने के लिए प्रौद्योगिकी मंच का निर्माण करने की आयी तो हमने ख़ुद को भी चयन की वही स्वतन्त्रता दी थी।

डिज़ाइन का एक अन्य महत्त्वपूर्ण सिद्धांत जो हमने अपनाया, वह था असमक्रमिकता (असिन्क्रोनिसिटी)। 'आधार' ईकोसिस्टम (पारिस्थितिकी तन्त्र) का प्रत्येक अंग स्वतन्त्र रूप से कार्य करने के लिए डिज़ाइन किया गया था। उदाहरण के लिए, राज्यों को अपनी गति के अनुसार 'आधार' के लिए नामांकन शुरू करने

की अनुमति थी। सभी रजिस्ट्रार (पंजीयक) इस व्यवस्था में शामिल हो सकते थे और नामांकन संस्थायें सुविधानुसार अपनी गतिविधियों का स्तर बढ़ा सकती थीं। इस असमक्रमिकता का विस्तार 'आधार' के तकनीकी मंच तक भी किया गया। आंतरिक या बाहरी, किसी भी ऐसे महत्त्वपूर्ण कदम पर कोई निर्भरता थी ही नहीं कि जिसका अनुचित तरीके से निष्पादन, पूरी प्रक्रिया को गिराकर ध्वस्त कर सकता था।

आज भारत में किसी भी नागरिक केंद्रित डिज़ाइन में हमारे देश की बदलती जनसांख्यिकी को अवश्य ध्यान में रखना चाहिए। तेज़ी से बढ़ती गतिशील जनसंख्या के कारण, हमें उन सेवाओं की आवश्यकता है जो भौगोलिक दृष्टि से एक स्थान तक सीमित न हों और आसानी से पोर्टेबल (वहनीय) हों। धोखाधड़ी का डर व्यवस्था में सेंध लगा चुका है इसलिए कई सरकारी सेवाओं का लाभ उठाना बहुत ही जटिल और कहीं-कहीं तो लगभग असंभव ही हो गया है। निश्चित तौर पर 'आधार' उन्हीं लोगों के लिए था जो क़ानूनी दस्तावेज़ों की कमी के कारण हमेशा सरकारी योजनाओं से बाहर रह जाते थे; हमने यदि प्रौद्योगिकी की शक्ति का इस्तेमाल इन प्रवेश बाधाओं को कम करने के लिए किया, तो सभी को इसमें शामिल होने के लिए प्रोत्साहित भी किया और साथ ही पिछले सिरे पर मुस्तैदी दिखाते हुए हमने डाटा प्रमाणिकता की सुरक्षा और अनाचार के कचरे का सफ़ाया करने के लिए धोखाधड़ी का पता लगाने वाली प्रणालियों की स्थापना भी की।

भागीदारी का निर्माण

चौदह महीनों तक, जब यूआईडीएआई की कोर (मूल) टीम 'आधार' संख्या उत्पादन शुरू करने के लिए संगठन और प्रौद्योगिकी निर्माण में कठिन परिश्रम कर रही थी, उस दौरान नन्दन ने भारत के प्रत्येक राज्य का दौरा किया, जिसे वो अपनी 'यात्रा' कहते हैं, 'आधार' परियोजना पर मुख्यमन्त्री, मुख्य सचिव या अन्य वरिष्ठ अधिकारियों की निजी प्रतिबद्धता पाने के लिए उनसे मुलाकात करते हुए वह इस सिद्धांत का पालन कर रहे थे कि अपने व्यवसाय को बढ़ाने के लिए एक उद्यमी ही हमेशा ग्राहकों के पास जाता है, न कि ग्राहक उद्यमी के पास आते हैं।[7] इतना ही नहीं, जब किसी मुख्यमन्त्री से दिल्ली में मिलने का समय आया तो, नन्दन के ही शब्दों में ''मैंने इस बात का ध्यान रखा कि मैं उनके भवन में जा कर उनसे मिलूं, न कि उन्हें अपने कार्यालय आने की तकलीफ़ दूँ। ऐसा करके, मैं उन्हें यह संकेत दे रहा था कि मुझे आपकी फ़िक्र है, इसलिए मैं आपके पास आ रहा हूँ क्योंकि राष्ट्रीय स्तर पर कुछ बेहद महत्त्वपूर्ण करने में मुझे आपकी मदद चाहिए।'' यह छोटी

सी कोशिश किसी भी प्रतिरोध को मिटा कर, उनका समर्थन हासिल करने के लिए काफ़ी थी। हर एक मुख्यमन्त्री ने अपने राज्य की विशिष्ट ज़रूरतों के अनुसार 'आधार' कार्यक्रम का मूल्यांकन अलग ढंग से किया। उदाहरण के लिए, उस समय के बिहार के मुख्यमन्त्री नितीश कुमार ने इस तथ्य को सराहा कि 'आधार' की रूपरेखा एक अत्यधिक गतिशील आबादी की आवश्यकताओं को पूरा करने के लिए तैयार की गयी थी, उस राज्य के लिए यह एक प्रमुख चिंता का विषय है जहाँ शिक्षा या रोज़गार के लिए लोग लगातार स्थलांतर करते हैं।

यही फ़लसफ़ा अन्य प्रमुख भागीदारों को भी इसमें शामिल करने के लिए इस्तेमाल किया गया। यहाँ तक कि यूआईडीएआई के अध्यक्ष के रूप में अपनी अधिकारी नियुक्ति से पहले ही नन्दन ने वित्तीय क्षेत्र में भारतीय रिज़र्व बैंक (आरबीआई), भारतीय स्टेट बैंक (एसबीआई), भारतीय जीवन बीमा निगम (एलआईसी) जैसी अन्य संस्थाओं के साथ भी सम्पर्क साधने शुरू कर दिए थे। नन्दन और उनकी टीम के सदस्यों ने इन संगठनों के प्रतिनिधियों सहित कई अन्य संगठन प्रतिनिधियों से मुलाकात की, उदाहरण के लिए भारतीय बैंक संघ (इंडियन बैंक्स एसोसिएशन), भारतीय प्रतिभूति एवं विनिमय मंडल (सेबी/SEBI) और भारतीय डाक। इसके अतिरिक्त, वह सभी केन्द्रीय मंत्रालयों, रेलवे और रक्षा प्रतिष्ठान से भी सम्पर्क साध रहे थे। इसके बारे में पूछे जाने पर नन्दन याद करते हुए बताते हैं कि, ''मैं यह देख कर आश्चर्यचकित हो रहा था कि यह कैसी कठोर और वर्गीकृत व्यवस्था थी। जहाँ केवल 'आधिकारिक' माध्यमों द्वारा ही कोई सूचना आप तक पहुँचती थी, पदानुक्रम के स्तर का सख्ती से पालन किया जाता था और किसी छोटे पदाधिकारी के कार्यालय जाने या उसके फ़ोन का उत्तर देना यह आपसे अपेक्षित नहीं था। मैंने इन सभी पारंपरिक नियमों को तोड़ने का फ़ैसला किया और मंत्रिमंडल के मंत्रियों से लेकर उनके निजी सचिवों तक हर किसी के पास गया।''

उनके इस सुप्रचार अभियान के रास्ते की अन्य बाधाएँ थीं व्यावसायिक संगठनों जैसे दूरसंचार और तेल कम्पनियाँ, बहुपक्षीय संस्थान जैसे वर्ल्ड बैंक और एशियन डेवलपमेंट बैंक, द्विपक्षीय संस्थान जैसे अंतरराष्ट्रीय विकास विभाग और विभिन्न मीडिया संस्थान। जिसके कारण एक ऐसे शक्तिशाली गठबंधन का निर्माण करने में सहायता मिली जोकि 'आधार' की सफ़लता में भागीदार था, और हमारे इन प्रयासों का महत्त्व तब दिखाई दिया जब आखिरकार 'आधार' के लिए नामांकन शुरू हुआ। सभी राज्य सरकारें अपने निवासियों को 'आधार' के लिए नामांकित किए जाने के लिए जुट गईं, और कई सार्वजनिक व निजी भागीदारों सहित एक बड़ा ईकोसिस्टम 'आधार' मंच की शक्ति को बढ़ाने के लिए खड़ा किया गया।

'आधार' विरोधी पहिया

'आधार' के विरुद्ध आवाज़ें

वामपंथी

'बायोमेट्रिक डाटा संग्रह गोपनीयता और सुरक्षा के साथ समझौता करता है'

'आधार' न्यूनतम जनसांख्यिकीय और बायोमेट्रिक डाटा एकत्र करता है डाटा सुरक्षित रूप से संग्रहित किया जाता है।

'सामाजिक कल्याण में अपनी भूमिका से राज्य हाथ खींच लेंगे'

'आधार' द्वारा लाभार्थी के खाते में प्रत्यक्ष नकद हस्तांतरण मौजूदा सामाजिक कल्याण व्यवस्था की सफ़ाई में मदद करता है।

दक्षिणपंथी

' 'आधार' में नामांकन असली नागरिकता प्रदान करता है'

'आधार' केवल एक व्यक्ति की पहचान और उसके स्थाई आवास पते का प्रमाण है, नागरिकता का नहीं। 'आधार' स्थिति पर निर्भर न होते हुए सरकार ही यह निर्णय करती है कि कौन नागरिक है और कौन नहीं।

व्यावसायिक विक्रेता

'केवल स्मार्ट कार्ड ही सुरक्षा का आश्वासन दे सकते हैं'

स्मार्ट कार्ड के उपयोग द्वारा निकाले गये समाधानों का अन्त अत्यधिक जटिल होता है। 'आधार' एक सरल और गिन सकने योग्य संख्या है। यह किसी रूप या आकार में बंधी हुई नहीं है फिर भी सुरक्षित है।

निहित स्वार्थ

'एलपीजी सब्सिडी के लिए प्रत्यक्ष नकद हस्तांतरण अव्यावहारिक है'

प्रत्यक्ष नकद हस्तांतरण के कारण दिशा परिवर्तन और काला-बाज़ारी पर रोक लगती है। नकली कनेक्शन का पता लगाने और उन्हें हटाने मात्र से ही 193 करोड़ रुपये की वार्षिक बचत हो सकती है।

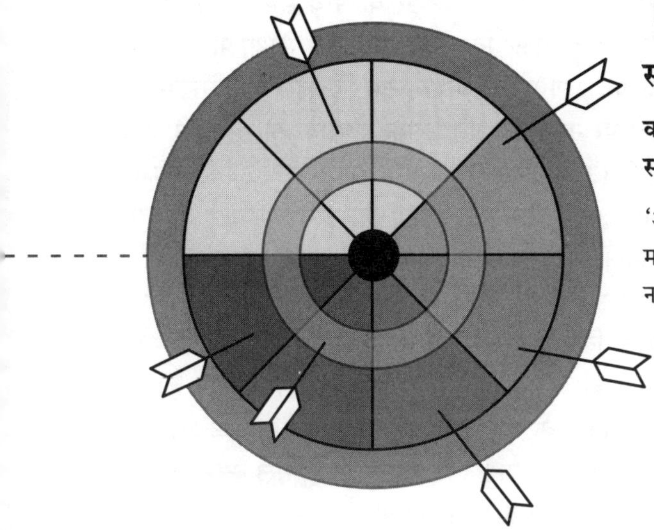

संसद

कानूनी मुद्दों पर आर्थिक स्थायी समिति से विरोध

'आधार' मौजूदा डाटा संरक्षण मानकों के अनुरूप है। 'आधार' नागरिकता का प्रमाण पत्र नहीं है।

कानूनी विरोध

''आधार' न होने की सूरत में लोगों को लाभ देने से मना कर दिया जाएगा'

लाभ प्राप्ति के लिए 'आधार' को कभी भी अनिवार्य नहीं किया गया है।

''आधार' डाटा को अन्य सरकारी संस्थाओं के साथ साझा किया जा सकता है'

किसी एक व्यक्ति का 'आधार' डाटा उसकी पूर्ण सहमति के बिना, किसी के भी साथ साझा नहीं किया जा सकता।

नौकरशाही

राष्ट्रीय जनसंख्या रजिस्टर के साथ मैदानी जंग

प्रारम्भिक झड़पों के बाद, एनपीआर और 'आधार' ने साथ मिलजुल कर काम किया।

'आइरिस डाटा एकत्रित करना महंगा और अनावश्यक है।'

एक अकेले नामांकन के लिए आइरिस डाटा लेने में 4.4 रुपये की लागत आती है। आइरिस डाटा के बिना, सिर्फ़ उँगलियों के निशान 120 करोड़ विशिष्ट पहचान नहीं प्रदान कर सकते।

सितम्बर 2009 में रंजना सोनवणे का 'आधार' नामांकन होते ही यह योजना उस चरण में प्रवेश कर चुकी थी जहाँ अब इसके संचालन को बढ़ाने की आवश्यकता थी। तब यूआईडीएआई ने प्रतिदिन दस लाख नामांकन के लक्ष्य को हासिल करने के लिए अपनी रफ़्तार तेज़ की। जिसके लिए रजिस्ट्रार के साथ समझौते के ज्ञापनों पर (मेमोरेंडम ऑफ अंडरस्टैंडिंग) हस्ताक्षर किए गये, नामांकन संस्थाओं को साथ शामिल किया, ऑपरेटर्स का प्रशिक्षण हुआ, बायोमेट्रिक डिवाइस ईकोसिस्टम का निर्माण किया गया, बड़े पैमाने पर नामांकन और उसके दोहराव को रद्द करने वाले सॉफ्टवेयर को लगातार अपग्रेड (उन्नत बनाना) करने के साथ-साथ उनकी मरम्मत का काम भी चलता रहा, सर्वर (एक कम्प्यूटर प्रोग्राम जो उसी कम्प्यूटर या दूसरे कम्प्यूटरों के प्रोग्रामों और उनके उपयोगकर्ताओं को सेवाएँ प्रदान करता है) लिए जा रहे थे, पत्रों की छपाई और उन्हें भेजने का सिलसिला निर्विघ्न जारी था, प्रश्नों और शिकायतों को सँभालने के लिए एक बहुभाषी कॉल सेंटर (जहाँ ग्राहकों और अन्य लोगों की टेलीफ़ोन कॉल को एक संगठन द्वारा नियंत्रित किया जाता है) भी स्थापित किया गया। प्रथम नामांकन के बाद इनमें से प्रत्येक प्रक्रिया के स्तर को बढ़ाते हुए प्रतिदिन दस लाख 'आधार' नामांकन के लक्ष्य को हासिल करने के लिए महत्त्वपूर्ण समय और कठिन प्रयास दोनों ही लगे। लेकिन इन सबके बाद जब 13 मार्च 2014 को नन्दन ने यूआईडीएआई अध्यक्ष पद से अपना इस्तीफ़ा दिया, तब वो यह जानते थे कि यूआईडीएआई ने अस्तित्व में आने के बाद, पाँच साल से भी कम समय में 60 करोड़ से भी अधिक 'आधार' संख्या देने के अपने लक्ष्य में सफलता अर्जित कर ली है। जबकि वास्तव में, रंजना सोनवणे को 'आधार' संख्या दिए जाने के उपरांत, पाँच सालों में 90 करोड़ से अधिक निवासियों को आधार के लिए पंजीकृत किया गया था।

विरोध के स्वर

शुरुआती दिनों में यूआईडीएआई को अनेक चुनौतियों का सामना करना पड़ा, जैसा कि सामने दिखाए नए रेखाचित्र में दर्शाया गया है। इसकी सबसे बड़ी चुनौती शायद राष्ट्रीय जनसंख्या रजिस्टर (NPR–एनपीआर–नेशनल पापुलेशन रजिस्टर) बनाने के लिए उत्तरदायी गृह मंत्रालय की ओर से थी, यह एक ऐसी योजना थी जिसमें बायोमेट्रिक्स एकत्रित करने और प्रत्येक भारतीय नागरिक को एक स्मार्ट कार्ड जारी करने का प्रस्ताव रखा गया था।[8] दूसरी तरफ़ 'आधार' को विशुद्ध रूप से पहचान की एक संख्या के रूप में तैयार किया गया था, जिसमें धारक की नागरिकता स्थिति के

बारे में कोई जानकारी उपलब्ध नहीं थी। यूआईडीएआई ने गृह मंत्रालय से भी तेज़ शुरुआत की; और जब तक 'आधार' के लिए नामांकन शुरू हुआ, तब तक भारत के महापंजीयक (RGI–आरजीआई–रजिस्ट्रार जनरल ऑफ इंडिया) ने एनपीआर के लिए अभी कुछ प्रारम्भिक अध्ययन ही किया था। फिर भी, यह सुझाव कि दो अलग-अलग सरकारी संस्थायें सभी भारतीय निवासियों के बायोमेट्रिक विवरण को दो अलग-अलग योजनाओं के तहत एकत्रित करेंगी, वित्त मंत्रालय के राजस्व विभाग द्वारा सरकारी पैसे की बर्बादी के रूप में देखा गया था।

एक ही समय में, एक साथ दो परियोजनाओं की शुरुआत में आने वाली परेशानियों को देखते हुए, गृह मंत्रालय चाहता था कि यूआईडीएआई निवासियों के नामांकन की प्रक्रिया को छोड़ कर, उसकी जगह परदे के पीछे रहते हुए एक संगठन के रूप में एनपीआर के साथ सारे डाटा को एकत्रित और साझा करने का कार्य करता रहे। आरजीआई और गृह मंत्रालय का मानना था कि किसी भी प्रकार की पहचान योजना को चलाने का उत्तरदायित्व उन्हीं का था, उनके अनुसार यूआईडीएआई उनके मैदान में एक अप्रिय घुसपैठिया था, इसलिए वो अपनी संरक्षणवादी प्रवृत्ति में गर्मजोशी दिखा रहे थे। फिर आखिरकार, एक आम सहमति पर पहुँचा गया और आरजीआई ने यूआईडीएआई का रजिस्ट्रार बनने या यूँ कहें कि 'आधार' संख्या के लिए निवासियों का नामांकन करने में अपनी सहमति जता दी। सरकार ने भारत के आधे राज्यों में यूआईडीएआई को और बाकी आधे राज्यों में आरजीआई को नामांकन सँभालने का निर्देश दिया। यूआईडीएआई और एनपीआर के सॉफ्टवेयर को भी इसके अनुरूप बनाया गया ताकि 'आधार' के लिए एकत्रित डाटा एनपीआर द्वारा भी इस्तेमाल किया जा सके। यह पारस्परिक समझौता दोनों परियोजनाओं के लिए फ़ायदे का सौदा साबित हुआ, और 'आधार' संख्या पाने वालों में से लगभग एक चौथाई को आरजीआई द्वारा नामांकित किया गया है।[9] प्रारम्भिक विरोध के बावजूद तत्कालीन गृह मन्त्री पी.चिदंबरम ने बाद में इसका हवाला देते हुए कहा कि जो लोग सामाजिक पिरामिड की सतह पर हैं, उन गरीबों, प्रवासी मज़दूरों, बेघर और शोषितों के सशक्तिकरण के लिए 'आधार' एक हथियार था।[10]

यूआईडीएआई द्वारा लिए गये निर्णय के आसपास मंडराती अगली बाधा बायोमेट्रिक प्रमाणीकरण, ख़ास तौर से आइरिस (आँख की पुतली) स्कैन का उपयोग थी। योजना आयोग ने औपचारिक रूप से यह मुद्दा उठाया था कि क्या आइरिस डाटा लेने के लिए अतिरिक्त व्यय उचित था।[11] यूआईडीएआई द्वारा गठित बायोमेट्रिक मानक समिति के विशेषज्ञ सदस्यों ने सूचित किया कि मात्र फिंगरप्रिंट डाटा उतनी मज़बूती नहीं प्रदान कर सकेगा, जिस पर 120 करोड़ विशिष्ट पहचान वादे की

बुनियाद रखी जा सके। उँगलियों के निशान शारीरिक श्रम के कारण घिस सकते हैं और सोलह वर्ष से कम आयु के बच्चों के मामले में यह परिवर्तनशील हो सकते हैं। दूसरी ओर, आइरिस का रंग-रूपरेखा जन्म के समय ही लगभग पूरी तरह विकसित होती है और जीवनपर्यंत स्थिर रहती है। फ़िल्मों में दिखाए जाने के बावजूद, किसी व्यक्ति की आइरिस की नकल कर पाना बहुत कठिन है, और कई अंतरराष्ट्रीय सुरक्षा प्रणालियाँ नियमित तौर पर सुरक्षा उद्देश्यों के लिए आइरिस डाटा एकत्रित करते रहते हैं।

इन सभी लाभों को देखते हुए, यूआईडीएआई ने जब एक लागत विश्लेषण किया तो पाया कि आइरिस डाटा लेना और उसमें दोहराव को रद्द करना, इससे प्रत्येक नामांकन की लागत में 4.40 रुपये तक की वृद्धि होती है। इस अतिरिक्त लागत में, कैप्चर डिवाइस (आइरिस डाटा लेने का यंत्र) की कीमत 2.90 रुपये जबकि अतिरिक्त श्रम के साथ-साथ आइरिस दोहराव रद्द करने के सॉफ्टवेयर पर 75 पैसे प्रति डाटा खर्च होते हैं। नामांकन बढ़ने के साथ-साथ इस खर्चे में कमी होने का पूर्वानुमान लगाया गया। इस परियोजना की लागत में लगभग 500 करोड़ रुपये की कुल वृद्धि होने का अनुमान था, आइरिस डाटा के द्वारा समग्रता और डाटा सुरक्षा में बड़े पैमाने पर सुधार के सामने यह व्यय समर्थनीय था।[12]

केवल सरकार की ओर से ही 'आधार' पर आपत्ति नहीं जताई गयी थी। राष्ट्रीय सुरक्षा को लेकर चिंतित कुछ लोग यह कहते हुए विरोध पर उतर आये थे कि भारत में रहने वाला कोई भी व्यक्ति, यहाँ तक कि गैर नागरिक भी 'आधार' के लिए नामांकन कर सकता है; उन्हें आशंका थी कि अवैध प्रवासी अपनी 'आधार' संख्या के इस्तेमाल द्वारा सामाजिक सुरक्षा लाभ का दावा करके सरकारी धन हथिया सकते हैं। लेकिन यह डर वास्तविकता से कोसों दूर था। हम पहले भी यह स्पष्ट कर चुके हैं कि आधार विशुद्ध रूप से पहचान का एक मंच है, जो किसी के बारे में यह पुष्टि करने के अतिरिक्त कि 'वह कौन है', अन्य कोई जानकारी प्रदान नहीं करता। न ही 'आधार' धारक की नागरिकता के बारे में कोई सूचना उपलब्ध करता है, वैसे भी किसी कल्याणकारी योजना का लाभ पाने के लिए केवल अपनी 'आधार' संख्या प्रस्तुत करना ही पर्याप्त नहीं है; जैसे यदि आप सस्ता अनाज ख़रीदना चाहते हैं तो आपको राज्य के सामने यह भी साबित करना होगा कि आप ग़रीबी रेखा से नीचे हैं, या फिर आप मनरेगा योजना के तहत अपना नामांकन करवाना चाहते हैं तो आपको यह प्रमाणित करना होगा कि आपकी आयु अठारह वर्ष से ऊपर है और आप एक ग्रामीण क्षेत्र में रहते हैं, दोपहर का फ्री मील (सरकारी स्कूलों के बच्चों की पोषण स्थिति में सुधार लाने के लिए उन्हें दोपहर का भोजन मुफ़्त दिया जाता

है) सुविधा केवल सरकारी स्कूल में दाखिला प्राप्त बच्चों को ही दी जाती है, और इसी तरह बाकी सामाजिक कल्याण लाभ के मामले में भी सतर्कता बरती जाती है।

हालाँकि 'आधार' संख्या का मतलब इसे किसी भी सरकारी सेवा के लिए अनिवार्य करना कभी नहीं था, कुछ लोगों का मानना था कि सरकारी योजनाओं को तब तक 'आधार' से नहीं जोड़ना चाहिए जब तक यह भारत के सभी 120 करोड़ निवासियों तक न पहुँच जाये। वे इस बात को लेकर चिंतित थे कि समय से पहले ही 'आधार' संख्या आधारित सेवा उपलब्ध कराने से नामांकन रहित लोग पीछे छूट जायेंगे। यूआईडीएआई ने सरकारी संस्थाओं को हमेशा यही राय दी है कि जब तक सभी देशवासियों तक 'आधार' अपनी पर्याप्त पहुँच नहीं बना लेता तब तक पहचान सत्यापन के वैकल्पिक तरीकों का इस्तेमाल करना जारी रखा जाये। दुर्भाग्यवश, कुछ संस्थाओं ने जल्दबाज़ी में यह घोषणा कर दी कि कुछ एक निश्चित लाभ पाने के लिए 'आधार' संख्या का होना अनिवार्य है। इस मामले में यूआईडीएआई का विचार इसके विपरीत था, और इस प्रकार की घोषणाओं को रद्द करने के लिए सुप्रीम कोर्ट को दखलंदाज़ी करनी पड़ी।

कुछ गैर सरकारी संगठनों का एक और नज़रिया ये था कि 'आधार' से जुड़े प्रत्यक्ष लाभ हस्तांतरण के मामले में विभिन्न राज्यों को समाज कल्याण के प्रति अपनी ज़िम्मेदारी से मुँह मोड़ने का बहाना मिल जायेगा। उदाहरण के लिए कार्यकर्ताओं को यह डर था कि बेहतर स्कूलों और प्राथमिक स्वास्थ्य चिकित्सालयों का निर्माण करने के स्थान पर, सरकारें ख़ुद को 'आधार' द्वारा नकद लाभ वितरण करने तक ही सीमित कर लेंगी। हालाँकि, सामाजिक कल्याण लाभ पाने के हक़दार नागरिकों को पहचानने के लिए 'आधार' के उपयोग को वर्तमान सरकार ने कल्याण सुधार की दिशा में एक आवश्यक कदम माना है, और यह सदा इस कार्यक्रम का एक महत्त्वपूर्ण उद्देश्य रहेगा।

डाटा गोपनीयता और सुरक्षा को लेकर चिंतित नागरिक समूहों ने सभी भारतीय निवासियों के लिए जनसांख्यिकीय और बायोमेट्रिक डाटा युक्त एक ही डाटाबेस बनाने के विचार पर आपत्ति प्रकट की; उन्हें भय था कि इससे बायोमेट्रिक जानकारी का उपयोग किसी को निशाना बनाने का तन्त्र बन सकता है; ऐसे समय में एडवर्ड स्नोडेन जैसे मुखबिरों ने इस बात का ख़ुलासा किया कि सरकार किस हद तक नि:शंक नागरिकों के निजी जीवन में जासूसी कर सकती है, इस तरह का डाटाबेस उस सरकार के लिए एक शक्तिशाली प्रलोभन साबित हो सकता है जो अपने नागरिकों की गोपनीयता के अधिकार का उल्लंघन करते हुए उन पर नज़र रखना चाहती है। यह देखते हुए कि भारत के पास अभी भी एक ऐसा एकमात्र, अच्छी तरह परिभाषित

कानून नहीं है जो कि डाटा की गोपनीयता को नियंत्रित रखे, इस तरह की चिंताएँ जायज़ थीं। यूआईडीएआई को इन मुद्दों की पूरी जानकारी थी, और इसलिए सुरक्षा को बहुत महत्त्व देते हुए 'आधार' के सभी डाटा संग्रह, भंडारण और पुनर्प्राप्ति प्रक्रियाओं को तैयार किया गया था। यूआईडीएआई द्वारा रखे गये कई तकनीकी दस्तावेज़ों की योजनाओं में लिए गये निर्णयों की रूपरेखा बहुत विस्तार से तैयार की गयी थी।

एक बार जब यूआईडीएआई एक व्यक्ति का डाटा एकत्रित कर लेता है, तो इसे बेंगलुरू और नोएडा स्थित सरकारी स्वामित्व वाले डाटा केन्द्रों में सुरक्षित रूप से संग्रहित कर दिया जाता है। फिर जब तक कोई व्यक्ति अपनी स्पष्ट सहमति प्रदान नहीं करता, तब तक उसका डाटा किसी के साथ भी, यहाँ तक कि किसी दूसरे सरकारी विभाग के साथ भी साझा नहीं किया जा सकता। यदि कोई सरकारी या निजी संस्था, पहचान सत्यापन या ई-केवाईसी के लिए आधार का उपयोग करना चाहती है तो उसे पहले 'आधार' धारक की सहमति हासिल करनी होगी। ऐसे मामलों में, यूआईडीएआई द्वारा किसी संस्था को प्रदान की गयी जानकारी ठीक वैसी ही होती है जैसी सरकार द्वारा जारी किसी अन्य फ़ोटो पहचान पत्र पर डाटा के रूप में पाई जाती है।

2013 में, डाटा गोपनीयता पर इस रुख को परखा गया था, जब गोवा की एक अदालत ने सीबीआई (केन्द्रीय जाँच ब्यूरो) की पहुँच यूआईडीएआई डाटाबेस तक बनाने का आदेश दिया था। गोवा की एक स्कूली छात्रा के साथ हुए बलात्कार के मामले को पुलिस हल नहीं कर पा रही थी, ऐसे में सीबीआई को आशा थी कि फिंगरप्रिंट के मिलान और संदिग्धों की पहचान के लिए डाटाबेस का इस्तेमाल किया जा सकता है। हालाँकि उनका उद्देश्य नेक था, लेकिन इस प्रकार का निर्देश डाटा की गोपनीयता और निजी सहमति पर यूआईडीएआई की नीतियों का स्पष्ट उल्लंघन था। तब इस मामले में यूआईडीएआई ने सुप्रीम कोर्ट में गुहार लगाई, और वहाँ दिए फ़ैसले के अनुसार ऐसी कोई भी जानकारी तब तक सीबीआई को उपलब्ध नहीं करायी जा सकती जब तक कि खुद संदिग्ध इसकी अनुमति न दे। वास्तव में, कानून प्रवर्तन और अन्य सरकारी संस्थानों द्वारा बिना किसी की सहमति के उसका बायोमेट्रिक डाटा प्राप्त करने पर रोक लगा दी गयी थी।[13]

जब भारतीय राष्ट्रीय पहचान प्राधिकरण (एनआईडीएआई) विधेयक प्रस्तावित किया गया था तब इनमें से कई मुद्दे पुनर्जीवित हो उठे थे। यह एक ऐसा कानून था जिसकी बुनियाद पर यूआईडीएआई को वैधानिक स्वीकृति और संसदीय मान्यता प्रदान की जानी थी। वित्त सम्बन्धी स्थायी समिति ने एनआईडीएआई विधेयक के बारे में एक संसदीय रिपोर्ट पेश की, जिसमें 'आधार' के विरुद्ध पुराने तर्क को नया रूप दे के प्रस्तुत किया गया था।[14] जब इतनी महत्त्वपूर्ण और विशाल परियोजना का निरीक्षण

करने की बात उठी तब एक विवादास्पद मुद्दा कार्यकारिणी और विधानमंडल के बीच अधिकारों का बंटवारा था। इसके साथ ही विभिन्न सरकारों द्वारा चलाई गईं नकली पहचान योजनाओं के ख़तरे का भी उल्लेख किया गया। जैसा कि हमने वर्णन किया है कि 'आधार' और एनपीआर योजनाओं के कार्य वितरण को लेकर यूआईडीएआई और गृह मंत्रालय एक आम सहमति पर पहुँच चुके थे। यूआईडीएआई ने इस बात को भी दोहराया कि 'आधार' एक खुले मंच के रूप में कार्य करने के लिए है, जो हर उस योजना के अनुकूल है, जिसमें पहचान सत्यापन की आवश्यकता होती है। बायोमेट्रिक्स की सटीकता के बारे में कुछ तकनीकी मुद्दे जिनकी चर्चा रिपोर्ट में की गयी थी वो तथ्यात्मक रूप से गलत थे। यूआईडीएआई ने कई विस्तृत रिपोर्टें जारी कर इन तर्कों का खंडन किया। अब तक, एनआईडीएआई विधेयक को संसद द्वारा निर्मित कानून के रूप में अधिनियमित नहीं किया गया था। हालाँकि, केन्द्र में नयी सरकार ने 'आधार' योजना पर अपनी पूरी ताकत झोंक दी, जिसके अंतर्गत अतिरिक्त चार राज्यों–उत्तर प्रदेश, बिहार, छत्तीसगढ़ और उत्तराखंड तक नामांकन का विस्तार किया गया, और 2015 तक यूआईडीएआई के लिए एक अरब 'आधार' नामांकन का लक्ष्य भी स्थापित किया।[15]

सरकार में नए बदलाव का खाका

बात चाहे पाँच वर्षों में देश के दो-तिहाई लोगों को आधार संख्या देने की हो या किसी अन्य ऐसी परियोजना को हाथ में लेने की, जो दुस्साहस के मामले में सबसे अच्छी और असम्भवता के मामले में सबसे ख़राब हो, कुछ सिद्धांत हमेशा सच साबित होते हैं।

एक ऐसा लक्ष्य निर्धारित करिए जो पहुँच के भीतर हो, लेकिन जिसे पाने के लिए कड़ी मेहनत और अथक प्रयासों की आवश्यकता हो। आप जो हासिल करना चाह रहे हैं उसके बारे में एक स्पष्ट दृष्टि रखें, वह दृष्टि इतनी प्रेरक और शक्तिशाली होनी चाहिए कि वह बेहतरीन दिमागों को उस कार्य की ओर आकर्षित कर सके। जितना सम्भव हो सके उतनी विविधतापूर्ण टीम बनाने की कोशिश करो, और आप केवल यह देखो कि क्या वह व्यक्ति कोई योगदान कर सकता है कि नहीं चाहे वे कोई नौकरशाह हों, तकनीकी लकीर के फ़कीर हों, वित्तक्षेत्र के विशेषज्ञ, धन-कुबेर हों या कोई शिक्षाविद।

इन पाँच वर्षों में हमने कई ऐसे सबक सीखे जो शायद उस वातावरण के लिए विशिष्ट थे जिनमें 'आधार' का आगमन हुआ, लेकिन 'आधार' से परे वो साधारण

मानने योग्य हैं। लोकतन्त्र के शोर में, दिए गये कार्यक्रम पर प्रत्येक मंत्रालय, समिति, संस्था और संसद सदस्य का अपना एक दृष्टिकोण होता है और इन सभी दृष्टिकोणों पर विचार और आवश्यक ध्यान ज़रूर देना चाहिए। हमें यह अवश्य सुनिश्चित कर लेना चाहिए कि सभी समूहों की ज़रूरतों को पूरा किया जा रहा है और अनजाने में भी किसी को इससे वंचित नहीं रखा जा रहा। यह केवल तभी सम्भव हो सकता है यदि हम बदलाव के लिए एक गठबंधन का निर्माण कर सकें।

पिछली कुछ तिमाहियों से 'आधार' कार्यक्रम द्वारा विरोध का सामना किये जाने के बावजूद, यूआईडीएआई ने प्रत्येक भारतीय को उनकी एक विशिष्ट पहचान देने के लक्ष्य को समझने और उसका समर्थन करने वाले एक मज़बूत और सकारात्मक गठबंधन के निर्माण के लिए कड़ी मशक्कत की। इस गठबंधन के कई चेहरे थे, इसमें भाग लेने का हर किसी का अपना एक अलग कारण था। इन चेहरों में राज्य सरकारें भी शामिल थीं, जिनका ये मानना था कि 'आधार' और इसके विभिन्न अनुप्रयोग अपने अधिकार क्षेत्र के अंतर्गत प्रशासन और जनता दोनों को लाभ पहुँचा सकते हैं। प्रत्येक अप्रसन्न स्मार्ट-कार्ड आपूर्तिकर्ता के लिए ऐसे बायोमेट्रिक विक्रेता थे जिन्होंने 'आधार' के बायोमेट्रिक प्रयासों का समर्थन किया। हालाँकि कुछ एनजीओ (गैर सरकारी संगठन) इसके विरोध में खड़े हुए, लेकिन कुछ ऐसे भी थे जिन्होंने 'आधार' का समर्थन, ग़रीबों और अधिकारहीन लोगों के लिए एक पहचान हासिल करने के समाधान के रूप में किया। और अन्त में, इसमें भारत के लोग भी शामिल थे, जिन्होंने अपने पैरों से मतदान दिया, ऐसा हम इसलिए कह रहे हैं क्योंकि वो लोग बड़ी संख्या में पैदल चल कर अपने स्थानीय नामांकन केन्द्र पहुँचे जहाँ उन्होंने स्वेच्छा से 'आधार' संख्या के लिए अपना नाम दर्ज कराया; वो लाखों मौन लोग जिन्होंने आखिरकार अपनी आवाज़ उठाते हुए इस देश के निवासी के रूप में अपनी एक आधिकारिक पहचान पाने के निर्विवाद हक़ का दावा किया।

किसी भी निजी क्षेत्र कंपनी में, ऐसे लोग सीमित संख्या में होते हैं जिनके प्रति आप जवाबदेह हैं। मगर सरकारी मामले में, हर परियोजना के कई-कई जागीरदार होते हैं, और वे सभी उस परियोजना पर चल रहे काम का जायज़ा लेने के लिए सवाल कर सकते हैं, जो कि वो अक्सर करते भी हैं। अमेरिकी आंतरिक राजस्व सेवा (आईआरएस) के पूर्व आयुक्त, चार्ल्स ओ.रोस्सोत्ति ने अपनी बहुत ही उत्कृष्ट पुस्तक *'मैनी अनहैप्पी रिटर्नस'* में एक स्केच (रेखाचित्र) को शामिल किया है जिसे सीनेटर बॉब केर्रे ने अपनी पुष्टिकरण की सुनवाई के दौरान उनके लिए एक रद्दी कागज़ पर चित्रित किया था, जिसमें उन्होंने उन सभी सरकारी अधिकारियों और विभागों को सूचीबद्ध किया था जिनके प्रति, बतौर आईआरएस आयुक्त रोस्सोत्ति सीधे जवाबदेह

होंगे। उस सूची में सोलह विभिन्न संस्थायें हैं। यह कोई आश्चर्य की बात नहीं कि सीनेटर केर्रे ने अपनी इस कलाकृति, 'गुडलक इन दि बुल्सआई' पर हस्ताक्षर किए। यूआईडीएआई के हालात भी कुछ ऐसे ही थे, जो सरकार के भीतर कई विभागों और संस्थाओं के साथ-साथ जनता के प्रति भी बड़े पैमाने पर उत्तरदायी थी। इतने अलग-अलग स्रोतों से प्राप्त प्रतिक्रिया को सँभालने और उन सभी विविध विचारों को आत्मसात करने का हुनर हमें अभी सीखना था।

यूआईडीएआई ने नयी दिल्ली और बेंगलुरू में अस्थायी कार्यालयों में न्यूनतम कर्मचारियों और कम बजट (इस बारे में हम अगले अध्याय में विस्तार से चर्चा करेंगे) के साथ संचालन शुरू किया। हालाँकि निवासियों के नामांकन पर काम शुरू करने से पहले, सुव्यवस्थित कार्यालयों के निर्माण, पर्याप्त संख्या में अधिकारियों की नियुक्ति और एक कड़े विधायी बिल के पारित होने तक हम वर्षों प्रतीक्षा कर सकते थे। यदि हमने ऐसा किया होता तो इस बात की प्रबल सम्भावना है कि अभी तक एक भी भारतीय को उसकी 'आधार' संख्या प्राप्त नहीं हुई होती। इस सारे ज़रूरी लाव-लश्कर के बिना आगे बढ़ना एक सोचा समझा जोख़िम था, जिससे हासिल होने वाला पुरस्कार कहीं अधिक मूल्यवान था। वरना कई अभिनव तरीके जिनके द्वारा 'आधार' को लागू किया गया है, सरकारी रिपोर्टों के पन्नों तक सीमित एक भ्रम बनकर रह जाते।

चलिए एक बार फिर तेम्भ्ली की रंजना सोनवणे की ओर मुख़ातिब होते हैं जहाँ से हमने ये चर्चा शुरू की थी। 'आधार' संख्या पाने के बाद क्या उसके जीवन में कोई सकारात्मक परिवर्तन आया? 2014 में जब संवाददाता उससे मिले, तब उसके हालात में कोई विशेष बदलाव नहीं आया था। अभी भी अपनी ज़रूरतों को पूरा करने के लिए वो संघर्ष कर रही थी, अपने तीन बेटों को अच्छी शिक्षा दिलाने को लेकर चिंतित थी। उसने एक तीखा प्रश्न किया, ''एक कार्ड से मैं कैसे जीवन निर्वाह कर पाऊँगी?'' उसके सवाल ने इस तथ्य पर प्रकाश डाला कि देश भर में रंजना जैसे समस्याओं से जूझते लोगों के लिए 'आधार' कोई पारसमणि नहीं है। यदि हमारा देश एक पहेली है, तो 'आधार' उस पहेली का सिर्फ़ एक अंश मात्र है। अन्त में, रंजना की कहानी हमें यह एहसास कराती है कि सभी नागरिकों की आकांक्षाओं पर खरा उतरने वाली, सही मायने में एक संयुक्त भारत का निर्माण करने के लिए मिलजुल कर काम करने वाली अनेकों सरकारी व्यवस्थाओं को एक साथ आगे आना होगा।[16]

2

'आधार' : पर्दे के पीछे

कई अन्य नौकरशाहों की तरह, राम सेवक शर्मा भी विनम्र व्यवहार से परिपूर्ण और बातचीत में बड़ी मनभावन विशुद्ध हिन्दी का प्रयोग करते हैं। हालाँकि, इस सौम्य आवरण के पीछे एक बहुत कुशल, व्यावहारिक और निश्चयकारी दिमाग छुपा है, जो सरकारी हलकों के हिसाब से काफ़ी असामान्य है। प्रौद्योगिकी के बारे में उनकी गहरी समझ भी उन्हें औरों से अलग साबित करती है, जिसे उन्होंने झारखंड राज्य सरकार के सूचना प्रौद्योगिकी विभाग के दिनों में प्रखर किया था। कॉलेज के दिनों से ही कम्प्यूटर प्रोग्रामिंग के प्रेमी, राम सेवक जी ने कम्प्यूटर विज्ञान में एम.एससी. करने के लिए अपने काम के बीच अल्प-विराम भी लिया था। 1 जुलाई 2009 को नयी दिल्ली स्थित होटल मौर्या शेरेटन में इन्होंने नन्दन से मुलाकात कर उस मुद्दे पर चर्चा की, जिसके बारे में इन्हें बताया गया था कि यह एक 'राष्ट्रीय महत्त्व की परियोजना' है। जैसा कि इन्होंने हमें बताया, ''नन्दन से मुझे पता चला कि वह यूआईडीएआई का अध्यक्ष का कार्यभार सँभालने जा रहे थे और उन्हें किसी ऐसे व्यक्ति की तलाश थी जो सीईओ (CEO चीफ़ ऑपरेटिंग ऑफ़िसर) पद का काम सँभाल ले। हमने सामान्य लहज़े में परियोजना पर चर्चा की, लेकिन अपने नौकरशाही नज़रिये के कारण मुझे यह स्पष्ट हो गया था कि यह एकदम नया स्टार्ट-अप है जिसके बुनियादी ढाँचे और संगठन की स्थापना में कड़ी चुनौतियों का सामना करना होगा। जब नन्दन ने मुझसे पूछा कि क्या मैं इसे करना चाहूँगा, तो मैंने छूटते ही कहा 'हाँ,' यदि वह जोख़िम उठा सकते थे तो मैं क्यों नहीं!।''

यूआईडीएआई छह महीने पहले ही आधिकारिक तौर पर अस्तित्व में आया था, और सरकार द्वारा नन्दन को इस कार्यक्रम का नेतृत्व सँभालने का अवसर प्रदान किया

गया। हालाँकि बेहद रोमांचक होने के साथ-साथ यह अत्यंत चुनौतीपूर्ण परियोजना थी, जोकि इससे पहले चलाई गयी अन्य सरकारी परियोजनाओं से पूर्णतः अलग थी। और तब, नन्दन अपने कई सहयोगियों और विभिन्न क्षेत्रों के विशेषज्ञों से उनकी राय लेने उनके पास गये। इन सहयोगियों में थे, प्रौद्योगिकी द्वारा वितरण सेवा सुधारने में सरकारों की मदद करने वाले गैर-लाभकारी संगठन ई-गवर्नमेंट्स फाउंडेशन के सह-संस्थापक श्रीकांत नधमुनी; राष्ट्रीय सिक्योरिटीज डिपॉजिटरी लिमिटेड के तत्कालीन कार्यकारी निर्देशक टी.कोशी, जो कि सरकारी कामकाज में प्रौद्योगिकी के उपयोग से परिचित थे; और श्रीराम राघवन, कोमॅट टेक्नोलॉजीज़ के संस्थापक, यह एक ऐसा व्यवसाय-संघ है जिसने कर्नाटक में बड़े पैमाने पर राशनकार्ड जारी करने और उसका डुप्लीकेट रद्द करने के सिलसिले में बुनियादी काम किया था। इन आरंभिक बैठकों ने नन्दन को उन संभावित चुनौतियों और जटिलताओं से परिचित करवाया, जो 'आधार' की प्रारम्भिक बनावट के लिए महत्त्वपूर्ण थीं।

इसके बाद नन्दन योजना आयोग के उपाध्यक्ष मोंटेक सिंह अहलूवालिया के साथ एक बैठक रखना चाहते थे, क्योंकि योजना आयोग ही वह सरकारी विभाग था जो अगले पाँच वर्षों के लिए विशिष्ट पहचान योजना का सरकारी आश्रय स्थान था। इन सभी चर्चाओं से नन्दन को यह विश्वास हो गया कि एक विशिष्ट आईडी मंच का निर्माण वास्तव में एक ऐसी अर्थपूर्ण चुनौती है जिसे पूरा करने के लिए वो पहाड़ खोद कर रास्ता बनाने के लिए भी तैयार थे। 15 जून 2009 को उन्होंने प्रधानमन्त्री मनमोहन सिंह से मुलाकात कर आधिकारिक तौर पर विशिष्ट पहचान परियोजना का नेतृत्व करने की इच्छा ज़ाहिर की। दस दिन बाद, मंत्रिमंडल की बैठक में उन्हें यूआईडीएआई अध्यक्ष पद पर नियुक्ति मिली। और फिर 9 जुलाई तक, प्रधानमन्त्री से अपनी पहली मुलाकात के बाद नन्दन ने छह सप्ताह से भी कम समय में इंफोसिस में अपनी ज़िम्मेदारियों को समेटा; और फिर उस संगठन का कार्यभार सँभाला जो 'इस ग्रह की सबसे बड़ी सामाजिक परियोजना' को लागू करने वाला था।[1]

प्रतिभा का समुच्चय

12 अगस्त 2009 को प्रधानमन्त्री सलाहकार परिषद ने यूआईडीएआई के प्रारम्भिक मापदंड यानि अगले पाँच वर्षों में 'आधार' संख्या प्राप्त करने वालों की गिनती निर्धारित करने के उद्देश्य से अपनी पहली बैठक आयोजित की। गिनती का अनुमान लगाने के लिए इस बैठक से पहले यूआईडीएआई ने विभिन्न क्षेत्रों के विशेषज्ञों के साथ एक गोष्ठी रखी। जिसमें अर्थशास्त्रियों में अभिजीत बनर्जी और एस्थर डुफ्लो,

एलआईसी के कार्यकारी निदेशक बी.वेणुगोपाल, विपणन और विश्लेषण विशेषज्ञ शंकर मरुवडा, सरकारी अधिकारियों में से राम सेवक शर्मा, अमरीका के सुप्रतिष्ठित कॉलेजों के प्रोफ़ेसरों और गैर सरकारी संगठनों के प्रतिनिधियों सहित कई अन्य लोगों ने मिलकर अनुमान लगाया। जिसके प्रारम्भिक निष्कर्ष को देखते हुए यह भविष्यवाणी की गयी कि अगले पाँच वर्षों में 40 करोड़ लोगों को नामांकित किया जा सकता है। मगर नन्दन को यह लक्ष्य बहुत सीमित लगा। उन्हीं के शब्दों में, ''यह हमारी जनसंख्या का एक तिहाई हिस्सा ही है, हमें दी गयी पाँच वर्षों की अवधि को ध्यान में रखते हुए यह लक्ष्य बहुत ही कम था, तब मैंने 60 करोड़ का लक्ष्य निर्धारित करने की सलाह दी। जब बैठक में मैंने मार्च 2014 तक 60 करोड़ के लक्ष्य को लेकर प्रतिबद्धता दिखाई, तब मुझे इस बात की रत्ती भर भी भनक नहीं थी कि इसे हासिल कैसे किया जाये। आज यह कहते हुए मुझे ख़ुशी हो रही है कि हम अपनी ही तय की हुई कठिन कसौटी पर खरे उतरे।''

लक्ष्य को इतना महत्त्वाकांक्षी बनाना एक जानबूझ कर लिया गया निर्णय था, लक्ष्यों के आकार को खींचकर बड़ा करने की अहमियत को नन्दन ने निजी क्षेत्र में काम करने के दौरान ही समझ लिया था, यह एक ऐसी युक्ति है जो लोगों को उनकी आरामदायक स्थिति से बाहर खींचकर, 'उनमें असम्भव को सम्भव कर दिखाने का उत्साह भर देती है।' पर इस सिद्धांत को भारत सरकार के विकट उपमार्गों पर व्यवहार में कैसे लाया जाये? मूल प्रस्ताव के अनुसार यूआईडीएआई को सरकारी संस्था की पारंपरिक तर्ज पर स्थापित करने का इरादा था, जिसमें प्रत्येक राज्य में एक ऐसा संयुक्त सचिव होगा, जो इसके संचालन की बागडोर सँभालने के साथ-साथ बड़ी संख्या में क्षेत्र कर्मचारियों का प्रबन्धन भी करेगा, जिसमें हज़ारों कर्मचारियों के जुड़ने की सम्भावना थी।

लेकिन नन्दन ने लकीर का फ़कीर बन कर चलने की बजाय एक नया दृष्टिकोण अपनाया, जिसकी व्याख्या वह एक 'उन्मादी विचार' के रूप में करते हैं, उनके इस 'उन्मादी विचार' के पथप्रदर्शक थे परमाणु ऊर्जा आयोग और भारतीय अंतरिक्ष अनुसंधान संगठन, जिनके नक्शेकदम पर चलते हुए 'आधार' का संचालन एक सरकारी स्टार्ट-अप के तौर पर करने का निर्णय लिया। यूआईडीएआई ने एक चुस्तदुरुस्त, खुले संगठनात्मक ढाँचे को अपनाया—जिसके तहत बुनियादी योजना और रणनीतिक निर्णय एक ऐसी 'कोर' (आन्तरिक) टीम द्वारा लिए गये जिसमें 300 से अधिक लोग नहीं थे। इस परियोजना को अमल में लाने का उत्तरदायित्व बाहरी विक्रेताओं को सौंपा गया, जिन्हें सामान्य सरकारी प्रक्रियाओं के माध्यम से यूआईडीएआई के साथ साझेदारी के लिए चुना गया था।

कोर टीम को ऐसे लोगों की आवश्यकता थी जो जोख़िम उठाने में माहिर हों, जिन्हें कई क्षेत्रों में महारत हासिल हो, और जिनके पास दुर्जेय लक्ष्य को साधने के

लिए ऊर्जा और उत्साह दोनों हो। फिर पता चला कि भारत सरकार के अपने ही खेमे में ऐसे एक-दो नहीं बल्कि कई प्रतिभाशाली लोग मौजूद हैं। जिसमें हैं राम सेवक शर्मा के अग्रणी पदचिन्हों पर चलतीं उप महानिदेशक (वित्त) के. गंगा, कलफ़ लगी कड़क साड़ियां उनकी निजी पहचान बन चुकी थीं। वह भारतीय लेखा परीक्षा और लेखा सेवा से आयी थीं और 1989 से आईटी आधारित उपक्रमों के अनुसन्धान में वह पथप्रदर्शक रही थीं। भारत के राष्ट्रपति की वित्तीय सलाहकार के रूप में भी इन्होंने अपनी सेवाएँ प्रदान की थीं। उन्होंने याद करते हुए बताया कि, ''हमारे एक मित्र ने मुझसे पूछा, 'क्या मैं भारत सरकार की अब तक की सर्वाधिक महत्त्वाकांक्षी और परिवर्तनकारी परियोजना में शामिल होना चाहूंगी, जिसमें मुझे भारत की आईटी (सूचना प्रौद्योगिकी) के बेताज बादशाह नन्दन के साथ उनकी मुख्य वित्तीय अधिकारी के रूप में कार्यभार सँभालना होगा,' और मैंने पलक झपकने से पहले ही सहमति दे दी।''

नन्दन के निजी सचिव और भारतीय नेशनल लॉ स्कूल से स्वर्ण पदक विजेता एम.एस. श्रीकर मूल रूप से कर्नाटक कैडर की भारतीय प्रशासनिक सेवा से थे। 2009 में एक दशक से कुछ अधिक समय तक सरकारी महकमे में काम कर चुके श्रीकर के लिए अब एक ऐसे नए, अनूठे प्रयोग में कार्य करने का अवसर जोकि सरकारी कार्यप्रणाली को पुन:परिभाषित कर सकता था, एक रोमांचक संभावना से कम नहीं था। श्रीकर बताते हैं कि ''मैं उस समय मसूरी की आईएएस अकादमी में अनिवार्य 'मिड-कैरियर' प्रशिक्षण ले रहा था, जब मुझे यह सूचना मिली कि यूआईडीएआई अध्यक्ष श्री नीलेकणि के निजी सचिव के रूप में मेरा नाम प्रस्तावित किया गया है। फिर मुझे अविलंब दिल्ली आने की सूचना मिली, जहाँ मेरे चयन से पहले मेरा साक्षात्कार लिया गया। ऐसा कम ही होता है कि किसी सरकारी काम के लिए इंटरव्यू देना पड़े, पर मुझे देना पड़ा। लेकिन नन्दन ने मुझे बहुत सहज महसूस करवाया और कई मुद्दों पर मेरे विचार जानने चाहे।'' सरकार के भीतर प्रौद्योगिकी प्रबन्ध की जटिल प्रक्रिया में सहायता करने के लिए, बी.बी.नानावटी, भारतीय राजस्व सेवा से यूआईडीएआई में शामिल हो गये, और आईटी प्रबन्ध में वर्षों के ज्ञान का भंडार भी उनके साथ आ गया।

वित्तीय समावेशन और रसद के उप महानिदेशक (डीडीजी-डिप्टी डायरेक्ट जनरल) प्रभारी के रूप में अपनी सेवाएँ देने वाले अशोक पाल सिंह, इंडिया पोस्ट से यूआईडीएआई में आये थे। विरल के शब्दों में ''मृदुभाषी और व्यावहारिक अशोक सामरिक वातावरण में एक दुर्लभ रणनीतिक विचारक साबित होते हैं।'' प्रत्येक भारतवासी के लिए एक विशिष्ट पहचान वह योजना थी जिस पर उन्होंने बहुत सोच-विचार किया था, अपनी इस सोच में वह इतनी गहराई तक जा पहुँचे कि उन्होंने

डाकघरों द्वारा स्मार्ट कार्ड आधारित प्रणाली के माध्यम से लोगों को आईडी कार्ड और बैंक खाते प्रदान करने तक की योजना बना डाली। नन्दन की नियुक्ति के बारे में सोचते हुए वे बताते हैं, ''मुझे लगा कि इस व्यवस्था के अन्य साधारण लोगों से अलग नन्दन, वह व्यक्ति हैं जो मेरे इस सुझाव से सहमत होंगे।'' 'अँधेरे में तीर चलाते हुए' अशोक ने नन्दन को एक अनापेक्षित ईमेल भेजी–और अगले चौदह मिनट में उस ईमेल के उत्तर द्वारा अशोक को इस योजना में शामिल होने का निमन्त्रण भी मिल गया।

राजेश बंसल, सहायक महानिदेशक (वित्तीय समावेशन), उस समय अमरीका के ड्यूक विश्वविद्यालय में सार्वजनिक नीति पर अपनी एम.ए. की पढ़ाई पूरी कर रहे थे, उनकी थीसिस भारतीय शासन और सेवा वितरण को सुधारने के लिए एक राष्ट्रीय पहचान प्रणाली स्थापित करने की आवश्यकता पर आधारित थी। राजेश ने हमें बताया कि, ''एक शाम जब मैं टहलने जा रहा था, तब भारत से मेरी पत्नी ने फोन पर कहा कि 'मेरी बात सुनकर आप कुर्सी से गिर जाओगे, आप यकीन नहीं करोगे लेकिन सरकार ने अभी–अभी उसी योजना की घोषणा की है जिसके बारे में आप अपनी थीसिस में लिख रहे थे।' स्वाभाविक है, कि भारत वापिस आते ही मैं किसी न किसी तरह इसमें योगदान देने के लिए उत्सुक था। मैंने अपने कुछ सुझाव राम सेवक शर्मा के साथ साझा किये और उन्होंने मुझे यूआईडीएआई में शामिल होने का न्यौता दिया।''

यूआईडीएआई का रोस्टर (काम करने वालों की सूची) अपनी विविधता के मामले में चकाचौंध भरा था। भारतीय प्रशासनिक सेवा, रेल विभाग, डाक सेवा, दूरसंचार सेवा, भारतीय रिज़र्व बैंक, रक्षा लेखा सेवा, सिविल लेखा सेवा और राजस्व सेवा सहित कुछ अन्य संस्थाओं से भी सरकारी अधिकारियों की नियुक्ति हुई थी। निजी क्षेत्रों से प्रौद्योगिकी, विपणन, जनसम्पर्क, सिविल सोसाइटी (नागरिक समाज) तक पहुँचने के लिए कानून, अनुसंधान और शिक्षा सहित अन्य सम्बन्धित क्षेत्रों से अनुभव प्राप्त विशेषज्ञ भी इसमें शामिल हुए। एनआईएसजी (NISG–नेशनल इंस्टीट्यूट ऑफ़ स्मार्ट गवर्नेंस) के माध्यम से कई ऐसे व्यक्तियों को सलाहकार के रूप में शामिल किया गया। अन्य क्षेत्रों से, विशेष रूप से प्रौद्योगिकी टीम के सदस्यों को शुरू में या तो स्वयंसेवकों के रूप में नियुक्त किया गया या उन्होंने अपने संगठनों से अवकाश लेकर इस मुहिम में हिस्सा लिया था, जिनमें हेवलेट पैकर्ड, ओरेकल और इंटेल के तकनीक दिग्गज भी शामिल थे। वास्तव में, नन्दन ने नैसकॉम (नेशनल एसोसिएशन ऑफ सॉफ्टवेयर एंड सर्विस कंपनीज़) को एक पत्र लिख कर 'आधार' परियोजना के लिए उनके कुछ कर्मचारियों के योगदान की माँग की थी। जिस पर उनकी प्रतिक्रिया बेहद सकारात्मक थी और कई संस्थाओं ने ख़ुद अपने खर्च पर अपने प्रतिभाशाली कर्मचारियों के रूप में 'आधार' प्रौद्योगिकी टीम के लिए योगदान दिया। दुनिया के बेहतरीन शैक्षिक संस्थानों

में से कुछ के छात्रों का चयन इंटर्न (प्रशिक्षार्थी) के रूप में किया गया। यूआईडीएआई में शामिल होने वालों का ओहदा कोई भी रहा हो, उनमें से प्रत्येक का साक्षात्कार लेने के साथ-साथ उनसे एक समझौते पर हस्ताक्षर भी लिए गये। इस संगठनात्मक ढाँचे में हर किसी की भूमिका और उत्तरदायित्व स्पष्ट रूप से परिभाषित थे।

इस परियोजना का हिस्सा बनने के लिए इसमें शामिल कई लोगों ने अपनी आरामदायक पदवी और भत्तों तक की परवाह नहीं की। अशोक पाल सिंह इस स्थिति का ख़ुलासा अच्छी तरह से करते हुए बताते हैं, ''भत्तों, विशेषाधिकारों और वेतन के मामलों में, यह स्थान किसी सरकारी विभाग की तुलना में बिलकुल भी अलग नहीं था। कई मामलों में तो स्थिति बद से बदतर ही थी। मगर फिर भी, हर कोई यहाँ इसीलिए है क्योंकि वे दिल से ऐसा चाहते थे।'' विविधता और प्रतिबद्धता का स्तर यदि इतना ऊँचा नहीं होता तो 'आधार' परियोजना शायद कभी शून्य से आगे ही न बढ़ पाती।

सरकारी मंत्रालयों के बीच मैदानी जंग जैसे हालात और समन्वय की कमी का अर्थ है, एक मंत्रालय में विकसित परियोजनाओं के साथ दूसरे मंत्रालयों में सौतेला व्यवहार किया जा सकता है। इस प्रकार की कलह से बचने के लिए यूआईडीएआई को एक निष्पक्ष समुदाय 'योजना आयोग' (वर्तमान नीति आयोग) के आश्रय में रखा गया। इस तरह, सभी मंत्रालय बिना किसी के पैर पर पैर रखे 'आधार' मंच का शुभारम्भ कर सकते थे।

एक नयी शुरुआत का आरम्भ

बड़े पैमाने पर एक सरकारी परियोजना पर अमल करने का निर्णय लेना हो, कुछ प्रमुख परिचालन सिद्धांतों को परिभाषित करना या फिर सिफ़ारिशें जारी करने के लिए समितियों की स्थापना और सलाह-मशविरा करने के लिए परामर्श विशेषज्ञों को साथ जोड़ना- सैद्धांतिक रूप से देखा जाये तो यूआईडीएआई का जन्म और विकास की प्रक्रिया काफ़ी व्यवस्थित और नौकरशाही लगती है। लेकिन यह सारा सुव्यवस्थित सोच-विचार निजी सहायकों की पूर्ण क्षमता से लबरेज़, आलीशान सरकारी कार्यालयों में बैठ कर नहीं हुआ बल्कि एक ऐसे अराजकता भरे, उन्मत्त माहौल में हुआ, जिससे कोई भी प्रौद्योगिकी स्टार्ट-अप में पदार्पण करने वाला इन्सान भली-भांति परिचित होगा।

प्रथम वर्ष में 100 करोड़ रुपये (जिसका पूरा उपयोग नहीं हो सका) का एक मामूली सा बजट (धन-राशि), एक छोटा सा ऑफिस और न्यूनतम कर्मचारी संख्या के साथ यूआईडीएआई ने अपनी कर्मयात्रा का शुभारम्भ किया। और हाँ, भारत सरकार में 100 करोड़ रुपये के बजट को एक छोटी परियोजना की निशानी समझा जाता है। महानिदेशक

(डीजी) और उप महानिदेशक पद पर आसीन वरिष्ठ नौकरशाहों को अपने निजी, आरामदायक कमरों में बैठने की सुविधा दी जा सकती थी; लेकिन यहाँ, नयी दिल्ली स्थित योजना आयोग के तत्कालीन योजना भवन कार्यालय में एक बेहद छोटे कमरे में, एक-दूसरे के साथ सटकर बैठने के लिए विवश थे। आखिरकार, यूआईडीएआई मुख्यालय को कनॉट प्लेस स्थित जीवन भारती भवन में विस्थापित किया गया, जोकि पहले एयर इंडिया का ऑफिस था। और फिर, कार्यालय की मरम्मत, रंग-रोगन होने की प्रतीक्षा किये बिना टीम ने वहाँ अपना डेरा जमा लिया। अपने चारों तरफ़ बिखरी धूल-मिट्टी और शोरगुल को अनदेखा कर, कार्यालय के आधे हिस्से में टीम अपना काम करती रही और बाकी आधे हिस्से में नवीनीकरण का काम चलता रहा।

इसके साथ ही, बेंगलुरू में प्रौद्योगिकी टीम ने आकार लेना शुरू कर दिया था। परिवर्तन की चाहत के जुनून से भरे सिलिकॉन वैली उद्यमियों और ब्लू-चिप प्रौद्योगिकी संस्थाओं के कर्मचारियों ने इसमें हिस्सा लेने के लिए समान रूप से सहमति जताई। कुछ शुरुआती टीम सदस्य अपने परिवारों को पीछे छोड़कर बेंगलुरू पहुँचे और वहाँ उन्होंने बाहरी रिंग रोड के एक अपार्टमेंट में डेरा जमा लिया, यह स्थान यूआईडीएआई प्रौद्योगिकी प्रमुख श्रीकांत नधमुनी के आवास से कुछ कदमों की दूरी पर स्थित था। उस अपार्टमेंट के ड्राइंग रूम ने कई महीनों तक बेंगलुरू प्रौद्योगिकी टीम के कार्यालय की भूमिका निभाई, श्रीकांत के शब्दों में, ''यहाँ लिए गये कई प्रमुख निर्णयों की रूपरेखा, दो व्हाइटबोर्ड और दो टेबलों पर रेखांकित की गयी।'' मृदुभाषी और एक जटिल योजनाकार राज मश्रूवाला, परियोजना के शुरुआती स्वयंसेवकों में से एक थे। उन्होंने हमें बताया कि, ''मैंने जुलाई अन्त के आसपास यूआईडीएआई परियोजना में शामिल होने के लिए हस्ताक्षर किए और अपने भारत आने के फैसले की सूचना अपने परिवार को देने के लिए मैंने वापस अमरीका के लिए उड़ान भरी। दो सप्ताह बाद मैं वापस आया, हवाई अड्डे से एक टैक्सी ली और बाहरी रिंग रोड पर एक एप्लायंस स्टोर से अपार्टमेंट के लिए आवश्यक वस्तुएँ खरीदने के दौरान मैंने श्रीकांत से मुलाकात की। अगले दिन कार्यालय में काम-काज शुरू हो गया।'' यूआईडीएआई के मुख्य निर्माता, डॉ प्रमोद वर्मा भी शुरुआती दिनों में ही टीम के साथ जुड़ गये थे। त्रावणकोर के पूर्व राज्य के शाही परिवार के सदस्य प्रमोद का अपार उत्साह और किशोरों जैसे माथे पर गिरते बाल उन्हें एक कॉलेज छात्र वाली छवि देते हैं। लगभग एक दशक पहले इन्फोसिस और फिर स्टार्ट-अप में नन्दन के साथ काम करने के कारण, वे याद करते हुए कहते हैं कि ''जैसे ही मैंने यह पढ़ा कि एक राष्ट्रीय आईडी मंच का निर्माण करने के लिए नन्दन को नियुक्त किया गया है, मैं तुरंत समझ गया कि मैं भी इस परियोजना का हिस्सा बनना चाहता था, और मैं बिना कोई देर किये उनके पास पहुँच गया।''

टीम का दौरा करने वाले विक्रेताओं को साज-सजावट के मामले में किसी सरकारी कार्यालय जैसे हालात दिखने की उम्मीद थी, लेकिन यहाँ आने पर उन्हें लगा जैसे वे किसी छड़े के अड्डे पर आ गये हैं। अपनी याद ताज़ा करते हुए राज कहते हैं कि ''सन माइक्रोसिस्टम्स से आये लोगों को हमने अपना पता दिया, यहाँ पहुँचने पर उन्होंने हमें सिर्फ़ एक बार यह पूछने के लिए फ़ोन किया कि क्या वे लोग सही पते पर पहुँचे हैं या खो चुके हैं। एक बार और हमने अपने अपार्टमेंट में बायोमेट्रिक्स विक्रेताओं में से एक टीम के साथ भी मुलाकात की थी। बाद में उन्होंने हमें बताया कि उस समय उन्हें यह विश्वास ही नहीं हो रहा था कि यह भारत सरकार का ही एक अधिकारी संगठन था, उनके मन में यह शंका कुलबुला रही थी कि कहीं यह सब किसी प्रतियोगी द्वारा उनकी तकनीक का खुलासा करवाने की मंशा से खेला गया कोई बड़ा स्टिंग ऑपरेशन तो नहीं।'' शायद प्रौद्योगिकी विक्रेताओं को राहत देने के उद्देश्य से टीम बाद में बेंगलुरू में तेज़ी से फैल रहे टेक्नीकल पार्कों में से एक और अधिक औपचारिक कार्यालय चली गयी, यह कार्यालय सरजापुर रिंग रोड पर स्थित था।

एक तरफ़ किसी सरकारी पदानुसार श्रेणियों में बंटे, अत्यधिक औपचारिक नौकरशाही संरचना में वर्षों बिता चुके लोग थे और दूसरी तरफ़ यहाँ वे लोग भी थे जो कहीं अधिक अनौपचारिक, निजी क्षेत्र की पृष्ठभूमि से यहाँ आये थे, जहाँ हॉफ पैंट को ऑफिस वियर (कार्यालय का पहनावा) माना जाता था और अपने सीईओ को उसके नाम से पुकारना, यह केवल स्वीकार्य चलन ही नहीं बल्कि आपसे उम्मीद भी यही की जाती थी। दोनों संस्कृतियों के टकराव के लिए यहाँ हालात काफ़ी उम्दा थे, एक दुनिया वह है जो हिमनदों की गति से बदलती है, जबकि दूसरी वह है जिसका कायापलट रातों-रात हो जाता है। यूआईडीएआई में अपने पदार्पण के पहले दिन विरल ने डाक विभाग की एक बैठक में भाग लिया था। अपनी यादों के गलियारे में विचरते हुए विरल उनके बारे में बताना शुरू करते हैं: ''एक दशक अमरीका में बिताने के बाद मैं अभी भारत लौटा ही था कि मैं भारतीय डाक सेवा के वरिष्ठ नौकरशाहों से घिरे सभा कक्ष में पहुँच गया। और फिर भारतीय डाक अध्यक्ष वहाँ आये, और मुझे यह देख कर आश्चर्य हुआ कि उनके आते ही कमरे में हर कोई उठ खड़ा हुआ।'' काम के साथ-साथ ही उन्हें नियमों को समझना होगा, दिल्ली में आप यूँ ही किसी कार्यालय में प्रवेश नहीं कर सकते, बल्कि आपको अपनी वरिष्ठता के क्रमानुसार अन्दर जाना होगा। किसी मीटिंग में, यदि आप कोई प्रश्न पूछना चाहते हैं तो आप यूँ ही कभी भी-कुछ नहीं बोल सकते, आपका पद यह निर्धारित करेगा कि आपके बोलने का सही समय कब है।

विरल ख़ुद भी काफ़ी मुखर हैं और दो टूक बात करना पसन्द करते हैं जबकि नौकरशाह लोग घुमाफिरा कर और सामने वाले का रुतबा देख कर अपनी बात रखते हैं। हल्का सा मज़ाक करते राम सेवक शर्मा, एक तीर से दो निशाने लगाते हुए ख़ुद को 'फ्री-रेडिकल' (मस्त-मलंग) के ख़िताब से नवाज़ते हैं, जो उनके स्वभाव और आदत दोनों के हिसाब से सटीक है। यह मुँह बोला नाम न सिर्फ़ लोगों के ज़हन में अटक गया बल्कि व्यापक रूप से अपनाया भी गया, आज विरल इस पर बात करते हुए हँसते हुए कहते हैं कि मुझे बहुत कुछ करने की अनुमति दी गयी थी, क्योंकि लोगों का कहना था कि, ''ओह, यह आदमी तो एक फ्री-रेडिकल की तरह है, कुछ अलग ही करके दिखायेगा।''

नौकरशाह भी निजी क्षेत्र के इन ढीठ सहकर्मियों से उतने ही हैरान-परेशान थे, जिन्हें सार्वजनिक ऑडिट (हिसाब-किताब) या कागज़ी फ़ाइलों तक के बारे में समझ नहीं है। दोनों समूहों का अपना ख़ुद का अलग अभेद्य शब्दजाल था, सरकारी वित्तीय नियमों, समितियों, संसद सदस्यों के प्रश्न और उन पर उचित प्रक्रिया जैसे शब्दों का सामना क्लाउड स्टोरेज (एक तरह की इंटरनेट सेवा जिसमें डाटा का रखरखाव, प्रबन्ध और उसकी नकल प्रति को सँभाल कर रखने का काम कहीं दूर से सँभाला जाता है और फिर आवश्यकतानुसार उसे उपभोक्ताओं के लिए नेटवर्क पर उपलब्ध कराया जाता है), सर्वर, बैंडविड्थ (किसी इलेक्ट्रॉनिक संचार उपकरण या प्रणाली द्वारा जानकारी भेजने और प्राप्त करने की क्षमता का माप) और डाटा एन्क्रिप्शन (संकोचन के लिए डाटा का कोड में रूपांतरण) की भाषा के साथ होता था। निजी क्षेत्र वाले, काफ़ी हद तक संस्थागत संस्मरण अपनी टीम के सदस्यों के साथ बातचीत करने के लिए पलक झपकते ही ईमेल भेज देते थे, जबकि सरकार में संचार और दस्तावेज़ सँभालने के लिए किसी अतृप्त इच्छा से बंधी आत्मा की तरह अपने दोनों ओर फीतों से बंधी, हरी चादर में लिपटी, पदानुसार नौकरशाहों के बीच से अपना रास्ता बना रही फ़ाइलों का सफ़र जारी था। इनमें से एक समूह, काम को पहले निपटा कर बाद में उसके बारे में चिंता करने की प्रवृत्ति रखता था, जबकि दूसरे समूह का ध्यान हमेशा इस ओर रहता कि किसी भी तरह निर्णय लेने की प्रक्रिया में उठाये गये हर कदम का उत्तरदायित्व उनके कंधों पर होगा।

गलतफहमियों के कारण हुई प्रहसन की गुंजाइश के बावजूद, पूरे संगठन ने कुछ शुरुआती रुकावटों से उभर कर, सुचारू रूप से कार्य करना आरम्भ कर दिया।

जल्दी ही दोनों पक्षों को यह आभास हो गया कि उन्हें एक दूसरे की शब्दावली सीखने के साथ-साथ एक-दूसरे का विश्वास अर्जित करना होगा। हाथ में उठाये बीड़े की अहमियत को देखते हुए, दोनों समूहों को यह भी समझ आ गया था कि कुएँ

के मेंढक की तरह अपने-अपने क्षेत्र तक सीमित रहते हुए कार्य करने का जोखिम दोनों ही नहीं उठा सकते, इसलिए उन्होंने कार्यप्रणाली का एक ऐसा सहयोगी मॉडल अपनाया, जिसमें साझा विशेषज्ञता के द्वारा परिवर्तनात्मक निर्णय लेने में मदद मिली। विरल को याद है, ''जब एक बार नन्दन ने उनसे कहा था, 'जब एक बार आपने अपने लिए इतना बड़ा लक्ष्य निर्धारित कर लिया, तो फिर उसकी तुलना में बाकी सब बहुत छोटा लगने लगता है।' ''

संगठन का विकास जारी रहा, और आठ उप-महानिदेशकों (डीडीजी) को नियुक्त किया गया, जो महानिदेशक (डीजी) को रिपोर्ट करते थे। दो से चार सहायक महानिदेशक (एडीजी) प्रत्येक उप-महानिदेशक को रिपोर्ट करते थे। 'आधार' नामांकन और स्थानीय ज़रूरतों के अनुरूप व्यवस्था का निर्माण करने के उद्देश्य से देश भर में ऐसे आठ क्षेत्रीय कार्यालय बनाये गये थे जिन्हें राज्य सरकारों के साथ कन्धे से कन्धा मिला कर काम करना था। यह कार्यालय मुंबई, बेंगलुरू, हैदराबाद, रांची, गुवाहाटी, चंडीगढ़, लखनऊ और दिल्ली में स्थापित किये गये थे। कार्यक्रम के चरम पर इन सम्पूर्ण संगठनों में लगभग 200 सरकारी अधिकारियों सहित करीब 100 सलाहकार, अपने मूल कार्य से अवकाश प्राप्त स्वयंसेवक और इंटर्न शामिल थे।

इस बीच, बेंगलुरू के रिंग रोड स्थित अपार्टमेंट में प्रौद्योगिकी टीम पूरे ज़ोरशोर से काम करते हुए 2010 तक पहली 'आधार' संख्या जारी करने के लक्ष्य को प्राप्त करने की कोशिश कर रही थी। हालाँकि प्रौद्योगिकी टीम के प्रमुख अपने-अपने स्थान पर कार्यरत थे और लिए गये निर्णयों को अंतिम रूप दिया जा रहा था, लेकिन इस पूरे सिस्टम का निर्माण करने वाले प्रोग्रामरों की नियुक्ति अभी भी बाकी थी। पहले वर्ष का लक्ष्य प्राप्त करने की अहमियत को समझते हुए महानिदेशक राम सेवक शर्मा ने नामांकन सॉफ्टवेयर के लिए किसी प्रोग्रामर की नियुक्ति की प्रतीक्षा में समय बर्बाद नहीं किया; बल्कि उन्होंने अपनी आस्तीन ऊपर चढ़ाते हुए कार्यालय समय के बाद और सप्ताहांत अतिरिक्त काम करके इस पूरी प्रक्रिया को कुछ ही दिनों में खुद ही लिख डाला।

वर्ष 2013, यूआईडीएआई की उत्पत्ति के लगभग चार वर्ष बाद, राम सेवक शर्मा अपने महानिदेशक पद से हट गये। जोकि स्टार्ट-अप चरण के पूरा होने का संकेत था और फिर अगले महानिदेशक, विजय मदान ने 'आधार' के स्तर को देश भर में आगे बढ़ाने के लिए कमर कस ली। अभी तक जो राज्य नामांकन के मामले में पिछड़ रहे थे उन राज्यों में नामांकन करवाने वालों की संख्या बढ़ने लगी, और यूआईडीएआई ने 'आधार' एप्लीकेशनों का निर्माण करने के लिए कई मंत्रालयों और राज्य सरकारों के साथ काम किया।

नए भारत का नया डाटाबेस

20 वर्ष से कुछ ऊपर आयु की अमेलिया एक दुपहिया वाहन खरीदना चाहती थी, लेकिन खरीद नहीं पा रही थी। उसकी समस्या धन से जुड़ी नहीं थी, क्योंकि पिछले तीन वर्षों से चल रहे उसके बचत अभियान के कारण धन का जुगाड़ तो हो गया था, लेकिन असल समस्या उसकी पहचान की थी। कम उम्र में ही वेश्यावृत्ति के काम में धकेली गयी अमेलिया, उस दलदल से निकलने के बाद चेन्नई स्थित सुरक्षा गृह में रह तो रही थी लेकिन उसके पास उसकी पहचान का कोई दस्तावेज़ नहीं था। उसी आश्रम में उसकी एक सहेली प्रिया, मिडल ईस्ट के होटल में काम करना चाहती थी, लेकिन कोई पहचान दस्तावेज़ न होने के कारण, उसका पासपोर्ट नहीं बन रहा था।[2]

लगभग 500 महिलाओं और बच्चों के लिए यूआईडीएआई द्वारा आयोजित एक विशेष शिविर में अमेलिया और प्रिया भी शामिल हुईं, जहाँ पहली बार उन्हें अपनी पहचान को साबित करने के लिए एक सरकारी दस्तावेज़ दिया गया–जिसे हम सब 'आधार' संख्या के नाम से जानते हैं। अब बात करते हैं झारखंड की, यहाँ की महिलाएँ 'आधार' कार्ड प्राप्त करने के बाद ख़ुद को अधिक सशक्त महसूस करती थीं; बिना अपने मर्दों पर निर्भर हुए, वे अब अपने दम पर सरकारी लाभ प्राप्त कर सकती थीं। समाज में उनका रुतबा बढ़ गया था, और कुछ औरतों ने अपने गाँव के अन्य सामाजिक मुद्दों से निपटने के लिए अपने उस रुतबे को इस्तेमाल किया; जैसे अपने शराबी पति की नशे की लत छुड़वाना।[3]

पहचान के किसी अन्य दस्तावेज़ को प्राप्त करने में असमर्थ रहे ये सभी लोग, 'आधार' संख्या पाने के योग्य कैसे हो गये? यह प्रश्न जितना जटिल है इसका उत्तर उतना ही स्पष्ट है, क्योंकि 'आधार' को जानबूझ कर जितना हो सके उतना समावेशी बनाया गया था, ख़ासतौर पर उन लोगों पर लक्ष्य साधा गया था जो अन्य सभी सरकारी पहचान योजनाओं से वंचित थे। किसी भी भारतीय निवासी के बारे में रत्ती भर की जानकारी एकत्रित करने से पहले, ड्राइंग बोर्ड पर इस योजना को बनाने में यूआईडीएआई ने घंटों बिताये कि सबको इसमें शामिल करने के मिशन को सफ़ल बनाने के लिए किस प्रकार का डाटा एकत्र करने की आवश्यकता है।

हमारा पहला प्रश्न इस हद तक सरल था कि क्या सचमुच यूआईडीएआई को किसी भी निवासी का नामांकन करने की आवश्यकता है। क्या कोई ऐसा डाटाबेस पहले से मौजूद है जिसका उपयोग वे रोज़गार पाने के लिए कर सकें? उत्तर मिला, बहुत अधिक नहीं है। हालाँकि कुछ आधिकारिक डाटाबेस मौजूद थे, लेकिन उसमें कई बड़ी खामियां थीं। जैसे कि मतदाता सूची, ग़रीबी रेखा के नीचे होने वाले और

सरकारी योजनाओं के तहत लाभ पाने योग्य लोगों की सूची हैं। इनमें कई कमियाँ थीं, जैसे कि इसमें मौजूद डाटा प्रत्येक भारतीय निवासी के लिए सही मायने में उनकी विशिष्ट पहचान को सुनिश्चित करने के लिए पर्याप्त नहीं था, और अक्सर त्रुटियों से भरा रहता था। दूसरी, इसमें देश की सम्पूर्ण आबादी को शामिल नहीं किया गया था। और तीसरी, इनमें से प्रत्येक डाटा समूह की अपनी एक अलग संरचना और प्रारूप था; उन सब को जोड़ना एक दुःस्वप्न साबित होता। कुल मिला कर यह स्पष्ट था कि यूआईडीएआई द्वारा नए सिरे से अपने ख़ुद के डाटाबेस का निर्माण करने में ही समझदारी है, यानि सारा का सारा डाटा, एक ही बार में एकत्रित कर लिया जाए।

अगला निर्णय यह लेना था कि किस प्रकार का डाटा एकत्रित किया जाए। यह स्पष्ट था कि इसके दो प्रकार होंगे : जनसांख्यिकीय और बायोमेट्रिक (biometric)। जनसांख्यिकीय पक्ष की चीज़ों को सँभालने के लिए, पूर्व केन्द्रीय सतर्कता आयुक्त एन.विट्ठल की अध्यक्षता में जनसांख्यिकीय डाटा मानक और सत्यापन प्रक्रिया समिति का गठन किया गया, जो बाद में जनसांख्यिकीय डाटा संग्रह के लिए दिशा-निर्देशों का एक पूरा सेट साथ लेकर आये।

एकत्रित किये जानेवाले प्रत्येक जानकारी के फील्ड को 120 करोड़ बार दोहराना होगा, इस बात को ध्यान में रखते हुए चीज़ों को जहाँ तक सम्भव हो सरल रखने का प्रयास किया गया। लेकिन प्रकृति को खाली स्थान पसन्द नहीं, शायद इसीलिए इस प्रणाली में कथित रिक्त स्थानों को भरने की कोशिश में कई सरकारी विभागों ने इसमें छलांग लगा दी। स्वास्थ्य मंत्रालय ने सुझाव दिया कि यूआईडीएआई प्रत्येक व्यक्ति का ब्लड ग्रुप डाटा इकट्ठा करे; अन्य मंत्रालय जाति, विकलांगता स्थिति और अन्य विशेषताओं के बारे में जानकारी चाहते थे। राम सेवक शर्मा ने बताया कि, ''एक आम गलती जो सरकारी आवेदन पत्रों में दोहराई जाती है, वह है उस डाटा को एकत्र करना जिसका कभी उपयोग होने की संभावना ही नहीं होती, लम्बे और जटिल आवेदन पत्र बनाना, उदाहरण के लिए, सरकारी कर्मचारियों के पेंशन आवेदन पत्र, जो किसी बुकलेट जैसे दिखते हैं, उनमें कुछ प्रश्न तो बिलकुल अप्रासंगिक होते हैं जैसे धर्म और जातीयता के बारे में जानकारी माँगना। ऐसा इसलिए होता है क्योंकि इन आवेदन पत्रों के रचेताओं को ख़ुद भी इस बात का अनुमान नहीं होगा कि उन्हें यह अतिरिक्त जानकारी क्यों चाहिए, फिर भी यह सोच कि क्या पता कभी बाद में यह किसी काम आ जाये, इसलिए अच्छा होगा इसे अभी एकत्र कर लिया जाये। जब हम यूआईडीएआई के लिए जानकारी फॉर्म बना रहे थे, तो अन्य हितधारकों, अधिकतर सरकारी विभागों से हमें अतिरिक्त जानकारी इकट्ठा करने के लिए कई सुझाव मिले। अल्पसंख्यक मामलों का विभाग चाहता था कि हम धर्म से सम्बन्धित जानकारी माँगें, और ग्रामीण विकास विभाग

की इच्छा थी कि आय सम्बन्धित जानकारी एकत्र की जाये। जबकि यूआईडीएआई की नीति यह कहती थी कि किसी व्यक्ति की पहचान निश्चित करने के लिए केवल न्यूनतम जानकारी, जो आवश्यक और पर्याप्त हो वही एकत्र की जाये—न उससे कम और न ज़्यादा। हम सिर्फ़ यह निश्चित करना चाहते थे कि अमुक व्यक्ति वास्तव में वही है 'क' नाम का व्यक्ति वास्तव में, 'क' ही है। उसकी 'आधार' संख्या को उस तक पहुँचाने के लिए हमें उसके स्थाई आवास पते की आवश्यकता भी थी।''

आखिरकार, 'फ़ॉर्म में एक व्यक्ति का नाम, पता, जन्म तिथि व लिंग' की जानकारी के फील्ड्स को ही अनिवार्य बनाया गया। ये सभी अनिवार्य फील्ड किसी की पहचान और उसके पते की पुष्टि करने के लिए पर्याप्त हैं। समिति की रिपोर्ट में यह निर्देश भी बिलकुल स्पष्ट थे कि इस सारी जानकारी को एकत्र कैसे करना है। परिणामस्वरूप, डाटा सत्यापन और डाटा इकट्ठा करना एक समान प्रक्रिया में परिवर्तित कर दिया गया, ताकि 'आधार' पारिस्थितिकी तन्त्र के कई भागीदारों में से किसी के लिए भी इसे लागू करना मुश्किल न हो।

इनमें से प्रत्येक फील्ड को अंतिम सूची में शामिल किए जाने से पहले उस पर पूरी चर्चा और बहस की गयी थी। जनसांख्यिकीय डाटा में जहाँ तक सम्भव हो सभी को सम्मिलित करने का लक्ष्य था, ताकि कोई भी, इस डाटाबेस से इस वजह से बाहर न रह जाये क्योंकि 'आधार' मापदंडों की श्रेणी में वह खरा नहीं उतरा। उदाहरण के लिए, 'आधार' संख्या, सरकार द्वारा जारी प्रथम ऐसी आईडी है जिसमें नामांकित व्यक्ति के लिंग का उल्लेख करते समय आधिकारिक तौर पर 'ट्रांसजेंडर (किन्नर अथवा लिंग परिवर्तित व्यक्ति)' श्रेणी को एक विकल्प के रूप में मान्यता दी गयी थी, वह भी ऐसे समय में जब अधिकतर सरकारी कार्यक्रम आज भी ट्रांसजेंडर व्यक्तियों को पुरुष अथवा महिला के रूप में अपनी पहचान देने को विवश करते हैं। भारत के सुप्रीम कोर्ट द्वारा तीसरे लिंग वर्ग के रूप में 'ट्रांसजेंडर' को आधिकारिक तौर पर मान्यता दिए जाने के वर्षों पहले ही यह विकल्प उपलब्ध हो चुका था।

इसी प्रकार, 'आधार' संख्या के लिए आवेदन करते समय महिलाओं को उनके पति या पिता के नाम की जानकारी देना अनिवार्य नहीं था। हालाँकि इस फील्ड को नामांकन प्रक्रिया में शामिल तो किया गया था, लेकिन एक औरत को यह अधिकार था कि वह चाहे तो इसे खाली छोड़ सकती थी, बिना किसी पुरुष रिश्तेदार का डाटा माँगे, उसकी 'आधार' संख्या जारी की जा सकती है।

जिन जनसांख्यिकी समिति की बैठकों में यह फ़ैसले लिए गये उनमें प्रमोद वर्मा उपस्थित थे। वे बताते हैं कि शुरू में लगभग समिति का हर व्यक्ति महिलाओं के नामांकन में उनके पति या पिता का नाम शामिल करने के पक्ष में था। मैंने अपना

हाथ उठाया, और अध्यक्ष श्री विट्ठल ने कहा कि ये युवक कुछ कहना चाहता है, पहले उसे अपनी बात कहने दीजिये। मैंने पूछा, ''यदि इस जानकारी को सबके लिए अनिवार्य कर दिया, तो अनाथों या बेघर लोगों जैसे विशेष मामलों का क्या होगा? पुरानी व्यवस्था में, जो इन आवश्यक श्रेणियों में सुव्यवस्थित तरीके से नहीं समा पाता था, उसे अक्सर अनदेखा कर, फिर बाद में व्यवस्था से बाहर धकेल दिया जाता था।'' मुझे आज भी याद है कि मेरी बात खत्म होते ही श्री विट्ठल ने पाँच मिनट तक एक बेहद दिलचस्प भाषण देते हुए कहा कि हमारी सरकारें उपभोक्ताओं के प्रति इतनी सत्तावादी क्यों हैं। कुछ वाद-विवाद के बाद आखिरकार समिति ने इस बात के लिए सहमति जता दी कि आगे बढ़ने का सबसे अच्छा तरीका होगा कि इस तरह के विवरण को अनिवार्य करने की जगह वैकल्पिक रखा जाए।

हालाँकि जनसांख्यिकीय डाटा मात्र चार फील्ड तक ही सीमित था, लेकिन इस न्यूनतम जानकारी को इकट्ठा करना भी बेहद कठिन सिद्ध हुआ। क्योंकि भारत की विविधता यहाँ के नागरिकों के नाम में प्रकट होती है; लेकिन इस मामले में हमारे यहाँ कोई ऐसा समरूप नियम नहीं है जो राष्ट्रव्यापी स्तर पर लागू हो। अक्सर दक्षिण भारतीय नागरिकों के उपनाम नहीं होते, लेकिन इसकी जगह अपने नाम के साथ वे अपने पैतृक गाँव और परिवार के देवी-देवता का नाम शामिल कर सकते हैं। कुछ लोग अपने मध्य नाम के रूप में पिता का नाम लिखते हैं, और कुछ अन्य ऐसा नहीं करते। ऐसे में, एक व्यक्ति के नाम में एक से पाँच भाग शामिल हो सकते हैं। आवासीय पतों के मामले में भी भारत में समरूपता देखने को नहीं मिलती। स्थान निर्देश के लिए अक्सर इसमें पूजा स्थलों, स्कूलों, सिनेमा हॉल, शॉपिंग कॉम्प्लेक्स जैसे प्रसिद्ध स्थानीय स्थलों के नाम शामिल होते हैं। भारत के गाँवों में, जहाँ हर कोई, हर किसी को जानता है, एक डाक पते के रूप में 'बरगद के पेड़ के पीछे' या 'क' के बेटे 'ख' को पहुँचा दिया जाये, इतनी जानकारी एक पत्र को उसके सही प्राप्तकर्ता तक पहुँचाने के लिए काफ़ी है।

भारतीयों की पहचान : आँखें, चेहरे तथा उँगलियाँ

अभी जनसांख्यिकीय डाटा संग्रह को लेकर विचार-विमर्श चल ही रहा था कि सितंबर 2009 में गठित एक बायोमेट्रिक समिति ने बायोमेट्रिक डाटा संग्रह के लिए यह प्रक्रिया आरम्भ कर दी थी।[4] बेहतरीन किस्म का बायोमेट्रिक डाटा एकत्र करने और उससे सम्बन्धित लागत का फ़ैसला लेने के लिए उस समिति ने कई बायोमेट्रिक विशेषज्ञों और शिक्षाविदों से सलाह ली। विभिन्न उद्देश्यों के लिए बायोमेट्रिक डाटा का उपयोग करने वाले दुनिया भर के अन्य कार्यक्रमों का भी उन्होंने बारीकी से

अध्ययन किया, जैसे कि यूएस-विज़िट प्रोग्राम (यूनाइटेड स्टेट्स विज़िटर एण्ड इमिग्रेंट स्टेटस इंडिकेटर टेक्नोलॉजी) जिसके तहत सीमा सुरक्षा कारणों के लिए उंगलियों के निशान एकत्र किये जाते हैं। दूसरी तरफ़, फिंगरप्रिंट डाटा की वैधता परीक्षण के लिए यूआईडीएआई ने दिल्ली, उत्तर प्रदेश, बिहार और उड़ीसा के 25,000 निवासियों से एकत्र 250,000 से अधिक फिंगरप्रिंट की छवियों, जिनमें अधिकतर ग्रामीण क्षेत्रों से थे, का उपयोग कर अपना प्रारम्भिक अध्ययन जारी रखा।

इस सारी जानकारी को एक साथ जोड़ने के बाद, सबसे अच्छी रणनीति जो उभर कर सामने आयी, उसके अनुसार एक व्यक्ति की तस्वीर के साथ-साथ उसकी दसों उँगलियों के निशान और आँखों की पुतली का स्कैन भी कैप्चर कर लिए जायें। प्रारम्भिक अध्ययन से पता चला कि कृषि प्रधान आबादी की उँगलियों के निशान अत्यधिक शारीरिक श्रम के कारण घिस चुके होते हैं। यदि हम केवल उँगलियों के निशानों के डाटा का इस्तेमाल करते, तो शायद हम 'आधार' की सबसे अधिक आवश्यकता जिन लोगों को है उन्हें ही बाहर कर देते या फिर हमारे डाटाबेस में बड़ी संख्या में गलतियाँ रह जातीं क्योंकि तिल जितनी एक छोटी सी गलती भी 120 करोड़ लोगों के मामले में दोहराई जाने के बाद पहाड़ जितनी विशाल हो जाती है। इसके बारे में राम सेवक शर्मा का कहना है कि, ''मेरे हिसाब से बायोमेट्रिक सेट में आइरिस डाटा को शामिल करना अत्यंत महत्त्वपूर्ण निर्णयों में से एक था, जिसके कारण हम दोहराव रोकने में 99.99 प्रतिशत तक सफल रहे। आइरिस स्कैन में, हमारे पास अब प्रमाणीकरण के लिए एक बहुत ही शक्तिशाली साधन है जो विशेष रूप से ग़रीब लोगों को लाभ पहुँचाता है, कुछ मामलों में तो यह प्रमाणीकरण के लिए उँगलियों के निशानों से भी बेहतर परिणाम देता है।''

'आधार' नामांकन की मीनार

डाटा संग्रह मापदंडों के निर्धारित होने के बाद, हमारा अगला कदम इस निर्णय की ओर था कि वास्तव में कैसे कोई निवासी 'आधार' के लिए नामांकन करवा सकता है। हमारा लक्ष्य नामांकन के लिए निवासियों को सबसे सुविधाजनक तरीके का चयन करने की स्वतन्त्रता देना था, जिसके लिए 'आधार' नामांकन पारिस्थितिकी तन्त्र जो अंततः लागू किया गया, इसी लक्ष्य को हासिल करने के लिए तैयार किया गया था। यदि पूरे पारिस्थितिकी तन्त्र को एक पिरामिड के रूप में देखा जाए तो यूआईडीएआई इसके शीर्ष पर स्थित दिखाई देगा। इसके नीचे उन संगठनों का वर्ग स्थित है जिन्हें 'रजिस्ट्रार' कहते हैं और जिनकी नियुक्ति यूआईडीएआई द्वारा की

जाती है। इन संगठनों में सभी राज्यों की सरकारों सहित सरकारी संस्थायें जैसे भारत के महापंजीयक, भारतीय डाक, राष्ट्रीय प्रतिभूति डिपॉजिटरी लिमिटेड, सार्वजनिक क्षेत्र के बैंक और तेल कंपनियां भी शामिल हैं। इन सभी रजिस्ट्रारों में एक बात समरूप थी कि निवासियों के साथ इन सभी का सीधा वास्ता पड़ता था। पिरामिड में रजिस्ट्रारों के नीचे नामांकन संस्थाओं का स्थान था, जिनकी नियुक्ति खुले बाज़ार में प्रतिस्पर्धी बोली प्रक्रिया के बाद रजिस्ट्रार द्वारा की गयी थी। मशीनी उपकरण और उनके परिचालक प्रदान करना नामांकन संस्थाओं का काम है जो सही मायने में बाहर निकल कर नामांकन प्रक्रिया को अंजाम तक पहुचाएँगे। 1,00,000 से अधिक ऑपरेटर्स का प्रमाणीकरण हुआ था, और जब यह कार्य अपने चरम पर था तब, एक साथ 30,000 नामांकन केन्द्रों को स्थापित किया गया था।

इस पारिस्थितिकी तन्त्र की बदौलत ही निवासी किसी बैंक, डाक घर, वे सरकारी स्कूल जहाँ सरकार की ओर से नामांकन केन्द्र चलाया जा रहा है, और यहाँ तक कि किसी राशन की दुकान पर भी अब अपना नामांकन करवा सकते थे। इस स्वतन्त्रता के कारण एकाधिकार की कोई सम्भावना ही नहीं रही, कोई आपको किसी विशिष्ट केन्द्र से नामांकन करने पर या उसके लिए घूस देने पर मजबूर नहीं कर सकता था। यदि निवासी विशेष केन्द्र की सेवा गुणवत्ता से नाखुश थे, तो वे आराम से अपनी पसन्द के किसी दूसरे सेवा केन्द्र पर जा सकते थे, या उसी इलाके में किसी अन्य नामांकन संस्था द्वारा केन्द्र स्थापित करने की प्रतीक्षा कर सकते थे, जैसा कि आम-तौर पर किया गया था।

प्रलोभन की शक्ति को पहचानते हुए, शुरू में यूआईडीएआई ने रजिस्ट्रार को प्रत्येक नामांकन के लिए 50 रुपये का भुगतान किया। नामांकन संख्या में वृद्धि होते ही यह आंकड़ा 40 रुपये पर आ गया। पारिस्थितिकी तन्त्र में निचले स्तरों को भी वित्तीय प्रलोभन द्वारा संचालित किया गया, जहाँ रजिस्ट्रारों ने नामांकन संस्थाओं को 25 से लेकर 35 रुपये तक प्रति नामांकन भुगतान किया। पीछे चल रही इन प्रक्रियाओं की अनुमानित लागत (इसमें सीधे तौर पर निवासी शामिल नहीं थे) लगभग 50 रुपये थी, जिसमें सॉफ्टवेयर विकास, डाटा सेंटर का निर्माण, संचालन लागत, बायोमेट्रिक दोहराव को रोकने की प्रक्रिया, 'आधार' पत्र को डाक द्वारा भेजना शामिल हैं। इन आंकड़ों को जोड़ते हुए, पूरी नामांकन प्रक्रिया में प्रति निवासी लगभग 100 रुपये लागत आयी। 120 करोड़ लोगों की आबादी के हिसाब से यह लागत दस वर्ष की अवधि में 12,000 करोड़ होने का अनुमान है। इसकी तुलना सरकार द्वारा हकदारी और अनुवृत्ति पर खर्च किये जाने वाले 300,000 करोड़ रुपये से करें, जिसमें प्रति वर्ष कम से कम इसका 10 प्रतिशत यानि 3000 करोड़ रुपये घोटालों, नकली, डुप्लीकेट और फ़र्ज़ी लाभार्थियों की भेंट चढ़ जाता है। ये आँकड़े अपनी कहानी ख़ुद बयान कर

रहे हैं। यहाँ तक कि राष्ट्रीय लोक वित्त एवं नीति संस्थान द्वारा प्रकाशित 'आधार' के विस्तृत लागत-लाभ विश्लेषण में यह पाया गया कि इस परियोजना के द्वारा सरकार को लगभग 53 प्रतिशत आन्तरिक वापसी दर प्राप्त होने का अनुमान है।

इतने बड़े आकार और जटिलता से भरी किसी भी परियोजना को सँभालना, हमेशा आसान नहीं रहा। एक से अधिक रजिस्ट्रार्स का मॉडल होने के कारण परिचालन सम्बन्धी कुछ मुद्दों के साथ-साथ परेशानियों का लगातार सामना करना पड़ा। फिर भी चयन और प्रतिस्पर्धा के सिद्धांतों को बरक़रार रखा गया। राजेश बंसल बताते हैं कि जब हमने सभी बैंकों को पत्र लिख कर बताया कि हम उन्हें रजिस्ट्रार बनाना चाहते हैं, तो वे हिचकिचा रहे थे क्योंकि उन्हें लग रहा था कि यह उनका काम नहीं था। हमने उन्हें रजिस्ट्रार बनने की खूबियाँ गिनवाते हुए इस बात की ओर संकेत किया कि जब लोग 'आधार' के लिए नामांकन करवायेंगे तो बैंक इसके साथ-साथ उनके नए खाते खोल कर अपनी ग्राहक संख्या का भी विस्तार कर सकते हैं। बाद में, उत्तर प्रदेश, बिहार और उड़ीसा जैसे राज्यों में 'आधार' नामांकन कार्यक्रम की नैया के सबसे बड़े खिवईया बैंक ही साबित हुए।

कुछ राज्य सरकारें अपने राज्य में ख़ुद ही एकमात्र रजिस्ट्रार का दर्जा सँभालना चाहती थीं ताकि वे अपने सभी निवासियों के एक सम्पूर्ण डाटाबेस का निर्माण कर सकें। ये राज्य चाहते थे कि यूआईडीएआई उनके क्षेत्र में अन्य सभी रजिस्ट्रारों पर प्रतिबन्ध लगा दे। बहरहाल बाकी राज्य इस राय से सहमत नहीं हुए और सक्रिय रूप से कई रजिस्ट्रारों को शतप्रतिशत लक्ष्य हासिल करने के लिए प्रोत्साहित करते रहे। अशोक पाल सिंह के शब्दों में, ''उत्तर प्रदेश पहला ऐसा राज्य था जिसने गैर राजकीय रजिस्ट्रारों को स्वीकारा था, जबकि पश्चिम बंगाल पहला ऐसा राज्य था जिसने आधिकारिक तौर पर इस अवधारणा का विरोध किया था। हालाँकि, पश्चिम बंगाल का विरोध लंबे समय तक नहीं टिक सका, क्योंकि महीने भर के अन्दर ही उन्होंने एक और अधिसूचना जारी करते हुए कहा कि वे अपने राज्य के निवासियों का नामांकन करने के लिए गैर राजकीय रजिस्ट्रार को अनुमति देने के लिए तैयार थे।'' इन दोनों दृष्टिकोणों के बीच एक समझौते के रूप में, गैर राजकीय रजिस्ट्रारों को अंततः उनके अपने परिसर के भीतर अथवा आसपास के निवासियों का ही नामांकन करने की अनुमति दे दी गयी। आरंभ में, सार्वजनिक क्षेत्र के बैंक, निजी क्षेत्र के बैंकों को भी रजिस्ट्रार बनाने के लिए उत्सुक नहीं थे। यह आपसी खींचतान युद्ध अप्रत्याशित नहीं था, और रजिस्ट्रारों को यह एहसास होते ही कि 'आधार' की शक्ति इसकी नामांकन प्रक्रिया में नहीं, बल्कि उस खुले मंच में थी जो यह प्रदान करता है, सारे मनमुटाव दूर हो गये। नतीजतन, आपसी संघर्ष के बादल छंटते ही नामांकन की रफ़्तार तेज़ी से बढ़ने लगी।

हर किसी के लिए बारह अंक

भ्रामक रूप से एक सरल सवाल यह था कि: किसी संख्या को सुरक्षित बनाने और यह सुनिश्चित करने के लिए कि आप प्रत्येक संख्या में बिना कोई दोहराव लाये 120 करोड़ संख्याएँ प्रदान कर सकते हैं, उसमें कितने अंक होने चाहिए। इस टेढ़े प्रश्न का सीधा उत्तर जो हमें मिला वह था 'बारह अंक'। यह बारह अंक पूरी तरह क्रमरहित होने चाहिए, ताकि कोई भी आसानी से इनका अनुमान न लगा सके। गौर कीजिये कि अमरीका में, यदि आपको किसी व्यक्ति की जन्म तारीख और उस स्थान के बारे में जानकारी है जहाँ से उसको संख्या जारी की गयी थी, तो आप उसकी सामाजिक सुरक्षा संख्या का आसानी से अनुमान लगा सकते हैं।[5] जिस तेज़ी से पहचान की चोरी आम होती जा रही है, उसे देखते हुए पूरी तरह क्रमरहित संख्या जारी करना ही इस तरह की समस्याओं से निपटने का एकमात्र हथियार था, यहाँ तक कि यदि एक ही परिवार के सभी सदस्य, एक साथ 'आधार' के लिए नामांकन करवाते हैं तो प्रत्येक सदस्य को मिलने वाली संख्या दूसरे सदस्य से बिलकुल भिन्न होगी।

हमने बारह अंक कहा है, लेकिन 'आधार' वास्तव में ग्यारह क्रमरहित अंक हैं, जिसमें एक अंक का उद्देश्य डाटा प्रविष्टि में त्रुटियों का पता लगाना है। क्रेडिट कार्ड में भी इसी तरह की संख्या प्रणाली इस्तेमाल की जाती है, जिसमें वेर्होफ़ योजना (Verhoeff/दशमलव अंकों की जाँच के लिए पहला एल्गोरिथ्म जो सभी एकल अंकों की त्रुटियों का पता लगाता है) नाम से प्रसिद्ध एक फ़ॉर्मूला, पिछले अंक की गणना करने के लिए इस्तेमाल किया जाता है। यह बारह अंकों का प्रारूप 8,000 करोड़ 'आधार' संख्या उत्पन्न करने के लिए पर्याप्त क्रम संचय और संयोजन का सामर्थ्य प्रदान करता है ताकि भविष्य में भी नयी 'आधार' संख्याओं की कमी के ख़तरे से न जूझना पड़े। संख्या योजना को और मज़बूत बनाने और त्रुटिहीन बनाने के लिए, एक बार जो संख्या किसी व्यक्ति को आवंटित कर दी तो फिर उसे दोबारा किसी और को आवंटित नहीं किया जायेगा, यहाँ तक कि उस व्यक्ति की मृत्यु के बाद भी नहीं। कुछ विशेष संख्याओं जैसे 'वीआईपी संख्याएँ', अंक ज्योतिष के अनुसार शुभ संख्याएँ या फिर मन्त्रियों के लिए विशेष संख्याओं को लेकर हम पर कुछ दबाव था। लेकिन यूआईडीएआई ने ऐसे सभी अनुरोधों को सिरे से नकार दिया ताकि किसी के रुतबे, पसन्द-नापसन्द की परवाह किए बिना सबको एक ही लोकतांत्रिक ढंग से आवंटित क्रमरहित संख्या प्राप्त हो।

प्रौद्योगिकी के पदचिन्हों को कम करना

बायोमेट्रिक डाटा का इस्तेमाल एक 'आधार' संख्या की विशिष्टता सुनिश्चित करने के लिए किया जाएगा। यह महत्त्वपूर्ण निर्णय यूआईडीएआई की तकनीकी टीम ने बहुत जल्दी ही ले लिया था। हम जानते थे कि जब भी कोई नया नामांकन किया जायेगा, तो उस व्यक्तिविशेष के बायोमेट्रिक डाटा की तुलना सिस्टम में पहले से ही स्थापित दूसरे डाटा समूहों के साथ यह देखने के लिए करनी होगी कि कहीं इस व्यक्ति का नामांकन पहले हो तो नहीं रखा, इस प्रक्रिया को डी-डुप्लीकेशन (दोहराव पर रोक) कहा जाता है। लेकिन क्या इस प्रक्रिया को 120 करोड़ बार दोहराया जा सकता है? बायोमेट्रिक पहचान क्षेत्र के अग्रणी विशेषज्ञों से मिल कर इस प्रश्न का उत्तर पाने के इरादे से राज मशरूवाला ने सैन फ्रांसिस्को के लिए उड़ान भरी।

नन्दन उस बातचीत के परिणाम के बारे में बताते हुए कहते हैं कि ''देहरादून के किसी सम्मेलन में बोलने के लिए जा रहे श्रीकांत नधमुनी ने इस विषय पर बात करने के लिए मुझे रास्ते से फ़ोन किया। फ़ोन पर यह बताते हुए उनको कष्ट हो रहा था कि अधिकतर सभी विशेषज्ञों का मानना है कि जिस तरह से हम बायोमेट्रिक डी-डुप्लीकेशन को करने की योजना बना रहे हैं वह तरीका अकाल्पनिक रूप से महंगा होगा, और इस बात कि कोई गारंटी नहीं है कि यह तरीका सही काम करेगा भी या नहीं।'' उनकी राय में बायोमेट्रिक स्कैनर छोड़कर भी, डी-डुप्लीकेशन को जिस प्रकार के भारी कम्प्यूटेशनल प्रसंस्करण की आवश्यकता होगी, वह लागत बर्दाश्त के बाहर होगी। आगे बताते हुए नन्दन कहते हैं कि, ''तब मैंने श्रीकांत से कहा कि यूआईडीएआई पाँच वर्षों में 6 करोड़ 'आधार' संख्या आवंटित करने का वादा पहले ही कर चुका है और हम अपने उस वचन से पीछे नहीं हट सकते। इस काम को पूरा करने के लिए टीम को रास्ता ढूँढना ही होगा।''

विशेषज्ञों की राय दोहराते हुए श्रीकांत बताते हैं कि परियोजना द्वारा भारी मात्रा में उत्पन्न डाटा को सँभालने के चक्कर में डाटा टीम क्रिकेट मैदान जितने विशाल डाटा केन्द्रों में उलझ कर रह जाएगी। यूआईडीएआई के मुख्य निर्माता प्रमोद वर्मा बताते हैं कि ''मुझे आज भी याद है जब मुझसे कहा गया था कि डी-डुप्लीकेशन प्रक्रिया के लिए हमें 10 लाख डॉलर की लागत वाले 10 लाख कंप्यूटरों की आवश्यकता होगी, यानि सिर्फ़ कम्प्यूटिंग पॉवर (कम्प्यूटरों की शक्ति) ख़रीदने के लिए ही 100 करोड़ डॉलर का खर्च सिर उठाये खड़ा था।'' लागत को एक वहनीय स्तर तक नीचे लाने के लिए प्रौद्योगिकी टीम क्या कर सकती थी?

एक विकल्प था कि दुनिया की अग्रणी प्रौद्योगिकी संस्थाओं में से कुछ जो कर रही थीं उनकी ओर ध्यान दिया जाये। ज़्यादा पुरानी नहीं, अभी एक दशक पहले की ही बात है जब इतने बड़े स्तर पर काम करना इतना असम्भव लगता था कि उसे किसी वैज्ञानिक परिकल्पना से जोड़ कर देखा जाता था। मगर आज, हम प्रतिदिन 10,000 करोड़ से अधिक ईमेल का आदान-प्रदान करते हैं;[6] गूगल प्रतिदिन 350 करोड़ खोज सम्बन्धी प्रश्नों का भार वहन करता है;[7] आज दुनिया भर में 128 करोड़ से अधिक लोग फेसबुक उपभोक्ता हैं,[8] और 50 करोड़ से अधिक लोग वाट्सएप्प का उपयोग कर रहे हैं;[9] जिन संस्थाओं ने नयी प्रौद्योगिकी और उपकरण निर्माण में इंटरनेट की शक्ति का इस्तेमाल किया है, वही आज बहुत बड़े यूजर बेस (उपभोक्ताओं का आधार) के साथ काम करने की कला में अग्रणी बन चुके हैं। इस असम्भव को सम्भव बनाने के लिए इस्तेमाल हुईं नयी पद्धतियों ने यूआईडीएआई को साधन और साहस के साथ सोचा-समझा जोखिम उठाने की प्रेरणा दी।

एक अन्य निर्णय कमोडिटी हार्डवेयर (धातु का सामान जैसे कम्प्यूटर आदि) यानि ठीक उसी तरह के कम्प्यूटर जो खुले बाज़ार में आसानी से उपलब्ध हैं और अपने आप में बहुत शक्तिशाली नहीं हैं, उनके इस्तेमाल का था। उन कम्प्यूटरों में से बहुतों को एकसाथ जोड़ने से कम्प्यूटिंग शक्ति में काफ़ी वृद्धि हुई। जो डाटा में दोहराव को रोकने की जटिल और थकाऊ प्रक्रिया से निबटने के लिए पर्याप्त थे। यह प्रणाली सस्ती और लचीली होने के साथ-साथ आसानी से मापनीय और सुगठित थी, इसमें विक्रेता द्वारा निर्धारित समय सीमा जैसे वाद-विवाद में उलझने की भी आवश्यकता नहीं थी। और अंतिम डाटा केन्द्र के लिए पूरे क्रिकेट क्षेत्रों की बजाय मात्र 10,000 वर्ग फुट स्थान की आवश्यकता पड़ी।

एक प्रमुख तकनीकी चुनौती यह पता लगाने की थी कि वास्तविक नामांकन कौन सी भाषा में किया जायेगा। संजय जैन, यूआईडीएआई के प्रमुख उत्पाद प्रबन्धक और पूर्व में गूगल (जहाँ उन्होंने लोकप्रिय मैपमेकर/MapMaker उपकरण में सह लेखन किया) के साथ कार्यरत थे, उन्होंने बताया कि ''एक ओर जहाँ ग्रामीण लोग अपने राज्य की स्थानीय भाषा में संवाद करते हैं वहीं दूसरी तरफ़ शहरी निवासी काफ़ी हद तक अंग्रेज़ी में बात करना पसन्द करते हैं। इसलिए, अंग्रेज़ी और नामांकन क्षेत्र की स्थानीय भाषा दोनों में डाटा संग्रह किया गया। जब ऑपरेटर वह डाटा अंग्रेज़ी में टाइप करते तो स्वचालित ढंग से काम करने वाला सॉफ्टवेयर उसका अनुवाद स्थानीय भाषा में कर देता, जिसमें ध्वनि और वर्तनी सम्बन्धी त्रुटियों को ऑपरेटर और नामांकित व्यक्ति दोनों के द्वारा सही किया जा सकता था।'' इस पूरी नामांकन प्रक्रिया को आगे के पृष्ठ पर बने चित्र में विस्तार से समझाया गया है।

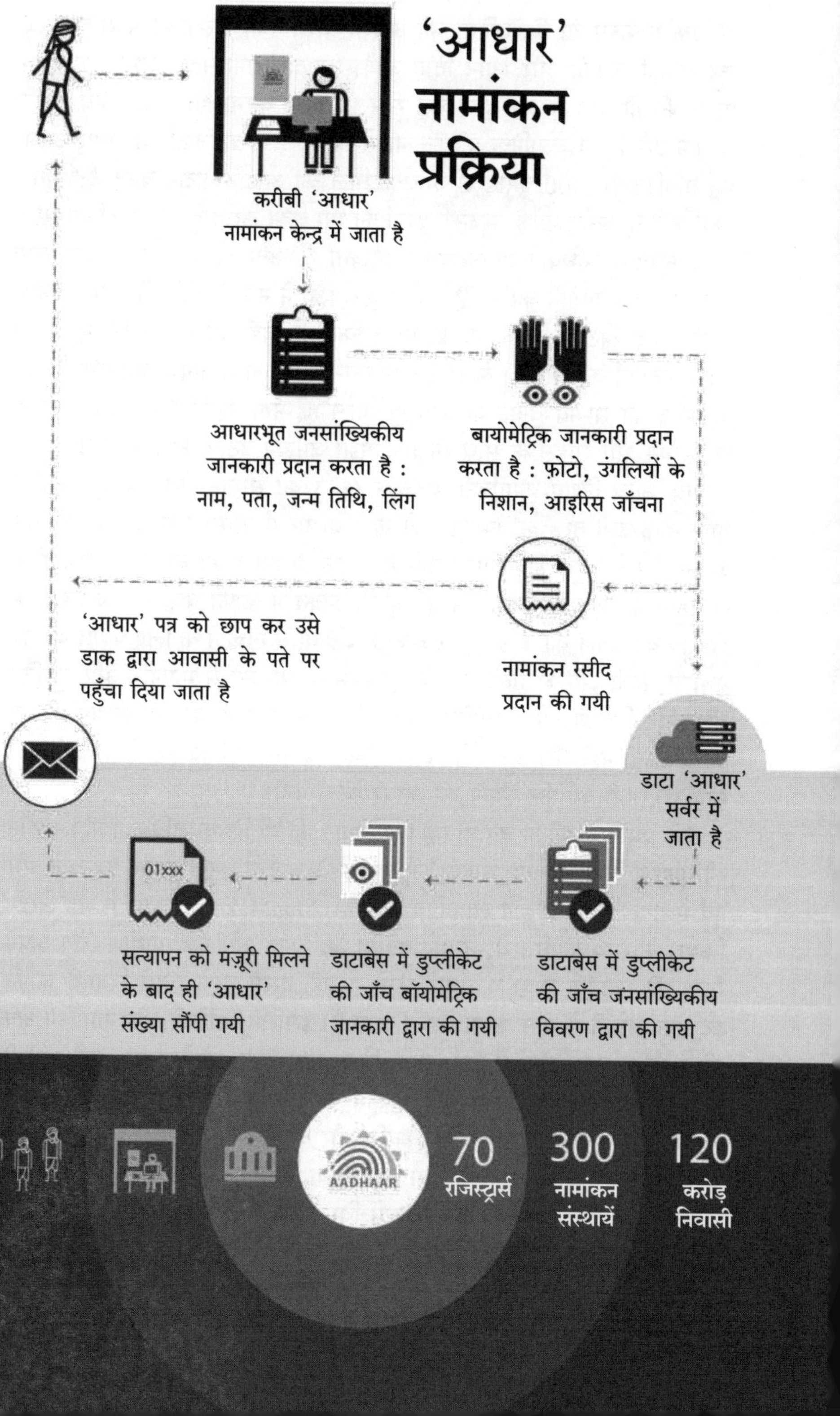
'आधार' नामांकन प्रक्रिया
करीबी 'आधार' नामांकन केन्द्र में जाता है
आधारभूत जनसांख्यिकीय जानकारी प्रदान करता है : नाम, पता, जन्म तिथि, लिंग
बायोमेट्रिक जानकारी प्रदान करता है : फ़ोटो, उंगलियों के निशान, आइरिस जाँचना
नामांकन रसीद प्रदान की गयी
'आधार' पत्र को छाप कर उसे डाक द्वारा आवासी के पते पर पहुँचा दिया जाता है
डाटा 'आधार' सर्वर में जाता है
01xxx
सत्यापन को मंज़ूरी मिलने के बाद ही 'आधार' संख्या सौंपी गयी
डाटाबेस में डुप्लीकेट की जाँच बॉयोमेट्रिक जानकारी द्वारा की गयी
डाटाबेस में डुप्लीकेट की जाँच जनसांख्यिकीय विवरण द्वारा की गयी
AADHAAR
70 रजिस्ट्रार्स
300 नामांकन संस्थायें
120 करोड़ निवासी

'आधार' का अनूठा दिल–बायोमेट्रिक्स

'आधार' पर काम कर रही प्रौद्योगिकी टीम के सामने सबसे बड़ी चुनौती बायोमेट्रिक डाटा उपयोग को उस स्तर पर लाने की थी जिसे दुनिया ने कभी देखा तक नहीं था। 120 करोड़ लोगों का नामांकन करते समय विशिष्टता को सुनिश्चित करने के लिए प्रत्येक व्यक्ति के बायोमेट्रिक्स की तुलना सिस्टम में मौजूद हर दूसरे व्यक्ति के बायोमेट्रिक के साथ करनी पड़ेगी। यहाँ बात लाखों या करोड़ों की नहीं बल्कि (70 करोड़ अरब) बायोमेट्रिक की तुलना करने की थी। यह सारी जानकारी 15 पेटाबाइट (कम्प्यूटर भंडारण क्षमता का मापदंड, जिसमें किलोबाइट, मेगाबाइट, गीगाबाइट, टेराबाइट से बड़ा पेटाबाइट है) डाटा का निर्माण होगा।

दूसरों के अनुभवों से सीखने की आशा में उन्होंने यूएस–विज़िट (US VISIT) सीमा सुरक्षा कार्यक्रम जैसे अन्य बायोमेट्रिक्स आधारित प्रयासों का भी अध्ययन किया। और तब हमारी टीम को पता चला कि यह कार्यक्रम एक ही विक्रेता के अधिकार में है, जिसकी वजह से मजबूरी में उसी विक्रेता के सॉफ्टवेयर और बायोमेट्रिक उपकरणों का उपयोग करना पड़ता है। जब हमारी टीम ने उनसे मुलाकात की, वो लोग 10,000 करोड़वीं पहचान संख्या पर पहुँच चुके थे। भारत उससे दस गुना बड़ा है; 'आधार' के लिए यदि हम भी एक ही विक्रेता का चयन करते और बाद में पता चलता कि वह इतने बड़े पैमाने पर काम करने में असमर्थ है तो क्या होता? दुनिया भर में इसकी मिसालें देखने को मिलती हैं जहाँ कई सरकारी परियोजनाएँ इसीलिए विफल हुईं क्योंकि वे मजबूरी में एक ही विक्रेता के साथ बंधे रह गये थे, हम इतना बड़ा जोखिम नहीं उठा सकते थे, और इसलिए एक नयी 'आधार' संख्या सौंपने से पहले, बायोमेट्रिक स्कैनिंग उपकरण प्रदान करने और डी–डुप्लीकेशन प्रक्रिया सँभालने के लिए हमने एक से अधिक विक्रेताओं को साथ जोड़ने का निर्णय लिया। इस दृष्टिकोण को पहले कभी इस्तेमाल में लाने की कोशिश नहीं की गयी थी, लेकिन इस क्षेत्र में सबसे बड़े ग्राहक होने के नाते, सरकार अपनी शर्तों पर काम करवाने में समर्थ थी। अब यूआईडीएआई को किसी एक सप्लायर द्वारा कभी बंधक नहीं बनाया जा सकेगा, और इस तरह बाज़ारों की शक्ति, अधिक मात्रा और कम कीमत पर जाकर थम गयी।

इंटेल से दो साल का अवकाश–विराम लेकर हमारे साथ काम कर रहे जगदीश बाबू ने 'आधार' के आरंभिक दिनों में बायोमेट्रिक डिवाइस पारिस्थितिकी तन्त्र को व्यवस्थित किया था। वे बताते हैं कि 'आधार' ने ख़ुद अपने दम पर ही बायोमेट्रिक सेंसर (एक यंत्र जिसका उद्देश्य अपने पर्यावरण में परिवर्तन या घटनाओं का पता लगाना है) में एक बड़े बाज़ार का निर्माण किया और दुनिया भर की सेंसर प्रौद्योगिकी

के क्षेत्र में नवाचार को प्रेरित किया। यूआईडीएआई द्वारा पैदा हुई माँग के चलते सेंसर लागत दस गुणा नीचे, यानि पहले जो लागत प्रति यंत्र 5,000 डॉलर से भी अधिक थी वह सीधे घट कर 500 डॉलर तक पहुँच गयी। सुरक्षा अनुप्रयोगों के लिए बायोमेट्रिक्स एक सीमित-उपयोग प्रौद्योगिकी हुआ करती थी, अब, सामाजिक सेवाओं के लक्षित वितरण के उद्देश्य से इसे भारतीय नागरिकों के लिए मुक्त कर दिया गया है, यह बात गौर करने लायक है कि 'आधार' उत्पत्ति और संचालन के चार साल के बाद एप्पल आईफ़ोन (iPhone) ने 2013 में अपनी फिंगरप्रिंट आधारित टच आईडी की शुरुआत की थी। प्रतियोगिता और पैमाने के परिणामस्वरूप यह अनुमान लगाया गया कि प्रति डी-डुप्लीकेशन यूआईडीएआई की लागत दुनिया में तीन गुणा कम यानि सबसे कम थी। श्रीकांत नधमुनी इन आंकड़ों को हमें समझाते हुए कहते हैं कि, ''एक अकेले डी-डुप्लीकेशन के लिए दुनिया भर में 20 रुपये बेंचमार्क निधारित किया गया था। जबकि हम डी-डुप्लीकेशन की लागत को प्रति जाँच 2.75 रुपये तक ले आने में कामयाब रहे।''

जैसे ही नामांकन का स्तर बढ़ने लगा, टीम को स्कैनिंग गलतियों की वजह से बायोमेट्रिक डाटा में त्रुटियाँ मिलनी शुरू हो गईं। एकीकृत सर्किट डिज़ाइन विशेषज्ञ विवेक राघवन, यूआईडीएआई के आरंभिक बायोमेट्रिक प्रयासों का नेतृत्व करने वाले अग्रणी स्वयंसेवक में से एक होने के साथ-साथ, उन्हीं के शब्दों में 'वे यूआईडीएआई की सबसे दिलचस्प उपाधि' के गौरवान्वित अधिकारी भी हैं, क्योंकि उनकी सरकारी उपाधि में 'स्वयंसेवक' शब्द के स्थान पर सिर्फ़ 'बायोमेट्रिक्स' शब्द का प्रयोग किया गया था। उन्होंने हमें बताया कि ऐसे कई डाटा पैकेट थे जहाँ बाईं और दाईं आँख के आइरिस डाटा में अदला-बदली मिली थी, बाद में पता चला कि दरअसल आइरिस कैप्चर करने के लिए इस्तेमाल कैमरा अनजाने में उलट गया था। हमें इस त्रुटि के बारे में जनवरी 2011 के आरम्भ में पता चला और महीने भर के भीतर ही हमने इसे ठीक कर दिया, उस एक महीने में उलट-पलट हो रखी आइरिस इमेज (तस्वीर) का पता लगाने और उन्हें ठीक करने के लिए हमें एल्गोरिदम दल (समस्या सुलझाने के लिए विशेष रूप से कम्प्यूटर द्वारा संचालित एक प्रक्रिया) का आविष्कार करना था, जिसमें वास्तव में प्रत्येक तस्वीर की आंसू ग्रंथि की स्थिति की जाँच करनी पड़ती है। वे इस त्रुटि और इसी तरह की अन्य त्रुटियों को सिर्फ़ इसी लिए पकड़ पाये क्योंकि उनके पास गुणवत्ता की जाँच के पुख्ता इंतज़ाम थे, इसलिए उन्हें किसी व्यक्ति विशेष का दोबारा नामांकन करवा कर यह सुनिश्चित करने की आवश्यकता नहीं पड़ी कि फिर से लिया गया डाटा गुणवत्ता मानकों के अनुरूप ही है, बल्कि वह ख़ुद ही इन गलतियों को तेज़ी से सुधार पा रहे थे।

'आधार' पत्र : चक्र पूरा हुआ

एक बार नामांकन और डी–डुप्लीकेशन पूरा होने और एक 'आधार' संख्या जारी करने के बाद, प्रत्येक निवासी को उसकी 'आधार' संख्या और जनसांख्यिकीय जानकारी वाला एक मुद्रित पत्र प्राप्त होता है। आज, एक मोटे प्लास्टिक के टुकड़े में बन्द, ए5 आकार के कागज़ के टुकड़े, हवाई अड्डों पर, रेलों में और बैंक शाखाओं पर दिखना एक आम बात है। जब इन पत्रों को लोगों तक पहुँचाने की बारी आयी, तो इस बात को लेकर काफ़ी गहन चर्चा हुई कि क्या इस काम के लिए कोरियर सेवा का उपयोग करना उचित होगा। पर आखिरकार, 'फलाना, फलाने का बेटा है, जो पुराने स्कूल के पीछे रहता है,' इस तरह के रहस्यमय नाम और पतों को समझने, और एक विस्तृत पहुँच और बड़ी कर्मचारी संख्या वाली देश की एकमात्र संस्था भारतीय डाक ही निकली। डाकिया एक सरकारी कर्मचारी है, और उसके द्वारा पत्र का वितरण, किसी के स्थाई आवास पते का अधिकारी सत्यापन समझा जाता है, जिसे भविष्य में अन्य सरकारी प्रक्रियाओं के लिए भी इस्तेमाल किया जा सकता है। यही वह व्यक्ति होता है जिसे अपने इलाके के हर नुक्कड़, गली, चौराहे और वहाँ रहने वाले परिवारों के बारे में जानकारी होती है, इसलिए जटिल या अधूरे पतों को ढूंढ निकालने में वे माहिर होते हैं।

'आधार' तैयार करने के बाद, डाटा को छपाई के लिए भारतीय डाक को भेजा जाएगा। जैसा कि अशोक पाल सिंह बताते हैं कि, ''जब हमने इंडिया पोस्ट को बताया कि बहुत कम समयावधि में, प्रतिदिन दस लाख 'आधार' तैयार होने आरम्भ हो जाएँगे, तब उन्होंने हमें कभी गंभीरता से नहीं लिया, शायद यह सोच कर कि एक सरकारी कार्यक्रम इतनी जल्दी, इतनी रफ़्तार कैसे पकड़ सकता है।'' बहुत जल्द, छपे हुए पत्रों का ढेर लग गया, जबकि लोग महीनों से उनकी प्राप्ति की प्रतीक्षा कर रहे थे। अपने सामर्थ्य को बढ़ाने के लिए, अन्य प्रिंटरों को अनुबंधित किया गया और बैकलॉग (पिछला शेष कार्य) की भी निकासी की गयी। पत्रों की छंटाई पिन कोड के आधार पर की गयी, और डाक विभाग के कार्यभार को कम करने के लिए देश भर में फैले भारतीय डाक के विभिन्न केन्द्रों पर उन्हें भिजवाया भी गया।

इन प्रयासों के बावजूद, कभी–कभी पत्र सही प्राप्तकर्ता तक नहीं पहुँच सके, शायद इसलिए क्योंकि उनके पते अधूरे थे, या प्राप्तकर्ता कहीं और रहने चला गया था या फिर लाने–ले जाने में पत्र कहीं खो गया था। ऐसे में ई–आधार या इलेक्ट्रॉनिक का प्रवेश हुआ, इंटरनेट पर यूआईडीएआई की वेबसाइट पर जा कर निवासी अपनी नामांकन संख्या दर्ज कर, अपने पत्र की एक प्रति डाउनलोड कर, अपने लिए उसका प्रिंट निकलवा सकते हैं। कम्प्यूटर प्रिंटआउट भी यूआईडीएआई

द्वारा जारी आधिकारिक पत्र की तरह ही मान्य है (इस बारे में हम बाद के एक अध्याय में चर्चा करेंगे), यह सुविधा पूर्व में लिए उन निर्णयों के कारण दी जा सकी, जिनके अनुसार यह तय किया गया था कि 'आधार' कई स्वरूपों में विद्यमान एक संख्या होगी, न कि सिर्फ़ किसी कार्ड पर छपी एक संख्या; और इसे किसी विशिष्ट रूप-आकार से नहीं बांधा जाएगा।

'आधार' के साथ अपनी पहचान साबित करना

अपनी 'आधार' संख्या पाने के बाद एक व्यक्ति उसका कैसे और कहाँ उपयोग कर सकता है? इसका सबसे शक्तिशाली उपयोग है कि यह मात्र एक और पहचान संख्या ही नहीं है, वास्तव में इसका इस्तेमाल इलेक्ट्रॉनिक रूप से आपकी पहचान सत्यापित करने के लिए किया जा सकता है—जैसे यदि आप पूछते हैं : "कि क्या यह नन्दन निलेकणी हैं?" तो आपको प्रणाली द्वारा 'हां/नहीं' में उत्तर मिलेगा। भारत का कोई भी अन्य आईडी सिस्टम यह नहीं कर सकता। इसके अलावा, 'आधार' एक नहीं बल्कि तीन अलग-अलग प्रकार के प्रमाणीकरण प्रदान करता है—जनसांख्यिकीय, जो किसी व्यक्ति के नाम, पता और जन्म तारीख की पुष्टि करता है; बायोमेट्रिक, जो किसी व्यक्ति की उँगलियों के निशान या आइरिस डाटा की पुष्टि करता है—और एक वन टाइम पासवर्ड सिस्टम (मोबाइल सन्देश द्वारा एक बार इस्तेमाल के लिए भेजी जाने वाली पहचान संख्या) जो कि ऑनलाइन बैंकिंग में भी इसी प्रकार प्रयोग किया जाता है, जिसमें उपभोक्ता के पंजीकृत मोबाइल फ़ोन पर वन टाइम यूज़ पासवर्ड भेजा जाता है।

एक ठोस, बैंकिंग स्तर के पहचान सत्यापन के लिए, आपको बहुस्तरीय प्रमाणीकरण की आवश्यकता पड़ती है, यानि जानकारी के कम से कम दो अंगों की दो अलग-अलग तरीकों से पुष्टि करवानी पड़ती है। उदाहरण के लिए, एटीएम से पैसे निकालने के लिए, आपको एक डेबिट कार्ड की ज़रूरत पड़ती है (जो आपके पास है) और एक पिन संख्या (जो आप जानते हैं)। यूआईडीएआई द्वारा बायोमेट्रिक्स (जो आप हैं) के साथ आपके मोबाइल फ़ोन पर वन टाइम पासवर्ड (जो आपके पास है) द्वारा ठोस प्रमाणीकरण प्रदान किया जा सकता है। आज, 90 करोड़ लोग अचानक अपनी 'आधार' संख्या उपयोग करके वास्तविक समय में, अपनी पहचान को ऑनलाइन साबित कर सकते हैं। जिससे अनुप्रयोगों के एक नए वर्ग का, ख़ासतौर पर सरकार के भीतर, निर्माण कर पाना सम्भव हो पायेगा, जैसा कि सामने के पृष्ठ पर बने चित्र में दिखाया गया है।

'आधार' प्रमाणीकरण के अनेक उपयोग

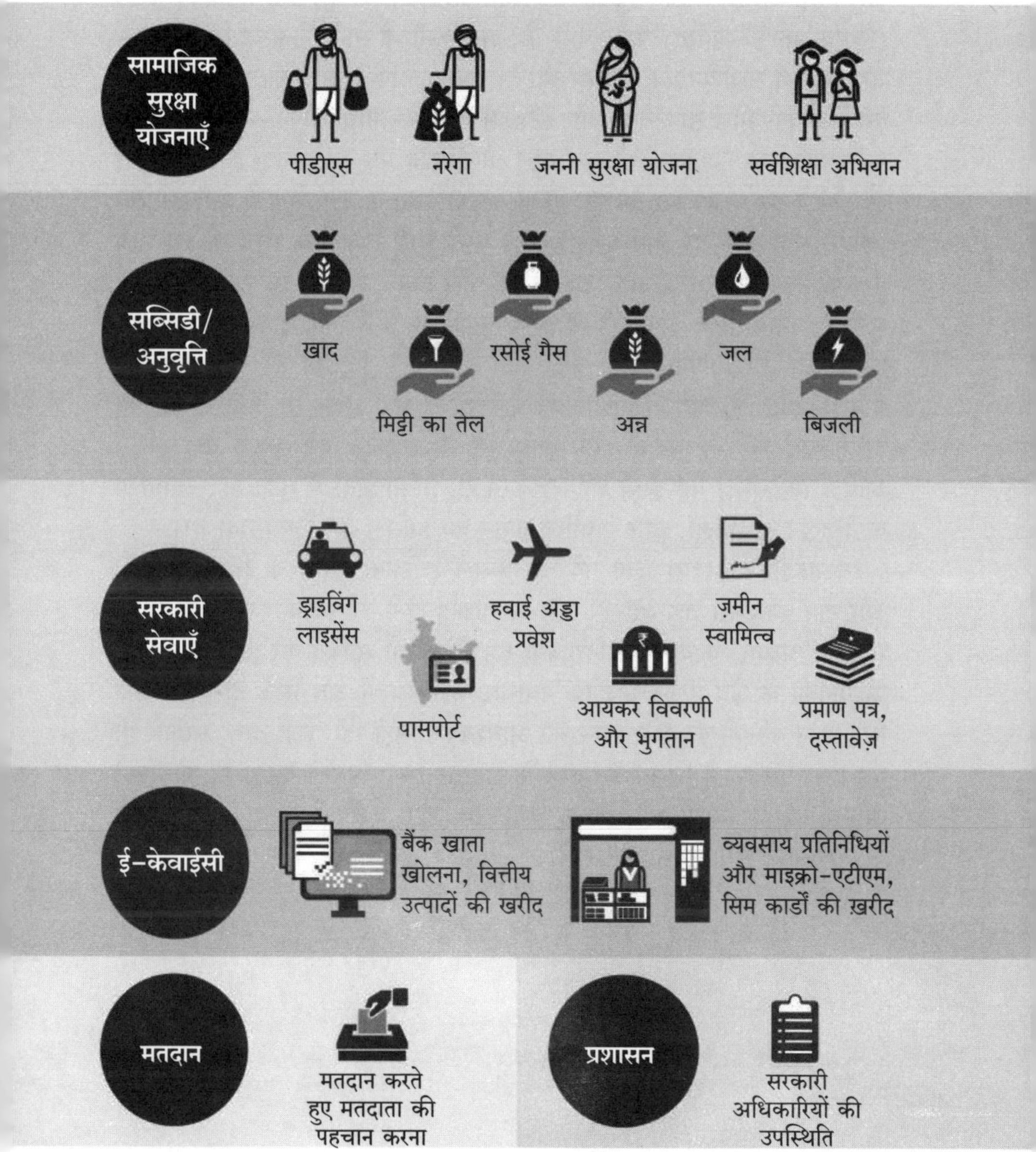

वह मंच जिसने 'आधार' का निर्माण किया

पिछले दो अध्यायों में हमने देखा कि आधार योजना और प्रौद्योगिकी मंच, इन दोनों का ही निर्माण जिस मंच पर किया गया था वह बाकी सरकारी मंचों से काफ़ी अलग है। 'आधार' शायद इकलौती सरकारी पहचान है जो पूरी तरह से ओपन-एंडेड (जिसका कोई निर्धारित उपयोग नहीं) है; इसे किसी भी सार्वजनिक या निजी सेवा में जहाँ पहचान सत्यापन की आवश्यकता है, इस्तेमाल किया जा सकता है। ठीक उसी तरह, ओपन-सोर्स सॉफ्टवेयर और स्टैंडर्ड्स के साथ-साथ ओपन-मार्केट हार्डवेयर का उपयोग कर 'आधार' भी एक खुले प्रौद्योगिकी मंच पर चलता है। एक छोटी सी टीम ने इस परियोजना को पूरा किया, कार्यान्वयन के उस चरण में आउटसोर्सिंग (बाहरी स्रोत से सेवाएँ प्राप्त करना) करते समय सारी रणनीतिक सोच को भी साथ में समेटे रखा। एक सोच और डिज़ाइन को कोई किसी और से आउटसोर्स नहीं कर सकता : इसके लिए अपने ही हाथ-पैर चलाने पड़ते हैं (यह दृष्टिकोण आम तौर पर सरकार द्वारा अपनाये जाने वाले रवैये के एकदम विपरीत है)। एक बार जब यूआईडीएआई ने उपयुक्त प्रौद्योगिकी मानकों को सही स्थान पर जमा दिया, फिर उसके बाद कोई भी विक्रेता इसमें आवश्यक सेवाएँ प्रदान कर सकता था। एक से अधिक विक्रेताओं को इसमें शामिल करने से, प्रतियोगिता में वृद्धि हुई, लागत में कमी देखने को मिली, और निर्धारित पैमाने को हासिल कर लिया गया था।

यूआईडीएआई द्वारा लिए गये कई फैसले स्वीकृत नियमों के विरुद्ध निकले, और टीम को उनसे जुड़े जोख़िम और आलोचना दोनों को स्वीकार करना पड़ा। जो भी हो, 'आधार' कार्यक्रम ने निर्णायक रूप से यह तो साबित कर ही दिया था कि प्रौद्योगिकी के क्षेत्र में अत्याधुनिक नवाचार के लिए हमें अब सिर्फ़ दुनिया भर की सिलिकॉन वैलियों की ओर देखने की आवश्यकता नहीं रही। इसी तरह, सरकार भी वह प्रचुर परिवेश है जिसमें इस तरह के समाधानों का निर्माण करना है, जो अपने आप में एक पूर्णविराम नहीं, बल्कि हमारे सभी 120 करोड़ हिन्दुस्तानी भाई-बहनों के जीवन को सुधारने का साधन है।

3

सरकारी भुगतानों पर भरोसा

भारत के छह लाख गाँवों में बैंकिंग की कोई सुविधा नहीं है। वहाँ के निवासियों को वित्तीय सेवाओं तक पहुँचने के लिए क्या करना पड़ता है? यदि आप बासुदेब पाहन हैं, अपनी सबसे करीबी बैंक शाखा तक पहुँचने के लिए आप पंद्रह किलोमीटर पैदल यात्रा कर, झारखंड के पहाड़ी जंगलों से होते हुए वहाँ पहुँचते हैं और इस प्रक्रिया में जो पैसे लगेंगे सो अलग। सम्पूर्ण ग्रामीण भारत में, लोग अपनी सहनशीलता की परीक्षा इसी तरह देते हैं। मध्य प्रदेश के अटारिया जिले के एक ग्रामीण निवासी राम के कटु अनुभव को साथ दर्शाए चित्र में लिपिबद्ध किया है। डेढ़ घंटा पैदल चलने के बाद, बीस किलोमीटर दूर स्थित अपने सबसे नज़दीकी स्थानीय बैंक तक पहुँचने के लिए उसे फिर एक बस पकड़नी होगी। इतनी जद्दोजहद के बाद बैंक उसे यह कहता है कि सरकारी ग्रामीण रोज़गार योजना, 'मनरेगा' के तहत उसकी मज़दूरी सिर्फ़ गुरुवार के दिन मिलेगी, और वो भी दोपहर 2.30 बजे तक, बैंक बन्द होने से पहले-पहले। यदि वह सम्य सीमा के बाद पहुँचा, तो उसे अगले सप्ताह फिर वापस आना होगा। अपनी ही मेहनत की कमाई 500 रुपये, पाने के लिए राम को अपनी एक दिन की मज़दूरी (करीब 91 रुपये) से हाथ धोना पड़ता है, इसमें 10 रुपये बस के किराये के जोड़ लीजिये, अपने वेतन का कुछ भाग उसे साहूकार को भी देना पड़ेगा, जो अतिरिक्त ब्याज लेता है। तो कुल मिला कर, राम की कमाई का पाँचवाँ हिस्सा उसके हाथ लगने से पहले ही गायब हो जाता है।

शहर में रहने वाले ग़रीबों के लिए यही समस्या, थोड़ा अलग रूप में सामने आती है, जो कहने को तो भले ही बैंकों से घिरे हुए हैं, लेकिन पहचान सम्बन्धित

गुरुवार को राम की अग्नि परीक्षा

अपनी नरेगा बकाया राशि को पाने के लिए राम के प्रयास

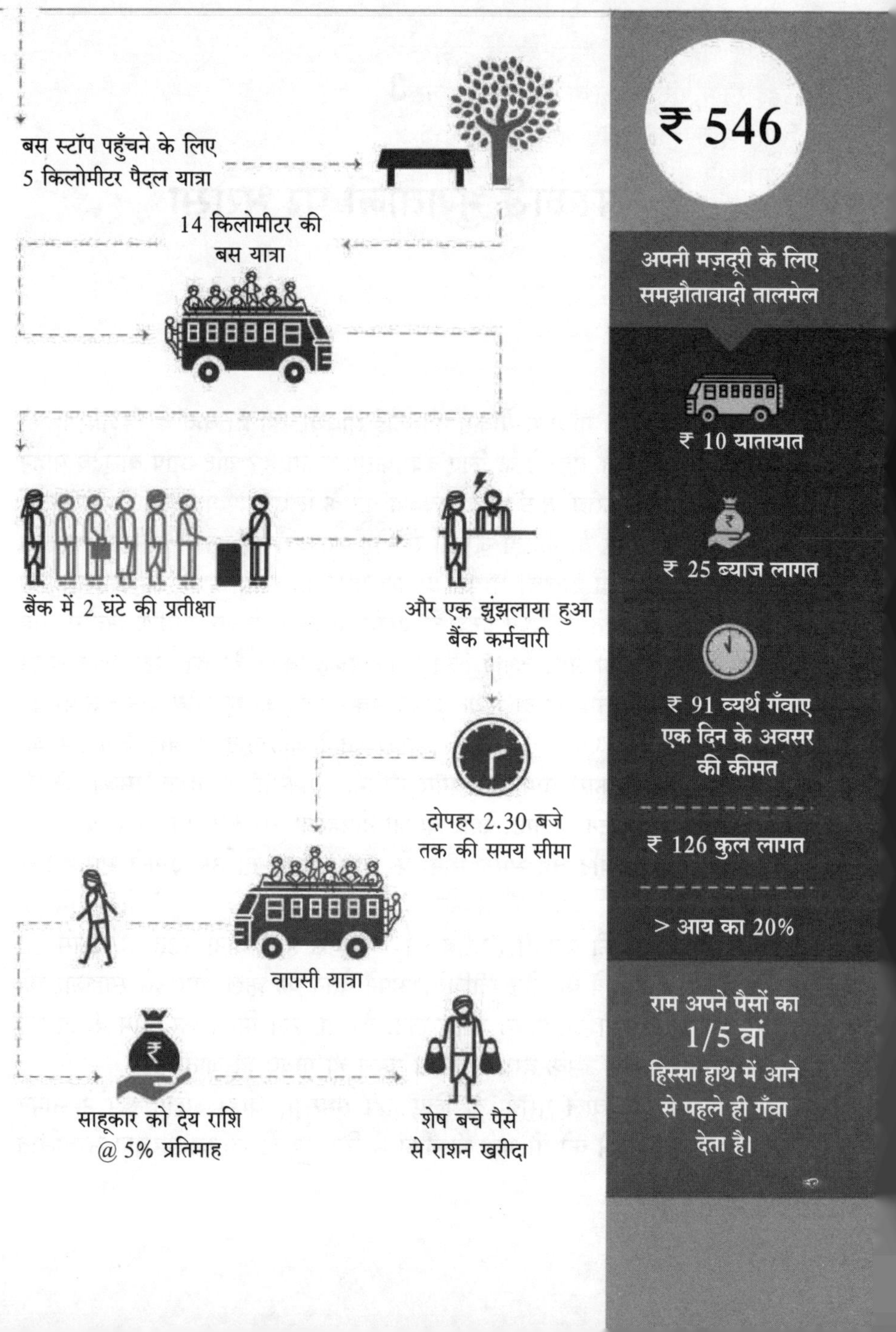

दस्तावेज़ों के अभाव के कारण उनके आस-पास बैंकों का होना या न होना एक बराबर है। नयी दिल्ली का एक प्रवासी मज़दूर लालसिंह, यहाँ एक झुग्गी-बस्ती में रहता है, और अपनी बचत का पैसा, बिहार में रह रहे अपने परिवार को भेजना चाहता है। मगर एक ग़रीब प्रवासी लालसिंह की पहचान का कोई प्रमाण न होने के कारण वह बैंक में अपना खाता नहीं खुलवा सकता। ऐसे में वह अपनी जमा की हुई रकम परिवार को भेजे तो कैसे? शुरू में वह पोस्ट ऑफ़िस द्वारा पैसे भिजवाता था, जिसके लिए उसे कुल राशि का 5 प्रतिशत सेवा शुल्क के रूप में देना पड़ता था। फिर भी उसके परिवार की शिकायत थी कि उसका भेजा पैसा उन तक पहुँचने में महीना भर या उससे भी अधिक समय लग जाता है। तब उसने एक निजी एजेंट (दलाल) के द्वारा पैसे भिजवाने का बंदोबस्त किया, जो 5-7 प्रतिशत शुल्क लेकर, ख़ुद उसके परिवार तक पैसा पहुँचा देता था। हालाँकि, गाँव तक पैसे पहुँचने में अभी भी कुछ दिन का समय लगता है, और उसके पास यह पता लगाने का कोई साधन नहीं है कि उसकी भेजी रकम पूरी-की-पूरी उसके घर पहुँची भी है या नहीं। लालसिंह का एक प्रवासी साथी, राशिद उल शेख के नाम न तो कोई बैंक खाता है और न ही उसके पास पैसा जमा करने का कोई सुरक्षित साधन ही है। आईडी दस्तावेज़ के नाम पर उसके पास सिर्फ़ उसके गाँव का राशन कार्ड है, लेकिन नयी दिल्ली स्थित बैंक अधिकारियों के सामने उस राशन कार्ड की कोई अहमियत नहीं है। अपनी जमा की हुई रकम को सुरक्षित रखने के लिए वो उसे अपने मकान मालिक के हाथों सौंपने को विवश है, मगर वो मकान मालिक भी इस सेवा के लिए 10 प्रतिशत का शुल्क अलग से लेता है।

बासुदेब पाहन, राम, लालसिंह और राशिद शेख उल, उन बहुसंख्यक भारतीयों का प्रतिनिधित्व करते हैं जो ख़ुद को औपचारिक वित्तीय क्षेत्र से बाहर निकाला गया महसूस करते हैं, और इसकी ऊँची कीमत चुकाते हैं। सीमांत किसान, भूमिहीन मज़दूर, स्वरोज़गार और असंगठित क्षेत्र में काम करने वाले, शहर की झुग्गी-बस्ती में रहने वाले, प्रवासी मज़दूर, जातीय अल्पसंख्यक और सामाजिक रूप से वंचित समूह, वरिष्ठ नागरिक और महिलाएँ भी बैंक खाते खोलने या बुनियादी बैंकिंग और क्रेडिट (ऋण) सेवाओं का उपयोग करने में समान रूप से असमर्थ हैं। एक अनुमान के मुताबिक 60 प्रतिशत भारतीय, शहरी और ग्रामीण दोनों के पास कार्यात्मक बैंक खाते हैं ही नहीं। भारत के 9 करोड़ किसान परिवारों में से 51 प्रतिशत से अधिक के पास किसी भी रूप में, कोई क्रेडिट सुविधा उपलब्ध नहीं है, जबकि 73 प्रतिशत के लिए ऋण के औपचारिक स्रोत, उनकी पहुँच से बाहर हैं। वित्तीय क्षेत्र के साथ इनके सम्बन्धों के अन्य उपाय भी उतने ही निराशाजनक हैं।[1]

यदि देखा जाये तो सकल रूप से स्वीकार्य पहचान के अभाव ने, भारत में दो अर्थव्यवस्थाओं को जन्म दिया है। एक तरफ़ लोग अपने बैंक खाते खुलवाते हैं, बीमा पालिसी खरीदते हैं, बैंक से ऋण लेते हैं और बड़े आराम से अपने परिवार और रिश्तेदारों के नाम धन ट्रान्सफर (हस्तांतरण) करते हैं। जबकि दूसरी ओर ग़रीब और सुविधाहीन लोग, अनौपचारिक वित्तीय सेवाओं और साहूकारों की रहस्यपूर्ण पद्धति पर भरोसा करने के लिए विवश हैं। रिश्तेदारों को पैसा भिजवाने जैसी बुनियादी गतिविधियाँ, कठिनाइयों और अतिरिक्त लागत से ग्रसित हैं। छोटे पैमाने पर, वित्तीय बहिष्कार लोगों में बचत की प्रवृत्ति, निवेश और अपने हालात सुधारने की क्षमता को तेज़ी से कमज़ोर बनाता है। अब बड़ी तस्वीर की ओर देखें तो, परिणामस्वरूप भारत की अर्थव्यवस्था को अच्छी-खासी क्षति पहुँच रही है। उदाहरण के लिए, भारत में केवल 3 प्रतिशत नागरिक ही अपने आयकर का भुगतान करते हैं, जबकि इसकी तुलना में, लगभग 45 प्रतिशत अमेरिकी नागरिक अपने संघीय करों का भुगतान करते हैं।[2] कोई भी राष्ट्र बड़ी संख्या में अपने नागरिकों को, देश के विकास और उन्नति के फलों से वंचित रखते हुए, प्रगति के पथ पर अग्रसर नहीं हो सकता।

इसलिए वित्तीय समावेशन का अंतिम लक्ष्य, बैंकिंग और आर्थिक सेवाओं को प्रत्येक भारतीय की दहलीज पर लाने का होगा। जिस माइक्रो-एटीएम का उपयोग, बासुदेब पाहन अब अपनी पेंशन निकलवाने के लिए करता है, वही उपकरण हमारे इस लक्ष्य की प्राप्ति में भी सहायक होगा। किसी की पहचान सत्यापन के लिए माइक्रो-एटीएम की शक्ति के साथ-साथ प्रत्येक व्यक्ति का 'आधार' डाटा, भारत के प्रत्येक गाँव के किराना स्टोर को बैंक की स्थानीय शाखा में बदलने के लिए पर्याप्त है। इस विचार की सादगी बड़ी खूबसूरती से देश भर में बड़े पैमाने पर बैंकिंग नेटवर्क का निर्माण करने में योगदान देती है, जिसके दम पर औपचारिक वित्तीय क्षेत्र में प्रत्येक भारतीय की पहुँच का श्रीगणेश होगा।

धुँधलके में ढकी-छिपी : भारत की समानांतर अर्थव्यवस्था

मुंबई का धारावी, विचित्र विरोधाभासों से भरा इलाका है। इसकी सँकरी गलियाँ और क्षमता से अधिक लोगों को खुद में समेटे किराये के मकानों को देखते ही, इस पर लगे 'एशिया की सबसे बड़ी झुग्गी-बस्ती' के ठप्पे की सच्चाई का आभास होने लगता है। हालाँकि इस ठप्पे से परे, आर्थिक उन्नति की चकाचौंध से भरा शहर धारावी, भारत की अनौपचारिक अर्थव्यवस्था के दिल की धड़कन है, उत्पादन क्षमता के मामले में सालाना 60 करोड़ डॉलर से लेकर 100 करोड़ डॉलर तक की कमाई कर

लेता है।[3] इंडियन ओवरसीज़ बैंक के शाखा प्रबन्धक, विरल को धारावी के दौरे पर लेकर गये। मुंबई में ही पले-बढ़े होने के बावजूद, विरल ने कभी इस इलाके में पैर तक नहीं रखा था, यहाँ आने के बाद उन्होंने जो देखा, उसे देख वो आश्चर्यचकित रह गये। लोगों से ठसाठस भरे, मुर्गियों के बाड़े जैसे छोटे-छोटे कमरे और छप्पर, वास्तव में मज़ेदार चाय-नाश्ता-चिवड़ा, चमड़े का उत्कृष्ट सामान, आइसक्रीम बनाने के कारखाने थे, और एक कपड़े की फैक्ट्री भी थी, जहाँ बनी टी-शर्ट सऊदी अरब और अन्य देशों में निर्यात की जाती थीं, और यह सब तो सिर्फ़ एक नमूना भर था।

इस इलाके के बारे में बैंक मैनेजर का नज़रिया क्या था? उन्होंने स्पष्ट किया कि हालाँकि इनमें से कई व्यवसाय प्रचुर मात्रा में मुनाफ़ा कमा रहे थे, फिर भी उनमें से लगभग किसी का भी बैंक खाता नहीं था, यह हैरानी की बात नहीं, क्योंकि भारतीय व्यवसायों में 75 प्रतिशत गैर-सूचीबद्ध हैं, और लगभग 90 प्रतिशत छोटे व्यापारों का औपचारिक वित्तीय क्षेत्र के साथ कोई सम्बन्ध नहीं है। अब वो बैंक प्रबन्धक इन संस्थाओं को ऋण व अन्य वित्तीय उत्पाद प्रदान करने या न करने की कशमकश में उलझा हुआ था, क्योंकि कागज़ों पर इन संस्थाओं की ग़ैर-मौजूदगी के अलावा बाकी हर लिहाज़ से ये संस्थाएँ हर तरह की वित्तीय सहायता पाने की प्रबल दावेदार थीं।

देश में कुल रोज़गारों में से 90 प्रतिशत का सृजन भारत के अनौपचारिक क्षेत्र द्वारा होता है[4], फिर भी इन कर्मचारियों के पास अभी तक बैंक खाते खोलने, ऋण लेने या बीमा करवाने की सुविधा नहीं थी। देश के सकल घरेलू उत्पाद में इस 'धुँधली अर्थव्यवस्था' के योगदान को बेहद कम करके आंका गया है।[5] यह कोई नया विचार नहीं है कि वित्तीय समावेशन को बढ़ाने से देश की अर्थव्यवस्था और नागरिकों के रोज़मर्रा के जीवन पर बहुत सकारात्मक प्रभाव पड़ सकता है, इस तथ्य की साक्षी वो अनेकों योजनाएँ हैं, जो इस मुद्दे का समाधान निकालने के लिए शुरू की गईं थीं। यह तो स्पष्ट है कि हमें अभी एक लम्बी दूरी तय करनी है, हाल ही में, दिसम्बर 2013 को, भारतीय रिज़र्व बैंक के गवर्नर रघुराम राजन ने कितनी भी दूर और कितना भी छोटा तबका क्यों न हो, हर किसी तक वित्तीय सेवाओं को पहुँचाने की एक ज़बर्दस्त कोशिश करते हुए कहा कि संशोधित सुविधा उन 'पाँच स्तंभों' में से एक होगी जिस पर भविष्य के विकास की नींव रखी जाएगी।[6] आरबीआई की एक रिपोर्ट में उन छह प्रमुख 'विज़िन स्टेटमेंट' को सूचीबद्ध किया गया, जिनके द्वारा भारत को जनवरी 2016 तक पूर्ण वित्तीय समावेशन प्राप्त करने में मदद मिलेगी।

भारत के लाखों बैंक रहित लोगों को यदि औपचारिक वित्तीय सेवाओं की सुविधा दी जाये, तो उनके साथ क्या होगा? सबसे पहले तो उनके, गद्दे के नीचे

पैसे जमा करने के दिन खत्म हो जायेंगे, और अति ब्याज लेने वाले साहूकार भूली-बिसरी बातें बन कर रह जायेंगे। इन लोगों की आर्थिक समझ पहले से ही पुख्ता है, *'पोर्टफोलियो ऑफ़ द पुअर'* पुस्तक इस बात की पड़ताल करती है कि बांग्लादेश, भारत और दक्षिण अफ्रीका के ग्रामीण और झुग्गी-झोंपड़ी वाले लोग अपने पैसे का हिसाब-किताब कैसे रखते हैं, लेखकों ने पाया कि औसत ग़रीब परिवारों के बीच 'कुछ मुट्ठी भर आर्थिक सम्बन्ध सक्रिय' हैं, क्योंकि ये लोग अपने पैसे बचाने और ऋण लेने के लिए अनौपचारिक समूहों और नाते-रिश्तेदारों पर निर्भर रहते हुए, अपने बजट का प्रबन्ध करने के लिए वित्तीय साधन इस्तेमाल करने के लिए तत्पर थे।[7] ज़ाहिर है कि उनकी यह भूख मौजूदा वित्तीय सुविधाओं से संतुष्ट नहीं हो रही है। जबकि अन्य व्यावसायिक क्षेत्र भारत की इसी आबादी के साथ-साथ कुछ दूरदराज के गाँवों में भी सफलतापूर्वक उनकी ज़रूरतों को पूरा करने में जुटे हुए हैं; आप किसी स्थानीय सिगरेट और मिठाई की दुकान पर जाकर मात्र पाँच रुपये में अपने मोबाइल में टॉक टाइम डलवा सकते हैं। यदि दूरसंचार उद्योग ने भौगोलिक बाधाओं पर काबू पाते हुए कम कीमत में अधिक मात्रा में सेवाएँ देने की समस्या का तोड़ निकाल लिया है, तो बैंकिंग क्षेत्र ऐसा क्यों नहीं कर सकते?

हालाँकि, वित्तीय समावेशन के लिए सबसे कारगर कोशिशें बैंकों या अन्य वित्तीय संस्थाओं की ओर से नहीं बल्कि सरकार की ओर से होनी चाहिए, एक अनुमान के अनुसार, भारत के विशाल आर्थिक नेटवर्क द्वारा 3 लाख करोड़ रुपये यानि भारत के सकल घरेलू उत्पाद का 3.5 प्रतिशत का भुगतान गरीबों की सामाजिक सुरक्षा के रूप में करता है।[8] इस रकम का बड़ा हिस्सा (मनरेगा) योजना के तहत ग्रामीण गरीबों को रोज़गार की गारंटी देने, प्राथमिक स्कूल शिक्षा के सार्वत्रिकीकरण (सर्व शिक्षा अभियान, या सभी के लिए शिक्षा आंदोलन) को छात्रवृत्ति प्रदान करने, गर्भवती माताओं और स्वास्थ्य कर्मियों (जननी सुरक्षा योजना अथवा मातृ सुरक्षा योजना) के तहत नकद सहायता देने और बुज़ुर्गों, विधवाओं और विकलांगों (राष्ट्रीय सामाजिक सहायता कार्यक्रम) को पेंशन प्रदान करने पर खर्च किया जाता है।

यह सामाजिक सुरक्षा योजनाएँ, गरीबों को आर्थिक लाभ पहुँचाने में कितनी कारगर हैं? इस प्रश्न का उत्तर जानने के लिए यूआईडीएआई के दो स्वयंसेवक, नमन पुगलिया और मिहिर सेठ ने भारत भर में बड़े पैमाने पर यात्रा की। उस दौरान उन्हें व्यवस्था के उन रिसावों के बारे में पता चला, जिनके कारण बेहद ग़रीब लोग संसाधन से वंचित रह जाते हैं, उस पर दोहरी मार का सामना करते हुए ये लोग उन सेवाओं को पाने के लिए भुगतान करते हैं जो वास्तव में उन्हें निःशुल्क उपलब्ध होनी चाहिए थीं। एक बच्चे की उम्मीद कर रही मीनू को जननी सुरक्षा योजना के

तहत 1400 रुपये का भुगतान प्राप्त करने के लिए 630 रुपये खर्च करने पड़े। अंजना नामदेव को अपनी 200 रुपये की मासिक पेंशन, महीनों में सिर्फ़ एक बार प्राप्त होती थी। सुमन कदम को उसका भुगतान प्राप्त करने के लिए स्थानीय डाकिये की इच्छा और सुविधा पर निर्भर रहना पड़ता था। अपने गुज़ारे के लिए ऋण लेने के लिए मिन्ज़ी को अपना पेंशन कार्ड गिरवी रखना पड़ा। इसके अलावा भी कई प्रकार की खामियां थीं, जैसे कुछ पेंशन प्राप्त लोगों की आयु निर्धारित आयु सीमा से कहीं कम निकली, अन्य मामलों में, अवैध रूप से मासिक भुगतान निकलवाने के लिए मृत लोगों के नामों का इस्तेमाल बेख़ौफ़ जारी था। जिस किसी गाँव में नमन और मिहिर ने दौरा किया, वहाँ उन्हें व्यवस्था में समावेशन और अपवर्जन की अनगिनत खामियों के बारे में पता चला, उन खामियों की खेदजनक सूची यह साबित कर रही थी कि अत्यंत नेक नियत से चलाई गईं सरकारी योजनाएँ भी ज़रूरतमंदों को राहत दिलाने में क्यों असफल रहती हैं।[9] इन अक्षमताओं, खामियों और रिसावों के कारण अरबों-खरबों रुपये की हानि होती है, जोकि सरकारी कल्याणकारी योजनाओं पर होने वाले पूरे खर्च का लगभग तीसरा हिस्सा है।[10]

प्रत्येक सरकारी भुगतान जो असली लाभार्थी तक नहीं पहुँच पाता, प्रत्येक सरकारी सेवा जिसे पाने से कोई ज़रूरतमंद वंचित रह जाता है, समावेशन और अपवर्जन की प्रत्येक त्रुटि, वास्तव में भारत सरकार द्वारा नागरिकों से किये गये वादों का उल्लंघन है। भले ही सरकार द्वारा अतिरिक्त योजनाओं की शुरुआत, व्यवस्था में और अधिक पैसा लगाना, नियमों का पालन सुनिश्चित करने और धोखाधड़ी रोकने के लिए नए कानून बनाना बदस्तूर जारी है फिर भी दुर्भाग्यवश, इस तरह के लाखों वादे वर्ष-दर-वर्ष टूट रहे हैं। इन वादों को वास्तव में पूरा किया गया है यह सुनिश्चित करने का एकमात्र रास्ता है संस्थाओं के एक नवीन वर्ग का निर्माण, जो तकनीक का उपयोग ऐसे समाधानों को निकालने में करे जो सभी के लिए काम करें।

इलेक्ट्रॉनिक भुगतान द्वारा अंतिम फ़ासले को मिटाना

बात चाहे बैंकिंग सेवा को जनता तक पहुँचाने की हो या फिर सरकारी लाभ वितरण का भुगतान करने की, मौजूदा व्यवस्था स्पष्ट रूप से भारतीय जनसंख्या की ज़रूरतों के साथ कदम से कदम मिला कर चलने में असमर्थ है। कुछ मामलों में, इस असफलता के कारण पूरी तरह से आर्थिक हैं, क्योंकि कर्मचारियों की नियुक्ति और एक नयी बैंक शाखा संचालन की लागत बहुत अधिक होगी, जबकि ग्रामीण अर्थव्यवस्था में जिस प्रकार के उच्च मात्रा और कम मूल्य के लेनदेन होते हैं, उन्हें

देखते हुए उस लागत की भरपाई हो पायेगी, इसमें संशय है। परिणामस्वरूप, लोगों को जिन वित्तीय सेवाओं की सबसे अधिक ज़रूरत है उन्हें उसी से वंचित रखा जा रहा है : जैसे 'क्रेडिट', ताकि बुरे समय में वे उधार ले सकें; 'बचत और निवेश उत्पाद', ताकि अच्छे समय में वे बचत कर सकें, और 'बीमा', ताकि किसी दुर्घटना, बीमारी, फ़सल की विफलता या बाढ़ जैसी अप्रत्याशित परिस्थितियों और प्राकृतिक उपद्रवों से वे अपनी रक्षा कर सकें। यदि इन वित्तीय उत्पादों की सेवा सभी के लिए उपलब्ध करायी जा रही है, तो इन्हें सभी तबकों तक पहुँचा कर इनकी कीमतों में कमी, और इनसे जुड़े जोखिम को ख़त्म कर देना चाहिए।

सामाजिक सुविधाओं को सभी के लिए समान रूप से सस्ती और आसानी से उपलब्ध बनाने के मामले में प्रौद्योगिकी का योगदान अतुलनीय है। प्रिंटिंग प्रेस हो या पर्सनल कम्प्यूटर, इनका आसानी से उपयोग करने की सुविधा की बात है, तो प्रौद्योगिकी अनेक समस्याओं के तालों में लगने वाली एकमात्र चाबी की तरह है, भारत में मोबाइल फ़ोन की सर्वव्यापकता पाठ्यपुस्तक में दर्ज करने योग्य उदाहरण है। यही स्थिति आर्थिक क्षेत्र के मामले में भी क्यों नहीं दोहराई जा सकती? अधिकांश वित्तीय लेन-देनों के मामले में अंतिम पड़ाव में जहाँ आखिरकार व्यवस्था उपभोक्ताओं तक पहुँचती है, वहीं टूटने लगती है। लेकिन यहाँ लागत सबसे बड़ी समस्या है। जैसा कि हमने कहा कि एक भौतिक बुनियादी ढाँचे के निर्माण में आने वाली लागत सारे जोश पर पानी फ़ेर देती है। एक और समस्या यह है कि चेकों और नकदी की सँभाल भी महंगी है। पूरी व्यवस्था की गलियों से इन्हें सुरक्षित निकाल कर, प्राप्तकर्ता के हाथों तक पहुँचाने में न सिर्फ़ कठिन प्रयास लगते हैं बल्कि अच्छा-खासा समय भी खर्च होता है।

यह हमारा दृढ़ विश्वास है कि इलेक्ट्रॉनिक भुगतान प्रणाली को व्यापक स्तर पर अपनाना ही, अंतिम फ़ासले को मिटाने का एकमात्र रास्ता है। एक इलेक्ट्रॉनिक भुगतान मॉडल को अपनाने की मुहिम छेड़ने के लिए सरकार को अपना प्रभाव और सामाजिक सुरक्षा योजनाओं तक पहुँच का उपयोग करते हुए, प्रारम्भिक प्रेरक की भूमिका अपनानी चाहिए। इस मुहिम की रफ़्तार तेज़ होते ही, निजी कम्पनियां भी इसमें शामिल हो सकती हैं। इलेक्ट्रॉनिक भुगतान के विचार को हम वित्तीय समावेशन की सीढ़ी पर पहला कदम मानते हैं। इसके फ़ौरन बाद, अगला कदम इन भुगतानों को जमा करने के लिए बैंक खातों का निर्माण होगा। लोगों के बैंक खाते खुलते ही, वे अन्य आर्थिक सेवाओं को पाने के योग्य हो जायेंगे। सीढ़ी का अगला पायदान सभी प्रकार की ऋण और बीमा योजनाएँ जैसे फ़सल, स्वास्थ्य, जीवन, दुर्घटना और पेंशन योजना होगी। जैसे ही लोगों की उन्नति होने लगेगी वैसे ही वे अपने सभी सम्बन्धित लाभों के साथ भारत के औपचारिक वित्तीय क्षेत्र में एकीकृत हो जायेंगे।

इन इलेक्ट्रॉनिक भुगतानों के माध्यम से, सरकार को आर्थिक वितरण प्रणाली की उन दरारों को भरने में भी मदद मिलेगी जो बहुमूल्य संसाधनों को असली ज़रूरतमंदों से दूर बहा ले जाती हैं। एक बार लाभार्थी के बैंक खाते में पैसा सीधे पहुँचने के बाद, पूरी प्रक्रिया पारदर्शी हो जाती है। भुगतानों का आसानी से पता लगा कर, उसे एकत्र किया जा सकता है, यानि भ्रष्टाचार की बेल अपने आप कट के नीचे आ गिरेगी, और तब किसी को भी अपने हक़ का लाभ प्राप्त करने के लिए कोई रिश्वत या अतिरिक्त खर्च नहीं करना पड़ेगा। इस तरह के मॉडल से होने वाली अनुमानित बचत, देश कल्याण के खर्च को 25 प्रतिशत तक बढ़ावा देने अथवा भारत में हर ग़रीब परिवार की प्रति व्यक्ति आय में 15–20 फ़ीसदी की दर से वृद्धि लाने के लिए काफ़ी होगी।

अपनी पुस्तक '*द एण्ड ऑफ़ मनी*' में, पत्रकार डेविड वोलमन इलेक्ट्रॉनिक भुगतान प्रणाली को अपनाने के अप्रत्याशित परिणाम की एक कहानी सुनाते हैं।[11] 2010 में, जब अफ़ग़ान प्रांत के वरदक इलाके की स्थानीय पुलिस को उनका मासिक वेतन, इलेक्ट्रॉनिक माध्यम द्वारा मिलने लगा, तब उन्होंने अपने बैंक बैलेंस की जाँच करने के लिए अपने सेलफोन पर देखा तो उनके पैरों तले से ज़मीन ख़िसक गयी, क्योंकि रातों-रात उनका वेतन 30 प्रतिशत बढ़ गया था, नहीं, यह कोई एकाउंटिंग (लेखांकन) त्रुटि या अचानक से अफ़ग़ान प्रशासन के दिल में अपने कर्मचारियों के प्रति उदारता का कोई फ़व्वारा नहीं फूटा था, बल्कि वो अतिरिक्त 30 प्रतिशत राशि को, जिसकी आवक से ख़ुद बेचारे पुलिसकर्मी भी अनजान थे, उन्हीं की व्यवस्था के भ्रष्ट वरिष्ठ अधिकारियों ने उनके खाते में पहुँचाया था जिसे वो भ्रष्ट अधिकारी, पहले मिलने वाले उनके नकद वेतन से उड़ा लिया करते थे।

एक इलेक्ट्रॉनिक भुगतान प्रणाली को सफल बनाने के लिए, दो प्रमुख आवश्यकताओं में से एक है लाभार्थी की सही ढंग से पहचान करने की क्षमता, और दूसरे यह सुनिश्चित करना कि पैसा असली प्राप्तकर्ता तक ही पहुँच रहा है। और तस्वीर के इसी हिस्से में 'आधार' की आकृति का प्रवेश होता है। एक बार जब भी सामाजिक कल्याण प्राप्तकर्ताओं के डाटाबेस में उनकी 'आधार' संख्या जोड़ दी जाती है, तो सरकार इन सभी व्यक्तियों की सही पहचान कर सकती है। और दूसरी तरफ़, एक व्यक्ति के बैंक खाते को 'आधार' संख्या के साथ जोड़ने से, खाता धारक की पहचान को दृढ़ता से सत्यापित करना सम्भव हो जाता है। 'आधार' अब, सरकार और लोगों के मध्य एक कड़ी के रूप में कार्य करता है, और सही व्यक्ति के बैंक खाते में उसका धन पहुँचाने की प्रक्रिया को अधिकारियों के लिए आसान बनाने के साथ ही लोगों को उनकी पहचान प्रमाणित करने के लिए 'आधार' का उपयोग कर, पैसे निकालने की सुविधा भी प्रदान करता है।

इन विचारों में से कई एक को, हाल ही में शुरू की गयी प्रधानमन्त्री जनधन योजना में आश्रय मिल गया, जिनसे यह सुनिश्चित होगा कि प्रत्येक परिवार को बैंक खाता, एक डेबिट कार्ड (एटीएम से नकद निकासी के लिए प्रयोग किया जाने वाला), 5000 रुपये तक की ओवरड्राफ्ट (खाते में जमा रकम से अधिक रकम निकालना) सुविधा अवश्य मिले। आखिरकार, प्रधानमन्त्री जनधन योजना के तहत खुले बैंक खाते, सभी सरकारी भुगतानों के जमा निधि कोष बन जायेंगे। अगस्त 2015 तक, इस योजना के तहत 17 करोड़ से अधिक बैंक खाते खोले गये हैं।[12]

राष्ट्र कैशलैस (नक़द रहित) क्यों होते जा रहे हैं : नकद राशि के प्रति हमारे मोह को मिटाना

दुनियाभर के कैश (नकद) उपभोक्ताओं में भारत चौथे स्थान पर है। अधिकतर भारतीयों के मन में नकद आधारित लेन-देन को लेकर इतना आकर्षण क्यों है? सबसे पहला कारण है, जब आप नक़द भुगतान करते हैं तो इसमें कोई अतिरिक्त मूल्य शामिल नहीं होता, यह अतिरिक्त मूल्य, अक्सर छोटे व्यापारियों को नक़द की जगह इलेक्ट्रॉनिक भुगतान सुविधा का चुनाव करना अलाभकारी बना देता है। हो सकता है स्थानीय सुपरमार्केट में ख़रीद-फ़रोख़्त की मात्रा इतनी अधिक हो कि वहाँ इस अतिरिक्त शुल्क को व्यापार लागत के रूप में स्वीकार लिया जाये। लेकिन किसी गली के नुक्कड़ पर, एक ठेले पर केले, शैम्पू पाउच और सिगरेट बेचने वाले को निश्चित रूप से इतना मुनाफ़ा नहीं होता कि वो अपने ग्राहकों को कार्ड द्वारा भुगतान करने की सुविधा प्रदान कर सके। जबकि नकद लेनदेन में हुई कमाई, तुरंत एक बैंक नोट के रूप में ग्राहक के हाथ से दुकानदार के हाथ में पहुँच जाती है। और इसमें यदि कम्प्यूटर बिगड़ जाये तो लेनदेन का हिसाब-किताब खोने जैसी चिंता भी नहीं रहती। ओला के डिजिटल वॉलेट में जमा एक हज़ार रुपये से आप केवल टैक्सी की सवारी कर सकते हैं; लेकिन वही हज़ार रुपये जब एक बैंक नोट के रूप में आपकी जेब में रखे हों तो आप जो दिल चाहे वो खरीद सकते हो। लेकिन इस तस्वीर का एक दूसरा पहलू ये भी है, कि नकद लेन-देन से कमाई को काले धन में परिवर्तित करना, या आयकर भुगतान से बच निकलना आसान हो जाता है, क्योंकि ऐसे लेनदेन का पता लगाना बहुत कठिन होता है।

इसकी एक वजह यह तथ्य भी है कि भारत में ऑनलाइन भुगतान प्रणाली में निवेश दरें अभी भी बहुत कम हैं। बड़ी ई-कॉमर्स कंपनियों ने सुपुर्दगी पर नकदी भुगतान (कैश ऑन डिलीवरी/सीओडी) करने के वैकल्पिक हल का विकास किया

है, ठीक वैसे ही, जैसे मोबाइल टेलीफ़ोन संस्थाओं ने उन ग्राहकों को प्रीपेड कनेक्शन देने की योजना बनायी, जिन्हें क्रेडिट क्षमता विवरण की कमी के कारण सामान्य पोस्ट-पेड मोबाइल कनेक्शन पाने के लिए अयोग्य घोषित कर दिया गया था।

नकद आधारित प्रणाली को छोड़, इलेक्ट्रॉनिक भुगतान द्वारा संचालित प्रणाली अपनाने के लिए वित्तीय समावेशन एक बहुत अच्छा कारण है, लेकिन इसके अलावा कुछ अन्य ठोस कारण भी हैं। नकद राशि की पैदावार, किसी भी राष्ट्र के लिए एक बहुत महंगी आदत है। छपाई, प्रबन्ध और नकद राशि को देश भर में पहुँचाने की लागत बहुत अधिक है। 2010-2011 के दौरान, भारतीय रिज़र्व बैंक ने नोटों की छपाई पर लगभग 2400 करोड़ रुपये खर्च किए, और फिर उस धन का वितरण राष्ट्रव्यापी स्तर पर करने के लिए 45.5 करोड़ रुपये का अतिरिक्त खर्च किया। नकद के साथ कुछ अन्य समस्याएँ भी जुड़ी हैं—यह गुम या चोरी हो सकता है, एक गीले, फटे या किसी अन्य प्रकार से क्षतिग्रस्त नोट को लेने से अधिकतर व्यवसायों में मना कर दिया जाता, नतीजा वो नोट बेकार हो जाता है। फ़िल्मों में हमने जो भी देखा हो लेकिन, बड़ी मात्रा में नकद की ढुलाई या उसे कहीं बहुत दूर पहुँचाना आसान काम नहीं है। जिन दिनों जिम्बाब्वे में बड़े पैमाने पर निरंकुश मुद्रास्फीति के कारण दैनिक मंडी की कीमतों में बड़े पैमाने पर वृद्धि (एक डबल रोटी की कीमत 100,000 ज़िम्बाब्वेयन डॉलर से अधिक हो गयी थी) होने लगी थी, उन दिनों असहाय़ नागरिकों को किराने के सामान का भुगतान करने के लिए बोरियों और सूटकेसों में भर के पैसे ढोने पड़े थे।[13]

जब तक पैसा औपचारिक वित्तीय प्रणाली के बाहर कैश या नक़द के रूप में घूमता रहता है, सरकार की मौद्रिक नीति का आर्थिक कार्यकलाप पर कोई सीधा प्रभाव नहीं पड़ता। वहीं दूसरी ओर इलेक्ट्रॉनिक भुगतान, अर्थव्यवस्था में संघर्ष को अच्छी तरह से कम कर सकता है, क्योंकि इसमें लेनदेन सरल, तीव्रता से होने के साथ-साथ उस पर नज़र रखना भी आसान होता है। यदि सरकार इलेक्ट्रॉनिक भुगतान प्रणाली को अपनाने के लिए तैयार हो जाये, तो इस बदलाव से होने वाली एक साल की बचत, इस प्रणाली को स्थापित करने की सारी लागत का भुगतान करने के लिए पर्याप्त होगी।

वैश्विक खुदरा क्षेत्र ने इलेक्ट्रॉनिक भुगतान की सुविधा और पारदर्शिता को अंगीकार कर लिय़ा है। स्वीडन में, आप किसी बेघर विक्रेता से पत्रिका खरीदने, या किसी चर्च में दान के लिए अपने क्रेडिट कार्ड से भुगतान कर सकते हैं।[14] ऑनलाइन भुगतान और सेवाओं में स्क्वायर, पे-टीएम, मोबीक्विक, एप्पल पे और ईज़ेटैप (यूआईडीएआई के हमारे पूर्व सहयोगी संजय स्वामी द्वारा स्थापित) की तरह शुरुआती दौर में पहल

करने वालों में ईबे (eBay) द्वारा खरीदा गया पेपाल (PayPal) भी एक है, जो आज अपने उपभोक्ता को उसके फ़ोन को मोबाइल टर्मिनल में परिवर्तित कर, उससे क्रेडिट कार्ड की तरह भुगतान करने या किसी स्टोर के बिक्री टर्मिनल पर अपना फ़ोन 'टैप' (थपथपाना) कर भुगतान कर सकने जैसे अनेक इलेक्ट्रॉनिक भुगतान विकल्पों की सुविधा प्रदान करता है। एप्पल का आईफ़ोन 6 जैसे स्मार्टफ़ोन अब फिंगरप्रिंट रीडर की सुविधा से लैस आते हैं, और आपके प्रत्येक ऑनलाइन लेनदेन डाटा में, आपकी उँगली की छाप जुड़ने से इस तरह की भुगतान प्रणाली में सुरक्षा और विश्वसनीयता बढ़ जाती है। बात को आगे बढ़ाते हुए, अब हमारे पास बिटकॉइन (Bitcoin) (डिजिटल मुद्रा का एक प्रकार) जैसी प्रणाली है जो 'डिजिटल मुद्रा' पर काम करती है, यह प्रणाली सरकार द्वारा जारी या नियंत्रित नहीं की जाती—और इसमें उपभोक्ता प्रशासनिक निरीक्षण से पूरी तरह मुक्त रहते हुए धन का हस्तांतरण कर सकते हैं।

हमें नहीं मान लेना चाहिए कि ये सभी नवपरिवर्तन विकसित देशों तक ही सीमित हैं, दूरसंचार कंपनी वोडाफोन की सहायक सफारीकॉम (Safaricom) और वोडाकॉम द्वारा केन्या और तंजानिया में क्रियाशील मोबाइल भुगतान प्रणाली 'एमपेसा' के बारे में ज़रा सोचिये। कुछ अफ्रीकी देशों के मोबाइल फ़ोन उपभोक्ताओं के साथ अक्सर पाए जाने वाले 'एम-पैसा (M-Pesa)' की जड़ें एयरटाइम-स्वैपिंग (एक मोबाइल फ़ोन का टॉक टाइम किसी दूसरे मोबाइल फ़ोन में भेजना) प्रणाली में हैं; इन लोगों ने पैसों के हस्तांतरण की एवज़ में मोबाइल टॉक टाइम का हस्तांतरण करना शुरू कर दिया था। आज, जबकि केवल 70 लाख केनियाई लोगों के पास बैंक खाते हैं, और 180 लाख लोग 'एम-पैसा' का उपयोग करते हैं; जिसके द्वारा आश्चर्यचकित रूप से प्रति माह 160 करोड़ अमेरिकी डॉलर का लेनदेन होता है। सेंट्रल बैंक ऑफ केन्या की ओर से जारी आंकड़ों में 2009-13 के दौरान, औपचारिक वित्तीय समावेशन में 10.6 प्रतिशत की वृद्धि दर्शायी गयी; इसलिए यह मान लेना अनुचित नहीं होगा कि इस बढ़ी हुई प्रतिशत का एक महत्त्वपूर्ण अंश 'एम-पैसा' के प्रयोग के कारण है।[15]

'आधार' द्वारा आर्थिक प्रसार

भारतीय राष्ट्रीय भुगतान निगम (एनपीसीआई) के वर्तमान मुख्य परिचालन अधिकारी, दिलीप अस्बे का स्वभाव सीधा, 'यह काम करना ही है' वाला है, जिसकी धार उनका मज़ाकिया अन्दाज़ कम कर देता है, यह स्वभाव बिलकुल इनके अपने मूल शहर मुंबई वालों जैसा है। वित्तीय समावेशन पर विरल की ज़िम्मेदारियों में, अस्बे

के साथ एक मुलाकात भी शामिल थी। मुलाकात का समय, स्थान निर्धारित होने के बावजूद भी, दोनों का मिलना सम्भव नहीं हो पाया, ऐसे में विरल को लगा कि उन्हें बहुत शालीन तरीके से झटक दिया गया है, जैसा कि सरकारी हलकों में अक्सर देखने को मिलता है। लेकिन उस मुलाकात को रद्द करने का असली कारण था अस्बे के पैर के ऊपर से गुज़री मोटरसाइकिल, जिसकी वजह से उन्हें महीनों लंगड़ा कर चलना पड़ा। विरल उस वाकये को याद कर हँसते हुए बताते हैं, ''दिलीप ने 'आधार' आधारित भुगतान प्रणाली का निर्माण करने में अपनी लंगड़ाहट और मुस्कान' द्वारा सहायता की!''

यूआईडीएआई और अन्य संगठनों के बीच ऐसी और कई अन्य मज़बूत भागीदारी विकसित हुईं, जिसने एक नयी, प्रौद्योगिकी केंद्रित सरकारी भुगतान प्रणाली की आधारशिला के रूप में 'आधार' की परिकल्पना को साकार करने में मदद की। सबसे पहले शामिल होने वाले संगठनों में भारतीय रिज़र्व बैंक भी एक था, जिसने सुरक्षित बैंकिंग लेनदेन का संचालन करने के लिए हाथ द्वारा संचालित बायोमेट्रिक उपकरणों के उपयोग के साथ-साथ वित्तीय समावेशन को बढ़ावा देने में सक्रिय भूमिका निभाई। उन बाहरी एजेंटों (दलालों) जिन्हें उन स्थानों पर, जहाँ बैंक की एक भी शाखा नहीं थी,[16] नकद निकासी जैसी कुछ सेवाएँ पहुँचाने के लिए बैंकों द्वारा अधिकृत किया था। उन्हें नाम दिया गया 'कारोबार प्रतिनिधि', इन 'कारोबार प्रतिनिधियों' की अवधारणा को अपनाने में भी भारतीय रिज़र्व बैंक अग्रणी था। भारतीय रिज़र्व बैंक की पूर्व डिप्टी गवर्नर, ऊषा थोरात ने हमें बताया, ''जब सरकार ने यह घोषणा की कि यूआईडीएआई परियोजना का शुभारंभ किया जा रहा है, तो मुझे लगा मानो एक सपना साकार होने जा रहा है, सकल समावेशन की ओर आगे बढ़ने की चुनौती, जिसका हमें सामना करना पड़ रहा था, यह परियोजना उसका उत्तर है। हमें बायोमीट्रिक्स आधारित एक विशिष्ट पहचान की ही आवश्यकता थी। मुझे याद है, मैं इतनी उत्साहित थी की मैंने नन्दन को मैसेज भेज कर कहा कि यदि हम वित्तीय समावेशन को भी 'आधार' से जोड़ लें तो यह एक निश्चित जीत होगी।''

इलेक्ट्रॉनिक भुगतान में 'आधार' की भूमिका तय करने के लिए एक आरंभिक प्रमुख बैठक, दिसंबर 2009 में आयोजित की गयी थी; उपस्थित गणों में यूआईडीएआई, भारतीय रिज़र्व बैंक, एनपीसीआई, सभी प्रमुख बैंकों और अन्य सम्बन्धित संगठनों के प्रतिनिधि शामिल थे। अंतिम प्रस्ताव में 'आधार' आधारित पहचान सत्यापन के साथ भारतीय रिज़र्व बैंक के कारोबार प्रतिनिधि मॉडल को भी शामिल किया गया था। हमने एक ऐसी प्रणाली की कल्पना की थी, जिसमें कारोबार प्रतिनिधियों को एक माइक्रो-एटीएम डिवाइस से लैस किया जाएगा। एक डेबिट कार्ड अथवा पिन

संख्या के स्थान पर, एक व्यक्ति को केवल अपनी पहचान का सत्यापन करवाने और अपने लेन-देन की प्रक्रिया को तुरन्त प्रभावशाली बनाने के लिए केवल अपनी 'आधार' संख्या, अपनी आँखें और अपनी उँगलियों की आवश्यकता होगी। इस प्रणाली को अंतर-प्रचालित (Interoperable) होने के लिए भी बनाया गया था, किसी भी बैंक का एक ग्राहक, किसी भी कारोबार प्रतिनिधि के पास जा कर, पैसे निकलवा सकता है, उदाहरण के लिए, जैसे बैंक ऑफ इंडिया का कोई ग्राहक, एक्सिस बैंक के एटीएम से भी अपने पैसे निकलवा सकता है।

'आधार' आधारित वित्तीय समावेशन का ब्यौरा यूआईडीएआई द्वारा जारी दस्तावेज़ 'फ्रॉम एक्सक्लूशन टू इनक्लूशन विथ माइक्रोपेमेंट' में कैप्चर किया गया था। इस दस्तावेज़ ने अगले पाँच वर्षों तक 'आधार' आधारित भुगतान को लागू करने के लिए एक ब्लूप्रिंट (मूल योजना) और मार्गदर्शक की भूमिका निभाई। आज, विभिन्न बैंकों और भारतीय डाक द्वारा 15,000 से अधिक माइक्रो-एटीएम स्थापित किए गये हैं, और यदि सरकार की इच्छाशक्ति हुई तो यह संख्या आगे बढ़ते हुए 10 लाख माइक्रो-एटीएम तक पहुँच सकती है।

'आधार' कार्यक्रम शुरू होने से मात्र साल भर पहले ही एनपीसीआई को इसमें औपचारिक रूप से शामिल किया गया था, जिसने खुदरा क्षेत्र में 'आधार' आधारित भुगतान प्रणाली के विकास में एक प्रमुख भूमिका निभाई। ए.पी होता, एनपीसीआई के मुख्य कार्यकारी अधिकारी और उनके बोर्ड सदस्य, बारीकी से इन प्रयासों में शामिल थे; इनके अलावा यूआईडीएआई से विरल, ए.पी.सिंह और राजेश बंसल भी इस परियोजना का हिस्सा थे। जैसा कि दिलीप अस्बे बताते हैं, इस साझेदारी का लक्ष्य ''भारत' (ग्रामीण) और 'इंडिया' (शहरी) दोनों के लिए भुगतान प्रणाली का निर्माण' करना था। सही व्यक्ति तक उसका भुगतान पहुँचाने के लिए 'आधार' का इस्तेमाल एक 'वित्तीय पते' के तौर पर करने का विचार, ठीक वैसे ही है जैसे हकीक़त में एक डाक पता यह सुनिश्चित करता है कि आपका पत्र आप तक अवश्य पहुँचेगा, यह विचार विकसित होकर क्रमश: सरकार और खुदरा भुगतान से निपटने के लिए एपीबी अर्थात् 'आधार' भुगतान ब्रिज (सेतू) और एईपीएस अर्थात् 'आधार' सक्षम भुगतान प्रणाली के निर्माण पर जाकर साकार हुआ। इन प्रणालियों पर हम बाद के अध्यायों में अधिक विस्तृत चर्चा करेंगे। इन प्रणालियों की सफलता का अनुमान इस तथ्य से लगाया जा सकता है कि सिर्फ़ जनवरी 2015 महीने में ही, एनपीसीआई ने एपीबी प्रणाली के माध्यम से करीब 5 करोड़ सरकारी भुगतान किया था, जिसका कुल मूल्य 2,000 करोड़ रुपये से अधिक था।

गाँव-गाँव एटीएम

भारत के उन 6,00,000 गाँवों में, जहाँ बैंकिंग की कोई सुविधा उपलब्ध नहीं, वहाँ हम बैंकिंग सुविधाएँ कैसे ला सकते हैं? अब ज़रा 'कारोबार प्रतिनिधियों' द्वारा संचालित 10 लाख माइक्रो-एटीएम के एक नेटवर्क की कल्पना कीजिए, जिसमें स्थानीय पोस्ट मास्टर, गाँव में किराना दुकानदार, यह सब एक मोबाइल टॉपअप केन्द्र की तर्ज़ पर काम करते हुए पूरे देश में तेज़ी से फैलते जा रहे हैं। वो 600,000 गाँव मोटे तौर पर 250,000 ग्राम पंचायतों के अंतर्गत आते हैं। तो यदि हम माइक्रो-एटीएम से लैस तीन कारोबार प्रतिनिधियों को प्रत्येक ग्राम पंचायत को, और शेष शहरी क्षेत्रों को आवंटित करते हैं तो इसका सीधा तात्पर्य यह होगा कि देश में हर दरवाज़े पर एक बैंक पहुँच जाएगा।

एक ऐसी प्रणाली ज़मीनी स्तर पर कैसे काम करेगी? साथ दिखाया गया आरेख उस प्रक्रिया की रूपरेखा को दर्शाता है। कारोबार प्रतिनिधि के पास एक माइक्रो-एटीएम और उँगलियों के निशान पढ़ने और आइरिस स्कैन करने में सक्षम एक बायोमेट्रिक स्कैनर भी है। जब किसी व्यक्ति को अपने खाते से पैसे निकलवाने हों, तो वो उस प्रतिनिधि के पास जाता है, जो ग्राहक की 'आधार' संख्या, बायोमेट्रिक जानकारी और भुगतान सम्बन्धी ब्यौरा कैप्चर करके, उसे सम्बधित बैंक में भेज देता है। ग्राहक की पहचान का सत्यापन सफलतापूर्वक होने पर, उसके खाते में से धन डेबिट कर (निकाल कर) प्रतिनिधि के खाते में जमा किया जाता है, और फिर वो प्रतिनिधि अपने खाते से वह नकद राशि निकाल कर ग्राहक को सौंप देता है। इस प्रकार यह पूरा लेनदेन कुछ ही मिनटों में पूरा हो गया; ये पूरी प्रक्रिया बहुत सरल, प्रभावी और किफ़ायती है, अपनी मज़दूरी पाने के लिए, बेबस राम की लम्बी यात्रा की तुलना में यह प्रक्रिया बच्चों का खेल लगती है।

कारोबार प्रतिनिधि मॉडल व्यवस्था में पहले से मौजूद था, लेकिन इसके साथ 'आधार' को शामिल करने से, यह बेहतर कैसे हो गया? मौजूदा समाधानों में एक व्यक्ति की उँगलियों के निशान और बैंकिंग डाटा को एक स्मार्ट कार्ड पर संग्रहित करना आवश्यक है; बैंकों के लिए इन कार्डों को बनाना और इनका वितरण करना एक महंगी प्रक्रिया थी। स्मार्ट कार्ड पर संग्रहित डाटा कहीं और उपलब्ध नहीं हो सकता था, जिसका सीधा सा अर्थ यह था कि कोई व्यक्ति किसी अन्य बैंक की शाखा से अपने खाते का संचालन नहीं कर सकता था, न ही किसी अन्य बैंक के एटीएम से पैसे निकलवा सकता था और अपने बैंक के अलावा किसी अन्य बैंक के कारोबार प्रतिनिधि के साथ लेन-देन भी नहीं कर सकता था, इन सब बंधनों के

कारण अनजाने में ही बाज़ार में एकाधिकार की स्थिति उभरती जा रही थी। मोबाइल सेवा प्रदाताओं और उनके जैसी अन्य लाभकारी कंपनियों के कर्मचारियों को कारोबार प्रतिनिधियों के रूप में कार्य करने की अनुमति न होने के कारण, एकाधिकार की यह स्थिति बद से बदतर होती जा रही थी।

'आधार' आधारित मॉडल ने कई तरीकों से इन खामियों को दूर किया। कई बैंकों ने यूआईडीएआई के रजिस्ट्रार के रूप में कार्य किया, और उस दौरान 'आधार' के लिए लोगों का नामांकन करने के साथ-साथ उनके बैंक खाते भी खुल सकते थे। 'आधार' की संरचना ऐसी है कि उसके द्वारा किया गया पहचान सत्यापन, बिना किसी कार्ड या अन्य कागज़ी दस्तावेज़ की माँग किये, ऑनलाइन ही पूरा हो जाता है। जिस तरह मूल बैंकिंग व्यवस्था में काम होता है, ठीक उसी तरह यदि ग्राहक के बैंक विवरण आसानी से ऑनलाइन उपलब्ध हैं, तो कागज़ी दस्तावेज़ों की आवश्यकता को सिरे से नकारते हुए सारा लेनदेन पूरी तरह डिजिटल होगा।

ऑनलाइन सुविधा के और कई अन्य लाभ भी होते हैं। पहले उपलब्ध स्मार्ट-कार्ड प्रणाली के विपरीत, अब ग्राहकों को कारोबार प्रतिनिधि के माध्यम से या फिर किसी बैंक की स्थानीय शाखा और या एटीएम के द्वारा भी अपने खातों का संचालन करने की स्वतन्त्रता दी गयी है। एक अंतर-संचालित प्रणाली का निर्माण करना अब सम्भव था, एक ऐसी प्रणाली जहाँ ग्राहक किसी भी बैंक के, किसी भी कारोबार प्रतिनिधि के साथ लेन-देन कर सकता है। यह एक समस्तर परिस्थिति निर्माण करेगा, जहाँ ग्राहकों को मोलभाव करने का अधिक अधिकार मिलेगा, और बाज़ार में एकाधिकार वाली स्थिति पैदा नहीं हो पाएगी। मूल बैंकिंग प्रणाली की बदौलत आज हम मुंबई में खोले गये किसी बैंक खाते का संचालन अगरतला से भी निर्विघ्न कर सकते हैं, एक तरह से यदि देखा जाये तो ये सेवाएँ उपभोक्ता के साथ-साथ चलती हैं, दरअसल माइक्रो-एटीएम नेटवर्क का निर्माण अपने उपभोक्ताओं को ऐसी ही गतिशीलता प्रदान करने के लिए किया गया था।

एक कारोबार प्रतिनिधि के रूप में कौन-कौन कार्य कर सकता है, इन नियमों के आसपास की घेराबंदी को तोड़ने के लिए आखिरकार, यूआईडीएआई और एनपीसीआई ने भारतीय रिज़र्व बैंक के साथ मिलकर काम किया, ताकि सभी इलाकों में अधिक से अधिक संख्या में लोग बैंकिंग सेवाएँ प्रदान कर सकें। भारतीय रिज़र्व बैंक ने आखिरकार इस बात के लिए हामी भर दी कि लाभकारी संस्थाओं को भी कारोबार प्रतिनिधियों के रूप में कार्य करने की अनुमति दी जाएगी। भारतीय रिज़र्व बैंक द्वारा इस आशय की सरकारी अधिसूचना 28 सितम्बर 2010 को जारी की गयी, संयोग से उसके ठीक एक दिन पहले तेम्भ्ली गाँव की रंजना सोनवणे 'आधार'

वैकल्पिक मॉडल

सुविधाजनक नकद निकासी

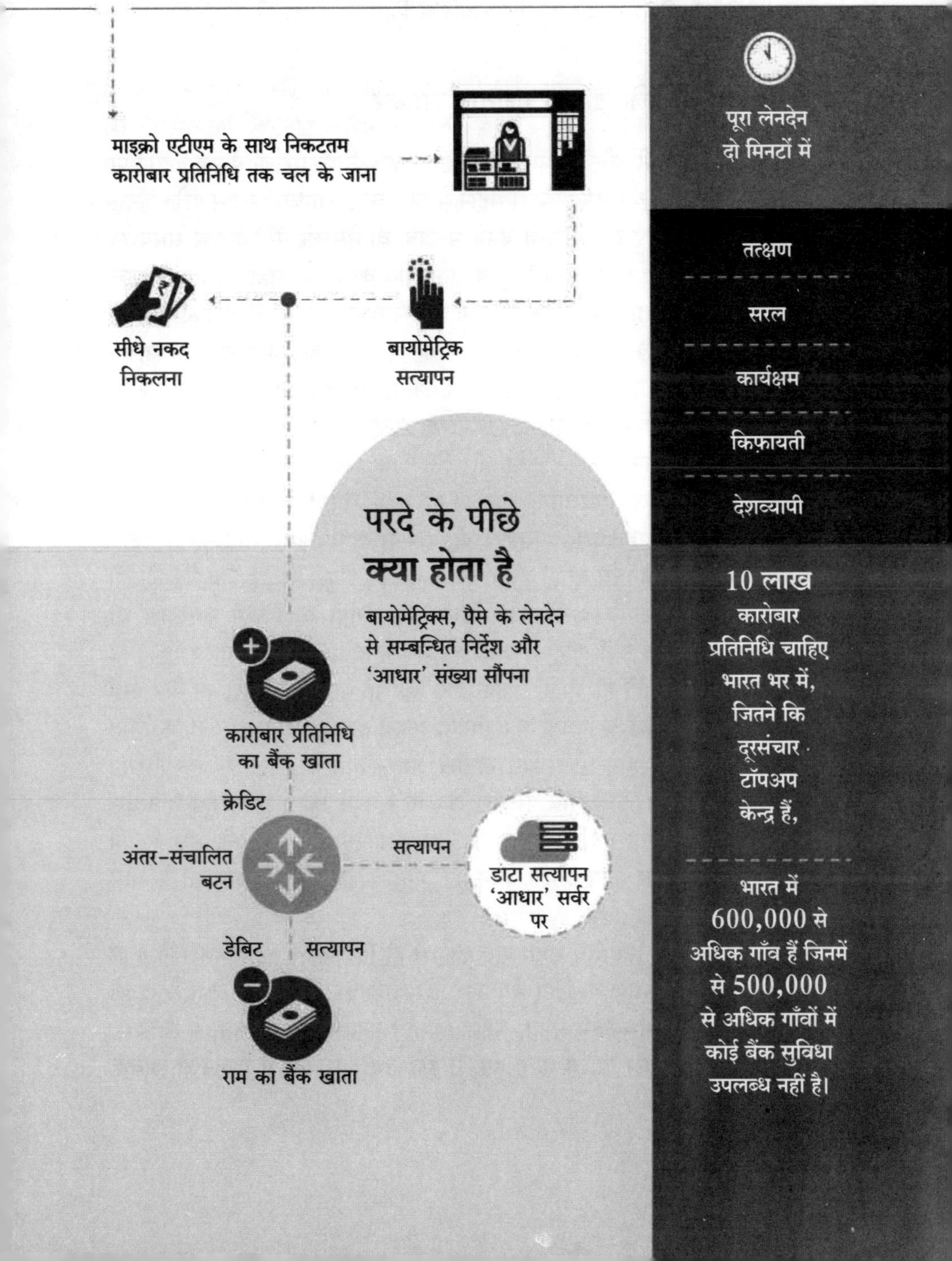

संख्या के लिए नामांकन करवाने वाली पहली भारतीय निवासी बनी थी। ऑनलाइन पहुँच, अंतर-प्रचालन और कारोबार प्रतिनिधि नेटवर्क में लाभकारी संगठनों को शामिल करने के इन तीन सिद्धांतों ने बाद में निर्मित माइक्रो-एटीएम प्रणाली में यूआईडीएआई की सोच का मार्गदर्शन अधिक किया।

प्रत्यक्ष क्षेत्र में इलेक्ट्रॉनिक भुगतान साकार

झारखंड की राजधानी और लगभग 900,000 लोगों के शहर रांची में ठंड ढलान पर थी, शाम के 7 बजे का समय होगा। मैदान में उतर कर, 'आधार' सक्षम इलेक्ट्रॉनिक भुगतान प्रणाली का प्रथम परीक्षण करने में अब चौबीस घंटे से भी कम समय रह गया था, जब यूआईडीएआई में वित्तीय समावेशन के प्रभारी सहायक महानिदेशक राजेश बंसल को बताया गया कि परीक्षण में इस्तेमाल होने वाला माइक्रो-एटीएम डिवाइस काम नहीं कर रहा। राजेश याद करते हुए कहते हैं, ''मैंने टीम को सूचित किया कि जब तक यह समस्या सुलझ नहीं जाती, तब तक हम में से कोई भी घर नहीं जायेगा, और फिर मैंने ख़ुद सॉफ्टवेयर में आवश्यक परिवर्तन किए।''

यहाँ तक का सफ़र काफ़ी लंबा था। विरल के शब्दों में ''राजेश, प्यार और फटकार दोनों का बखूबी इस्तेमाल करने में माहिर हैं'' इसके बावजूद भी राजेश को खुद नयी दिल्ली में रहते हुए, झारखण्ड की टीम से काम निकलवाना मुश्किल लग रहा था। आगे का अनुभव बताते हुए राजेश कहते हैं, ''मुझे याद है जब मैंने दिल्ली में यूआईडीएआई कार्यालय के बाहर विरल को बताया था कि मैं झारखण्ड जा रहा हूँ और तब तक नहीं लौटूंगा, जब तक सब कुछ सुलझ कर, पहला लेन-देन सफलतापूर्वक पूरा नहीं हो जाता।'' एक बार जब वह वहाँ पहुँच गये, तो फिर उन्हें एक के बाद एक कई चुनौतियों का सामना करना पड़ा। मनरेगा योजना के तहत भुगतान का वितरण होने वाला था, लेकिन जब तक रांची जिले के एक विशिष्ट ब्लॉक और पंचायत का चुनाव परीक्षण क्षेत्र के रूप में किया गया, तब तक उस मौसम के लिए मनरेगा का काम पूरा हो चुका था। ऐसे में राजेश को, उस क्षेत्र में फिर से परियोजना पर काम आरंभ करने का अनुरोध लेकर जिला आयुक्त के पास जाना पड़ा था।

भुगतान के लिए निर्धारित समय शुरू होने से दो दिन पहले 22 दिसंबर को काम पूरा हो गया था। वितरण के लिए भुगतान राशि जारी करवाने की कोशिश में राजेश ने 23 तारीख का अधिकतम समय, प्रखंड विकास पदाधिकारी के कमरे में बिताया, चाय के अनगिनत कप खाली करते हुए, उन्होंने तब तक वहाँ से हिलने से इनकार

कर दिया, जब तक कि कागज़ी कार्रवाई पूरी होने के बाद सभी दस्तावेज़ उनके हाथ में नहीं आ जाते। उस शाम, जब माइक्रो-एटीएम की गड़बड़ी को सुलझाया जा रहा था, राजेश को यह भी सुनिश्चित करना था कि सभी भुगतान प्राप्तकर्ताओं के नाम बैंक खाते खुले होने चाहिए, और उन्होंने बैंक को (इस मामले में बैंक ऑफ इंडिया) एक निजी गारंटी देते हुए यह आश्वासन दिया कि जिनके पास बैंक खाते नहीं हैं उनके लिए वह आवश्यक दस्तावेज़ मुहैया करवायेंगे।

24 तारीख को, सुबह 9.30 बजे का समय पहले भुगतान के लिए निर्धारित किया गया था। 8.30 बजे, बैंक ने राजेश और उनकी टीम को दोबारा सूचित किया कि वहाँ किसी तरह की कोई समस्या आ रही थी, जिसे सुलझाने में वे कामयाब हुए। राजेश बताते हैं, "9.20 बजे तक, कुछ नहीं हो रहा था और घबराहट के मारे हमारी सांसें अब सचमुच थमने सी लगी थीं। और फिर सुबह 9.24 बजे, पहले खाते में इलेक्ट्रॉनिक तरीके से राशि जमा की गयी। यह एक अद्भुत क्षण था। मैंने नन्दन को संदेश भेज कर उनसे कहा कि आखिरकार, उनका सपना सच हो ही गया। गाँव वालों को भी अपनी आँखों पर विश्वास नहीं हो रहा था। अपने पैसे प्राप्त करने में उन्हें कभी-कभी छह महीने तक का समय भी लग जाता था, और अब वही पैसा, कुछ ही मिनटों में उनके हाथ में पहुँच गया था।"

तीन साल पहले, यूआईडीएआई की स्थापना के कुछ ही महीनों के भीतर, इस प्रारम्भिक परियोजना का बुनियादी काम शुरू हो गया था। पहली 'आधार' संख्या जारी किये जाने से लगभग साल भर पहले; हम 'आधार' और बायोमेट्रिक प्रमाणीकरण पर आधारित भुगतान का एक नेटवर्क डिजाइन कर रहे थे। इतनी जल्दी काम शुरू करने के दो कारण थे; पहला यह है कि इस डिजाइन की गांठें सुलझाने और काम करने योग्य एक ऐसे समाधान का निर्माण करने के लिए हम ख़ुद को पर्याप्त समय दे रहे थे, जो 'आधार' के लिए नामांकन के रफ़्तार पकड़ते ही कमर कस के तैयार खड़ा हो। और दूसरा यह कि इस तरह के नेटवर्क का निर्माण करने के लिए, हमें बैंकों, भुगतान संस्थाओं, केन्द्र और राज्य सरकारों सहित सभी हितधारकों के बीच एक आम सहमति का निर्माण करना आवश्यक था और जिसके बारे में हम इतना तो जानते ही थे कि यह एक लम्बी प्रक्रिया होगी।

असमक्रमिकता का सिद्धांत, जिसने 'आधार' मंच के डिज़ाइन में हमारा मार्गदर्शन किया, उसी सिद्धांत ने हमें प्रणाली और उससे सम्बन्धित भविष्य के अनुप्रयोग के निर्माण को एक साथ शुरू करने का निर्णय लेने में सहायता की। हमारा मानना है कि असमक्रमिकता डिज़ाइन सभी सरकारी परियोजनाओं में, व्यापक रूप से अक्सर अपनाना चाहिए, प्रणाली के दूसरे भाग पर काम शुरू करने से पहले, पहले भाग

का काम पूरा होने का इंतज़ार, बाधाओं और देरी के अतिरिक्त कुछ नहीं देता, इस तरह की परिस्थितियों से बच निकलने के लिए हम काफ़ी हद तक सक्षम थे।

इलेक्ट्रॉनिक भुगतान प्रणाली का खाका तैयार करते समय, ऐसे कौन से कुछ महत्त्वपूर्ण कारक थे, जिन पर विचार करना हमारे लिए आवश्यक था? सबसे पहला, इसे लाखों लोगों तक पहुँचना था, और भारत में इस स्तर की पहुँच और सर्वव्यापकता केवल मोबाइल दूरसंचार नेटवर्क के ही पास है। इसलिए मोबाइल दूरसंचार नेटवर्क इस पहेली का पहला हिस्सा होगा। दूसरा, प्रणाली को एक ऐसी तकनीक अपनानी होगी जो कम शिक्षित अथवा बिलकुल अनपढ़ लोगों द्वारा भी उपयोग में सरल हो, जिनके लिए शायद एक पिन संख्या याद रखना या उसे किसी डिवाइस में दर्ज करना भी आसान नहीं होगा। तीसरा महत्त्वपूर्ण कारक था, इस प्रणाली को यह सुनिश्चित करना होगा कि सामाजिक सुरक्षा भुगतान का वितरण सही ढंग से, उसके इच्छित लाभार्थियों को ही दिया जा रहा था, साथ ही संभावित धोखाधड़ी के मामलों को रोकने के लिए प्रणाली में प्रतिबंध बनाने का काम भी निरंतर जारी रहना चाहिए। इसका मतलब किसी भी पहचान तन्त्र को, उसका इस्तेमाल करने वाले व्यक्ति के लिए इतना विशिष्ट करना होगा कि कोई अन्य धोखे से उस लाभ पर अपना ग़लत दावा सिद्ध न कर सके। बायोमेट्रिक प्रमाणीकरण उपयोग वाला माइक्रो-एटीएम, ही एकमात्र ऐसी प्रौद्योगिकी थी, जो इतने दबाव के चलते, बड़े पैमाने पर लागू करने की सहूलियत के साथ सभी आवश्यकताओं को भी पूरा करती थी।

भारतीय विज्ञान संस्थान के प्रो.एच.कृष्णमूर्ति की अध्यक्षता में यूआईडीएआई ने एक माइक्रो-एटीएम समिति की स्थापना की, जिसने तीन वर्षों से अधिक काम किया और माइक्रो-एटीएम मानकों को सुदृढ़ बनाने के लिए बीस से अधिक बैठकें की। हालाँकि इतना गहन विचार-विमर्श असामान्य है, लेकिन समिति, दिशा निर्देशों की मात्र एक सूची हाथ में पकड़ाने के बजाय, एक कारगर समाधान देने के लिए कृतसंकल्प थी। यह पूरी प्रणाली वर्तमान बैंकिंग ढाँचे के शीर्ष पर एक पतली परत के रूप में कार्य करने के लिए डिज़ाइन की गयी थी। यह व्यवस्था मौजूदा उद्योग नियमों और मानकों के इतना अनुकूल थी कि इसे बैंक या भुगतान निगमों द्वारा उपयोग के लिए, बिना अधिक प्रयास किये, आसानी से अपनाया जा सकता था। माइक्रो-एटीएम भी ग्राहक को पहचानने के लिए 'आधार' आधारित बायोमेट्रिक प्रमाणीकरण का ही प्रयोग करेंगे, ताकि ग्राहक नक़द निकासी, जमा और हस्तांतरण करने के साथ-साथ बकाया राशि के बारे में भी पूछताछ कर सकें।

अब जब माइक्रो-एटीएम प्रौद्योगिकी ठीक तरह काम करने लगी, तो प्रोत्साहन के मुद्दे को सुलझाया जाना अभी बाकी था। भुगतान के लेनदेन में, इलेक्ट्रॉनिक भुगतान

'आधार' समर्थ बैंक खाते के लाभ

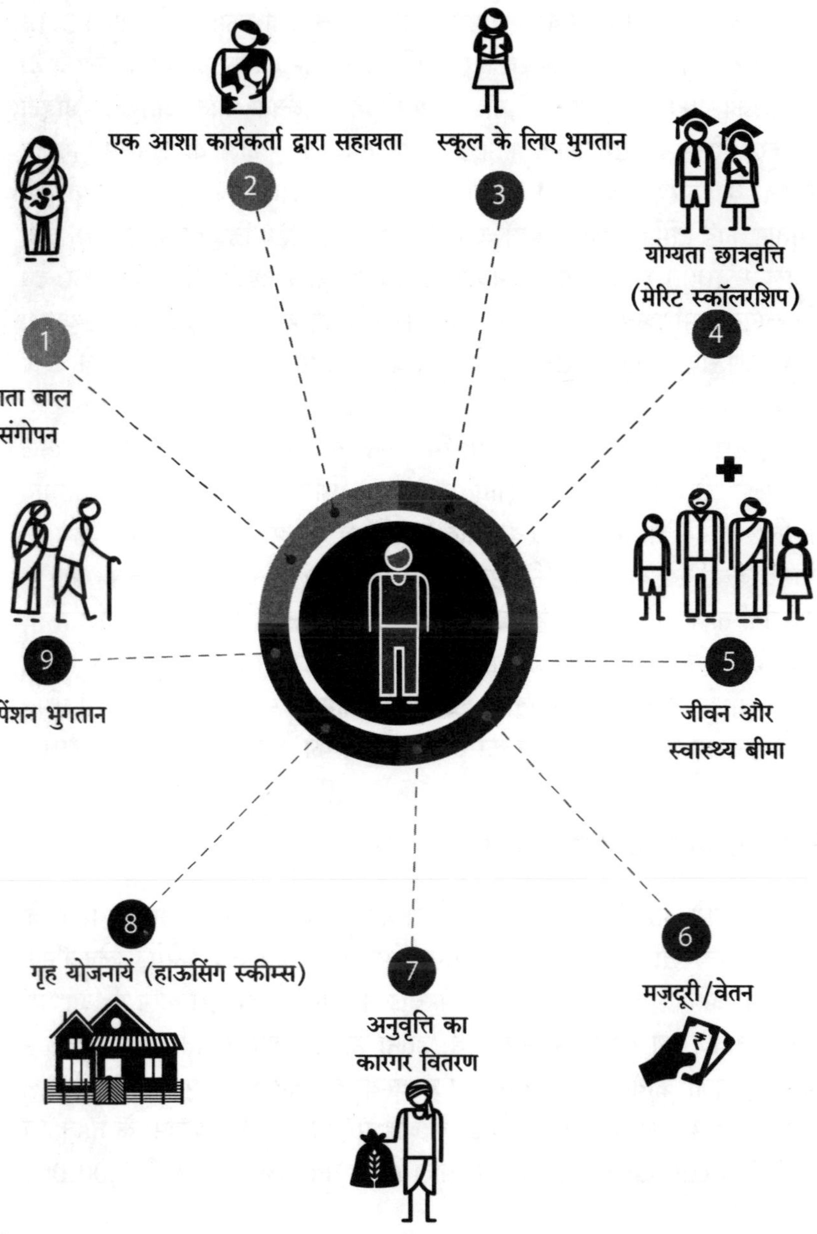

का सबसे अधिक लाभ जिस पार्टी को मिलता है आम तौर पर लागत का भार भी वही उठाती है। इस मामले में, स्पष्ट रूप से सरकार ही लाभार्थी थी, जिसे 'आधार' से जुड़े माइक्रो-एटीएम नेटवर्क द्वारा उच्च स्तरीय पारदर्शिता और जवाबदेही के माध्यम से लाभ प्राप्त होगा। इस मॉडल को अपनाने से होने वाली बचत, सरकारी लेन-देन की लागत को बराबर करने के लिए पर्याप्त थी; जबकि आधिकारिक सिफ़ारिश 3.14 प्रतिशत थी, लेकिन वर्तमान में सरकार 2 प्रतिशत लेनदेन शुल्क का भुगतान करती है।

माइक्रो-एटीएम के उपयोगी मॉडल, पीसीओ (पब्लिक कॉल ऑफिस) मॉडल की तरह ही है, जिसमें उनके फ़ोन द्वारा की गयी प्रति-कॉल के अनुसार भुगतान प्रणाली के कारण हज़ारों की संख्या में छोटे उद्यमी लाभान्वित हुए थे। इसमें भी भुगतान कार्ड टर्मिनल की तरह ही, एक कॉम्पैक्ट ऑपरेटिंग डिवाइस खरीदने के लिए केवल 15,000 रुपये पूंजी के निवेश की आवश्यकता पड़ती है। प्रत्येक लेन-देन की लागत (अधिकतम 15 रुपये), को ध्यान में रखते हुए, एक एटीएम की स्थापना या ग्रामीण बैंक शाखा के संचालन में आने वाली लागत की तुलना में बैंकों के लिए माइक्रो-एटीएम मॉडल को आर्थिक रूप से फायदेमंद बनाने का खर्च काफ़ी कम है।

यह मॉडल लागू होने के बाद, आरंभिक कुछ वर्षों में, अभी भी देश भर में नकद का चलन ज़ोरों पर होगा, और लोग अपने बैंकों में वितरित पैसे को, अपने उपभोग के लिए वापिस भी निकालेंगे, यह बात हम जानते हैं। इस प्रक्रिया के कई लाभ हैं, किसी बिचौलिये या मंज़ूरी की आवश्यकता के बिना पैसा अब एक बैंक खाते में स्थानांतरित कर दिया जाता है। जैसा कि निम्न आरेख को देखने से पता चलता है, चाहे किसी निजी संस्था द्वारा दिया गया वेतन हो या फिर सरकारी सामाजिक सुरक्षा योजनाओं के तहत मिला भुगतान, 'आधार' सक्षम बैंक खाते को अंततः विभिन्न स्रोतों द्वारा ग्राहक को मिले धन का उपयोग करने की अनुमति दी जानी चाहिए।

कैशलेस भारत के लिए नुस्खा

साथ दिए गये आरेख में, हमने भारत में कैशलेस या नक़द रहित अर्थव्यवस्था के लिए एक रूपरेखा तैयार की है। जैसे अगले अध्याय में हम चर्चा करेंगे, इलेक्ट्रॉनिक तरीके से 'अपने ग्राहक को जानिए – के वाई सी' प्रक्रिया को पूरा करने में 'आधार' एक दस्तावेज़ का काम कर सकता है, इतना ही नहीं बल्कि वर्तमान में अच्छी-खासी कागज़ी कार्यवाही पर आधारित व्यवस्था को बदल कर पूरी तरह डिजिटल बना सकता है। 'आधार' आधारित ई-के वाई सी को जन-धन योजना के तहत 17 करोड़ बैंक खाते खोलने के लिए इस्तेमाल किया गया। और जल्दी ही 3,00,000

करोड़ से अधिक मूल्य के सरकारी सामाजिक सुरक्षा और अनुवृत्ति लाभ इन खातों में आना शुरू हो जायेंगे। ग्राहक की संख्या में होने वाली बढ़ोत्तरी को सँभालने के लिए, 10 लाख कारोबार प्रतिनिधियों के एक मज़बूत नेटवर्क का सैलाब देखने को मिलेगा, ठीक उसी प्रकार जैसे मोबाइल फ़ोन टॉप अप सेवाएँ प्रदान करने वाले ऑपरेटरों के मामले में देखने को मिला था।

इलेक्ट्रॉनिक भुगतान की दिशा में उठाये गये कदम, कारोबार प्रतिनिधि मॉडल, बैंकों और अन्य लोगों के बीच अंतर-प्रचालन का समर्थन करने के लिए ज़रूरी कुछ नियामक परिवर्तनों पर हमने पहले भी चर्चा की है। इसके बाद छोटे बैंकों और भुगतान बैंकों को इस क्षेत्र में प्रवेश करने की अनुमति देते हुए, भारतीय रिज़र्व बैंक ने बैंकिंग क्षेत्र को नियंत्रण मुक्त कर दिया है।

लेकिन प्रौद्योगिकी का क्या होगा? कुछ ही वर्षों में, दो भारतीयों में से एक के पास स्मार्टफोन होगा, जिससे उन्हें ऑनलाइन भुगतान आवेदनों के तेज़ी से बढ़ते पारिस्थितिकी तन्त्र की सुविधा मिलेगी। हमें आशा है कि अगले एक या दो वर्षों में आइरिस रीडर सुविधा वाले स्मार्टफ़ोन का शुभारंभ भी देखने को मिलना चाहिए, जिससे कि ऑनलाइन लेनदेन के मामलों में 'आधार' का उपयोग एक प्रमाणीकरण कारक के रूप में कर पाना सम्भव हो जायेगा।

नक़द रहित समाज का निर्माण करने के लिए यूपीआई (यूनीफ़ाइड पेमेंट इंटरफ़ेस - एकीकृत भुगतान इंटरफ़ेस) का शुभारम्भ, एनपीसीआई का एक और योगदान है।[17] बात चाहे सरकारी भुगतान (उदाहरण के लिए, अनुवृत्ति) की हो, सरकार को दिये जाने वाले टैक्स (कर), ग्राहकों द्वारा विक्रेताओं को दिए भुगतान, और अन्त में दो व्यक्तियों के बीच हुए धन हस्तांतरण ही क्यों न हो, यूपीआई का लक्ष्य किसी भी प्रकार के इलेक्ट्रॉनिक लेनदेन के लिए एकल, अखंड मंच का निर्माण करना है। एक साथ इतने सारे खिलाड़ियों के होने का सबसे बड़ा खतरा यह है कि प्रत्येक खिलाड़ी द्वारा अपनी ख़ुद की भुगतान पद्धति विकसित करने के कारण, चीज़ें अनावश्यक रूप से जटिल होती जाएंगी। यूपीआई का निर्माण इस तरह के 'भुगतान द्वीपों' को, उभरने से रोकना, और एक ऐसी केन्द्रीय प्रणाली निर्मित करने के लिए किया गया है जिसमें कोई भी शामिल होकर, उसका उपयोग कर सके। चूँकि यह पूरी तरह डिजिटल है और मौजूदा बुनियादी ढाँचे पर चलती है, इसलिए यूपीआई को लागू करना, एक सस्ती प्रक्रिया है। वर्तमान में नन्दन, बतौर एनपीसीआई के माननीय सलाहकार (नवाचार और सार्वजनिक नीति), यूपीआई के विकास पर ध्यान दे रहे हैं।

जैसे अधिक लोग इलेक्ट्रॉनिक भुगतान नेटवर्क में प्रवेश कर रहे हैं, वे अपने लेनदेन के द्वारा अपने पैसों की मानो एक डिजिटल पगडंडी छोड़ना शुरू कर देते हैं, जिसका

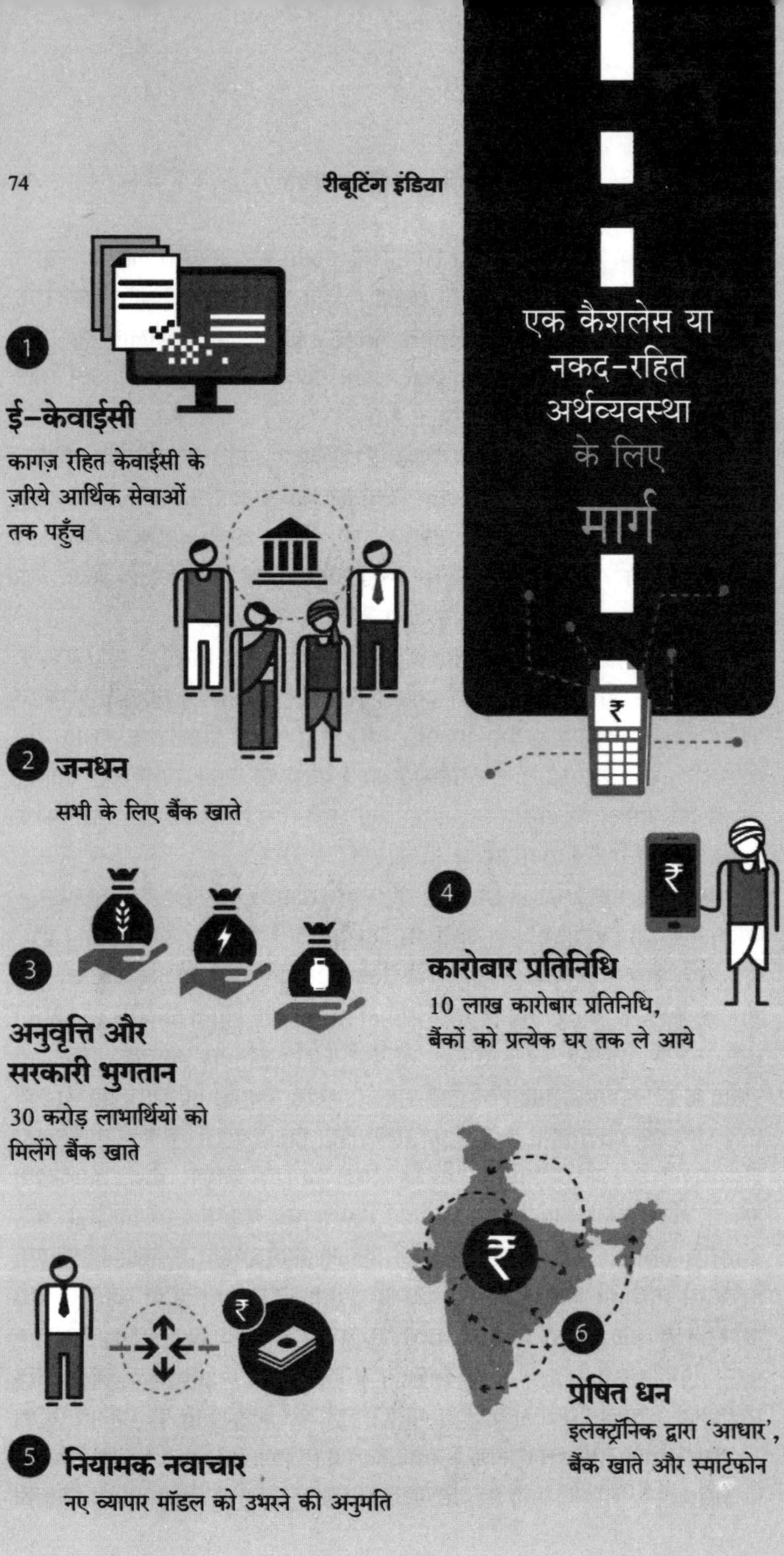

एक कैशलेस या नकद-रहित अर्थव्यवस्था के लिए मार्ग
1
ई-केवाईसी
कागज़ रहित केवाईसी के ज़रिये आर्थिक सेवाओं तक पहुँच
2 जनधन
सभी के लिए बैंक खाते
₹
3
अनुवृत्ति और सरकारी भुगतान
30 करोड़ लाभार्थियों को मिलेंगे बैंक खाते
4
₹
कारोबार प्रतिनिधि
10 लाख कारोबार प्रतिनिधि, बैंकों को प्रत्येक घर तक ले आये
₹
₹
6
प्रेषित धन
इलेक्ट्रॉनिक द्वारा 'आधार', बैंक खाते और स्मार्टफोन
5 नियामक नवाचार
नए व्यापार मॉडल को उभरने की अनुमति

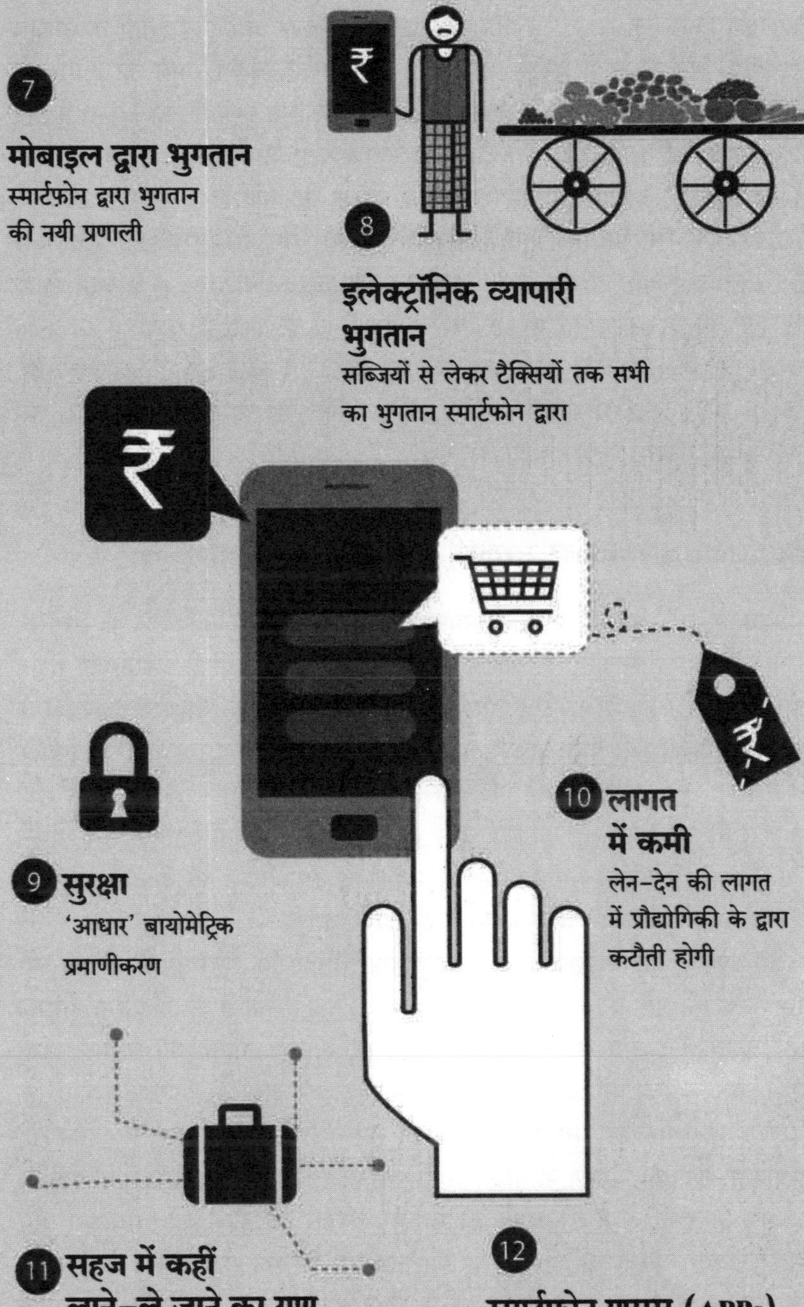
7
मोबाइल द्वारा भुगतान
स्मार्टफ़ोन द्वारा भुगतान
की नयी प्रणाली
8
इलेक्ट्रॉनिक व्यापारी
भुगतान
सब्जियों से लेकर टैक्सियों तक सभी
का भुगतान स्मार्टफोन द्वारा
9 सुरक्षा
'आधार' बायोमेट्रिक
प्रमाणीकरण
10 लागत
में कमी
लेन-देन की लागत
में प्रौद्योगिकी के द्वारा
कटौती होगी
11 सहज में कहीं
लाने-ले जाने का गुण
अनुवृत्ति भुगतान प्राप्त करने के लिए
किसी भी खाते का उपयोग करें
12
स्मार्टफोन एप्पस (APPs)
भुगतान की प्रक्रिया के नए तरीके

विश्लेषण किया जा सकता है और जिसे उसके आकार और नियमितता के आधार पर एक क्रेडिट स्कोर में बदला जा सकता है। परिणामस्वरूप, अब उन लोगों को भी क्रेडिट देने की पेशकश की जा सकती है, औपचारिक प्रणाली का हिस्सा न होने के कारण जिन्हें अभी तक ऋण देने योग्य नहीं समझा जाता था, उदाहरण के लिए वो साहसी छोटे व्यापारी जिनसे धारावी में विरल की मुलाकात हुई थी। उदाहरण के लिए ऋण, जो कि अब तुरंत स्वीकृति के द्वारा, माइक्रो-एटीएम के माध्यम से सीधे वितरित किया जा सकता है, यहाँ तक कि माइक्रो-एटीएम के माध्यम से ही उस ऋण की वापसी करना भी सम्भव है। अब बैंकों के दायरे में रहते हुए इन ऋणों को देने का फ़ैसला होना आवश्यक नहीं है; डिजिटल लेनदेन डाटा का विश्लेषण करने में सक्षम कोई भी वित्तीय संस्था, एक व्यक्ति का डाटा निकलवा कर, उसे ऋण देने का फ़ैसला कर सकती है।

प्रौद्योगिकी द्वारा बेहतर सरकारी प्रणालियों का निर्माण

आखिरकार, पूरे 'आधार' आधारित भुगतान पारिस्थितिकी तन्त्र के निर्माण का संचालन करने वाले प्रमुख सिद्धांत, बड़े पैमाने पर, सकल रूप से किसी भी प्रौद्योगिकी सक्षम समाधान पर लागू करने के लिए पर्याप्त हैं; इनमें से कइयों को 'आधार' कार्यक्रम के डिज़ाइन में ही इसकी प्रतिध्वनि मिल गयी। एक सरल, बारीक समाधान का निर्माण करना होगा, एक मंच जिसकी परत आसानी से मौजूदा भुगतान प्रणालियों के शीर्ष पर बिछायी जा सके। ग्राहकों को चयन की स्वतन्त्रता मिलनी चाहिए, इस मामले में एक अंतर-प्रचालित भुगतान नेटवर्क निर्माण के द्वारा किसी भी बैंक के प्रतिनिधि के साथ, लेन-देन करने की स्वतन्त्रता दी जानी चाहिए।

इस प्रणाली का अर्थशास्त्र इस तरह का होना चाहिए कि सहभागियों को भ्रष्टाचार और शुल्क की माँग करके पैसा बनाने की बजाय, वैध तरीके से कमाई करना आसान लगे। मानकीकृत और सरल प्रक्रियाएँ बनाने से, लाखों ग्राहकों को शामिल करते हुए नेटवर्क के स्तर को ऊँचा उठाना अधिक सरल हो जाता है। 'नेटवर्क प्रभाव' के कारण प्रणाली में जोड़ा गया प्रत्येक व्यक्ति, इसे तेज़ी से समृद्ध बनाते हुए इतने बड़े उपभोक्ता-गण का निर्माण करता है, जो अपनी ही शक्ति की छत्रछाया में पनपता है।

और अन्त में, सभी समाधानों को भारतीय बाज़ार की ऊर्जा को पहचानना और उसका उपयोग करना चाहिए। आज, हम उद्यमियों के एक राष्ट्र के रूप में उभरे हैं, एक विकास है जिसका चित्रण नन्दन ने *'इमेजिनिंग इंडिया'* में किया था। मानव पूंजी की इस विशाल सम्पदा को अनदेखा करना हम बर्दाश्त नहीं कर सकते। उद्यमी

नवाचार को आगे बढ़ा सकते हैं, जबकि सरकार की शक्ति, बुनियादी सुविधाओं और आवश्यक विनियमन निर्माण के साथ-साथ उनके स्तर को निर्मित करने में निहित है। 'आधार' सक्षम भुगतान नेटवर्क का निर्माण इन दोनों शक्तियों का लाभ उठाने के लिए किया गया था, जहाँ सम्भव हो वहाँ बाज़ारों का और जहाँ आवश्यक हो वहाँ सरकारों का उपयोग करते हुए, प्रत्येक को अपनी मूल योग्यता पर ध्यान केंद्रित करने की अनुमति प्रदान करना, यह सब करते हुए एक ऐसे समाधान का निर्माण करना जो हर किसी के लिए कारगर सिद्ध हुआ हो।

'आधार' नामांकन तेज़ी से आगे बढ़ने के साथ, हमारे पास अब 'आधार' संख्या से लैस 90 करोड़ से अधिक नागरिक, बैंक खातों को संचालित करने और उनसे पैसे निकालने के लिए तैयार हैं; माइक्रो-एटीएम के लिए प्रौद्योगिकी की पूरी तैयारी के साथ, इन संभावित ग्राहकों की सेवा के लिए दस लाख कारोबार प्रतिनिधियों के नेटवर्क का निर्माण करना सुसाध्य चुनौती है। 2015 तक स्मार्टफ़ोन उपभोक्ताओं की संख्या बढ़ कर 50 करोड़ से भी अधिक होने की उम्मीद के चलते, जल्दी ही हमें स्मार्टफ़ोन आधारित भुगतान, जैसा बदलाव भी देखने को मिल सकता है।

इलेक्ट्रॉनिक भुगतान प्रणाली की माँग का निर्माण करना चुनौतीपूर्ण हो सकता है, लेकिन जब सरकार 3 खरब रुपये मूल्य का छोटे से सामाजिक सुरक्षा भुगतान को माइक्रो-एटीएम के रास्ते भेजने का फ़ैसला करती है, तो प्रोत्साहन ख़ुद-ब-ख़ुद पैदा होने लगता है, इसमें शामिल संख्याओं का विशाल स्तर, सम्पूर्ण बुनियादी सुविधाओं के निर्माण के लिए पर्याप्त माँग उत्पन्न कर लेता है। बैंकों द्वारा हर गाँव में एक कारोबार प्रतिनिधि के साथ माइक्रो-एटीएम नेटवर्क की स्थापना की जाएगी, माइक्रो-एटीएम उपकरणों के निर्माण को लेकर विक्रेताओं में प्रतिस्पर्धा होगी, और लोग अपनी पसन्द के बैंक में खाते खोल सकेंगे, क्योंकि अपने व्यापार के लिए कई बैंकों में होड़ लग जाएगी।

जो शायद एक सीमित सेवा होती, उसे सरकार की भागीदारी ने परिवर्तित कर स्वतन्त्र रूप से सभी के लिए उपलब्ध करवा दिया है। एक वो समय था जब इलेक्ट्रॉनिक भुगतान को अंतिम श्रेणी वाले बैंक ग्राहकों के लिए विलासिता की निशानी समझा जाता था; अब, यह एक उपयोगिता है जिसका लाभ हर कोई ले सकता है। बुनियादी बैंकिंग ढाँचा जो भारत के हर गाँव में पैदा होगा, वो इंजन होगा जो प्रत्येक नागरिक के लाभ के लिए, वित्तीय सेवाओं में नवाचार की शक्तियों को आगे बढ़ाएगा, जो वास्तव में एक एकीकृत और समग्र अर्थव्यवस्था निर्माण में मदद करेंगे।

4

हमारे सामाजिक सुरक्षा तंत्र की मरम्मत

दुनिया में लोग इतने भूखे हैं, कि परमेश्वर उनके सामने सिवाय रोटी के, किसी अन्य रूप में प्रकट हो ही नहीं सकता।

—महात्मा गाँधी

शांत, मूँछधारी कृपा शंकर, उत्तर प्रदेश में अमेठी के पास एक छोटे से गाँव का किसान है। 2012 में जब विरल उससे मिले, वह एक बड़े राजमार्ग पर एक साइड में अपनी साइकिल धकेलते हुए जा रहा था, पीछे से गरज़ते आ रहे ट्रकों के हॉर्न, कानों के पर्दे चीर रहे थे, रह-रह कर उनकी बातचीत के स्वर धीमे सुनाई देते थे। कृपा शंकर का साक्षात्कार ले रहे पत्रकार ने, उसकी साइकिल पर सुरक्षित ढंग से टिकाई, खाद की एक बोरी की ओर इशारा किया। भारत सरकार द्वारा किसानों को दी जाने वाली सहायता अनुवृत्ति की बदौलत, कृपा शंकर ने भी सम्पूर्ण भारत के किसानों की तरह, इस खाद को बाज़ार मूल्य से कहीं कम दाम पर ख़रीदा था। पत्रकार ने पूछा "यह खाद प्राप्त करने में कितना समय लगा।" उसका उत्तर था, "20 दिन! 20 दिन की प्रतीक्षा के बाद आज सुबह दुकान पर खाद आयी, वहाँ एक कतार लग गयी, और मैंने पाँच-छह घंटे प्रतीक्षा की। मेरी फ़सलों के लिए शायद अब बहुत देर हो चुकी है, लेकिन और कोई चारा भी तो नहीं।" उसे कितनी बोरियों की ज़रूरत थी? "पाँच।" और उसे मिल कितनी सकती थीं? "दो।" कोई बड़ी बात नहीं कि उन दो बोरियों को पाने के लिए भी कृपा शंकर को उस दुकानदार

को रिश्वत देनी पड़ी हो। उसकी फ़सलों का क्या? ''भाई, वे तो बर्बाद हो गईं, मेरे खेतों पर आके ख़ुद ही देख लो'', गुस्से से भरा कृपा शंकर बड़बड़ाया।[1]

एक अकेला कृपा शंकर ही असंतुष्ट नहीं है। 2008 में, कर्नाटक के किसानों को जब उनके पात्रता से कम मात्रा में रासायनिक खाद दी गयी तो वे परेशान हो गये थे, अपने गुस्से का प्रदर्शन उन्होंने एक खाद की दुकान, तीन बसें और एक पुलिस वाहन को आग लगा कर किया। कई और बसें क्षतिग्रस्त हुईं, और हज़ारों किसानों ने सड़कों पर डेरा जमा लिया था। आखिरकार, पुलिस ने प्रदर्शनकारियों की पिटाई की और हिंसा को दबाने की कोशिश में आंसू गैस के गोलों से फायरिंग का सहारा लिया।[2]

खंडित वितरण प्रणाली के कारण भारतीय किसानों में जो क्रोध पैदा हो रहा था, उसकी जड़ें हमारे लंबे, दर्दनाक और बार-बार पड़ने वाले अकाल के इतिहास में हैं, स्वतन्त्रता पूर्व, बंगाल का अकाल नियति के उस कगार पर पहुँच गया था जहाँ भुखमरी, कुपोषण और बीमारी के कारण लगभग 1.5 से 40 लाख लोग मौत के मुँह में समा गये थे। फ़सलों की सिंचाई के लिए पूरी तरह मानसून (वर्षा ऋतु) पर निर्भरता, और पूर्व नीतियों की विफलताओं ने अनाज की कमी को बद से बदतर बना दिया था, स्वतन्त्र भारत ने संकल्प लिया कि एक शक्तिशाली राष्ट्र के निर्माण के लिए, राष्ट्रीय खाद्य सुरक्षा में सुधार लाना उसकी प्राथमिकता है। देश की कृषि उत्पादकता को बढ़ावा देना, इस लक्ष्य को हासिल करने का एक तरीका था। कृषि के लिए एक मज़बूत वैज्ञानिक बुनियादी ढाँचे का निर्माण करने के उद्देश्य से, देश भर में कृषि अनुसंधान संस्थानों की स्थापना की गयी। विदेशी खाद्य आयात पर भारत की निर्भरता को समाप्त करने के एक और प्रयास में, प्रख्यात वैज्ञानिकों, जैसे नोबेल पुरस्कार विजेता डॉ.नॉर्मन बोरलॉग और डॉ.एम.एस.स्वामीनाथन, राजनेता सी.सुब्रमण्यम और ऐसी ही कई और बड़ी हस्तियों ने मिल कर पौधा प्रजनन कार्यक्रमों और सिंचाई विकास योजनाओं के निर्माण में सहयोग दिया, जिससे भारत में हरित क्रांति की शुरुआत हुई, खाद्यान्न के मामले में आखिरकार भारत को आत्मनिर्भरता प्राप्त करने की सम्भावना बनी।[3] लंबे समय तक चले इस कार्यक्रम की सफलता का अनुमान इसी तथ्य से लगाया जा सकता है कि गेहूँ और चावल निर्यात के क्षेत्र में अग्रणी निर्यातक के रूप में भारत अब चीन की बराबरी कर रहा है।[4]

जैसे ही खाद्य उत्पादन का स्तर बढ़ने लगा, राष्ट्र को एक स्थिर खाद्य आपूर्ति का आश्वासन देते हुए, सरकार ने कृषि की उच्च उत्पादकता बनाये रखने के लिए एक के बाद एक कई नीतिगत फ़ैसले लिए, कृषि संरक्षण और प्रोत्साहन के उद्देश्य से लिए गये वे फ़ैसले आज तक विद्यमान हैं। बीजों की आपूर्ति रियायती दामों पर होती है। बड़ी सिंचाई परियोजनाओं में सरकार ने दिल खोल कर निवेश किया ताकि

रियायती दरों पर, पर्याप्त मात्रा में पानी दिया जा सके। सिंचाई का पानी ज़मीन से खींचने के लिए रियायती दर बिजली इस्तेमाल की जाती है। उर्वरकों के निर्माण और उनकी बिक्री पर भारी रियायत के कारण ये सस्ते और देश में हर जगह उपलब्ध हैं। कृषि उत्पादन भी इस संरक्षणवादी विरासत के ही अंतर्गत आता है; इन खाद्यान्नों के सबसे बड़े ख़रीदारों में से एक, ख़ुद सरकार ही है और वही इनका ख़रीद मूल्य निर्धारित करती है, जिससे किसान को यह आश्वासन मिलता है कि उसकी फ़सलों के लिए एक ख़रीदार हमेशा तैयार है। कुछ हद तक, यह उपाय प्रभावी सिद्ध हुए हैं। अभी हाल ही में, भारत में ख़राब वर्षा और कम फ़सल पैदावार की मार के बावजूद, यहाँ की जनता को भुखमरी की खाई में धकेलने की नौबत नहीं आयी।

सरकारी अनुवृत्तियों का लाभ पाने वालों में केवल किसान ही नहीं हैं। दुनिया भर में, खाद्य और ईंधन जैसी उपयोगी वस्तुओं के लिए सरकारें अनुवृत्तियाँ प्रदान करती हैं। हाल ही में, भारत ने राष्ट्रीय खाद्य सुरक्षा कानून पारित किया था, जो देश की कुल आबादी का लगभग दो-तिहाई, करीब 82 करोड़ लोगों को सस्ता अनाज उपलब्ध कराने के लिए बनाया गया है।[5] सामाजिक सुरक्षा पेंशन, बेरोज़गारी भत्ता और स्वास्थ्य व दिव्यांगता बीमा, कमज़ोर और शोषित वर्ग के लोगों की मदद के लिए सरकार द्वारा निर्मित सुरक्षा जाल का हिस्सा हैं।

भारत सरकार सालाना करीब 3,00,000 करोड़ रुपये योजनाओं पर खर्च करती है जिसमें प्रत्यक्ष नकद हस्तांतरण और अनुवृत्तियां भी शामिल हैं। जोकि देश के सकल घरेलू उत्पाद का लगभग 3.5 प्रतिशत है, भारत में लगभग हर परिवार को ग़रीबी रेखा से ऊपर उठाने के लिए इतना धन पर्याप्त है। 10 करोड़ से अधिक किसान कृषि अनुवृत्तियों से लाभान्वित होते हैं, 12 करोड़ से अधिक परिवारों को एलपीजी (खाना पकाने का ईंधन) पर रियायत दी जाती है, और करीब 500,000 उचित दर दुकानों के नेटवर्क द्वारा, प्रति वर्ष लगभग 18 करोड़ परिवारों को रियायती दरों पर अनाज और मिट्टी का तेल वितरित किया जाता है।[6]

सामाजिक विषमताओं के उन्मूलन और सभी को आवश्यक वस्तुओं की एक सी सुविधा प्रदान करने के प्रयास के तौर पर, इस तरह की व्यवस्था में निहित निष्पक्ष उदारता से इनकार नहीं किया जा सकता। लेकिन, जैसा कि नन्दन ने *'इमेजिनिंग इंडिया'* में विवेचन किया था कि अनुवृत्तियों की वितरण व्यवस्था बुरी तरह खंडित हो चुकी है। सरकार पैसा पानी की तरह बहाती है, जबकि देश भर में लाखों कृपा शंकरों को उसमें से लाभ की मात्र कुछ बूंदें ही मिल पाती हैं। जबकि गोदामों में पड़ा अनाज सड़ता है, ग़रीब भूखा रहता है; हालाँकि भारत दुनिया के सबसे बड़े खाद्यान्न भंडारों में से एक है, यहाँ तक कि इसमें से कुछ सऊदी अरब और ऑस्ट्रेलिया जैसे देशों को निर्यात

होता है, भारत की आबादी का पाँचवाँ हिस्सा कुपोषित रह जाता है।[7] जब ये वितरण प्रणालियाँ असफल होती हैं, तो इनका असर निश्चित रूप से अपने दम पर तूफ़ान का सामना करने वाले, कम संसाधनों वाले लोगों पर ही पड़ता है। कर्नाटक में किसानों ने बसों को आग लगा दी, ट्यूनीशिया में, सड़क पर खाने-पीने की चीज़ें बेचने वाले एक ग़रीब ने पुलिस द्वारा सताये जाने पर खुद को ही आग लगा ली थी, इस प्रक्रम ने अरब स्प्रिंग (2010 में आरम्भ हुई, प्रदर्शनों और विरोध की एक क्रांतिकारी लहर) क्रांतियों को भड़का दिया। जब मोहम्मद बौअज़िज़ि पुलिस की बर्बरता का विरोध कर रहा था, घटनाओं के पेंचीदा जाल में अंतर्निहित खाद्य पदार्थों की बढ़ती कीमतें, जोकि अधिकतर विदेशी आयात पर निर्भर थीं; राष्ट्र को गृह युद्ध के कगार पर ले आयी थीं,[8] विश्व खाद्य कीमतें उनकी सरकारों द्वारा प्रदान की जाने वाली अनुवृत्तियों को खपा नहीं सकती थीं, उन पर नकेल कसने में ये देश बेहद कमज़ोर थे।

लक्षित सेवाएँ प्रदान करने की असमर्थता और पारदर्शिता में कमी, इन दो प्रमुख समस्याओं ने सार्वजनिक वितरण नेटवर्क को दुर्बल बना दिया है। नागरिक हर कदम पर, नियंत्रण और जानकारी में कमी पाते हैं। अभीष्ट लाभार्थियों की सूचियाँ समावेशन और अपवर्जन त्रुटियों के कारण छलनी हो गयी हैं। अदृश्य, झूठे और नकली लाभार्थी रसद प्राप्त कर रहे हैं, जबकि भ्रष्टाचार और नियामक प्रक्रियाओं में प्रवेश बाधाओं का स्तर इतना अधिक ऊपर उठा दिया है कि वास्तव में कई असली ज़रूरतमंद इन तक पहुँच ही नहीं पाते। एक अपारदर्शी नेटवर्क का मतलब है कि आपूर्तिकर्ता से उपभोक्ता को दिए माल की आवाजाही का पता नहीं लगाया जा सकता; भंडारण और माल की जमाखोरी को न तो पकड़ा जा सकता है और न ही रोका। विकल्प की कमी का अर्थ है कि उपभोक्ता एक ही आपूर्तिकर्ता या उचित दर की दुकान से सामान ख़रीदने के लिए विवश हैं, बाज़ार में एकाधिकार की स्थिति पैदा होती है। एक दोहरी मूल्य निर्धारण प्रणाली, जिसमें वस्तुएँ कृत्रिम रूप से कम कीमतों पर ख़रीद कर, बाद में उन्हें प्रचलित बाज़ार मूल्य पर बेच देने से, हुंडी कारोबार और बाज़ार विकृतियों के अवसर पैदा होते हैं। 2015 आर्थिक सर्वेक्षण के हिस्से के रूप में किये गये विश्लेषण से पता चला कि कई अनुवृत्तियों के माध्यम से अमीर परिवार अधिकतम लाभान्वित होते हैं, जबकि सही मायनों में जिन ग़रीबों के लिए वे अनुवृत्तियाँ दी जाती हैं, उनका संघर्ष जारी रहता है। जिन इरादों ने सामाजिक सुरक्षा जाल के रूप में अनुवृत्तियाँ प्रदान करने के विचार को जन्म दिया था, वे बहुत पहले ही प्रभावहीनता की खाई में खो चुके हैं, भ्रष्टाचार और आँखों पर पट्टी बांधे दुनिया, का नज़रिया पुराने ढर्रे की उन प्रणालियों से जकड़ा हुआ है जिनकी उपयुक्तता पहले ही ख़त्म हो चुकी है।

क्या सरकार को किसी भी तरह की रियायत देनी चाहिए इस पर कई सालों से बहस जारी है। पंक्ति के एक छोर पर खड़े लोगों का मानना है कि अनुवृत्ति व्यवस्था पूरी तरह समाप्त कर देनी चाहिए, और बाज़ार की शक्तियों को ताकतवर होना चाहिए। दूसरे छोर के लोगों का मानना है कि सरकार वास्तव में उचित नहीं कर रही है, और उसे सामाजिक कल्याण कार्यक्रमों की पहुँच और सीमा बढ़ाने की आवश्यकता है। हमारी नज़र में, अनुवृत्ति और लाभ को पूरी तरह वापिस समेट लेना एक कठोर कदम है, इनमें से कई हमारे समाज की महान राजनीतिक सौदेबाज़ी का परिणाम हैं। इसके बजाय, हम एक मिश्रित प्रणाली की वकालत करते हैं जो शोषित लोगों को लाभ पहुँचाते हुए, बाज़ार की शक्तियों के प्रति भी उत्तरदायी रहे। इसकी धुरी के रूप में हम प्रौद्योगिकी की कल्पना करते हैं, जो हमें 'कम के द्वारा अधिक' कर पाने की सुविधा प्रदान करे, बेहतर कल्याणकारी कार्यक्रम जो राज्य पर कम वित्तीय बोझ डालें। सबसे महत्त्वपूर्ण बात, प्रौद्योगिकी के द्वारा नागरिकों को प्रत्यक्ष अनुवृत्ति प्रदान करना मुमकिन हो पाता है; खंडित वितरण प्रणाली, जो इतने सारे कल्याणकारी कार्यक्रमों की दुखती रग बन गयी है, उसे ठीक करने का प्रयास करने की बजाय, हम इसे पूरी तरह निकाल बाहर कर सकते हैं।

अर्थशास्त्री नॉर्मन मायर्स के अनुसार हमारा देश 'विकृत अनुवृत्तियों' की चपेट में है, जो न सिर्फ़ हमारी अर्थव्यवस्था को बल्कि हमारे पूरे परिवेश को भी नुकसान पहुँचा रही हैं।[9] अनुवृत्ति सुधार से एक तत्काल आर्थिक प्रभाव दिखाई दे सकेगा, आगे चल कर यही, हमारे परिवेश के अनुकूल नीतियों का नया वर्ग विकसित करने का अवसर भी प्रदान करेगा। क्योंकि हम अपने खेतों में ज़रूरत से अधिक खाद डालते हैं, अपने पानी के स्तर को कम करते हैं, अपने जंगलों को काट डालते हैं, अपने उद्योगों और वाहनों को चलाने के लिए अधिक कोयला और गैस ईंधन की माँग करते हैं, अपनी नदियों को प्रदूषित और हवा को ज़हरीला बनाते हैं, इसलिए यह एक मौका है, जिसे हाथ से जाने देना हमें बहुत महंगा पड़ेगा।

नेक इरादे, बुरे नतीजे

अनुवृत्ति अर्थव्यवस्था का संचालन, भ्रष्ट नियमों के एक समूह के तहत होता है जिसका सम्बन्ध खुले बाज़ार की कठोर और अस्थाई दुनिया से बहुत कम है। खुले बाज़ार में, किसी विशेष वस्तु की कमी, उसके मूल्य में वृद्धि का संकेत है, और आम-तौर पर बाज़ार उसी के अनुरूप प्रतिक्रिया करता है। प्याज़ की कीमतों में वृद्धि का सामना कर रही एक गृहिणी, जब तक कीमतें स्थिर नहीं हो जातीं तब तक सम्भवतः

कम प्याज़ ख़रीदना पसन्द करेगी या फिर प्याज़ खरीदेगी ही नहीं। यदि उर्वरक महंगा होगा, तो किसान उसके उपयोग में किफ़ायत बरतेंगे। अनुवृत्तियों द्वारा निर्मित सुस्त, कृत्रिम व्यवस्था में बाज़ार की इन ताकतों के कठोर परिणाम अब प्रभावपूर्ण नहीं हैं।

आइये, पहले हम उर्वरकों पर नज़र डालते हैं। अनुवृत्तियाँ मूल्यों को कम रखती हैं, और किसान खुले दिल से उनका उपयोग करते हैं; वर्ल्ड बैंक डाटा के अनुसार, भारत में उर्वरकों का उपयोग अमरीका से कहीं अधिक होता है।[10] यह एक व्यापक परिवेशी समस्या है, उर्वरक, विशेष रूप से यूरिया के ज़रूरत से ज़्यादा इस्तेमाल का असर उल्टा होता है, मिट्टी की गुणवत्ता कम होती है और फ़सल की पैदावार घटने लगती है। जबकि यूरिया पौधों में एक आवश्यक पोषक तत्त्व, नाइट्रोजन की आपूर्ति करता है, इसे एक संतुलित उर्वरक मिश्रण के हिस्से के तौर पर मिलाना चाहिए, जिसमें दो अन्य आवश्यक पोषक तत्व 'पोटेशियम और फास्फोरस' भी शामिल हों, एक को अत्यधिक और दूसरे को बहुत कम मात्रा में मिलाने से फ़सल विकास प्रभावित होता है। यूरिया उर्वरक पर रियायत दी जाती है, जबकि अन्य उर्वरकों पर नहीं, जो उर्वरक उपयोग के विषम संतुलन को समझाने में मदद करता है। पारंपरिक रूप से पंजाब, भारत की अन्न की टोकरी कहलाता है, यहाँ के एक कृषि विकास अधिकारी की शिकायत है कि ''एक किसान दिवालिया हो जाएगा, लेकिन वह यूरिया का इस्तेमाल बन्द नहीं करेगा'' वह इसकी तुलना एक लत से करते हैं। उनकी फ़सल की पैदावार कम क्यों हो रही है, इसका कारण समझ पाने में असमर्थ किसान, तेज़ी से अस्वस्थ दिखते अपने खेतों में और अधिक यूरिया डाल रहे हैं, और अनजाने में ही समस्या को संकट बनाते जा रहे हैं।[11]

हमारे घटते हुए जल संसाधन चिंता का एक दूसरा विषय हैं। सरकार किसानों को रियायती बिजली देती है, जिससे सिंचाई के लिए पानी खींचना सस्ता पड़ता है। किफ़ायती होने के प्रलोभन में कमी के कारण वास्तव में, किसान आवश्यकता से कहीं अधिक पानी निकाल सकते हैं। उपग्रह द्वारा नापे गये भूजल स्तर में, एक स्थिर वार्षिक गिरावट दर्ज की गयी है, और अब किसानों को अपनी फ़सलों के लिए पानी तलाशने के लिए, पहले से कहीं अधिक गहरे बोअरवेलों की खुदाई करनी होगी।[12] इन अध्ययनों के अनुसार 54 फ़ीसदी भारत 'अधिक' से 'अत्यधिक' जल संकट का सामना करता है और उत्तर भारत में तो भूजल स्तर की स्थिति, पृथ्वी पर सबसे अधिक संकटमय है।[13] थोक में कृषि अनुवृत्तियाँ देने से औसत से बहुल स्वामित्व वाले किसान, जो बाज़ार मूल्य का भुगतान कर सकते हैं, लाभ उन्हीं तक पहुँच पाता है, कृषि में सबसे निचले स्तर के ग़रीब और भूमिहीन मज़दूरों को ऐसी नीतियों से न्यूनतम लाभ अथवा कुछ भी प्राप्त नहीं हो पाता। 2015 का आर्थिक

सर्वेक्षण, इन गुमराह अनुवृत्तियों की आगे पड़ताल करता है, उदाहरण के लिए उर्वरक अनुवृत्तियाँ, काफ़ी हद तक उपभोक्ताओं की बजाय निर्माताओं को लाभ पहुँचाती हैं। 20 फ़ीसदी सबसे ग़रीब भारतीय, अपने समकक्ष अमीरों की तुलना में कहीं कमतर बिजली का उपयोग करते हैं और निजी नलों के लिए थोक में जल अनुवृत्तियाँ आबंटित की जाती हैं, जबकि सार्वजनिक नल, जिनसे अधिकतर ग़रीब परिवार पानी भरते हैं, बिना अनुवृत्ति के रह जाते हैं।[14]

कृषि उपज भी कृत्रिम रूप से आपूर्ति और माँग के सामान्य बाज़ार नियमों से अछूती रहती है। सरकार एक निश्चित मूल्य पर अनाज ख़रीदती है, किसान को लाभान्वित करके, बाकि सबके लिए लागत बढ़ा देती है। पिछली सरकार ने एक चौंकाने वाला बजट 1900 करोड़ डॉलर (100000 करोड़ रुपये से अधिक), अपने पूरी अनुवृत्ति खर्च का लगभग आधी कीमत के अंतर पर बन्द किया था।[15] जब किसानों को चावल और गेहूं जैसी फ़सलों के लिए समर्थन मूल्य दिया जाता है, वे अन्य, गैर-समर्थित फ़सलों की छोड़ इन्हीं की खेती में अधिक दिलचस्पी लेने लगते हैं। कृषि का स्वरूप विषम हो जाता है, माँग और आपूर्ति के समीकरण बिगड़ने लगते हैं, परिणामस्वरूप मुद्रास्फीति को बढ़ावा मिलता है।

जब यह बन्द प्रणाली खुले बाज़ार से मिलती है, परिणाम गम्भीर हो सकते हैं। जो किसान अपनी उपज के लिए एक निश्चित मूल्य प्राप्त किया करते थे, वे खुले बाज़ार की अनियमितता से निपटने के लिए पूरी तरह तैयार नहीं। जमाखोरी को रोकने और मुद्रास्फीति नियंत्रण के लिए बनी सरकारी नीतियाँ उन्हें और अशक्त बना रही हैं, जैसे निर्यात पर प्रतिबंध लगा कर, किसानों को उनके उत्पाद निजी ख़रीददारों को प्रत्यक्ष बेचने से रोकना। खाद्य सामग्री और सब्ज़ियों की बढ़ती कीमत एक बारहमासी पीड़ादायक समस्या है, और सरकारों को धराशायी करने में तुच्छ प्याज़ की कीमत का रणनाद प्रभावी हो चुका है। हमारी कृषि नीतियों की विफलता का एक दुःखद प्रमाण है कि आजकल फ़सलों के नुकसान, ऋण और सरासर हताशा के कारण किसानों द्वारा आत्महत्या के मामले लगातार सुर्खियों में हैं।

ईंधन अनुवृत्तियों के मामले में विकृत प्रलोभन भली भाँति कार्य करते हैं। पेट्रोल और डीज़ल अनुवृत्तियाँ अभी हाल ही में बन्द की गईं हैं, लेकिन उनके प्रभाव दीर्घकाल तक जारी रहेंगे। अमरीका में मात्र 3.2 प्रतिशत की तुलना में, 2014-15 वित्त वर्ष के दौरान भारत में बेचे गये डीज़ल चालित 53 प्रतिशत यात्री वाहनों की बदौलत, चरम काल के दौरान पेट्रोल की तुलना में डीज़ल कहीं अधिक 32 प्रतिशत तक सस्ता था।[16] भारत में डीज़ल द्वारा चालित लक्जरी मर्सिडीज सेडान दिखना, अभी भी आम बात है। ठीक वैसे ही जैसे किसी रेस्तरां के बाहर खड़े वाहन

पर कर्मचारी द्वारा, घरेलू एलपीजी के एक के बाद एक सिलेंडर नीचे उतारने का दृश्य एक आम बात है, बेशक, वे सिलेंडर अवैध रूप से प्राप्त किये होंगे, क्योंकि घरेलू एलपीजी पर अनुवृत्ति दी जाती है जबकि व्यावसायिक एलपीजी पर कोई अनुवृत्ति नहीं दी जाती। उसी घरेलू एलपीजी से ऑटोरिक्शा भी चलाया जाता है, क्योंकि ऑटोरिक्शा की एलपीजी पर भी रियायत नहीं दी जाती। इन ख़ामियों का लाभ उठाते हुए बहुत सा पैसा बनाया जा सकता है; एक अनुमान के अनुसार, सभी घरेलू एलपीजी उपभोक्ताओं में 37 फ़ीसदी 'अदृश्य' हैं, ख़रीदारों और वितरकों द्वारा बनाये गये फ़र्ज़ी खाते हैं।[17]

सस्ते ईंधन के रूप में ग़रीबों को अनुवृत्ति प्राप्त मिट्टी का तेल दिया जाता है। दुर्भाग्यवश, इसने 'मिट्टी तेल माफ़िया' को भी जन्म दिया है, जो अवैध रूप से रियायती दर पर मिट्टी का तेल ख़रीद कर, फिर उसे कहीं अधिक दामों में काले बाज़ार में बेच देते हैं। यह माफ़िया इतना शक्तिशाली और मज़बूत है कि जब मालेगाँव, महाराष्ट्र के ऑडिशनल कलेक्टर (अतिरिक्त कलेक्टर), यशवंत सोनवणे ने कथित तौर पर एक स्थानीय बदमाश को टैंकर से मिट्टी का तेल चोरी करने से रोकना चाहा, तो वही मिट्टी का तेल उस पर छिड़क कर उसे जला कर मार दिया गया।[18] इससे पहले, 2005 में भारतीय तेल निगम के एक प्रबन्धक, षण्मुगम मंजुनाथ ने लखनऊ के पास एक पेट्रोल पंप द्वारा ईंधन में अनुवृत्ति प्राप्त मिट्टी का तेल मिला कर बेचने के जुर्म में उसे सील करने का आदेश दिया; तो पेट्रोल पंप मालिक ने प्रतिशोध में मंजुनाथ की हत्या कर दी।[19] इन घटनाओं ने लोगों का ध्यान मिट्टी तेल माफ़िया की ओर खींचने में मदद की। मंजुनाथ की मौत एक फ़िल्म की प्रेरणा बनी, और वर्ष 2011-12 के बजट भाषण में, तत्कालीन वित्त मन्त्री प्रणव मुखर्जी ने, सोनवणे की हत्या का उल्लेख किया।

हालाँकि अपने शीर्षकाल के दौरान, ईंधन अनुवृत्ति ने भारतीय राजकोष पर 1500 करोड़ डॉलर का बोझ डाला, इस तरह के भारी जीवाश्म ईंधन उपयोग द्वारा पर्यावरण पर पड़ने वाले घातक प्रभाव इससे कहीं अधिक घातक और अत्यधिक चिंता का विषय हैं। अनुवृत्ति प्राप्त जीवाश्म ईंधन के वित्तीय और पर्यावरण प्रतिघातों को समझते हुए, जॉर्डन से ईरान तक, दुनिया भर की सरकारें, अनुवृत्तियों को घटा और ईंधन की कीमतों को बढ़ा रही हैं। अंतरराष्ट्रीय मुद्रा कोष (आईएमएफ) के अनुसंधान से पता चलता है कि अधिकतर ईंधन अनुवृत्तियाँ दिशाहीन होती हैं; ग़रीब देशों में केवल 7 फ़ीसदी अनुवृत्तियाँ सबसे ग़रीब 20 प्रतिशत परिवारों को जाती हैं, जबकि समाज की सबसे दौलतमंद 20 प्रतिशत आबादी अनुपातहीन 43 फ़ीसदी अनुवृत्तियों पर अधिकार जमा लेती हैं।[20] इन अनुवृत्तियों में पूरी तरह कटौती

का परिणाम वर्ष 2020 तक दुनिया भर में 5000 करोड़ डॉलर से अधिक की बचत के साथ-साथ वैश्विक कार्बन उत्सर्जन में 6 फ़ीसदी की गिरावट होगी।[21] जी-20 पिट्सबर्ग शिखर सम्मेलन द्वारा ईंधन अनुवृत्ति को समाप्त करने का एक और प्रोत्साहन मिला।[22] जी-20 देश–एक समूह जिसमें भारत शामिल है, द्वारा जारी एक घोषणा में उन 'अयोग्य जीवाश्म ईंधन अनुवृत्तियों' को चरणबद्ध तरीके से समाप्त करने का वादा किया गया, 'जो फ़ालतू खपत को प्रोत्साहित और हमारी ऊर्जा सुरक्षा को कम करती हैं, स्वच्छ ऊर्जा स्रोतों के निवेश में बाधा और जलवायु परिवर्तन के खतरे से निपटने के प्रयासों को कमज़ोर बनाती हैं।'

एक खंडित प्रणाली की मरम्मत के लिए महा गोंद के रूप में प्रौद्योगिकी

तेल, जूट, पशु चारा और कोयले से लेकर कार के पुर्जों तक सबको मिलाकर, केन्द्र सरकार वर्तमान में एक दर्जन से अधिक वस्तुओं पर अनुवृत्तियाँ प्रदान कर रही है; उस सूची में राज्य सरकारें अपनी ओर से भी कुछ जोड़ सकती हैं, और जोड़ती भी हैं। अनुवृत्तियों का यह गुलदस्ता सस्ता नहीं आता; बजट 2014 के अनुसार, केन्द्र सरकार ने अनुवृत्तियों पर, भारत के सकल घरेलू उत्पाद का 4 प्रतिशत से अधिक, लगभग 4,00,000 करोड़ रुपये खर्च करने का प्रस्ताव रखा था; जिसकी तुलना में देश का रक्षा बजट लगभग 2.5 प्रतिशत है।[23] किसी अर्थव्यवस्था द्वारा वहन करने के लिए यह बेहद भारी बोझ है।

विभिन्न वस्तुओं पर अलग-अलग तरीकों से रियायत दी जाती है। उदाहरण के लिए, ईंधन के मामले में, अनुवृत्तियाँ उत्पादन श्रृंखला के बिलकुल निचले स्तर से संचालित होती हैं, कच्चे माल की ख़रीद से शुरू होकर, उपभोक्ता पर जाकर समाप्त होती हैं। अनुवृत्ति बोझ अंततः सरकार द्वारा संचालित उद्यमों की ज़िम्मेदारी बन जाता है, और साल दर साल उन्हें भारी नुकसान से जूझने के लिए छोड़ देता है। दूसरी तरफ़ उर्वरक निर्माता, कच्चे माल और उत्पादन के लिए बाज़ार मूल्य पर भुगतान करते हैं, और बाद में उनके खर्चों की प्रतिपूर्ति सरकार द्वारा कर दी जाती है, सरकारी बैलेंस शीट (वित्तीय स्थिति विवरण) पर अतिरिक्त व्यय दिखाई देता है। क्योंकि कच्चे माल की कीमतें पिछले एक दशक में अधिक बढ़ गयी हैं, उसी के अनुसार बजटीय घाटा और सरकारी क़र्ज़ भी बढ़ गया है।

अधिकतर वस्तुओं की उत्पादन प्रक्रिया के आरम्भ में ही अनुवृत्तियाँ लागू कर दी जाती हैं, ताकि जब माल आपूर्ति श्रृंखला के माध्यम से आगे बढ़े तो उसकी कीमतें पहले से ही कम हों। व्यवहार में, इसका अर्थ यह है कि उपभोक्ता दो कीमतों पर

उत्पाद ख़रीद सकते हैं, या तो मानक बाज़ार दरों पर या सस्ती रियायती दरों पर। कीमत में यह अंतर, सुसंगठित गिरोह जैसे मिट्टी तेल माफ़िया की तरह, बड़े पैमाने पर शोषण करने के लिए तैयार माहौल देता है। साधारण व्यक्ति भी इन ख़ामियों का अच्छी तरह लाभ उठाते हैं; एक व्यवसायी प्रवृत्ति वाली नौकरानी, अपने गृह राज्य तमिलनाडु से रियायती दर पर चावल ख़रीदती है और बेंगलुरू में बाज़ार दर पर उसे बेच देती है, अपने लाभ का उपयोग, अपने बच्चों की पढ़ाई-लिखाई के लिए करती है। यह तो उन अनगिनत उदाहरण में से सिर्फ़ कुछ एक ही हैं जिनमें अनुवृत्ति व्यवस्था पूरी तरह निष्फल साबित हुई है और जिससे आर्थिक नुकसान हुआ है और जो वास्तव में तरक्की और विकास के लिए हतोत्साहित करने का काम कर रही है।

सरकार इन भारी अनुवृत्ति खर्चों का भुगतान कैसे करती है? ऐसा कर पाने के लिए इसकी क्षमता तीन कारकों पर निर्भर है: वस्तुओं का अंतरराष्ट्रीय बाज़ार मूल्य, राजस्व व क़र्ज़ द्वारा यह कितना पैसा उत्पन्न कर सकती है; और इसकी अनुवृत्ति प्रशासन दक्षता। पहला कारण काफ़ी हद तक सरकारी नियंत्रण से बाहर है—कच्चे माल के लिए बाज़ार दर का भुगतान करने के अलावा इसके पास और कोई विकल्प नहीं है। दूसरा पहलू, देश के खज़ाने की स्थिति है, जो कि अर्थव्यवस्था पर निर्भर करती है। व्यय के लिए अधिक राजस्व उत्पन्न करने के उद्देश्य से हम करों में वृद्धि कर सकते हैं, लेकिन यदि करों का बोझ बहुत अधिक हो जाये तो इस दृष्टिकोण से आर्थिक गतिविधि का दम घुटने का ख़तरा रहता है। वास्तव में सामाजिक तौर पर नियंत्रण को प्रभावी बनाने का एकमात्र साधन है हम अनुवृत्तियों का भुगतान करें।

सफ़ाई के लिए पहला कदम यह समझना होगा कि हमारी अनुवृत्तियाँ, प्रणाली में एक गलत स्तर पर काम करती हैं। निर्माताओं या अन्य बिचौलियों को अनुवृत्तियाँ प्रदान करने के बजाय, इन्हें उपभोक्ता स्तर पर संचालित करने की आवश्यकता है। जैसे ही हम यह करते हैं, वस्तुओं की दोहरी मूल्य निर्धारण प्रणाली गायब हो जाएगी, दिशा परिवर्तन और धोखाधड़ी के सभी प्रलोभन समाप्त हो जायेंगे। इस तरह की एक प्रत्यक्ष लाभ हस्तांतरण प्रणाली के लाभ, साथ दिए चित्र में विस्तार से दर्शाये गये हैं।

तत्कालीन वित्त मन्त्री प्रणब मुखर्जी और नन्दन की अध्यक्षता में स्थापित एक टास्क फ़ोर्स (कार्यदल) का जनादेश था, रसोई गैस, मिट्टी का तेल और उर्वरकों पर अनुवृत्ति के लिए एक प्रत्यक्ष हस्तांतरण प्रणाली का विकास करना। 2011 में एक रिपोर्ट के रूप में टास्क फ़ोर्स ने अपनी सिफ़ारिशें जारी करते हुए,[24] अनुवृत्तियों को सही ढंग से, ज़रूरतमंदों को ही दिया जा रहा है, यह सुनिश्चित करने वाले एक तन्त्र की रूपरेखा तैयार की। वे कौन सी कुछ चुनौतियाँ थीं जिनसे पार पाना एक ऐसे तन्त्र को कामयाब बनाने के लिए ज़रूरी था? चोरी और धोखाधड़ी के अनेकों

अवसरों के अलावा, मौजूदा मॉडल उपभोक्ताओं द्वारा चयन की स्वतन्त्रता का हनन करता है। किन वस्तुओं पर अनुवृत्ति दी जानी है, और आप उन्हें कहाँ से ख़रीद सकते हैं इसका निर्णय सरकार लेती है, उदाहरण के लिए, रियायती गेहूं आपके इलाके की राशन की दुकान के अतिरिक्त और कहीं उपलब्ध नहीं होगा, जिसकी वजह से अनायास ही एकाधिकार और भ्रष्ट उत्पादन जैसी स्थितियां पैदा होती हैं। एक आदर्श व्यवस्था लोगों को यह चयन करने की सुविधा देगी कि वे रियायती दर वस्तुओं का लाभ कब और कहाँ से उठाना चाहते हैं, फिर चाहे वह कोई वस्तु हो या फिर नकद हस्तांतरण। पिछले अध्याय में जिस 'आधार' भुगतान सेतु का ज़िक्र हमने किया था, आज वह सक्रिय रूप से एलपीजी अनुवृत्ति के साथ-साथ अन्य योजनाओं के वितरण के लिए भी देश भर में इस्तेमाल किया जा रहा है।

अनुवृत्ति सुधार लाने का सही समय अभी है। वैश्विक तेल की कम कीमतों के दूरगामी प्रभाव ने सरकार के अनुवृत्ति बिल को कम कर उसे सापेक्षिक स्थिरता की स्थिति में ला खड़ा किया है। देश में दो तिहाई से अधिक नागरिकों के पास पहले से ही 'आधार' संख्या है, और एलपीजी अनुवृत्ति प्रणाली इस बात का प्रमाण है कि प्रत्यक्ष लाभ हस्तांतरण वास्तव में काम करता है। परिवर्तन का विरोध और उपभोक्ता पर आर्थिक बोझ बढ़ाने की कम संभावना के चलते, भारतीय अर्थव्यवस्था के गले में बंधी चक्की के पाटों में फ़ेरबदल करने के लिए और कौन सा समय बेहतर हो सकता है।

सीमित सिलेंडर, करोड़ों की बचत

मध्यवर्गीय भारतीय अपना भोजन पकाने, और अधिक से अधिक अपने वाहनों को चलाने के लिए भी एलपीजी रसोई गैस पर निर्भर करते हैं। रियायती दर एलपीजी, सरकार द्वारा संचालित तेल विपणन कंपनियों (ओएमसी) के राष्ट्रीय वितरण नेटवर्क के माध्यम से उपलब्ध है, देश को जिसकी वार्षिक कीमत लगभग 24,000 करोड़ रुपये पड़ती है। घरेलू या व्यावसायिक उपयोग के आधार पर, यह ईंधन अलग-अलग रंग और आकार के सिलेंडरों में पैक आता है। वर्तमान उपयोग के आंकड़ों से संकेत मिलता है कि 12 करोड़ उपभोक्ता (परिवारों के हिसाब से मापा गया, न कि व्यक्तियों के) प्रति वर्ष, औसतन आठ सिलेंडरों का इस्तेमाल करते हैं। यह मानते हुए कि एक परिवार में लगभग चार लोग होते हैं, सालाना प्रतिव्यक्ति खपत, दो सिलेंडर प्रति व्यक्ति आती है। 2011 तक, कुल एलपीजी खपत में 89 प्रतिशत घरेलू इस्तेमाल था, जिसमें से 50 फ़ीसदी सबसे अधिक ग़रीब लोगों ने मात्र 25 प्रतिशत उपलब्ध रियायती रसोई गैस का इस्तेमाल किया।

अभी हाल तक, कोई व्यक्ति असीमित संख्या में रियायती दर वाले घरेलू एलपीजी सिलेंडर ख़रीद सकता था। परिणामस्वरूप, बड़ी तादाद में लोग इनकी ख़रीद कर, फिर इन्हें काले बाज़ार में खुले बाज़ार मूल्य पर बेच देते थे, बदले में वे ख़ुद एक आकर्षक लाभ कमा कर, सरकारी खज़ाने को चूना लगा रहे थे। दलाल ख़ुद ही अदृश्य उपभोक्ता और सिलेंडर पहुँचाने वाला बन कर, किसी उपभोक्ता के नाम पर सिलेंडरों की झूठी बुकिंग करवा लेते थे ताकि वे घरेलू सिलेंडरों को व्यावसायिक इस्तेमाल के लिए बेच सकें। इस खंड में दिया गया आरेख दर्शाने के साथ-साथ कि मूल एलपीजी अनुवृत्ति कैसे काम करती थी, उन अनेक तरीकों की रूपरेखा भी बनाता है जिनसे इस प्रणाली को नष्ट किया जा सकता है।

इस ढुलमुल एलपीजी अनुवृत्ति प्रणाली को दरकिनार करने के लिए, टास्क फ़ोर्स ने एक बहुचरण समाधान की सिफ़ारिश की थी। पहला चरण एक 'पारदर्शी पोर्टल' (वेबसाइट जो किसी व्यवसाय, संस्था आदि के लिए प्रवेश द्वार या मुख्य प्रवेश बिंदु के रूप में कार्य करती है) का निर्माण करना था, जहाँ प्रत्येक उपभोक्ता की रसोई गैस खपत का विवरण ऑनलाइन उपलब्ध किया गया, जिसका संचालन सूचना के अधिकार कानून की छत्रछाया में हो रहा था।[25] शुरू-शुरू में तेल कम्पनियाँ इसका पालन करने में संकोच कर रही थीं, लेकिन सरकार की ओर से कुछ दबाव ने इसे सुनिश्चित कर दिया और आखिरकार इस तरह के ऑनलाइन पोर्टल का निर्माण किया गया। प्रमुख राजनेताओं और उद्योगपतियों को बेईमानी द्वारा अधिक अनुपात में सिलेंडर लेते पाया गया, एक राजनीतिज्ञ के बारे में पता चला कि वे एक वर्ष में 240 सिलेंडरों यानि हर डेढ़ दिन में एक सिलेंडर ले रहे थे, केन्द्र सरकार को सिर्फ़ अनुवृत्तियों में ही लगभग 1,00,000 रुपये की लागत आ रही थी।[26] मीडिया ने इन घटनाओं पर प्रकाश डाला, परिणामस्वरूप एलपीजी अनुवृत्ति सुधार की आग की लपटों को जनता के आक्रोश ने और हवा दे दी।

टास्क फ़ोर्स का दूसरा प्रस्ताव, एक ग्राहक द्वारा उसके सिलेंडरों की वार्षिक संख्या आवेदन को सीमित करना था। शुरू में इसकी सीमा छः तय की गयी थी, बाद में सीमा संशोधन में इसे नौ किया गया। ग्राहकों को उनकी 'आधार' संख्या विवरण जमा करने का भी आग्रह किया गया, ताकि उनकी पहचान सत्यापित की जा सके। ग्राहकों की 'आधार' संख्या को उनके एलपीजी कनेक्शन के साथ जोड़ने से अदृश्य और नकली उपभोक्ताओं को प्रणाली से उखाड़ फेंका जा सकता था; सीमित सिलेंडरों का मतलब है कि ग्राहक ख़ुद अपने द्वारा इस्तेमाल हो रहे सिलेंडरों पर कड़ी नज़र रख सकेंगे, धोखाधड़ी का सफ़ाया और अच्छी तरह होगा। अंतरराष्ट्रीय सतत् विकास संस्थान द्वारा किये एक अध्ययन में यह बताया गया कि सालाना प्रति

परिवार आठ सिलेंडरों की सीमा निर्धारण से, लगभग 4000 करोड़ रुपये से अधिक बचत अर्थात् पूरे अनुवृत्ति खर्च का छठा हिस्सा बचत होती है।[27]

टास्क फ़ोर्स की तीसरी सिफ़ारिश, रसोई गैस के लिए एक एकल बाज़ार मूल्य निर्धारित करने और अनुवृत्ति की राशि सीधे लाभार्थी के बैंक खाते में हस्तांतरित करने की थी। 2011-12 में, हालाँकि भारत की तीन तेल विपणन कंपनियों का संयुक्त कारोबार 8 लाख करोड़ रुपये था, जिसमें उनका मुनाफ़ा मात्र 617 करोड़ रुपये अथवा उनके कुल कारोबार का 0.7 फ़ीसदी ही था, यानि यह एक चरमराता हुआ व्यापार मॉडल था। अनुवृत्ति लाभ का प्रत्यक्ष हस्तांतरण, घाटे में चल रही तेल विपणन कंपनियों को लाभदायक संस्थानों में तब्दील कर सकता है, क्योंकि अब उन्हें नुकसान के रूप में अपनी बैलेंस शीट में अनुवृत्ति लागत को नहीं दिखाना पड़ता। अंततः, अनुवृत्ति को आपूर्ति शृंखला से बाहर निकाल कर और उसे सीधे उपभोक्ता को देने से, इस विशाल बाज़ार में नयी संस्थाओं के प्रवेश के लिए मार्ग खुलेगा। उपभोक्ताओं को उच्च सेवा गुणवत्ता, प्रतिस्पर्धी मूल्य निर्धारण, और नवीनता का लाभ प्राप्त होगा; उदाहरण के लिए, सम्भव है कि नए खिलाड़ी वर्तमान में प्रचलित लोहे के सिलेंडरों की तुलना में हल्की मिश्रित सामग्री से बने सस्ते सिलेंडरों की पेशकश करें।

टास्क फ़ोर्स की अंतिम सिफ़ारिश, रसोई गैस को एक लक्षित अनुवृत्ति में परिवर्तित करने की थी। फ़िलहाल, रियायती रसोई गैस पर सबका अधिकार है, फिर चाहे किसी को उसकी आवश्यकता हो या न हो। रसोई गैस के लिए जो लोग बाज़ार मूल्य का भुगतान नहीं कर सकते, सिर्फ़ उन्हीं तक अनुवृत्ति सीमित रखने से, सरकार सम्भवतः काफ़ी मात्रा में धन बचा सकती है, जिसे अन्य प्रयोजनों के लिए इस्तेमाल किया जा सकता है, वर्तमान सरकार द्वारा शुरू किया गया 'गिव इट अप' अभियान गवाह है, जिन लोगों को रियायती दर रसोई गैस की आवश्यकता नहीं थी, देश कल्याण के लिए उनसे, इसे छोड़ देने का आह्वान किया जा रहा है। इस प्रकार की सही व्यवस्था केवल प्रत्यक्ष हस्तांतरण प्रणाली द्वारा ही सम्भव है।

एलपीजी अनुवृत्ति के लिए 'आधार' आधारित प्रत्यक्ष हस्तांतरण मॉडल को लागू करने का काम पहले से ही चल रहा है; इसका प्रारम्भिक आवंटन जून 2013 में शुरू हुआ, जिसमें भारत के दस अलग-अलग राज्यों के अठारह जिलों को शामिल किया गया।[28] राष्ट्रव्यापी स्तर पर इसे 1 जनवरी 2015 को आरम्भ किया गया, और अब इसमें 12 करोड़ ग्राहक शामिल हो चुके हैं। एक अनुमान के अनुसार लगभग 3.3 करोड़ एलपीजी कनेक्शन नकली या कटे हुए थे, और 10 लाख अतिरिक्त ग्राहकों ने स्वेच्छा से अनुवृत्ति लेना बन्द कर दिया। देश के मुख्य आर्थिक सलाहकार,

अरविंद सुब्रमण्यम ने कहा था कि वर्ष 2014-15 में 12.7 करोड़ रुपये तक की बचत हो सकती है, जबकि 2015-16 में, तेल की कीमतें कम होने के कारण, इसके 6500 करोड़ रुपये[29] तक होने की उम्मीद की गयी थी।

इस प्रणाली के तहत ग्राहक एक रसोई गैस सिलेंडर के लिए बाज़ार मूल्य का पूरा भुगतान करते हैं। जैसे ही सिलेंडर उन तक पहुँच जाता है, एपीबी के उपयोग द्वारा, अनुवृत्ति ग्राहक के बैंक खाते में हस्तांतरित कर दी जाती है। आगे दर्शाये गये आरेख में अधिक से अधिक विस्तार के साथ नयी एलपीजी अनुवृत्ति संरचना को समझाया गया है।

जिन लोगों को अनुवृत्ति की आवश्यकता नहीं है, वे बस योजना में शामिल नहीं होते हैं। उन उपभोक्ताओं का धन्यवाद, जिन्होंने सितंबर 2013 और फरवरी 2014 के बीच, छः महीनों की अवधि में, इसमें शामिल न होने का निर्णय लिया, जिससे लगभग 400 करोड़ रुपये की बचत हुई। घरेलू एलपीजी, परम्परागत रूप से जिसकी सालाना खपत में 6-8 प्रतिशत की वृद्धि होती थी, पहली बार उसमें 18 प्रतिशत की कमी देखने को मिली। 600,000 से अधिक डुप्लीकेट कनेक्शनों का पता लगाया गया; जिन्हें हटाने से 193 करोड़ रुपये की अनुमानित वार्षिक बचत होगी। कुल मिलाकर, प्रत्यक्ष हस्तांतरण प्रणाली के साथ-साथ सिलेंडर संख्या पर नियंत्रण के द्वारा सरकारी खज़ाने के लिए 6500 करोड़ रुपये की वार्षिक बचत का लक्ष्य स्थापित किया गया था।

2014 के लोकसभा चुनावों से पहले, इस योजना को सरकार ने निलंबित कर दिया था, तब इसने अपने प्रभाव का अध्ययन करने के लिए एक समिति का गठन किया। धांडे समिति ने प्रत्यक्ष लाभ प्रणाली की प्रभावशीलता का अध्ययन किया, और इसे अधिक उपभोक्ता अनुकूल बनाने के लिए कुछ मामूली फ़ेरबदल के साथ, इसे फिर से आरंभ करने की पुरज़ोर सिफ़ारिश की।[30] अब 'पहल (PaHaL)' के रूप में (प्रत्यक्ष हस्तांतरित लाभ, या डायरेक्ट बेनिफिट ट्रान्सफर), प्रत्यक्ष हस्तांतरण योजना को अखिल भारतीय स्तर पर, 1 जनवरी 2015 को पुनः आरंभ किया गया। प्रधानमन्त्री नरेंद्र मोदी ने टिप्पणी करते हुए कहा कि, " 'पहल' योजना, से काला बाज़ारी का सफ़ाया होगा और अनुवृत्तियाँ अधिक लोगों तक प्रभावी ढंग से पहुँचेंगी। राष्ट्र निर्माण में इसकी भूमिका महत्त्वपूर्ण है।"[31] इन प्रयासों की बदौलत, पहली बार भारत भर में, तीन हाइड्रोकार्बन-पेट्रोल, डीजल और रसोई गैस' की बिक्री बाज़ार मूल्य पर की गयी।

एलपीजी अनुवृत्ति की समस्याएँ

घरेलू रसोई गैस पर उत्पादकों के लिए सरकार प्रत्यक्ष अनुवृत्ति देती है।

तेल विपणन कंपनी (ओएमसी) वितरकों को रसोई गैस सिलेंडरों की आपूर्ति रियायती दर पर करती है।

पुरानी व्यवस्था

वितरक ग्राहकों को रियायती दर पर सिलेंडरों का आवंटन करते हैं।

दिशा परिवर्तन करने के लिए वितरण करने वाले व्यक्ति के पास एक प्रलोभन है।

ग्राहक रियायती दर पर रसोई गैस सिलेंडर ख़रीदता है।

समस्याएँ

उत्पादक वित्तीय बोझ का सामना करते हैं और गुणवत्ता की बजाय अनुवृत्ति को बचाने पर ध्यान केंद्रित करते हैं।

शीघ्र मुनाफ़े के चक्कर में वितरक रियायती माल को हड़प लेते हैं/शीघ्र मुनाफ़ा कमाने के लिए वितरक रियायती माल की दिशा परिवर्तित कर देते हैं।

उपभोक्ता अनुवृत्ति वाली वस्तुओं के अत्यधिक प्रयोग करते हैं, जो कमी का कारण बनता है।

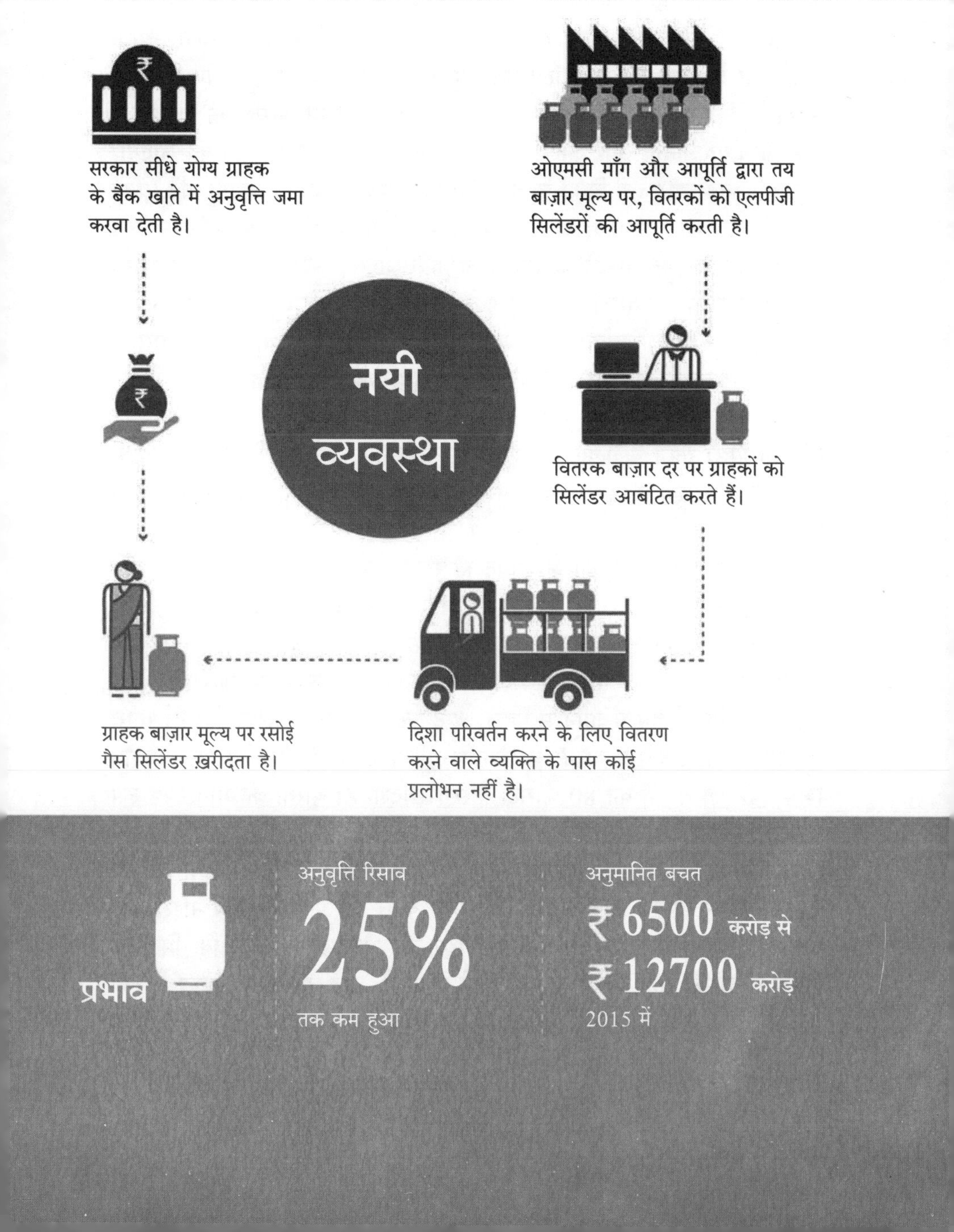
सरकार सीधे योग्य ग्राहक के बैंक खाते में अनुवृत्ति जमा करवा देती है।
ओएमसी माँग और आपूर्ति द्वारा तय बाज़ार मूल्य पर, वितरकों को एलपीजी सिलेंडरों की आपूर्ति करती है।
नयी व्यवस्था
वितरक बाज़ार दर पर ग्राहकों को सिलेंडर आबंटित करते हैं।
ग्राहक बाज़ार मूल्य पर रसोई गैस सिलेंडर ख़रीदता है।
दिशा परिवर्तन करने के लिए वितरण करने वाले व्यक्ति के पास कोई प्रलोभन नहीं है।
प्रभाव
अनुवृत्ति रिसाव
25%
तक कम हुआ
अनुमानित बचत
₹ 6500 करोड़ से
₹ 12700 करोड़
2015 में

कृषि को प्रोत्साहन, पर्यावरण का बचाव

ज़मीनी स्तर पर उर्वरक अनुवृत्ति कैसे काम करती है इसकी प्रत्यक्ष जानकारी लेने के लिए विरल ने, वडोदरा स्थित यूरिया विनिर्माण संयंत्र, गुजरात स्टेट फर्टिलाइजर्स एंड केमिकल्स लिमिटेड (जीएसएफसी) का दौरा किया, कोई हैरानी की बात नहीं कि यह प्रक्रिया अविश्वसनीय रूप से जटिल और बोझिल साबित हुई। सरकार उर्वरक निर्माताओं के साथ बैठ कर, दिए गये वर्ष के लिए एक अनुमानित माँग निर्धारित करती है, फिर यह एक 'संचालन योजना' बनाती है, जिसमें उर्वरक को देश भर में कैसे पहुँचाया जायेगा और जीएसएफसी को माल गाड़ियाँ कैसे प्रदान की जाएँगी, इसका विस्तृत ब्यौरा तय किया जाता है। भाड़े में रियायत तभी दी जाएगी यदि संस्था सरकारी परिवहन योजना में अटकती है। निर्माण लागत की गणना करने के लिए सरकार द्वारा स्वीकृत तरीकों को इस्तेमाल किया जाएगा, और सरकार जीएसएफसी को उस राशि और रियायती खुदरा मूल्य के बीच के अंतर की भरपाई करेगी। अंतिम बिक्री मूल्य का निर्धारण कानून के एक खंड द्वारा किया जाता था, जिसमें तिरानवे अलग-अलग दर्जे की रासायनिक खाद की अनुवृत्तियों का उल्लेख था। भरपाई की प्रक्रिया जटिल और अधिक समय लेने वाली थी, इसलिए हर कारख़ाने में अपने पैसे का पीछा करने के लिए एक एकाउंटेंट सेना तैनात की जाती थी; सरकार में भी उतनी ही संख्या में, इन भुगतानों पर नज़र रखने वाले कुशाग्रबुद्धि कर्मचारी काम पर लगाये जाते थे।

ऐसी घिसी-पिटी प्रणाली से शायद ही सुचारू ढंग से काम करने की उम्मीद की जा सकती थी। देश भर के किसान लगातार उर्वरक, विशेष रूप से यूरिया, की कमी की शिकायत करते हैं। वडोदरा के करीब एक गाँव में उर्वरक दुकानदार से बात करने पर विरल को पता चला, माँग इतनी अधिक है कि जैसे ही यूरिया आता है, लोग गोदाम में आने से पहले, बन्द ट्रक में ही माल ख़रीद लेते हैं। भारत के लगभग आधे उर्वरक बाज़ार का निर्माण यूरिया करता है, वितरित और उपयोग किये गये कुल यूरिया का 80 फ़ीसदी हिस्सा स्वदेशी है। यूरिया की माँग स्पष्ट रूप से इस तथ्य पर आधारित है कि यह सस्ता है, अन्य, गैर-रियायती उर्वरकों, जैसे डियाम्मोनियम फॉस्फेट की आपूर्ति प्रचुर मात्रा में होती है, लेकिन महंगा होने के कारण किसान इसका उपयोग करने से परहेज़ करते हैं। अपने खेतों में नाइट्रोजन-आधारित यूरिया डाल रहे किसान इस तथ्य की अनदेखी करते हैं कि मिट्टी के पोषक तत्वों को सही मिश्रण में प्राप्त करने के लिए, उन्हें उर्वरक की अन्य किस्मों को भी अपने कृषि साधनों में शामिल करना चाहिए। अन्य प्रकार के पोषक तत्वों

से सम्बन्धित नाइट्रोजन-आधारित उर्वरकों के बहुत अधिक प्रयोग के बारे में बोलते हुए, भारतीय अन्तरराष्ट्रीय आर्थिक सम्बन्ध अनुसंधान परिषद के अशोक गुलाटी कहते हैं कि "इस प्रकार का अनुपात एक आपदा है। यह भारत को उत्पादन के उस स्तर पर पहुँचने से रोक रहा है जिस स्तर तक संकरित जाति के बीज उपज पैदा करने की क्षमता रखते हैं।"

उर्वरक उद्योग बहुत बड़ी मात्रा में वैश्विक बाज़ार की कीमतों और सरकार की राजकोषीय स्थिति पर निर्भर करता है, एक निर्भरता जो अनिश्चितता और बेचैनी को जन्म देती है। अक्सर अनजाने में अनुवृत्ति द्वारा निर्मित वित्तीय हतोत्साहन प्रगति में बाधा पहुँचाते हैं। यूरिया का ही मामला लीजिये, जिसका निर्माण या तो मिट्टी के तेल (पेट्रोलियम से प्राप्त) का उपयोग कर या फिर प्राकृतिक गैस पर आधारित एक नयी और सस्ती प्रक्रिया के माध्यम से किया जा सकता है। अपर्याप्त प्राकृतिक गैस के बुनियादी ढाँचे की बदौलत, दक्षिण भारत के कारख़ाने अभी भी मिट्टी के तेल पर आधारित पुरानी प्रक्रिया का ही उपयोग करते हैं। क्योंकि यह अधिक महंगा है, इसलिए निर्माताओं को अधिक अनुवृत्ति प्राप्त होती है, वैकल्पिक निर्माण प्रक्रियाओं या प्राकृतिक गैस कनेक्शन की ओर रुख करने के लिए उनके पास प्रलोभन बहुत कम है।

वे निर्माता जो प्राकृतिक गैस का उपयोग करते हैं, सभी संसाधनों पर पहला दावा करते हैं, अन्य उद्योगों के लिए इस उपलब्धता में बाधा पहुँचाते हैं। जब कृष्णा-गोदावरी जलाशय में प्राकृतिक गैस उत्पादन कम होने लगा, यूरिया निर्माण के लिए निर्धारित आपूर्ति पर इसका कोई प्रभाव नहीं पड़ा जबकि अन्य उद्योगों को इसकी खपत में कमी करके या बिना इसके ही गुज़ारा करना पड़ा। प्राकृतिक गैस कीमतों में उतार-चढ़ाव की तुलना में यूरिया उत्पादन की लागत में सामंजस्य की कोशिश का परिणाम वित्तीय प्रवाह की अचल स्थिति था, यहाँ तक कि उर्वरक क्षेत्र में सरकार द्वारा या उद्योग द्वारा कोई नया निवेश नहीं किया गया।

उर्वरक अनुवृत्तियों ने कृषि उत्पादकता की एक सतत् बुनियाद को बनाए रखते हुए खाद्य सुरक्षा सुनिश्चित करने में मदद की है। हालाँकि हमने देखा है कि कृत्रिम रूप से कम की गयीं कीमतें, उर्वरक दुरुपयोग, मिट्टी की गुणवत्ता और फ़सल पैदावार में गिरावट के दुष्चक्र को जन्म देती हैं। 2014-15 में जिन निर्माताओं ने सरकार को लगभग 73,000 करोड़ रुपये बजट जैसे एक अत्यधिक महंगे अनुवृत्ति बिल की सौगात दी है, उनकी तुलना में किसानों की ज़रूरतों को संतुलित करने की कोशिश कर रहे हैं। उत्पादन सुधार के लिए किसी भी प्रोत्साहन के अभाव में सम्पूर्ण उर्वरक उद्योग गतिहीन हो जाता है, कृषि उत्पादकता अन्धाधुन्ध और असंतुलित उर्वरक उपयोग की बदौलत कमज़ोर हो जाती है।[32]

इन सभी चिंताओं पर ध्यान देते हुए, टास्क फ़ोर्स ने प्रत्यक्ष अनुवृत्ति हस्तांतरण को लेकर सिफ़ारिशों की एक शृंखला बनाई। रसोई गैस मामले की तरह, टास्क फ़ोर्स ने उर्वरक पारदर्शिता पोर्टल के निर्माण और उसके कार्यान्वयन की सिफ़ारिश की, किसान जिसका उपयोग माल की उपलब्धता का पता लगाने के लिए कर सकते हैं। उर्वरकों के प्रयोग की समयसीमा छोटी होती है; उर्वरकों की ख़रीद के लिए कभी-कभी किसानों को कई-कई दिन कतार में लगना पड़ता है, फिर भी हो सकता है कि उन्हें पर्याप्त आपूर्ति प्राप्त न हो, जैसा कि हमने कृपा शंकर के मामले में देखा था। एक पारदर्शिता पोर्टल, लंबी कतारों और प्रतीक्षा अवधि को समाप्त कर बेहतर योजना बनाने की सुविधा देगा ताकि फ़सल का स्वास्थ्य अप्रभावित रहे। दूसरी सिफ़ारिश, पहले खुदरा विक्रेताओं को, और बाद में प्रत्यक्ष हस्तांतरण मॉडल का उपयोग करते हुए किसानों के लिए बाज़ार मूल्य पर उर्वरकों की बिक्री की थी।

खाद्य पदार्थ और ईंधन—बुनियादी ज़रूरतें

2006 में, मैसूर शहर के एक झुग्गी-बस्ती वाले इलाके मंजुनाथपुर की सिथाम्मा खाना पकाने का ईंधन प्राप्त करने की आशा में प्रातः चार बजे उठती थी। ईंधन का ख़ाली डिब्बा उठाये यादवगिरी स्थित सार्वजनिक वितरण दुकान (पीडीएस) तक चल के जाती थी, जो दो किलोमीटर की दूरी पर है और मिट्टी के तेल की गाड़ी आने तक वह चार से पाँच घंटे प्रतीक्षा करती थी। स्कूली बच्चों सहित कई अन्य लोगों वाली उस लम्बी कतार में वह शामिल हो जाती थी। इतनी लम्बी प्रतीक्षा के बाद भी, हो सकता है कि उसे उसका 6 लीटर (8 लीटर से घटा कर कम किया गया) मिट्टी के तेल का मासिक कोटा न मिलता, क्योंकि मिट्टी के तेल की गाड़ी आयी ही नहीं। आने वाले दिनों में, जब तक मिट्टी के तेल की गाड़ी आ नहीं जाती, तब तक वह इसी दिनचर्या का पालन करेगी। कई बार, पीडीएस मिट्टी का तेल 9 रुपये प्रति लीटर पर बेचा गया था, जबकि काले बाज़ार में पीडीएस मिट्टी का तेल 35 रुपये प्रति लीटर के हिसाब से उपलब्ध था।

2010 में अन्तरराष्ट्रीय सतत् विकास संस्थान द्वारा किये गये एक अध्ययन में सिथाम्मा की कहानी दर्ज की गयी, जिसमें मिट्टी के तेल की अनुवृत्ति सुधार में भारत के प्रयासों की जाँच की गयी थी।[33] रसोई गैस ख़रीदने में असमर्थ ग़रीब लोगों के लिए सस्ता घरेलू ईंधन उपलब्ध कराने के भारत सरकार के प्रयासों को बाधित करने वाली कई समस्याओं का एक यह उत्कृष्ट उदाहरण है। ग़रीबी रेखा से नीचे रहने वाले लोगों को रियायती दर पर मिट्टी के तेल की आपूर्ति द्वारा, भारत सरकार

विश्व तेल कीमतों के उतार–चढ़ाव से उपभोक्ताओं को प्रभावी ढंग से बचा लेती है। उदाहरण के लिए, विश्व तेल कीमतों में वृद्धि की बदौलत, मिट्टी के तेल की अनुवृत्ति 2011 में प्रति लीटर 17 रुपये से छलांग लगा कर 2012 में 28 रुपये हो गयी थी; ग्राहक को कभी इस अंतर का आभास तक नहीं हुआ क्योंकि रियायती मूल्य जस के तस बने रहे; परिणामस्वरूप, पूरा वित्तीय बोझ सरकार पर आन पड़ा था। 2013–14 में, देश में मिट्टी के तेल का अनुवृत्ति बिल 30,000 करोड़ रुपये से अधिक था।

हालाँकि मिट्टी के तेल की अनुवृत्ति लागत को केन्द्र सरकार ने वहन किया, सार्वजनिक वितरण प्रणाली जिसने वास्तव में उपभोक्ताओं को मिट्टी के तेल की आपूर्ति की, उसका प्रबन्ध राज्य द्वारा किया गया था। क्योंकि आपूर्तिकर्ता से उपभोक्ता तक पहुँचने के लिए, अनुवृत्ति प्राप्त मिट्टी का तेल, अनेक सरकारी स्तरों के माध्यम से होकर गुज़रता है, जिसमें चोरी और मिलावट के अवसर साथ–साथ पैदा होते हैं। राष्ट्रीय व्यावहारिक आर्थिक अनुसंधान परिषद (एनसीएईआर) के एक ऐतिहासिक अध्ययन में पाया गया कि अनुवृत्ति प्राप्त मिट्टी के तेल की सम्पूर्ण मात्रा में से 38 प्रतिशत का सफ़र काले बाज़ार में जाकर पूरा होता है। एक अनुमान अनुसार, पीडीएस मिट्टी तेल वितरण नेटवर्क के भीतर हो रही चोरी की वित्तीय लागत 10,000 करोड़ रुपये आंकी गयी और प्रणाली की अक्षमता के एक और अभियोग में, देश में मिट्टी के तेल की खपत को पूरा करने के लिए, सार्वजनिक वितरण प्रणाली आवंटन में 41 प्रतिशत तक कमी करना पर्याप्त होगा।

बाज़ार मूल्य और रियायती कीमत में भारी विसंगति के कारण मिट्टी तेल माफ़ियाओं को पनपने के उचित अवसर मिलते हैं, जो अपने निजी मुनाफ़े के लिए इस मूल्य निर्धारण प्रणाली का शोषण करते हैं। इन अपराधियों को रोकने के एक प्रयास में, नीली डाई (रंग) को अनुवृत्ति प्राप्त मिट्टी के तेल में मिलाया गया था, ताकि व्यावसायिक इस्तेमाल में इसकी बिक्री न हो सके। हालाँकि, हुंडी कारोबार के लिए प्रलोभन इतना अधिक था कि वास्तव में लोगों ने डाई दूर करने वाले प्रसंस्करण संयंत्रों की स्थापना कर दी थी, ताकि आप रियायती और गैर–रियायती मिट्टी के तेल में अंतर न बता सकें। जिसके कारण यह योजना विफल हुई और आखिरकार डाई–मिश्रण कार्यक्रम रोक दिया गया। जोड़तोड़ के लिए और अधिक प्रलोभन इस वजह से पैदा होता है क्योंकि देश भर में मिट्टी के तेल पर अनुवृत्ति एकसमान नहीं है; ग़रीबी रेखा से नीचे (बीपीएल) कार्ड प्राप्त नयी दिल्ली का रहने वाला व्यक्ति 20 लीटर रियायती मूल्य का मिट्टी का तेल पाने का हक़दार है, जबकि बिहार में उसी व्यक्ति को महीने भर के लिए मात्र 3 लीटर मिट्टी का तेल मिल सकता है।

सार्वजनिक वितरण प्रणाली द्वारा रियायती दर पर खाद्यान्न की आपूर्ति भी समान रूप से प्रभावहीन है; चावल और गेहूं वितरण में चोरी से लगभग 20000 करोड़ रुपये की हानि होती है, जबकि पीडीएस नेटवर्क में पहुँचने वाला सारा गेहूं, आधे से अधिक चोरी में गायब कर दिया जाता है। सार्वजनिक वितरण प्रणाली को सुधारने के लिए जनता की इच्छा का प्रदर्शन छत्तीसगढ़ राज्य में बड़े पैमाने पर किया गया था, जहाँ राज्य में सार्वजनिक वितरण प्रणाली नेटवर्क में सुधार करने की पहल के दम पर मुख्यमन्त्री रमन सिंह ने एक-के-बाद-एक चुनाव जीते। सुधार पर किये गये एक और प्रयास में 2012 में, आंध्र प्रदेश के दो जिलों में, 'आधार' के द्वारा पीडीएस लाभार्थियों की पहचान सत्यापित करने की एक प्रायोगिक परियोजना शुरू की गयी थी। एक बार इस योजना के लागू होने पर, परिवारों को अपना भुगतान औसतन दस दिन जल्दी मिलने लगा। एक सरकारी रिपोर्ट के अनुसार, 'आधार' प्रमाणीकरण की शुरुआत में, बिना दावे की रसद सामग्री के संदर्भ में 10-12 प्रतिशत की बचत देखी गयी, ऐसे में एक राज्य-व्यापी वितरण द्वारा राज्य सरकार को 2400 करोड़ रुपये की बचत हो सकती है। 2014-15 की आर्थिक समीक्षा में इस बात की ओर ध्यान खींचा गया कि पीडीएस वितरण में रिसावों को बन्द करने से उत्पन्न हुई बचत इस कार्यक्रम को लागू करने की पूरी लागत से आठ गुना अधिक थी। आंध्र प्रदेश नागरिक आपूर्ति विभाग के आयुक्त हरप्रीत सिंह ने हवाला देते हुए कहा कि ''यह प्रणाली वास्तव में हमें दैनिक आधार पर दुकानों के स्तर पर माल की आवाजाही को मापने में मदद कर रही है। यह पूरी प्रक्रिया को इतनी पारदर्शी बना देती है कि किसी भी स्तर पर, कोई भी जानकारी छिपाने के लिए कोई गुंजाइश नहीं बचती।''[34] आंध्र प्रदेश में कृष्णा जिले का सम्पूर्ण पीडीएस वितरण नेटवर्क अब 'आधार' से जुड़े प्रमाणीकरण का इस्तेमाल करता है; मासिक 8 करोड़ रुपये तक की बचत होती है, इस योजना के क्रियान्वयन के लिए प्रेरित करने वाले डिस्ट्रिक्ट कलेक्टर (जिला कलेक्टर) ए.बाबू, कहते हैं कि ''यह प्रणाली मेरे जैसे व्यवस्थापक के लिए सबसे अच्छा उपहार है।''[35]

पीडीएस अनुवृत्ति सुधार के मामले में टास्क फ़ोर्स द्वारा दी गयीं सिफ़ारिशें, अन्य अनुवृत्तियों की तर्ज़ पर ही थीं। यह देखते हुए कि इसका प्रबन्ध केन्द्रीय और राज्य दोनों सरकारों के स्तर पर किया जाता है, पहली सिफ़ारिश, मिट्टी के तेल की अनुवृत्ति के लिए प्रत्यक्ष हस्तांतरण योजना को दो चरणों में शुरू करने की थी। पहले चरण में, राज्य सरकारें लाभार्थियों को नकद हस्तांतरण कर सकती हैं; दूसरे चरण में, भुगतान सीधे व्यक्ति के बैंक खाते में हस्तांतरित कर दिया जाएगा।

पीडीएस नेटवर्क का कायापलट करने के लिए अन्य कौन से कदम उठाये जा सकते हैं? सरकार द्वारा संगठित टास्क फ़ोर्स की तरफ़ पीडीएस के लिए एक आईटी

रणनीति का सुझाव आया था। प्रौद्योगिकी उपयोग की जाँच के लिए एक आधुनिक, कुशल पीडीएस का निर्माण करने के लिए, समिति ने एक पेशेवर कंपनी, पीडीएस नेटवर्क (पीडीएसएन) की स्थापना की सिफ़ारिश की, जो माल की ख़रीद से लेकर उपभोक्ताओं को आपूर्ति तक हर चीज़ का प्रबन्ध करेगा। पीडीएसएन के निर्माण की घोषणा 2012 के बजट भाषण में की गयी थी, लेकिन इस विचार को बढ़ावा देने वाले समर्थकों के अभाव में यह असफ़ल हो गया। देश के लगभग दो-तिहाई नागरिकों को सस्ता अनाज उपलब्ध कराने के लिए निर्मित किया गया खाद्य सुरक्षा अधिनियम, कानून में शामिल कर लिया गया है। पीडीएसएन संकल्पना 'एक ऐसी वितरण प्रणाली का निर्माण जो योग्य नागरिकों को लाभ पहुँचाती है, जबकि चोरी और धोखाधड़ी को रोकती है', को पुनर्जीवित करने का उपयुक्त समय आ गया है।

अंतर कम करना : भुगतान वितरण के लिए 'आधार' का उपयोग

अनुवृत्ति सुधार का कोई भी प्रयास तब तक सफ़ल नहीं हो सकता, जब तक यह प्रणाली की सबसे बुनियादी ख़ामियों में से एक 'लाभार्थियों की पहचान, एकसमान और विश्वसनीय तरीके की कमी' को सुलझा नहीं लिया जाता। 'आधार' की उपस्थिति ने, अब सरकार के हाथ में एक शक्तिशाली हथियार थमा दिया था, जो केवल उन्हीं लोगों को अनुवृत्ति वितरण की अनुमति देगा जिन्हें इसकी आवश्यकता है। 'आधार' एक और लाभ साथ लाया था: यह सरकारी तन्त्र के माध्यम से भुगतान के संचलन पर निगरानी रखने की सुविधा भी प्रदान कर सकेगा। इसे एक डाटाबेस निर्माण के लिए भी इस्तेमाल किया जा सकता है जो सारी अनुवृत्तियों को सभी 'आधार' धारकों से जोड़ेगा, ताकि आप यह देख सकें कि कोई व्यक्तिविशेष, कौन सी अनुवृत्तियों पर अपना अधिकार जता रहा है। इस प्रकार एक-दूसरे से जुड़ा डाटाबेस 'डाटा खनन और धोखाधड़ी' का पता लगाने की असाधारण संभावनाएँ प्रदान करता है। उदाहरण के लिए, यह निर्धारित करने के लिए कि उर्वरक संस्थाओं के भंडारों को देश में कब और कहाँ चारों ओर स्थानांतरित किया जाना चाहिए, उर्वरक अनुवृत्ति के रुझान का विश्लेषण किया जा सकता है। एक पेंशन प्राप्तकर्ता यदि मातृत्व लाभ का दावा करे, तो सम्भव है कि वह धोखाधड़ी की कोई घटना हो, जिसकी आगे जाँच होनी चाहिए। इस प्रकार की अंतर्दृष्टि में से कोई भी 'आधार' से जुड़े अनुवृत्ति डाटाबेस निर्माण के बिना सम्भव नहीं हो पायेगी।

'आधार' आधारित प्रत्यक्ष अनुवृत्ति हस्तांतरण प्रणाली कैसे काम करती है? इसका उल्लेख हमने पहले भी किया है कि एपीबी (Aadhar Payments Bridge)

अर्थात् 'आधार' भुगतान सेतू, एक अभिनव प्रयोग के द्वारा सम्पन्न किया जाता है। एपीबी एक केन्द्रीकृत भुगतान मंच है, सिर्फ़ किसी व्यक्ति की 'आधार' संख्या और भुगतान राशि के इस्तेमाल द्वारा भुगतान को सीधे उसे भेजने की सुविधा प्रदान करता है।

ईमेल आईडी, आपको इंटरनेट पर किसी विशिष्ट व्यक्ति को संदेश भेजने, और मोबाइल नंबर आपको दूरसंचार नेटवर्क पर किसी विशिष्ट व्यक्ति को फ़ोन करने की सुविधा प्रदान करता है। दोनों ही सूरतों में, इससे कोई फ़र्क नहीं पड़ता है कि वह व्यक्ति उसी शहर में है या किसी अन्य महाद्वीप पर है। इसी तर्ज़ पर, भुगतान मंच में 'आधार' की भूमिका एक 'वित्तीय पते' के रूप में कार्य करने की है। यह एक विशिष्ट व्यक्ति को भुगतान भेजने की सुविधा देता है, बिना इस बात की परवाह किये कि उनका खाता किस बैंक में है। मंच के एक तरफ़ कई सरकारी विभाग हैं, जो अनुवृत्ति और कल्याण भुगतान जमा करवा रहे हैं। दूसरी ओर कई बैंक हैं, जो ग्राहकों को पैसे वापस निकलवाने की सुविधा प्रदान करते हैं। दोनों ही पक्ष 'आधार' का उपयोग पहचानकर्ता के रूप में करते हैं, या तो अनुवृत्तियाँ सही व्यक्ति को भेजने के लिए, या यह सुनिश्चित करने के लिए सही व्यक्ति ही उनके खाते से पैसे निकलवा रहा है। यह पूरी व्यवस्था अब पारदर्शी है, और सरकार द्वारा जारी भुगतान के रूप में प्रणाली में प्रवेश करने के समय से लेकर प्राप्तकर्ता के हाथों तक पहुँचने तक हर एक रुपये की निगरानी रखी जा सकती है।

'आधार' को एक वित्तीय पते के रूप में उपयोग करने का विचार, और एपीबी के अंतिम निर्माण में इसकी भूमिका, यह सब उस प्रेजेंटेशन (प्रस्तुति) की उपज हैं, जिसे नन्दन ने 2009 में आरबीआई (भारतीय रिज़र्व बैंक) के लिए तैयार किया था; अब यह एक योजना है, जो लाखों भारतीयों को लाभान्वित कर रही है, इसका निर्माण एक सिंगल स्लाइड (एकल पट्टी) पर रेखांकित किया गया था। प्रत्यक्ष अनुवृत्ति हस्तांतरण के प्रश्न की जाँच के लिए निर्मित टास्क फ़ोर्स के साथ इस विचार को और भी बल मिला। जिस समय टास्क फ़ोर्स सक्रिय था और एपीबी विकसित किया जा रहा था, केन्द्र सरकार के स्वामित्व वाली रसोई गैस संस्थाओं का काफ़ी कम्प्यूटरीकरण पहले ही हो चुका था; पेट्रोलियम और प्राकृतिक गैस मंत्रालय, जिसने राष्ट्रीय एलपीजी अनुवृत्ति कार्यक्रम को सँभाला, सरकारी खज़ाने पर अनुवृत्ति बोझ कम करने के लिए वे भी विशेष रूप से उत्सुक थे। इस प्रकार सम्पूर्ण एलपीजी अनुवृत्ति पारिस्थितिकी तन्त्र को विशिष्ट रूप से परिवर्तन के लिए तैयार किया गया और एलपीजी उपभोक्ताओं को सीधे अनुवृत्ति भुगतान देने के लिए, एपीबी को अपनाने वाले अग्रणियों में से एक बन गया।

मुख्य रूप से सरकार द्वारा उपयोग के लिए, देश में अब तक के एकमात्र एपीबी का निर्माण एनपीसीआई के द्वारा किया गया था। दिलीप अस्बे बताते हैं कि यह कैसे काम करता है। एक 'आधार' संख्या और एक बैंक खाते के बीच की कड़ी का निर्माण दो परतों में किया जाता है। पहली परत 'आधार' संख्या का ढाँचा इसी बैंक को देती है, यह जानकारी एपीबी में जमा कर दी जाती है। दूसरी परत अलग-अलग बैंक खातों को 'आधार' संख्या का ढाँचा प्रदान करती है, और यह जानकारी बैंक के अधिकार में रहती है। अस्बे समझाते हैं ''हमने अधिक से अधिक लचीलेपन के लिए इस दो स्तरीय योजना को तैयार किया। यह डिज़ाइन एक व्यक्ति की निजी जानकारी का विभागीकरण करने में भी मदद करता है—एक ही स्थान पर हर किसी के बैंक खाते की जानकारी और 'आधार' संख्या का कोई केन्द्रीय डाटाबेस नहीं है।'' यदि भविष्य में कोई व्यक्ति एक अलग बैंक में खाता खुलवा कर, अनुवृत्ति भुगतान प्राप्त करने के लिए उस नये खाते का उपयोग करना चाहे, तो उसे बस अपने नए बैंक को एपीबी में उसके विवरण को अपडेट (नवीनीकरण अथवा सुधार) करने की हिदायत देनी होगी, और भुगतान को मूल रूप से जारी रख सकता है।

एपीबी के प्रारंभिक संस्करण को लागू करने के लिए, यूआईडीएआई से विरल और राजेश बंसल ने एनपीसीआई की टीम के साथ मिलकर काम किया। सरकार के लिए एक रिकार्ड समय और निजी संगठनों के सबसे फुर्तीले प्रतिद्वंद्वी के लिए पर्याप्त कुछ ही महीनों में, टीम ने आवश्यक प्रौद्योगिकी प्राप्त कर, भारतीय रिज़र्व बैंक से नियामक मंज़ूरी हासिल कर ली। इतनी गति कैसे हासिल की थी? यूआईडीएआई, एनपीसीआई, बैंकों और सरकारी मंत्रालयों से सम्बन्धित लोगों को साथ मिलाते हुए, टीम ने कई बार मुलाकातें की। राजेश बंसल समझाते हैं ''हम सभी को आम मानकों और काम करने के तरीकों के 'एक समूह' पर सहमत होना था, और हर किसी की चिंताओं को समझना था, ताकि हम एक ऐसे समाधान का विकास कर सकें, जो हर किसी के लिए कारगर सिद्ध हो।''

वे आगे बताते हैं ''वर्तमान में एपीबी के पास 600 से अधिक सहभागी बैंक हैं, जोकि भारत में आज मोबाइल भुगतान या एटीएम सेवाएँ देने वाले बैंकों की संख्या से अधिक हैं। एपीबी देश की सबसे बड़ी अंतर-संचालित भुगतान हस्तांतरण प्रणालियों में से एक है, और दो साल के संचालन के भीतर ही इसने यह स्तर हासिल कर लिया था।'' आज, एपीबी डाटाबेस के बैंक खातों में 20 करोड़ से अधिक 'आधार' संख्या जुड़ चुकी हैं। 2014-15 में, एपीबी के माध्यम से 365 रुपये के लेन-देन के औसत आकार के साथ, 17 करोड़ लेन-देन पूरे किये, और 6000 करोड़ रुपये से अधिक का हस्तांतरण किया गया।

लोककल्याण कार्यक्रम जो सफल है

कल्याण कार्यक्रमों की ख़ामियां दूर करने में, प्रत्यक्ष नकद हस्तांतरण कैसे मदद कर सकते हैं? निजी क्षेत्र में, हम आसानी से उपयोग कर सकने योग्य इलेक्ट्रॉनिक भुगतान मॉडल पहले से ही देख रहे हैं; प्रौद्योगिकी का धन्यवाद, प्रवेश बाधाएँ कम हैं, जबकि डाटा खनन और धोखाधड़ी का पता लगाने जैसे तरीकों का उपयोग यह सुनिश्चित करने के लिए किया जाता है कि सभी लेनदेन भरोसेमंद हैं। प्रौद्योगिकी एक ऐसी कल्याणकारी प्रणाली निर्माण में मदद कर सकती है जो समावेशी है, पर्दे के पीछे भ्रष्टाचार और धोखाधड़ी को समाप्त करने का काम जारी रखते हुए, योग्य व्यक्तियों को इसमें शामिल होने की सुविधा प्रदान करती है।

यहाँ तक कि अच्छी तरह वित्त पोषित सामाजिक सुरक्षा जाल के लिए भी, योग्यता के नियम जटिल और बोझिल हैं; स्पष्टता की कमी अपरिभाषित क्षेत्रों का निर्माण करती है जिनको फिर नौकरशाहों द्वारा सुलझाना पड़ता है। फिर यही कारण रिश्वतखोरी और धोखाधड़ी के बहुत से अवसरों को पैदा करता है, जो आम तौर पर समाज के सबसे कमज़ोर सदस्यों को निशाना बनाते हैं। इन नियमों को पूरी तरह मिटाने में प्रौद्योगिकी हमारी मदद कर सकती है। इसमें शामिल होते समय लोग स्वयं अपनी योग्यता की घोषणा कर सकते हैं, डिजिटल प्रक्रियाओं के इस्तेमाल द्वारा यह पता लगाया जा सकता है कि क्या वास्तव में यह लोग योग्य लाभार्थी हैं।

मौजूदा अनुवृत्ति प्रणाली में, योग्यता का नियंत्रण स्थान द्वारा होता है। उपभोक्ता अपनी पसन्द की किसी भी राशन की दुकान से सामान प्राप्त नहीं कर सकते, या चिकित्सा सेवाओं के लिए किसी भी स्वास्थ्य केन्द्र में नहीं जा सकते। आगे दिए चित्र में, हम यह समझाते हैं कि 'आधार' से जुड़ा अनुवृत्ति मॉडल, मौजूदा एकाधिकार को खंडित करते हुए, पोर्टेबिलिटी (सुवाह्यता) की समस्या को कैसे हल कर सकता है। उपभोक्ता अब अपनी पसन्द के किसी भी विक्रेता से बाज़ार मूल्य पर सामान ख़रीद सकते हैं, और अनुवृत्ति का मुआवज़ा सीधे अपने बैंक खातों में प्राप्त कर सकते हैं। पहले की तरह बेवकूफ़ बनाने वाले अनुवृत्ति नेटवर्क में उपभोक्ता के पक्ष में बदलाव लाते हुए, यह परिवर्तन मुक्त बाज़ार की गतिशीलता लायेगा।

अकेले इसी योजना से अनुमानित अरबों रुपये की बचत के साथ, प्रत्यक्ष लाभ हस्तांतरण (डीबीटी) आधारित अनुवृत्ति सुधार, एलपीजी अनुवृत्ति कार्यक्रम के पक्ष में एक मज़बूत दलील का निर्माण करता है। अन्य अनुवृत्ति कार्यक्रमों पर लागू किये जाने पर, यही मॉडल, भारत के अनुवृत्ति बोझ में तीव्रता से कटौती करने में सहायक हो सकता है। हाल के आर्थिक सर्वेक्षण में ऐसी प्रणाली की दिशा में एक

अतिरिक्त प्रोत्साहन दिया गया है, जिसमें लक्षित अनुवृत्ति वितरण समाधान के रूप में 'जन-धन योजना, 'आधार' और 'मोबाइल नंबर' के मेल' के सिद्धांत 'जाम संख्या त्रिमूर्ति' को आगे बढ़ाया है। (जे से जन धन योजना, ए से आधार और एम से मोबाइल) यह अपने आप में कोई नया विचार नहीं है, अधिक पुरानी बात नहीं, 2010 में, नन्दन ने कहा था कि ''बिजली, सड़क, पानी के नारे फीके पड़ चुके हैं। आज इनका स्थान यूआईडी संख्या, बैंक खाता और मोबाइल फ़ोन नंबर जैसी वर्चुअल चीज़ों ने ले लिया है।''[36]

तब से, यह तीन संख्याएँ अधिकांश भारतीय आबादी तक पहुँच चुकी हैं। आज, 90 करोड़ भारतीयों के पास 'आधार' संख्या है, और 2015 के अन्त तक इस संख्या के एक अरब तक पहुँचने की उम्मीद है।[37] 20 करोड़ से अधिक 'आधार' से जुड़े बैंक खातों का निर्माण किया गया है। आखिरकार, भारत में 90 करोड़ से अधिक मोबाइल फ़ोन उपभोक्ता हैं। इन तीन कारकों के मेल ने प्रत्यक्ष लाभ हस्तांतरण के लिए मोबाइल आधारित भुगतान प्लेटफॉर्म या इंडिया पोस्ट के माध्यम सहित नए और अधिक परिष्कृत तन्त्र के विकास की सुविधा प्रदान की है। वित्त मन्त्री अरुण जेटली इसका उल्लेख एक 'हवा का रुख बदलने वाले सुधार' के रूप में करते हैं,[38] और सर्वेक्षण के शब्दों में, ''यदि जाम संख्या त्रिमूर्ति को समेकित जोड़ा जा सके, और सभी अनुवृत्तियों को एक या कुछ मासिक हस्तांतरण में वितरित किया जा सके, तो ग़रीबों के लिए प्रत्यक्ष आय सहायता के मामले में वास्तविक प्रगति अंततः सम्भव हो सकेगी।''

हमारे सबसे महत्त्वपूर्ण अनुभवों में से एक सबक जो हमने सीखा वह यह है कि किसी भी सुधार प्रयास की सफलता संस्थागत क्षमता पर निर्भर करती है। एलपीजी अनुवृत्ति सुधार सफल रहे, क्योंकि वे राज्य स्वामित्व वाली तेल कंपनियों द्वारा वितरित किये जा रहे थे, और अंतिम छोर तक पेशेवर प्रबन्धन और पूरी आपूर्ति शृंखला के कम्प्यूटरीकरण और वितरण का दावा करते थे। इसके विपरीत, उर्वरक और पीडीएस अनुवृत्ति में सुधार के लिए केन्द्र और राज्य सरकारों के बीच गहन समन्वय की आवश्यकता होगी। यह पूरी वितरण शृंखला अभी तक संगणकीकृत नहीं है और अनुवृत्ति पाने के अधिकारी सभी उपभोक्ताओं का कोई एक एकल डाटाबेस उपलब्ध नहीं है। इसलिए उर्वरक और पीडीएस अनुवृत्तियों की ख़ामियों को दूर करना अनिवार्य रूप से कहीं अधिक भारी कार्य साबित होगा।

स्वाभाविक रूप से अनुवृत्तियों का निर्माण सामाजिक असंतुलन को मिटाने, और पूरी नेकनीयत से किया जाता है। हालाँकि, एकमुश्त भ्रष्टाचार, नीति और कार्यान्वयन की विफलताओं ने मिलकर, नेकनियत के साथ शुरू किये विचार को बदल कर

राष्ट्रव्यापी सेवाएँ बनाना

अधिकांश सरकारी प्रणालियों में विकल्प की कमी

एक राशन कार्ड एक ही राशन की दुकान पर मान्य है। जो कृत्रिम एकाधिकार निर्मित करता है।

जननी सुरक्षा योजना (जेएसवाई) भुगतान, केवल एक प्राथमिक स्वास्थ्य सेवा (पीएचसी) केन्द्र के लिए मान्य है।

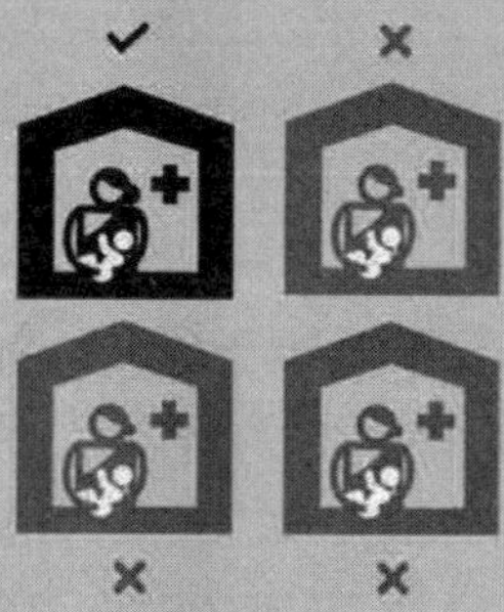

प्रवासी नागरिक वोट नहीं कर सकते क्योंकि उनका मतदाता पहचान पत्र एक ही स्थान से जुड़ा होता है, आम तौर पर उनके गृहनगर से।

राष्ट्रव्यापी सार्वजनिक वितरण प्रणाली (पीडीएस)

राष्ट्रव्यापी स्वास्थ्य सेवाएँ

राष्ट्रव्यापी मतदान

प्रौद्योगिकी द्वारा विकल्प चुनना

एक पोर्टेबल सार्वजनिक वितरण प्रणाली और राशन कार्ड के साथ एक व्यक्ति अपनी पसन्द की किसी भी राशन की दुकान से सस्ता खाद्य पदार्थ ले सकता है।

पोर्टेबिलिटी के कारण, एक गर्भवती महिला किसी भी स्वास्थ्य केन्द्र में स्वास्थ्य सेवा पाने में सक्षम है। क्लाउड पर इलेक्ट्रॉनिक स्वास्थ्य रिकार्ड उपलब्ध होने के कारण, स्वास्थ्य केन्द्र आसानी से उसकी जानकारी का उपयोग कर सकता है।

एक पोर्टेबल मतदाता आईडी के साथ, नागरिक कहीं से भी मतदान कर सकते हैं। मतदान के समय प्रमाणीकरण से स्वतन्त्र और निष्पक्ष चुनाव के लिए धोखाधड़ी को समाप्त कर देता है।

सरकार के गले में लिपटा एक विशालकाय जीव बना दिया है, जिसके बोझ को अब और अधिक सहन कर पाना असम्भव है मगर सार्वजनिक आक्रोश के डर से इसे उतार कर फेंका भी नहीं जा सकता। चयन की ताकत को फिर से उपभोक्ता के हाथों में बहाल करते हुए, जहाँ यह हमेशा से थी, अपवर्जन और समावेशन की त्रुटियों में सुधार लाने और धोखाधड़ी को नष्ट करने जैसे अच्छी तरह से तैयार संस्थागत तन्त्र के माध्यम से लागू किये गये प्रौद्योगिकी आधारित समाधान, हमारी सम्पूर्ण अनुवृत्ति प्रणाली में व्यापक फ़ेरबदल के लिए आवश्यक हैं।

5

ई–केवाईसी का साथ, कागज़ रहित जीवन की सौगात

कागज़ी कार्यवाही सिविल सर्विस का धर्म है।

—जोनाथन लीन और एंटोनी जे, *येस मिनिस्टर*

अभी कुछ समय पहले, भारत में एक बैंक खाता खुलवाने का मतलब अपनी स्थानीय बैंक शाखा में कुछ घन्टे बिताना था, हाथ में हर उस दस्तावेज़ की फ़ोटोकॉपी से भरी फ़ाइल पकड़े, जिनसे ये साबित हो सके कि आप कौन थे, कब पैदा हुए और कहाँ रहते थे। अब 2013 में आईसीआईसीआई बैंक के नये विज्ञापन 'टैब बैंकिंग' सेवा पर ध्यान दें। बॉलीवुड सुपरस्टार अमिताभ बच्चन, खिलखिला कर हँसते युवाओं के साथ छत पर पतंग उड़ा रहे हैं, तभी उनका एक युवा दोस्त, साफ़–सुथरे कपड़े पहन, कुछ दूर बैठे एक कार्यकारी अधिकारी की ओर संकेत करते हुए पूछता है यह कौन हैं? उत्तर में बच्चन कहते हैं "ओह, यह? ये आईसीआईसीआई बैंक से हैं, और ये यहाँ इसलिए आये हैं ताकि मैं बैंक में अपना खाता खुलवा सकूँ।" एक दूसरा युवा दोस्त पूछता है "इसके लिए क्या आपको बैंक नहीं जाना पड़ेगा?" पतंग काटने की कोशिश में मग्न बच्चन हँसकर उत्तर देते हैं कि यदि उन्हें बैंक जाना पड़ता, तो वो पतंग उड़ाने के लिए कैसे समय निकालते। अपनी पतंगबाज़ी पर थोड़ा विराम लगा कर, बच्चन उस कार्यकारी अधिकारी के पास आते हैं, जिसने आवश्यक आवेदन पत्र पहले से ही भर रखे हैं। उसे एक फ़ोटो की ज़रूरत है, अपने सुप्रसिद्ध ग्राहक की फ़ोटो लेने के लिए वह एक टेबलेट

डिवाइस (मोबाइल कम्प्यूटर) बाहर निकालता है। फिर वो उनके फ़ोटो आईडी और आवासीय पते के प्रमाण के बारे में पूछता है। बच्चन उसे अपना 'आधार' कार्ड देते हैं, जिस पर विधिवत उनकी फ़ोटो लगी है। और खाता खुलवाने की पूरी प्रक्रिया बस इतनी सी ही है। बच्चन जब तक छत पर वापस पहुँचते हैं, उससे पहले उनके मोबाइल पर आईसीआईसीआई बैंक में खाता खुलवाने के लिए धन्यवाद सन्देश पहुँच जाता है।

टेलीविज़न विज्ञापनों से अलग अब ज़रा वास्तविकता में झांकते हुए फरवरी 2014 में, आँध्र प्रदेश के आदिलाबाद जिले में एक्सिस बैंक द्वारा आरम्भ की गयी एक नयी सुविधा की ओर ध्यान देते हैं।[1] इस क्षेत्र के ग्राहक, प्रसिद्ध फ़िल्मी सितारे नहीं बल्कि गरीब, देहाती, ग्रामीण-किसान लोग थे, ग्रामीण भारत का करीब 40 प्रतिशत भाग जो औपचारिक बैंकिंग क्षेत्र से बाहर रहता था। ये लोग केवल एक दस्तावेज़ अपने साथ रखते थे, इनका 'आधार' कार्ड। (यदि इन्होंने अपनी 'आधार' संख्या याद कर ली, तो इन्हें कार्ड साथ रखने की भी आवश्यकता नहीं थी।) उनकी 'आधार' संख्याएँ और उँगलियों के निशान यूआईडीएआई के पास संग्रहित और प्रमाणित हो चुके थे। यदि यह जानकारी सही होती, तो वह अपनी फ़ोटो की डिजिटल कॉपी, नाम, पता, जन्म तिथि व लिंग की जानकारी बैंक के साथ साझा करने की सहमति यूआईडीएआई को दे देते थे, ये सभी एक बैंक खाता खुलवाने के लिए आवश्यक थे। कुछ समय बाद ग्राहक, बैंक की पर्ची पर अपने बिलकुल-नये एक्सिस बैंक खाते की संख्या लिखवा कर बाहर आ जाता था। आम-तौर पर इस प्रक्रिया को पूरा करने में पंद्रह दिन लग जाते थे और प्रत्येक नये ग्राहक पर बैंक को 50 से 100 रुपये खर्च करने पड़ते थे, अब मूल लागत के अंश मात्र में यह पूरी प्रक्रिया तत्काल ही पूरी हो रही थी।

समय और पैसे की असाधारण बचत के अभी ये मात्र दो उदाहरण हैं जो तभी सम्भव हैं यदि कागज़ी दस्तावेज़ों पर हमारी निर्भरता खत्म हो जाये। फिर चाहे कोई बैंक खाता खुलवाना हो या बीमा पॉलिसी की ख़रीदारी, कोई भी ऐसी सेवा जिसमें पहचान और आवासीय पते की जाँच आवश्यक है, बस ऊपर दिए दोनों उदाहरणों की तरह सरल और परेशानी रहित होनी चाहिए। इस अध्याय में आगे हम चर्चा करेंगे, 'आधार' से जुड़ी 'अपने ग्राहक को जानिए इलेक्ट्रॉनिक सेवाएँ' किस प्रकार इस मील के पत्थर को हासिल करने की दिशा में पहला कदम हैं।

कागज़ के सागर में डूबना

भारत में, हमारे जीवन का प्रत्येक चरण बड़े सलीके से दस्तावेज़ों के कोष्ठक में समाया हुआ है। जब हम पैदा होते हैं, हमें जन्म प्रमाण पत्र (बर्थ सर्टिफिकेट) मिलता है। स्कूल

की पढ़ाई पूरी करने पर, हमें स्कूल लीविंग सर्टिफिकेट मिलता है। हम बड़ी परीक्षायें पास करते हैं, और डिप्लोमा हासिल करते हैं। हम वाहन चलाना सीखते हैं, और एक ड्राइविंग लाइसेंस मिल जाता है। हम वोट देने योग्य होते हैं, और वोटर आईडी के लिए पंजीकृत हो जाते हैं। कॉलेज से निकलने पर, हमें डिग्री मिलती है। हमारी शादी होने पर विवाह प्रमाण पत्र मिलता है। यदि हम कोई वाहन ख़रीदते हैं, अपना स्वामित्व सिद्ध करने के लिए हमें पंजीकरण प्रमाण पत्र मिलता है। हम अपनी कारें और अपने जीवन का भी बीमा करवाते हैं, साथ में बीमा पॉलिसी के दस्तावेज़ इकट्ठा करते हैं। यदि हमें विदेश-यात्रा करनी हो, तो हमें पासपोर्ट मिलता है। हम 'पैन' कार्ड बनवाते हैं ताकि हम आयकर का भुगतान कर सकें। यदि हमारी आय गरीबी रेखा से नीचे है, तो हमें राशन कार्ड मिलता है; हमें बीपीएल कार्ड मिलता है जो हमें सरकारी लाभ प्राप्त करने का अधिकार देता है। हम में से कुछ एक को जाति प्रमाण पत्र मिलते हैं ताकि हमें दिए गये लाभों का हम उपयोग कर सकें। हम मकान या ज़मीन ख़रीदते हैं, और स्वामित्व दस्तावेज़, भुगतान रसीद और 'कर' प्रपत्रों से भरा एक पूरा नया गुलदस्ता मिल जाता है। हम बच्चे पैदा करते हैं, और यह पूरा चक्र ख़ुद को दोहराने लगता है। और जब हम मर जाते हैं, तो एक मृत्यु प्रमाण पत्र से हमारे जीवन पर पूर्ण-विराम लग जाता है।

वर्तमान के प्रत्येक चरण से गुज़रने पर हमें अतीत के एक दस्तावेज़ की आवश्यकता पड़ती है। आप जन्म प्रमाण पत्र के बिना स्कूल नहीं जा सकते। स्कूल लीविंग सर्टिफिकेट के बिना आप कॉलेज नहीं जा सकते, और कॉलेज से अपनी डिग्री हासिल किये बिना आपको नौकरी नहीं मिल सकती। यहाँ तक कि आपके मरने पर, आपके रिश्तेदारों को आपके मृत्यु प्रमाण पत्र की आवश्यकता पड़ती है ताकि आपकी संपत्ति को सही तरीके से व्यवस्थित किया जा सके। अब उन लाखों लोगों की दुर्दशा का अनुमान लगाइये, जिनके पास या तो कोई भी दस्तावेज़ नहीं हैं या फिर उपरोक्त लिखित लम्बी सूची में से मात्र एक या दो दस्तावेज़ ही हैं।

हालाँकि सरकार को कागज़ पर अपनी निर्भरता समाप्त करना अभी बाकी है, कई अन्य क्षेत्रों में हम सुचारू रूप से डिजिटल दायरे में प्रवेश कर चुके हैं। 'शेयर' सर्टिफिकेट इसका एक उल्लेखनीय उदाहरण है। आज हमारे 'शेयरों' का रख-रखाव पूरी तरह इलेक्ट्रॉनिक है, एक परिवर्तन जो लगभग एक दशक पहले आ गया था। निक्षेपागार (बहुमूल्य दस्तावेज़ों के संग्रह सम्बन्धी) अधिनियम (1996) के द्वारा यह सम्भव हुआ था, जिसने एनएसडीएल (नेशनल सिक्योरिटीज़ डिपाजिटरी लिमिटेड-राष्ट्रीय प्रतिभूति डिपॉजिटरी लिमिटेड) के निर्माण के लिए मार्ग प्रशस्त किया। एनएसडीएल, जहाँ अब डिजिटल अथवा डीमैटेरियलाइज़्ड (भौतिक स्वरूप से मुक्त) 'शेयर' सर्टिफिकेट इलेक्ट्रॉनिक तरीके से संग्रहित और इस्तेमाल किये

जाते हैं। कभी कागज़ पर निर्भर 'शेयर' व्यापार आज शोरगुल भरे बाज़ार से निकल कर इलेक्ट्रॉनिक व्यापार में तब्दील हो चुका है। किसी इलेक्ट्रॉनिक लेन-देन के पूरा होते ही 'शेयर' स्वचालित तरीके से, विक्रेता से ख़रीदार को हस्तांतरित हो जाते हैं।

इसी प्रकार, हमारे बैंक खाते भी बड़े पैमाने पर कागज़ रहित हो चुके हैं। अब हम चेक लिखने या मनी ऑर्डर करने के चक्कर में न पड़ते हुए डिजिटल तरीके से भुगतान करते हैं। हम अब डाक द्वारा बैंक विवरण नहीं लेते। न ही हम अब कागज़ पर छपी रेल, बस या हवाई जहाज़ की टिकट ख़रीदते हैं। हम बीमा पॉलिसियाँ ऑनलाइन ख़रीदते हैं और अक्सर बीमा प्रमाण पत्र इलेक्ट्रॉनिक प्रारूप में होते हैं। आज, कई बैंकों ने ऑनलाइन ऋण के साथ इलेक्ट्रॉनिक स्वीकृति प्रक्रिया की सुविधा देना शुरू कर दिया है, यह अब सम्भव है क्योंकि बैंक द्वारा जाँचने के लिए किसी व्यक्ति की आर्थिक स्थिति और क्रेडिट हिसाब-किताब का सारा ब्यौरा ऑनलाइन मौजूद है। अब रोज़मर्रा का अधिकतर आर्थिक लेन-देन ख़ुद बैंक की शाखा तक जाये बिना, इलेक्ट्रॉनिक तरीके से निबटाया जा सकता है।

बुरी आदत को अलविदा—कागज़ रहित सरकार का निर्माण

एक ओर, कागज़ हमारी सरकार की जानकारी-मुद्रा है; अपनी पूरी क्षमता तक दस्तावेज़ों से भरी 'सरकारी' फ़ाइल की छवि अभी भी हमारे दिमाग में कायम है। फिर भी काफ़ी समय पहले हमने अपनी ज़िन्दगी के अन्य हिस्सों में कागज़ आधारित लेन-देन की आवश्यकताओं पर पूर्ण विराम लगा दिया था। इस असमान विभाजन की बजाय यदि हमारा सम्पूर्ण समाज पूरी तरह कागज़ रहित हो सके तो क्या होगा? क्या होगा यदि सरकारी प्रक्रियाओं को पूरा करने के लिए आपको कागज़ की एक पर्ची तक की भी कभी आवश्यकता न पड़े? क्या होगा यदि आपकी सारी जानकारी एक सुरक्षित लेकिन उपयोग में सरल इलेक्ट्रॉनिक प्रारूप में इकट्ठा कर दी जाये, और क्या होगा यदि आपको नयी-नयी सेवाओं की पेशकश करने के लिए इस जानकारी को अलग-अलग तरीकों से जोड़ा जा सके?

एक डिजिटल पहचान

जब तक भारत के सभी नागरिकों के पास एक सुरक्षित डिजिटल पहचान न हो तब तक इनमें से कोई भी विचार साकार नहीं हो सकता। यहीं पर 'आधार' की आवश्यकता उभर कर सामने आती है। यही एक ऐसा सरकारी दस्तावेज़ है जो कागज़ी और इलेक्ट्रॉनिक

दोनों प्रारूपों में उपलब्ध है। सरकार द्वारा जारी अधिकतर दस्तावेज़ सरकारी कार्ड के रूप में हैं, आवश्यकता पड़ने पर जिन्हें पेश करना ज़रूरी है, वह दस्तावेज़ कागज़ के उस टुकड़े के रूप में ही महत्त्वपूर्ण है। दूसरी ओर, 'आधार' की कल्पना जानबूझ कर एक जानकारीयुक्त संख्या के रूप में की गयी थी, इसके रूप पर कोई रोक न होने कारण, व्यक्तिगत आवश्यकता अनुसार यह कागज़ या इलेक्ट्रॉनिक रूप ले सकता है। यह सरकार द्वारा जारी कार्ड पर छपा हुआ अथवा एक सुरक्षित डिजिटल प्रारूप में ऑनलाइन उपलब्ध करवाया जा सकता है। कई सरकारी लोगों के बीच इसे स्वीकृति दिलवा पाना बेहद कठिन था, जो इस विचार से बिलकुल अपरिचित थे कि कोई सरकारी दस्तावेज़ सम्पूर्ण रूप से डिजिटल दुनिया में मौजूद रह सकता है। जैसा कि राम सेवक शर्मा ने याद करते हुए बताया, ''मैंने 'कार्ड' को शरीर और 'संख्या' को आत्मा की उपमा देने की कोशिश की और जब आत्मा क्लाउड में उपस्थित है, तो शरीर में ज्ञान की आवश्यकता नहीं रहती।'' जैसा कि हम देखेंगे, पूरी ई-केवाईसी प्रणाली केवल इसलिए लागू की जा सकती है क्योंकि 'आधार' का इस्तेमाल डिजिटल रूप में हो सकता है, एक कागज़ निर्मित आईडी के साथ, ई-केवाईसी को लागू करना असम्भव था।

एक बैंक खाता खोलने से लेकर मोबाइल सिम कार्ड ख़रीदने तक, केवाईसी प्रक्रिया के तहत अपनी पहचान प्रमाणित करने के लिए, आपको अपनी पहचान का प्रमाण और आवासीय पते का सबूत देने के लिए कहा जाता है। इन दोनों दस्तावेज़ों की जगह 'आधार' ले लेता है। हो सकता है ये दिखने में कोई बड़ी बात न लगे, और निश्चित रूप से सुर्खियाँ बटोरने वाले बड़े सुधारों जैसा न प्रतीत हो, लेकिन भारत में प्रतिदिन होने वाले लाखों केवाईसी लेन-देन के साथ कागज़ के इन दो टुकड़ों को जोड़ कर देखिये, तब आंकड़े खुद अपनी कहानी बयान करने लगेंगे।

सभी के लिए सस्ती सेवाएँ

कागज़ रहित होने के विचार में रुचि क्यों बढ़ रही है? पहला कारण कागज़ रहित उत्पादों का सस्ता होना है। सबसे बड़ी लागत इन उत्पादों को कागज़ रहित बनाने वाली प्रौद्योगिकी को विकसित और लागू करने की है, जो फिर भी, कागज़ आधारित अभिलेखों के संकलन, सत्यापन, प्रमाणीकरण, संग्रहण और उन्हें पुन: प्राप्त करने की लागत से काफ़ी कम है। जैसे ही लागत कम होती है और उत्पाद सस्ते होने लगते हैं, इसका उपयोग अधिक उपभोक्ता कर सकते हैं, समावेशिता को बढ़ावा मिलता है, भारत में मोबाइल कनेक्टिविटी की धूम को देखो, आंशिक रूप से ही सही, सस्ते टॉक टाइम रिचार्ज विकल्प से इसे बढ़ावा मिला है।

वर्तमान		भविष्य
सभी लेन-देन कागज़ आधारित होने से व्यवस्था के लिए लाखों लोग गुमनाम रह जाते हैं।	₹	वो लाखों लोग जिनकी उपस्थिति कहीं दर्ज नहीं थी, डिजिटल लेन-देन के कारण अब सरकारों, बैंकों, कर्मचारियों, ऋणदाताओं आदि को दिखाई देने लगे हैं।

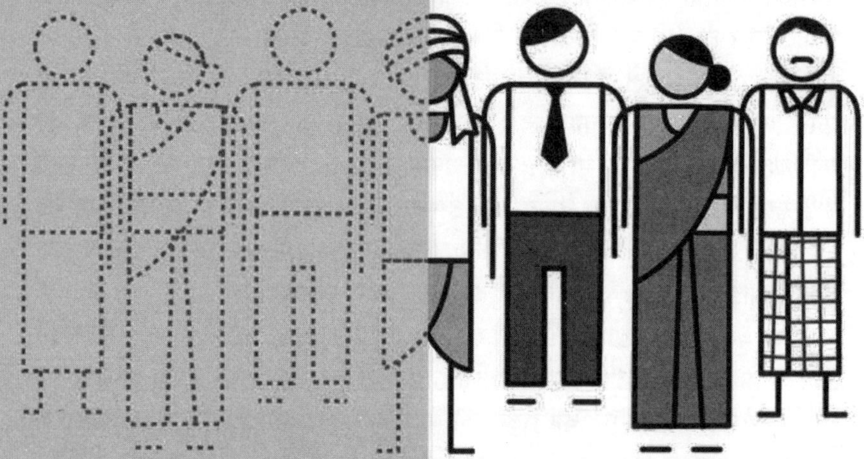

वर्तमान		भविष्य
धनराशि, नकद या हवाला के रूप में भेजी जाती है।	1	बैंक/डाक घर के माध्यम से धनराशियाँ भेजने से लेन-देन लिखित में होते हैं।
अधिकांश लेन-देन नकद आधारित है।	2	समय के साथ नकद का उपयोग कम हो रहा है, नकद रहित समाज का निर्माण हो रहा है।
ऋण, लालची साहूकार जैसे असंगठित स्रोतों से लिये जाते हैं।	3	औपचारिक वित्तीय संस्थाओं द्वारा ऋण व अन्य वित्तीय उत्पाद प्राप्त किये जा सकते हैं।
औपचारिक वित्तीय प्रणाली में कोई भागीदारी नहीं, लेन-देन का कोई रिकॉर्ड नहीं।	4	वित्तीय समावेशन में वृद्धि, इलेक्ट्रॉनिक भुगतान बैंकों में प्रत्यक्ष होने से लेन-देन का पता चलता है।
सारा व्यापार (बेची गयी कृषि उपज, लघु उद्योग) नकद और अलिखित है।	5	जीएसटीएन द्वारा औपचारिक 'कर' विवरण (फ़ॉर्मल टैक्स रिटर्न्स) करने से व्यापारों को पहचान के साथ-साथ क्रेडिट रेटिंग और सस्ती ब्याज दर पर ऋण प्राप्त करने की सुविधा मिलती है; 'कर' चोरी पर रोक लगती है।

कागज़ और लागत दोनों में कटौती का एक प्रमुख उदाहरण बैंकों में खाते खोलना है। किसी बैंक द्वारा एक ग्राहक के लिए खोले गये प्रत्येक खाते में उस ग्राहक की जानकारी को सत्यापित करने वाले दस्तावेज़ों को इकट्ठा करना, उनका संग्रहण और आवश्यक होने पर उस जानकारी को पुन: प्राप्त करने के साथ-साथ केवाईसी प्रक्रिया से सम्बन्धित सरकारी नियमों के पालन को सुनिश्चित करने की लागत शामिल होती है। इन खर्चों को ध्यान में रखते हुए, किसी बैंक के लिए समझदारी इसी में होगी कि वह केवल उन्हीं ग्राहकों के खाते खोले जिनके द्वारा अपेक्षाकृत अधिक धन जमा रखने की संभावना है। यह कल्पना करते हुए कि कुछ गरीबों के पास अपने बैंक खाते हैं, व्यावहारिक दृष्टि से इसका अर्थ है कि जिन खातों में कम धन जमा होने की सम्भावना हो उन ग़रीबों को सेवाएँ उपलब्ध कराने के लिए बैंकों के पास बहुत कम प्रोत्साहन है। वास्तव में, केवाईसी की नियामक लागत एक बाधा का काम करते हुए वित्तीय सेवाओं को गरीब और वंचित लोगों तक पहुँचने से रोक रही है। वास्तव में, केवाईसी को लागू करने में आने वाली लागत एक बाधा का काम करते हुए वित्तीय सेवाओं को गरीब और वंचित लोगों तक पहुँचने से रोक रही है।

यदि इसी प्रक्रिया को पूरी तरह कागज़ रहित और इलेक्ट्रॉनिक किया जा सके, तो बैंक आदिलाबाद जैसे ग्रामीण लोगों को वित्तीय सेवाएँ प्रदान कर सकेंगे। ठीक वैसे ही जैसे गरीब ग्राहकों की सुविधा के लिए मोबाइल फ़ोन संस्थाओं ने दस रुपये की मोबाइल टॉपअप योजना की शुरुआत की, इसी तरह बैंक और वित्तीय संस्थान भी ग्राहकों के इस नवीन वर्ग को ध्यान में रखते हुए नयी सेवाएँ शुरू कर सकते हैं। डिजिटल जानकारी का संचय किया जा सकता है और प्रणाली द्वारा प्रवाहित धनराशि का सरलता से पता लगाया जा सकता है। भेजी गयी धनराशि के रिकॉर्ड को इस्तेमाल कर सभी ग्राहकों के लिए एक क्रेडिट रेटिंग प्रणाली विकसित की जा सकती है। इससे पहले नकद का इस्तेमाल करने वाले लघु उद्योगों का अब इलेक्ट्रॉनिक 'कर' भुगतान रिकॉर्ड होने से उनकी साख विश्वसनीय बनेगी। जैसा कि पिछले पृष्ठ पर दिए चित्र में विस्तार से समझाया है, वे लाखों लोग जो बड़े पैमाने पर सरकार और व्यवस्था की नज़र में गुमनाम हैं, प्रौद्योगिकी की बदौलत अब एक ही झटके में अपनी पहचान पा सकते हैं।

बिस्कुट व पेन्शन योजनाओं की ख़रीदारी

कागज़ रहित केवाईसी प्रक्रियायें सामान्य बन गईं और वित्तीय सेवाओं का प्रसार लोगों के बीच शुरू हो गया। किस प्रकार का परिवर्तन देखने की हम उम्मीद कर सकते हैं? एक अदद बैंक खाता खुलवाने, एक लघु-बीमा पॉलिसी जारी करने या

लघु–पेन्शन योजना अथवा लघु–म्यूचुअल फण्ड (एक प्रकार का सामूहिक निवेश) जैसी छोटी निवेश योजनाओं को बेचने के दौरान आने वाली परेशानियाँ दूर कर पाने की कल्पना कीजिये। कल्पना कीजिए कि किसी बैंक या बीमा कम्पनी के प्रतिनिधि से मिलने की बजाय ग्राहक सीधे अपने स्थानीय किराना स्टोर में जाकर किसी भी संस्था के 'शेयरों' से लेकर पेन्शन योजना तक, जो भी वित्तीय उत्पाद वो ख़रीदना चाहे उसके लिए ई–केवाईसी प्रक्रिया पूरी कर सकता है।

जब हम यह ध्यान में रखते हैं कि लाखों लोग ठीक ऐसे ही ऑपरेटिंग मॉडल का उपयोग करके अपने मोबाइल फ़ोन बैलेंस (शेष राशि) का टॉपअप भरवाते हैं तो इस परिदृश्य की कल्पना करना इतना मुश्किल नहीं लगता। इस प्रक्रिया में एकमात्र कागज़ का इस्तेमाल तभी होता है जब ग्राहक एक नया सिम कार्ड ख़रीदता है; इस स्तर पर केवाईसी प्रक्रिया को एक बार पूरी करना आवश्यक है। खाता विवरण और बैलेंस अपडेट की जानकारी एसएमएस द्वारा इलेक्ट्रॉनिक तरीके से ग्राहक को भेजने से कागज़ी विवरण की आवश्यकता समाप्त हो जाती है। किराने की दुकानों पर इलेक्ट्रॉनिक तरीके से टॉपअप भर दिया जाता है। इस प्रकार के लेन-देन करने वाले लाखों लोगों को एक कम लागत वाले टॉपअप से गुणा करने पर पता चलता है कि भारतीय बाज़ार दूरसंचार कम्पनियों के आकर्षण का केन्द्र क्यों बन गये हैं।

आज, आपके स्थानीय किराना स्टोर एक पंथ दो काज करते हुए मोबाइल रिचार्ज केन्द्र का काम भी कर रहे हैं, इन्हें इलेक्ट्रॉनिक तरीके से ग्राहक का सत्यापन करने वाले एक माइक्रो-एटीएम से सुसज्जित कर दीजिये, और अब किराना स्टोर बुनियादी बैंक लेन-देन करने वाला केन्द्र बन जायेगा। लोग इसमें पैसा जमा करवाना और निकलवाना दोनों कर सकते हैं, बिलों का भुगतान, पैसा भेजना, अपने बीमा प्रीमियम का भुगतान करना, अपनी पेन्शन के लिए योगदान देना और चाहे तो शेयरों और म्युचुअल फण्ड की ख़रीदारी करके कॉरपोरेट इंडिया में भागीदार भी बन सकते हैं। जैसा कि पीछे दिये गये चित्र में दर्शाया है, प्रिया स्टोर के ग्राहक अब अपने बिलों का भुगतान और धन की निकासी उतनी ही आसानी से कर सकते हैं जितनी आसानी से वे बिस्कुट, टॉफी और ठन्डे पेय पदार्थ ख़रीद सकते हैं।

प्रामाणिकता की गारन्टी

समाज के जिन क्षेत्रों को औपचारिक वित्तीय सेवाओं के उपयोग से वंचित रखा गया था उन तक पहुँचने की क्षमता के अलावा, कागज़ रहित उत्पाद प्रत्येक लेन-देन की प्रामाणिकता की पुष्टि करना भी आसान बनाते हैं। इलेक्ट्रॉनिक दस्तावेज़ों में सुरक्षा के उपाय पहले से ही मौजूद होते हैं, जिसके कारण इनसे छेड़छाड़ कर पाना सम्भव नहीं होता, किसी डिजिटल हस्ताक्षर वाले दस्तावेज़ों को न तो बदला जा सकता है और न ही इनके जाली दस्तावेज़ बनाये जा सकते हैं। इस स्तर की सुरक्षा के कारण, प्रणाली में विश्वास बढ़ता है और हर किसी के लिए व्यापार करने की लागत कम होने लगती है। आज यदि आप किसी वित्तीय संस्था से कोई उत्पाद ख़रीद रहे हैं, लेन-देन के समय और जब संस्था का प्रतिनिधि आपके दस्तावेज़ों की जाँच कर

रहा हो तब नियमानुसार आपकी उपस्थिति वहाँ आवश्यक है। ई-केवाईसी सेवा इस आवश्यकता को समाप्त कर देती है, क्योंकि अब सारा लेन-देन ऑनलाइन पूरा किया जा सकता है।

नए कनेक्शन, नए विचार

ई-केवाईसी के सबसे बड़े लाभ का इस तथ्य से पता चलता है कि बिलकुल नये स्तर की सेवाएँ प्रदान करने के लिए अब इलेक्ट्रॉनिक डाटा के विभिन्न प्रारूपों को जोड़ा जा सकता है जो पहले सम्भव नहीं हो सकता था। इससे होने वाला असर बहुत बड़ा है, ख़ासतौर पर एक ऐसे समाज में जहाँ लोगों को अपनी पहचान, विश्वसनीयता और भरोसे को बार-बार विभिन्न संस्थाओं में साबित करना पड़ता है। उदाहरण के लिए, एक क्रेडिट स्कोर की संगणना (कम्प्यूटेशन) में कई स्रोतों से प्राप्त डाटा को इकट्ठा किया जाता है, अच्छे क्रेडिट स्कोर वाले लोगों को कम ब्याज पर ऋण प्राप्त करने की सम्भावना बनती है। कार बीमा प्रदाता जोख़िम-स्तर का आंकलन करने के लिए आपके ड्राइविंग इतिहास का उपयोग करते हैं और बीमा पॉलिसी के लिए सर्वाधिक प्रतिस्पर्धात्मक मूल्य प्रदान करते हैं।

सरलता से डिजिटल पहचान की पुष्टि के साथ डिजिटल डाटा विश्लेषण को जोड़ कर देखिये, आपके सामने एक ऐसा मॉडल होगा जिसमें लेन-देन वास्तविक समय में यानि दिनों की बजाय मिनटों में पूरा किया जा सकता है। आगामी डाटा क्रांति के साथ, स्मार्टफ़ोन सस्ते होते जायेंगे, जबकि डाटा लागत कम होने लगेगी, ताकि जिस किसी के पास भी मोबाइल कनेक्शन है वो आसानी से इंटरनेट का उपयोग कर सके। देश भर में इलेक्ट्रॉनिक वित्तीय सेवाएँ उपलब्ध कराने के लिए एक पूरी श्रृंखला की नींव रखी जा रही है।

यदि इस कल्पना को वास्तविकता बनाना है, इसके लिए बाज़ार में नियम और नवाचार की गुटबंदी की आवश्यकता होगी। डाटा की गोपनीयता एक चिंता का विषय है, और किसी भी संस्था को किसी व्यक्ति की निजी जानकारी के बेरोकटोक के स्वतन्त्र उपयोग की मंज़ूरी नहीं दी जानी चाहिए। दूसरी ओर, उपभोक्ता डाटा के नियमित उपयोग के बिना नयी सेवाएँ और उत्पाद विकसित कर पाना सम्भव नहीं है। इन दोनों आवश्यकताओं में सन्तुलन साधने का उत्तरदायित्व नियामक प्राधिकरण पर आ जाता है, भारतीय प्रतिभूति और विनिमय बोर्ड, ट्राई (TRAI-टेलीकॉम रेगुलेटरी अथॉरिटी ऑफ़ इंडिया-भारतीय दूरसंचार विनियामक प्राधिकरण) और भारतीय रिज़र्व बैंक जैसे नियामक विशिष्ट उद्योगों पर निगरानी रखते हुए यह सुनिश्चित

करते हैं कि उपभोक्ता हितों की रक्षा हो रही है जबकि साथ ही सभी उद्योग सदस्यों को एक निश्चित न्यूनतम मात्रा में डाटा साझा करने का अधिकार भी देते हैं ताकि काम सुचारू रूप से चलते रहें। कागज़ रहित उत्पादों और सेवाओं का निर्माण व उपलब्धता के लिए भी ठीक ऐसे ही मॉडल को लागू किया जा सकता है।

भारत में कागज़-रहित समाज की स्थापना करने के लिए ज़रूरी कानून और नियमों का ढाँचा काफ़ी हद तक तैयार है। सन् 2000 के सूचना प्रौद्योगिकी अधिनियम में निर्धारित मानदंडों के अनुसार कागज़ी दस्तावेज़ों के समान मान्यता पाने के लिए इलेक्ट्रॉनिक दस्तावेज़ पूरे होने चाहिए, इसका ज़िक्र हम इस अध्याय में बाद में करेंगे। 2011 में, लोकसभा में इलेक्ट्रॉनिक सेवाएँ वितरण विधेयक पेश किया गया जिसके अनुसार सम्पूर्ण सार्वजनिक सेवा वितरण को आठ साल की अवधि के भीतर डिजिटल हो जाना चाहिए। हालाँकि इस बिल को पारित करना अभी बाकी है, कुछ भारतीय राज्यों ने पहले से ही इस तरह का कानून लागू कर दिया है। 15 अगस्त 2014 को डिजिटल इंडिया के शुभारम्भ के साथ ही कागज़ रहित प्रशासन की ओर कदम बढ़ाने के लिए एक अन्य मान्यता मिली, अन्य लक्ष्यों के अलावा, इसमें महत्त्वपूर्ण दस्तावेज़ों के इलेक्ट्रॉनिक संग्रहण के लिए एक सुरक्षित, 'आधार' से जुड़े 'डिजिटल लॉकर' के साथ-साथ उन दस्तावेज़ों के लिए सुरक्षित डिजिटल हस्ताक्षर की सुविधा प्रदान करने वाली एक ई-साइन (esign—इलेक्ट्रॉनिक हस्ताक्षर) सेवा के निर्माण की भी कल्पना की गयी है। यह अभी कार्यान्वयन के प्रारंभिक दौर में है।[2]

जब नियम समर्थ न बनाते हों

मूल रूप से केवाईसी मानदंडों की स्थापना धन आशोधन और आर्थिक मामलों में धोखाधड़ी की अन्य वारदातों से सुरक्षा के लिए की गयी थी, लेकिन 9/11 के आतंकी हमलों के बाद इनका एक नया, अन्धकारमय पहलू सामने आया। राष्ट्रीय लोक वित्त एवं नीति संस्थान (नेशनल इंस्टीट्यूट ऑफ़ पब्लिक फ़ाइनेंस) के शोधकर्ता सुयश राय के अनुसार :

> 9 सितम्बर 2001 को मोहम्मद अट्टा ने अमेरिकन एयरलाइन्स की फ्लाइट संख्या 11 का अपहरण किया और उड़ान भरते हुए उसे वर्ल्ड ट्रेड सेंटर के उत्तरी टॉवर से जा टकराया। धन के प्रवाह की जाँच करने के दौरान पता चला कि पाकिस्तानी आईएसआई (ISI-इन्टर-सर्विसेज़ इंटेलिजेंस) में एक महत्त्वपूर्ण पद पर आसीन अधिकारी ने कथित तौर पर यह सुनिश्चित किया था कि हमला होने से पहले

100,000 से अधिक अमरीकी डालर मोहम्मद अट्टा को भेजे जायें। कानून प्रवर्तन अधिकारी आतंक की 'आर्थिक सहायता' का निरीक्षण करने और उसे रोकने के लिए काफ़ी उत्सुक हो गये थे।[3]

धन आशोधन के खिलाफ़ नया कानून लागू किया गया और मौजूदा कानूनों को और शक्तिशाली बनाया गया ताकि आतंकवादी सम्बन्धों के लिए संदिग्ध आर्थिक लेन-देन पर बारीकी से नज़र रखी जा सके।

धन आशोधन और आतंकवाद को आर्थिक सहायता देने के खिलाफ़ नीतियाँ विकसित करने के लिए स्थापित एक अंतर-सरकारी संगठन एफएटीएफ (FATF–फ़ाइनेंशियल एक्शन टास्क फ़ोर्स–वित्तीय कार्रवाई टास्क फोर्स) को अत्यधिक महत्त्व मिला। 2002 में भारत एफएटीएफ में शामिल हुआ। जिसका अर्थ था कि भारत को एफएटीएफ द्वारा स्थापित अन्तर्राष्ट्रीय मानकों का अनुपालन करना होगा। इस तरह के निर्णय सुरक्षा के साथ-साथ आर्थिक दोनों तरह से सही थे, उदाहरण के लिए, जो भारतीय बैंक एफएटीएफ का अनुपालन नहीं करते थे वे अन्य देशों में अपना विस्तार नहीं कर सकते थे। इन नियमों के अनुपालन के हिस्से के तौर पर, 2005 में भारत ने धनशोधन निवारण अधिनियम पारित किया और एफआईयू (FIU–फ़ाइनेनशियल इंटेलिजेंस यूनिट-वित्तीय ख़ुफ़िया इकाई) की स्थापना की। आगे की जाँच के लिए बैंकों को सभी संदिग्ध लेन-देन व ग्राहक व्यवहार की रिपोर्ट एफआईयू को देने की अपेक्षा की जाती है।

इन कड़े सुरक्षा उपायों के हिस्से की कड़ी के रूप में, भारतीय रिज़र्व बैंक ने एक निर्देश जारी किया कि 2002 की दूसरी छमाही में खोले गये सभी नये खाते केवाईसी मानकों के अनुरूप होने चाहिएं, और 2004 तक के मौजूदा खातों पर भी यही नियम लागू करने के लिए कहा गया। व्यावहारिक दृष्टि से, ग्राहकों के लिए इसका मतलब था कि अब उन्हें अपनी पहचान और आवासीय पते का वैध प्रमाण देना आवश्यक था। पासपोर्ट, पैन कार्ड, ड्राइविंग लाइसेंस, राशन कार्ड या ऐसे किसी अन्य दस्तावेज़ के बिना, किसी मान्यता प्राप्त बैंक में बैंक खाता खोलना या उसे संचालित कर पाना अब सम्भव नहीं था। एक ही झटके में लाखों भारतीयों के लिए औपचारिक वित्तीय क्षेत्र में प्रवेश बाधाओं को पार कर पाना अत्यधिक कठिन हो गया।

इससे पहले भी केवाईसी मानदंड लागू किये गये थे, ग्रामीण भारत के लिए बैंकिंग की सुविधाओं का उपयोग बहुत ही सीमित था, करीब 600,000 गाँवों में बैंकिंग सेवाएँ थीं ही नहीं। वजह काफ़ी हद तक आर्थिक थी, दूरदराज़ के किसी गाँव में एक बैंक और कर्मचारियों को स्थापित करना खर्चीला है, और लेन-देन की मात्रा

शायद इतनी कम होगी कि लागत निकाल पाना भी मुश्किल होगा। केवाईसी मानदंडों का पालन करना लागत और समय, दोनों तरह से महँगा होगा, इस अतिरिक्त बोझ के कारण ग्रामीण क्षेत्र में विस्तार के नाम पर बैंकों का उत्साह और कम हो गया। सुयश राय आगे बताते हुए कहते हैं, ''भारत एफएटीएफ का सदस्य है, और भारतीय नियामक सीडीडी (CDD–कस्टमर ड्यू डिलिजेंस–किसी ग्राहक के व्यापारिक लेन-देन की जाँच और विश्लेषण) को लागू करके आभारी हैं। भारतीय नियामकों ने 'अपने ग्राहक को जानिये' आवश्यकताओं की अत्यधिक शैलियों द्वारा सीडीडी को लागू किया है, जो सीडीडी की आवश्यकताओं से भी कहीं आगे हैं। परिणामस्वरूप, भारत में वित्तीय संस्थाओं को लागत वृद्धि का सामना करना पड़ रहा है।''

भारतीय रिज़र्व बैंक की पूर्व कार्यकारी निदेशक ऊषा थोरात के अनुसार, ''यह जानने के बाद कि केवाईसी एक परेशानी बनता जा रहा था, भारतीय रिज़र्व बैंक ने यह आदेश दिया कि 50,000 रुपये या उससे कम रकम के खाते, पहले केवाईसी प्रक्रिया पूरी कर चुके पंजीकृत खाता धारक द्वारा किसी व्यक्ति की ओर से खोले जा सकते हैं। हालाँकि केवाईसी आवश्यकताओं के चक्कर में उलझे बिना लोगों के लिए खाता खोलना आसान बनाने के उद्देश्य से इसे तैयार किया गया था, लेकिन बैंक एफएटीएफ और एफआईयू द्वारा इस निर्णय पर कार्रवाई करने के बारे में बहुत चिंतित थे।''

एक अन्य चुनौती गृह मंत्रालय की सुरक्षा चिंताओं की ओर से आयी थी। प्रीपेड सिम कार्ड और साइबर कैफ़े के बढ़ते प्रचलन को देखते हुए, चाहे वे छोटे अपराधी हों या प्रमुख हमले की योजना बना रहे आतंकवादियों जैसे असामाजिक तत्त्व, पकड़े जाने का डर न होने के कारण अपने नापाक इरादों के लिए दूरध्वनि तन्त्र और इंटरनेट का इस्तेमाल कर सकते थे। ऐसी घटनाओं को रोकने के लिए, एक सिम कार्ड ख़रीदने या इंटरनेट कनेक्शन का उपयोग करने वाले प्रत्येक ग्राहक को पहचान सत्यापन की कुछ औपचारिकताएं अवश्य पूरी करनी चाहिएं।

वित्तीय सेवा प्रदाताओं के लिए केवाईसी के इन कड़े मापदंडों को लागू करने के अनपेक्षित परिणाम बाज़ार मंदी के रूप में सामने आये। बाज़ार में प्रचलित नियामक की बदौलत जिन लोगों को वित्तीय, टेलीकॉम और इंटरनेट सेवाओं की सर्वाधिक आवश्यकता थी। उन्होंने ख़ुद को अलग-थलग पाया, जबकि इन्हीं नियमों ने प्रदाताओं को भी यह सेवाएँ प्रदान करने में आर्थिक रूप से अक्षम बना दिया। इसलिए इससे पहले केवाईसी में 'आधार' की भूमिका के बारे में विचार-विमर्श करते समय हम समस्या के दोनों पहलुओं को एक ही बार में सुलझाने की कोशिश कर रहे थे, एक ऐसी सेवा प्रदान करना चाहते थे जो समावेशन और सुरक्षा–प्रतिस्पर्धा करनेवाली दोनों आवश्यकताओं को सफलतापूर्वक पूरी कर सके।

इलेक्ट्रॉनिक केवाईसी की ओर बढ़ते कदम

इलेक्ट्रॉनिक केवाईसी की आवश्यकता को लेकर हुए आरंभिक विचार-विमर्शों में हमने एक बार ऑनलाइन पोर्टल बैंकबाज़ार.कॉम (BankBazaar.com) के सह-संस्थापक अधील शेट्टी से भी बात की थी, यह पोर्टल ऑनलाइन ऋण वितरण में बैंकों की मदद करता है। उन्होंने हमें बताया कि उनकी ऋण वितरण प्रक्रिया में ग्राहक विवरण प्राप्त करने से लेकर, वेतन विवरण, बैंक विवरण, क्रेडिट जाँच, और यहाँ तक कि ऋण के मामले में बैंक के निर्णय सहित प्रत्येक विभाग को डिजिटल रूप दिया जा चुका है। नियामक सम्बन्धित मुद्दों के कारण वे अभी तक केवल फ़ोटो, पहचान-प्रमाण और आवासीय पता-प्रमाण, इन तीन तथ्यों को डिजिटल रूप नहीं दे पाये थे। ग्राहकों से इन दस्तावेज़ों को इकट्ठा करने के लिए एक बड़ी कीमत चुकानी पड़ती थी, ग्राहक से दस्तावेज़ लेने के लिए किसी प्रतिनिधि को भेजना, फिर उनकी पुष्टि करना और यदि पहली बार में कोई त्रुटि रह जाये तो नयी प्रतियाँ लेने के लिए अक्सर वापस जाना पड़ता था। यदि इन आवश्यकताओं को किसी तरह इलेक्ट्रॉनिक तरीके से पूरा किया जा सके तो पूरी ऋण वितरण प्रक्रिया को डिजिटल बनाया जा सकता है। इस प्रकार के आरंभिक विचार-विमर्श ई-केवाईसी की आवश्यकता को समझने के लिए महत्त्वपूर्ण थे, यह ऐसा विचार था जिसने बड़े स्तर पर कठिन परिश्रम के बाद 2013 में मूर्त रूप लिया।

सरकारी सेवाओं और लाभों को हासिल करने के लिए पहचान और आवासीय पते के प्रमाण के रूप में 'आधार' को मान्यता प्रदान करने के लिए हमने केन्द्र और राज्य सरकारों के साथ काम किया। कई राज्य सरकारों ने यूआईडीएआई के साथ परामर्श करते हुए 'आधार' को सरकारी आईडी के अन्य रूपों के बराबर मान्यता देते हुए आधिकारिक सूचनायें जारी कीं। वित्तीय क्षेत्र में किसी भी दस्तावेज़ को केवाईसी के रूप में एक वैध दस्तावेज़ मानने के लिए एफएटीएफ की सभी आवश्यकताओं को पूरा करने के साथ-साथ पीएमएलए (PMLA–प्रीवेंशन ऑफ़ मनी लॉन्डेरिंग एक्ट–धन आशोधन निवारण अधिनियम) के तहत सूचीबद्ध प्रावधानों का अवश्य पालन करना चाहिए। ये दोनों ही वित्त मंत्रालय में राजस्व विभाग के अधिकार क्षेत्र के अंतर्गत आते हैं। इसलिए, 'आधार' को आधिकारिक तौर पर, मान्यता प्राप्त केवाईसी दस्तावेज़ों की सूची में शामिल करने की हमारी इच्छा यहीं से आरम्भ हुई, और कई महीनों तक यूआईडीएआई धैर्यपूर्वक इन दो आवश्यक पंक्तियों को यथोचित सरकारी कानूनी दस्तावेज़ों में शामिल करवाने की कोशिश में लगा रहा। एक बार सरकारी अधिसूचना मिलने पर, सभी प्रमुख नियामक संस्थानों 'आरबीआई, सेबी और

आईआरडीए (IRDA–आईआरडीए–बीमा नियामक एवं विकास प्राधिकरण)' ने इसका अनुकरण करते अपनी ख़ुद की सूचनाएं जारी कीं। आज, एक वैध केवाईसी दस्तावेज़ के रूप में 'आधार' को दूरसंचार नियामक, वित्तीय संस्थान, भारतीय रेल और सभी राज्य सरकारों द्वारा स्वीकार कर लिया गया है।

केवाईसी दस्तावेज़ के रूप में 'आधार' को मिली व्यापक स्वीकृति से आधी लड़ाई जीती जा चुकी थी। शुरू में हमने सोचा था कि पहले जो बैंक और सेवा प्रदाता केवाईसी मानकों का पालन करने के लिए संघर्ष कर रहे थे, उनके कारोबार की लागत को कम करने के लिए 'आधार' के कारण उपलब्ध सरलता और मानकीकरण पर्याप्त होंगे। जबकि, धन शोधन जैसी वित्तीय लेन-देन की गतिविधियों का पता लगाने के लिए निगरानी करने वाली केन्द्रीय संस्था एफआईयू (FIU–फ़ाइनेंशियल इंटेलिजेंस यूनिट–वित्तीय ख़ुफ़िया इकाई) के साथ हुई एक मीटिंग में कुछ और ही बात निकल कर सामने आयी।

इस मीटिंग में यूआईडीएआई का प्रतिनिधित्व अशोक पाल सिंह, राजेश बंसल और विरल की तीन सदस्यीय टीम ने मिलकर किया था। हमने 'आधार' प्रमाणीकरण के उपयोग को इलेक्ट्रॉनिक केवाईसी के रूप में प्रस्तुत किया। उदाहरण के लिए, इस लेन-देन में, नागरिक अपने स्थाई आवास का पता प्रदान करेगा, जिसे सेवा प्रदाता कम्प्यूटर में दर्ज कर यूआईडीएआई डाटाबेस से इसकी दुतरफ़ा पड़ताल करेगा: क्या यह अमुक व्यक्ति का पता है? डाटाबेस केवल 'हाँ' या 'नहीं' में उत्तर देगा। यूआईडीएआई वास्तव में किसी भी स्थिति में सेवा प्रदाता के साथ कभी कोई जानकारी साझा नहीं करेगा; किसी भी प्रश्न का उत्तर केवल 'हाँ' या 'नहीं' में ही दिया जायेगा।

हालाँकि, हमने यह सीखा कि यह मॉडल केवाईसी मानदंडों के अनुरूप नहीं होगा। मुख्य आपत्ति यह थी कि सारा डाटा केवल यूआईडीएआई के पास ही रहेगा; अपने रिकॉर्ड में रखने के लिए सेवा प्रदाता के पास ग्राहक की कोई भी जानकारी नहीं होगी। आम-तौर पर सेवा प्रदाताओं को आडिट व अन्य आधिकारिक कार्यों के लिए अपने ग्राहकों की जानकारी जैसे फ़ाइल पर उनकी फ़ोटो रखना आवश्यक होता है। दूसरी आपत्ति यह थी कि हर बार यूआईडीएआई डाटाबेस से जानकारी हासिल करने के लिए, सेवा प्रदाता को ख़ुद अपने हाथ से प्रविष्टि करनी पड़ेगी जैसे किसी व्यक्ति का पता टाइप करने के बाद पूछना कि "क्या यह अमुक व्यक्ति का पता है?" हाथ से डाटा प्रविष्टि करने से ग़लती होने की अनेक सम्भावनाएं बनी रहती हैं, और यह केवाईसी लेन-देन को अनावश्यक रूप से उलझा सकता है। एफआईयू के अलावा, अन्य संस्थायें जैसे दूरसंचार विभाग और ट्राई ने भी इसी तरह की चिंताओं को व्यक्त किया था।

के.वाई.सी प्रक्रिया

पहले

1. आईडी प्रमाणपत्र दस्तावेज़ की फ़ोटोकॉपी
2. आवासीय पता दस्तावेज़ की फ़ोटोकॉपी
3. स्वयं सत्यापित प्रतियाँ
4. बैंक/सेवा केन्द्र पर असली दस्तावेज़ों का सत्यापन
5. बैंक/टेलीकॉम संस्थाओं द्वारा डिजिटल रिकॉर्ड बना कर दोबारा सत्यापित करना
6. आवासीय पता और अन्य विवरण की पुष्टि करने के लिए किसी को भेजना

लम्बी सत्यापन प्रक्रिया

सत्यापन लागत अधिक है (50–200 रुपये)

अब

1. 'आधार' संख्या दर्ज करें और फिंगरप्रिंट/ओटीपी (OTP–वन टाइम पासवर्ड–एक बार दिया जाने वाला पासवर्ड) प्रदान करें।

01xxxxxx

2. 'आधार' सर्वर को अनुरोध भेजना। यदि फिंगरप्रिंट/ओटीपी का मिलान होता है, तो सर्वर, व्यक्ति की जानकारी वापस भेजता है।
3. तुरन्त सक्रिय करने के लिए, डाटा सत्यापन तत्काल होता है।

सुरक्षित

पहचान चोरी को समाप्त करता है।

कुछ ही क्षणों में सत्यापन

गरीब तक पहुँच सकता है। कम सत्यापन लागत

इन मुद्दों को देखते हुए, अब एक ऐसा समाधान खोजने के लिए, जो नियामक आवश्यकताओं को पूरा करते हुए ग्राहक सुविधा को प्राथमिकता दे, यूआईडीएआई में पुन: विचार-विमर्श करने की हमारी बारी थी। कागज़ रहित केवाईसी प्रणाली का विकास समाधान के रूप में उभर कर सामने आया था, जिसे अब ई-केवाईसी सेवा के नाम से जाना जाता है। हमारे पहले वाले प्रस्ताव के अनुसार ही, पहले चरण में भी उसी प्रकार किसी व्यक्ति की 'आधार' संख्या और बायोमेट्रिक डाटा उपयोग द्वारा उसकी पहचान सत्यापित की जाती है। दूसरा चरण वह है जहाँ से बदलाव आरम्भ होता है। डाटाबेस से ख़ुद पूछताछ करने की बजाय, ग्राहक अपनी जनसांख्यिकीय जानकारी जैसे अपनी जन्मतिथि, आवासीय पता व लिंग और अपनी फ़ोटो किसी बैंक या अन्य किसी सेवा प्रदाता को जारी करने के लिए यूआईडीएआई को अधिकृत करता है, अब वह चाहें तो इस जानकारी को अपने रिकॉर्ड में सँभाल कर रख सकते हैं। अशोक पाल सिंह याद करते हुए कहते हैं, ''जब परम्परागत कागज़ आधारित 'आधार' के बारे में एफआईयू से बात करते हुए हमने उनसे पूछा, केवाईसी के लिए आपकी इच्छा सूची कौन सी है?'' उन्होंने संकेत दिया कि वे कुछ ऐसा चाहते हैं जो पूरी तरह ऑनलाइन, व्यावहारिक और तत्काल प्रभावी होने के साथ-साथ त्रुटिरहित और अखंडनीय हो। ये सभी गुण ई-केवाईसी में शामिल किये गये थे।

हालाँकि, पीछे मुड़कर देखने पर यह काफ़ी आसान लगता है, एक व्यावहारिक समाधान पर पहुँचने में हमें काफ़ी समय लगा था। 'आधार' का मूल डिज़ाइन इस तथ्य पर टिका है कि नामांकन के दौरान एक बार किसी व्यक्ति की जानकारी डाटाबेस में प्रविष्ट करने के बाद वह वहीं रहेगी। किसी भी डाटा को वहाँ से हटने की अनुमति नहीं दी जाएगी, और प्रमाणीकरण व सत्यापन के दौरान केवल 'हाँ/नहीं' प्रतिक्रिया देने की ही अनुमति दी जाएगी। केवल 'आधार' धारक व्यक्ति ही ख़ुद अपने डाटा को देख सकता था और आवश्यकता पड़ने पर उसमें सुधार कर सकता था।

किसी भी डाटा द्वारा 'आधार' डाटाबेस से हटने का विचार हम में से बहुतों को बहुत असहज बना देता था, हमारे मन में यह घर कर गया था कि डाटा आ तो सकता है, लेकिन जा कभी नहीं सकता। हमें इस एहसास को समझने में कुछ समय लगा कि ई-केवाईसी समाधान 'आधार' की सुरक्षा और गोपनीयता ढाँचे के अनुरूप ही हैं। यह मानसिक यात्रा काफ़ी शिक्षाप्रद रही, हमारी सोच को उस हद तक ले जाने में मदद की जहाँ से हम 'आधार' को विभिन डोमेन पर लागू किये जाने की कल्पना कर सकते थे। जितना करीब से अशोक पाल सिंह, राजेश बंसल और विरल की तिकड़ी केवाईसी की कहानी से जुड़ी थी, यह कोई आश्चर्य की बात नहीं है कि ई-केवाईसी की अवधारणा को समझ सकने वालों में वे ही प्रथम

थे। बाकी अधिक विरुद्ध थे; स्वयं नन्दन भी पूरी तरह आश्वस्त नहीं थे, और उन्होंने हमारी टीम से एक वैकल्पिक समाधान लाने के लिए कहा था। जो मॉडल हमने प्रस्तावित किया था उसके प्रति हम काफ़ी आश्वस्त थे, और एक अंतिम निर्णय की ओर बढ़ने के लिए, हमने समय के साथ-साथ जाँची-परखी सरकारी परम्परा 'इसे फ़ाइल में रख देते हैं' का सहारा लिया। विरल के अनुसार मामला ठण्डा होते ही अशोक पाल सिंह ने कहा था, ''जिसे भी यह समाधान पसन्द न हो, इस फ़ाइल पर नामंज़ूर कर सकते हैं।'' राजेश बंसल ने यह घोषणा भी की थी, ''कोई भी कभी भी एक पक्की फ़ाइल पर नामंज़ूरी नहीं देगा।''

ई-केवाईसी के डिज़ाइन और वित्त मंत्रालय, एफआईयू व विभिन्न नियामकों के साथ हुए सभी पत्राचारों से युक्त यह 'पक्की' फ़ाइल, इतनी भारी हो चुकी थी कि यह किसी विश्वकोष को कड़ी प्रतिस्पर्धा की चुनौती देने के लिए पर्याप्त थी। इस फ़ाइल का प्रभाव बड़ा ही उत्प्रेरक रहा, निर्णय लेने वालों की सूची में शामिल सभी प्रमुख लोगों ने डिज़ाइन पर हस्ताक्षर किए, तुरन्त बजट आवंटित किए गये और बड़े ज़ोर-शोर से ई-केवाईसी को लागू करने का काम आरम्भ हो गया। सरकारी परम्परागत फ़ाइल व्यवस्था के बारे में आप जो कहना चाहो कहो, स्पष्ट प्रलेखन, उत्तरदायित्वपूर्ण निर्णय-लेना और दीर्घकालिक रिकार्ड रखने की योग्यता की बदौलत उन हरे रंग के गत्तों में बहुत ताकत छुपी होती है।

आम लोगों के बीच ई-केवाईसी का शुभारम्भ

आम लोगों के बीच 'आधार' आधारित ई-केवाईसी के मूल्य को समझने के लिए हमने गौतम भारद्वाज से बातचीत की, गौतम, गरीब लोगों को रिटायरमेंट के लिए कम लागत में बचत शुरू करने में सक्षम बनाने वाले एक सामाजिक उद्यम आईआईएमपीएस (IIMPS—इनवेस्ट इंडिया माइक्रो पेन्शन सर्विसेस) के संस्थापक हैं। उनके अनुसार :

> सितंबर 2014 के शुरू में, हमने कर्नाटक के तुमकुर जिले में पेन्शन योजनाओं के लिए कागज़ और नकद-रहित नामांकन का शुभारम्भ किया। तुमकुर में दूरदराज के गाँवों से स्व-सहायता समूहों की कम आय वाली लगभग 500 महिला सदस्यों ने दस दिन तक प्रतिदिन दो घंटे की रिटायरमेंट साक्षरता समूह मीटिंगों में भाग लिया। जिनमें से करीब 300 महिलाओं ने माइक्रो पेन्शन कार्यक्रम में शामिल होने का फ़ैसला किया। प्रत्येक व्यक्ति के ई-केवाईसी डाटा का उपयोग कर, दोनों उत्पादों के लिए डिजिटल रूप में आवेदन पत्र भरे गये थे। बायोमेट्रिक प्रमाणीकरण

द्वारा प्रत्येक फ़ॉर्म पर डिजिटल तरीके से हस्ताक्षर किए जाते हैं। बैंक द्वारा जारी प्रीपेड कार्ड में योगदान जमा कर दिये जाते हैं जो वास्तविक समय में एक निलंब खाते (एस्क्रो एकाउन्ट) में पहुँच जाते हैं। इस सब के दौरान ई-केवाईसी के साथ व्यावहारिक अनुभव बहुत अद्‌भुत है! पूरी नामांकन और भुगतान प्रक्रिया को पूरा करने में औसतन 3.5 मिनट लगते हैं। फिर फ़ॉर्म और योगदान इलेक्ट्रॉनिक रूप में प्रसंस्करण के लिए आगे भेज दिए जाते हैं।

वास्तव में, आईआईएमपीएस ने कागज़-रहित केवाईसी और भुगतान समाधान को इतना दमदार पाया कि वे अब कनेक्टिविटी की समस्याओं के बावजूद इसे व्यापक स्तर पर अपनाने के लिए ज़ोर दे रहे हैं। भारद्वाज का कहना है, "कुछ गाँवों में, हम इंटरनेट कनेक्टिविटी के कारण एक कार्यान्वयन चुनौती का सामना कर रहे हैं, हालाँकि हमने सभी दूरसंचार सेवा प्रदाताओं के इंटरनेट डाटा कार्ड इस्तेमाल करने की कोशिश की है। हम कुछ समाधान खोज निकालने की कोशिश कर रहे हैं जिसमें सिग्नल बूस्टर भी हो सकता है।"

एक बार जब ई-केवाईसी प्रणाली का निर्माण हो गया, हमें वापस आकर एक बार फिर आधिकारिक स्वीकृति प्राप्त करने के लिए सरकार के चक्कर काटने पड़े। पहले की ही तरह हमने शुरुआत राजस्व विभाग से की, जिन्होंने ख़ुद कानून और न्याय मंत्रालय से यह तुलना करने के लिए कहा कि क्या ई-केवाईसी समाधान को मौजूदा कागज़ आधारित प्रणालियों के समकक्ष माना जा सकता है। कानूनी हरी झंडी मिलने के बाद, राजस्व विभाग ने ई-केवाईसी के उपयोग को स्वीकृति देते हुए एक आधिकारिक नोटिस जारी किया। तीन प्रमुख नियामकों ने भी यही किया, और बैंकों, बीमा संस्थानों और सुरक्षा फ़र्म्स ने ई-केवाईसी प्रणाली को स्वीकारना शुरू कर दिया। अशोक पाल सिंह बताते हैं, "जिस सहयोगात्मक दृष्टिकोण के परिणामस्वरूप ई-केवाईसी का जन्म हुआ, सरकार में वह मिलना काफ़ी दुर्लभ है।" एक कठोर रवैया अपनाने और इसे आपसी खींचतान का मुद्दा बनाने की बजाय, सबकी आवश्यकताओं को पूरा करने वाले केवाईसी समाधान तक पहुँचने के लिए यूआईडीएआई ने राजस्व और एफआईयू विभाग के साथ मिलजुल कर काम किया।

पीएमजेडीवाई (PMJDY–प्रधानमन्त्री जन धन योजना) के शुभारम्भ से बड़े स्तर पर ई-केवाईसी सेवा को अपनाने के लिए बहुत प्रोत्साहन मिला था। इस योजना के प्रावधानों के तहत, तेज़ी से बैंक खाते खोलने के लिए बड़े पैमाने पर ई-केवाईसी का इस्तेमाल किया जाना था। बैंक अब पीएमजेडीवाई के तहत मंज़ूरी प्राप्त 5000 रुपये के ऋण वितरण से पहले 'आधार' और ई-केवाईसी के उपयोग पर ज़ोर दे रहे

हैं, ताकि एक व्यक्ति विभिन्न बैंकों से एक ही ऋण को कई बार न ले सके। आज, यूआईडीएआई प्रतिदिन 50,000 से अधिक ई–केवाईसी अनुरोधों को सँभालती है, और भविष्य में इस संख्या में तेज़ी से वृद्धि का अनुमान है।

उपहार जिससे कुछ मिलता ही रहता है

चलिए, जल्दी से नज़र डालते हैं कि यूआईडीएआई द्वारा सुझाई गयी ई–केवाईसी प्रणाली सेवा प्रदाताओं और ग्राहकों दोनों के लिए एक जीत का प्रस्ताव क्यों है।[4] कागज़ में कटौती का अर्थ है लागत और समय दोनों की बचत; सेवा प्रदाताओं को हज़ारों ग्राहकों के दस्तावेज़ों का प्रबन्धन करने की आवश्यकता नहीं रहती, और क्योंकि सभी रिकॉर्ड इलेक्ट्रॉनिक रूप में तत्क्षण उपलब्ध कराये जाते हैं, दस्तावेज़ सत्यापन और डाटा प्रविष्टि में लगने वाला समय घटकर नहीं के बराबर रह गया है।

नतीजतन, एक्सिस बैंक और उनके जैसे अन्य बैंक अब ग्रामीण और कम सुविधा वाले क्षेत्रों में विस्तार कर सकते हैं, ई–केवाईसी प्रणाली आने से पहले इस प्रस्ताव को कम आर्थिक समझ की निशानी माना जाता था। वित्तीय समावेशन पर सकारात्मक प्रभाव, पहले से अधिक लोगों को औपचारिक वित्तीय क्षेत्र में शामिल कर रहा है, हमारे मूल विचारों का ही एक उदाहरण है, केवल एक नेक सामाजिक लक्ष्य होने के कारण, संगठनों से इस पहल में भाग लेने की उम्मीद करना सही नहीं था। जैसे ही हमने इसके साथ उचित वित्तीय प्रोत्साहन को जोड़कर इसे एक आकर्षक व्यापार मॉडल बनाने की व्यवस्था की, लोग तुरन्त इसमें शामिल होने के लिए तैयार हो गये, और जिस प्रकार पूरा पारिस्थितिकी तन्त्र बढ़ने और फैलने लगा उसकी शायद हमने ख़ुद भी कल्पना नहीं की होगी।

ई–केवाईसी सूचना सुरक्षा और प्रबन्धन में महत्त्वपूर्ण सुधारों का भी प्रतिनिधित्व करता है, एक ऐसे देश के लिए ये विशेष रूप से महत्त्वपूर्ण है जहाँ डाटा गोपनीयता के लिए नियमों की कोई ठोस सूची नहीं है। स्पष्ट सहमति, बायोमेट्रिक सत्यापन और डिजिटल हस्ताक्षर जैसी सुविधाएँ ई–केवाईसी प्रक्रिया को ठोस और छेड़छाड़ रहित बनाने के साथ–साथ पहचान की चोरी करना या जाली पहचान बना पाना असम्भव बनाती हैं।

लेन–देन का हिसाब–किताब रख पाने और उसका आसानी से पता लगने के कारण ऑडिट, हिसाब–किताब की जाँच करना कहीं अधिक सरल हो जाता है। और अन्त में, बात चाहे एलपीजी कनेक्शन प्राप्त करने की हो या बैंक ऋण के लिए

योग्यता निर्धारण करने की, किसी भी ऐसे लेन-देन में जहाँ पहचान के सत्यापन की आवश्यकता है, 'आधार' द्वारा प्रदान ई-केवाईसी मंच सरकारी और निजी दोनों क्षेत्रों के सभी सेवा प्रदाताओं के उपयोग के लिए खुला है। ई-केवाईसी का निर्माण बार-बार स्थानांतरित होने वाले एक अत्यधिक गतिशील समाज की आवश्यकताओं को पूरा करने के लिए भी किया गया है। केवाईसी प्रक्रिया को डिजिटल करने से किसी व्यक्ति की अनुपस्थिति में उसकी पहचान को सत्यापित करने का एक आसान तरीका मिलता है।

हम में से जिसके पास भी पहले से दो या तीन प्रकार की आईडी हैं, और बैंकिंग सुविधाओं का आसानी से इस्तेमाल कर सकते हैं, केवाईसी दस्तावेज़ के रूप में 'आधार' का उपयोग जीवन को कुछ सरल बना सकता है। लेकिन बिना बैंक खातों वाले अधिकतर भारतीयों के लिए, 'आधार' आधारित ई-केवाईसी उन्हें एक संख्या और उँगलियों के निशान के दम पर औपचारिक वित्तीय क्षेत्र में शामिल होने में सक्षम करता है। भारत में 'वित्तीय अस्पृश्यता'[5] को समाप्त करने के उद्देश्य से बनी पीएमजेडीवाई में 'आधार' संख्या को केवाईसी के लिए पर्याप्त सबूत के रूप में स्वीकार करना हमारे प्रयासों को मान्यता देना है। 'आधार' आधारित, एक खुला केवाईसी मंच प्रदान करने से हमें उम्मीद है कि सार्वजनिक या निजी क्षेत्र में जिस प्रकार ग्राहक और व्यापारी परस्पर व्यवहार करते हैं उसमें क्रांतिकारी बदलाव आएगा।

औपचारिक वित्तीय क्षेत्र को सभी भारतीय नागरिकों के लिए खुला कर देना अभी मात्र पहला परिवर्तन है जो ई-केवाईसी प्रक्रिया से आ सकता है। फलस्वरूप, ई-केवाईसी की शक्ति इस तथ्य में निहित है कि इसका इस्तेमाल किसी भी कल्पनीय कार्य के लिए किया जा सकता है जिसमें एक पहचान, एक आवासीय पता या दोनों के सत्यापन की आवश्यकता है। हो सकता है कि किसी हवाई अड्डे में प्रवेश या ट्रेन में सफ़र करने के लिए आपके बायोमेट्रिक्स की दुतरफ़ी पड़ताल ही काफ़ी हो। यही डाटा आपका सिम कार्ड ख़रीदने, वाहन चलाने या आपके वोट डालने के लिए पर्याप्त हो सकता है। एकदम नयी डिजिटल सेवाओं और उत्पादों को विकसित करने के लिए एक इलेक्ट्रॉनिक पहचान के विचार को इस्तेमाल करके हम ई-केवाईसी पारिस्थितिकी तन्त्र के इर्द-गिर्द नये व्यापार मॉडल के एक पूरे समुदाय के फलने-फूलने की उम्मीद कर सकते हैं। प्रत्येक भारतीय के लिए एक डिजिटल पहचान का निर्माण और पूरी तरह कागज़ रहित समाज के रूप में भारत को देखने की चाहत की ओर बढ़ने के लिए ई-केवाईसी पहला कदम है।

6

अर्थव्यवस्था के साथ वस्तु एवं सेवा कर का एकीकरण

सभ्य समाज के लिए जो भुगतान हम करते हैं वह 'कर' है।

—ओलिवर वेन्डेल होम्ज़, 1927

खनौरी में धुन्ध भरी सर्दी की एक सुबह है, पंजाब में एक राज्य चेकनाका है और लक्ष्मण सिंह बेचैन हो रहा है। अड़तीस वर्षीय सिंह, रसायनों से लदा एक ट्रक चला रहा है, और चेकनाका पार करने के लिए यहाँ पिछले छह घन्टे से प्रतीक्षा कर रहा है। देर क्यों हो रही है? सिंह शिकायत करता है, "वे कहते हैं कि उन्हें पिछले चेकनाके से मेरा ट्रक गुज़रने की जानकारी नहीं मिली है। यह मेरी गलती नहीं है।" पास ही खड़ा दिनेश कुमार गुजरात से पंजाब के एक कम्बल के कारखाने के लिए सूत भर कर ला रहा है, कारखाना प्रबन्धकों के बेचैनी भरे कॉल्स काटने के लिए विवश है, जो जानना चाहते हैं कि वह पहुँचा कहाँ है, या कहीं अटक गया है। सिंह और कुमार के आसपास, लम्बी लाइनों में खड़े ड्राइवर, आधिकारिक हरी झंडी मिलने की प्रतीक्षा कर रहे हैं, जबकि उनके सहायक आग के चारों ओर झुण्ड बनाये, गर्माइश लेने के लिए चाय उबालने के साथ-साथ अपनी बोरियत मिटा रहे हैं।[1]

यही हालात केरल और तमिलनाडु के बीच की सीमा के वलायर चेकनाका पर दिखाई दिये।[2] मंज़ूरी मिलने का इन्तजार करते ट्रक नियमित रूप से यहाँ चार से पाँच दिनों तक अटके रहते हैं; 900 करोड़ रुपये का वार्षिक कारोबार चलाने वाले

कपड़ा उद्यमी डी. बाला सुन्दरम तो इस देरी से इतना तंग आ चुके हैं कि अब वह कोचीन में आसपास के अन्तरराष्ट्रीय कन्टेनर टर्मिनल पर भी अपने ट्रक नहीं भेजते। बल्कि उनके लिए सैकड़ों किलोमीटर दूर इसकी विपरीत दिशा में तुतिकोरिन के छोटे बन्दरगाह पर अपने ट्रकों को भेजना इससे कहीं अधिक बेहतर है, जहाँ से उनका माल कोलम्बो, श्रीलंका और वहाँ से दुनिया भर में रवाना हो जाएगा। हालाँकि, इस दिशा परिवर्तन से उनके माल की ढुलाई लागत 20 फ़ीसदी तक बढ़ जाती है, बालाजी का कहना है कि यह घाटा फिर भी ठीक है। ''हम अपने ग्राहकों को एक निश्चित तारीख़ तो दे सकते हैं कि कब माल गन्तव्य पर पहुँचेगा। कोचीन बन्दरगाह के मामले में, हम निश्चित तौर पर नहीं कह सकते कि हमारा कार्गो कब तक पहुँचेगा या कभी बन्दरगाह तक पहुँच भी पाएँगे।''

भारत की सड़कें कुल माल-ढुलाई का दो तिहाई भार वहन करती हैं, लेकिन यात्रा का केवल 40 प्रतिशत समय ही वास्तव में ड्राइविंग में गुज़रता है। बाकी चेकनाकों पर प्रतीक्षा, 'करों' का भुगतान-जिसमें से ग्यारह विभिन्न प्रकार की श्रेणियाँ केवल सड़क परिवहन पर ही लागू होती हैं और स्थानीय अधिकारियों के साथ निपटने में ही खप जाता है।[3] वर्ल्ड बैंक के अनुसार, इस देरी का अर्थ है कि भारत में उत्पादन की ढुलाई लागत अन्तरराष्ट्रीय मानदंडों से दो से तीन गुणा अधिक है; प्रतीक्षा समय को घटा कर आधा करने से 30-40 फ़ीसदी तक विनिर्माण की लागत में कमी आएगी, भारत का विनिर्माण क्षेत्र विश्व स्तर पर और प्रतिस्पर्धात्मक बनेगा।[4]

अकेला विनिर्माण क्षेत्र ही ऐसा नहीं है जिसे भारत के जटिल 'कर' कानूनों के साथ संघर्ष करना पड़ता है—देश में सभी करदाताओं पर यह लागू होता है। उदाहरण के लिए, जब कराधान की बात आती है, जनता और 'कर' अधिकारियों के बीच के सम्बन्ध को एक विरोधात्मक स्वर मान लिया जाता है, यहाँ तक कि सरकारी रेडियो विज्ञापनों पर आपको चेतावनी दी जाती है कि आपकी प्रत्येक महँगी ख़रीद या निवेश को 'कर' वसूली वाला देख रहा है। अपने चुनाव प्रचार के दौरान प्रधानमन्त्री नरेन्द्र मोदी ने 'कर' अधिकारियों और जनता के बीच के सम्बन्ध का वर्णन करने के लिए 'कर आतंकवाद' शब्दावली का प्रयोग करते हुए कहा था, ''आप प्रत्येक नागरिक के साथ एक चोर के जैसा व्यवहार नहीं कर सकते। कुछ गम्भीर विचार की आवश्यकता है और वित्तीय विशेषज्ञों को देखना चाहिए कि 'कर' को सरल कैसे बनाया जा सकता है।''[5] 'चाहे वे व्यक्ति हों या संस्थाएँ, करदाताओं को उत्पीड़न से बचाने के लिए' वित्त मन्त्रालय से भी 'कर' अधिकारियों को निर्देश जारी करने की अपेक्षा की गयी थी।[6]

सैंकड़ों-हज़ारों व्यवसायों और लघु व्यापारियों द्वारा इस्तेमाल किये जाने वाले बिज़नेस एकाउंटिंग सॉफ्टवेयर टैली सॉल्यूशंस (Tally Solutions) के सह-संस्थापक

और भारत की कराधान प्रणाली के साथ गहराई से जुड़े भरत गोयंका के अनुसार, ''सरकार हमेशा इस सिद्धान्त पर काम करती है कि उसका काम कानून बनाना है, और नागरिक का काम कानून का पालन करना है। यह सुनिश्चित करना किसी की समस्या नहीं है कि नागरिक कानून का पालन करने में सक्षम है। कानून का पालन करना नागरिक सुविधा के नहीं, बल्कि उसके अमल के विचार से आता है।''

'कर' वो कीमत है जो हम एक सभ्य समाज में रहने के लिए चुकाते हैं। हमें सुरक्षित रखने के लिए वे हमारी सेना और पुलिस बलों को भुगतान करते हैं, वे हमारी सड़कों, हमारे स्कूलों, बिजली, पानी, वास्तव में हमारे देश द्वारा अपने नागरिकों को प्रदान की जाने वाली प्रत्येक सार्वजनिक सुविधा के लिए भुगतान करते हैं। लेकिन जब वे अच्छी तरह लागू नहीं होते, वे हमारी अर्थव्यवस्था और हमारे नागरिक दोनों को हानि पहुँचाते हैं। हमें एक ऐसी कराधान प्रणाली की आवश्यकता है जो पारदर्शी और स्पष्ट रूप से समझ आने वाले नियमों की एक सूची हो, जो नियम के पालन को सरल और 'कर' चोरी को मुश्किल बनाये। हमारी राय में, प्रौद्योगिकी आधारित सुधार इन दोनों लक्ष्यों पर खरा उतरेंगे।

भारत के टेढ़े-मेढ़े बाज़ार : द यूनाइटेड स्टेट्स ऑफ इंडिया

हिमाचल प्रदेश का बददी शहर, हर प्रकार से आर्थिक सफलता की कहानी के रूप में जाना जाता है; 2000 से अधिक कारखाने होने का गर्व करने वाला बददी, सालाना 60,000 करोड़ रुपये का कारोबार करता है, पूरे राज्य के लिए एक आर्थिक इंजन की भूमिका निभा रहा है।[7] और फिर भी, खुले बाज़ार के नियमों के अनुसार विनिर्माण केन्द्र बनने के लिए बददी एक ख़राब प्रत्याशी है, निकटतम प्रमुख शहर चण्डीगढ़ के लिए वहाँ से कोई रेल परिवहन उपलब्ध नहीं है, स्थानीय ट्रक यूनियनों ने एकाधिकार जमा लिया है जिसकी वजह से सड़क परिवहन एक महँगा सौदा साबित होता है।

तो फिर बददी विनिर्माण की महाशक्ति कैसे बन गया? इस प्रश्न का उत्तर इस तथ्य में निहित है कि वहाँ स्थापित होने वाले कारखानों को केन्द्र ने बड़े पैमाने पर 'कर' रियायत दी थी, जिसमें पाँच वर्षों तक आयकर से छूट के साथ-साथ दस वर्षों तक केन्द्रीय उत्पाद शुल्क 'कर' में रियायत भी शामिल है। अब इन 'करावकाश—टैक्स हॉलिडे' के समाप्त होने से अधिकारियों को चिन्ता सता रही है। बददी को अपने गढ़ के रूप में अपनाने के लिए नयी संस्थाओं के सामने प्रलोभन राशि कम है, और मौजूदा संस्थायें निर्माण में कटौती का विकल्प चुन सकती हैं, परिणामस्वरूप शहर

और राज्य दोनों की अर्थव्यवस्था को बड़े पैमाने पर हानि पहुँचेगी। औद्योगिक कारखाने की स्थापना के लिए जब सहज परिवहन सुविधा जैसे एक बुनियादी नियम को 'कर' महत्त्व के कारण नज़रअंदाज़ कर दिया जाये, तो समझ जाना चाहिए कि 'कर' नीतियाँ बाज़ार-शक्तियों के अनुकूल नहीं हैं, परिणामस्वरूप घोर विकृति पैदा हो रही है।

राजनीतिक और आर्थिक कारणों की गुटबन्दी ने भारत के विनिर्माण क्षेत्र को दीर्घकालिक प्रतीक्षा ढाँचे में उलझा देखा है, भारत के सकल घरेलू उत्पाद (जीडीपी) में इसका योगदान दशकों से 15 प्रतिशत के आसपास ही मँडरा रहा है, चीन, इंडोनेशिया और दक्षिण कोरिया जैसे देशों के लिए यह संख्या 20 प्रतिशत से अधिक है जिन्होंने हमें वैश्विक विनिर्माण केन्द्र बनने में पछाड़ दिया है। समस्या की एक वजह भारत का टेढ़ा बाज़ार है, *'इमेजिनिंग इंडिया'* में नन्दन ने इसका वर्णन 'दबे-कुचले' और 'खण्डित (बिखरे)' के रूप किया है, आँखों पर पट्टी बाँधने वाले आर्थिक नीति फ़ैसलों की विरासत जो विकास और उन्नति को बांधे रखेगी।

भारतीय बाज़ारों की वर्तमान स्थिति को शायद 'अर्ध खुले' रूप में वर्णित किया जा सकता है; पूँजी और श्रमिक, देश भर में स्वतन्त्र रूप से घूमते हैं जबकि माल और कुछ सेवाएँ ऐसा नहीं कर सकतीं। बैंकिंग और दूरसंचार जैसी सेवाएँ पहले से ही साझा बाज़ार से लाभान्वित हैं; वे देश में कहीं भी स्थापित हो सकते हैं और बिना किसी कठिनाई के लोगों को अपने उत्पाद बेच सकते हैं। दूसरी ओर, हमारा विनिर्माण क्षेत्र बड़े पैमाने पर स्थानीय 'कर' ढाँचों और 'कर' रियायतों द्वारा संचालित है, जो श्रम, परिवहन और अर्थव्यवस्था जैसे कारकों की जगह प्राथमिकता हासिल कर लेते हैं, जो कि कामकाज के लिए एक अस्वस्थ और आर्थिक रूप से ग़लत तरीका है।

भारत के दबे-कुचले और बिखरे बाज़ारों को एक एकीकृत साझा बाज़ार के साथ जोड़ने का विचार नया नहीं है। सीधे शब्दों में कहें तो एक साझा बाज़ार, माल और सेवाओं के निर्माण की सुविधा वहाँ प्रदान करता है जहाँ यह उनके लिए आर्थिक रूप से लाभकारी हो, जहाँ बाज़ार में माँग हो वहीं उन्हें बेचा जा सके, और देश भर में इन वस्तुओं और सेवाओं की मुक्त, बेरोकटोक ढुलाई हो सके। 'कर' प्रशासन को एक सरल कराधान व्यवस्था के साथ इस दृष्टिकोण का समर्थन करना चाहिए, जो राज्य सीमाओं पर यातायात का हाल बेहाल करने वाले चेकनाकों को समाप्त कर दे। साझा बाज़ार में एक भली-भाँति सोच कर तैयार की गयी 'कर' व्यवस्था में, 'कर' को महत्त्व देने से व्यापारिक फ़ैसलों पर उसका दुष्प्रभाव नहीं पड़ेगा।

साझा बाज़ार निर्मित करने की दिशा में 'कर' सुधार अभी पहला कदम ही है। इसके साथ कई अन्य क्षेत्रों में भी सुधार होना चाहिए : किसानों के लिए देश के

किसी भी बाज़ार में स्वतन्त्र रूप से अपनी उपज बेचने की सुविधा होनी चाहिए, भूमि सुधार और बेहतर भू-अधिकार प्रणालियों (लैंड टाइटिलिंग) को भूमि के लिए एक देशव्यापी बाज़ार का निर्माण करना चाहिए, और साझा राष्ट्रीय ग्रिड की मदद से उत्पादकों और उपभोक्ताओं के बीच अतिरिक्त बिजली को आसानी से हस्तान्तरित करने की सुविधा होनी चाहिए ताकि देश के सभी भागों में विनिर्माण ईकाइयों की सहायता में सक्षम बिजली का एक मज़बूत बुनियादी ढाँचा निर्मित हो सके। इस अध्याय में, हम 'कर' सुधारों, विशेष रूप से वस्तु एवं सेवा 'कर' (सर्विस टैक्स) के मुद्दों पर ध्यान देंगे, अगले अध्याय में, हम देश भर में माल की निर्विघ्न आवाजाही की सुविधा प्रदान करने के लिए इलेक्ट्रॉनिक टोल (मार्ग-कर) व्यवस्था की क्षमता को जाँचेंगे। यदि भारत को विनिर्माण क्षेत्र में अब तक के अपने निराशाजनक प्रदर्शन से उबरना और वैश्विक बाज़ार में अपनी सही जगह हासिल करने के लिए तैयार होना है तो ये सुधार आवश्यक हैं।

कराधान की जटिल गाँठ की मुक्ति

2005 में 'वैट' (VAT–वैल्यू एडेड टैक्स–मूल्य वर्धित कर) की शुरुआत के साथ भारत के 'कर' कानूनों को सुलझाने के लिए एक बड़ा कदम उठाया गया था। लेकिन, जैसा कि भरत गोयंका हमें बताते हैं, ''इसकी व्यावहारिक शिक्षा दिए बिना, मात्र एक सरकारी योजना की घोषणा कर देने से ही उसे अपनाने का उत्साह पैदा नहीं होगा।'' और इस तरह उनकी कम्पनी ने 'वैट' को बढ़ावा देने के लिए बेहिसाब धन खर्च किया, छोटे व्यापारियों को यह समझाने के लिए कि 'वैट' क्या था और यह कैसे काम करता था, देश भर में कार्यशालाओं और मेलों का आयोजन किया गया। गोयंका कहते हैं, ''हमने अपने सॉफ्टवेयर अधिक नहीं बेचे, लेकिन इस बहाने हमने देश भर में लगभग 300,000 व्यापारियों से मीटिंग की। हमारी कार्यशालाएं इतनी लोकप्रिय हो गईं कि 'कर' अधिकारियों ने भी इनमें भाग लेना शुरू कर दिया था।'' वह याद करते हुए कहते हैं, '' 'वैट' लागू होने के एक वर्ष के भीतर ही 'वैट' को अपनाने की दिशा में एक स्पष्ट बदलाव आ गया था। इससे पहले, ख़रीद और बिक्री को जोड़ने वाली कोई कड़ी नहीं थी–'वैट' ने वो सम्बन्ध स्थापित किया। अपने ग्राहकों से सम्पर्क के दौरान जिस बदलाव को हमने महसूस किया वो इसलिए नहीं था क्योंकि 'वैट' ने लोगों के लिए उनके 'करों' का भुगतान करना अधिक सुविधाजनक बना दिया था, बल्कि इसलिए था क्योंकि उस 'सम्बन्ध' ने लोगों के लिए 'कर' भुगतान से बचना कठिन कर दिया था।''

'वैट' से पहले, हमारे यहाँ एक सोपानित (कैस्केडिंग) 'कर' प्रणाली थी, हर बार निर्माण शृंखला के माध्यम से वस्तुओं की बिक्री के दौरान, कुल कीमत पर एक बिक्री 'कर' लगाया जाता था। जैसा कि साथ दिये आरेख में दर्शाया है, प्रत्येक चरण में 'कर' लगाये जाते थे, और इस भारी-भरकम 'कर' बिल से बचने के प्रयासों में निर्माताओं के लिए बेढंगे प्रलोभन दिए जाते थे। राष्ट्रीय प्रतिभूति डिपॉजिटरी लिमिटेड के पूर्व कार्यकारी निदेशक और कराधान क्षेत्र में बड़े पैमाने पर काम कर चुके टी.कोशी हमें एक उदाहरण देते हैं। ''सोपानित 'कर' प्रणाली ऊर्ध्वाधर एकीकरण का प्रलोभन देती है, ताकि एक ही कम्पनी कम 'कर' चुकाने की कोशिश में विनिर्माण के लिए जितने सम्भव हो उतने बीच के रास्ते अपना सकती है।'' हमारे उदाहरण में, इसका अर्थ है कि सूत बनाने से लेकर तैयार कमीज़ को एक खुदरा स्टोर में बेचने तक पूरी विनिर्माण और आपूर्ति शृंखला को एक ही कम्पनी नियन्त्रित कर रही है। कोशी और ख़ुलासा करते हैं, ''सोपानित प्रणाली में, कोई वस्तु किसी बड़ी कम्पनी द्वारा निर्मित है या कई छोटी कम्पनियों के द्वारा, इसके आधार पर उसके दो अलग-अलग मूल्य हो सकते हैं। कीमत का यह अन्तर केवल कराधान के कारण है, और इस तरह की असमानता को समाप्त करने के लिए ही 'वैट' प्रणाली का निर्माण किया गया है।''

इन असमानताओं को 'वैट' कैसे समाप्त करता है? सोपानित 'कर' प्रणाली की ही तरह, 'वैट' भी निर्माण प्रक्रिया के प्रत्येक चरण पर लागू होता है। महत्त्वपूर्ण अन्तर यह है कि यह माल के कुल मूल्य पर लागू नहीं होता; बल्कि, यह केवल उत्पादन के प्रत्येक चरण पर जोड़े गये मूल्य पर ही लागू होता है। उतना ही महत्त्वपूर्ण, प्रणाली की स्थापना स्व-नियन्त्रण के लिए की गयी है; 'कर' को प्रत्येक चरण से अगले में भेज दिया जाता है, और यदि शृंखला में एक कड़ी चूक कर देती है—उदाहरण के लिए यदि एक निर्माता सही तरीके से 'कर' भुगतान नहीं करता तो पूरी शृंखला बिख़र जाती है। क्योंकि यह प्रत्येक निर्माता द्वारा जोड़े गये मूल्य पर ही लागू होता है कुल मूल्य पर नहीं, जिस प्रकार का ऊर्ध्वाधर एकीकरण जो पहले सोपानित 'कर' प्रणाली में पैदा हुआ था उसकी बजाय 'वैट' विशिष्टता को भी प्रोत्साहित करता है। पारदर्शिता के स्तर को बढ़ा रहा है और 'कर' प्रणाली के साथ खिलवाड़ करना कठिन बना रहा है, परिणामस्वरूप राजस्व संग्रहण में वृद्धि हो रही है और 'कर' अधिकारियों पर निरीक्षण करने का बोझ कम हो रहा है। कोशी कहते हैं, ''करावकाश और छूट के माध्यम से कृत्रिम प्रलोभन निर्मित करने की बजाय 'वैट' आर्थिक विकास का सही परिमाण है।''

जैसा कि नन्दन ने '*इमेजेनिंग इंडिया*' में लिखा है, 'वैट' प्रणाली का सृजन और इसे लागू करना एक अत्यन्त कठिन कार्य था; यह एक जटिल और विवादास्पद

'वैट': कर संग्रहण का एक बेहतर तरीका

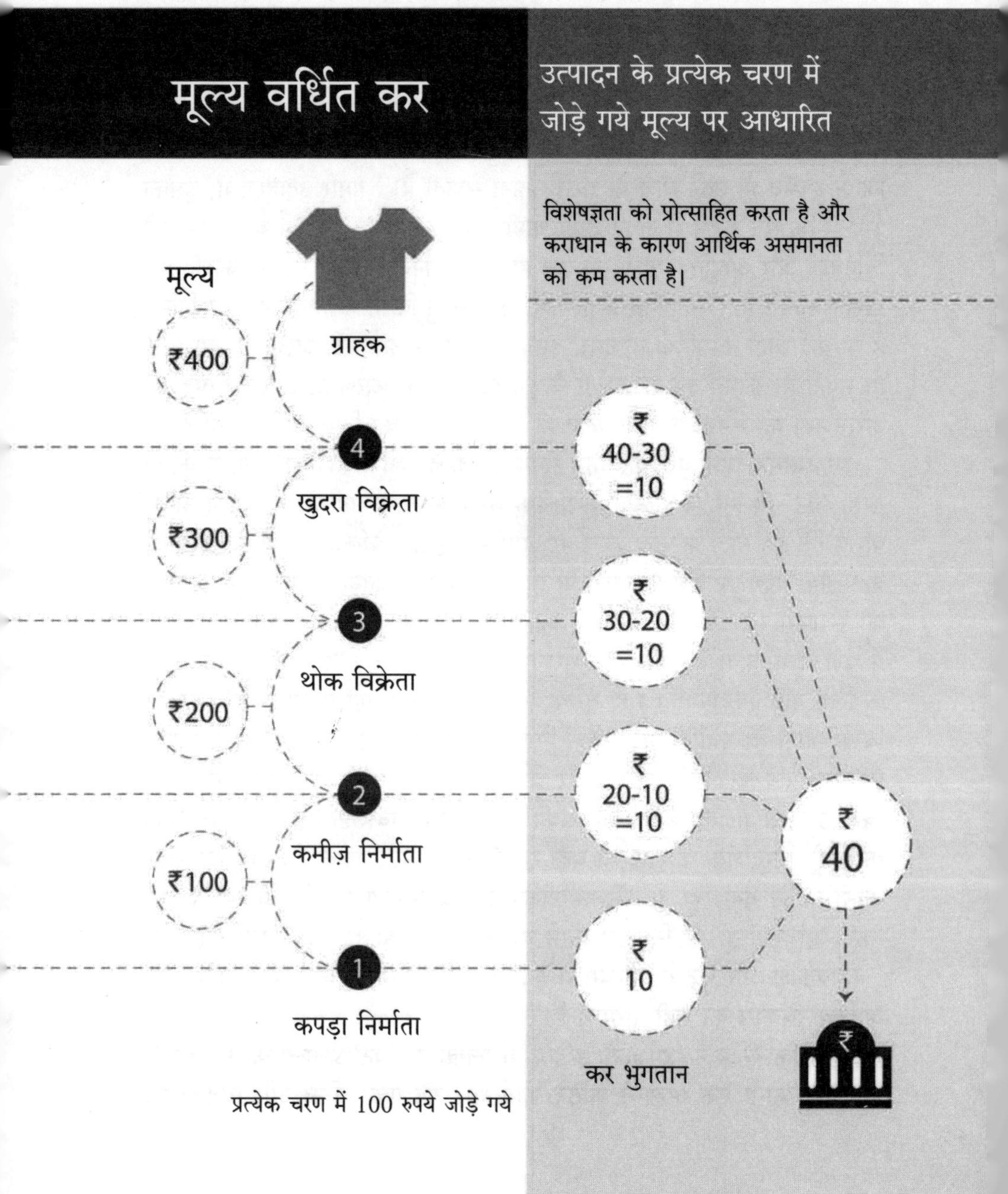

10% काल्पनिक रूप से, हम 'कर' 10% मान लेते हैं।

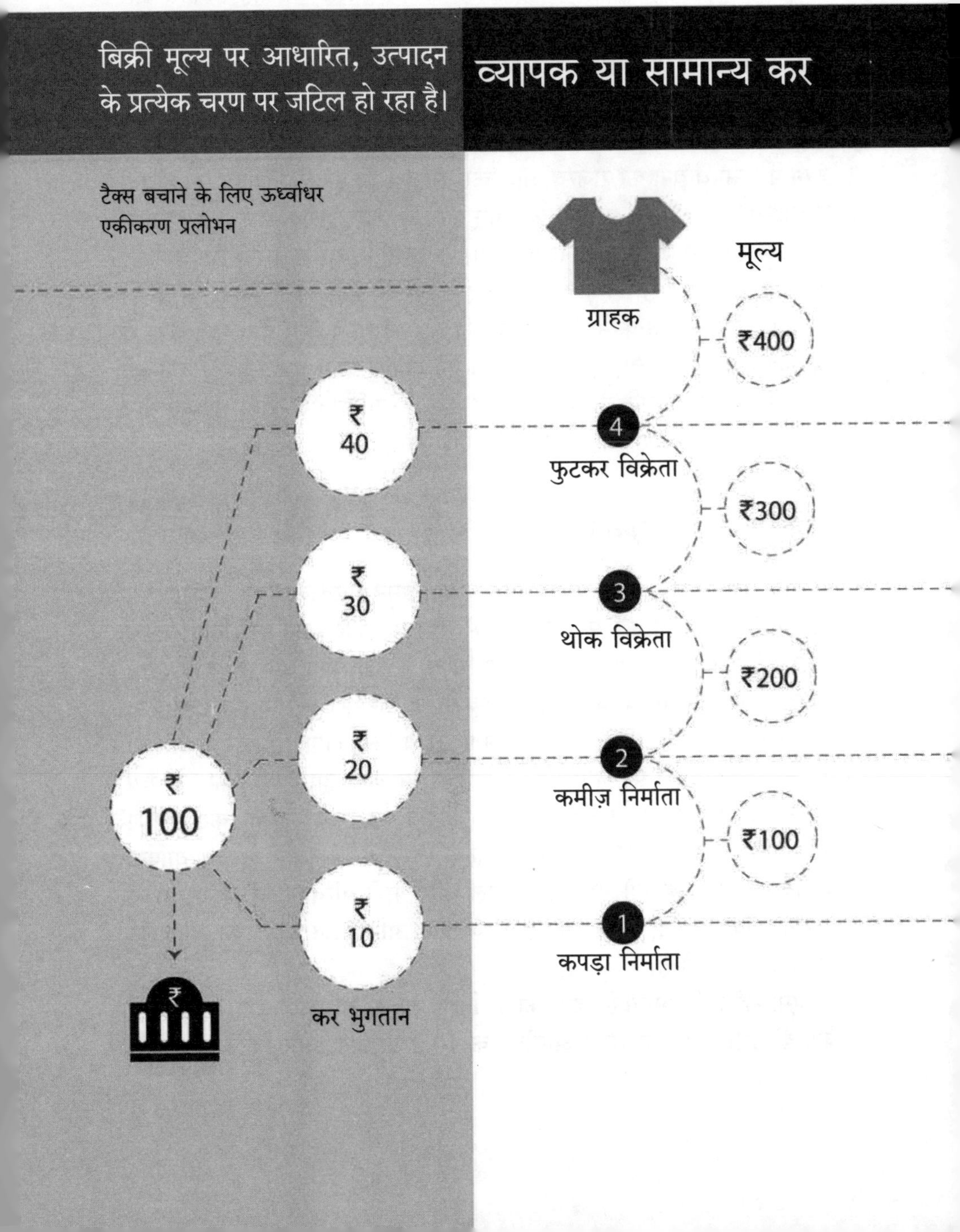

सुधार था जो 1997 में आरम्भ किया गया, और इसमें आगे बढ़ते हुए हर कदम पर बातचीत की गयी। इसमें दो केन्द्र सरकारें, अपने कई विभाजित वफ़ादारों के साथ सभी राज्य सरकारें, कई उद्यमी नौकरशाह और 2007 में भी सुधार पर एतराज़ करने वाले कुछ एक विरोधी राज्य शामिल थे। कुल मिला कर, यह सरकारों और उनकी नौकरशाही की भूलभुलैया द्वारा दशक के आधे से भी ज़्यादा समय के लिए कुछ अच्छे लोगों द्वारा सुधार के लिए सौदेबाज़ी और पैंतरेबाज़ी की कहानी है।

'वैट' की अवधारणा ने राज्य-स्तरीय सरकारों के ज़बर्दस्त विरोध का भी सामना किया जिन्हें भय था कि केन्द्र अब उन्हें अपना कृतज्ञ और स्वतन्त्र रूप से कार्य करने में असमर्थ बना कर राजस्व और 'कर' संग्रहण की उनकी शक्तियों को हथिया लेगा। इस नयी कराधान प्रणाली को लागू करने से पहले प्रत्येक राज्य को आश्वस्त कर उन्हें साथ में शामिल करना पड़ा था। तत्कालीन वित्त मन्त्री पी.चिदंबरम ने, एक बार 'वैट' प्रणाली लागू होने के बाद राज्यों को होने वाली किसी भी प्रकार की हानि की क्षतिपूर्ति करने की पेशकश की थी। जो राज्य वैसे 'वैट' लागू करने में अनिच्छुक थे उनके लिए एक सुरक्षा तन्त्र का निर्माण करते हुए उन्होंने राज्यों को आश्वासन दिया कि यदि वे 'कर' विकास में 17.5 प्रतिशत से थोड़ा भी कम प्राप्त करेंगे तो भारत सरकार उस अन्तर की भरपाई करेगी।

एकीकृत कर, एकीकृत बाज़ार

हालाँकि नयी प्रणाली की शुरुआत शानदार थी, इसने भारत की 'कर' व्यवस्था में परेशानी पैदा कर रहीं कई समस्याओं में से सभी की ओर ध्यान नहीं दिया। सबसे पहले, 'वैट' केवल राज्य स्तर पर काम करता है, जो केन्द्र और राज्य के बीच खण्डित 'कर' की समस्या को अछूता छोड़ देता है—निर्माण के समय माल पर केन्द्र 'कर' लगाता है, और बिक्री के समय उन पर राज्य 'कर' लगाता है। इसके अलावा ये 'कर' उन सेवाओं पर लागू नहीं होते, जिन पर केन्द्र द्वारा सेवा 'कर' के रूप में 'कर' लगाया जाता है। चुंगी प्रणाली, केन्द्रीय एवं राज्य स्तरीय 'कर', प्रवेश 'कर', विभिन्न दस्तावेज़ों पर सरकारी शुल्क, दूरसंचार अनुज्ञप्ति शुल्क, वार्षिक कारोबार 'कर', बिजली पर 'कर', माल और यात्री परिवहन पर 'कर', राज्य स्तरीय उपकर आदि, अभी भी 'करों' के एक अनियन्त्रित समूह का मार्गदर्शन किया जाना बाकी है।

ऐसा नहीं है कि भारत में 'कर' की दरें विशेष रूप से अधिक हैं—2012 में वर्ल्ड बैंक के डाटा में संयुक्त राज्य अमरीका के 10.2 प्रतिशत, और ब्रिटेन और फ्रांस

के लगभग 25 प्रतिशत की तुलना में भारत का 'कर' संग्रह 10.8 प्रतिशत (जीडीपी की प्रतिशतता अनुसार) आंका गया था।[8] समस्या यह है कि यहाँ 'कर' के कई अलग-अलग प्रारूप और दरें हैं। सरकार के विभिन्न स्तरों पर सक्रिय, इस प्रकार की एक बहुपरती कराधान प्रणाली में संदेहास्पद स्थितियाँ पैदा होने की सम्भावनायें बहुत अधिक होती हैं। इन अनिश्चितताओं को 'कर' अधिकारियों द्वारा सुलझाया जाना चाहिए, और मानवी फ़ैसलों पर निर्भर किसी भी जटिल प्रणाली में एकसमान कानून लागू हो पाना वास्तव में असम्भव है। 'कर' विवादों में मध्यस्थता करना भी कीमती समय और संसाधनों की बर्बादी है। कानून पालन के लिए बाध्य करना कठिन हो जाता है, और एक बड़े नौकरशाही तन्त्र की पहुँच पुलिस करदाताओं तक हो चुकी है।

आयात पर उच्च 'कर' के साथ-साथ उत्पाद शुल्क और घरेलू स्तर पर उत्पादित माल पर अन्य 'करों' का परिणाम उत्पादन, खपत और निर्यात का असंतुलित ढाँचा होता है। ग़लत प्राथमिकतायें जो हमारी मौजूदा 'कर' प्रणाली की शाखा हैं 'कर' सारणी में अनुकूल संशोधन करवाने के लिए कम्पनियों को एकजुट होने के लिए बाध्य करती हैं, 'कर' नीतियों को और अधिक बाज़ार-विरोधी परिणामस्वरूप, माल का मूल्य निर्धारण मौजूदा बाज़ार शक्तियों का सटीक प्रतिबिंब नहीं है, एक ऐसे देश में जहाँ उपभोक्ता कीमत में छोटे से उतार-चढ़ाव के प्रति भी विशेष रूप से संवेदनशील माने जाते हैं, यह एक चिन्ताजनक स्थिति है। 'कर' सुधारों का मुख्य लक्ष्य वित्त मन्त्रालय द्वारा लिए गये नीतिगत फ़ैसलों का परिणाम बनने की बजाय उपभोक्ताओं को उनकी ज़रूरतों और वरीयताओं के आधार पर समझदारी से चुनाव करने में सशक्त बनाना है।

काफ़ी समय से अनिर्णित रहे इन मुद्दों को देखते हुए, वस्तुओं और सेवाओं दोनों को शामिल करने वाली एक एकल अप्रत्यक्ष 'कर' प्रणाली जीएसटी (GST–गुड्स एण्ड सर्विसेस टैक्स–वस्तु एवं सेवा 'कर') के विचार पर तब से चर्चा की जा रही है जब 2000 में अटल बिहारी वाजपेयी की सरकार सत्ता में थी। 2003 की एक टास्क फ़ोर्स रिपोर्ट ने जीएसटी को अंतर्निहित करते हुए मूल डिज़ाइन के सुझाव रखे।[9]

जैसा कि भरत गोयंका कहते हैं, "जीएसटी डिज़ाइन के सिद्धांत में सरकार के साथ-साथ नागरिकों की समस्याओं को हल करने के लिए कई अन्य नियमों को शामिल किया गया है, केवल इसी तरीके से आप कानून निर्माण और उस कानून का पालन सुनिश्चित करना दोनों कर सकते हैं।" हमारी 'कर' प्रणाली को व्यवस्थित करने के अलावा, जीएसटी में एक दूसरी महत्त्वपूर्ण विशेषता है कि यह माल की बिक्री होने पर लागू होता है, न कि उस स्थान पर जहाँ उनका उत्पादन हो रहा है,

जिससे यह एक 'गन्तव्य आधारित कर' बन जाता है। व्यावहारिक दृष्टि से, इससे राज्यों के लिए विनिर्माण रियायतों की पेशकश करने का कोई भी प्रलोभन समाप्त हो जाता है। इसकी बजाय, उन्हें इस प्रकार के आर्थिक वातावरण का निर्माण करने पर ध्यान केन्द्रित करना चाहिए जो वास्तविक विकास और उपभोग को प्रोत्साहित करे। बद्दी और उसके जैसे स्थान जहाँ कर में रियायत मिल सकती है, को जन्म दे रहे कृत्रिम प्रलोभन की जगह, एक ही झटके में यह बदलाव एक ऐसी प्रणाली को जन्म देगा, जिसमें माल और सेवाओं का उत्पादन जिस स्थान पर हो रहा है उस स्थान का चयन आर्थिक दक्षता के आधार पर किया जायेगा।

वस्तु एवं सेवा कर द्वारा मुश्किलों का अन्त

आप कैसे पता लगायेंगे कि कोई सरकार एक विशेष सुधार की पहल को लागू करने के बारे में गम्भीर है? हमारे अनुभव में, इस प्रश्न का उत्तर उसके नेताओं द्वारा दिये जाने वाले भाषणों पर गौर से ध्यान देना चाहिए, चाहे वह संसद का बजट भाषण हो या स्वतन्त्रता दिवस पर दिल्ली के लाल किले की प्राचीर से प्रधानमन्त्री द्वारा दिया गया भाषण हो। इन महत्त्वपूर्ण भाषणों में से किसी एक में किया गया उल्लेख आम-तौर पर प्रधानमन्त्री और वित्तमन्त्री कार्यालयों के इरादों की गम्भीरता की ओर संकेत करने के लिए पर्याप्त होते हैं, जो बाद में इन विशेष वादों पर हुई प्रगति पर निगरानी रखना शुरू करते हैं। हालाँकि, यह कोई आश्वासन नहीं है कि काम हो ही जाएगा, लेकिन देश के नेताओं से मिले एक अधिकारी और अत्यधिक सार्वजनिक समर्थन से कम से कम चीज़ें सही दिशा में आगे तो बढ़ने लगती हैं।

और इस तरह वित्तमन्त्री पी.चिदंबरम के 2005-06 बजट भाषण में उल्लेख के साथ जीएसटी लागू करने का कार्य आगे बढ़ना शुरू हो गया।[10] इसके समर्थन के लिए एक क़ानूनी ढाँचे की कमी, एक बड़ी बाधा थी, जिसका जीएसटी को तुरन्त सामना करना पड़ा; यदि जीएसटी को एक वास्तविकता बनाना था, एक संवैधानिक संशोधन पारित किये जाने की आवश्यकता थी, केन्द्र और राज्य दोनों सरकारों को समवर्ती वस्तुओं और सेवाओं दोनों पर 'कर' लगाने की अनुमति दी जाये, जबकि अन्तरराज्यीय वाणिज्य पर केन्द्र द्वारा 'कर' लगाया जाये। संवैधानिक संशोधन मुश्किल हो इसी तरह उसकी रचना की गयी है; क्षेत्रीय और राष्ट्रीय राजनीतिक समर्थन दोनों आवश्यक होते हैं, और जब 'आधार' ने हमें दिखाया कि आम सहमति राजनीतिक समूह नीति द्वारा प्राप्त की जा सकती है, आम-तौर पर यह एक लम्बे समय तक खिंचने वाला मामला होता है, अनियमित गति से आगे बढ़ता है।

हालाँकि जीएसटी के विचार को लेकर राजनीतिक सहमति बनाने के लिए बड़ी मेहनत की जा रही थी, 2003 संस्करण में सुधार करते हुए यूपीए सरकार ने इसे लागू करने के लिए एक विस्तृत योजना तैयार करने का भी मन बना लिया था। पिछली सरकार द्वारा 'वैट' सुधारों के लिए 1999 में इस्तेमाल मॉडल के अलावा उन्हें आगे और कुछ देखने की आवश्यकता नहीं थी। वित्त मन्त्री यशवन्त सिन्हा ने पश्चिम बंगाल के वित्त मन्त्री असीम दासगुप्ता की अध्यक्षता में राज्यों के वित्त मन्त्रियों की एक सशक्त समिति बनायी थी। इस कार्यवाही का उल्लेख नन्दन 'असन्तोष को कम करने के लिए एक गहरी चाल' के रूप में करते हैं, केन्द्र के द्वारा उच्च स्तर से फ़रमान जारी करने की बजाय राज्यों को ख़ुद 'वैट' लागू करने का कार्यभार सौंपने से काम में काफ़ी तेज़ी आ गयी। यूपीए सरकार ने भी जीएसटी के लिए इसी रणनीति का पालन किया। ठीक उसी दौरान वित्त मन्त्री प्रणब मुखर्जी ने भी नन्दन की अध्यक्षता में विशिष्ट परियोजनाओं के लिए एक प्रौद्योगिकी सलाहकार समूह के निर्माण की घोषणा कर दी। जीएसटी, पाँच प्रमुख प्रौद्योगिकी परियोजनाओं में से एक था जिसके लिए इस समूह को एक विस्तृत खाका तैयार करना था।[11]

हम दोनों ने सशक्त समिति की कुछ मीटिंगों में भाग लिया, और सरकार में एक नयी परियोजना निष्पादन के ढाँचे को लेकर नाज़ुक केन्द्र-राज्य की युक्तियों का करीब से जायज़ा लिया। समिति प्रमुख के रूप में तत्कालीन पश्चिम बंगाल के वित्त मन्त्री असीम दासगुप्ता ने प्रत्येक राज्य के वित्त मन्त्रियों से लेकर वित्त सचिवों और राजस्व अधिकारियों तक, सभी के दृष्टिकोणों को शामिल करते हुए बड़ी दक्षता से सारी कार्यवाही का निर्देशन किया।

एक बड़े से वर्गाकार मेज़ से सुसज्जित कॉन्फ्रेंस रूम में मीटिंग हुईं, और हर तरफ़ लगभग दस वित्त मन्त्री, उनकी बगल या उनके पीछे उनके राज्य के अधिकारी बैठे थे। सभी राज्य प्रतिनिधियों को कार्यसूची के प्रत्येक मुद्दे पर अपना मत साझा करने के लिए आमन्त्रित किया गया था। हमने दो मुख्य कारणों से राज्यों को जीएसटी के विचार के साथ गम्भीरतापूर्वक असहज पाया : उन्हें अपने 'कर' लगाने के अधिकार को खोने की आशंका थी, और यदि वे जीएसटी के तहत प्रस्तावित गन्तव्य आधारित 'कर' प्रणाली की ओर कदम बढ़ाते हैं तो राजस्व में समग्र हानि होगी, विशेष रूप से भारी विनिर्माण वाले राज्यों के लिए। उदाहरण के लिए, गुजरात राज्य की माँग थी कि उन्हें जीएसटी पर 1 फ़ीसदी अतिरिक्त 'कर' लगाने की अनुमति दी जाये; राज्य के वित्त मन्त्री, सौरभभाई पटेल ने 2015 बजट से पहले की मीटिंग में कहा, ''जैसे ही हम जीएसटी की दिशा में और आगे बढ़ेंगे, विशेष रूप से प्रारम्भिक वर्षों में जब तक बेहतर अनुपालन का संचित लाभ अधिक राजस्व के रूप में सामने नहीं

आ सकेगा, विनिर्माण और शुद्ध उत्पाद वाले राज्यों के वित्तीय आमदनी पर दबाव पड़ेगा।''[12] एक नयी प्रणाली की ओर कदम बढ़ाते हुए इसके साथ-साथ अन्य राजनीतिक समझौते होना लाज़मी है; इसमें कोई शक नहीं कि केन्द्र को राज्य के राजस्व में किसी भी प्रकार की कमी को पूरा करने का आश्वासन देना होगा, और जिन राज्यों को कुछ प्रोत्साहन की आवश्यकता होगी उन्हें साथ जोड़ने के लिए अन्य प्रलोभनों की पेशकश करनी होगी।

फिर भी, राज्यों को साथ में शामिल करने और 'कर' संरचना, शुल्क, माल और सेवाओं की नकारात्मक सूची; जिन पर जीएसटी के तहत 'कर' नहीं लगेगा, आदि के नीतिगत दिशा-निर्देश स्थापित करना जीएसटी की स्वीकृति और लागू करवाने का सबसे अधिक समय लेने वाला और कठिन हिस्सा नहीं था। हमारे जैसे एक विविधतापूर्ण और विशाल राष्ट्र में देश भर में इस तरह की एक जटिल परियोजना को लागू करने में यह अन्तर एक चुनौती बन जाता है, ठीक ऐसी ही चुनौतियों का सामना हमने 'आधार' कार्यक्रम को लागू करने के दौरान किया था। यदि कार्यान्वयन की बारीकियों पर जाने से पहले सरकार प्रत्येक नीतिगत निर्णय निर्धारित होने की प्रतीक्षा करती, जीएसटी लागू करने के लिए तैयार होने तक वर्षों बीत जाते।

समानांतर में काम करने का एक सा सिद्धांत अपनाने से 'आधार' कार्यक्रम में तेज़ी लाने में मदद मिली, नन्दन ने टास्क फोर्स से घोषणा की, ''कार्यान्वयन रणनीतियों के बारे में सोचना शुरू करने से पहले कानून पारित होने की प्रतीक्षा करना मूर्खता होगी। करने के लिए काम बहुत अधिक है, और यदि हमने तुरन्त शुरुआत नहीं की, जीएसटी की शुरुआत होने से पहले ही हमें पाँच वर्ष का विलम्ब देखने को मिल सकता है।'' कार्यसूची में फ़ौरन किये जाने वाली चीज़ों में से कुछ एक, सामान्य राष्ट्रव्यापी पंजीकरण योजना के तहत प्रत्येक वितरक का पंजीकरण और प्रणाली के संचालन और प्रबन्ध व्यवस्था की प्रक्रियाओं का डिज़ाइन तैयार करना थीं। सॉफ्टवेयर के मापदण्ड सपष्ट करने थे, बैंकों को एकीकृत करना था, सामान्यतः उपयोग होने वाले सॉफ्टवेयर को अपग्रेड करना था, नयी प्रणाली के लिए एकाउन्टेंट और टैक्स प्रोफ़ेशनल्स को प्रशिक्षित करना था, और 'टैली' द्वारा पहले आयोजित 'वैट' शिक्षा मेलों की तरह बड़े पैमाने पर जनता को भी जीएसटी प्रणाली के बारे में शिक्षित करना था। अन्त में, नन्दन ने कानूनी विचार विमर्श के साथ-साथ लोगों के बीच जा कर होने वाले इन सारे कार्यों के लिए जीएसटीएन (GSTN-गुड्स एन्ड सर्विस टैक्स नेटवर्क-वस्तु एवं सेवा कर तन्त्र) के निर्माण का प्रस्ताव रखा। प्रस्ताव को सर्वसम्मति से स्वीकार कर लिया गया, और 2012 के बजट भाषण में वित्त मन्त्री ने वस्तु एवं सेवा कर तन्त्र के गठन की घोषणा की। वित्त मन्त्री द्वारा

एक निश्चित तिथि की घोषणा ने जीएसटीएन के निर्माण हेतु कार्य करवाने के लिए टीम को उचित मात्रा में अधिकार और महत्त्व प्रदान किया।

वास्तविकता का सामना : वस्तु एवं सेवा कर तन्त्र

जीएसटीएन विशेष रूप से जीएसटी को लागू करने वाले केन्द्रीय प्रौद्योगिकी मंच के रूप में कार्य करने के लिए बनायी गयी एक नयी संस्था है। नन्दन की अध्यक्षता वाली विशिष्ट परियोजनाओं के लिए प्रौद्योगिकी सलाहकार समूह (2011) की रिपोर्ट में जीएसटीएन की संरचना का बहुत विस्तार से वर्णन किया गया था, जो इसी प्रकार की सरकारी परियोजनाओं को लागू करने के सामूहिक अनुभवों पर तैयार की गयी थी।

केन्द्र और राज्य सरकारों में प्रचलित 'कर' थोपने और एकत्र करने की शक्ति को देखते हुए, एक केन्द्रीकृत प्रौद्योगिकी मंच निर्माण के किसी भी प्रयास को इस शक्ति सन्तुलन में बदलाव लाने की एक चाल समझा जा सकता था, तत्काल विरोधी पैदा हो जाते। इस प्रकार के सम्भावित असन्तोष को मिटाने का एक सरल तरीका परियोजना के लिए एक उपयुक्त नाम का चयन था। जीएसटीएन वास्तव में कोई आकर्षक नाम नहीं है, विशेषकर एक ऐसी परियोजना का, जो भारत के 'कर' परिदृश्य को पूर्णतः बदल डालने के उद्देश्य से बनी है। (इस मामले में विरल का कहना है, इसके लिए उन्हें ही उत्तरदायी ठहराना चाहिए–उन्होंने रिपोर्ट लिखी और उसे यह नाम दे दिया और अन्त में वही जुड़ गया।) हालाँकि, आकर्षक लगने के अलावा नाम में कुछ और भी है; 'नेटवर्क' जैसे एक निष्पक्ष शब्द में कोई भय दिखायी नहीं देता, जबकि 'अधिकार', 'भारत' या 'राष्ट्रीय' जैसे शब्द केन्द्र की ओर शक्ति परिवर्तन का संकेत करते हैं। केन्द्र-राज्य के किसी भी सत्ता संघर्ष में बिना किसी भागीदारी के सभी हितधारकों को पारिस्थितिकी तन्त्र में शामिल करने वाली मात्र एक पाइपलाइन जीएसटीएन के हमारे लक्ष्य को व्यक्त करने में 'नेटवर्क' ने हमारी मदद की।

पहले ही दिन से, जीएसटी के साथ कार्यान्वयन स्तर की सबसे बड़ी चिन्ताओं में से एक राजस्व संग्रह की वास्तविक प्रक्रिया के आसपास केंद्रित थी। राज्यों को यह स्पष्ट नहीं था कि क्या केन्द्र राजस्व इकट्ठा करेगा, और क्या केन्द्र उसे तुरन्त या शायद देर से या कभी भी उनके साथ साझा करेगा ही नहीं। केन्द्र की ओर से राज्य के लिए धन का प्रवाह ऐतिहासिक दृष्टि से देर से और रुक-रुक कर होता आया है, राज्य की अर्थव्यवस्थाओं के संघर्ष काल में अत्यधिक आवश्यक समर्थन नहीं मिल पाता। इसी इतिहास ने आज की जटिल 'कर' प्रणाली को जन्म दिया है, और

केन्द्र के साथ राजस्व संग्रह शक्तियों को साझा करने के मामले में हमारे राज्यों को गहन संदेहास्पद स्थिति में छोड़ दिया है। अपने ही राजस्व पर नियन्त्रण खोने का प्रस्ताव अनाकर्षक था, और कई राज्यों की खस्ता माली हालत को देखते हुए, संग्रह में किसी भी प्रकार की देरी उनके कामकाज पर प्रतिकूल प्रभाव डाल सकती थी।

इन्हीं चिन्ताओं को दूर करने के लिए, जीएसटीएन को पेशेवर प्रबन्धन के साथ, संयुक्त रूप से केन्द्र और राज्य सरकारों के अधीन, एक गैर-लाभकारी संस्था के रूप में डिज़ाइन किया गया है। डिज़ाइन के अनुसार सरकार बहुमत हितधारक नहीं है, संस्था को एक पेशेवर टीम नियुक्त करने की सुविधा मिलती है। जीएसटीएन की संरचना शक्ति सन्तुलन में बाधा नहीं डालती, और सरकार और जनता दोनों के लिए अत्यधिक आवश्यक समर्थन प्रदान करती है; पेशेवर प्रौद्योगिकी सेवाओं के माध्यम से राजस्व संग्रह विभाग को उनका कार्य और भी आसान लगने लगेगा, और लोगों को एक ग्राहक-हितकारी व्यवस्था का लाभ मिलेगा जिससे करदाता और अधिकारियों के बीच विरोधात्मक रिश्ते में परिवर्तन आयेगा। यह सुविधानुसार कार्य करने की भी अत्यधिक सुविधा प्रदान करता है, संगठन को एक जटिल, अत्यधिक मापनीय प्रौद्योगिकी मंच के निर्माण कार्य के लिए सही लोगों के चुनाव में निवेश करने की आज़ादी मिलती है। जीएसटीएन जैसी संस्था के निर्माण से एक कठिनाई वाले मुद्दे 'अन्तरराज्यीय वाणिज्य के कराधान' का भी हल निकल आता है। एक सार्वजनिक और तटस्थ संस्था जिसका नियन्त्रण सभी हितधारकों द्वारा संयुक्त रूप से किया जाता है अन्तरराज्यीय 'कर' की माँगों को स्पष्ट, समय पर और करदाता-हितकारी तरीके से निपटा सकती है।

हालाँकि इन फ़ैसलों ने एक अनुभवहीन संस्था को एक ठोस आधार प्रदान किया, छोटे-मोटे नौकरशाही मनमुटावों की उचित हिस्सेदारी के बिना कोई सरकार नहीं होगी। नन्दन ने पुरज़ोर सिफ़ारिश की कि अध्यक्ष की नियुक्ति सरकार में से होनी चाहिए, जबकि सीईओ निजी क्षेत्र का कोई पेशेवर होना चाहिए; वह मुस्कुराते हुए याद करते हैं, संगठन प्रमुख भारतीय प्रशासनिक सेवा से होने चाहिएं या भारतीय राजस्व सेवा से, इस प्रकार के एक ऐतिहासिक सुधार को लागू करने के दौरान हुईं सबसे गर्म चर्चाओं में से एक थी।

प्रौद्योगिकी द्वारा संचालित कर संग्रह : पालने में आसान, टालने में मुश्किल

भरत गोयंका एक कहानी सुनाते हैं जो सरल और उपयोग में आसान प्रौद्योगिकी मंचों के महत्त्व को विशद करती है। 'हाल ही में, कर्नाटक राज्य ने अपने 'कर' प्रपत्रों में

एक नये अनुबन्ध को शामिल किया जिसके अनुसार व्यापारियों को बिल (इनवॉइस) का विवरण देना आवश्यक है। ठीक उसी दौरान, उन्होंने हमसे बातचीत करके यह पूछा कि बजाय करदाता इसे अपने हाथ से बनाये, क्या 'टैली' द्वारा ही इस अनुबन्ध को उसमें अपलोड किया जा सकता है। हमने सहमति जताई और जुलाई 2014 में यह सेवा आरम्भ हो गयी। यह सोच कर कि लोगों को नये सिस्टम को समझने में समय लगेगा, पहले महीने में सरकार ने 3000 से अधिक रिटर्न दाखिल किए जाने की उम्मीद नहीं की थी। वे आश्चर्यचकित रह गये, उन्हें 30,000 प्रविष्टियाँ प्राप्त हुई थीं।'

जीएसटीएन के दिल में प्रौद्योगिकी मंच का वास है, जो कार्यान्वयन, संचालन और जीएसटी निरीक्षण की शक्ति प्रदान करता है। इस मंच के लिए एक डिज़ाइन तैयार करने के साथ ही सरकार द्वारा जारी आकर्षक नामों में जैसे 'जीएसटी के लिए आईटी बुनियादी ढाँचे का सशक्त समूह (द एमपॉवर्ड ग्रुप ऑन आईटी इंफ्रास्ट्रक्चर ऑन जीएसटी)', से एक का चयन करना इस समूह का मिशन था। नन्दन की अध्यक्षता में इस समूह ने सितम्बर 2010 में सरकार को एक रिपोर्ट पेश की, जिसमें प्रस्तावित प्रणाली के डिज़ाइन का सिद्धांत, प्रमुख विशेषतायें और कार्य सम्बन्धी लक्ष्यों को रेखांकित किया गया था।[13] लाखों करदाताओं के करोड़ों के लेनदेन को अन्जाम देने के लिए एक सक्षम मंच के निर्माण हेतु, एक पेशेवर, अत्यधिक अनुभवी टीम की ज़रूरत होगी।

जीएसटीएन के मुख्य उद्देश्यों में से एक, करदाता और 'कर' प्रबन्ध सम्बन्धी प्रशासनिक अधिकारियों, दोनों के जीवन को सरल बनाना है। जहाँ तक करदाता का सम्बन्ध है, आयकर विवरणी भरना और 'करों' का भुगतान करना, करदाता के कारोबार-स्तर और स्थान की परवाह किये बिना एक सरल, समरूप प्रक्रिया होनी चाहिए। इसलिए, जीएसटीएन के प्रौद्योगिकी मंच को करदाता के लिए बिना कोई अतिरिक्त प्रयास को ज़रूरी बनाये, कानून पालन को सरल बनाना चाहिए। केन्द्र और अलग-अलग राज्यों में प्रबन्धित नीतियों के एक समरूप समूह को लागू करने से, 'कर' कानूनों के कार्यान्वयन और उन्हें सार्थक बनाने के लिए आवश्यक प्रशासनिक मशीनरी और लागत को भी जीएसटीएन काफ़ी हद तक कम करेगा। प्रौद्योगिकी उपयोग से मिलने वाली पारदर्शिता कर चोरी रोकने, 'करों' में धोखाधड़ी समाप्त करने और हिसाब-किताब की जाँच को आसान बनाने में मदद करेगी। 'कर' संग्रहण को बेहतर बनाने के लिए इस प्रणाली के डाटा का खनन और विश्लेषण किया जा सकता है। आखिरकार, जो भी हो, जीएसटीएन संरचना को राज्यों को दी गयी संवैधानिक स्वायत्तता को समझना और सम्मान करना चाहिए, और राज्य व केन्द्र के बीच संवैधानिक रूप से खींची गयीं सीमाओं को नज़रअंदाज़ नहीं करना चाहिए।

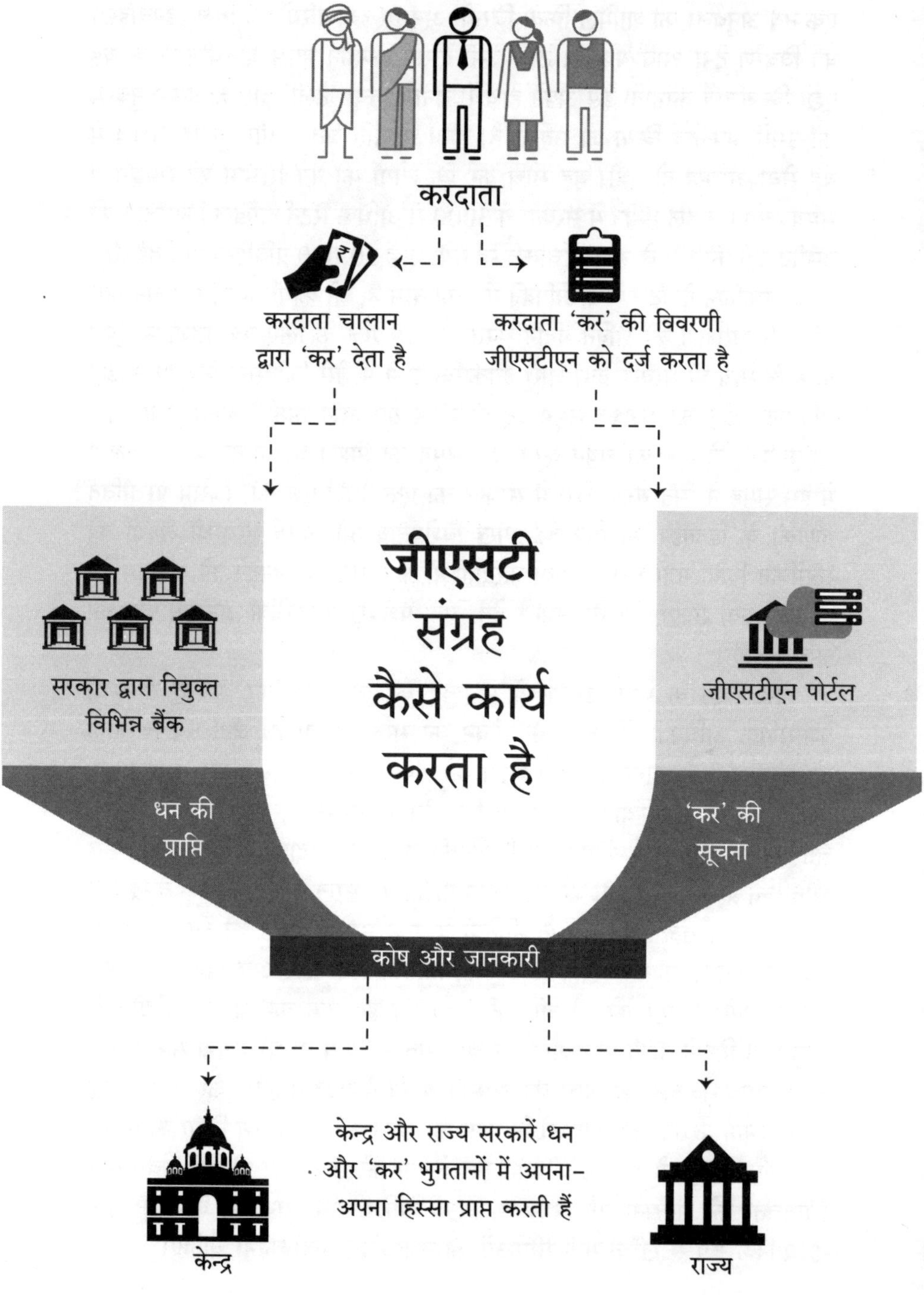
करदाता
करदाता चालान द्वारा 'कर' देता है
करदाता 'कर' की विवरणी जीएसटीएन को दर्ज करता है
जीएसटी संग्रह कैसे कार्य करता है
सरकार द्वारा नियुक्त विभिन्न बैंक
जीएसटीएन पोर्टल
धन की प्राप्ति
'कर' की सूचना
कोष और जानकारी
केन्द्र और राज्य सरकारें धन और 'कर' भुगतानों में अपना-अपना हिस्सा प्राप्त करती हैं
केन्द्र
राज्य

जीएसटीएन निर्माण के लिए हमें, प्रणाली में जो भी हितधारक होंगे, उन सभी की आवश्यकताओं और चिन्ताओं पर ध्यान देने की आवश्यकता होगी। छोटे करदाताओं से यह उम्मीद नहीं की जा सकती कि वे तुरन्त एक पूर्णतः इलेक्ट्रॉनिक 'कर' भुगतान और प्रसंस्करण प्रणाली को अपनाएँगे, और जितना सम्भव हो प्रक्रिया को सरल बनाने के लिए व्यापक जानकारी और प्रशिक्षण दिया जाना चाहिए। कॉर्पोरेट करदाता को देश भर में संचालन और अलग-अलग राज्यों में अलग-अलग 'कर' व्यवस्थाओं के साथ जूझना पड़ता है। 'कर' संसाधन और भुगतान की जटिलता को सँभालने के लिए आम तौर पर उनके पास खुद की आला दर्जे की सॉफ्टवेयर प्रणाली होती है। कॉर्पोरेट टैक्स सॉफ्टवेयर प्रदाताओं को समरूप मापदंडों की एक सूची जारी करके इन प्रणालियों को जीएसटीएन के अनुकूल बनाना चाहिए। इन मापदंडों को भी सभी राज्यों में लागू किया जाना चाहिए, जिससे राज्य अधिकारियों को 'कर' एकत्र करने और नीतियों को लागू करने में आसानी होगी। आखिरकार, 'कर' संग्रह वास्तव में धन इकट्ठा करना ही है, और इसलिए करदाता की जानकारी और भुगतान प्रक्रिया पाने के लिए भारतीय रिज़र्व बैंक और अन्य बैंकों को जीएसटीएन के साथ स्वतन्त्र रूप से काम करने में सक्षम होना चाहिए।

ऐसी चार प्रमुख प्रक्रियाएँ हैं जिन पर जीएसटीएन को अमल करने की आवश्यकता है, हितधारकों को जोड़ने के बारे में हम ऊपर वर्णित कर चुके हैं। पहला करदाताओं का पंजीकरण है। चूँकि पैन कार्ड पहले से ही आयकर भुगतान के लिए इस्तेमाल होने वाला एक सामान्य आईडी है, बेकार के झंझट और एक नये जीएसटी निर्दिष्ट आईडी प्रारूप के निर्माण खर्च से बचते हुए इसे ही जीएसटी के लिए दोबारा उपयोग में लाया जा सकता है। प्रत्येक इकाई द्वारा किये गये प्रत्यक्ष और अप्रत्यक्ष करों के भुगतान को जोड़ना और प्रत्येक करदाता के भुगतान इतिहास का विस्तृत रिकॉर्ड बनाना पैन संख्या के उपयोग का अतिरिक्त लाभ है, इससे भुगतानों के हिसाब-किताब की जाँच और धोखाधड़ी की किसी भी घटना को पकड़ पाना और सरल हो जाता है।

'कर' संग्रह में दूसरी महत्त्वपूर्ण प्रक्रिया चालान बनाने की है। चालान एक भुगतान साधन है जिसका उपयोग सरकार को 'कर' अदा करने के लिए किया जाता है। आर्थिक भुगतान और सम्बद्ध चालान दोनों ही एकत्र बैंकों में जमा होते हैं, बाद में उन्हें सम्बन्धित 'कर' प्रशासन को भेज दिया जाता है।

आखिर में, सभी करदाताओं को अपनी विवरणी दर्ज करनी चाहिए, ताकि केन्द्र और राज्य दोनों यह अनुमान लगा सकें कि करदाताओं ने अपने 'करों' की सही गणना, संग्रह और भुगतान किया है। करदाता पंजीकरण, चालान भरना, और टैक्स रिटर्न का 'दाखिला' ये तीनों प्रक्रियाओं को पूरी तरह स्वचालित और विभिन्न 'कर'

एक आत्म–नियन्त्रित कर प्रणाली जो पारदर्शिता को पुरस्कृत करती है

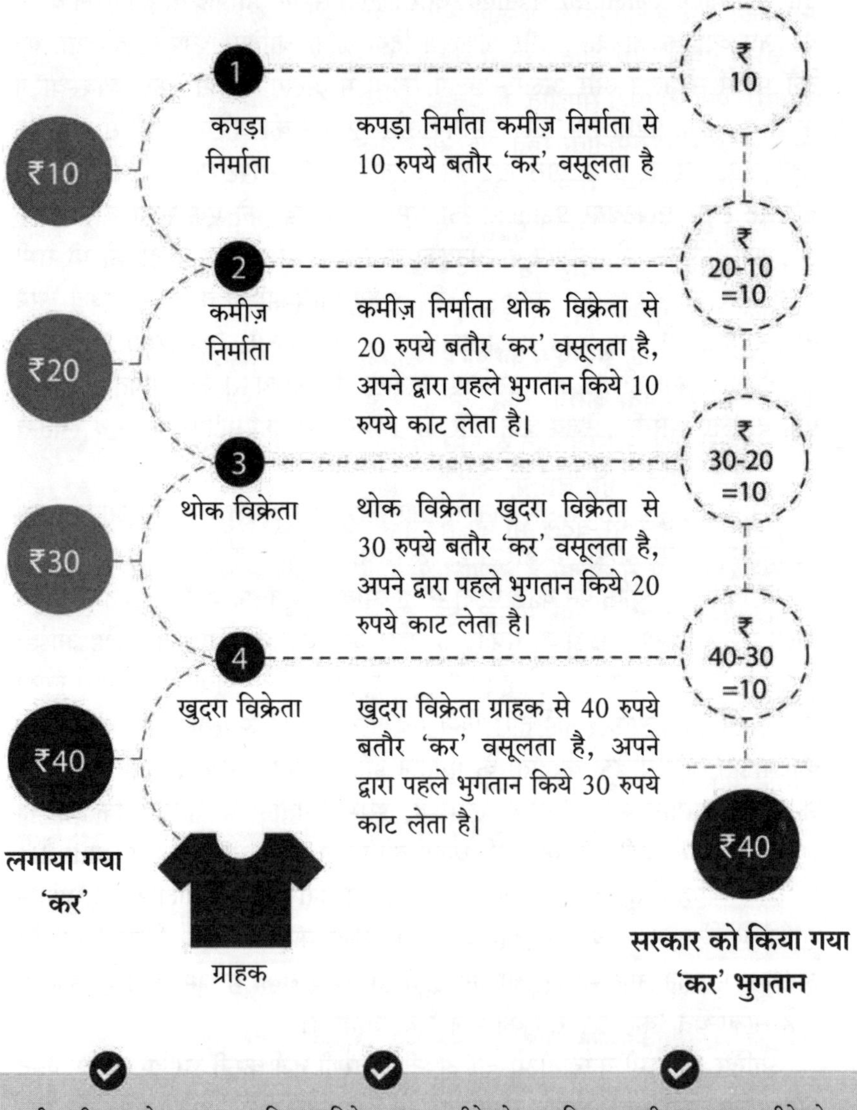

- जीएसटीएन प्रत्येक ख़रीददार और विक्रेता की टैक्स रिटर्न का मिलान करेगा
- यदि एक विक्रेता ग़लत तरीके से कम मूल्य बताता है, ख़रीददार को शिकायत करनी होगी या अधिक 'कर' भुगतान करना होगा
- यदि एक ख़रीददार ग़लत तरीके से अधिक मूल्य बताता है, विक्रेता को शिकायत करनी होगी या अधिक 'कर' भुगतान करना होगा

प्रबन्ध सॉफ्टवेयर पैकेज के साथ एकीकृत किया जा सकता है। इनके अलावा, कर-वापसी (रिफंड) की प्रक्रिया, करदाता के हिसाब-किताब की जाँच और अपील जैसी कई अन्य प्रक्रियाएँ हैं, केन्द्र और राज्यों के राजस्व संग्रह प्रणाली के साथ इनका भी स्वचालन और एकीकरण किये जाने की आवश्यकता है।

चौथी प्रमुख और शायद सबसे महत्त्वपूर्ण और दिलचस्प प्रक्रियाओं में से एक अन्तरराज्यीय जीएसटी समझौते की प्रबन्ध व्यवस्था है। जीएसटी के गन्तव्य-आधारित कराधान ढाँचे के समानांतर रहते हुए, अन्तरराज्यीय वाणिज्य मामले में, जीएसटीएन प्रत्येक राज्य पर दूसरे राज्य के बकाया 'कर' की गणना और राज्यों के खातों को व्यवस्थित करता है। जीएसटी संग्रह और राजस्व बँटवारे की पूरी प्रक्रिया साथ दर्शाये चित्र में विस्तार से समझाई गयी है।

हालाँकि, जीएसटीएन इस जटिल प्रणाली का निर्माण कर सकता है जो सभी हितधारकों से सम्बद्ध इन्टरफ़ेस को परिभाषित करे, और प्रत्येक हितधारक को सेवाओं का एक समूह मुहैया कराये, 'कर' की दरें, अस्वीकार्य सूची, विशेष श्रेणियाँ और ऐसे ही अन्य मुद्दों से सम्बन्धित व्यावसायिक नियमों के बारे में सरकार द्वारा स्वतन्त्र रूप से निर्णय लेकर और बस प्रणाली में अपलोड किये जा सकते हैं, और यहाँ तक कि आवश्यक होने पर बदले भी जा सकते हैं। इस प्रकार नीति-निर्माण और नीति प्रशासन स्पष्ट रूप से अलग हैं, प्रणाली संचालन कहीं अधिक सरल हो जाता है।

राज्य स्तरीय 'वैट' के मामले की ही तरह, जीएसटीएन प्रणाली के सभी ख़रीददारों और विक्रेताओं को भी जोड़ा जाएगा, धोखाधड़ी के लिए बाधाओं को कठिन बनाता है और सरकार के लिए महत्त्वपूर्ण राजस्व को बढ़ावा देता है। 'कर' के मामले में धोखाधड़ी का पता लगाने के लिए जीएसटीएन आसानी से डाटा खनने की तकनीकों का उपयोग कर सकता है, और वर्तमान प्रणाली में मौजूद घपलों जैसे कि 'कर' नियमों का गलत तरीके से उपयोग या अवैध लाभों पर दावा ठोंकने वाले अस्तित्वहीन वितरकों के निर्माण को नियन्त्रित कर सकता है।

प्रौद्योगिकी उपयोग के द्वारा, जीएसटीएन सन्तुलन के झुकाव को 'कर' चोरी की बजाय अनुपालन के पक्ष में ले आएगा, 'कर' भुगतान प्रणाली में प्रवेश की बाधाएँ कम होंगी व भुगतान में धोखा देना बहुत कठिन हो जायेगा। अब तक उठाए गये दृष्टिकोण से यह बिलकुल विपरीत है, जहाँ उपभोक्ताओं को 'कर' का भुगतान करने की अनुमति देने से पहले पुनरीक्षण को महत्त्व दिया जाता है, जबकि धोखाधड़ी का पता लगाने वाली प्रणालियाँ मोटे तौर पर प्रभावहीन और आसानी से धोखे की चपेट में आती रहती हैं। ईमानदार करदाताओं को नयी प्रणाली अधिक पारदर्शी, किफ़ायती और उपयोग में कहीं अधिक सरल लगेगी, जबकि चोर आसानी से पकड़

में आ जायेंगे और सज़ा भुगतेंगे। जैसा कि हमने साथ दिये गये चित्र में समझाया है, जीएसटीएन एक आत्म-नियन्त्रण प्रणाली के रूप में काम करता है जिसमें चोरी के प्रयास स्वचालित तरीके से सामने आ जाते हैं, अनुपालन को आसान और हमारी 'कर' भुगतान प्रणाली को पारदर्शी बनाता है। जीएसटीएन को लागू करने से 'कर' संग्रह में 20 प्रतिशत की अनुमानित वृद्धि हो सकती है, जिससे सरकार के लिए अतिरिक्त राजस्व में 30,000 करोड़ रुपये जमा होने का अनुमान है, देश की ग्रामीण रोज़गार गारन्टी योजना के वार्षिक बिल भुगतान के लिए काफ़ी है।

स्वतन्त्रता के बाद का सबसे बड़ा कर सुधार

भारतीय अर्थव्यवस्था को इसकी पूर्ण क्षमता तक विकसित होने की सुविधा प्रदान करने वाले खुले बाज़ार या ओपन मार्किट के निर्माण के लिए एकीकृत वस्तु एवं सेवा 'कर' का सृजन एक महत्त्वपूर्ण कदम है, एक ऐसा कदम जिसे वित्त मन्त्री अरुण जेटली ने '1947 के बाद सबसे बड़े 'कर' सुधार' का दर्जा दिया है।[14] विरासत में मिली कई कराधान प्रणालियों को समाप्त कर उन्हें एकल, समरूप 'कर' तन्त्र के रूप में प्रभावशाली बनाने का हमारे पास यह एक अभूतपूर्व मौका है। 'करों' को सरल बना कर, हम भारत की विनिर्माण परम्पराओं में पुनर्वितरण को बड़े पैमाने पर प्रोत्साहित कर सकते हैं, जहाँ वस्तु और सेवाओं का उत्पादन वहाँ होता है जहाँ वह किफ़ायती हो और उनका इस्तेमाल वहाँ होता है जहाँ वे सुविधाजनक हों। सभी 'कर' कानूनों के अनुपालन को सुनिश्चित करने में व्यर्थ जाने वाली ऊर्जा की वास्तव में जहाँ आवश्यकता है वहाँ पुनः संचालित किया जा सकता है; प्रौद्योगिकी, चोरी करने वालों के लिए बाधाओं का स्तर बढ़ाने के साथ-साथ अनुपालन को आसान बना सकती है। अन्त में, जीएसटी भारत के कराधान तन्त्र को व्यवस्थित करने से कहीं आगे तक कार्य करता है। दरअसल यह भारतीय बाज़ार, भारतीय अर्थव्यवस्था और 120 करोड़ लोगों की ज़िन्दगियों को पूर्णतः बदलने की क्षमता वाली राष्ट्र निर्माण की परियोजना है।

7

आर्थिक विकास के लिए टकराव रहित राजमार्ग

चाहे कोई किसान हो जो अपने माल को निकटतम बाज़ार तक ढोने का बेहतर ज़रिया चाहता है, या कोई शहरी जो हड्डी-पसली एक करने वाले रास्तों के गड्ढों में गिरे बिना दफ़्तर पहुँचना चाहता हो, किसी भी भारतीय से पूछें कि क्या वे देश भर में बेहतर सड़कों का जाल चाहते हैं, और उत्तर फ़ौरन 'हाँ' में मिलेगा। लेकिन, यदि उसी व्यक्ति से पूछें कि बेहतर सड़क जाल के निर्माण में सहायता के तौर पर वे टोल भुगतान करने के लिए तैयार है, और अचानक उत्तर में उत्साह की कमी दिखायी देगी।

टोल संग्रहण की आवश्यकता के बारे में एक मुक्त व ईमानदार बहस के अभाव में, पूरे मुद्दे का बुरी तरह से राजनीतिकरण हो गया है। टोल के कारण सड़क मार्ग से यात्रा का खर्च बढ़ जाता है, और दैनिक यात्रा के लिए टोल भुगतान वाली सड़क का इस्तेमाल करना गरीब और निम्न मध्यम वर्ग की जेब पर भारी पड़ता है; जिसके परिणामस्वरूप असन्तोष, राजनीतिक लाभ हासिल करने और सुर्खियों में बने रहने वालों के लिए एक आसान लक्ष्य है। लेकिन असली बात यह है कि लोगों के गुस्से का कारण केवल यही नहीं है कि उन्हें टोल चुकाना पड़ता है, बल्कि, जिस तरह से टोल प्रणाली का निर्माण और उसका संचालन किया जाता है उसमें पारदर्शिता की कमी है। दुर्भाग्यवश, अक्सर बदकिस्मत टोल बूथ कर्मचारी इस क्रोध का शिकार बन जाते हैं।

महाराष्ट्र में मुम्बई के बाहर, एक टोल बूथ पर जैसे ही प्रदर्शनकारियों ने धावा बोल कर खिड़की और कम्प्यूटरों की तोड़-फोड़ शुरू की, डरे हुए कर्मचारी भाग खड़े हुए।[1] गुड़गाँव में एक ड्राइवर को जब अपना लाइसेंस दिखा कर यह साबित करने के लिए कहा कि वह नज़दीक के उसी गाँव का रहने वाला है जहाँ के निवासियों को टोल भुगतान में छूट दी गयी थी, इस निवेदन से ड्राइवर इतना नाराज़ हो गया कि उसने गोली चला दी और टोल बूथ कर्मचारी अपनी जान से हाथ धो बैठा।[2] संसद सदस्यों को भी टोल भुगतान में छूट दी गयी है; गुजरात के एक संसद सदस्य जिन्हें टोल प्लाज़ा पर रोक कर छूट का लाभ उठाने वाली फ़ोटोकॉपी की बजाय उनकी मूल संसदीय आईडी दिखाने को कहा। बजाय ऐसा करने के उन्होंने राइफ़ल बाहर निकाल ली।[3]

'टोल', एक आधुनिक, अच्छी देखरेख वाली, देश भर में फ़ैली सड़कों के जाल को इस्तेमाल करने की कीमत है, जिसका भुगतान हमें अवश्य करना चाहिए। समय की माँग एक ऐसी टोल संग्रहण प्रणाली विकसित करने की है, जो प्रभावी होने के साथ-साथ निष्पक्ष भी हो, राजस्व का सर्जन करे, जिससे बुनियादी सुविधाओं के विकास को प्रोत्साहन मिल सके।

कश्मीर और कन्याकुमारी को एक-दूसरे से नज़दीक लाना

मध्य प्रदेश की राजधानी भोपाल के पास ही पन्द्रह किलोमीटर की दूरी पर दो गाँव हैं। इनमें से जो गाँव राष्ट्रीय सड़क जाल का हिस्सा है उसमें पक्की सड़क द्वारा पहुँचा जा सकता है, जबकि दूसरे में नहीं। क्या इससे वहाँ के निवासियों के भाग्य पर कोई फ़र्क पड़ा? पहले वाले गाँव में ज़मीन तीन गुना अधिक महँगी है। लोग 50 फ़ीसदी अधिक धन कमाते हैं, आराम से आना-जाना करते हैं और जिन बागानों की पैदावार छोटे बाज़ारों में वे बेचते हैं उनकी ओर ध्यान देने लगे हैं।[4]

इन दो गाँवों की कहानी बेहतर रोड कनेक्टिविटी (सड़क-सम्पर्क) से पड़ने वाले आर्थिक प्रभाव पर प्रकाश डालती है, एक ऐसा प्रभाव, जिसे पहचानने में हमारी गति ऐतिहासिक दृष्टि से धीमी रही है। कुल यात्री यातायात का लगभग 85 प्रतिशत और कुल माल ढुलाई के 60 प्रतिशत को देखते हुए, हमारे देश भर में लोगों और माल की आवाजाही के लिए सड़कें अत्यन्त महत्त्वपूर्ण हैं।[5] इतनी महत्त्वपूर्ण भूमिका के बावजूद, भारत की सड़कें दशकों तक उपेक्षित रही हैं, ख़राब कनेक्टिविटी और उससे भी बदतर रखरखाव, सड़क परिवहन को अक्षम और कष्टदायक बना रहा है। 1990 के दशक में जा कर कहीं, सरकार ने भारत की सड़कों में सुधार पर गम्भीरता

से विचार करना शुरू किया। प्रधानमन्त्री अटल बिहारी वाजपेयी ने हमारे राष्ट्रीय रोडवेज में भारी फ़ेरबदल को लागू करने के लिए निर्मित एनएचडीपी (NHDP–नेशनल हाईवे डेवलपमेंट प्रोजेक्ट–राष्ट्रीय राजमार्ग विकास परियोजना) की स्थापना का नेतृत्व किया, एनएचडीपी द्वारा उठाये गये क़दमों को बाद में केन्द्र में आयी सभी सरकारों ने आगे बढ़ाया और उनका विस्तार किया, यह प्रमाण है कि अच्छी सड़कों का जाल देश के विकास में कितनी महत्त्वपूर्ण भूमिका निभा सकता है।

एनएचडीपी में स्वर्णिम चतुर्भुज परियोजना प्रमुख थी, एक राष्ट्रीय राजमार्ग प्रणाली जो भारत के चार प्रमुख महानगरों दिल्ली, कोलकाता, चेन्नई और मुम्बई को जोड़ने के लिए निर्मित की गयी थी। जिसके पूरे होते ही, स्वर्णिम चतुर्भुज ने न केवल देश भर के सड़क परिवहन को बेहतर बना कर, माल निर्माताओं के समय और धन की बचत की, बल्कि राजमार्गों के आसपास बसे इलाकों में औद्योगिक विकास और उत्पादकता को भी बढ़ावा दिया। भारत की सड़कों को बेहतर बनाने से करीब 75,000 करोड़ रुपये मूल्य के ईंधन की बचत हो सकती है। सरकार द्वारा सड़कों पर खर्च प्रति दस लाख रुपये से 124 लोग गरीबी रेखा से ऊपर उठते हैं, ग्रामीण सड़कों को बनाने और उनकी देखरेख पर खर्च हर एक रुपये के द्वारा 5 रुपये से अधिक अतिरिक्त कृषि उत्पादन की पैदावार होती है।[6] पहले दुर्गम और अविकसित होनेवाले क्षेत्रों में अब कारखाने संचालित किये जा सकते हैं। वैश्विक बाज़ार में भारतीय वस्त्र और हस्तशिल्प को लाने के लिए प्रसिद्ध फ़ैबइंडिया एक ऐसा ही उदाहरण है, सामुदायिक स्वामित्व वाली संस्थाओं के द्वारा, उन्होंने 55,000 से अधिक ग्रामीण उत्पादकों को रोज़गार प्रदान किया और लगभग 15,000 कारीगर अब इसके भागधारक हैं।[7]

हालाँकि देश भर में कनेक्टिविटी को बढ़ावा देने के लिए भली-भांति निर्मित और अच्छी देखभाल वाले राजमार्गों के जाल से मिलने वाले लाभ बहुत अधिक और स्पष्ट हैं, दुर्भाग्यपूर्ण सच्चाई यह है कि इस तरह की विशाल बुनियादी संरचना वाली परियोजनाओं की लागत का भार सरकार अकेले वहन नहीं कर सकती। जिस प्रकार की गति और स्तर की हमें आवश्यकता है उन सभी सड़कों का निर्माण हम निजी क्षेत्र और उपयोगकर्ता शुल्क की साझेदारी के द्वारा ही कर सकते हैं। सरकार जो राजस्व टोल के रूप में एकत्र करती है उसे फिर से वापस रखरखाव, अधिक सड़कों के निर्माण और बुनियादी ढाँचे के विकास में सहायता के रूप में इस्तेमाल किया जा सकता है।

मौत के कुएँ के खतरों से परे, वर्तमान मैनुअल (बिना मशीन के, हाथ से कोई काम करना) टोल संग्रहण प्रणाली अन्य समस्याओं से भी ग्रस्त है। कम्प्यूटर के द्वारा रसीद बनाना या न बनाना टोल वसूली संस्था पर निर्भर करता है। हाथ से रसीद

तैयार करना एक सुस्त व बोझिल प्रक्रिया है। अधिकतर ग्राहक नकद भुगतान करते हैं, जिसके कारण उन्हें लेनदेन के लिए पर्याप्त पैसे साथ रखने पड़ते हैं, और टोल कर्मचारियों को अपने हाथों से पैसों की गिनती करके, बाकी बचे छुट्टे पैसे लौटाने पड़ते हैं। छुट्टे की कमी होने पर एक बूथ कर्मचारी को दूसरे बूथ के चक्कर लगाते देखना कोई बड़ी बात नहीं है। यह पूरी प्रक्रिया अकुशल, धीमी और घोटालों की सम्भावनाओं से भरी हुई है और इसे यातायात में हो रही बढ़ोत्तरी को सँभालने लायक नहीं बनाया जा सकता। एनएचएआई (NHAI—नेशनल हाईवे अथॉरिटी ऑफ़ इंडिया—भारतीय राष्ट्रीय राजमार्ग प्राधिकरण) सालाना 300 करोड़ रुपये, कुल जमा टोल राजस्व का 15 प्रतिशत घोटालों में गँवा देता है।[8]

भारत के सबसे व्यस्त दिल्ली-गुड़गाँव एक्सप्रेस वे के मामले पर ध्यान दें, वह प्रतिदिन 200,000 से अधिक वाहनों द्वारा इस्तेमाल होता है और मूल रूप से खचाखच ट्रैफ़िक से भरी एक एकल-लेन सड़क को विश्व स्तरीय सड़क में तब्दील करने के लिए डिज़ाइन किया गया था। सार्वजनिक-निजी साझेदारी के तहत निर्मित, दक्षिण एशिया के इस सबसे बड़े टोल प्लाज़ा निर्माण-स्थान को यातायात की निर्विघ्न आवाजाही की सुविधा प्रदान करने के लिए डिज़ाइन किया गया था। लेकिन इसकी बजाय, इस हाईवे पर सबसे अधिक भीड़ वाले समय को 'अखाड़ा प्रतियोगिता' के रूप में याद किया जाता था, अत्यधिक यातायात, बेहद कम बूथ और अकुशल कर्मचारियों की बदौलत यात्रियों को टोल भुगतान के लिए पैंतालीस मिनट तक प्रतीक्षा करनी पड़ती थी। एक आकर्षक विचार की भिड़न्त कड़वी सच्चाई के साथ हो गयी; टोल प्लाज़ा को अब बन्द कर दिया गया है। उम्मीद है कि उसे तोड़ दिया जायेगा।[9]

टोल भुगतान करने के लिए लम्बी कतारों में प्रतीक्षा करने से यातायात जाम कम होने की बजाय अनियन्त्रित होने लगता है, ईंधन की बर्बादी, उपयोग में कमी और टोल वाले राजमार्गों का प्रयोग करने में भारी निराशा जगाने का काम करता है। यह समझते हुए कि आधुनिक, तेज़ गति वाली सड़क जाल के निर्माण के लक्ष्य के लिए काफ़ी हद तक मैनुअल टोल संग्रहण प्रणाली अनुपयुक्त थी, इलेक्ट्रॉनिक टोल के लिए उत्तरदायी आईएचएमसीएल (IHMCL—इन्डियन हाईवेज़ मैनेजमेंट कम्पनी लिमिटेड—भारतीय राजमार्ग मैनेजमेंट कम्पनी लिमिटेड) के वर्तमान सीईओ, रवि पालेकर को देश भर में लागू हो सकने वाली इलेक्ट्रॉनिक टोल संग्रहण प्रणाली डिज़ाइन और विकसित करने के लिए कहा गया। वो याद करते हुए कहते हैं, ''कौन सी प्रौद्योगिकी सबसे अच्छा काम करेगी यह तय करना एक बड़ी चुनौती थी जिसका मुझे सामना करना पड़ा। प्रणाली में घोटालों से लाभान्वित हो रहे लोगों की ओर से

एक अलग प्रकार की चुनौती पेश आयी। आधुनिकीकरण की दिशा में उठाया गया कोई भी कदम जो पारदर्शिता और जवाबदेही लाता है उसके विरोधी हमेशा ही होंगे, और शुरुआती दिनों में मैंने अच्छा खासा संघर्ष किया।''

अन्ततः वह, तत्कालीन सड़क परिवहन और राजमार्ग मन्त्री कमल नाथ के पास गये। पालेकर ने कहा, ''मैंने उन्हें बताया, कौन सी प्रौद्योगिकी उपयोग में लानी चाहिए यह तय करने में मैं एक बड़ी चुनौती का सामना कर रहा हूँ। उन्होंने तुरन्त नन्दन को बुला भेजा और उन्हें इस प्रयास में योगदान देने के लिए कहा।'' सरकार ने 2010 में नन्दन को आधिकारिक तौर पर इलेक्ट्रॉनिक टोल संग्रहण के लिए मौजूदा प्रौद्योगिकियों की जाँच और भारत के सन्दर्भ में सबसे उपयुक्त विकल्प की सिफ़ारिश करने के लिए गठित समिति की अध्यक्षता का काम सौंपा। इस समूह में सम्बन्धित सरकारी निकाय के अधिकारियों के साथ-साथ इसी क्षेत्र के दो विशेषज्ञ बाहर से भी शामिल थे। इलेक्ट्रॉनिक टोल नेटवर्क में सभी सम्भावित हितधारकों: एनएचएआई, छूट का लाभ उठाने वाले, उपयोगकर्ताओं के समूह और प्रौद्योगिकी विक्रेताओं के साथ विचार-विमर्श किया गया था। सरकारी समितियाँ, अधिकतर सभी हितधारकों और वर्णित विचारों के साथ ऐसा ही करती हैं। सफ़ल समितियाँ सभी हितधारकों में आम सहमति लाती हैं, सभी प्रलोभनों में सन्तुलन कायम करती हैं, और उन सिफ़ारिशों को सामने लाती हैं जो कार्यान्वयन का मूल आधार बन जाती हैं।

क्षमता, लागत, एक दूसरे के साथ काम कर सकने का गुण (इंटरऑपरेबिलिटी) और विक्रेता की उपलब्धता जैसे मापदंडों पर अनेक प्रणालियों का मूल्यांकन करने के बाद, प्रस्तावित रूपरेखा आरएफआईडी (RFID–रेडियो फ्रीक्वेंसी आईडेंटिफ़िकेशन) तकनीक पर आधारित थी, जो वाहन पहचान को स्वचालित प्रक्रिया बनने की सुविधा प्रदान करती है।[10] इस पर हमने बाद में चर्चा की है, यह पता चलना खुशी की बात है कि टोल और भुगतान संग्रहण के लिए प्रौद्योगिकी के मामले में की गईं सभी प्रमुख सिफ़ारिशों के साथ-साथ एक राष्ट्रव्यापी इलेक्ट्रॉनिक टोल मंच निर्माण के लिए सबसे उपयुक्त संगठनात्मक संरचना को वर्तमान प्रशासन ने अपनाया और अब उसे लागू किया जा रहा है।

'ज़ूमिंग इन' (बारीकी से जाँच) : आपकी कार के लिए एक 'आधार'

चाहे लोग हों या कारें, उन्हें पहचानने के लिए हमें एक विश्वासार्ह रीति की आवश्यकता है। इस काम के लिए लोगों के पास अब 'आधार' संख्याएँ हैं; जो किसी वाहन के लिए इलेक्ट्रॉनिक टैग के बराबर हैं। इस प्रकार की प्रणाली व्यावहारिक

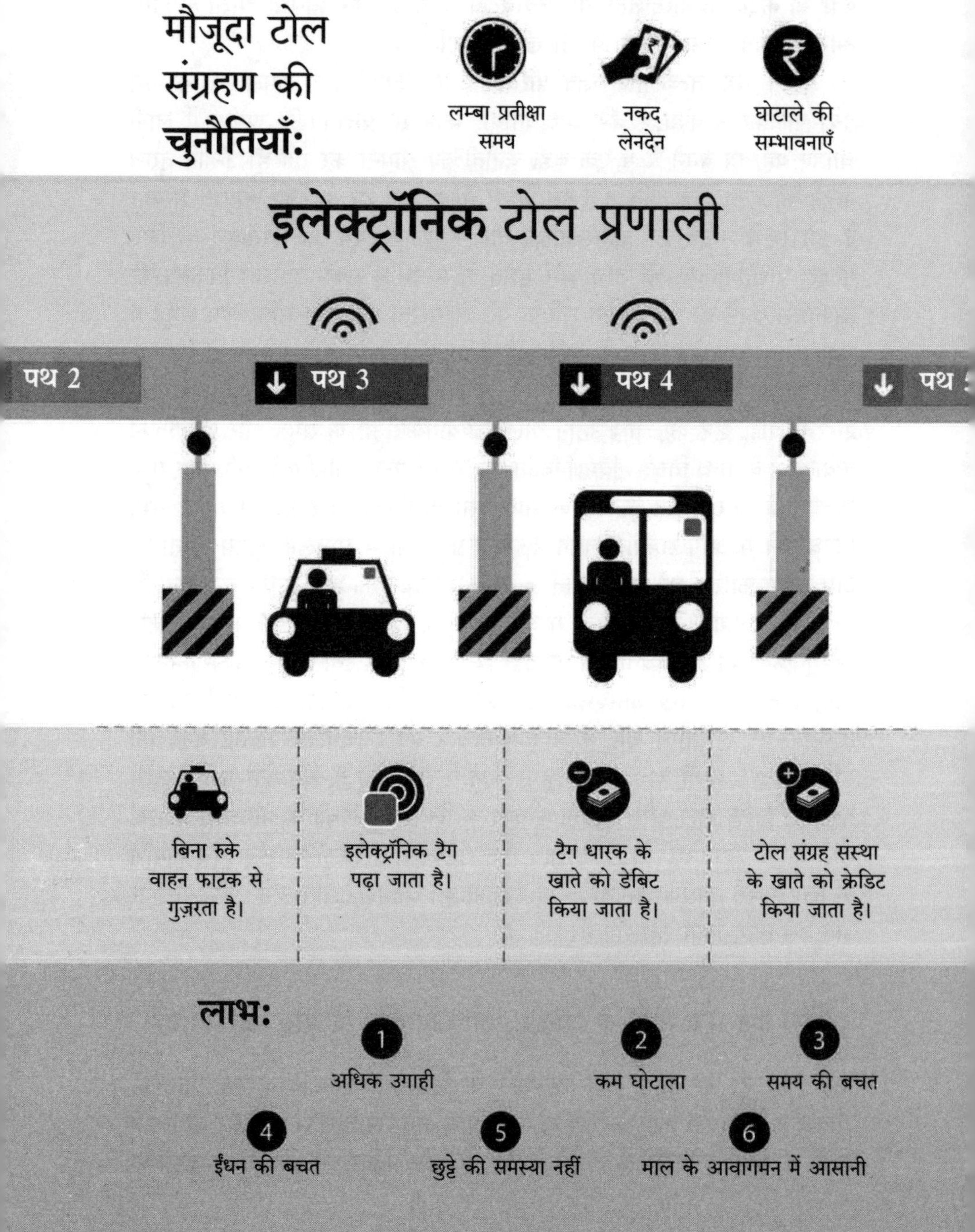
मौजूदा टोल संग्रहण की चुनौतियाँ:
लम्बा प्रतीक्षा समय
नकद लेनदेन
घोटाले की सम्भावनाएँ
इलेक्ट्रॉनिक टोल प्रणाली
पथ 2
पथ 3
पथ 4
बिना रुके वाहन फाटक से गुज़रता है।
इलेक्ट्रॉनिक टैग पढ़ा जाता है।
टैग धारक के खाते को डेबिट किया जाता है।
टोल संग्रह संस्था के खाते को क्रेडिट किया जाता है।
लाभ:
1 अधिक उगाही
2 कम घोटाला
3 समय की बचत
4 ईंधन की बचत
5 छुट्टे की समस्या नहीं
6 माल के आवागमन में आसानी

रूप से कैसे काम करती है? जैसा कि साथ दिए आरेख में समझाया गया है, टोल प्लाज़ा से गुज़रते समय पहचान टैगधारी वाहनों को केवल अपनी गति धीमी करनी पड़ती है। चौक पर स्थापित एक स्कैनर इलेक्ट्रॉनिक रूप से वाहन के विवरण को पढ़ता है, और स्वचालित तरीके से सम्बन्धित प्रीपेड खाते में टोल राशि के बिल को जमा कर देता है। कई प्रौद्योगिकियाँ हैं जिन्हें इस प्रक्रिया के लिए उपयोग में लाया जा सकता है : जैसे सक्रिय और निष्क्रिय (एक्टिव और पैसिव) माइक्रोवेव (लघु तरंगें), अवरक्त (इन्फ्रारेड) और सक्रिय और निष्क्रिय आरएफआईडी (RFID-रेडियो फ्रीक्वेंसी आइडेंटिफिकेशन)। यूरोप और जापान में माइक्रोवेव आधारित प्रणाली आम हैं, जबकि अमरीका में आरएफआईडी आधारित प्रणाली लोकप्रिय है।

तकनीकी गुण और विभिन्न प्रौद्योगिकियों की लागत के आधार पर, समिति ने भारत के लिए सर्वोत्तम समाधान के रूप में निष्क्रिय (पैसिव) आरएफआईडी को चुना। इस प्रणाली के अन्तर्गत, वाहन मालिक को एक रेडियो टैग ख़रीद कर, उसे विंडस्क्रीन (गाड़ी के सामने वाले शीशे) पर अच्छी तरह चिपकाना पड़ता है। इस टैग के अन्दर एक एन्टीना और एक सर्किट छपा है; जो टोल प्लाज़ा में ऊँचाई पर स्थापित रीडर, या ट्रान्ससीवर (एक यन्त्र जो विशेष रूप से एक संयुक्त रेडियो ट्रान्समीटर और रिसीवर की तरह संचार-व्यवस्था को संचारित और प्राप्ति दोनों कर सकता है) द्वारा सक्रिय रहते हैं। इस तरह की प्रणाली अब आम है और लागत में कम है। निष्क्रिय आरएफआईडी व्यवस्था में, ऊर्जा का मुख्य स्रोत स्टीकर की बजाय ऊँचाई पर लगा रीडर है। व्यावहारिक शब्दों में, इसका अर्थ है कि वाहन के मालिक को बदलती बैटरी के बारे में चिन्तित होने या यह सुनिश्चित करने की आवश्यकता नहीं कि उसकी कार पर लगा स्टीकर चार्ज्ड या सक्रिय है। एक बार वाहन पर सही जगह स्टीकर लगने के बाद, मालिक की ओर से रखरखाव की कोई आवश्यकता नहीं पड़ती। वाहन के, नीचे से गुज़रते समय टोल प्लाज़ा रीडर स्टीकर को आसानी से पढ़ सकता है, वर्तमान में लेनदेन में जो समय लगता है वो घट कर न के बराबर रह जाता है।

राष्ट्रव्यापी स्तर पर लागू किए जाने की सम्भावना वाली किसी भी प्रणाली के लिए प्रौद्योगिकी घटक दमदार, व्यावहारिक तौर पर जाँचे-परखे और सस्ते होने चाहिए। आदर्शतः, इनकी आपूर्ति एक से अधिक विक्रेताओं द्वारा होनी चाहिए ताकि सरकार एक ही विक्रेता के साथ बँधने के लिए विवश न हो। आरएफआईडी-सक्षम टोल संग्रहण प्रणाली के लिए, सरकार द्वारा निर्धारित समान विनिर्देशों के अनुसार विकसित टैग और ट्रान्ससीवर के लिए एक से अधिक विक्रेता होने चाहिएं। एक बार विशिष्टताओं का मिलान होने पर, विक्रेता की परवाह किये बिना, कोई भी

टैग किसी भी ट्रान्ससीवर द्वारा (और इसके उल्टा भी) पढ़े जाने में सक्षम होना चाहिए। निष्क्रिय आरएफआईडी प्रौद्योगिकी इन सभी मानदंडों पर खरी उतरती है, और इसलिए, समिति ने इसकी सिफ़ारिश एक इलेक्ट्रॉनिक टोल संग्रहण प्रणाली के निर्माण के लिए प्रौद्योगिकी मंच के रूप में की थी।

'ज़ूमिंग आउट' (व्यावहारिक अनुभव) : इलेक्ट्रॉनिक टोल वसूली

एक बार वाहनों की पहचान करने वाली प्रणाली की स्थापना के बाद, टोल इकट्ठा करने के लिए आपको एक मानकीकृत प्रक्रिया बनानी होगी। इसके लिए क्या करना होगा? सबसे पहले, किसी वाहन पर चिपके टैग को एक प्रीपेड खाते से जोड़ना होगा, ठीक वैसे ही जैसे एक प्रीपेड सिम कार्ड काम करता है। हर बार जब वाहन टोल प्लाज़ा से होकर गुज़रे, खाते से पैसा डेबिट हो जाएगा और टैग का टॉपअप उसी तरह भरा जायेगा जैसे हम अपने प्रीपेड मोबाइल कनेक्शन का टॉपअप भरवाते हैं।

रवि पालेकर हमें बताते हैं, ''जब उपभोक्ता बैंक के साथ पंजीकृत होता है, उन्हें टैग की लागत के रूप में एक बार भुगतान करना पड़ता है। फ़िलहाल, यह लागत लगभग 250 रुपये है। इस पर 'कर' भी जोड़ा जाता है, लेकिन जैसे-जैसे उपभोक्ताओं की संख्या बढ़ती जाएगी इस लागत में काफ़ी कमी आ जायेगी। एक न्यूनतम शेष राशि हमेशा कार्ड में जमा रहनी चाहिए। यह सीमा-रेखा 120 किलोमीटर की दूरी वाले वाहनों की श्रेणी पर लागू टोल राशि पर निर्धारित की गयी है, मोटे तौर पर दो टोल प्लाज़ा से गुज़रने की लागत है। ब्लैक लिस्ट होने से बचने के लिए, जब शेष राशि कम रह जायेगी तब उपयोगकर्ता को उसका एकाउंट टॉपअप भरवाने के लिए एसएमएस अलर्ट मिलते रहेंगे।''

जैसे ही टोल प्लाज़ा और अधिक निपुण होने लगेंगे, परिवहन संचालक तेज़ आवाजाही की निगरानी कर सकेंगे, और टोल सड़क उपयोगकर्ता बिना टोल 'दर' या पूरे छुट्टे पैसे साथ में रखने की चिन्ता किये, बिना कहीं रुके ड्राइव कर सकते हैं। यही टैग देश भर में सभी राजमार्गों के टोल प्लाज़ा पर पढ़ा जा सकता है, ताकि राज्य की सीमाएं अब यातायात के निर्विघ्न आवागमन में बाधा का काम न करें। पिछले अध्याय में की गयी 'कर' सुधारों की चर्चा को साथ में मिलाते हुए, हम एक ऐसी स्थिति की कल्पना कर रहे हैं जिसमें यही राज्य की बाधाएँ जो आज माल और यात्रियों के निर्विघ्न आवागमन में बाधा डालती हैं सभी व्यावहारिक उद्देश्यों के लिए समाप्त हो जाएँगी। हमारे यहाँ एक एकल बाधारहित अखिल भारतीय सड़कों का जाल होगा, कनेक्टिविटी को बढ़ा कर और देश के सबसे दूर-दराज के क्षेत्रों को भी राष्ट्रीय ग्रिड

पर ले आयेगा। ट्रकों को उन राज्यों के नामों का विशिष्टता से उल्लेख करने की कोई आवश्यकता नहीं होगी, जिनमें आने-जाने का परमिट उनके पास है, बल्कि जिनको सांकेतिक शब्दों में टैग में भरा जा सकता है। रंगीन कलाकृतियों व चिरप्रचलित 'हॉर्न ओके प्लीज़' और चेतावनी भरा *'बुरी नज़र वाले तेरा मुँह काला'* जैसे नारों के लिए काफ़ी स्थान होगा, जो हमारे ट्रकों के कारवाँ को भारत की सड़कों का एक यादगार हिस्सा बना देते हैं।

इलेक्ट्रॉनिक टोल भुगतान प्रणाली की व्यापक रूपरेखा काफ़ी हद तक दूरसंचार प्रीपेड मॉडल के समान है। टैग वितरण, उपयोगकर्ताओं का पंजीकरण और वास्तविक लेनदेन इस प्रकार के टोल तन्त्र के तीन मुख्य घटक हैं। यह देखते हुए कि टैग (स्टीकर), लागत में कम और ढुलाई में आसान हैं, एक बड़े खुदरा पारिस्थितिकी तन्त्र, जहाँ वे बिक्री के लिए उपलब्ध हो सकें, की कल्पना कर पाना सम्भव है। वाहन मालिकों द्वारा पेट्रोल पम्पों और सर्विस स्टेशनों का अक्सर दौरा किया जाता है, और इन स्थानों पर ठन्डे पेय पदार्थ, डिब्बा बन्द नाश्ता और मोटर तेल के डिब्बों के साथ-साथ टैग रखना समझदारी भरा कदम होगा, आखिरकार, अधिकतर खुदरा दुकानों पर टैग बिक्री के लिए उपलब्ध होंगे।

अगला कदम रिचार्ज केन्द्रों का निर्माण है, जहाँ टैग में पैसे भरवाये जा सकें। वैसे ही जैसे मोबाइल फ़ोन उपभोक्ता किसी शानदार मोबाइल शोरूम या किसी नुक्कड़ की दुकान कहीं से भी अपने प्रीपेड खातों में टॉपअप भरवा सकते हैं, उसी प्रकार टैग धारकों के पास भी अपने खातों का टॉपअप भरवाने के लिए बड़ी संख्या में विकल्प होने चाहिए। अंततः, सकल इलेक्ट्रॉनिक भुगतान प्रणाली जिसकी चर्चा हम पहले के एक अध्याय में कर चुके हैं, के उपयोग द्वारा टैग रिचार्ज करवाना ऑनलाइन भी सम्भव होना चाहिए।

आज, टोल प्लाज़ा पर टॉपअप पहले से ही भरवाये जा सकते हैं। रवि पालेकर ने हमें बताया कि इलेक्ट्रॉनिक टोल प्रणाली जिस सुविधा की पेशकश करती है उसे देखते हुए ट्रक समूहों के मालिकों ने इसे अपनाने में तत्परता दिखाई है। अब उन्हें अपने ड्राइवरों के हाथ में नक़द धन नहीं देना पड़ता, और वो अपने कार्यालय की सुविधानुसार प्रत्येक वाहन का बैलेंस आसानी से रिचार्ज करवा सकते हैं, नक़द टोल भुगतान करने की प्रतीक्षा से बचने के कारण ड्राइवर समय और ईंधन की बचत करते हैं।

इस प्रकार के टोल संग्रहण मंच की व्यवस्था कैसे होगी? इस समस्या का अध्ययन करने वाली समिति ने एक सीईएस (CES–सेन्ट्रल इलेक्ट्रॉनिक टोल कलेक्शन सिस्टम–केन्द्रीय इलेक्ट्रॉनिक टोल संग्रहण प्रणाली) निर्मित करने की सिफ़ारिश की

थी, जो इस प्रणाली के सभी भागीदारों को जोड़ेगी, विक्रेता रेडियो टैग जारी करेंगे, उपयोगकर्ता अपने प्रीपेड टैग में पैसे भरवायेंगे, टोल प्लाज़ा संचालक उनसे रियायत पाने वालों के खातों को सँभालेंगे—साथ ही सरकार को रिपोर्ट भी उपलब्ध कराएँगे। सीईएस सभी हितधारकों के खातों का प्रबन्धन सँभालने के साथ-साथ टैग जारी करने और रिचार्ज व्यवस्था और लेनदेन की प्रकिया जैसे अन्य कई कार्यों की भी देखरेख करेगी। टोल प्लाज़ा को पहले से ही टैग रीडर का उपयोग करने और सीईएस तन्त्र से जुड़ने के लिए अपग्रेड किया जा रहा है।

इलेक्ट्रॉनिक टोल संग्रहण का लाभ उठाने के लिए इसकी गति तेज़ होनी चाहिए, टोल का लेन-देन ऑनलाइन होने पर कोई भी वाहन टोल प्लाज़ा पर एक मिनट भी बेकार खड़ा नहीं रह सकता। प्रक्रिया में जहाँ तक सम्भव हो उतनी तेज़ी लाने के लिए, प्रत्येक टोल प्लाज़ा को इंटरनेट के माध्यम से केन्द्रीय प्रणाली से जोड़ना चाहिए। वाहन का टैग स्कैन होना चाहिए, खाते की शेष राशि जाँची जायेगी, खाते में से उपयुक्त राशि डेबिट कर दी जाती है और किसी वाहन को प्लाज़ा से गुज़रने में कुछ ही क्षण लगते हैं, ये सभी लेनदेन सीईएस में दर्ज होने चाहिएं। पालेकर समझाते हैं, ''वास्तव में, कनेक्टिविटी एक चुनौती है, क्योंकि टोल प्लाज़ा अक्सर दूरदराज के क्षेत्रों में होते हैं। दरअसल हर आधे घन्टे में टोल प्लाज़ा को केन्द्रीय मंच के समक्रमिक (सिंक्रनाइज़) बनाया जाता है, वहाँ से गुज़र चुके और टोल वसूली किये जाने वाले सभी वाहनों की सूची को अपलोड और अपराधियों की ब्लैकलिस्ट को डाउनलोड किया जाता है। कनेक्टिविटी में सुधार होने से ये लेन-देन तत्क्षण और ऑनलाइन हो सकते हैं।''

इस पूरी प्रणाली की सफलता, विश्वसनीयता और सुविधा पर निर्भर करती है। टोल प्लाज़ा से गुज़रने वाले वाहनों को स्कैन करने वाले उपकरणों की देखरेख करने की ज़िम्मेदारी उन छूटग्राहियों की है जो टोल प्लाज़ा को संचालित करते हैं। आसान रिचार्ज से लेकर टोल भुगतान तक, भुगतान प्रक्रिया की विश्वसनीयता उतनी ही महत्त्वपूर्ण है। टोल संग्रहण के वित्तीय पहलू की देखरेख बैंक करेंगे; प्रतिस्पर्धा प्रोत्साहन और मज़बूत भुगतान प्रणाली के निर्माण हेतु, आवश्यक है कि कई बैंकों को भाग लेने की अनुमति दी जाये। फ़िलहाल दो प्रतिभागी, आईसीआईसीआई और एक्सिस बैंक हैं, और टोल प्रणाली का विस्तार होने पर औरों को भी शामिल किया जा सकता है।

आईएमएचसीएल टैग के डिज़ाइन को इस तथ्य पर भरोसा है कि प्रणाली में और भी बैंकों के शामिल होने की उम्मीद है। प्रत्येक टैग की एक संख्या है, जिसके पहले दो अंक टैग जारी करने वाले बैंक की पहचान के लिए आरक्षित हैं। इस प्रकार, यदि वाहन मालिक को एक्सिस बैंक से टैग मिला है, जब वह किसी टोल प्लाज़ा से

होकर गुज़रता है, रीडर पहले दो अंकों पर ध्यान देगा, जारीकर्ता की पहचान करेगा और फिर उन्हें लेन-देन कार्रवाई के लिए एक्सिस बैंक में भेज देगा। बैंक टैग की शेष राशि की जाँच कर टैग धारक के खाते से पैसा काट लेगा।

बेशक, धोखाधड़ी के लिए संभावनाएँ फिर भी हैं। यहाँ तक कि ऐसी स्थिति में जहाँ सभी वाहनों पर एक उपयुक्त टैग लगाने की आवश्यकता है, तो भी लोग प्रणाली के साथ खिलवाड़ करने की कोशिश कर सकते हैं। उदाहरण के लिए, किसी कार या ट्रक के मालिक अपने वाहन पर मोटरसाइकिल का टैग चिपका सकते हैं ताकि उन्हें कम शुल्क देना पड़े। लोग भुगतान किये बिना टोल प्लाज़ा को तेज़ी से लाँघने की कोशिश भी कर सकते हैं। इस प्रकार की धोखाधड़ी न हो सके, यह सुनिश्चित करने के लिये प्रणाली विकसित की जा रही है। टोल प्लाज़ा कैमरों से लैस हैं जो तेज़ी से गुज़रती लाइसेंस प्लेट को पढ़ सकते हैं और अपराधियों को रिकॉर्ड कर सकते हैं, टैग रीडर के ख़राब होने की स्थिति में यह बैकअप का काम करता है। यह पूरी इलेक्ट्रॉनिक टोल संग्रहण प्रक्रिया, भुगतान को सरल और तेज़ बनाने के साथ-साथ घोटालों को मुश्किल और कानून द्वारा दण्डनीय बनाने के लिए डिज़ाइन की गयी है। उपयुक्त कानूनी समर्थन के साथ इतनी मज़बूत जाँच प्रणाली सम्भावित चोरों से रक्षा करने का कार्य करती है।

वर्तमान में इलेक्ट्रॉनिक टोल

केन्द्र सरकार ने ईटीसी (ETC-इलेक्ट्रॉनिक टोल कलेक्शन नेटवर्क-इलेक्ट्रॉनिक टोल संग्रहण तन्त्र) को राष्ट्रव्यापी स्तर पर आधिकारिक रूप से आरम्भ करने का निर्णय लिया है। 340 टोल प्लाज़ा में से एक सौ साठ को पहले से ही ईटीसी प्रणाली के साथ जोड़ा जा चुका है। मुम्बई और अहमदाबाद राजमार्ग के बीच प्रारम्भिक परियोजनायें चलायी गयीं, और दिल्ली-मुम्बई रास्ते के पचपन टोल प्लाज़ा पर ईटीसी प्रणाली स्थापित की गयी है, जिसने इसे मार्ग में बिना कोई रुकावट एक आरामदायक यात्रा बना दिया है। रुकावट रहित कनेक्टिविटी पाने के लिए अगला नाम मुम्बई-चेन्नई राजमार्ग का है। इसके अलावा, सरकार ने घोषणा की है कि भविष्य की सभी राजमार्ग परियोजनाओं में ईटीसी मार्गों के लिए प्रावधान अवश्य होना चाहिए।[11] कोलकाता के इन्डियन इंस्टीट्यूट ऑफ़ मैनेजमेंट (भारतीय प्रबन्धन संस्थान) और ट्रान्सपोर्ट कॉर्पो रेशन ऑफ इंडिया द्वारा किये गये एक अध्ययन पर आधारित,[12] टोल प्लाज़ा पर हुई हानि की ऐवज़ में ईटीसी प्रणाली उत्पादकता में अर्थव्यवस्था के लिए अनुमानत: 87,000 करोड़ रुपये सालाना की बचत कर सकती है।

धरातल पर लौटते हुए, दो भागीदार बैंक, आईसीआईसीआई और एक्सिस बैंक, दिल्ली–मुम्बई राजमार्ग के आसपास संचालित होने वाले सरकारी इलेक्ट्रॉनिक टोल कार्यक्रम का हिस्सा हैं।[13] आईसीआईसीआई बैंक की प्रबन्ध निदेशक और सीईओ चन्दा कोचर ने यह दोहराते हुए कहा, ''ईटीसी काफ़ी हद तक उपयोगकर्ताओं के लिए सुविधा बढ़ाता है, और हमें विश्वास है भारत में नकद रहित भुगतान विकास के योगदान में यह अत्यन्त महत्त्वपूर्ण भूमिका निभाएगा।''

आईएमएचसीएल संगठन को राष्ट्रीय इलेक्ट्रॉनिक टोल संग्रहण तन्त्र की स्थापना और देखरेख का काम सौंपा गया था, और इसकी संरचना उसी जीएसटीएन के समान है जिसकी हमने पिछले अध्याय में चर्चा की थी। एनएचएआई, निजी छूटग्राही जिन्हें टोल बूथ संचालन का काम सौंपा गया है, और भुगतान प्रक्रिया सँभालने वाले वित्तीय संस्थानों के बीच सहभागिता के रूप में इसे डिज़ाइन किया गया है। रवि पालेकर के शब्दों में, ''यह डिज़ाइन, निजी क्षेत्र का बढ़िया व्यवहार और सरकारी क्षेत्र का नियामक नियन्त्रण व निरीक्षण, दोनों क्षेत्रों के सर्वोत्तम गुण स्थापित करता है।'' संस्था में एनएचएआई की हिस्सेदारी 25 फ़ीसदी है, 25 फ़ीसदी वित्तीय संस्थानों की है, और शेष छूटधारकों के खाते में जाती है। इस हिसाब से, संचालन और रखरखाव की बारीकियों में पड़े बिना सरकार का कूटनीतिक नियन्त्रण बरकरार रहता है। ये वही विचार हैं जिन्होंने जीएसटी की स्थापना का मार्गदर्शन किया था, और अन्य डोमेन पर भी इन विचारों का आदान–प्रदान होता देख ख़ुशी होती है।

बड़ी सोच : केवल टोल ही नहीं एक पारिस्थितिकी तन्त्र भी

एक बार रेडियो टैग वाले प्रत्येक वाहन को भुगतान खाते से जोड़ने से, अब हमारे पास एक राष्ट्रीय तन्त्र है जिसका इस्तेमाल मात्र टोल भुगतान के अलावा अन्य कई चीज़ों के लिए भी किया जा सकता है। जैसा कि पालेकर कहते हैं, ''वाहन के लिए टैग एक विशिष्ट पहचानकर्ता बन जाता है, और केवल टोल के अतिरिक्त भी कई कार्यों के लिए इस्तेमाल किया जा सकता है। यह एक स्वचालित वाहन पहचान प्रणाली की तरह काम करता है, और ईटीसी जिसमें से केवल एक काम है।'' सभी बैंकों में काम करने वाली और देश भर में फैली एक प्रीपेड टोल प्रणाली, परिवहन सम्बन्धित अन्य प्रकार के भुगतानों के लिए उपयोग में लायी जा सकती है। राज्यों और शहरों में स्थानीय टोल के लिए भुगतान, पार्किंग शुल्क, यातायात नियमों के उल्लंघन पर जुर्माना, सड़क और वाहन 'कर' और किसी भी अन्य प्रकार का लेनदेन जिसमें उपयोगकर्ता द्वारा भुगतान की आवश्यकता हो, इसमें शामिल किये जा सकते हैं।

यातायात जाम को कम करने के लिए कन्जेशन (जाम) 'कर' लगाने से ईटीसी प्रणाली का एक और विस्तार हो सकता है। लन्दन और सिंगापुर जैसे शहरों में, कुछ क्षेत्रों में अति व्यस्त समय के दौरान वाहन चलाने के लिए उपयोगकर्ताओं से शुल्क वसूला जाता है, इससे यातायात को कम करने में मदद मिलती है।[14] भारत में हम अब तक निश्चित घन्टों के दौरान शहरी क्षेत्रों में व्यावसायिक वाहनों के प्रवेश पर प्रतिबन्ध लगाने में सर्वाधिक कामयाब रहे हैं। उदाहरण के लिए, मुम्बई में दिन के दौरान शहर के अन्दर ट्रक चलाने की अनुमति नहीं है, केवल शाम को ही प्रवेश कर सकते हैं, हालाँकि, इस प्रणाली का विस्तार देश के सभी प्रमुख शहरों में नहीं हुआ है। दैनिक यात्रा को एक कम कष्टदायी अनुभव बनाने में कन्जेशन 'कर' की अहमियत को हमें समझाने के लिए, बेंगलुरू के अत्यधिक व्यस्त समय में ट्रैफिक जाम में फंसना, फटफटाते स्कूटरों से लेकर निर्माण स्थलों की ओर जा रहे चट्टानों या रेत के वज़न तले दबे रह-रह कर हॉर्न बजाते खस्ताहाल ट्रकों जैसे वाहनों से घिरना पर्याप्त है। शहर की सीमा या व्यावसायिक जिलों की सीमायें, उपयुक्त स्थानों पर लगाये गये ट्रान्ससीवर का उपयोग इलाके में प्रवेश कर रहे वाहनों के रेडियो टैग को स्कैन करने के लिए किया जा सकता है और तब उपयोगकर्ताओं से इलेक्ट्रॉनिक तरीके से कन्जेशन शुल्क लिया जायेगा। वैकल्पिक रूप में, यदि डीकन्जेशन (जाम-रहित) प्रस्ताव में निर्धारित समयावधि को छोड़कर वाहन प्रवेश पर प्रतिबन्ध लगाना शामिल किया जाता है, आरएफआईडी प्रणाली अपराधियों को पकड़ने और जुर्माना लगाने के लिए उपयोग में लायी जा सकती है।

फ़िलहाल वाहनों को अपनी मालसूची देने और निरीक्षण से गुज़रने के लिए राज्य सीमाओं पर रुकना पड़ता है, जिसमें समय की बर्बादी होती है और परिवहन क्षमता में कमी आती है। चेकनाकों पर ट्रक की देरी से परिचालन समय की बर्बादी के फलस्वरूप, अर्थव्यवस्था को अनुमानत: 900 करोड़ रुपये से लेकर 2300 करोड़ रुपये तक की हानि होती है। एक विकारग्रस्त अर्थव्यवस्था का जन्म हुआ, जिसमें ट्रक संचालक अपने माल पर 'करों' के भुगतान या अपने वाहनों पर अधिक भार लादने के जुर्माने से बचने के लिए अधिकारियों को रिश्वत देते हैं। विश्व बैंक के एक अध्ययन का अनुमान है कि यह 'सुविधा सेवा भुगतान' 900 करोड़ रुपये से लेकर 7200 करोड़ रुपये के बीच हो सकते हैं। कुल मिला कर नतीजा यह कि इसके कारण राज्य को 'कर' के रूप में इस धन से हाथ धोना पड़ता है। अधिकारी यातायात सुरक्षा नियमों के उल्लंघन को अनदेखा करते हैं, और ये दुर्घटनायें और अधिक आर्थिक और सामाजिक घाटे का कारण बन जाती हैं जिनका अगर पालन किया जाता तो ये रोकी जा सकती थीं। सड़क दुर्घटनाओं से सालाना 55,000 करोड़

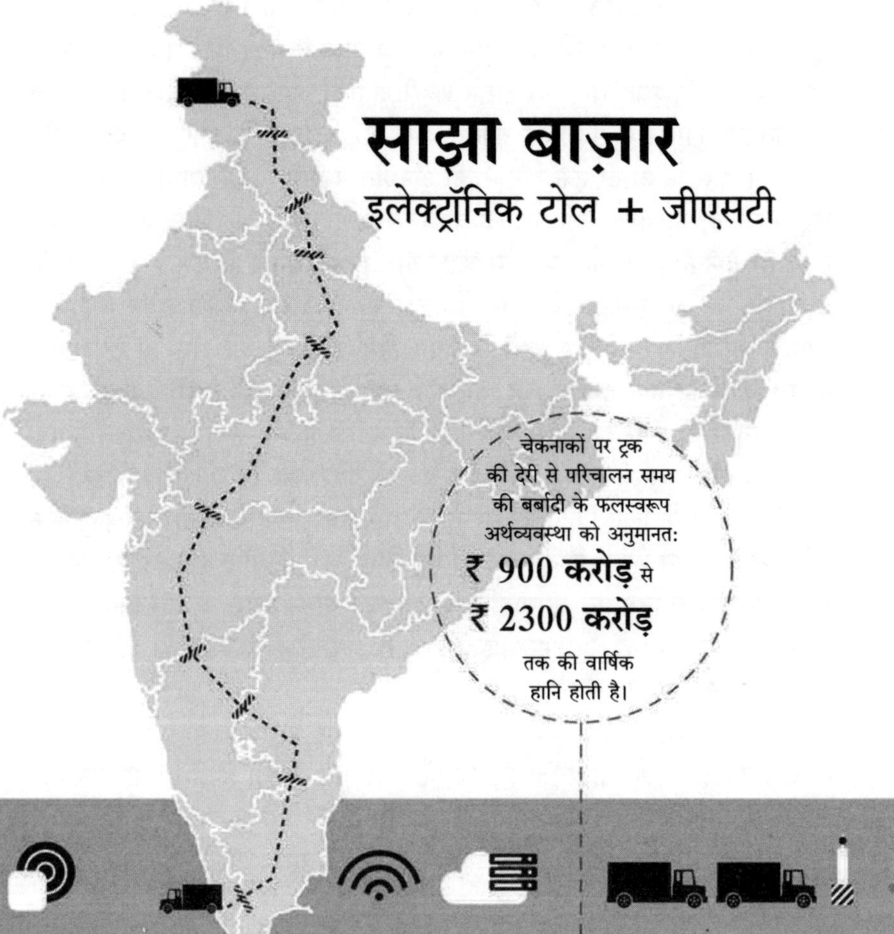

इलेक्ट्रॉनिक टोल के साथ, वाहन देश भर में स्वतन्त्र रूप से आवागमन कर सकते हैं।

टोल टैग को इलेक्ट्रॉनिक मालसूची के साथ एकीकृत करने से लदान का विवरण तुरन्त 'कर' अधिकारियों को उपलब्ध होगा।

जीएसटी के साथ, सीमा चेकनाके गायब हो जायेंगे, ट्रक यातायात तेज़ होगा।

प्रभाव: एक एकल साझा बाज़ार के निर्माण द्वारा, इलेक्ट्रॉनिक टोल और जीएसटी, भारत के विनिर्माण क्षेत्र और 'मेक इन इंडिया' पहल को भारी बढ़ावा देंगे। 'जस्ट इन टाईम' विनिर्माण और कम ईंधन व परिवहन लागत के फलस्वरूप कार्यक्षमता में वृद्धि होगी।

रुपये से अधिक का आर्थिक नुकसान होने का अनुमान है, और इन दुर्घटनाओं में अधिकतर ट्रक शामिल होते हैं।[15]

एक ऑनलाइन प्रणाली के माध्यम से वाहनों की पहचान और पता लगाने की क्षमता के साथ इलेक्ट्रॉनिक टोल मंच का उपयोग माल परिवहन के लिए डिजिटल मालसूची बनाने के लिए किया जा सकता है। एक उपयोगकर्ता जैसे, एक ट्रक कम्पनी, किसी इलेक्ट्रॉनिक मालसूची प्रणाली में अपने सभी वाहनों के टैग को पंजीकृत कराने के लिए स्वेच्छा से शामिल होगी। हर बार किसी वाहन को भेजे जाने पर, कम्पनी ढोए जा रहे माल की सूची बनाएगी, जो विशेष रूप से अन्तरराज्यीय परिवहन के लिए उचित रहेगा, जहाँ कई चीज़ों पर ले जाने-लाने पर प्रतिबन्ध है।

एक इलेक्ट्रॉनिक मालसूची प्रणाली के साथ, जैसे ही कोई वाहन ट्रान्ससीवर लगे निरीक्षण स्टेशन से होकर गुज़रेगा, वाहन पर लदे माल की जानकारी स्वचालित तरीके से उपलब्ध हो जायेगी, और सारी प्रक्रिया में काफ़ी तेज़ी आयेगी। शहर की सीमा में प्रवेश करने वाले वाहनों के साथ-साथ चुँगी अथवा परिवहन पर राज्य या शहर-स्तरीय अन्य करों की गणना करने के लिए ख़ुद प्रस्तुत होने वालों के लिए भी इसी तरह की प्रणाली इस्तेमाल में लायी जा सकती है। इलेक्ट्रॉनिक मालसूची प्रणाली से राज्य सीमाओं पर यातायात जाम को कम करने में मदद मिलेगी और देश में सड़क परिवहन को कार्यकुशल, प्रभावी और समस्या मुक्त बनाने के रास्ते से एक और बाधा दूर होगी। इससे भी अधिक महत्त्वपूर्ण बात, 'कर' गणना प्रक्रिया को स्वचालित करने से भ्रष्टाचार के प्रलोभन समाप्त होंगे, परिणामस्वरूप राजस्व में महत्त्वपूर्ण वृद्धि और सड़क सुरक्षा मानकों में भी धीरे-धीरे सुधार आने लगेगा।

रवि पालेकर हमें समझाते हैं, ''यदि आप आरएफआईडी और कराधान प्रणाली को जोड़ देते हैं, हर बार जब आप एक चेकनाका पर कोई टैग पढ़ते हैं, आप वाहन के मूल स्थान, गन्तव्य, यह कौन सा माल ढो कर ले जा रहा है, चालक ने 'कर' का भुगतान किया है या नहीं जैसा पूरा इतिहास उस प्रारूप में प्राप्त कर सकते हैं जो राज्य के लिए आसानी से उपलब्ध है।'' रेडियो टैग को राज्य सीमा चेकनाका प्रणाली (स्टेट बॉर्डर चेक-पोस्ट सिस्टम) के साथ जोड़ने के लिए एक अलग संचालन समिति काम कर रही है, और वो बताते हैं, ''आरएफआईडी-बॉर्डर चेकनाका श्रृंखला को आगे बढ़ाने के बारे में गुजरात सरकार के साथ परामर्श करने के लिए जल्दी ही एक टीम अहमदाबाद के दौरे पर जाएगी।''

एक बार जब सरकार ने 'इलेक्ट्रॉनिक टोल को एक मंच के रूप में' विकसित कर लिया, न केवल विभिन्न सरकारी कार्य प्रणालियाँ, जिनकी चर्चा हमने ऊपर की है, सम्भव हो पायेंगी, बल्कि उसके साथ-साथ स्टार्ट-अप्स भी इसके लिए

नये तरीके इजाद करेंगी। इससे गोपनीयता के मुद्दे पर ज़रूर सवाल उठेंगे, लेकिन उनका यह कहना जायज़ है कि आज की दुनिया में पास से गुज़रती किसी कार की लाइसेंस प्लेट को इलेक्ट्रॉनिक तरीके से पढ़ना स्पष्ट व सरल है, और ओला और उबर जैसी संस्थाओं को पहले से ही हमारी गतिविधियों के बारे में काफ़ी जानकारी है। यह एक अन्य मामला है जहाँ प्रौद्योगिकी के सम्भावित लाभों को गोपनीयता और डाटा सुरक्षा के साथ सन्तुलित करना आवश्यक है। सरकार को प्रणाली के सन्तुलित नियमों को परिभाषित करने में एक महत्त्वपूर्ण भूमिका निभानी है।

एक राष्ट्र, एक बाज़ार

पिछले अध्याय में, हमने जीएसटी के कार्यान्वयन को भारतीय बाज़ार को एकीकृत करने की दिशा में एक कदम के रूप में चर्चा की थी। जैसा कि दिये आरेख में समझाया गया है, एक इलेक्ट्रॉनिक टोल संग्रहण प्रणाली को लागू कर परिवहन बाधाओं को हटाने से असली साझा बाज़ार के निर्माण में मदद मिलेगी, जहाँ माल को देश भर में स्वतन्त्र रूप से कहीं भी ले जाया जा सकता है। वाहनों को रास्ते में किसी भी चेकनाके पर रुकने की आवश्यकता नहीं होगी क्योंकि ढोए जा रहे माल की सूची के साथ-साथ उन पर लागू होने वाले 'कर' की स्वचालित तरीके से गणना करके और बिल भेजा जा सकता है।

ऐसे समय में जब सरकार अपने 'मेक इन इंडिया' कार्यक्रम के माध्यम से भारत को एक विश्वव्यापी विनिर्माण केन्द्र बनाने का लक्ष्य साधे हुए है, इलेक्ट्रॉनिक कराधान और टोल प्रणाली का मेल-मिलाप इस तरह की पहल के लिए एक शक्तिशाली स्थापना मंच हो सकता है। चाहे शहरों के यातायात में सुधार लाना हो या देश भर में एक पक्का सड़क परिवहन जाल बिछाना हो, केवल अधिक फ्लाईओवर या अधिक राजमार्गों का निर्माण करने से समस्या हल नहीं होगी। सड़क परिवहन में सबसे बड़ी चट्टानों-गड्ढों को समतल करने के लिए तकनीक का उपयोग करने वाली कुशल प्रणालियों का निर्माण करना, और फिर परिवहन सम्बन्धित अन्य मुद्दों को हल करने के लिए इन्हीं प्रणालियों को नये तरीके से लागू करना ही एकमात्र ऐसा तरीका है जिसमें बुनियादी ढाँचे के विकास में भारत का निवेश लाभदायक हो सकता है। गाँवों को राष्ट्रीय सड़क जाल से जोड़ने के सकारात्मक आर्थिक प्रभाव हम पहले ही देख चुके हैं, एक ऐसी प्रणाली की सम्भावनाओं की कल्पना करके देखें जो एक ही झटके में देश के हर कोने को जोड़ सकती है।

8

सरकारी खर्च को व्यवस्थित करना

> जिस प्रकार आप यह नहीं बता सकते कि पानी के नीचे तैर रही मछली पानी पी रही है या नहीं, इसी प्रकार आप यह भी नहीं बता सकते कि सरकारी काम में कार्यरत सरकारी कर्मचारी घूस ले रहे हैं या नहीं।
>
> —कौटिल्य, *अर्थशास्त्र*

समाज कल्याण लाभ प्राप्तकर्ता महँगी कारों के मालिक हों ऐसी सम्भावना कम ही है। फिर भी, ब्राज़ील सरकार की पब्लिक स्पेंडिंग ऑब्ज़र्वेटरी (सार्वजनिक खर्च चौकी) द्वारा की गयी एक जाँच में मिले शुरुआती संकेत के अनुसार 'बोल्सा फामिलिआ' (परिवार भत्ता) योजना के कई लाभार्थी फ़ेडरल कार रजिस्ट्री (संयुक्त कार पंजीकरण) में महँगे वाहन मालिक के रूप में भी सूचीबद्ध किये गये थे। थोड़ी और छानबीन के बाद पता चला कि यह असामान्य आँकड़ा एक 'कर' घोटाले का परिणाम था, इन वाहनों के असली और बेहद रईस मालिक 'करों' के भुगतान से बचने के लिए अपना पंजीकरण बोल्सा फामिलिआ प्राप्तकर्ताओं के नाम के तहत करवा रहे थे।[1]

मुजफ्फरपुर के बिजली मिस्त्री संजय साहनी के बारे में हम पहले ही पढ़ चुके हैं जिसने सरकारी ग्रामीण रोज़गार गारन्टी योजना में धोखाधड़ी के मामलों का पर्दाफाश किया था। उसने सिर्फ़ इतना किया था कि अपने गाँव के लाभार्थियों की एक आधिकारिक सूची इंटरनेट पर ढूँढ ली; सूची में शामिल कुछ लोगों ने इस योजना के लिए कभी काम ही नहीं किया था, और बाकी लोगों को पूरा भुगतान प्राप्त नहीं

हुआ था। वो धन इनकी बजाय, बिचौलियों और गाँव के अधिकारियों की जेब में पहुँच रहा था। साहनी गाँव वालों को उनकी सही बकाया राशि दिलाने के लिए एक सफल अभियान चला सका।

चलिये मान लेते हैं कि आप एक करदाता हैं जो यह जानने के लिए उत्सुक है कि अपनी 'कर' राशि का निवेश कैसे किया जा रहा है। यदि आप ब्रिटेन में रहते हैं, तो आप ऑनलाइन जा सकते हैं, अपनी वार्षिक आय दर्ज कर, आप न केवल यह जान सकते हैं कि आप सालाना कितना 'कर' दे रहे हैं, बल्कि यह भी पता लगा सकते हैं कि प्रतिदिन उस 'कर' के धन का उपयोग कैसे किया जा रहा है, क्या उसका उपयोग सरकारी कार्यों के लिए हो रहा है, चिकित्सा अनुसन्धान के लिए आर्थिक मदद दी जा रही है या उसे बुज़ुर्ग और दिव्यांगों के लिए कल्याणकारी कार्यक्रम में लगाया जा रहा है।[2]

जैसा कि उपरोक्त उदाहरण से स्पष्ट है, नागरिकों को जानने का अधिकार है कि उनकी सरकारें उनके धन को कहाँ खर्च कर रही हैं, जबकि धोखाधड़ी का सफ़ाया करने और अपने धन का और अधिक लाभ पाने के लिए ख़ुद सरकारें अपनी आमदनी के लिए बेहतर समझ का उपयोग कर सकती हैं। सरकारी खर्च में पारदर्शिता का विचार दुनिया का ध्यान अपनी ओर खींच रहा है, और राष्ट्रों का एक गठबन्धन अब एक साथ 2011 में शुरू की गयी एक विश्वव्यापी पहल ओजीपी (OGP–ओपन गवर्नमेंट पार्टनरशिप) की छत्रछाया में आ गया है।[3] भ्रष्टाचार को मिटाते हुए, पारदर्शिता और नागरिक सशक्तीकरण को बढ़ावा देने और शासन प्रणाली को सुधारने हेतु प्रौद्योगिकी के इस्तेमाल की वकालत करने के लिए ओजीपी सरकारों के साथ मिलकर काम कर रहा है।

कई सदस्य राष्ट्रों ने ओजीपी के सिद्धांतों को ध्यान में रखते हुए सरकारी खज़ाने और व्यय के बारे में रिपोर्ट प्रस्तुत करने के लिए संयुक्त पारदर्शिता पोर्टल्स का शुभारम्भ किया है। उदाहरण के लिए, हमारी ही तरह भ्रष्टाचार से जूझते राष्ट्र ब्राज़ील के पारदर्शिता पोर्टल ने निजी नागरिकों को सरकारी धन–प्रवाह पर नज़र रखने का एक अभूतपूर्व स्तर प्रदान किया है। ख़ुद ब्राज़ील सरकार, व्यय पर नज़र रखने के लिए पोर्टल व अन्य आन्तरिक डाटाबेस के डाटा का नियमित तौर पर विश्लेषण करती है। पत्रकार, पोर्टल का उपयोग ग़लत कामों के विशिष्ट उदाहरणों को उजागर करने के लिए करते हैं, जैसा कि एक मन्त्री के मामले में हुआ, जिसने अनुचित तरीके से अपने निजी खर्च का बिल सरकारी खाते में डाल दिया था। इस तरह के मुक्त प्लेटफॉर्म का लाभ और कैसे उठाया जा सकता है, ऐसे ही एक उदाहरण में, ब्राज़ील के प्रोग्रामरों ने एक वेबसाइट का निर्माण किया जोकि पोर्टल से जानकारी

लेकर उसे सरल प्रारूप में प्रस्तुत करती है, उपयोगकर्ताओं के लिए शिक्षा और परिवहन जैसे क्षेत्रों में सार्वजनिक व्यय के विवरण को समझ पाना आसान हो जाता है। अमरीका और ब्रिटेन जैसे अन्य देशों में भी सरकारी आर्थिक डाटा के लिए एक बड़ा ऑनलाइन कोष बनाया गया है।

सरकारी धन जाता कहाँ है?

भारत के सरकारी व्यय को व्यवस्थित करने में एक पारदर्शिता पोर्टल का महत्त्व निर्विवाद है। उदाहरण के तौर पर, इस तथ्य पर ध्यान दें कि देश में आज केन्द्र से लेकर राज्य स्तर पर एक हज़ार से अधिक सामाजिक सुरक्षा योजनायें चल रही हैं। बावजूद इसके अभी तक, एक भी ऐसी समरूप और उपयोगकर्ता-अनुकूल प्रणाली नहीं है जो एक स्पष्ट रूपरेखा प्रदान करे कि वास्तव में प्रत्येक योजना के लिए कितना धन आवंटित हुआ और उसे किस काम में खर्च किया गया। जो जानकारी आप प्राप्त कर सकते हैं वो बड़े पैमाने पर लागत-संचालित होती है, किसी विशेष कार्यक्रम के लिए आवंटित धन की केवल एक व्यापक तस्वीर दी जाती है, न तो व्यय का कोई विस्तृत ब्यौरा उपलब्ध होता है और न ही विशेष परिणामों के समूह से उनका कोई सम्बन्ध होता है, सम्भव है कि कोई उपलब्ध डाटा कुछ वर्षों पुराना हो और सबसे महत्त्वपूर्ण बात, जिला स्तर से नीचे कोई भी डाटा उपलब्ध ही नहीं है, दरअसल किसी व्यक्ति विशेष तक पहुँचते ही सूचना प्रवाह की छंटाई कर दी जाती है। यह सामग्री अधिकतर कई सरकारी रिपोर्टों में बिखरी हुई मिलेगी, देश भर में सरकारी व्यय की एक समूची तस्वीर हासिल कर पाना और कठिन हो जाता है।

धन उपयोग और परिणामों के बारे में अद्ययावत जानकारी के बिना, प्रशासन के लिए अपने सार्वजनिक व्यय कार्यक्रमों के प्रभाव का मूल्यांकन करना और भविष्य की योजना के बारे में फ़ैसला ले पाना कठिन हो जाता है। इस तरह के डाटा विश्लेषण के अभाव में, हम कार्यक्रमों को आँकने का काम परिणामों की बजाय लागत को ध्यान में रख कर करते हैं। कार्यान्वयन संस्थाओं को दिये जा रहे धन की निगरानी करने वाली पद्धति की कमी के कारण हमारे पास उनके काम-काज का आंकलन करने का कोई तरीका नहीं है। प्रणाली में धन कब पहुँच रहा है इस जानकारी के अभाव या भ्रष्टाचार की वजह से, जब निर्धारित समय पर संस्थाओं तक धन नहीं पहुँचता तो उन्हें ख़ुद भी परेशानी उठानी पड़ती है। बिना इस्तेमाल हुआ धन भी, निष्फलता और बर्बादी बढ़ाता हुआ प्रणाली में घूमता रहता है। सूचना का प्रवाह ऊपर से नीचे

की ओर होने के कारण विलम्ब स्वाभाविक है, हालात बद से बदतर होने लगते हैं। एक केन्द्रीय व्यवस्था न होने के कारण धन प्रवाह को सँभालने और उसकी देखरेख के लिए संस्थायें अपने-अपने साधन लागू करने लगती हैं, परिणामस्वरूप एक दूसरे से बात करने में असमर्थ, अलग-अलग व्यवस्थाओं का एक दलदल बन जाता है। जैसा कि एकाउंटेबिलिटी इनिशिएटिव (जवाबदेही पहल) की यामिनी अय्यर और टी.आर. रघुनन्दन ने कहा, ''सार्वजनिक व्यय के परिणाम सुनिश्चित करने के लिए आवश्यक शर्तों में से एक है कि व्यय को व्यावहारिक प्राथमिकताओं और आवश्यकताओं के आधार पर श्रेणीबद्ध किया जाये। लेकिन कागज़ी कार्रवाई (इस उदाहरण में, उपयोगिता प्रमाण पत्रों को भरना) के प्रति भारतीय नौकरशाही के जुनून के साथ-साथ धन पहुँचने में विलम्ब के चलते निरर्थक व्यय का एक घातक कॉकटेल बन जाता है।''[4]

भारत में, हमारे पास पहले से ही ऐसे कई संस्थान मौजूद हैं जो सार्वजनिक रूप से उपलब्ध डाटा को काम में ला रहे हैं, अनुसन्धान कर रहे हैं और जन उपभोग के लिए आंकड़ों का संकलन एक उपयोगकर्ता-अनुकूल प्रारूप में कर रहे हैं। जिसमें डाटा संचालित पत्रकारिता पोर्टल 'इंडियास्पेंड' (IndiaSpend), निजी अनुसन्धान पहल जैसे एकाउंटेबिलिटी इनिशिएटिव और भारतीय अर्थव्यवस्था निगरानी केन्द्र व सार्वजनिक निधि प्राप्त राष्ट्रीय लोक वित्त एवं नीति संस्थान शामिल हैं। ब्राज़ील मॉडल की ही तरह, सरकार को व्यय से सम्बन्धित अपना सारा अपरिष्कृत डाटा जारी करने पर ध्यान केन्द्रित करना चाहिए, और पत्रकार, शोधकार व जिन समूहों की सूची हमने ऊपर दी है वैसे जनहित समूह, प्रासंगिक विचारधारा को उजागर करने व सामान्य अपडेट प्रदान करने के लिए इस सामग्री का विश्लेषण कर सकते हैं।

खाता खोलना : व्यय सूचना तन्त्र

प्रौद्योगिकी को पाँच बड़े पैमाने की वित्तीय क्षेत्र की परियोजनाओं में कैसे शामिल किया जा सकता है, इसका अध्ययन करने के लिए वित्त मन्त्रालय ने 2011 में एक टीएजीयूपी (TAGUP—टेक्नोलॉजी एडवाइज़री ग्रुप फॉर यूनिक प्रोजेक्ट्स—विशिष्ट परियोजनाओं के लिए प्रौद्योगिकी सलाहकार समूह) की स्थापना की।[5] देश में एक सुव्यवस्थित व्यय प्रबन्धन प्रणाली की तत्काल आवश्यकता व अन्य देशों में संयुक्त पारदर्शिता पोर्टल की बढ़ती सफलता, जिसका एक उल्लेखनीय उदाहरण-अमरीकी सरकार की 'डाटा डॉट गोव' (data.gov) पहल, को देखते हुए पाँच परियोजनाओं

में से एक ईआईएन (EIN—एक्सपेंडीचर इनफ़ार्मेशन नेटवर्क—व्यय सूचना तन्त्र) थी। एक संयुक्त पारदर्शिता पोर्टल की ही तरह, ईआईएन किसी नागरिक को यह पता लगाने की सुविधा प्रदान करेगा कि उसके 'कर' का पैसा, केन्द्र स्तर से लेकर स्थानीय स्तर तक किस प्रकार खर्च किया जा रहा है। सूचना का अधिकार अधिनियम (2005) में प्रत्येक लोक प्राधिकरण को स्वेच्छा से सभी उपयुक्त रिकॉर्ड को डिजिटल करने व आसान पहुँच के लिए एक राष्ट्रव्यापी प्रणाली में दर्ज करने का जनादेश पहले से ही दे दिया है, उन्हें स्वेच्छा से अपनी संरचना, कार्य और निष्पादन से सम्बन्धित कुछ विशिष्ट प्रकार की जानकारी भी जारी करनी चाहिए, जो किसी औपचारिक अनुरोध को दायर करने की आवश्यकता के बिना नागरिकों के लिए स्वतन्त्र रूप से उपलब्ध हो सकेगी।[6] इसलिए ईआईएन, आरटीआई अधिनियम द्वारा समर्थन प्राप्त जानकारी साझा करने की भावना का एक ठोस कार्यान्वयन है।

ईआईएन की कल्पना एकल एकीकृत तन्त्र के रूप में की गयी है जोकि केन्द्र से लेकर जिला और उससे भी आगे, सभी स्तरों पर एक पारदर्शी लेखांकन व सरकारी व्यय के लिए ऑडिट प्रणाली के रूप में कार्य करेगा। ईआईएन, धन का उपयोग और हासिल परिणामों दोनों के अनुसार विभिन्न सरकारी योजनाओं की निगरानी की सुविधा देगा, इस जानकारी का उपयोग कार्यान्वयन संस्थाओं का मूल्यांकन करने के लिए भी किया जा सकता है। फिर इसके बाद, किसी विशिष्ट योजना की प्रभावशीलता या उसके अभाव का इस्तेमाल जानकारी सहित लिए गये नीतिगत फ़ैसलों को लागू करने के लिए किया जा सकता है। धन का वितरण जल्दी और कुशलता से हो सकेगा, और उसके उपयोग का पता लगभग उसी समय लगने के साथ-साथ अन्तिम लक्ष्य तक उस पर नज़र रखी जा सकेगी। यह तन्त्र एक संयुक्त पारदर्शिता पोर्टल निर्माण की भी सुविधा प्रदान करता है जो सरकारी व्यय की सार्वजनिक जाँच को सशक्त बनायेगा।

विशेष ध्यान देने योग्य बात यह है कि ईआईएन की कल्पना एक सरल समाधान के रूप में भी की गयी थी, एक प्रौद्योगिकी मंच जो मौजूदा प्रणाली और नियन्त्रण में बाधा पहुँचाये बिना सभी हितधारकों को एकत्र करता है। स्वीकृति और अनुमति जैसी गतिविधियों पर संस्थाओं का नियन्त्रण बरक़रार रहेगा, और उन्हें अपनी सुविधानुसार अपने मौजूदा कार्यक्रमों को ईआईएन मंच के साथ जोड़ने की स्वतन्त्रता प्रदान की जाएगी। इस तन्त्र का हिस्सा बनने की जिनसे उम्मीद थी उनमें प्रशासनिक नीति निर्माता, विशिष्ट मन्त्रालयों के भीतर सरकारी कार्यक्रम प्रभाग, केन्द्रीय निगरानी संस्थायें जैसे सीजीए (CGA—कॉम्प्ट्रोलर जनरल ऑफ़ एकाउंट्स—महालेखा नियन्त्रक), राज्य, जिला और ग्रामीण-स्तर प्रशासक, वे संस्थायें जिन्होंने वास्तव में ज़मीनी

स्तर पर विभिन्न योजनाओं को लागू किया था, लाभार्थी, विशेषज्ञ और निःसन्देह आम जनता शामिल थी।

जीएसटीएन संगठन की ही तरह, ईआईएन को लागू करने के लिए सबसे अच्छी संगठनात्मक संरचना एनआईयू (NIU–नेशनल इनफ़ार्मेशन यूटिलिटी–राष्ट्रीय सूचना उपयोगिता) का रूप भी लेगी। एनआईयू संरचना विभिन्न प्रशासनिक स्तरों पर सरकारी समितियों के साथ भागीदारी के लिए भी अपेक्षाकृत अधिक उपयुक्त रहेगी। सीजीए जैसी अन्य व्यय निगरानी संस्थायें केवल केन्द्रीय स्तर पर ही संचालन करती हैं उसे ध्यान में रखते हुए यह एक महत्त्वपूर्ण आवश्यकता है। क्योंकि अधिकतर व्यय ज़मीनी स्तर पर होता है जहाँ सीजीए का न्यायपत्र लागू नहीं होता, ईआईएन को आवश्यक रूप से एक तटस्थ समिति में ही रखना चाहिए जो केन्द्रीय, राज्य, जिला और यहाँ तक कि गाँव स्तर के प्रशासन के साथ मिलकर कारोबार का संचालन कर सके।

ईआईएन पारिस्थितिकी तन्त्र का निर्माण करने के लिए पहला कदम, एक साझा मंच पर सभी भागीदारों को पंजीकृत करना है। कार्यक्रम की व्याख्या से आरम्भ करते हुए प्रत्येक कार्यक्रम का ब्यौरा इस मंच पर इकट्ठा किया जाएगा। धन का आवंटन, धन प्रवाह व उपयोग पर प्रणाली के माध्यम से नज़र रखी जायेगी, और आवश्यकता पड़ने पर प्रतिक्रिया माँगी जा सकती है। जिस पड़ाव से सरकारी धन प्रणाली में प्रवेश करता है, वहाँ से लेकर जिस पड़ाव पर यह वास्तव में नागरिक के हाथ में पहुँचता है, इस प्रक्रिया में प्रत्येक कदम पारदर्शी और पता लगाने योग्य है।

मौजूदा व्यवस्था में, प्रणाली के द्वारा जानकारी का बहाव केवल एक ही मार्ग से होता है, जब यह ऊपर से प्रवेश करती है। प्रणाली तक प्रतिक्रिया पहुँचाने के लिए आम लोगों के पास कम या कोई भी तरीका नहीं होता, वास्तविक समय में निगरानी कर पाना लगभग असम्भव हो जाता है। हम ईआईएन की कल्पना एक 'हब' (पहिये की धुरी) की तर्ज पर स्थापित संस्था के रूप में करते हैं, जहाँ प्रत्येक भागीदार संस्था एक स्पोक (धुरी के आसपास लगी छड़ियाँ) है। चाहे केन्द्र सरकार हो या ग्राम पंचायत, एक रेखाकार मॉडल (लीनियर मॉडल) के विपरीत, हब–एण्ड–स्पोक प्रणाली संस्थाओं के बीच सूचना के मुक्त प्रवाह की सुविधा प्रदान करती है। विलम्ब और रुकावट के उत्पन्न होते ही उनका पता लगाया जा सकता है; क्योंकि व्यवस्था का प्रत्येक भागीदार समस्या से परिचित है, एक त्वरित समाधान की दिशा में अधिक से अधिक बल दिया जायेगा। हब–एण्ड–स्पोक मॉडल गैर–समकालिक शुरुआत के लिए भी सुविधा प्रदान करता है, जैसा कि हमने 'आधार' के मामले में चर्चा की थी, जहाँ विभिन्न सरकारी संस्थायें अपने गतिक्रम से शामिल हुई थीं।

पारदर्शिता कैसे मदद करती है : भारत के शिक्षा व्यय पर नज़र रखना

आइये शिक्षा पर रोशनी डालते हुए सरकारी व्यय की समस्याओं में से कुछ की छानबीन करें। भारत में एक सरकारी प्राथमिक विद्यालय अपने धन को कैसे खर्च करता है? सबसे आवश्यक प्राथमिकता क्या है–चाक ख़रीदना, शौचालयों को दुरुस्त करना, स्वच्छ बनाए रखना और छात्रों के लिए पेयजल सुविधा, या स्कूल की दीवारों पर सफ़ेदी करवाना? इनके और ऐसे ही अन्य प्रश्नों के उत्तर 2012 की योजना में पाये जा सकते हैं, हमारी राय में, अनुसन्धान संगठन 'जवाबदेही पहल' के तत्वावधान में प्रस्तुत;[7] आवंटन और व्यय, संस्थान: जवाबदेही में अध्ययन (PAISA – 'पैसा') की रिपोर्ट, 'क्या स्कूलों को उनका पैसा मिलता है?' यह सुनिश्चित करने में कि सरकारी व्यय वास्तव में अपने निर्धारित लक्ष्य को पूरा करता है, ईआईएन जो भूमिका निभा सकता है उसके लिए इस रिपोर्ट का डाटा एक दमदार तर्क देता है। शिक्षा पर सरकारी खर्च पर नज़र रखने के लिए 'पैसा', भारत में एकमात्र नागरिकों की अगुवाई वाला राष्ट्रीय स्तर का प्रयास है, देश भर के लगभग 15,000 सरकारी प्राथमिक स्कूलों का सर्वेक्षण कर कुछ सरल प्रश्न पूछे गये, जैसे 'क्या सरकार की ओर से आपके लिए आवंटित धन आपको मिलता है, और यदि मिलता है तो कब और इसमें से आपको कितना मिलता है?'

सरकारी स्कूलों को एसएसए (SSA–सर्व शिक्षा अभियान) के तहत मिलने वाला धन, सकल प्राथमिक शिक्षा को बढ़ावा देने के लिए होता है, और जिसे बाद में स्कूल की बुनियादी सुविधाओं को दुरुस्त रखने, संचालन और प्रशासनिक खर्च, और कक्षा में प्रशिक्षण सम्बन्धी सहायता प्राप्ति जैसे विशेष उपयोग के लिए उप-श्रेणियों में विभाजित किया जाता है। सर्वेक्षण में पाया गया है कि इन तीन में से, केवल दूसरी श्रेणी ही ऐसी है जिसमें प्रत्येक सरकारी स्कूल आवंटित राशि अपने बैंक खाते में पहुँचने का विश्वास कर सकता है और जो एसएसए योजना द्वारा वितरित कुल राशि का केवल 2 प्रतिशत ही है। अपनी निधियों को कैसे खर्च करना है, जब यह निर्णय लेने की बात आयी तो स्कूलों के हाथ में नाम मात्र का नियन्त्रण था, क्योंकि ये फ़ैसले केन्द्रीय स्तर पर राज्य सरकार द्वारा नियन्त्रित किये जाते हैं। तो, जैसा कि 2011 में हिमाचल प्रदेश में हुआ था, यदि राज्य सरकार ने एक विशेष जिले में सभी स्कूलों को चारदीवारी बनाने का आदेश दिया, तो उसका पालन अवश्य होना चाहिए, बिना इसकी परवाह किये कि उनके सीमित धन का यह सबसे लाभदायक इस्तेमाल है भी या नहीं। इसी तरह, यदि मुख्यमन्त्री वहाँ का दौरा करने

का निर्णय लेता है, स्कूलों को मजबूरन दीवारों की रंगाई–पुताई या अलमारियाँ व अन्य फ़र्नीचर ख़रीदना पड़ता है जोकि सम्भवतः उनकी सर्वोच्च प्राथमिकता न हो।

वित्तीय वर्ष के मध्य में ही, सर्वेक्षण में पाया गया कि केवल लगभग 50 प्रतिशत स्कूलों को ही उनकी अनुदान राशि प्राप्त हुई थी, इस विलम्ब के लिए आधिकारिक स्पष्टीकरण में, मूल बैंकिंग सुविधाओं तक सीमित पहुँच, बैंक समय पर धन का हस्तांतरण नहीं कर रहे हैं, गलत बैंक खाता संख्या, और अनुदान के नाम को लेकर भ्रम शामिल हैं। यह एक तत्काल समस्या है जिसका हल ईआईएन निकाल सकता है। धन प्रवाह प्रबन्धन के लिए एक इलेक्ट्रॉनिक प्रणाली यह सुनिश्चित करेगी कि सभी स्कूलों को उनका पैसा समय पर मिलना चाहिए।

सटीक तौर पर कहें तो 67 प्रतिशत से अधिक स्कूल, अपने शौचालयों की मरम्मत (36 प्रतिशत) या पीने के पानी की सुविधा (44 प्रतिशत) की बजाय दीवारों की रंगाई–पुताई पर अपना धन व्यय करते हैं। इसका अर्थ यह है कि स्कूलों के लिए अपने छात्रों के इस्तेमाल करने योग्य शौचालय और स्वच्छ पानी उपलब्ध कराने से अधिक महत्त्वपूर्ण पहले जैसी नयी दीवारें होना है? वास्तव में ऐसा नहीं है; बात इतनी सी है कि जब पैसा जल्दी से खर्च करना हो तब दिखाने के लिए एक लिपी–पुती दीवार, एक सरल व ठोस परिणाम है। यह इस ओर भी संकेत करता है कि 'व्यय' सरकारी फरमानों के अनुसार अधिक और वास्तविक ज़रूरत के हिसाब से कम किया जाता है। इस क्षेत्र में भी ईआईएन अति आवश्यक परिवर्तन ला सकता है। उचित समय पर केवल इतना पता लगा लेने से कि स्कूल अपने धन को कहाँ खर्च कर रहे हैं, प्रशासन तुरन्त उनकी पहचान कर सकता है और उम्मीद है कि ऊपर बताये गये असन्तुलन को मिटा भी सकता है ताकि स्कूलों को उसी काम के लिए धन दिया जाये जिसकी उन्हें सही में आवश्यकता है। सरकार, स्कूलों, बैंकों और लोगों को एक ही मंच पर लाने से, ईआईएन वर्तमान मानसिकता में भी बदलाव ला सकता है जो परिणामों को व्यय से पहले प्राथमिकता दे। जैसा कि रिपोर्ट में कहा गया है, ''जब तक 'व्यय' का उद्देश्य शिक्षा को ज्ञान में परिवर्तित करना नहीं होगा, प्रारम्भिक शिक्षा पर बढ़ता सार्वजनिक व्यय व्यर्थ ही जायेगा।''

हालाँकि, शिक्षा क्षेत्र के आसपास के कुछ बुनियादी मसलों का हल ईआईएन नहीं निकाल सकता, ये मसले कई अन्य क्षेत्रों में भी पैदा होते हैं। उदाहरण के लिए, जहाँ स्कूल नयी दिल्ली या राज्य की राजधानी के द्वारा चलाये जा रहे हैं वहाँ शिक्षा के केन्द्रीकरण से जुड़ी समस्याओं का हल नहीं निकल सकता। शिक्षकों की अनुपस्थिति की समस्या, या दोपहर के भोजन की ख़राब गुणवत्ता का समाधान नहीं निकल सकता। हम केवल यह उम्मीद कर सकते हैं कि पूर्ण पारदर्शिता से

विकेन्द्रीकरण के लिए मार्ग प्रशस्त होगा, जहाँ समाज उनके स्कूलों में सक्रिय रूप से भाग लेता है। आज, यदि विकल्प उपलब्ध हों और परिवार उसे वहन कर सकें, तो लोग तुरन्त अपने बच्चों को निजी स्कूल में भेज देंगे।

हम मानते हैं कि केन्द्रीकरण अपारदर्शिता से पैदा होता है। सरकार के विभिन्न स्तरों के अन्दर, अधिकारी धन आवंटित कर तो सकते हैं, लेकिन उन्हें यह पता नहीं होता कि उसे खर्च कैसे किया जा रहा है। सूचना की यह कमी जोख़िम से बचने के संकेत देती है, ताकि सरकारी धन के उपयोग की रक्षा के लिए और अधिक नियम बनाये जायें। सभी स्तरों पर अत्यधिक पारदर्शिता होने से, हमें विश्वास है कि धन प्रबन्धन को विकेन्द्रीकृत किया जा सकता है और समाज में रहने वाला आम आदमी अपनी आवाज़ सत्ता के गलियारों में बैठे लोगों तक पहुँचा सकता है।

नौकरशाही में हो रहे अपवंचन के तीन नियम

पहली बार ईआईएन का प्रस्ताव बनाने से लेकर अब तक के वर्षों में, कार्यान्वयन की दिशा में बहुत कम प्रगति हुई है। वास्तव में, नन्दन ने ऐसा ही एक सुझाव पहले 2008 में दिया था, और सम्बन्धित प्रस्तावों में विशेष सफ़लता हासिल किये बिना ही पिछले आठ वर्षों से बहस चल रही है। इस दिशा में हमारे अपने प्रयासों को उस ओर से बाधाओं का सामना करना पड़ा जिसे अब हम 'नौकरशाही चोरी के तीन कानून' कहकर सम्बोधित करते हैं। स्थिरता, नये विचारों के प्रति असहजता और स्थापित खिलाड़ियों के बीच सत्ता और नियन्त्रण कम होने के भय पर नौकरशाही के ज़ोर देने के कारण ये कानून पैदा हुए हैं। ये केवल ईआईएन पर ही नहीं, बल्कि 'आधार' और कोई भी अन्य योजना जो 'नयी व्यवस्था आरम्भ करने' का प्रस्ताव रखती है, उस पर भी लागू होता है।

पहला कानून है : 'हमें इसकी आवश्यकता नहीं है।' यह बहुत महँगा है, यह भारतीय 'संस्कृति और लोकाचार' के अनुरूप नहीं है, यह हमारी समस्याओं के लिए अप्रासंगिक है या इससे लोगों का लाभ संदिग्ध है, यह काम नहीं करेगा, इससे सभी को परेशानी होगी, यह हमारे काम करने का तरीका नहीं है जैसे अनेकों ऐसे तर्क पाये जा सकते हैं कि जो भी करने का प्रस्ताव आप रख रहे हैं, भारत के लोगों को उसकी आवश्यकता क्यों नहीं है। दूसरा कानून : 'तुम यह प्रस्ताव क्यों रख रहे हो? यह किसी दूसरे विभाग के अन्तर्गत आता है।' दूसरे शब्दों में, आप किसी और के पाँव के पँजों पर चल रहे हो और ऐसी परियोजना में दखल दे रहे हो जिसकी प्रभारी कोई अन्य संस्था है। और तीसरा कानून : 'यह पहले से ही हो रहा

समर्थकारी रूपरेखा:

- सूचना का अधिकार अधिनियम
- इलेक्ट्रॉनिक सेवा वितरण विधेयक
- सूचना प्रौद्योगिकी अधिनियम

व्यय के लिए दिशा निर्देश

हालात बदल रहे हैं :

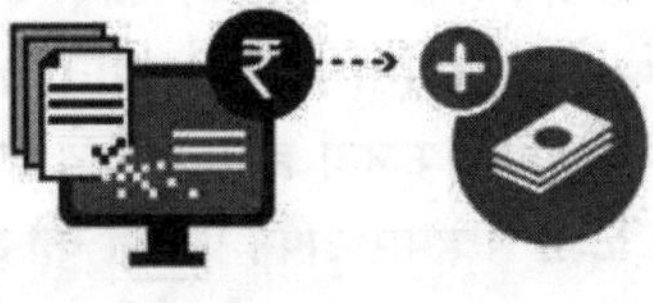

1 लाभ और बैंक खातों में वितरण करने के लिए कम्प्यूटरीकरण

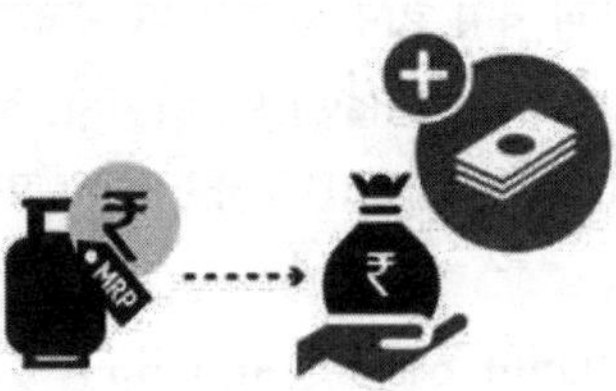

2 अनुवृत्ति के लिए प्रत्यक्ष नकद हस्तान्तरण

3 सरकारी धन प्रवाह का संगणकीकरण

बड़ी समस्या:

4

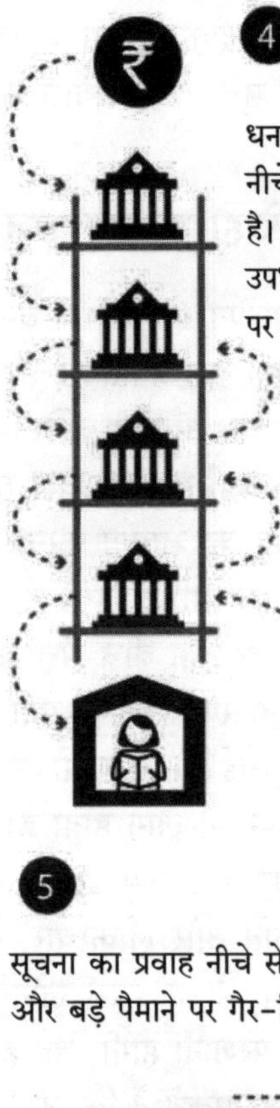

धन प्रवाह ऊपर से नीचे और वर्गीकृत है। धन आखिरी उपभोक्ता तक समय पर नहीं पहुँचता है।

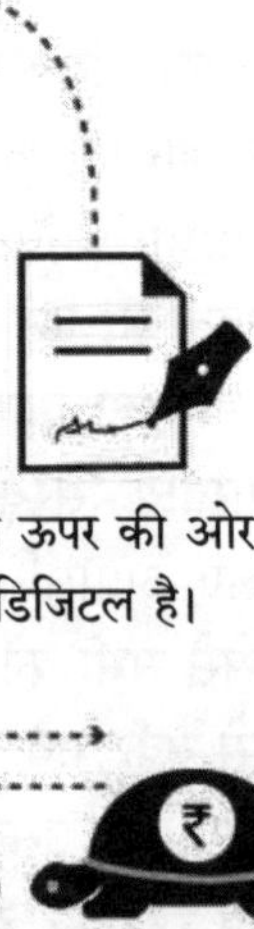

5 सूचना का प्रवाह नीचे से ऊपर की ओर है और बड़े पैमाने पर गैर-डिजिटल है।

6

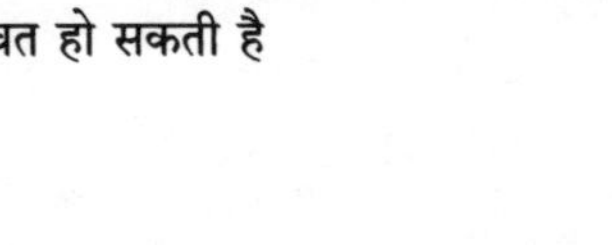

सरकार में निधि-वितरण कुशलतापूर्वक नहीं हुआ; मात्र समय पर निधि-प्रवाह से 1000 करोड़ रुपये की बचत हो सकती है

एक समाधान की ओर :

7 धन प्रवाह और जानकारी को एकीकृत करने के लिए एक हब-एण्ड-स्पोक प्रणाली

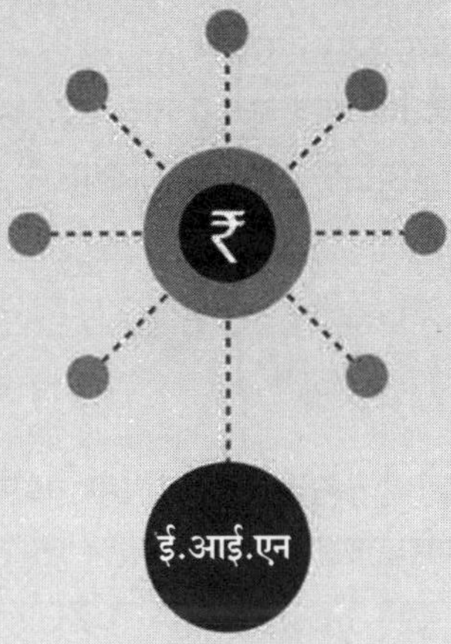

8 सरकार और उसके नागरिकों के लिए एक पारदर्शी पोर्टल

9 सरकारी व्यय प्रबन्धन के लिए एक पेशेवर संस्था

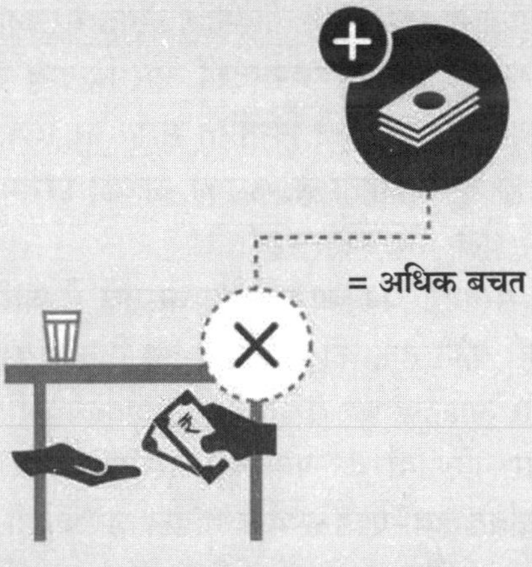

10 पारदर्शिता और दक्षता के द्वारा अधिक से अधिक बचत

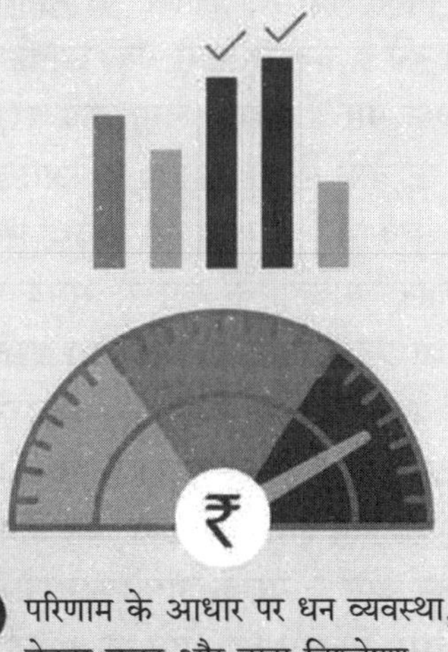

11 परिणाम के आधार पर धन व्यवस्था, बेहतर बजट और डाटा विश्लेषण

है!' किसी भी समय पर, सरकारी गलियारों के इर्दगिर्द दर्जनों परियोजनाएँ पूरा होने के विभिन्न चरणों पर चल रही होती हैं, और इनमें से किसी एक को दिखा कर यह जताया जा सकता है कि आप जो करने की योजना बना रहे हैं उसे पहले से ही कोई और कर रहा है। निःसन्देह, इन परियोजनाओं में से कई वास्तव में समाप्ति तक भी नहीं पहुँच पातीं, ज़रूरत के समय केवल बाधा का काम करती हैं।

इन असफलताओं के बावजूद, हमें विश्वास है कि व्यय सूचना तन्त्र का निर्माण करना भारत की अर्थव्यवस्था में सुधार और आधुनिकीकरण की दिशा में एक आवश्यक कदम है।

पारदर्शी सरकारी खर्चे का नक्शा

भारत में सरकारी व्यय का भविष्य हम कैसे देखते हैं? साथ दर्शाया गया रेखाचित्र इस प्रश्न पर रोशनी डालता है। इस तरह की परियोजना को लागू करने के लिए आवश्यक कानूनी ढाँचा पहले से ही तैयार हो चुका है, और अनुवृत्ति हस्तांतरण और कल्याणकारी भुगतानों जैसे सरकारी व्यय के कुछ पहलू भी एक इलेक्ट्रॉनिक वितरण मॉडल की ओर बढ़ रहे हैं। हालाँकि, बजट के तहत अनुदान प्राप्त करने से लेकर अन्त में विभिन्न प्रयोजनों के लिए धन का उपयोग करने तक, केन्द्र सरकार द्वारा राज्यों को धन वितरित करने की प्रक्रिया धन प्रवाह की पदानुक्रमित संरचना व संगणकीकरण की कमी की बदौलत अभी भी जटिल, अपारदर्शी और विलम्ब जैसे दुर्गुणों से युक्त ही है। पैसा जो कि नियत प्राप्तकर्ता को निर्धारित समय पर वितरित नहीं किया गया है, प्रणाली के भीतर ही घूमता रहता है, उसका अच्छा इस्तेमाल करने की बजाय सरकारी बैंक खातों में धूल जमा होती रहती है।

एक बार ईआईएन लागू होने पर, सरकारी धन का उपयोग वास्तव में ज़मीनी स्तर पर कैसे किया जा रहा है, आख़िरी कोने तक की जानकारी का विवरण राज्य और सरकारी विभाग अपनी सुविधानुसार अपलोड कर सकते हैं। यह अतुल्यकालिक डिज़ाइन व्यावहारिक रूप से समय पर परिणामों की एक पूरी तस्वीर बनाने की सुविधा प्रदान करेगा। हमारे द्वारा प्रस्तावित हब-एण्ड-स्पोक मॉडल जवाबदेही के साथ पारदर्शिता को जोड़ता है और व्यय की जानकारी आसानी से उपलब्ध कराता है, इस डाटा को इस्तेमाल करने की अनन्त सम्भावनायें पैदा करता है। स्थानीय खर्च का पता लगाने के लिए हम अपने पारदर्शिता पोर्टल का निर्माण कर सकते हैं, सरकार और जागरूक नागरिक दोनों ही उपलब्ध आँकड़ों को मिला कर नये और दिलचस्प विचारों को आगे ला सकते हैं, और तीसरा पक्ष डेवलपर (विकसित करने

वाले) एक ऐसा एप्लीकेशन बना सकते हैं जो इस जानकारी का लाभ बेहतर ग्राहक अनुभव प्रदान करने के लिए करे। करोड़ों रुपये की व्यवस्था को देखते हुए, ईआईएन निर्माण से हो सकने वाली भारी बचत और कार्यक्षमता में सुधारों की बदौलत सरकार अपने नागरिकों को सेवा का एक बेहतरीन स्तर प्रदान कर सकती है। अच्छे काम को उचित पुरस्कार देने से परियोजनाओं को उनके परिणामों के आधार पर धन प्रदान किया जा सकता है। वास्तविक समय में खर्चों की निगरानी करना व्यावहारिक रूप से सम्भव हो जायेगा, धन प्रवाह का बेहतर इस्तेमाल करने की सुविधा मिलेगी। जनसांख्यिकीय व लौकिक प्रवृत्तियाँ, राष्ट्रीय स्तर पर नीति-निर्माण संचालित करने के लिए इस्तेमाल की जा सकने वाली जानकारी-इस प्रणाली द्वारा उत्पन्न डाटा पूँजी का विश्लेषण निर्धारित करने के लिए किया जा सकता है।

बेहतर योजना, बेहतर विश्लेषण और बेहतर जवाबदेही के साथ, ईआईएन सरकार के परिवर्तन को एक ऐसी दिशा में गतिमान करेगा, जहाँ सरकार एक पूरी तरह पारदर्शी संस्था होगी, और जिस जनता की सेवा करने की उससे उम्मीद है, उसी जनता की भलाई के लिए अपने पैसे का उपयोग बुद्धिमानी से करती है। यामिनी अय्यर और टी. आर. रघुनन्दन के शब्दों को दोहराते हुए, हम कह सकते हैं, ''धन को अपने नियत लक्ष्य और ठीक समय पहुँचना चाहिए। अधिकतम शासन में यह न्यूनतम है।''

9

प्रौद्योगिकी द्वारा लोकतन्त्र को मज़बूती

प्रतिनिधियों के लिए मतदान का अधिकार प्राथमिक अधिकार है जिसके द्वारा अन्य अधिकारों की रक्षा होती है। इस अधिकार को छीन लेना किसी इन्सान को गुलाम बनाने जैसा है।

—थॉमस पैन, 'डिज़रटेशन ऑन फ़र्स्ट प्रिंसिपल ऑफ़ गवर्नमेन्ट (पहले सरकारी सिद्धांतों पर निबन्ध)' (1795)

2012 के मणिपुर विधानसभा चुनाव में अस्सी वर्षीय तोंग्से होकिप और उनकी पत्नी वीनेम ने सैतू निर्वाचन क्षेत्र में मतदान किया। इसमें विशेष रूप से कुछ भी उल्लेखनीय नहीं है केवल इस तथ्य को छोड़ कर कि ये दम्पति कुछ समय पहले मर गये थे। ज़ाहिर है केवल ये ही ऐसे लोग नहीं थे जिनके लिए अपने मताधिकार का प्रयोग करने का उत्साह कब्र से भी आगे पहुँच गया, तीन अन्य मृत लोगों ने भी इसी निर्वाचन क्षेत्र में मतदान किया था।[1] दूसरी ओर, कई मुम्बई निवासी जो भलीभांति जीवित थे, उन्हें पता चला कि वे 2014 के विधानसभा चुनाव में मतदान नहीं कर सकते क्योंकि उनके नाम मृतक मतदाताओं की सूची में जोड़े दिये गये थे। सोशल मीडिया पर मतदाताओं को सलाह देने के लिए मैसेज भेजे गये कि यदि वे ख़ुद को इस प्रकार की विचित्र स्थिति में उलझा पायें तो उन्हें क्या करना चाहिए—उन्हें एक शपथपत्र पर हस्ताक्षर करने पड़े कि चुनाव आयोग के विश्वास के विपरीत, वे जीवित थे और इसी क्षेत्र में रह रहे थे, और इसलिए उन्हें मतदान

की अनुमति मिलनी चाहिए। इसके अलावा मुम्बई में ही, भारत के सबसे बड़े बैंकों में से एक एचडीएफसी के अध्यक्ष दीपक पारेख ने भी उस मतदान केन्द्र से अपना नाम ग़ायब पाया जहाँ से पिछले चुनावों में वह नियमित रूप से मतदान करते आये थे।[2] मतदाता सूची में त्रुटियों का अर्थ दरअसल देश के भविष्य को प्रभावित करने वाले एक अवसर से धोखे से जनता को वंचित करना ही है।

जब भी चुनाव का मौसम आता है, भारतीय जनता शायद ऐसे और ऐसे ही अन्य नियमित तौर पर सुर्खियों में रहने वाले किस्सों की आदी हो चुकी है, लेकिन वास्तव में यह एक अत्यन्त गम्भीर समस्या की ओर संकेत कर रहे हैं। स्वतन्त्रता के बाद हर प्रकार के परिवर्तन से गुज़र चुके, दुनिया के इस सबसे बड़े लोकतन्त्र में हमारी चुनावी प्रक्रिया ही इकलौता अचल है जो निरन्तर कायम है। मतदान का अधिकार एक ऐसा अधिकार है जिसे भारत अपने सभी नागरिकों को खुले दिल से प्रदान करता है, उन्हें अपने नेताओं को जवाबदेह ठहराने की शक्ति देता है। मतदाता सूची में त्रुटियों का अर्थ दरअसल देश के भविष्य को प्रभावित करने वाले एक अवसर से धोखे से जनता को वंचित करना, उन्हें लोकतान्त्रिक प्रक्रिया का सच्चा साझेदार बनने से रोकना है। बात जब चुनाव सम्बन्धी सुधार की हो, हमारी पहली प्राथमिकता मतदाता सूचियों को त्रुटिरहित बनाना है। इस अध्याय में, हम यह पता लगायेंगे कि भारत की चुनावी प्रक्रिया को बदलने में प्रौद्योगिकी का इस्तेमाल कैसे किया जा सकता है।

लोकतन्त्र का उत्सव : भारत के शुरुआती चुनाव

स्वतन्त्र, नव लोकतान्त्रिक भारत जो विभाजन की क्रूरता से अस्तव्यस्त और खून से नहा कर उभरा था, अपने समीक्षकों को दृढ़ता से प्रेरित न कर पाया। ब्रिटेन के पूर्व अंकित प्रदेशों और अर्ध-स्वतन्त्र रियासतों को एक कमज़ोर गठबन्धन में एक साथ बाँधा गया था, जो प्रखर राष्ट्रीय पहचान की बजाय ज़ोरदार राजनीतिक इच्छाशक्ति के कारण एक साथ संघटित हुए थे, और यह सारा आत्म-विध्वंसकारी सृजन जल्दी ही पूरे ताने-बाने को उधेड़ने वाला साबित हुआ—जैसा कि विंस्टन चर्चिल ने उस दौरान कहा था, "भारत अब महज एक भौगोलिक अभिव्यक्ति है, जो अब कोई देश नहीं मात्र भूचक्र बन कर रह गया है।"

फिर भी, यह अनुभवहीन और असम्भावित गठबन्धन अब दुनिया के सबसे अधिक स्थिर लोकतन्त्रों में शुमार है, हालाँकि अन्य देश इस अवधारणा के साथ एक चंचल दिल्लगी से थोड़ा अधिक गम्भीरता से लेने में सफल हो रहे हैं। बतौर

एक राष्ट्र, हमने एक लोकतान्त्रिक समाज के दिल की धड़कन के रूप में स्वतन्त्र और निष्पक्ष चुनाव की अवधारणा के प्रति उल्लेखनीय निष्ठा का प्रदर्शन किया है। हमारे निंदक भले ही प्रत्येक चुनाव के दौरान ख़बरों में छाई रहने वाली बूथ कैप्चरिंग और धांधली की नाटकीय सुर्खियों की ओर इशारा करते रहें, या यह महसूस करें कि राजनीतिक संस्थान पर उनके 'मत' से कोई प्रभाव नहीं पड़ता है। लेकिन सच्चाई यही है कि हर बार कुछ वर्षों बाद, चाहे बुज़ुर्ग हों या युवा, अमीर हो या गरीब, किसान हो या फ़िल्म स्टार, हम भारतीय, इस देश के नागरिक होने के नाते अपने मौलिक अधिकार का प्रयोग करने के लिए ईमानदारी से अपने स्थानीय मतदान केन्द्रों के बाहर लाइन लगा कर खड़े होते हैं, अपने भावी नेताओं को चुनने के लिए मतदान करते हैं।

आज़ादी के युग में भारत सामाजिक-आर्थिक दरारों से बुने जाल द्वारा विखंडित हो गया था, उस दौरान औसत भारतीय से केवल बत्तीस वर्ष तक जीवित रहने की उम्मीद की जा सकती थी और जनसंख्या के पाँचवें हिस्से से भी कम लोग पढ़ व लिख सकते थे।[3] हालाँकि, बात जब चुनावी क्षेत्र की आयी, एक निर्भीक, कड़ी मेहनत के लिए तत्पर दृष्टिकोण के लिए हर प्रकार के संकोच को त्याग कर प्रत्येक योग्य भारतीय को बिना किसी वर्ग, जाति या लिंग भेद की परवाह किये मतदान का अधिकार दिया गया था। पश्चिमी दुनिया ने बड़ी सावधानी से सार्वजनिक मताधिकार की ओर रुख किया था, पहले केवल पुरुषों को, उनमें भी कुलीन वर्ग के लोगों को ही मतदान में शामिल किया गया। उदाहरण के लिए, कई वर्षों तक विरोध प्रदर्शन और नागरिक आन्दोलन के बाद कहीं जाकर महिलाओं को चुनाव में भाग लेने की अनुमति दी गयी। अपने नागरिकों को 1893 में सार्वजनिक मताधिकार प्रदान करने वाला दुनिया का पहला देश न्यूजीलैंड था; यूनाइटेड किंगडम ने इसे पैंतीस वर्षों बाद लागू किया, और संयुक्त राज्य अमरीका ने इसे अपनाने में बहत्तर वर्ष का समय लिया।[4]

इसके विपरीत, इस सारे वाद-विवाद को नज़रअंदाज़ करते हुए भारत ने एक ही बार में सार्वजनिक मताधिकार लागू कर दिया। तभी से, भारत में चुनाव एक भव्य स्तर का आयोजन बन गया है, लोकतन्त्र का एक ऐसा त्योहार जो सम्पूर्ण विश्व का ध्यान अपनी ओर आकर्षित करता है। हालाँकि हमने उन तरीकों का विश्लेषण किया जिनसे मतदान की प्रक्रिया को सुदृढ़ बनाने में प्रौद्योगिकी की मदद ली जा सकती है, हमारी राय में पीछे मुड़ना और यह देखना कि पिछले करीब साठ वर्षों में भारत में चुनावों का विकास कैसे हुआ, काफ़ी शिक्षाप्रद रहेगा, इस समयावधि के दौरान सोलह आम चुनाव सफलतापूर्वक आयोजित किये जा चुके हैं।

अपनी पुस्तक *'इंडिया आफ्टर गाँधी'* में प्रख्यात इतिहासकार रामचन्द्र गुहा वर्णन करते हैं, 1952 में अपने पहले आम चुनाव को सँभालने में भारत को क्या-क्या करना पड़ा था, इस प्रक्रिया का उल्लेख उन्होंने 'इतिहास का सबसे बड़ा जुआ' कह कर किया है।[5] सत्रह करोड़ साठ लाख भारतीय मतदान के योग्य थे, और भारत की पहली मतदाता सूची का निर्माण करने के लिए उनके नाम व अन्य विवरण को कड़ी मेहनत से एकत्र व दर्ज किया जाना था। सूचियों को टाइप करने और निर्वाचन क्षेत्र के अनुसार उनका मिलान करने के लिए छह महीने के अनुबन्ध पर सोलह हज़ार पाँच सौ क्लर्कों की नियुक्ति की गयी; इन सूचियों को प्रिन्ट करने में दस करोड़ से अधिक कागज़ पत्रों की खपत हुई। यह सुनिश्चित करने के लिए कि चुनावों का आयोजन सुचारू रूप से हो, 56,000 संचालन प्रबन्धक, 280,000 सहायक और 224,000 पुलिसकर्मी नियुक्त किये गये थे; मतदाताओं की उँगलियों पर निशान लगाने के लिए अमिट स्याही की 389,816 शीशियों का इस्तेमाल हुआ, और इस सम्पूर्ण प्रक्रिया में सरकारी कोष से 10 करोड़ रुपये से अधिक का खर्च आया था।[6]

फिर, आज ही की तरह, मतदान करने के लिए मीलों का सफ़र तय करने वाले ग्रामीणों और अपने निकटतम मतदान केन्द्र तक पहुँचने के लिए अभेद्य जंगलों के बीच से कठिन रास्ते बनाने वाले आदिवासियों या बैसाखी के सहारे या अपने रिश्तेदारों के कन्धों पर सवार बुज़ुर्ग के किस्सों से भरी चुनावी ख़बरें। यह प्रचलन आज तक जारी है, भारत के समृद्ध मध्य वर्ग की तुलना में ग्रामीण और कामकाजी वर्ग ने अधिक से अधिक संख्या में भाग लिया;[7] *टाइम्स ऑफ इंडिया* की रिपोर्ट के अनुसार बॉम्बे (वर्तमान में मुम्बई) में, शहर के औद्योगिक क्षेत्रों में सर्द सुबह, श्रमिकों की बहादुरी के चलते, मतदान केन्द्रों के बाहर लम्बी कतारें लग गयी थीं, जबकि पड़ोस में स्थित फ़ैशनेबल मलबार हिल में 'ऐसा लगता था मानो लोग टेनिस या ब्रिज (ताश का खेल) खेलने के लिए यहाँ-वहाँ बिखरे हुए हैं और मात्र संयोग से मतदान के लिए आते दिखाई दे रहे हैं।'

यह सुनिश्चित करने के लिए कि चुनाव सुचारू रूप से संचालित हो रहे थे, निर्वाचन अधिकारियों ने भी—शब्दशः भी—बड़े फ़ासले तय किये। एक प्रारम्भिक कार्यशाला में भाग लेने के लिए एक अधिकारी ने छह दिनों तक पैदल यात्रा की, जबकि एक साथी सहयोगी को चार दिन खच्चर की सवारी करनी पड़ी। दूरदराज़ के प्रत्येक गाँव और द्वीप को अपनी मतदाता सूची की एक प्रति प्राप्त हो यह सुनिश्चित करने के लिए नदियों पर पुल बाँधे गये और नौसेना के जहाज़ों की सेवा ली गयी थी। एक गाँव में, मतदान केन्द्र केवल एक ही दरवाज़े वाला स्कूल था। नियमानुसार

प्रवेश और निकास दोनों के लिए एक ही द्वार का इस्तेमाल नहीं किया जा सकता, खिड़कियों में से एक को दूसरे दरवाज़े का रूप देकर ही समाधान निकल सकता था, अपने मताधिकार का उपयोग करने के बाद मतदाताओं को बाहर कूदने में मदद करने के लिए अस्थायी सीढ़ियाँ बनाई गयीं।

इस दुष्कर श्रम अनुष्ठान के प्रबन्धन का उत्तरदायित्व 25 जनवरी, 1950 को स्थापित, देश की सभी चुनावी प्रक्रियाओं के लिए ज़िम्मेदार एक स्वायत्त संस्था 'ईसी' (EC–इलेक्शन कमिशन ऑफ़ इंडिया–भारतीय निर्वाचन आयोग) पर आ पड़ा। तभी से, चुनावी धोखाधड़ी को मिटाने और यह सुनिश्चित करने के लिए कि प्रत्येक नागरिक के मताधिकार की रक्षा हो रही है निर्वाचन आयोग ख़ुद भी सुधार की एक प्रक्रिया से गुज़र कर यहाँ तक पहुँचा है।

एक साहसी भारतीय

हृष्टपुष्ट और कठोर, टी.एन.शेषन शायद ही उस निडर नायक की तरह लगते थे जो संस्थान का दायित्व सँभाल भी सके और सफ़ल भी रहे। और फिर भी, सीईसी (CEC–चीफ़ इलेक्शन कमिशनर–मुख्य चुनाव आयुक्त) के रूप में शेषन ने अपने कार्यकाल के दौरान जिन सुधारों की शुरुआत की, उन्होंने भारतीय चुनावों का चेहरा पूरी तरह बदल कर रख दिया। चुनाव अब सुस्त और लचर कार्य बन चुके थे, इस प्रकार की शिकायतों का सामना करने पर शेषन ने तीखा प्रतिवाद किया, ''यदि उन्हें शोरगुल और तड़क-भड़क चाहिए, तो सिनेमा हॉल हमेशा खुले हैं।''

शेषन ने जिस संगठन का नेतृत्व किया, 'ईसी' (Election Commission), एक तरह से स्वतन्त्र और निष्पक्ष दोनों प्रकार के चुनाव संचालन के लिए ज़िम्मेदार है। जिस दिन उम्मीदवार अपना नामांकन दाखिल करते हैं उस दिन से लेकर परिणाम घोषित होने तक उन्हें चुनाव संहिता आचरण के तहत व्यवहार करना चाहिए, और यह सुनिश्चित करना 'ईसी' का काम है कि उस संहिता का सख्ती से पालन हो रहा है। 'ईसी' अपनी तटस्थता और स्वतन्त्रता की रक्षा के लिए निर्मित संवैधानिक सुरक्षा उपायों की एक सूची के तहत काम करता है; उदाहरण के लिए, इसके लिए धन, बिना किसी अन्य सरकारी संस्थाओं, नौकरशाहों या नेताओं की अनुमति लिए सीधे सरकारी राजकोष, कंसोलिडेटेड फण्ड ऑफ़ इंडिया (भारत की संचित निधि) से निकाला जाता है। डिज़ाइन में यह मात्र लगभग 300 कर्मचारियों वाला एक छोटा सा संगठन है; चुनावी मौसम आते ही, यह संख्या प्रतिनियुक्ति के आधार पर सिविल सेवा से तैयार किये गये लगभग 50 लाख मतदान कर्मी और सिविल पुलिस

बलों तक पहुँच जाती है। एक बार चुनाव खत्म होते ही अस्थायी कर्मचारियों का यह जनबल चुनाव खत्म होते ही लुप्त हो जाता है।[8]

इन नियमों के बावजूद, भारतीय चुनाव बेहद भ्रष्ट और धोखाधड़ी से ग्रस्त थे, एक ऐसी स्थिति जो शेषन द्वारा पद ग्रहण करने के बाद बेहतर होने लगी थी। कानून का अक्षरशः सहारा लेते हुए शेषन ने बतौर सीईसी अपने बलबूते पर आदर्श आचार संहिता को सख्ती से लागू करने पर ज़ोर दिया। उन्होंने राजनीतिक संस्थान का सिर उठा कर सामना किया, उन्होंने अनुचित तरीके से मतदाताओं पर दबाव डालने वाले वरिष्ठ कैबिनेट मन्त्रियों को निष्कासित करने के लिए प्रधानमन्त्री से कहा और किसी भी राजनीतिज्ञ को नियम तोड़ने पर तत्काल अयोग्य घोषित करने की धमकी दी। जुझारू शेषन द्वारा मीडिया से अर्जित कई उपाधियों में से एक 'अल-शेषन' थी, शर्मिंदा होना तो दूर, वह चुनावों की रखवाली करने वाले एक क्रूर प्रहरी वाली अपनी छवि से आनन्दित थे, उनके अनुसार उन्हें एक बुलडॉग (हठी और साहसी व्यक्ति) कहना शायद बेहतर होगा क्योंकि दोनों में बहुत अधिक समानता थी।[9]

शेषन की निगरानी में, सुरक्षा का स्तर बढ़ा दिया गया था; शर्मनाक बूथ कैप्चरिंग और बड़े पैमाने पर चुनावी धोखाधड़ी के लिए कुख्यात राज्य बिहार में, 1995 में हुए विधानसभा चुनावों के दौरान कानून और व्यवस्था बनाये रखने के लिए अर्धसैनिक बलों की 650 कम्पनियों को तैनात किया गया। चुनाव आयोग की आज्ञापालन करने के लिए विवश, राजनेताओं को अब नियत समय सीमा से पहले अपने भाषण समाप्त करने पड़ते थे। अन्तहीन मोटर-कारों का कारवाँ, दिखावटी और रंगबिरंगी राजनीतिक रैलियाँ, मतदाताओं को लुभाने के लिए खुलेआम शराब, पैसा और अन्य मुफ्त उपहार वितरण, बूथ कैप्चरिंग और मतदाता धमकी की कई घटनायें-आदर्श आचार संहिता को सख्ती से लागू करते ही भूली-बिसरी दास्तान बन गयीं।[10]

मतदाता आईडी कार्ड अनिवार्य हो गये, और शेषन के नेतृत्व में सभी योग्य मतदाताओं को यह कार्ड जारी करने के लिए एक राष्ट्रव्यापी कार्यक्रम लागू किया गया। आज, भारत में यह कार्ड न सिर्फ़ चुनावों के लिए, बल्कि कई अन्य सार्वजनिक व निजी सेवाओं के लिए भी आईडी का एक महत्त्वपूर्ण दस्तावेज़ बन गये हैं। शेषन की आक्रामक रणनीति की बदौलत भारत में चुनाव अब मात्र तमाशा बन कर नहीं रह गये हैं। धूमधाम और अपव्यय में जो खोया उसके बदले उन्होंने यह गारन्टी प्राप्त की कि भारत का प्रत्येक योग्य नागरिक बिना किसी दबाव, रिश्वतखोरी या धोखाधड़ी के अपना मतदान कर सकता है।

कागज़ का अन्त, मशीन का जन्म

1990 के दशक के चुनाव सुधारों ने भारतीय चुनावों में आवश्यक सुधारों की शुरुआत कर दी थी, लेकिन मतदाता द्वारा केन्द्र में कदम रखते ही उनका कार्यक्षेत्र समाप्त हो जाता था। किसी व्यक्ति द्वारा वोट डालने की वास्तविक प्रक्रिया का कायापलट करना भी उतना ही आवश्यक था, भारतीय चुनावों का पारम्परिक संचालन का परिमाण देखते यह समस्या और भी कठिन थी। 2014 के आम चुनाव में, मतदान करने पहुँचे लोगों की संख्या यूरोप की पूरी आबादी से अधिक थी।[11] 1952 में, मतदाताओं में 85 प्रतिशत आश्चर्यजनक रूप से या तो पढ़ने में या लिखने में असमर्थ थे, हालाँकि इस संख्या में सुधार हुआ है, अभी भी भारतीय आबादी का एक महत्त्वपूर्ण हिस्सा काफ़ी हद तक अनपढ़ ही है। फिर कैसे, कोई ऐसी मतदान प्रणाली को डिज़ाइन, निर्माण और संचालन करता है जो इस तथ्य का भी ख़्याल करे, और साथ ही किसी को एक स्वतन्त्र, निष्पक्ष और जानकारी युक्त तरीके से उसके मताधिकार का प्रयोग करने का भी अधिकार प्रदान करे?

इस प्रश्न का तत्काल उत्तर कागज़ी मतपत्र था, एक पद्धति जो अभी कुछ सालों तक इस्तेमाल में थी। उपयोग में सरल और स्थापित करने में आसान, मतपत्र को आधा तह करके, मतपेटी में डालने से पूर्व मतदाता को अपने चुनिन्दा उम्मीदवार के नाम और चुनाव चिन्ह के आगे मोहर लगानी पड़ती थी। हालाँकि, इस प्रणाली की अपनी कमियाँ थीं। गलत तरीके से मतपत्र मोड़ने पर स्याही लगी मोहर का धब्बा लगना लाज़मी था, कभी-कभी मतपत्र को अवैध घोषित कर दिया जाता था। चूँकि कागज़ का इस्तेमाल दोबारा नहीं हो सकता, प्रत्येक चुनाव के लिए मतपत्रों की एक ताज़ा खेप छपवानी पड़ती थी, लागत में इज़ाफा होता था। मोहर लगे मतपत्रों की गिनती का काम धीमा, जटिल और त्रुटि होने की सम्भावना से भरपूर था। सबसे महत्त्वपूर्ण बात, यह प्रणाली धोखाधड़ी के लिहाज़ से असुरक्षित थी। कभी-कभी किसी राजनीतिक दल के समर्थक, बलपूर्वक किसी मतदान केन्द्र पर कब्ज़ा कर सकते थे और कई बार करते भी थे, अपने उम्मीदवार को जिताने के लिए हज़ारों की संख्या में पहले से मोहर लगे मतपत्रों से मतपेटियों को भर देते थे, और वैध मतदाताओं को उनके मतदान करने से रोक दिया जाता था।

1999 के आरम्भ में, चुनाव आयोग ने कागज़-मतदान प्रणाली की कमज़ोरियों से निपटने का फ़ैसला करते हुए, इसे त्यागकर इलेक्ट्रॉनिक वोटिंग शुरू करने का निर्णय लिया, '*इमेजिनिंग इंडिया*' में इस प्रक्रिया का वृत्तांत है।[12] जैसा कि नन्दन ने लिखा था, 'भारत के चुनाव पूरी तरह दूषित व अराजक हो चुके थे, ख़ुद को

निर्वाचित करवाने के लिए अनिवार्य 'मतदान बॉक्स की भराई', और कुछ क्षेत्रों में मतदान में धोखाधड़ी 40 प्रतिशत तक पहुँच चुकी थी। ईवीएम (EVM—इलेक्ट्रॉनिक वोटिंग मशीन) ने मतदान भराई की समस्या को काफ़ी हद तक कम कर दिया।' 'भारत के चुनावों का यह इलेक्ट्रॉनिकरण' मतदाता अनुभव में सुधार की दिशा में प्रौद्योगिकी का पहला प्रमुख कार्य था। उदाहरण के लिए जर्मनी और अन्य देशों का इलेक्ट्रॉनिक वोटिंग के साथ संघर्ष जारी रहा, आयरलैण्ड और नीदरलैण्ड जैसे कुछ देशों ने इलेक्ट्रॉनिक वोटिंग के मामले में किये फ़ैसले वापिस ले लिए। इसके बावजूद, भारत की चुनावी प्रक्रिया को बेदाग़ बनाने में एक ऐसी प्रणाली के महत्त्व को पहचानते हुए 'ईसी' ने देश भर में इलेक्ट्रॉनिक वोटिंग शुरू करवा दी।

ईवीएम की बनावट और निर्माण, चुनाव आयोग द्वारा निर्धारित विनिर्देशों के अनुसार अपने ही देश में हुआ है, धोखाधड़ी को रोकने के लिए दी गयीं सुविधायें सामाजिक और भौगोलिक दृष्टि से अलग देश की ज़रूरतों को पूरा करने के लिए भी काफ़ी सरल हैं।[13] वे पूरी तरह बैटरी संचालित हैं और ऊर्जा के किसी भी बाहरी स्रोत की आवश्यकता नहीं होती, एक ऐसे देश में महत्त्वपूर्ण है जहाँ बिजली की लगातार आपूर्ति मिलना अभी कोसों दूर की बात है। दिखने में मज़बूत व छोटी हैं ताकि दुर्गम क्षेत्रों के हज़ारों मतदान केन्द्रों पर उन्हें आसानी से ले जाया जा सके। ये निर्माण में सस्ती और उपयोग में आसान हैं। कागज़ मतपत्र प्रणाली की ही तरह, ईवीएम को भी यह ध्यान में रखते हुए डिज़ाइन किया गया है कि कई उपयोगकर्ता काफ़ी हद तक अशिक्षित हैं और शायद इलेक्ट्रॉनिक उपकरणों का इस्तेमाल करना उनके लिए आसान नहीं होगा। उपयोगकर्ता और डिवाइस को जोड़ने वाली कड़ी जितना सम्भव हो सके सरल और सुव्यवस्थित है ताकि मतदाता कोई परेशानी या कोई ग़लती होने को लेकर भयभीत न हों। मतदाताओं को केवल अपने पसन्दीदा उम्मीदवार का चयन करने के लिए इस ईवीएम पर लगे एक बटन को दबाना है, और उनका वोट दर्ज हो जाता है।

व्यावहारिक दृष्टि से, ईवीएम एक कम्प्यूटर की तरह ही कार्य करती है। मशीनें अपने निर्माण के अनुरूप प्रणाली में यन्त्रस्थ सॉफ्टवेयर पर चलती हैं, और मशीन को खोल कर सॉफ्टवेयर में किसी तरह का परिवर्तन करने का कोई भी प्रयास करने पर यह स्वचालित रूप से बन्द हो जाती है। ईवीएम एक गुप्त–प्रणाली की तरह भी होती है, एक ऐसे कम्प्यूटर के बारे में सोचें जिसका किसी इंटरनेट या अन्य नेटवर्क के साथ कोई लिंक नहीं है लेकिन पूरी तरह आत्मनिर्भर होकर कार्य करता है। जब इन मशीनों को इस्तेमाल करने का समय आता है, विभिन्न राजनीतिक पार्टियों के अधिकारी यह जाँच करते हैं कि उन मशीनों को सही तरीके से स्थापित किया गया है और प्रत्येक

पार्टी के वोटों की गिनती संख्या शून्य पर ही स्थित है। मतदान पूरा होने पर मशीनें सील कर दी जाती हैं और उन्हें उठा कर गोदामों में पहुँचा दिया जाता है। मतगणना प्रक्रिया के दौरान, प्रत्येक मशीन के डाटा को एकत्र और संकलित किया जाता है, स्थापित की गयी हर एक मशीन की गिनती होती है। इसके बाद मशीनों को दोबारा रीसेट किया जा सकता है और यह चुनावों के अगले दौर के लिए तैयार हो जाती हैं।

देशव्यापी स्तर पर ईवीएम का उपयोग करने से चुनावी प्रक्रिया की पारदर्शिता में बहुत सुधार आया है। मतदान प्रक्रिया और मतों की गिनती अब काफ़ी तेज़ हो गयी है जबकि इसके साथ ही इन्सानी ग़लती की वजह से होने वाली गणना सम्बन्धी त्रुटियाँ अब समाप्त हो गयी हैं। मतदान केन्द्र पर कब्ज़ा करना और फ़र्ज़ी मतदान करना भी मुश्किल हो गया है। एक मतदाता आईडी पर ईवीएम केवल एक ही मतदान करने की सुविधा देती है, और एक मिनट में पाँच से अधिक मतदान दर्ज हो ही नहीं सकते। धोखाधड़ी से मतदान दर्ज करने के लिए मशीनों के साथ छेड़छाड़ करने में लम्बा समय लगता है, और मतपेटियों की भराई की तुलना में कहीं अधिक पेंचिदा काम है, परिणामस्वरूप चुनावी धोखाधड़ी पर पूर्णविराम लग चुका है। राज्य व केन्द्र चुनावों में ईवीएम के व्यापक इस्तेमाल की बदौलत, लागत में भी कमी आयी है। मशीन खरीदने और स्थापित करने की प्रारम्भिक लागत पर अधिक ध्यान देना इसलिए मुनासिब नहीं होगा क्योंकि इन्हें दोबारा कई बार उपयोग किया जा सकता है। गौरतलब है कि एक चुनाव की कुल लागत का लगभग 30–40 फ़ीसदी कागज़ के मतपत्रों की छपाई में लग जाता था, ईवीएम के मामले में एक बार निवेश करने से बार–बार के व्यय से छुटकारा मिल जाता है।[14]

वर्तमान में, ईवीएम को चलाने वाले सॉफ्टवेयर से छेड़छाड़ करने की कोशिश आपको जेल पहुँचा सकती है। लेकिन दुनिया के बाकी हिस्सों में, प्रौद्योगिकीविद एक ऐसे मॉडल के लिए ज़ोर दे रहे हैं जिसे उन्होंने 'मुक्त स्रोत मतदान' का नाम दिया है, जिसमें प्रत्येक ईवीएम का सॉफ्टवेयर प्रोग्राम जनता को सामने प्रत्यक्ष दिखायी देगा। हालाँकि कोड में हेराफेरी कर पाना फिर भी पहुँच से बाहर होगा, पर्याप्त तकनीकी जानकारी वाला कोई भी व्यक्ति यह जाँच करने में सक्षम होगा कि मतों का पंजीकरण और गिनती ईवीएम में सही ढंग से हो रही है।[15]

चुनाव सुधार के विषय में कोई भी चर्चा इस तथ्य के बिना अधूरी है कि भारत दुनिया के उन चन्द देशों में से एक है जिनके यहाँ 'नोटा' (NOTA– 'नन ऑफ़ द अबव'– 'उपरोक्त में से कोई भी नहीं') एक स्थापित मतदान विकल्प है। जिसके माध्यम से एक मतदाता चुनाव में खड़े सभी प्रत्याशियों को अस्वीकार कर सकता है। 2013 में सुप्रीम कोर्ट ने फ़ैसला सुनाया कि, ''चुनाव के दौरान यह विकल्प

अवश्य दिया जाना चाहिए, अपने फ़ैसले में लिखते हुए कहा कि इससे चुनाव में एक व्यवस्थागत परिवर्तन आयेगा और राजनीतिक पार्टियाँ बेदाग़ उम्मीदवारों को मौका देने के लिए विवश हो जाएंगी'' और मतदाता सशक्तिकरण में वृद्धि होगी।[16] 2013 के विधानसभा चुनाव में, 'नोटा' को पहली बार मतदाताओं के लिए एक वैध विकल्प के रूप में पेश किया गया और उन लोगों के लिए एक महत्त्वपूर्ण विकल्प के रूप में देखा गया जो यह महसूस करते थे कि उम्मीदवारों में से कोई भी उनके समर्थन के काबिल नहीं है।

कमियों को दूर करना : मशीनों को अपग्रेड करना

हालाँकि ईवीएम के वित्तीय व कार्य सम्बन्धी लाभों को नकारा नहीं जा सकता, परेशानियों की एक सूची उनके साथ भी आती है, ख़ासकर बात अगर डाटा सुरक्षा और उससे छेड़छाड़ करने की हो। इन समस्याओं पर काबू पाने के लिए, 'ईसी' ने एक नयी प्रणाली की शुरुआत की है, वीवीपीएटी (द वोट वेरिफ़ायर पेपर ऑडिट ट्रायल), जिसमें प्रत्येक मतदाता को यह पुष्टि करने के लिए एक रसीद दी जाती है कि उसका 'मत' सही तरीके से दर्ज हुआ था; इन रसीदों का इस्तेमाल चुनावी धोखाधड़ी को नियन्त्रित करने के साथ-साथ ईवीएम परिणामों की जाँच के लिए किया जा सकता है।[17] पेपर ऑडिट प्रणाली का व्यावहारिक परीक्षण 2011 के साथ-साथ हाल ही में नागालैण्ड में हुए विधानसभा चुनावों में भी किया गया।[18] सुप्रीम कोर्ट ने 'ईसी' को निर्देश दिया था कि वो पेपर ऑडिट को औपचारिक रूप से चरणबद्ध तरीके से पेश करें, ताकि 2014 के आम चुनाव में उनका इस्तेमाल किया जा सके, और व्यावहारिक परीक्षण में दक्षिण बेंगलुरू निर्वाचन क्षेत्र (जहाँ से नन्दन ने चुनाव लड़ा था) भी शामिल था।[19]

भारत में ईवीएम का एक अन्य नकारात्मक पहलू यह भी है कि प्रत्येक मशीन के परिणामों का खुलासा मतगणना प्रक्रिया के दौरान ही हो जाता है। यह एक मुद्दा क्यों है? मान लीजिये कि प्रत्येक मतदान केन्द्र में मिसाल के तौर पर एक ही ईवीएम है जो हज़ार के करीब मतदान दर्ज करती है। इतने विस्तार में मतदान डाटा उपलब्ध कराने से राजनीतिक दलों के लिए छोटे समुदायों और गाँवों में मतदान के रुझानों का पता लगाना सरल हो जाता है। बदकिस्मती से, नतीजा उनके पक्ष में न होने पर नेता इन तथ्यों का इस्तेमाल मतदाताओं को गम्भीर परिणाम भुगतने की धमकी देने के लिए करते हैं, मतदान प्रक्रिया की गोपनीयता कम होती है और एक निष्पक्ष चुनाव के लिए आवश्यक स्वतन्त्रता ख़तरे में आ जाती है।

परिणामस्वरूप, 'ईसी' ने 'टोटलाइज़र' नामक एक उपकरण विकसित किया, जो निर्वाचन क्षेत्र स्तर पर परिणाम उपलब्ध कराता है। चाहे वो संसदीय निर्वाचन क्षेत्र हो या विधानसभा निर्वाचन क्षेत्र या स्थानीय निकाय के हों, चुनाव में प्रयोग किये जाने वाली सभी ईवीएम 'टोटलाइज़र' से जुड़ी होती हैं, जो डाटा एकत्र करता है और सभी उम्मीदवारों के लिए एक अन्तिम गिनती जारी करता है, एक बार 'टोटलाइज़र' की नियुक्ति होने के बाद बूथ स्तर पर डाटा प्राप्त कर पाना सम्भव नहीं होता। इस प्रकार 'टोटलाइज़र' का उपयोग, समुदायों और उनके मतदान रुझानों की पहचान को सुरक्षित कर राजनीति प्रेरित प्रतिशोध के डर को दूर कर देता है। 'टोटलाइज़र' का पहला व्यावहारिक परीक्षण 2009 में उत्तर प्रदेश में भदोही विधानसभा उपचुनाव में नमूने के आधार पर किया गया था।[20] सुप्रीम कोर्ट के दबाव के कारण सम्भव है कि ईवीएम की तरह 'टोटलाइज़र' भी भारतीय चुनाव प्रक्रिया का अभिन्न अंग बन जाये, मतदाताओं की गोपनीयता की हिफाज़त के साथ-साथ यह सुनिश्चित होगा कि चुनाव निष्पक्ष व स्वतन्त्र तरीके से हो रहे हैं।

मृतकों को पुनर्जीवित करना और मतदाताओं को धोखा देने के अन्य तरीके

हालाँकि, मतदान के लिए लाइन में लगे मृतकों की कहानियों से किसी को भी आश्चर्य हो सकता कि कहीं चुनावों पर 'द वाकिंग डेड सिरीज़' के एपिसोड का प्रभाव तो नहीं पड़ गया है, वास्तविकता इससे कहीं अधिक नीरस है, इसके लिए त्रुटिमय मतदाता सूचियाँ ज़िम्मेदार हैं, इनमें से किसी ऐसे मृत व्यक्ति के नाम का दुरुपयोग किया जाता है जिसे अभी तक सूची से काटा नहीं गया है और इस तरह मतदाता धोखाधड़ी बरक़रार रहती है। नयी दिल्ली में मतदाता सूची संशोधन के दौरान पता चला कि 80,000 से अधिक मृतक व्यक्ति अभी भी मतदान करने के लिए पंजीकृत हैं।[21] किसी की मृत्यु उपरान्त आधिकारिक तौर पर सूची में से पंजीकृत मतदाता का नाम काटने की प्रक्रिया मौजूद होने के बावजूद ऐसा होता है। जैसा कि होकिप दम्पति के मामले में हुआ था, जिसका उल्लेख हम अध्याय के आरम्भ में कर चुके हैं, इन गलतियों का इस्तेमाल धोखाधड़ी से मतदान करने के लिए किया जाता है। अक्सर, मृत व्यक्तियों के नाम जानबूझ कर सूची में जोड़ दिये जाते हैं, यह 'फ़र्ज़ी मतदाता' धोखेबाजों का एक अलग वर्ग है जो फ़र्ज़ी मतदान द्वारा चुनावी प्रक्रिया को भ्रष्ट करते हैं। हालाँकि ईवीएम की शुरुआत के बाद अवैध मतदान की संख्या में काफ़ी कमी आयी है, एक अनुमान के अनुसार भारत की मतदाता सूची में 8 करोड़ 50 लाख नाम या तो डुप्लीकेट हैं या नकली हैं।[22]

इसकी विपरीत समस्या भी सच है, ऐसे बहुत सारे लोग जो वास्तव में मतदान के योग्य हैं, उन्हें पता चलता है कि उनका नाम रहस्यमय तरीके से सूची से गायब हो चुका है। पुणे में, एक ही हाउसिंग सोसाइटी के अट्ठासी अपार्टमेन्ट के निवासियों को पता चला कि 2014 के चुनाव के लिए उनमें से किसी को भी मतदाता सूची में शामिल नहीं किया गया है।[23] और एक विडंबना के अनुसार, भारत के सीईसी नवीन चावला 2009 के चुनाव में लगभग मतदान करने से चूक ही गये थे क्योंकि एक लेखन-सम्बन्धी त्रुटि के कारण वह गलत मतदान केन्द्र पर आ पहुँचे थे, जहाँ उनका नाम मतदाता सूची में था ही नहीं।[24]

'ईसी' द्वारा किये गये सर्वश्रेष्ठ प्रयासों के बावजूद, अपना पंजीकरण करवाने के इच्छुक नये मतदाताओं के लिए यह हमेशा सरल नहीं होता। पंजीकरण की प्रक्रिया पूरी करने में महीनों लग जाते हैं, आंशिक रूप में ऐसा इसलिए होता है क्योंकि यह प्रक्रिया दो संगठनों के बीच विभाजित है, स्थानीय नगर निगम द्वारा मतदाताओं को पंजीकृत किया जाता है, लेकिन अन्तिम मतदाता सूची में उनका नाम जोड़ना 'ईसी' के राज्य कार्यालय का उत्तरदायित्व है। इन दोनों संगठनों के बीच समन्वय की कमी का अर्थ है उन आवेदनों के अनन्त अधर में लटकने की पूरी सम्भावना होती है। कई अन्य राज्यों की तरह कर्नाटक में, 'ईसी' ने प्रक्रिया को कारगर बनाने के प्रयास में एक वेबसाइट की स्थापना की, जिस पर ऑनलाइन नामांकन सुविधा उपलब्ध है। एक नये मतदाता के रूप में नामांकन करवाने के लिए इस वेबसाइट का उपयोग यूँ तो एक सरल और सहज अनुभव है, पर जब आप अन्तिम चरण तक पहुँचते हैं, आपको अप्रत्याशित रूप से यह सूचित किया जाता है कि अपने आवेदन को सत्यापित करवाने के लिए आपको अपने स्थानीय नगरपालिका कार्यालय जाना होगा। सत्यापन प्रक्रिया को पूरा करने की कोशिश में नगर निगम कार्यालय में घन्टों की जद्दोजहद झेलने के लिए अब आपको डिजिटल दुनिया से असली दुनिया में खड़ा कर दिया जाता है।

दक्षिण बेंगलुरू से 2014 में नन्दन के लोकसभा अभियान के दौरान, हम में से कई निर्वाचन क्षेत्र में घर-घर पहुँचे थे, यदि उन्होंने अपना पंजीकरण अभी तक नहीं करवाया तो लोगों से मतदाताओं के रूप में पंजीकरण करवाने के लिए आग्रह कर रहे थे। हमारे कई स्वयंसेवकों ने लोगों की शिकायतें सुनीं, जिन्होंने पंजीकरण के लिए 'ईसी' की वेबसाइट का इस्तेमाल किया था, लेकिन उन्हें मतदाता आईडी नहीं मिली। 'ईसी' अधिकारी मदद नहीं कर सकते थे, उनका कहना था कि यह प्रशासनिक मुद्दा है जिसे केवल बीबीएमपी, बेंगलुरू का नगर निगम ही हल कर सकता था; जबकि बीबीएमपी ने 'किसी वेबसाइट' का उपयोग कर नामांकन करने

को लेकर गहरा संदेह व्यक्त किया, उनका मानना था कि उनके अपने नामांकन मंच के साथ इसे ठीक से एकीकृत नहीं किया होगा। इन दो संस्थाओं के बीच सम्पर्क की कमी ने भावी मतदाताओं को मझधार में छोड़ दिया था, उन्हें आगे क्या करना चाहिए इसके बारे में उन्हें कुछ भी स्पष्ट नहीं था; कई मामलों में, वे चुनाव के दौरान मतदान करने में असमर्थ रहे।

ऐसे कई अन्य कारण हैं जिनकी वजह से लोग मतदान नहीं कर पाये थे। सबसे आम कारण था कि किसी दूसरे शहर या राज्य से बेंगलुरू में स्थानांतरित होने के बाद, उन्होंने अपनी मतदाता सूची में अपने आवासीय पते को अपडेट करने का आवेदन किया था, लेकिन अभी तक उसमें परिवर्तन होने की प्रतीक्षा कर रहे थे। जब नौकरी बदलने के दौरान शहरी भारतीय नियमित तौर पर एक शहर से दूसरे शहर घूमते रहते हैं, जब ग्रामीण क्षेत्रों से आये प्रवासी बेहतर अवसरों की तलाश में हमारे शहरों में आते रहते हैं, जब अधिकतर सार्वजनिक क्षेत्र की नौकरियां स्थानांतरणीय हैं, तो क्या कारण है कि हमारे मतदान आईडी को किसी एक स्थान के साथ बांध दिया गया है? एक आवासीय पता बदलने के लिए थका देने वाली प्रतीक्षा के परिणामस्वरूप वैध मतदाताओं की कोई गलती न होने के बावजूद मताधिकार से बेदखल कर दिया जाता है।

समावेशन और अपवर्जन की इन त्रुटियों में से कई जानबूझकर की जाती हैं। प्रत्येक चुनाव से पहले, यह लगभग तय है कि कोई एक राजनीतिक दल बेईमानी का रोना रोयेगा, अपने फ़ायदे के लिए दूसरे पर मतदाता सूची से छेड़छाड़ का आरोप लगाएगा। 'ईसी' हर चुनाव से पहले और बाद में मतदाता डाटा जारी करता है, और संख्याओं का विश्लेषण मतदाताओं की आबादी में अजीब सा उतार-चढ़ाव दर्शाता है, पाँच साल की अवधि में मतदाताओं की संख्या में भारी उतार-चढ़ाव हुआ है, जहाँ लाखों मतदाता रहस्यमय तरीके से मतदाता सूचियों में दर्ज हुए या बाहर हो गये, या ज़ाहिर तौर पर किसी एक राज्य से दूसरे में चले जाते हैं।[25] जनसंख्या वृद्धि और गमनागमन की वास्तविक प्रवृत्तियाँ किसी भी प्रकार से इन नमूनों से मेल नहीं खातीं, यह संकेत है कि अधिक राजनीतिक प्रयोजनों के लिए नामों को जोड़ा और सामूहिक रूप से नष्ट किया जा रहा है। भारत के सीईसी एन.गोपालस्वामी एक अन्य उदाहरण देते हैं :

> 2006 के केरल विधानसभा के आम चुनावों से ठीक पहले, ऊपर दिये गये विश्लेषण को देखते हुए, केरल के मुख्य चुनाव अधिकारी दो विधानसभा सीटों को चुन पाये, कासरगोड और पालघाट दोनों में से एक-एक, जो मतदाताओं की संख्या में

असामान्य वृद्धि दर्शाता था। आयोग ने एक कर्नाटक से और दूसरे तमिलनाडु से, दो वरिष्ठ अधिकारियों की देखरेख में एक विशेष जाँच के आदेश दिये, केरल की तरफ़ के मतदान केन्द्रों के साथ-साथ क्रमशः कर्नाटक और तमिलनाडु के मतदान केन्द्रों पर भी नामों में बड़े पैमाने पर डुप्लीकेशन के बारे में पता चला। कासरगोड विधानसभा क्षेत्र में, लगभग 5000 फ़र्ज़ी मतदाताओं के नाम हटा दिये गये थे। इत्तेफ़ाकन, यह आँकड़ा पिछले चुनाव में जीत के अन्तर से मेल खाता था।[26]

चाहे चुनाव स्थानीय हों या राष्ट्रीय, नये मतदाता पंजीकरण और मतदाता सूची की संरचना को प्रभावित करने के लिए एक पूरी राजनीतिक अर्थव्यवस्था उभर कर सामने आ गयी है। मतदाता सूचियों के साथ छेड़छाड़ हो रही है क्योंकि नामांकन अधिकारी रिश्वत चाहता है या राजनीतिक सम्बन्ध के चलते वो हुक्म देता है कि उसे किसका नामांकन करना है, उदाहरण के लिए, उसे जिनसे अपने पक्ष में मतदान करने की सम्भावना है वो उन्हीं को नामांकन के लिए चुनता है। यही शक्तियाँ उस समय मैदान में आती हैं जब प्रत्येक चुनाव के लिए मतदाता सूची को संशोधित किया जाता है। इसके अलावा, नामांकन करना नियमित प्रशासनिक तन्त्र की ज़िम्मेदारी है, जो पहले से ही बंधे-बंधाए कामों के बोझ से बेहाल है। नतीजा एक जटिल और अपारदर्शी प्रणाली के रूप में सामने आता है जो उनके लिए कम मददगार साबित होती है जिन्हें इसकी ज़रूरत है और व्यावहारिक रूप से जिन लोगों की इसे सहायता करनी चाहिए उनकी ज़रूरतों के प्रति असंवेदनशील रहती है।

भारतीय चुनावों का चेहरा बदलने और ईवीएम की तकनीकी प्रगति जैसे चुनावी सुधारों के बावजूद, हमें विश्वास है कि अभी भी काफ़ी कुछ करना बाकी है, जैसा कि नन्दन के लोकसभा चुनाव प्रचार के दौरान हमने व्यावहारिक तौर पर अपने ही अनुभवों से सीखा था। इनमें से कुछ मुद्दों पर हम नीचे चर्चा कर रहे हैं।

भारत की मतदाता सूची को दुरुस्त करना

भारत में चुनाव सुधार के बारे में चर्चा करने का मतलब कुछ सुलगते विषयों को हवा देने जैसा है। जिनमें से एक है चुनाव प्रचार में होने वाला व्यय, हम में से अधिकतर इस बात पर सहमति रखते हैं कि इस क्षेत्र में मौजूदा कानून राजनीतिक अभियानों के अन्धाधुन्ध व्यय पर रोक लगाने के लिए पर्याप्त नहीं हैं। दूसरा यह कि क्या आपराधिक पृष्ठभूमि वाले उम्मीदवारों को चुनाव लड़ने और संसद सदस्यों के रूप में कुर्सी पर बैठने की अनुमति दी जानी चाहिए। किसी भी सुधार को लक्ष्य

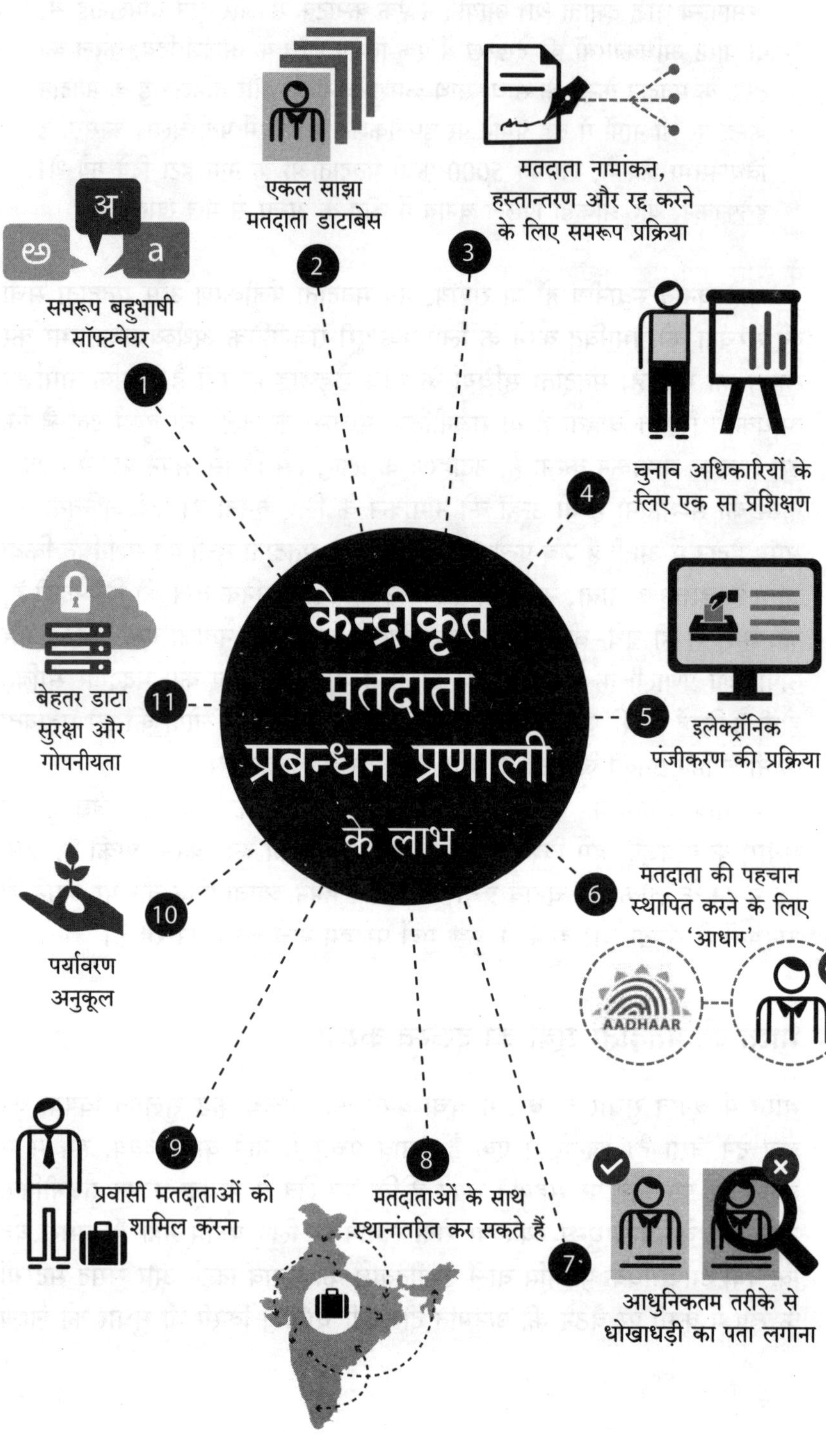
केन्द्रीकृत मतदाता प्रबन्धन प्रणाली के लाभ
अ
a
1
समरूप बहुभाषी सॉफ्टवेयर
2
एकल साझा मतदाता डाटाबेस
3
मतदाता नामांकन, हस्तान्तरण और रद्द करने के लिए समरूप प्रक्रिया
4
चुनाव अधिकारियों के लिए एक सा प्रशिक्षण
5
इलेक्ट्रॉनिक पंजीकरण की प्रक्रिया
6
मतदाता की पहचान स्थापित करने के लिए 'आधार'
AADHAAR
7
आधुनिकतम तरीके से धोखाधड़ी का पता लगाना
8
मतदाताओं के साथ स्थानांतरित कर सकते हैं
9
प्रवासी मतदाताओं को शामिल करना
10
पर्यावरण अनुकूल
11
बेहतर डाटा सुरक्षा और गोपनीयता

बनाने के लिए निश्चित रूप से यह महत्त्वपूर्ण क्षेत्र हैं, और किसी एक उम्मीदवार द्वारा अत्यधिक खर्च, या किसी अन्य के आपराधिक इतिहास की कहानियों का सुर्खियों में छाना स्वाभाविक है। मतदान के दिन हमने दक्षिण बेंगलूर के मतदान केन्द्रों का दौरा किया और अनेक मतदाताओं से मिले और उनसे बातचीत की तो यह एहसास हुआ कि कितना ज़रूरी है लोगों के मतदान अधिकार की इज़्ज़त और रक्षा करना और चुनाव में भाग लेने और अपने नेता को चुनने की इच्छा को समझना। जनता के पास यही एक अवसर होता है राज्य के सामने अपनी उपस्थिति ज़ाहिर करने का और नेता चुनने का अपना अधिकार इस्तेमाल करने का; और सरकार और लोगों के बीच की शक्ति के असंतुलन को ठीक करने का। राज्य के सामने अपनी उपस्थिति को ज़ाहिर करने के साथ-साथ सरकार व जिन लोगों के लिए यह कार्य करती है उनके बीच असंतुलित शक्ति के संतुलन को बहाल करने का यह एक मौका हमारे लोगों को मिला है।

वर्तमान भारत में, जब आपका बैंक खाता और आपका मोबाइल फ़ोन कनेक्शन एक शहर से दूसरे शहर आपके साथ स्थानांतरित हो सकते हैं, यह अपेक्षा करना कतई ग़लत नहीं होगा कि एक मतदाता आईडी के मामले में भी यही होना चाहिए, आपने अपनी पंजीकरण प्रक्रिया कहीं भी पूरी की हो और अब आप कहीं भी रहते हों, आपको मतदान करने की सुविधा मिलनी ही चाहिए। मतदान करने के अधिकार पर भौगोलिक बाधाओं का रोड़ा अटकाने से, दरअसल हम एक प्रतिनिधिक लोकतन्त्र के नागरिक के रूप में उनके मौलिक अधिकार को नकार रहे हैं। इन मुद्दों का समाधान निकालने के लिए, हम एक केन्द्रीकृत मतदाता प्रबन्धन प्रणाली के निर्माण का प्रस्ताव रखते हैं, साथ दिये चित्र में और विस्तार से समझाया गया है।

मतदाता पंजीकरण आंशिक रूप से, एक प्रकार की जटिल प्रक्रिया इसलिए है क्योंकि आप केवल एक निर्दिष्ट स्थान पर ही नामांकन कर सकते हैं, आम तौर पर स्थानीय प्रशासन के कार्यालयों में, जो उन पर एक अनावश्यक बोझ बन जाता है साथ ही जो लोग नामांकन करवाना चाहते हैं उनकी चुनने की स्वतन्त्रता को बहुत अधिक सीमित कर दिया जाता है। इसकी तुलना 'आधार' के लिए नामांकन करने की प्रक्रिया से करें, जिसे देश भर में कई स्थानों पर कई संस्थाओं द्वारा संचालित किया गया था। क्या होगा यदि आप न केवल स्थानीय नगर निगम कार्यालय में, बल्कि सार्वजनिक क्षेत्र के बैंक, पेट्रोल पम्प, नागरिक सेवा केन्द्र, डाकघर, या स्थानीय रेलवे स्टेशन पर भी एक मतदाता आईडी के लिए नामांकन कर सकें या एक नया आवासीय पता या फ़ोन नम्बर जैसे अपने विवरण को अपडेट कर सकें?

एक एकल, केन्द्रीकृत मतदाता नामांकन प्रणाली, देश भर में एक ही बहुभाषी सॉफ्टवेयर का इस्तेमाल करने से, आपको कई केन्द्रों पर नामांकन करने की सुविधा मिलेगी। वर्तमान में मौजूद बाधाओं को हटा दिया जायेगा और नामांकन प्रक्रिया में पूरे देश को सम्मिलित करने के लिए आसानी से बढ़ाया जा सकता है। एक ऐसी प्रणाली में, किसी एक नामांकन संस्था का एकाधिकार नहीं होगा; भ्रष्टाचार, पक्षपात और धोखाधड़ी के लिए कोई प्रोत्साहन नहीं होगा, मतदाता पंजीकरण को भ्रष्ट करने वाली पूरी राजनीतिक अर्थव्यवस्था को नष्ट कर दिया जायेगा। जब 120 करोड़ भारतीयों के 'आधार' डाटा का संग्रहण करने के लिए हमारे पास एक सक्षम केन्द्रीकृत प्रणाली पहले से ही मौजूद है, तो कोई कारण ही नहीं कि हम मतदाता आईडी डाटा के लिए भी इसी प्रकार की एक प्रणाली का निर्माण न कर पायें।

पारदर्शिता एक, उतनी ही महत्त्वपूर्ण द्वितीय विशेषता है। सरकार की मुक्त डाटा पहल के हिस्से के रूप में, मतदाता सूचियों को मशीन द्वारा पठनीय प्रारूप, जिसे कोई भी कंप्यूटर समझ और संचालित कर सके, में किसी के द्वारा भी निरीक्षण करने हेतु उपलब्ध किया जाना चाहिए। आज हालात ऐसे नहीं हैं; मतदाता सूची उसी प्रारूप में उपलब्ध हैं जिसे कंप्यूटर पढ़ नहीं सकते, जिसका मतलब है कि यदि आप ख़ुद उन सैकड़ों-हज़ारों प्रविष्टियों की छंटनी का कार्य करने के लिए कमर कस चुके हों तो आपको उसे पढ़ने और विश्लेषण के लिए ख़ुद डाटा डाउनलोड करके और अपने सॉफ्टवेयर का निर्माण करना होगा। जैसा कि हम अगले अध्याय में चर्चा करेंगे, पहले किये जाने वाले कार्यों में से एक है बेंगलुरू स्थित स्टार्ट-अप फ़ोर्थलायन (FourthLion) टेक्नोलॉजी, जिसने दक्षिण बेंगलुरू में नन्दन के लोकसभा अभियान के लिए तकनीक विकसित की थी—ऐसा सॉफ्टवेयर तैयार करने का उत्तरदायित्व उठाया था जो दक्षिण बेंगलुरू की मतदाता सूचियों को डिजिटल रूप में तैयार करने के साथ-साथ उनका सुधार भी करेगा, एक प्रक्रिया जिसे पूरा करने में महीनों लग गये।

एक सेवानिवृत्त नौसेना कमान्डर, सॉफ्टवेयर इंजीनियर और सामाजिक कार्यकर्ता पी.जी.भट्ट ने मतदाता सूची की जाँच में वर्षों व्यतीत किये हैं, और कर्नाटक की मतदाता सूची में 10 लाख से अधिक त्रुटियाँ ढूँढ चुके हैं। बिजनेस स्टैंडर्ड के एक लेख में उनके प्रयासों की रूपरेखा के बारे में लिखा है :

> ...बेंगलुरू की मतदाता सूचियों में उन्हें एक 4,818 वर्ष का आदमी मिला। वहाँ अभी और भी था : 13,000 से अधिक मतदाताओं की एक से अधिक पत्नी थीं, 1,829 के पति 'महिला' थे, 502 की उम्र 18 वर्ष से कम थी और 96 की

> आयु 120 वर्ष से ऊपर थी, इनके साथ ही सैकड़ों-हज़ारों सम्भावित मतदाताओं के कर्नाटक के दो, यहाँ तक कि तीन, विभिन्न निर्वाचन क्षेत्रों में रिकॉर्ड-फ़ैले हुए थे। मतदाता सूची में त्रुटियों के 10 लाख से अधिक उदाहरणों की खोज से सदमे में आये भट्ट ने कर्नाटक चुनाव आयोग को अदालत में घसीट लिया और कुछ कानूनी हस्तक्षेप के बाद इस वर्ष के आरम्भ में हुए विधानसभा चुनाव से पहले कई त्रुटियों को सुधारने में कामयाब रहे।[27]

भट्ट की प्रेरणा क्या थी? उन्होंने लेख में उद्धृत किया है :

> मृदुभाषी भट्ट कहते हैं, ''मैं जो करता हूँ उसे मैं सक्रियतावाद के रूप में नहीं देखता। नारेबाज़ी या घेराव में मेरी कोई दिलचस्पी नहीं है।'' इसके लिए उनकी एक अलग परिभाषा हो सकती है, लेकिन इस तथ्य से मुँह नहीं मोड़ा जा सकता कि पिछले कुछ वर्षों से भट्ट ने अपनी अधिकतर ताकत और समय—दिन में बारह घन्टों तक—अपनी ही तरह के—एक-खास-सबब के लिए समर्पित किये हैं। ''मैं व्यवस्था से लड़ना नहीं चाहता, मैं उसके साथ काम करना चाहता हूँ।''

हमें भट्ट जैसे जागरूक नागरिकों के प्रयासों के प्रति आभारी होना चाहिए, उनकी कहानी केवल इस बात पर रोशनी डालती है कि भारत की मतदाता सूचियों में त्रुटि सुधार व अधिक से अधिक निगरानी की कितनी सख्त ज़रूरत है, जो तभी सम्भव है जब उन्हें पारदर्शी बनाया जाये। बेंगलुरू स्थित एनजीओ (गैर सरकारी संगठन) 'जनाग्रह' ने भी मतदाता सूचियों को सुधारने में अथक प्रयास किये हैं, 'ईसी' के साथ मिलकर एक प्रणाली पर काम कर रहे हैं जिसे उन्होंने 'प्योर' (PURE—प्रॉपर अर्बन इलेक्टोरल) रोल मैनेजमेंट सिस्टम (शहरी मतदाता सूची प्रबन्धन प्रणाली) का नाम दिया है। 2015 में नयी दिल्ली में उनके द्वारा किये गये एक सर्वेक्षण में पता चला कि मतदाता सूची में लगभग 22 फ़ीसदी नामों को अपडेट करने या हटाये जाने की आवश्यकता है क्योंकि वो व्यक्ति उनके दिये गये पतों पर मौजूद ही नहीं थे।[28]

मतदाता सूची में कोई भी परिवर्तन स्पष्ट रूप से दिखाई देना चाहिए, और कदाचार के किसी भी आरोप को रोकने के लिए सभी राजनीतिक दलों और नागरिकों को प्रक्रिया में शामिल करना चाहिए। उतना ही महत्त्वपूर्ण है, प्रत्येक व्यक्ति अपने मतदाता रिकॉर्ड को आसानी से देख सके, ताकि उनके रिकॉर्ड की किसी भी प्रकार की त्रुटियों को जल्दी पकड़ा जा सके, इस प्रक्रिया को स्वचालन के द्वारा तेज़ किया जा सकता है। एक बार डाटा उपलब्ध होने पर, राजनीतिक अभियान इसका उपयोग

सत्य के एकमात्र स्रोत के रूप में कर सकते हैं। स्मार्टफ़ोन या टैबलेट जैसे साधारण उपकरण द्वारा भी डाटा तक पहुँचा जा सकता है। जैसा कि हम अगले अध्याय में चर्चा करेंगे, नन्दन के अभियान में सबसे सफल प्रौद्योगिकीय नवपरिवर्तन सबसे सरलतम भी थे–एक डिजिटल मतदाता सूची जिसे लोग स्मार्टफ़ोन पर देख सकते थे, उसके इस्तेमाल से मतदाता डाटा खोजने और लोगों को सही मतदान स्थान तक पहुँचना आसान हो गया था। हमें कई स्वयंसेवकों ने उन लोगों के बारे में बताया, जो गलत मतदान केन्द्र पर आ गये थे, या जिनका डाटा मतदाताओं की सूची से गायब था, और यदि स्वयंसेवक डिजिटल सूची पर सही डाटा नहीं देखते तो उन्हें बिना मतदान किये घर लौटना पड़ता। अब कल्पना कीजिये यदि हम देश में प्रत्येक मतदाता के लिए एक डिजिटल मतदाता सूची का निर्माण कर सकें, वो जिस तक अधिकारियों और जनता दोनों की पहुँच हो। चुनावी प्रक्रिया हर किसी के लिए बहुत आसान बन जायेगी, त्रुटियाँ जल्दी पकड़ में आने से उन्हें तुरन्त सही किया जायेगा, और किसी को भी उनके मतदान करने के वैध अधिकार से वंचित नहीं रखा जायेगा।

चुनाव 2.0 : धोखाधड़ी का अन्त

हमारी राय में, भारत की चुनावी प्रक्रिया को मज़बूत करने का सबसे प्रभावी तरीका मतदाता आईडी को 'आधार' संख्या से जोड़ना है, एक विचार जिसे देश के वर्तमान प्रशासन द्वारा साझा किया गया है। इस वर्ष आरम्भ में, पूर्व सीईसी एच.एस. ब्रह्मा ने घोषणा की थी कि 'आधार' का डाटाबेस और मतदाता आईडी–मतदाता फ़ोटो आईडी कार्ड, अर्थात् 'ईपीआईसी' (EPIC–द इलेक्टोरल फ़ोटो आईडी कार्ड) को एक दूसरे के समक्रमिक बना दिया जायेगा, एक महत्त्वपूर्ण कार्य है जिसके 2016 तक पूरा होने की उम्मीद है। एक सार्वजनिक भाषण में उन्होंने यह कहते हुए उद्धृत किया था, "'आधार' डाटा को हमने अपने ईपीआईसी के मंच से जोड़ने का फ़ैसला लिया है...एक बार जब हम इसे पूरा कर लेंगे, हमारी (चुनावी) सूची में 100 प्रतिशत शुद्धता होगी। एक बार इन दोनों डाटा को साथ जोड़ने से प्रत्येक व्यक्ति का नाम, बायोमेट्रिक्स और पता सब सही हो जायेंगे। जिस दिन हम यह कर लेंगे, मतदाता सूचियों के बारे में राजनीतिक दलों और उम्मीदवारों की 99 प्रतिशत शिकायतें दूर हो जाएँगी।"[29] एनईआरपीएपी (NERPAP–नेशनल इलेक्टोरल रोल प्यूरिफ़िकेशन एण्ड ऑथेंटीकेशन प्रोग्राम–राष्ट्रीय मतदाता सूची शुद्धिकरण और प्रमाणीकरण कार्यक्रम) उपनाम के तहत वोटर आईडी के साथ 'आधार' को जोड़ने की योजना आधिकारिक तौर पर मार्च 2015 में शुरू की गयी थी।[30]

'आधार' की एक मुख्य विशेषता है वह है उसकी यूनिकनेस (uniqueness) और जब आधार मतदाता आईडी सूची के साथ जोड़ा जायेगा तो उसकी यही विशेषता वोटर आईडी की सूची को भी उपलब्ध होगी। और किसी भी व्यक्ति के बायोमेट्रिक डाटा का उपयोग उसकी पहचान प्रमाणित करने के लिए किया जा सकेगा। एक बार दोनों के जुड़ने से, दोहरी जाँच आईडी और डुप्लीकेट डाटा खोज निकालना आसानी से सुलझाने वाली समस्या हो जायेगी। मतदाता धोखाधड़ी को समाप्त करने में भी यह उल्लेखनीय रूप से प्रभावी होगा, क्योंकि एक ही बायोमेट्रिक डाटा वाला कोई व्यक्ति दोबारा मतदान नहीं कर सकता, या किसी और के रूप में वोट नहीं दे सकता। एक फ़र्ज़ी मतदाता प्रोफाइल बनाना इतना जटिल हो जायेगा कि कोई भी भावी चुनाव मेकेनिक इस झंझट में पड़ने की कोशिश नहीं करेगा। जैसा कि ब्रह्मा ने टिप्पणी की थी, ''दुनिया भर में भारत ही एकमात्र ऐसा देश होगा जहाँ मतदाताओं का डाटा पूर्ण बायोमेट्रिक होगा। इसके अलावा, यहाँ एक भी धोखाधड़ी या डुप्लीकेट मतदाता नहीं होंगे।''[31]

एक बार 'आधार' शृंखला स्थापित होते ही, 'स्मार्टफ़ोन फ़र्स्ट' एप्लीकेशन की एक सूची मतदान प्रक्रिया के प्रत्येक चरण की सुविधा प्रदान कर सकेगा—मतदाता पंजीकरण, आवासीय पते में परिवर्तन, मतदान केन्द्र की जानकारी, यहाँ तक कि सम्भव है कि अपने स्मार्टफ़ोन द्वारा मतदान करने की सुविधा भी किसी दिन उपलब्ध हो जायेगी। एक आदर्श दुनिया में, मतदान केन्द्रों का चयन करने के लिए भी कोई बन्धन नहीं होना चाहिए, हमें आवंटित किये गये किसी विशिष्ट मतदान केन्द्र पर मतदान करने की बजाय—हमें देश के किसी भी हिस्से में, किसी भी मतदान केन्द्र पर जा कर, अपनी मतदाता आईडी संख्या और पहचान को क्लाउड द्वारा सत्यापित करवाने और तत्काल अपना मतदान करने की सुविधा होनी चाहिए। इस ग्रह के सबसे उन्नत डिजिटल देशों में से एक 'एस्टोनिया' ने पहले से ही अपने राष्ट्रीय पहचान कार्यक्रम को पुनःनिर्धारित करते हुए अपने नागरिकों को उनके मोबाइल फ़ोन का उपयोग कर मतदान करने की सुविधा दे दी है, एक प्रसन्न नागरिक ने ट्वीटर का उपयोग यह बताने के लिए किया कि 'घर से सैकड़ों मील दूर होते हुए भी मतदान करने में मात्र दो मिनट का समय लगा। यह कितना अद्भुत है।'[32]

भारतीय मतदान प्रक्रिया को ऐसे अत्यधिक प्रभावशाली स्तर तक पहुँचने में अभी कुछ समय लग सकता है, यह देखते हुए कि सैंकड़ों-लाखों लोग चुनाव के दिन अपना मतदान करते हैं और सम्पूर्ण प्रक्रिया को पूरी तरह पुख्ता होने की ज़रूरत है। इस बीच, मतदाता पंजीकरण प्रक्रिया के दौरान पहचान सत्यापन के लिए 'आधार' का उपयोग करना एक अच्छी शुरुआत होगी। चुनाव आयोग द्वारा निर्दिष्ट प्रत्येक

सभी के लिए **मतदान**

प्रवासी नागरिकों की आवाज़ अनसुनी रह जाती है क्योंकि मताधिकार की सुविधा एक स्थान से जुड़ी है।

लाखों नकली, मृत मतदाता कार्ड मौजूद हैं, परिणाम—मतदान में धोखाधड़ी को बढ़ावा।

एक नया मतदाता आईडी पाना कठिन है। मौजूदा आईडी भी मतदाता सूची में नाम शामिल होने की कोई गारन्टी नहीं है।

कहीं से भी सुविधाजनक मतदान

मतदान के समय पहचान प्रमाणीकरण

मतदाता आईडी बनवाना आसान बनायें

इलेक्ट्रॉनिक बना देने के और 'आधार' से जुड़ने **के लाभ**

स्वतन्त्र व निष्पक्ष चुनाव लोकतन्त्र की आधारशिला हैं।

जो भी लोगों को मतदान करने से रोके या किसी भी व्यक्ति को अनुचित लाभ दे, वह लोकतन्त्र के सिद्धान्त के खिलाफ़ होता है

नामांकन या अपडेट केन्द्र एक बायोमेट्रिक रीडर से लैस होना चाहिए। पंजीकरण प्रक्रिया में 'आधार' का उपयोग व्यक्ति की पहचान और जनसांख्यिकीय डाटा सत्यापित करने के लिए किया जायेगा। नये आवासीय पते की जानकारी को 'ईसी' के सिस्टम द्वारा डाउनलोड किया जायेगा और मतदाता को मतदान केन्द्र आवंटित कर दिया जायेगा जिस पर वे मतदान कर सकते हैं। संशोधन की अन्तिम तिथि चुनाव से एक महीने पहले तक निर्धारित की जा सकती है, जिस दौरान अन्तिम मतदाता सूचियाँ तैयार की जाती हैं। अपडेट की गयी मतदाता आईडी को पहुँचाने का उत्तरदायित्व डाक विभाग को सौंपा जा सकता है, उसी प्रकार जैसे हमने 'आधार' पत्र वितरण के लिए भारतीय डाक के साथ मिलकर काम किया था। इससे आवासीय पते का सत्यापन करने का अन्तिम चरण पूरा हो सकेगा, जबकि इसके साथ-साथ मतदाता को नामांकन केन्द्र के कई चक्कर काटने की आवश्यकता नहीं पड़ेगी।

हाल ही में सरकार द्वारा सैन्य कर्मियों को मतदान करने की सुविधा प्रदान करने का प्रस्ताव रखा गया है जो निश्चित तौर पर इलेक्ट्रॉनिक वोटिंग का एक दिलचस्प उपयोग होगा। फ़िलहाल, वे डाक द्वारा मतपत्र प्राप्त करते हैं, जिसे भर कर उन्हें भारतीय डाक द्वारा ही वापस भेजना पड़ता है। नये प्रस्ताव के तहत, एक बार उनका मतदाता आईडी 'आधार' संख्या से जुड़ने के बाद, चुनिन्दा क्षेत्रों को बायोमेट्रिक प्रमाणीकरण उपकरणों से लैस कर दिया जायेगा; उनकी पहचान सत्यापित करने के लिए 'आधार' प्रमाणीकरण का उपयोग किया जायेगा, जिसके बाद वे इलेक्ट्रॉनिक तरीके से अपना मतदान कर सकते हैं। अधिकारियों की कल्पना के अनुसार इस प्रकार की इलेक्ट्रॉनिक मतदान प्रणाली एक 'प्रौद्योगिकी संचालित समाधान के रूप में कार्य करेगी जहाँ लोग मतदान कर सकते हैं, जो समय पर पहुँचता है, न गुम होता और न ही उसके साथ किसी प्रकार की छेड़छाड़ की जा सकती है।'[33]

पूर्व सीईसी एन. गोपालस्वामी का सुझाव था कि नये मतदाताओं के नामांकन के लिए 'आधार' को एक टैगिंग उपकरण के रूप में भी इस्तेमाल किया जा सकता है। चूँकि अब सभी भारतीय निवासियों को उनके जन्म से ही 'आधार' संख्या जारी की जा रही हैं, डाटाबेस सेट कर देने से, निर्धारित वर्ष में अठारह वर्ष पूरे करने वाले 'आधार' धारकों पर वह स्वचालित रूप से निशान लगा कर उन्हें मतदान का अधिकारी बना देगा। नागरिकों के कन्धों पर नामांकन करवाने की ज़िम्मेदारी डालने की बजाय, सरकार ख़ुद ही अब इस तरह लोगों के लिए नामांकन प्रक्रिया शुरू कर सकती है। दर्शाये गये आरेख में 'आधार' से जुड़े मतदाता आईडी के कई लाभों को समझाया गया है।

आपके मत का भविष्य

हमारे द्वारा ऊपर चित्रित कई विचारों का उपयोग करके हम अपनी मतदाता सूचियों और चुनावों को पारदर्शिता, जवाबदेही और निष्पक्षता के अगले स्तर पर ले जा सकते हैं। नागरिकों के लिए चुनावी प्रक्रिया को और अधिक सुविधाजनक बनाने में प्रौद्योगिकी सहायता कर सकती है। एक केन्द्रीकृत मतदान प्रणाली नागरिकों के जीवन को आसान बना देगी जबकि नकली, धोखेबाज़ और डुप्लीकेट मतदाताओं का सफ़ाया कर देगी। जिससे धोखाधड़ी के होते ही यह उसका पता लगाने में सक्षम होगी, एक प्रणाली जिस पर क्रेडिट कार्ड से लेनदेन करने वाले पहले से ही भरोसा करते हैं। यदि यह आपके क्रेडिट कार्ड के लिए काम कर सकता है, तो इसे आपके मतदान के लिए भी काम करना चाहिए।

चुनाव हमारे लोकतन्त्र की नींव हैं, वही लोकतन्त्र जो हमारे देश के द्वारा प्रत्येक नागरिक के प्रति निर्भीक वचनबद्धता का प्रतिनिधित्व करता है, मतदान के अधिकार द्वारा उन्हें आवाज़ प्रदान करता है। यदि हमारी चुनावी प्रक्रिया से नागरिकों का विश्वास उठ गया, हम अपने देश की आधारशिलाओं में से एक से हाथ धो बैठेंगे। कई दशकों से अधिक एक संस्था–निर्माण की निरन्तर प्रक्रिया ने हमें कई चुनौतियों का सामना करते हुए देखा है। केवल प्रौद्योगिकी ही हमें वह स्तर व सामर्थ्य प्रदान करती है जिसकी हमें अपनी चुनावी प्रक्रियाओं को और अधिक शक्तिशाली बनाने व वास्तव में एक समावेशी लोकतन्त्र का निर्माण करने के लिए आवश्यकता है, वह जिसमें प्रत्येक नागरिक अपने अतिमहत्त्वपूर्ण मौलिक अधिकार का प्रयोग कर सकता है, यानि अपने देश के नेताओं को चुनना, वे नेता जो अपने देश के भविष्य का निर्माण करेंगे।

10

राजनीति में एक नया युग : पार्टी एक मंच के रूप में

चुनाव जनता से सम्बन्धित हैं। यह उनका निर्णय है। यदि वे आग की ओर पीठ मोड़ने का निर्णय लेते हैं और अपनी पीठ को जलाना चाहते हैं, तो उन्हें अपने फफोलों पर बैठना होगा।

—अब्राहम लिन्कन

वर्ष 2014 के लोकसभा चुनावों में जब नन्दन ने दक्षिण बेंगलुरू के निर्वाचन क्षेत्र से चुनाव लड़ने का फ़ैसला किया, अपने चुनाव अभियान की योजना का निर्माण और उस पर कैसे अमल किया जाये, इस पर विचार-विमर्श करने और सलाह लेने के लिए वह कई लोगों के पास गये। 2012 के राष्ट्रपति पद के चुनाव अभियान में बराक ओबामा के विश्लेषणात्मक उप-प्रमुख रह चुके एन्ड्र्यू क्लास्टर भी उन्हीं में से एक थे। चुनाव रणनीति बनाने के लिए नन्दन, विरल और उनके दो अन्य सहयोगी, शंकर मरुवडा और नमन पुगलिया भी एन्ड्र्यू के साथ बैठे। ओबामा का चुनाव अभियान अपने नवीनतम, भारी मात्रा में प्रौद्योगिकी संचालित दृष्टिकोण के कारण सुर्खियों में रहा था; वे कौन से मुख्य सिद्धान्त थे जिन पर उसे चलाया गया था? हमें आश्चर्यचकित करते हुए एन्ड्र्यू ने एक दस्तावेज़ की ओर संकेत किया जो 174 वर्ष पहले लिखा गया था, और उसके लेख़क कोई और नहीं बल्कि ख़ुद अब्राहम लिन्कन थे।[1] संक्षेप में, पूरी चुनाव अभियान योजना में प्रत्येक मतदाता

तक पहुँचने के लिए एक बहुस्तरित संगठन का निर्माण, व्यक्तिगत तौर पर एक-एक मतदाता से जाकर मिलना और उन्हें अपने उम्मीदवार के पक्ष में मतदान करने के लिए समझाना शामिल था। चुनाव प्रचार की ये बुनियादी बातें आज भी उतनी ही प्रासंगिक हैं जितनी 174 वर्ष पहले थीं एन्ड्रयू के शब्दों में, ''वर्तमान चुनावी अभियानों में शामिल कई नवपरिवर्तनों में 1840 में लिन्कन द्वारा निर्दिष्ट बुनियादी कार्यों को ही आगे बढ़ाने और उन्हें अधिक कुशल बनाने के लिए प्रौद्योगिकी, डाटा और भविष्य सूचक मॉडलिंग का ही बस इस्तेमाल किया था।''

नन्दन और उनकी टीम ने आखिरकार चुनाव अभियान में भारतीय राजनीति के सामान्य काम-काज का ही तरीका अपनाया-लोक अभियान, रैलियाँ, फ़ोटो अभियान, निर्वाचन क्षेत्र के दौरे और इन सबमें प्रौद्योगिकी के उदार तड़के का स्वाद भर दिया। चाहे एक डिजिटल मतदाता सूची बनानी हो, लक्षित विज्ञापन चलाना हो या मतदाताओं के साथ बातचीत करनी हो, प्रौद्योगिकी उस अदृश्य मंच की तरह थी जिस पर सभी कार्यक्रमों का निर्माण और उन पर अमल किया गया था। और हमारे दृष्टिकोण में परायेपन का कहीं नामोनिशान तक नहीं था; जैसा कि हम देखेंगे, वर्तमान राजनीतिक अखाड़े में कई खिलाड़ी प्रौद्योगिकी का उपयोग जनता के साथ मज़बूत सम्बन्ध स्थापित करने के लिए कर रहे हैं।

हमारा मानना है कि राजनीतिक दलों द्वारा निर्मित सॉफ्टवेयर, प्रौद्योगिकी और तरीके उनके लिए एक बहुमूल्य बौद्धिक सम्पदा का काम करेंगे, एक ऐसे मंच का निर्माण जिसका उपयोग प्रत्येक उम्मीदवार कर सकेगा। फिर ये सब चुनावी अभियान का जीवन आधार और मुख्य प्लेबुक (एक किताब जिसमें किसी टीम के खेल की रणनीति और खेल का ब्यौरा दर्ज किया जाता है) बन जायेंगे, जिससे सभी उम्मीदवार सामग्री ले सकेंगे और दृढ़ और एकसमान संदेश लोगों के सम्मुख दे पायेंगे। इस प्रकार के केन्द्रीकृत मॉडल का निर्माण करने में शामिल अत्यधिक प्रयास के बावजूद, इस सौदे में राजनीतिक पार्टियों को भारी मात्रा में लाभ होगा। भविष्य में, उम्मीदवार उन्हीं पार्टियों के साथ रहना पसन्द करेंगे जो उनके चुनावी अभियानों के संचालन को आसान बनायेंगी। इससे पार्टी के लिए प्रशिक्षित कार्यकर्ताओं के संगठन का भी निर्माण होगा, जब अच्छे उम्मीदवारों को साथ जोड़ने और उन्हें बनाये रखने की बात आएगी तो दलगत प्रतिस्पर्धा को बढ़त मिलेगी।

पिछले कुछ चुनावों में हम पहले ही इसका प्रभाव देख चुके हैं। दिल्ली में 2013 और 2015 के आम आदमी पार्टी (आप) के चुनावी अभियानों में, अगर सॉफ्टवेयर शब्दावली में कहें तो, 'पार्टी एक मंच के रूप में' संस्करण 1.0 का उपयोग किया था। 2014 में नरेन्द्र मोदी का राष्ट्रीय चुनावी अभियान, संस्करण 2.0 था, और

1 स्मार्टफ़ोन द्वारा मतदाताओं से जुड़ना

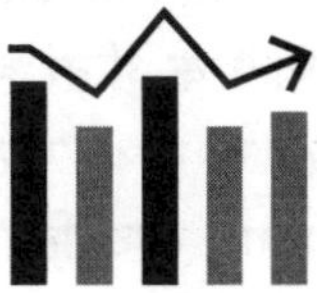

2 सही सन्देश समझने के लिए त्वरित मतदान योग्य संदेश निर्धारित करने के लिए

प्रौद्योगिकी की शक्ति से संचारित नवीन चुनाव प्रचार

3 प्रभावी संचार रणनीतियाँ—सही माध्यम के लिए सही सन्देश

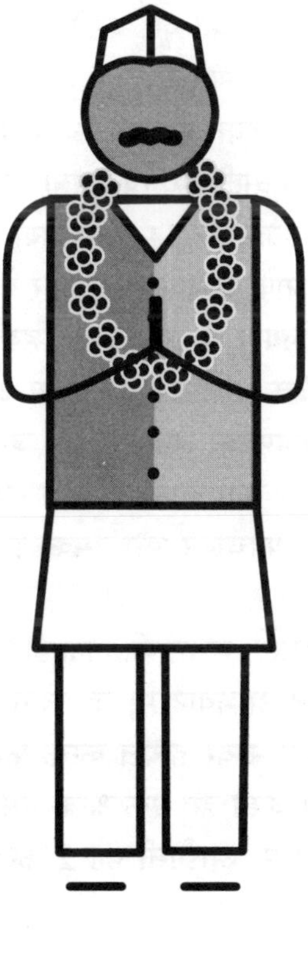

4 स्वयंसेवक क्षेत्र बल को सक्षम बनायें

5 मतदाताओं को प्रभावी ढंग से शिकायतें दायर करने की सुविधा प्रदान करें

शायद 2019 के आगामी आम चुनाव का संस्करण 3.0 होगा, जिसमें राष्ट्रव्यापी स्तर पर और पार्टी के भीतर ही सभी उम्मीदवारों के चुनावी अभियान का प्रबन्धन करने की क्षमता के साथ 'पार्टी एक मंच के रूप में' वाली रणनीति को पूरी तरह लागू किया जायेगा। साथ दिया रेखाचित्र दर्शाता है कि हमारे हिसाब से प्रौद्योगिकी संचालित चुनावी अभियान का नया चेहरा कैसा होगा।

नए झाड़ू से सफ़ाई : आम आदमी पार्टी का जन्म

नवम्बर 2013 की शुरुआत में, गृहिणियां, रिक्शा चालकों और छोटे व्यापारियों जैसे नयी दिल्ली स्थित कई निवासियों को 'आप' समर्थकों द्वारा यह पूछने के लिए फ़ोन कॉल आये, कि क्या वे 'झाड़ू के लिए मतदान' करेंगे। इसमें असामान्य कुछ नहीं था, सिवाय इस तथ्य के कि यह कॉल करने वाले स्वयंसेवकों में, आईटी प्रबन्धक मोहन थिरुमलाई जैसे लोग दिल्ली अथवा भारत में नहीं, बल्कि हज़ारों मील दूर यूएसए में बैठे थे। हर रात, थिरुमलाई लगभग पहली साठ फ़ोन कॉल करके पार्टी के समर्थन में आवाज़ बुलन्द करना शुरू कर देते थे। कई अन्य स्वयंसेवकों ने अपनी नौकरी से अवकाश लिया, या सिर्फ़ 'आप' के मनोरथ को पूरा करने में सहभागी बनने के लिए नौकरी से इस्तीफ़ा देकर भारत वापस आ गये थे।[2]

नयी दिल्ली में चुनाव लड़ने के लिए 'आप' द्वारा नियुक्त की गयीं नयी रणनीतियों में से यह केवल एक थी। इनमें से कई विचार गाँधीवादी सुधारक अन्ना हजारे के नेतृत्व में पूर्व में हुए एक गैर–राजनीतिक आन्दोलन आईएसी (IAC–इंडिया अगेंस्ट करप्शन–भ्रष्टाचार के विरुद्ध भारत) से उपजे थे, 'आप' के संस्थापक और विद्रोही, पूर्व नौकरशाह अरविन्द केजरीवाल भी उसी अभियान में एक प्रमुख हस्ती थे। आधुनिक इतिहास में आईएसी पहला ऐसा सामाजिक आंदोलन था, जिसे अन्यथा हर समय संघर्ष से दूर रहनेवाले मध्यम वर्ग ने उत्साहपूर्वक अपनाया था। जनता के साथ जुड़ने के लक्ष्य को उन्होंने कैसे हासिल किया? कम लागत में बड़ी संख्या में लोगों तक पहुँचने के लिए प्रौद्योगिकी की शक्ति को पहचानने और उसका इस्तेमाल करने में वे बेहद फुर्तीले निकले।[3]

इसका एक उदाहरण उनके द्वारा प्रयोग की गयी सरल, संचार की अनोखी भारतीय पद्धति 'मिस्ड कॉल' थी। आईएसी के मिस्ड कॉल अभियान में, जो लोग अपना समर्थन व्यक्त करना चाहते थे उन्हें बस एक विशिष्ट नम्बर डायल करके फ़ोन रख देना था, लोगों को फ़ोन करने के लिए प्रोत्साहित करने हेतु एक थोक एसएमएस अभियान शुरू किया गया। तीन महीने के अन्तराल में, आईएसी को 2 करोड़ 50

लाख से अधिक मिस्ड कॉल प्राप्त हुईं। उनके फ़ेसबुक पेज पर 10 लाख से अधिक फॉलोअर्स थे, जबकि उनके स्मार्टफ़ोन एप्लीकेशन में उपयोगकर्ताओं की संख्या 50,000 तक पहुँच चुकी थी।

अपने भ्रष्टाचार विरोधी एजेंडे को राजनीतिक क्षेत्र तक ले जाने का लक्ष्य साध कर 'आप' आईएसी से अलग हो गयी। पार्टी ने 2013 के दिल्ली विधानसभा चुनाव लड़ने का निर्णय लिया। पार्टी को अब सत्तारूढ़ कांग्रेस पार्टी के साथ-साथ भारतीय जनता पार्टी (भाजपा) का सामना करना पड़ा। दोनों ही दलों के पास प्रभावित करने के लिए दशकों का राजनीतिक अनुभव और एक सुस्थापित पार्टी संगठन, कार्यकर्ता और धन था। अपनी उपेक्षित स्थिति पर काबू पाने का पुरज़ोर प्रयास करने की बजाय, 'आप' ने इस परिस्थिति को उत्साहपूर्वक गले लगाते हुए पूरा कथानक ही बदल डाला। ज़ाहिर है इसका एक कारण कोरी आवश्यकता थी-लोगों के बीच बिना धन और नामचीन लोगों के मज़बूत जनाधार के, पारम्परिक अभियान सिद्धान्त पर चलने की कोशिश करना राजनीतिक आत्महत्या होती। चुनावी अभियान की जो रणनीति उन्होंने आखिरकार अपनायी उसने बड़े स्तर पर नवीन, और अपना बचाव करने में सक्षम सोच का प्रदर्शन किया।

'आप' का चुनाव चिन्ह इस सिद्धान्त का सटीक उदाहरण है। प्रत्येक राजनीतिक दल को चुनाव आयोग द्वारा निर्मित एक पूर्व-स्वीकृत सूची में से एक चिन्ह का चयन करना पड़ता है। 'आप' ने एक मामूली से 'झाड़ू' को चुना और इस घरेलू कठिन परिश्रम के प्रतीक को भ्रष्टाचार के ख़िलाफ़ एक शक्तिशाली हथियार में बदलते हुए घोषणा की कि वे इससे स्थानीय सरकार के पुराने तौर-तरीकों को बिलकुल बदल देंगे। अन्ना हजारे के साथ शुरू हुए गाँधीवादी सम्बन्ध को मज़बूत बनाते हुए पार्टी के सभी सदस्यों ने *'मैं आम आदमी हूँ'* वाक्य छपी गाँधी टोपियाँ पहनीं। चुनावी वादे भी उतने ही लोकलुभावन थे, जिनमें मुफ़्त पानी उपलब्ध कराने और बिजली की दरों में कटौती करने के आश्वासन भी शामिल थे।

'आप' का पूरा चुनावी अभियान काफ़ी हद तक स्वयंसेवकों द्वारा संचालित था, और इनमें शामिल कई लोग उच्च शिक्षित, छात्र और पेशेवर थे जो पार्टी में इसलिए शामिल हुए क्योंकि उन्होंने पार्टी के भ्रष्टाचार विरोधी कार्यक्रम के साथ ख़ुद को दृढ़ता से जुड़ा हुआ महसूस किया था। जैसा कि हमने कहा कि मध्यम वर्ग काफ़ी हद तक राजनीति की गर्मी और धूल से दूर ही रहना चाहता है, और सच्चाई यह है कि ये स्वयंसेवक बड़ी संख्या में दिल्ली की सड़कों पर उतर आये थे, घर-घर जा कर लोगों से 'आप' के पक्ष में मतदान करने का आग्रह कर रहे थे। यह निश्चित रूप से सोचने के लिए प्रेरित कर रहा था।

समानांतर में, 'आप' पार्टी ने, स्वयंसेवकों की भर्ती करने और पार्टी की विचारधारा का प्रचार-प्रसार करने के लिए सोशल मीडिया को बड़े पैमाने पर काम पर लगाया। केजरीवाल ने स्वयं ट्वीटर का सहारा लिया और इस दौरान सैकड़ों-हज़ारों फॉलोअर्स बना लिए, जबकि 'आप' की आधिकारिक वेबसाइट पर भी बड़ी संख्या में फॉलोअर्स जुड़ चुके थे। अहम बात, कोई भी व्यक्ति 'डिजिटल स्वयंसेवक' बनकर बिना किसी दरवाज़े पर दस्तक दिये, 'आप' के सन्देश का ऑनलाइन प्रचार-प्रसार करने में मदद कर सकता था। बड़ी संख्या में स्वयंसेवकों की भर्ती इसी ढंग से हुई थी, 'आप' की ऑनलाइन रणनीति बेहद कामयाब सिद्ध हो रही थी।[4]

'आप' प्रौद्योगिकी को वहाँ तक ले गयी जो हमेशा विवादित मुद्दा रहा है- 'चुनावी अभियान खर्च।' अपने सिद्धान्त स्वच्छ 'शासन' का पालन करते हुए, अपने धन उगाही के प्रयासों में 'आप' ने पूरी तरह से पारदर्शी होने का फ़ैसला किया। उन्होंने अपने चुनावी अभियान कोष को सिर्फ़ चन्दे के द्वारा ही भरा और यह दावा किया कि पार्टी को मिले चन्दे का हर एक रुपया पार्टी वेबसाइट पर दर्ज है। यदि आप इनके मुख्य पृष्ठ के दान खण्ड पर जायेंगे तो आप दानदाताओं के नाम, स्थान और उनके द्वारा दी गयी राशि का ब्यौरा देख सकते हैं यहाँ तक कि एक रुपये का दान भी कर्तव्यनिष्ठा से दिखाया गया था। जैसे ही पार्टी के पास अभियान के लिए कुल 20 करोड़ रुपये जमा हो गये तो अरविन्द केजरीवाल ने ट्वीटर और अन्य सोशल मीडिया के ज़रिये लोगों को आगे योगदान न देने का अनुरोध किया। यह दो मोर्चों पर एक चतुर रणनीति थी : जिसने पार्टी को एक निधि कोष बनाने का सामर्थ्य दिया, जबकि साथ ही पारदर्शिता के मामले में उनकी प्रतिबद्धता पर भी बल दिया।

सत्तर में से अट्ठाइस सीटें जीत 'आप' ने विधानसभा चुनाव में एक अभूतपूर्व जीत की इबारत लिखी, यह ऐसा प्रदर्शन था जिसने सबसे अनुभवी जनमत सर्वेक्षणों तक को हक्का-बक्का कर दिया था। भारतीय राजनीतिक व्यवस्था के धनुष पर चेतावनी की यह पहली टंकार थी कि चुनाव अभियान एक नवीन युग में प्रवेश कर रहा था; या तो आप साथ चलें, या हार मान लें।

अट्ठाइस सीटें, हालाँकि बहुमत नहीं था, और दिल्ली में 'आप' की सरकार केवल उन्नचास दिन सत्ता में रह कर धराशायी हो गयी। उसी वर्ष बाद में जब उन्होंने लोकसभा चुनाव लड़ा, दिल्ली से उन्होंने एक भी संसदीय सीट पर जीत हासिल नहीं की। ज़ाहिर है, यदि 'आप' भारतीय राजनीतिक क्षेत्र में एक गम्भीर दावेदार बन कर रहना चाहती थी तो जिस रणनीति के दम पर वे पहले कार्यालय तक पहुँचे थे, उस पर अब पुनर्विचार की आवश्यकता थी।

2015 के दिल्ली विधानसभा चुनाव पास ही थे, यह आत्मनिरीक्षण करने का समय था कि पार्टी अपने रास्ते से क्यों भटक गयी थी। इसके तीन प्रमुख कारण उभर कर सामने आये : एक धारणा यह थी कि 'आप' सरकार से 'दूर भागी' थी, कुछ एक को इनका दृष्टिकोण 'सिर्फ़ विरोधी' लगा; और दूसरों को यह अति महत्त्वाकांक्षी लगे, स्थानीय स्तर पर सुशासन प्रदान करने की कीमत पर आगे बढ़ना चाहते हैं।

तेज़ी से फ़ैल रही इन अवधारणाओं से निपटने के लिए 'आप' ने कई नयी रणनीतियाँ अपनायीं। सबसे पहले, उन्होंने सरकार से इस्तीफ़ा देने के लिए माफ़ी माँगी। इसके बाद, उन्होंने एक ऐसी पार्टी की छवि जो अपना ध्यान पूरी तरह से भ्रष्टाचार पर ही केन्द्रित करती है, को बदल कर प्रमुख राजनीतिक मुद्दों की ओर अधिक समग्र दृष्टिकोण रखने वाली पार्टी बनने का फ़ैसला किया। उन्होंने पार्टी संगठन को मज़बूत बनाने की ओर ध्यान केन्द्रित किया और अपनी पूरी ताकत का इस्तेमाल केवल दिल्ली चुनाव अभियान पर ही लगाने का निर्णय लिया।

ज़मीनी स्तर पर चुनाव प्रचार करने में 'आप' हमेशा से ही महारती रही है, और समझदारी दिखाते हुए उन्होंने इसी दिशा में अपने प्रयासों को जारी रखने का फ़ैसला किया। बस पहले की तरह ही उन्होंने एक मज़बूत स्वयंसेवक आधार निर्मित किया जो पूरे शहर में फ़ैल कर पार्टी का सन्देश लोगों तक पहुँचाने में जुट गये। चुनाव से कुछ दिन पहले, अभियान में अतिरिक्त जान फूँकते हुए चुनावी सरगर्मी तेज़ कर दी गयी, मोटरसाइकिल रैलियाँ, ध्यान आकर्षित करने के लिए फ्लैश मोब (सार्वजनिक स्थान में अचानक इकट्ठा हुए लोगों का समूह जो कुछ ही समय में एक असामान्य नृत्यनाट्य अथवा नृत्य प्रस्तुत करता है), नुक्कड़ नाटक और यहाँ तक कि म्यूजिक ग्रुप तक जा पहुँची। लोगों तक पहुँचने का एक अन्य माध्यम 'जन सभायें' थीं, जहाँ अरविन्द केजरीवाल व अन्य वरिष्ठ नेता इकट्ठा हुई भीड़ को सम्बोधित करते थे।

चाहे जन सभाओं के दौरान चादर में चन्दा इकट्ठा करना हो या 20,000 रुपये के बदले अरविन्द केजरीवाल के साथ भोजन करने का मौका देना हो, धन उगाही के लिए 'आप' ने कोई न कोई नया रास्ता निकालना जारी रखा। सेल्फ़ी जुनून को भुनाते हुए उन्होंने एक ऐसी योजना निकाली जिसमें आप 500 रुपये में 'सेल्फ़ी विद मफ़लर मैन (मफ़लर वाले आदमी के साथ फ़ोटो)' (सर्दियों में केजरीवाल और उनके हमसफ़र मफ़लर को दिया गया मज़ाकिया नाम) खिंचवाने का मौका जीत सकते थे।

अपने घोषणापत्र को खुले स्रोत द्वारा निर्मित करने का निर्णय 'आप' अभियान के पुनर्निर्माण की सबसे अहम विशेषताओं में से एक था। आम-तौर पर घोषणा पत्र तैयार करने का काम, लोगों की सीमित भागीदारी के साथ एक बन्द कमरे में किया जाता है, दरअसल 2013 में 'आप' ने अपना घोषणा पत्र ऐसे ही तैयार किया था।

इस बार उन्होंने महिलाओं की सुरक्षा, शहरी मूलभत सुविधायें और ग्रामीण विकास जैसे मुद्दों सहित बारह अन्य केन्द्र बिन्दु चुने। प्रत्येक मुद्दे को एक पखवाड़े तक चलने वाली दिल्ली वार्ता का विषय बनाया गया, जिसमें लोगों की राय माँगी गयी। प्रत्येक बातचीत से एकत्रित किये गये सुझाव सत्तर मुद्दों वाले 'आप' द्वारा जारी घोषणा पत्र का आधार बन गये। उदाहरण के लिए, जब युवाओं का सशक्तिकरण कार्यसूची में ऊपर था, चालीस से पचास विशिष्ट सुझावों की एक सूची बनाने के लिए स्वयंसेवकों ने छात्र प्रतिनिधियों, गैर सरकारी संगठनों व अन्य हितधारकों के साथ मुलाकात की। इन सुझावों को पाँच ठोस वादों में तब्दील किया गया जिसे नवम्बर 2014 को केजरीवाल ने जन्तर-मन्तर पर 5000 के जन समूह के बीच घोषित किया। इस सभा के बाद उपस्थितगणों को या तो कागज़ की पर्ची या एक समर्पित वेबसाइट के माध्यम से प्रतिक्रिया देने के लिए आमन्त्रित किया। अन्तिम घोषणापत्र तैयार होने से पहले उन सुझावों को भी उसमें सम्मिलित किया गया था।[5]

अंततः 'आप' के प्रयासों को एक बड़ी सफलता मिली। जो पार्टी राष्ट्रीय स्तर पर कोई प्रभाव दिखाने में असफल रही थी उसने ज़ोरदार गर्जना के साथ वापसी की, दिल्ली विधानसभा में आश्चर्यजनक रूप से सत्तर में से सरसठ सीटें 'आप' ने हथिया लीं। उनकी सफलता को सर्वोत्तम तरीके से शायद प्रमुख भारतीय पत्रकार और *इन्डियन एक्सप्रेस* के पूर्व एडिटर-इन-चीफ़ शेखर गुप्ता ने एक फण्ड मैनेजर से होटल की लिफ्ट में हुई वार्तालाप में वर्णित किया था।[6] विभिन्न राजनीतिक दलों की सम्भावनाओं पर चर्चा करते हुए, फण्ड मैनेजर ने गुप्ता से कहा, ''आधुनिक राजनीति अब आईटी उद्योग की तरह बन गयी है। जैसे चतुर टेक स्टार्ट-अप स्थापित दिग्गजों को तितर-बितर करती रहती है, उसी तरह एक राजनीतिक स्टार्टअप ने स्थापित, बड़ी पार्टियों को तितर-बितर किया था। बड़ा सवाल अब यह है, क्या वे इस बात को समझते हैं? और वे कैसे प्रतिक्रिया करेंगे?''

नरेन्द्र मोदी : 'चायवाले' की जीत

अमरीकी राष्ट्रपति बराक ओबामा के 2008 और 2012 में राष्ट्रपति पद के दोनों चुनावी अभियान बेहद सफ़ल रहे, इन दोनों अभियानों को, चुनाव लड़ने के एक नये, प्रौद्योगिकी केन्द्रित दृष्टिकोण पर लिखे गये ग्रन्थ के रूप में व्यापक स्तर पर स्वीकारा जा रहा है, जो भारी मात्रा में डाटा संग्रहण और प्रभावी चुनाव अभियान प्रयासों के विश्लेषण पर निर्भर था। *टाइम* पत्रिका के पत्रकार माइकल शेरर द्वारा लिखे एक लेख में उन्होंने 2012 के चुनावी अभियान का आँखों देखा हाल वर्णित

किया था, वो लिखते हैं, 'झुकाव और अनुभव के आधार पर निर्णय करने वाले चुनावी अभियान पेशेवरों' की भूमिका वाशिंगटन में तेज़ी से घट रही है, इनका स्थान कुआंटस (मात्रात्मक विश्लेषण) व कम्प्यूटर कोडर्स (कम्प्यूटर प्रोग्राम बनाने वाले) ले रहे हैं, जो गहरी पहुँच बनाने के लिए बड़े पैमाने पर डाटा समूह को भेद सकते हैं' और चुनाव अभियान को राजनीति में डाटा-संचालित युग से पर्दा उठाने वाला कह के बुलाते हैं।[7]

निःसंदेह ओबामा के 2012 के चुनावी अभियान को भारत में भाजपा, और विशेष रूप से उनके करिश्मायी नेता नरेन्द्र मोदी ने गौर से देखा था, जो बतौर गुजरात मुख्यमन्त्री, अपने कार्यकाल के दौरान प्रौद्योगिकी आधारित विकास और समाधानों के प्रति अपने उत्साह को पहले ही जग ज़ाहिर कर चुके थे। डाटा और विश्लेषण पर भारी निर्भरता के चलते, अन्ततः मोदी को प्रधानमन्त्री की कुर्सी की ओर बढ़ाने वाला 2014 का चुनावी अभियान, ओबामा द्वारा लिखित ग्रन्थ से ही उधार लिया पन्ना था, हालाँकि ओबामा द्वारा किये गये संघर्ष की तुलना में खेल का यह मैदान कहीं विशाल था। अमरीका में मतदाता सीधे अपने राष्ट्रपति का चुनाव करते हैं, जबकि भारत में, केवल स्थानीय सांसद के लिए ही मतदान किये जाते हैं, उसके बाद संसद में बहुमत प्राप्त पार्टी (या कोई गठबन्धन) प्रधानमन्त्री का चुनाव करता है। हालाँकि, चुनाव प्रचार और पार्टी के लिए एक मज़बूत, केन्द्र संचालित राष्ट्रीय अभियान की तैयारी और संचालन से पहले ही मोदी को भाजपा के प्रधानमन्त्री पद के उम्मीदवार के रूप में स्वीकार कर लिया गया था, जो भारत में एक असामान्य कदम था। जैसा कि हम देखेंगे, उन्होंने पारम्परिक मीडिया चैनलों को नजरअन्दाज़ कर सोशल मीडिया और इससे मिलते-जुलते अन्य माध्यमों के द्वारा लोगों से सीधे सम्पर्क स्थापित किया।

मोदी और पार्टी ने भ्रष्टाचार, रोज़मर्रा की खाद्य सामग्री की बढ़ती कीमतें व बड़े स्तर पर विकास और राष्ट्रीय प्रगति को संचालित करने वाले ईंजन के रूप में आर्थिक उन्नति जैसे महत्त्वपूर्ण मुद्दों को ध्यान केन्द्रित करने के लिए चुना। यह जान कर कि नये पंजीकृत मतदाताओं और युवाओं के आदर्शवाद उन्हें एक शक्तिशाली मतदाता आधार बनायेंगे, इस खण्ड में अत्यधिक पहुँच वाले सोशल मीडिया जैसे चैनलों का उपयोग कर कई संदेशों में उन्हीं पर लक्ष्य साधा गया था।

अमरीका स्थित एक प्रमुख मार्किट अनुसन्धान और परामर्श फ़र्म 'पेन्न स्कोएन बेरलैण्ड' ने सन्देश भेजने के अधिकतर प्रयासों का प्रबन्धन सँभाला, इससे पहले इन्होंने बिल और हिलेरी क्लिंटन और टोनी ब्लेयर जैसे अन्तरराष्ट्रीय स्तर पर प्रसिद्धि प्राप्त नेताओं के राजनीतिक चुनाव अभियान पर काम किया था। *'अब की बार मोदी*

सरकार' जैसे नारे इतने प्रचलित हुए कि वे इंटरनेट चुटकुलों की एक पूरी शृंखला का तकियाकलाम और लोकप्रिय विज्ञापनों में दोहराये जाने वाले शब्दों की ही तरह आसानी से पहचानने योग्य बन गये। एक और प्रचार वाक्य जिसकी प्रतिध्वनि लोगों के दिलों की गहराई में समा गयी थी *'अच्छे दिन आने वाले हैं,'* लोगों की बेहतर सम्भावनाओं की इच्छा को दर्शाता है।

मतदाताओं पर पार्टी सन्देश की बौछार करने के लिए स्थानीय जनता तक पहुँचने के लिए कई भाषाओं में टीवी, रेडियो, प्रिन्ट, ऑनलाइन विज्ञापन, बस स्टॉप, बैनर, अख़बारों में जारी करना, पर्चे आदि हर सम्भव चैनल का इस्तेमाल किया गया। ये अनवरत बमबारी दरअसल डाटा विश्लेषण और सतर्क योजना का परिणाम थी ताकि केवल अपने विज्ञापन द्वारा ही अभियान को ज़बर्दस्त लोकप्रियता मिल सके। इन मार्केटिंग रणनीतियों के प्रभाव को लगातार निगरानी करने वाले राष्ट्रीय व अन्तरराष्ट्रीय मीडिया ने जाँचा, और ज़रूरत पड़ने पर इनमें बदलाव किये गये।

'आप' की ही तरह, भाजपा ने भी मीडिया की सुर्खियों में बने रहना सुनिश्चित कर लिया था। कांग्रेस नेता मणिशंकर अय्यर द्वारा एक टिप्पणी में मोदी की सादी सी पृष्ठभूमि की ओर इशारा करते हुए उन्हें रेलवे स्टेशन पर चाय बेचने वाला *'चायवाला'* कहना, एक कभी न भूलने वाला उदाहरण था। भाजपा प्रवक्ता द्वारा जी भरकर उस बयान की निन्दा करना एक सामान्य प्रतिक्रिया होती, और शायद बात बढ़ते हुए रात्रि ख़बरों में बहस के दौरान कुछ नाटकीय प्रदर्शन तक ही पहुँचती। बजाय इसके, इस टिप्पणी ने भाजपा के मीडिया-अनुकूल *'चाय पे चर्चा'* मंच को जन्म दे दिया, देश भर में चाय स्टालों पर वीडियो लिन्क और इंटरनेट कनेक्शन जोड़ दिये गये ताकि ग्राहक चर्चा में भाग ले सकें। जो राजनीतिक अपमान की कड़ियों में से एक घटना हो सकती थी, जो अक्सर पार्टियाँ एक दूसरे के साथ करती रहती हैं वही घटना कांग्रेस के लिए एक बड़ी शर्मिंदगी का सबब, और भाजपा के लिए सार्वजनिक सम्बन्धों के तख्तापलट का कारण बन गयी।

गुजरात मुख्यमन्त्री के रूप में मोदी का सोशल मीडिया प्रेम देखते हुए, इसमें कोई आश्चर्य नहीं होता कि यह सम्बन्ध उनके प्रधानमन्त्री पद के अभियान तक निरन्तर साथ चला। एक नेता और उसके लोगों के बीच सोशल मीडिया जो व्यक्तिगत सम्पर्क स्थापित कर सकता है उससे वे भली भाँति परिचित थे, और उस सम्पूर्ण राज्य, जिसकी वह देखभाल करते थे उसके साथ अद्वितीय रूप से जुड़े एक नेता के रूप में ख़ुद को स्थापित करने के लिए उन्होंने इस शक्ति का भरपूर इस्तेमाल किया। अब, भाजपा के सोशल मीडिया अभियान को संचालित करने के लिए कई टीमें बनायी गयीं। मोदी ने ट्वीटर और फ़ेसबुक जैसे नेटवर्क पर अपनी उपस्थिति को सुदृढ़ बनाना

जारी रखा। फ़ेसबुक पर उनके लाखों 'फ़ौलोअर्स' थे और साइबर-स्पेस में वे सबसे अधिक दिखने वाले भारतीय राजनीतिज्ञ बन गये। अब तक 50 लाख से अधिक ट्वीटर फ़ौलोअर्स और लगभग 2 करोड़ फ़ेसबुक लाइक्स को देखते हुए; *न्यूयॉर्क टाइम्स* ने उन्हें 'राजनीतिक सोशल मीडिया की प्रभावशाली शक्ति का विशालकाय रथ' तक कह डाला।[8] लोकप्रियता के मामले में राजनीतिक झुकाव वाली सामाजिक हस्तियों के बीच वह केवल बराक ओबामा, दलाई लामा और पोप फ्रान्सिस के पीछे चल रहे हैं।

दिल्ली में 'आप' द्वारा अपनाये गये फ़ॉर्मूले की तर्ज़ पर ही भाजपा की टीमों ने भी ऑनलाइन दुनिया में अपने सन्देश का प्रचार-प्रसार करने के उद्देश्य से डिजिटल स्वयंसेवकों की भर्ती की। इंडिया272+ (लोकसभा में पूर्ण बहुमत पाने के लिए भाजपा को जितनी सीटों पर जीत की आवश्यकता होगी उससे सम्बन्धित) एक वेबसाइट थी जिसकी स्थापना स्वयंसेवकों की भर्ती और उनकी गतिविधियों को समन्वित करने, और सन्देश का प्रचार-प्रसार करने वाले एक प्रमुख चैनल के रूप में कार्य के लिए भी की गयी थी। इंडिया272+ वेबसाइट के अतिरिक्त, अभियान ने 50 लाख से अधिक स्वयंसेवकों की भर्ती और अन्तिम गिनती का समन्वय करने के लिए सोशल मीडिया का भी इस्तेमाल किया; तुलनात्मक रूप से देखा जाये तो ओबामा के 2012 के अभियान में यही संख्या मात्र 20 लाख से अधिक थी।

भारत में किसी भी और सभी राजनीतिक अभियानों की आधारशिला आज भी राजनीतिक रैली ही होती है, फिर चाहे वे कितने भी बड़े या जटिल क्यों न हों। अपने नेता की बात सुनने के लिए बड़ी सहनशीलता से उसकी प्रतीक्षा कर रहे लोगों के हुजूम को हाथ जोड़कर नमस्कार करते प्रत्याशित नेता की छवि आज भी भारतीय चुनाव की सर्वोत्कृष्ट तस्वीर मानी जाती है। मोदी की टीम ने इस जटिल अभियान में प्रौद्योगिकी का इस्तेमाल एक ही झटके में सोशल मीडिया में हवा का रुख जाँचने और स्वयंसेवकों पर स्थानीय ख़ुफ़िया जानकारी जुटाने का दायित्व सौंपने के लिए किया। परिणामस्वरूप, हर भाषण में एक प्रभावशाली स्थानीय सन्देश था, और अक्सर स्थानीय भाषा के शब्दों से सजा-सँवरा होता था।

भाजपा के आईटी सेल द्वारा प्रत्येक रैली को एक मिनी मीडिया समारोह में परिवर्तित कर दिया गया। इंडिया272+ वेबसाइट सहित कई वीडियो साइट्स पर भाषणों का सीधा प्रसारण हो रहा था। रैलियों की भी वीडियो रिकॉर्डिंग की गयी थी और अधिकतम कवरेज सुनिश्चित करने के लिए सीधे टीवी चैनलों को सौंप दी जाती थी। सोशल मीडिया पर तस्वीरों को दोबारा पोस्ट किया गया, परिणामस्वरूप पार्टी के प्रचार-प्रसार की अपनी कोशिशें और प्रत्येक घटना की मीडिया कवरेज के बीच की प्रतिक्रिया आत्म-प्रशंसा के अनुकूल प्रचार का चक्र बन गयी।

उत्तर प्रदेश और बिहार जैसे राज्यों में भाजपा की सार्वजनिक छवि को भारी प्रोत्साहन की आवश्यकता थी। यहाँ मोदी द्वारा पहले रिकॉर्ड किये भाषण को प्रसारित करता एलईडी स्क्रीन लैस 'रथ यात्रा' जैसे पारम्परिक तरीकों को नयी तकनीक के साथ जोड़ा गया था। रथ के साथ चलते कार्यकर्ता नये स्वयंसेवकों को भर्ती करने की कोशिश में टोपी और मुखौटे जैसी प्रचार सामग्री बाँट रहे थे। यह जान कर कि राजनीतिक रैलियाँ व्यवहार में रॉक कॉन्सर्ट से कुछ ख़ास अलग नहीं हैं (करिश्माई नेतृत्व का आकर्षण, चीखते-चिल्लाते दर्शक और, ज़ाहिर है, मंच पर मुख्य प्रस्तुति के लिए लम्बी प्रतीक्षा), भाजपा ने भी 3डी (3D) होलोग्राम रैलियों (भूतपूर्व 'पॉप के बादशाह' माइकल जैक्सन का पसन्दीदा) का मंचन किया। उपकरणों को ट्रकों पर ढोकर देश के दूरदराज के हिस्सों में ले जाया गया, और जिन क्षेत्रों में मोदी शारीरिक रूप से पहुँचने में असमर्थ रहते वहाँ उनके सजीव होलोग्राम द्वारा मोदी का एक पहले से रिकॉर्ड किया भाषण सुनाया जाता।

इन सभी प्रयासों की सफलता का अनुमान इस तथ्य से लगाया जा सकता है कि भाजपा ने, मोदी को शीर्ष पर रखते हुए, 2014 के चुनावों में जीत का बिगुल बजाया, पूर्ण बहुमत पर आसानी से कब्ज़ा कर लिया। वह प्रौद्योगिकी ही थी जिसने भाजपा के चुनावी अभियान को एक चुस्त-दुरुस्त मशीन बना दिया था, और अब भावी राजनीतिक अभियानों के लिए वास्तविक मानक होगी।

टैक्नोक्रेट से राजनीतिज्ञ : दक्षिण बेंगलुरू से नन्दन का चुनावी अभियान

राष्ट्रीय स्तर पर परिवर्तन की अगुवाई करने के लिए राजनीतिक इच्छाशक्ति आवश्यक है, इसलिए नन्दन ने 2014 के लोकसभा चुनाव लड़ने का निर्णय लिया और आखिरकार दक्षिण बेंगलुरू निर्वाचन क्षेत्र से कांग्रेस पार्टी के उम्मीदवार के रूप में खड़े होकर उन्होंने राजनीतिक अखाड़े में कदम रख दिया। उनके अपने ही शब्दों में, ''मेरे चुनाव में खड़े होने का आंशिक कारण मेरी हताशा (पाँच वर्षों तक यूआईडीएआई में) थी, नेताओं को मैं भारत की समस्याओं का समाधान नये और परिवर्तनात्मक तरीकों से निकालने की सम्भावना समझा नहीं पा रहा था।''

अपने तीन पूर्व सहयोगी शंकर मरुवडा, विरल और नमन पुगलिया के साथ मिलकर उन्होंने अपने अभियान को शक्ति प्रदान करने वाला सॉफ्टवेयर विकसित करने के लिए एक प्रौद्योगिकी टीम का निर्माण शुरू कर दिया, उन तीनों में से हर एक अपने अतिरिक्त कौशल का पिटारा साथ लेकर आया था। प्रौद्योगिकी और सार्वजनिक

नीति में विरल की पृष्ठभूमि मज़बूत थी। गूगल की सार्वजनिक नीति संघ के पूर्व सदस्य नमन ने नरेन्द्र मोदी के बहुप्रचारित गूगल हैंगआउट को संचालित करने में मदद की थी, और पारम्परिक और ऑनलाइन मीडिया दोनों चैनलों का कैसे लाभ उठाया जा सकता है उसकी उन्हें गहरी समझ थी। शंकर के पास मार्केटिंग और विश्लेषण में वर्षों का अनुभव था। इस तिकड़ी ने एक साथ मिलकर एक संस्था बनायी जिसका नाम इन्होंने रखा—फ़ोर्थलायन टेक्नोलॉजी (ForthLion Technology)—भारत के राष्ट्रीय प्रतीक से प्रेरित, अशोक की राजधानी सारनाथ का शेर, जिसमें दर्शकों की नज़रों से छिपे चौथे शेर को इस तिकड़ी ने एक नागरिक किसी भी लोकतन्त्र का 'अदृश्य स्तम्भ' के रूप में परिकल्पित किया था।

पहला कदम : मतदाता सूची

कारोबार का पहला काम उस मैदान को समझना था जिस पर नन्दन अपनी राजनीतिक लड़ाई का संचालन करेंगे। दक्षिण बेंगलुरू निर्वाचन क्षेत्र, आठ विधानसभा क्षेत्रों से मिलकर बना है (गोविन्दराज नगर, विजयनगर, चिकपेट, बीटीएम लेआउट, बोम्मनहल्ली, जयनगर, पद्मनाभनगर, बसवावनगुड़ी) प्रत्येक का प्रतिनिधित्व एक विधायक द्वारा किया जाता है, इनका आगे और इकसठ वार्ड में विभाजन होता है, जिनमें से प्रत्येक का प्रतिनिधित्व एक पार्षद द्वारा किया जाता है। आठ 'एसी' (ACs—असेम्बली कोंस्टीटूएनसीज़—विधानसभा क्षेत्र) में से हर एक की अपनी एक विशिष्ट विशेषता और गुण है। बेंगलुरू के सबसे पुराने भागों में से एक बसवानगुड़ी, 1500 साल पुराना है, और अभी भी बीते समय की पुरानी संस्कृति के कुछ निशानों को अपने में समेटे हुए है। जयनगर के निर्माण के समय वह एशिया का सबसे बड़ा सुनियोजित इलाका था; यहाँ की पंक्तिबद्ध पेड़ों वाली सड़कें और व्यस्त बाज़ार इसे शहर के सर्वाधिक आकर्षक ठिकानों में से एक बनाते हैं। चिकपेट की सँकरी गलियाँ और दुकानों में देश के सभी हिस्सों के व्यापारी आते हैं। बोम्मनहल्ली का इलाका अतिशय की सीमा है—एक ओर आलीशान ग्लास टैक पार्क (काँच के अत्यधिक इस्तेमाल द्वारा बनायी गयीं इमारतें) हैं और दूसरी ओर बड़ी संख्या में कपड़ा कारख़ाने हैं। बीटीएम लेआउट इसके ठीक विपरीत है, नवीनतम सुविधाओं वाले विशाल अपार्टमेन्ट परिसर और शहर की कुछ सबसे बड़ी झुग्गी बस्तियाँ, यहाँ दोनों के ही रहने की व्यवस्था है। ज़ाहिर है, दक्षिण बेंगलुरू की एक व्यापक तस्वीर का निर्माण करने के लिए, इसे एक निर्वाचन क्षेत्र का दर्जा देने वाली कई पहचानों को समझना और उनके साथ जुड़ना होगा।

एक बार जब इन निर्वाचन क्षेत्रों को समझने के प्रयास चल रहे थे, हम अगले बड़े सवाल का सामना कर रहे थे : दक्षिण बेंगलुरू वास्तव में कितने मतदाताओं का ठिकाना है? चुनावी मौसम की शुरुआत में, इस क्षेत्र में 18 लाख पंजीकृत मतदाता थे, एक संख्या जो चुनाव के दिन तक बढ़कर 20 लाख हो गयी थी; नि:संदेह, आंशिक तौर पर ही सही, लोगों को मतदान के लिए पंजीकृत करने के हमारे ज़ोरदार प्रयास इस वृद्धि का कारण थे। बोम्मनहल्ली में मतदाताओं की संख्या सर्वाधिक लगभग 350,000 के आसपास थी, जबकि अन्य विधानसभा क्षेत्रों में प्रत्येक में करीब 200,000 मतदाता थे। एक परत और नीचे जायें तो, प्रत्येक वार्ड में लगभग 10,000 परिवार थे, और एक मोटे-मोटे अनुमानानुसार प्रति परिवार तीन मतदाताओं का मतलब है कि प्रत्येक वार्ड में लगभग 30,000 मतदाता थे। मतदाताओं तक पहुँचने के लिए हमारी कोई भी प्रौद्योगिकी आधारित कोशिश काम नहीं करती जब तक हम दक्षिण बेंगलुरू के सभी मतदाता रिकॉर्ड को सँभालने के लिए एक इलेक्ट्रॉनिक डाटाबेस का निर्माण नहीं कर सकते थे, दरअसल 'ईसी' की मतदाता सूची को ही दोबारा एक डिजिटल स्वरूप देना था।

मतदाता सूची कुल मिलाकर 80,000 पृष्ठों, प्रत्येक पृष्ठ पर लगभग तीस नाम की जानकारी थी, जिसे हमें डिजिटाइज़ करना था। स्पष्ट कहने का जोखिम उठाते हुए कहें तो यह एक अत्यन्त ही कठिन कार्य था, एक ऐसा डिजिटल मतदाता रोल, जिसकी डाटा गुणवत्ता से हम सन्तुष्ट हो सकें, उसे बनाने में हमें महीनों लगे। एक सटीक डिजिटल मतदाता सूची उपलब्ध कराना, स्मार्टफ़ोन द्वारा जिसे सभी पार्टी कार्यकर्ता उपयोग कर सकें, एक मंच के रूप में पार्टी का आधार बनने जा रहा है।

अभियान के कार्यकर्ता

नन्दन का चुनाव अभियान गम्भीरता से शुरू होने पर, इसे तीन चरणों में विभाजित किया जा सकता था। पहला चरण था 'ज़ागरूकता,' जहाँ नन्दन की उपलब्धियों और राजनीतिक विचारधारा से अधिकाधिक लोगों को अवगत करवाया गया। इस दौरान, हमने एक मतदाता पंजीकरण अभियान भी चलाया। दूसरा चरण था लोगों को 'समझाना-बुझाना', जिसे हमने लोगों को उनके पक्ष में मतदान करने के लिए राज़ी करने की कोशिश में बिताया, और तीसरा चरण 'मतदान' का था, जिसमें हमें यह सुनिश्चित करना था कि उनके समर्थक वास्तव में अपना 'मत' डालने मतदान केन्द्र पहुँचें। हमने विशेष रूप से दक्षिण बेंगलुरू के मतदाताओं के दैनिक जीवन

को प्रभावित करने वाले मुद्दों पर ध्यान केन्द्रित किया; अमरीकी राज्य डेलावेयर के राज्यपाल जैक मार्केल के साथ एक फ़ोन कॉल के दौरान उन्होंने हमें अक्सर दोहराये जाने वाले एक राजनीतिक सूत्र की याद दिलायी, 'सारी राजनीति स्थानीय होती है।'

एक औपचारिक, सुसंगठित अभियान संरचना की आवश्यकता, हालिया राजनीतिक अभियान में सीखा एक सबक है। आम-तौर पर, अभियान चार प्रमुख विभागों के बीच विभाजित होते हैं : संप्रेषण–व्यवस्था, कानून अनुपालन, अनुसन्धान और व्यावहारिक कार्रवाई। इन विभागों के काम को प्रौद्योगिकी, डाटा और विश्लेषण द्वारा सहायता मिलती है।

इनमें से प्रत्येक टीम क्या करती है? संचार व्यवस्था सँभालने वाली टीम प्रारम्भिक अभियान का सन्देश तैयार करती है और विभिन्न संचार माध्यमों के द्वारा उसका प्रसारण करती है, इसके प्रभाव की जाँच और उसमें सुधार करती है। समझाने–बुझाने के चरण में, टीम उन सभी चैनलों के माध्यम से सन्देश प्रसारित करने पर अपना ध्यान केन्द्रित करती है जिन तक इसकी पहुँच है–प्रिन्ट, मीडिया, सोशल मीडिया, बैनर, पोस्टर, पर्चे, होर्डिंग आदि। नन्दन के अभियान में, देवी पबरेजा ने इस कार्य का नेतृत्व किया; उन्होंने नन्दन की पहली पुस्तक '*इमेजिनिंग इंडिया*' के लिए भी काफ़ी शोध कार्य किया था और 'आधार' के शुरुआती दिनों में एक महत्त्वपूर्ण भूमिका निभाई थी। कानून व अनुपालन टीम यह सुनिश्चित करती है कि अभियान संचालन में निर्वाचन आयोग की आचार संहिता का पालन हो रहा है, इस टीम का संचालन यूआईडीएआई की एक पूर्व सहयोगी दीपिका मोगिलीशेट्टी ने किया, जिन्होंने 'आधार' कार्यक्रम के कानूनी पहलुओं पर काम किया था।

शोध टीम, चुनाव प्रचार के दौरान आवश्यक सभी मतदान व सर्वेक्षण सँभालती है। समझाने–बुझाने वाले संदेशों की जाँच के लिए, जन अभिमत के रुझानों का पता लगाने के लिए, और समय के साथ अभियान की प्रभावशीलता को मापने हेतु उम्मीदवार के लिए चुनाव ज़रूरी हैं। एक अच्छी शोध टीम एक भी 'मत' पड़ने से पहले ही सटीक चुनाव परिणाम की भविष्यवाणी करने में सक्षम होनी चाहिए। मतदान से सम्बन्धित हमारे सभी कार्य, डाटा एकत्र करना और विश्लेषण आदि दक्षिणी कैलिफोर्निया विश्वविद्यालय से नेटवर्किंग में पीएचडी धारक व ऊर्जा वैश्लेषिकी पर ध्यान देने वाले उद्यमी डॉ. वेंकट पिंगली द्वारा संचालित थे।

फ़ील्ड टीम अक्सर एक अभियान में सबसे बड़ी टीम होती है, और घर-घर जाकर चुनाव प्रचार करने के लिए उत्तरदायी होती है। देखा जाये तो, एक फ़ील्ड टीम को प्रति 100 मतदाताओं पर एक स्वयंसेवक की आवश्यकता होती है। असलियत में यह संख्या लगभग प्रति 500 पर एक है। यह देखते हुए कि

औसत संसदीय निर्वाचन क्षेत्र में 20 लाख मतदाता हैं, एक चुनाव अभियान में प्रत्येक मतदाता से सम्पर्क करने के लिए हज़ारों स्वयंसेवकों की ज़रूरत होती है। कहते हैं कि एक सफ़ल चुनावी अभियान में 'अभियान–सन्देश' प्रत्येक मतदाता तक कम से कम पाँच बार पहुँचाना चाहिए। हमारी क्षेत्र टीम का नेतृत्व पूर्व उद्यमी–सलाहकार और राजनीति के लिए जुनून रखने वाली नीता त्यागी कर रही थीं।

श्री नीलेकणि की चुनावी छवि

यदि आप अपने पक्ष में किसी को मतदान करने के लिए राज़ी करना चाहें, तो वे जानना चाहेंगे कि आप कौन हैं, किस राजनीतिक दल से जुड़े हैं और आपकी विचारधारा व अभियान मंच किस मुद्दे के बारे में हैं। यदि उम्मीदवार की स्थानीय पहचान पहले से ही काफ़ी विख्यात हो तो इस प्रकार की ज़ागरूकता–निर्माण करना आसान होता है। तो भी, नन्दन के मामले में हमारे सामने एक अनोखी चुनौती थी, एक ऐसा उम्मीदवार जो राष्ट्रीय और अन्तरराष्ट्रीय दोनों स्तरों पर भलीभाँति जाना जाता था, लेकिन दक्षिण बेंगलुरू के मतदाताओं की नज़र में शून्य था। प्रारम्भिक जाँच से पता चला कि सामाजिक–आर्थिक समूहों के लोगों ने इन्फ़ोसिस और 'आधार' के बारे में तो सुना था, लेकिन उन्हें यह जानकारी नहीं थी कि नन्दन इन दोनों के साथ बेहद करीब से जुड़े हुए थे; उनमें से कइयों ने तो उनका नाम तक नहीं पहचाना।

एक उम्मीदवार के रूप में, नन्दन ने हमेशा हर एक मतदाता के साथ सीधे सम्पर्क साधने का प्रयास किया। किसी निर्वाचन क्षेत्र में व्यापक पैमाने पर बातचीत में हम ऐसी घनिष्ठता कैसे बनाये रख सकते थे? पारम्परिक मीडिया के द्वारा सन्देश पहुँचाना, सोशल मीडिया, और निजी पत्रों सहित इस चुनाव अभियान ने नन्दन का परिचय दक्षिण बेंगलुरू के मतदाताओं से करवाने के लिए हर सम्भव प्रयास किया। प्रत्येक पत्र में नन्दन का परिचय देने, उनके अतीत की उपलब्धियों को सूचीबद्ध करने और एक बेहतर बेंगलुरू के निर्माण के लिए उनका दृष्टिकोण समझाने से पहले प्रत्येक निवासी का अभिवादन उसके नाम से किया जाता था। पत्र के नीचे एक छोटे सा अनुभाग 'यहाँ से काटें' वाले स्थान पर व्यक्ति के मतदान केन्द्र और मतदाता सूची पर उनकी क्रम संख्या जैसी उपयोगी जानकारी निहित होती थी। किसी उम्मीदवार की ओर से एक व्यक्तिगत पत्र प्राप्त करने से अत्यधिक प्रभावित हुए कई लोगों ने हमें प्रतिक्रिया भी दी।

एक उम्मीदवार के रूप में नन्दन के बारे में ज़ागरूकता बढ़ाने की इन सभी रणनीतियों के प्रभाव को जाँचने के लिए हमने मतदान आयोजित किये। निराशा भरे 25 प्रतिशत के निम्न स्तर से शुरू करते हुए, समय के साथ-साथ हमें बड़े पैमाने पर जागरूकता में वृद्धि दिखायी देने लगी, चुनाव का दिन नज़दीक आते-आते जो 80 प्रतिशत के आसपास तक पहुँच गयी। यह वृद्धि प्रौद्योगिकी और डाटा विश्लेषकी के कारण हुई। इन्हीं से हमें सबसे प्रभावशाली मीडिया का चयन करने में मदद मिली।

चुनाव अभियान का शुभारम्भ

एक बार जब लोगों को यह पता चल गया कि नन्दन कौन हैं, उनकी अब तक की उपलब्धियाँ क्या हैं और दक्षिण बेंगलुरू के लिए वो क्या करने की आशा रखते हैं, उसके बाद हमें लोगों को उनके पक्ष में मतदान करने के लिए राज़ी करने जैसे चुनौतीपूर्ण कार्य से निपटना था। स्वयंसेवकों ने कॉल सेन्टर के माध्यम से दक्षिण बेंगलुरू के निवासियों को फ़ोन किया, इस तथ्य के साथ शुरू करते हुए कि वह दक्षिण बेंगलुरू में पैदा हुए थे, उन्हें नन्दन के जीवन-चरित्र से परिचित करवाया और स्थानीय कनेक्ट पर बल दिया। अभियान के अन्तिम चरणों में, लाइव कॉल का स्थान स्वचालित फ़ोन कॉल ने ले लिया, जिसमें लोगों से नन्दन के पक्ष में मतदान करने का आग्रह करने के लिए नन्दन की ओर से पहले से रिकॉर्ड किया सन्देश प्रसारित किया जाता था। ये रणनीतियाँ कितनी प्रभावशाली थीं यह जानने के लिए हमने समानांतर में चुनाव भी करवाये।

कांग्रेस पार्टी कार्यकर्ता पड़ोस में फैल गये, जितना सम्भव हो सका उतने घरों का दौरा किया, निवासियों से नन्दन की उम्मीदवारी के बारे में बात की, अपने इलाके में उन्हें किन समस्याओं का सामना करना पड़ता है इसके बारे में पूछा, और यदि वे भविष्य में उनसे सम्पर्क करना चाहें तो उसके लिए उनके फ़ोन नम्बर एकत्र किये। नन्दन का समर्थन करने के लिए आगे आये स्वयंसेवी समूह को भी यही कार्य सौंपा गया, जो ख़ुद को 'एक साथ नन्दन के साथ', या टीडब्ल्यूएन (TWN-टूगेदर विद नन्दन) कह के बुलाते थे। टीडब्ल्यूएन स्वयंसेवक सेना में 1500 से अधिक पैदल सिपाही थे, चुनाव से पहले, आखिरी महीने में 300 स्वयंसेवक दक्षिण बेंगलुरू के हर नुक्कड़ हर कोने में फैल गये थे। वो एक असंकीर्ण विचारों वाले लोगों का समूह था—उनमें से कुछ कॉलेज के छात्र थे, बाकी इन्फ़ोसिस या यूआईडीएआई के पूर्व सहयोगी थे। टीडब्ल्यूएन की संयोजक सरोजा येरामिल्ली

ने अभियान में शामिल होने के लिए 'डेल' (Dell) में अपने पद से इस्तीफ़ा दे दिया; मीता कारन्त ने मैकिन्से कंसल्टिंग में अपनी नियुक्ति की तारीख स्थगित कर दी। अभिनेता, निर्देशक और नाटककार गिरीश कर्नाड जैसी प्रसिद्ध कन्नड़ सेलिब्रिटी का भी हमें समर्थन मिला।

टीडब्ल्यूएन सदस्यों में से कोई भी राजनीतिक रूप से प्रेरित नहीं था; वे सभी इस प्रयास में केवल इसलिए शामिल हुए थे क्योंकि वे नन्दन की उम्मीदवारी का समर्थन करते थे, और उन्होंने अपने प्रयासों के लिए बिना कोई भुगतान लिए काम किया। वास्तव में, उनमें से कइयों के पास तो चुनाव प्रचार का कोई अनुभव भी नहीं था। टीडब्ल्यूएन की एक प्रमुख क्षेत्र कार्यकर्ता कविता एक गृहिणी थी जो घरों में दस्तक देते समय अपनी छोटी बेटी सहाना को हमेशा साथ रखती थी। कारण सही था, लोग अपनी कमर पर एक छोटे बच्चे को उठाये किसी महिला से बात करने में अधिक इच्छुक होंगे। सहाना आखिरकार टीडब्ल्यूएन के लिए शुभंकर प्रतीक बन गयी, और हर किसी को विस्मय में डालते हुए, अपने प्यारे से तीन वर्षीय तुतलाते अन्दाज़ में लोगों को चेतावनी देते हुए 'नन्दन को वोट देना, ठीक है?,' 'बिक्री की मन लुभावनी पूरी पंक्तियाँ' बेखटके धड़ल्ले से बोल सकती थी। टीडब्ल्यूएन सदस्यों ने सोशल मीडिया का उपयोग कर अपनी गतिविधियों को संचालित किया, विशेष रूप से वाट्सएप्प, और मतदाताओं से हुई बातचीत रिकॉर्ड करने और जिन घरों का वे दौरा कर रहे थे उन सभी का रिकॉर्ड बनाये रखने के लिए मोबाइल एप्लीकेशंस का इस्तेमाल किया। टीडब्ल्यूएन सदस्यों में से कुछ ने मतदाताओं को समझाने के नये सुझाव भी दिये, जैसे दक्षिण बेंगलुरू के रॉयल मीनाक्षी मॉल में हुआ फ़्लैश मॉब जिसमें टीडब्ल्यूएन की टी-शर्ट पहने एक टीम ने लोकप्रिय फ़िल्म संगीत पर नृत्य किया, उत्सुक दर्शकों को नन्दन के पक्ष में मतदान करने का आह्वान करते हुए टीम ने अपना प्रदर्शन समाप्त किया।

कांग्रेस पार्टी के कार्यकर्ताओं और टीडब्ल्यूएन के स्वयंसेवकों ने एक व्यापक क्षेत्र अभियान का आयोजन किया, नन्दन ने भी सार्वजनिक बैठकों, पदयात्राओं, निर्वाचन क्षेत्र के विभिन्न भागों का दौरा करना, स्थानीय नेताओं के साथ-साथ इलाके के लोगों के साथ बैठक से लबरेज़ थका देने वाली दिनचर्या शुरू कर दी। प्रभावशीलता की जाँच करने के लिए हमने इन गतिविधियों में से प्रत्येक का डाटा इकट्ठा किया, और अभियान की सफलता का जायज़ा लेने के लिए लगातार मतदान करवाये। हमने मीडिया कवरेज का और विस्तार करते हुए नन्दन के फ़ेसबुक और ट्वीटर पर इन घटनाओं की तस्वीरें दोबारा पोस्ट कीं।

मत प्राप्त करना

अभियान का अन्तिम चरण 'मतदान' का दौर है, जो मतदान के दिन से दो दिन पहले शुरू होता है। इस अवधि में हर प्रकार का चुनाव प्रचार बन्द कर दिया जाता है, और सारे प्रयास यह सुनिश्चित करने में लगा दिये जाते हैं कि समर्थक अपना मतदान करने के लिए मतदान केन्द्रों तक पहुँचें। नन्दन का अभियान इस चरण तक पहुँचते ही, प्रौद्योगिकी टीम ने एक बहुत ही सरल 'वोटर लुक-अप टूल' का निर्माण किया। यह उपकरण डिजिटल मतदाता सूची में खोजने का एक सरल प्रारूप से अधिक कुछ नहीं था; इंटरनेट पर उपलब्ध टेक्स्ट आधारित महीन-धारियों वाले सर्च बॉक्स में किसी व्यक्ति का नाम या मतदाता आईडी संख्या दर्ज करने से उस मतदाता का पूरा रिकॉर्ड निकल आता है। उसकी क्रम संख्या और नाम और मतदान केन्द्र जहाँ उन्हें मतदान करना था, ये सारी जानकारी उसमें शामिल होती है।

चुनाव वाले दिन, आम तौर पर पार्टियाँ प्रत्येक मतदान केन्द्र के बाहर मेज़ लगा कर मतदाता सूची की एक प्रति वहाँ रखती हैं। पार्टी कार्यकर्ता सूची में मतदाताओं का नाम और क्रम संख्या खोजने में उनकी मदद करते हैं ताकि वे मतदान कर सकें। मतदाता सूची में भरी त्रुटियों की संख्या को देखते हुए, इसमें कोई आश्चर्य नहीं कि कई लोग अपना नाम नहीं ढूँढ पाते, और उन्हें यह भी नहीं पता होता कि वे सही मतदान केन्द्र पर पहुँचे भी हैं या नहीं।

17 अप्रैल 2015, बेंगलुरू चुनाव का दिन था। मतदाताओं की देखरेख कर रहे पार्टी कार्यकर्ताओं की सहायता की उम्मीद में हमने टीडब्ल्यूएन स्वयंसेवकों को निर्वाचन क्षेत्र के सभी मतदान केन्द्रों पर भेजा। चुनाव अभियान के दौरान जागरूकता और समझाने-बुझाने के चरणों में एकत्र डाटा के द्वारा पता चल चुका था कि मतदान-दिवस पर किन स्थानों के मतदाताओं को बूथ पर लाने के लिए कुछ अतिरिक्त प्रयासों की आवश्यकता होगी, और हमारे स्वयंसेवक वहीं जा पहुँचे। फ्लिपकार्ट में प्रमुख निर्माता और एक टीडब्ल्यूएन स्वयंसेवक रेगुनाथ ने हमें बताया कि आगे क्या हुआ :

> मैं केन्द्र पर पहुँचा। और वहाँ रखी मेज़ों में से एक के पास खड़े एक सज्जन वास्तव में परेशान लग रहे थे। पार्टी कार्यकर्ता मतदाता सूची में उनका नाम खोजने की कोशिश कर रहे थे, लेकिन वह उसमें नहीं था। वह आदमी बहुत नाराज़ हो रहा था क्योंकि वह मतदान करना चाहता था और उसे यह पता नहीं था कि अब वह करे तो क्या करे। मैंने उससे उसकी मतदाता आईडी के बारे में पूछा और अपने फ़ोन पर 'वोटर लुक-अप टूल' पर उसका नम्बर एन्टर किया। कुछ ही क्षणों में

मुझे उसकी पूरी जानकारी मिल गयी, और मैंने देखा कि वह ग़लत जगह पर आ गया था। उसके रिकॉर्ड के अनुसार, उसे एक अलग बूथ पर मतदान करना चाहिए। मैंने उसे बताया कि उसे कहाँ जाना है और वो बेहद आभारी था। जल्दी ही, पार्टी कार्यकर्ता अधिकाधिक लोगों को मेरे पास भेजने लगे।

पार्टी कार्यकर्ताओं ने अपना काम आसान करने के लिए एक शानदार साधन के रूप में 'लुक-अप पोर्टल' पर कब्ज़ा कर लिया। जिसके लिए केवल एक स्मार्टफ़ोन वाले व्यक्ति की आवश्यकता थी। इस्तेमाल में यह इतना आसान था कि लोग चुटकियों में एक दूसरे को इसका प्रशिक्षण दे रहे थे, और आखिरकार मतदान ख़त्म होने तक बिना इस बात की परवाह किये कि वे किस राजनीतिक दल से जुड़े थे, सभी इस एप्लीकेशन का उपयोग कर रहे थे। मतदाताओं को उनके सबसे बुनियादी लोकतान्त्रिक अधिकारों में से एक का उपयोग किये बिना, घर लौटने को मजबूर करने की अपेक्षा पुरानी पद्धति से अनुमान लगा कर भी हम सैकड़ों लोगों को उनके मतदान में मदद करने में सक्षम थे।

उस चुनाव अभियान में इस्तेमाल ये और ऐसे कई अन्य प्रौद्योगिकीय नवपरिवर्तनों के बावजूद नन्दन भाजपा के उम्मीदवार और दक्षिण बेंगलुरू से छह बार संसद सदस्य रह चुके अनन्त कुमार से चुनाव हार गये। हालाँकि पिछले आम चुनाव में कांग्रेस उम्मीदवार की तुलना में नन्दन को अधिक वोट मिले थे,[9] राष्ट्र को बहा ले जाने वाली 'मोदी लहर' से उनका चुनाव अभियान पार न पा सका। चुनाव के दौरान प्रबल हुई मज़बूत सत्ता विरोधी भावना के चलते कई मतदाताओं ने हमें बताया कि नन्दन आदमी सही थे, लेकिन ग़लत पार्टी में थे। अन्ततः, प्रौद्योगिकी केवल इतनी दूर तक ही आपका साथ दे सकती है, आखिर में जनता की नब्ज़ ही यह फ़ैसला करती है कि कार्यालय के लिए किस नेता को निर्वाचित किया जायेगा।

एक मंच के रूप में पार्टी

भारतीय चुनावों के विकास को हम भविष्य में कहाँ पाते हैं? सच कहें तो, राजनीतिक पार्टियाँ हमेशा से ही एक केन्द्रीय सन्देश, एक चिन्ह, और वफ़ादार समर्थकों वाला ब्राण्ड रही हैं। पार्टी चिन्ह और उसकी विचारधारा अभिन्न रूप से जुड़े हुए हैं, और सत्ता में चुने जाने पर पार्टी उनके लिए क्या कर सकती है, लोगों की उम्मीदें इन्हीं पर आधारित होती हैं। हमारा मानना है कि भविष्य में, पार्टियाँ इस ब्रान्ड महत्त्व को पहचानना और उस पर ज़ोर देना शुरू कर देंगी, एक प्रक्रिया जो पहले से ही

शुरू हो चुकी है। उम्मीदवार को मात्र एक टिकट और एक चिन्ह की पेशकश करने की बजाय पार्टियाँ अब उन्हें अपनी विचारधारा और मुख्य शक्ति के आसपास बुने एक पूरे अभियान की रूपरेखा पेश करेंगी–जिसे हम 'पार्टी एक मंच के रूप में' अवधारणा के तौर पर देखते हैं।

इस मंच में शामिल होकर क्या होगा? पहला, उम्मीदवारों को स्थानीय आवश्यकतानुसार निर्मित एक मज़बूत केन्द्रीय सन्देश दिया जाएगा, जिसे वे इस्तेमाल कर सकें। अपने विशाल बजट के दम पर पार्टियाँ यह सुनिश्चित कर सकती हैं कि देश भर में वह सन्देश लगातार कायम रहे, इस दृष्टिकोण को सर्वाधिक सफ़लतापूर्वक नरेन्द्र मोदी ने और कुछ हद तक दिल्ली में 'आप' ने अपनाया था। पार्टी ब्राण्ड के आधार पर धन एकत्र किया जा सकता है और प्रौद्योगिकी छोटे से चन्दे को भी दर्ज करने और उसका इस्तेमाल करने में मदद करती है, जैसा कि 'आप' के चन्दा उगाही अभियान में इसका प्रदर्शन बड़ी समझदारी के साथ किया गया था।

यह मंच प्रौद्योगिकी आधारित साधनों का भी एक समूह प्रदान करेगा, जिसका इस्तेमाल उम्मीदवारों द्वारा किया जा सकेगा: डिजिटल मतदाता सूचियाँ, पार्टी कार्यकर्ताओं के लिए 'वोटर लुक–अप' सेवाएँ, सोशल मीडिया प्रबन्ध, कॉल सेन्टर प्रबन्धन, 3 डी होलोग्राम रैलियाँ इत्यादि।

इन सभी प्रौद्योगिकीय नवपरिवर्तनों का इस्तेमाल 2014 के चुनाव में किया गया था, और जल्दी ही इन्हें भारतीय राजनीति की मुख्यधारा में भी शामिल करना चाहिए। राजनीतिक पार्टियों द्वारा तेज़ी से उपकरणों का एक समूह या अपने उम्मीदवारों के लिए एकीकृत प्रक्षेपण मंच उपलब्ध कराने का प्रचलन, केवल भविष्य के चुनावों में रफ़्तार पकड़ेगा। मज़बूत जन समर्थन के साथ–साथ किसी पार्टी द्वारा उपलब्ध मंच की जुगलबन्दी करने वाले उम्मीदवार ही स्वाभाविक रूप से पुरानी शैली की राजनीति पर बढ़त हासिल करेंगे।

हमारा पूर्वानुमान है कि भविष्य के आम चुनावों में 'मोबाइल पहले' का बोलबाला रहेगा। अगले कुछ वर्षों में 50 करोड़ से अधिक भारतीयों के पास स्मार्टफ़ोन होंगे, और मतदाताओं तक पहुँचने के लिए चुनाव अभियान भारी मात्रा में मोबाइल फ़ोन नेटवर्क पर निर्भर करेंगे, यहाँ तक कि जितना आज निर्भर करते हैं उससे भी कहीं अधिक। जो पार्टियाँ 'पार्टी एक मंच (प्लेटफ़ार्म) के रूप में' सिद्धान्त को सफ़लतापूर्वक लागू कर लेती हैं, उनके पास अपने उम्मीदवारों और मतदाताओं को देने के लिए बहुत कुछ होगा और वो पार्टी और उम्मीदवार के रिश्ते को बदल देंगी। आज तक पार्टियाँ अपने उम्मीदवारों को जो चुनावी हथियार दे सकती थीं वे थे, चुनावी संदेश और पार्टी वर्कर्स की शक्ति। लेकिन जब कोई पार्टी चुनावी हथियार के रूप में अपने

उम्मीदवारों को बौद्धिक सम्पदा के रूप में सॉफ्टवेयर और सॉफ्टवेयर पर काम कर सकने वाले सक्षम पार्टी वर्कर प्रदान कर पायेगी, तब पार्टी और उम्मीदवार के बीच के संतुलन में पार्टी का पलड़ा भारी होगा। इस प्रकार की रणनीति को अन्य देशों में भी इस्तेमाल किया गया है। अमरीका में, डेमोक्रेटिक पार्टी का प्रत्येक उम्मीदवार अपने अभियानों का प्रबन्धन करने के लिए प्रौद्योगिकी संस्था 'एनजीपी वीएएन' (NGP VAN) के उत्पादों का इस्तेमाल करता है, चाहे वो अगले राष्ट्रपति के चयन का चुनाव हो या स्थानीय श्रम संघ प्रमुख का।[10]

भारतीय राजनीति की दुनिया में जहाँ केवल सबसे समर्थ उम्मीदवार ही लंबे समय तक टिक सकता है वहाँ सभी को टिके रहने के लिए प्रौद्योगिकी की शक्ति व सामर्थ्य को अपनाना और उसका लाभ उठाना ही होगा।

11

एक नवीन अर्थव्यवस्था में सरकार की भूमिका

> सरकार के लिए आवश्यक है कि वह उन कार्यों को न करे जो लोग पहले से करते आ रहे हैं, या फिर उन कार्यों को पहले से थोड़ा बेहतर या बदतर रूप से करे। आवश्यक है कि सरकार उन कार्यों को करे जो अभी तक बिलकुल किए ही नहीं जा रहे।
>
> —जॉन मेनार्ड केन्स, 1926

वेत्तथ शंकरन मछुआरों की एक नयी नस्ल का प्रतिनिधित्व करता है। किसी ज़माने में, गहरे समुद्र में मछली पकड़ने का जाल कहाँ डालना है यह फ़ैसला करने के लिए शंकरन भाग्य और अनुभव पर भरोसा करता था। अब, धरती से 20,000 किलोमीटर ऊपर उपग्रहों का एक तन्त्र उसकी नाव पर स्थापित जीपीएस (GPS-ग्लोबल पोजिशनिंग सिस्टम) में डाटा भेजता है, उसे बताता है कि कहाँ अच्छी मछली मिलने की सम्भावना है। उस ज़माने में, यह पता लगाना शंकरन के बस की बात नहीं थी कि उसकी मछली के सबसे अच्छे दाम उसे कहाँ मिल सकेंगे—यदि उसके साथी मछुआरों का अभियान भी सफ़ल रहा होगा, तो उसके स्थानीय बाज़ार की कीमतों में गिरावट आ जायेगी। वह तट के अन्य स्थानों पर जाकर भी सौदा करने की कोशिश कर सकता था, लेकिन वहाँ भी उसकी मछली के बेहतर दाम मिलने की कोई गारन्टी नहीं होगी। अब, शंकरन और उसके साथी कोट्टायम से

थ्रिस्सूर के बाज़ारों में फ़ोन करके, अपने माल की अच्छी से अच्छी कीमत पाने के लिए मोल-भाव करते हैं। शंकरन के शब्दों में, ''ताकि जब तक हम समुद्री-तटों पर पहुँचें, हमारा कारोबारी सौदा पक्का हो चुका हो।''[1]

शंकरन व उसके जैसे लोगों के कारोबार की तक़दीर में मोबाइल टेलीफ़ोन के कारण आया परिवर्तन, हार्वर्ड अर्थशास्त्री रॉबर्ट जेन्सेन द्वारा किये गये महत्त्वपूर्ण अध्ययन का विषय था।[2] रॉबर्ट को पता चला कि औसतन उपभोक्ता अब अपनी मछली के लिए 4 फ़ीसदी कम भुगतान करते हैं जबकि मछुआरों के लाभ का औसत 8 फ़ीसदी से बढ़ गया है; क्षति का नामोनिशान मिट चुका था, बाज़ार कुशल हो चुके थे और अब पूरे इलाके में मछली के दाम समान रूप से तय किये जाते थे—अर्थशास्त्रियों की भाषा में जिसे 'एक दाम का सिद्धान्त' कहते हैं। उसके बाद किये गये अध्ययन में पता चला कि मछुआरों ने अपने फ़ोन का महत्त्व मात्र अपनी आय में सुधार करने से कहीं अधिक आँका था; अपने फ़ोन का उपयोग उन्होंने बाज़ार के भीतर और बाहर सम्बन्ध बनाये रखने, और जोख़िम, मुसीबत और आपातकाल के दौरान अपनी सुरक्षा के लिए किया था।[3]

निश्चित रूप से, जब भारत सरकार ने मोबाइल टेलीफ़ोनी में प्रवेश करने के लिए दूरसंचार क्षेत्र के द्वार निजी संस्थाओं के लिए खोले थे, कोई भी यह पूर्वानुमान नहीं लगा सका होगा कि केरल की मछली अर्थव्यवस्था को इतनी बड़ी मात्रा में बढ़ावा मिलेगा। लेकिन एक नयी प्रौद्योगिकी की शुरुआत के द्वारा अप्रत्याशित और लाभकारी परिणाम होना ही नवीन अर्थव्यवस्था की पहचान है। प्रौद्योगिकी को जन साधारण के लिए मुक्त करने से और सार्वजनिक-निजी स्पेक्ट्रम के सभी कम्पनियों को इसमें शामिल करके, सरकार वृद्धि और विकास को अनगिनत नये तरीकों से प्रोत्साहित कर सकती है। किसी ज़माने में, भारत की सभी दूरसंचार सेवाओं पर भारत संचार निगम लिमिटेड जैसे राज्य के स्वामित्व वाली संस्थाओं का एकाधिकार था। आज, सरकार की प्राथमिक भूमिका आरम्भ से लेकर अन्त तक उँगली पकड़ कर चलाने वाले दृष्टिकोण, और दूरसंचार के लिए स्विच निर्माण और ग्राहकों को टेलीफ़ोन उपकरण सौंपने वाले सेवा प्रदाता की नहीं रही है। बल्कि सरकार ने, दूरसंचार संस्थाओं के लिए नियमों को परिभाषित किया है, और भारतीय दूरसंचार विनियामक प्राधिकरण जैसे नियामकों को स्थापित किया है, जो यह सुनिश्चित करता है कि कानून का पालन और उपभोक्ताओं के हितों की रक्षा हो रही है। एक न्यूनतम दृष्टिकोण अपनाने से, जिसमें निजी क्षेत्र की भागीदारी को मुकाबले के लिए एक विनियमित वातावरण मिलता है, सरकार ने भारत के मोबाइल फ़ोन तन्त्र को दुनिया का सबसे बड़ा और सबसे सस्ता बनने में मदद की है।

हमारे बाज़ार एक क्रान्ति के दौर से गुज़र रहे हैं। स्मार्टफ़ोन और डाटा सेवाओं की गिरती कीमतों ने नये व्यापार प्रारूपों के लिए द्वार खोले हैं, जिसने इंटरनेट और सूचना सेवाओं का उपयोग खुदरा से लेकर परिवहन क्षेत्र के मौजूदा खिलाड़ियों को चुनौती देने के लिए किया है। पारम्परिक सरकारी क्षेत्रों में अब निजी क्षेत्र द्वारा घुसपैठ की जा रही है। साझा अर्थव्यवस्था के उदय से व्यापार के बारे में हमारी समझ अब आगे और भी बदल रही है, जिसमें लोग संसाधनों को एक दूसरे के साथ प्रत्यक्ष रूप से साझा करते हैं। इस तीव्र परिवर्तनकारी समय में, सरकार सदा बदलते परिदृश्य में नियामक मानकों को लागू करने और उपभोक्ता अधिकारों की रक्षा करने की चुनौती का सामना कर रही है। मोबाइल टेलीफ़ोनी तन्त्र प्रौद्योगिकियों की पहली लहरों में से है जिसे सरकार की ओर से इस तरह के प्रयासों की आवश्यकता थी। आइये देखते हैं कि नयी चुनौतियों में कुछ एक कैसा आकार ले रही हैं।

भारत की साझा अर्थव्यवस्था का उदय

2013 में पहली बार जब 'उबर' (टैक्सी सेवा) ने भारत में पदार्पण किया, वह इस अज्ञात व्यापार प्रारूप को पहली बार स्थापित करने वाली टैक्सी सेवाओं के समूह में से एक बन गया था। एक केन्द्रीय नम्बर पर फ़ोन करने की बजाय, आप स्मार्टफ़ोन पर एक एप्लीकेशन के द्वारा टैक्सी बुक कर सकते हैं, जीपीएस के माध्यम से उसके स्थान और आगमन समय का पता लगा सकते हैं, और क्रेडिट कार्ड के द्वारा ऑनलाइन भुगतान कर सकते हैं। लोगों ने इस अनुभव से रोमांच, और 'उबर' ने लोकप्रियता में भारी वृद्धि का स्वाद चखा।

हालाँकि, यह शुभ शुरुआत जल्दी ही नियामक सम्बन्धी मुसीबतों से घिर गयी। सबसे पहले, भारतीय रिज़र्व बैंक ने 'उबर' के भुगतान तरीके पर आपत्ति जतायी, जिसने सभी क्रेडिट कार्ड भुगतानों में दो तरीकों से प्रमाणीकरण के आरबीआई जनादेश का उल्लंघन किया था–जोकि लेन–देन में सुरक्षा को बढ़ाने व धोखाधड़ी को कम करने के लिए तैयार किया गया था। क्योंकि विदेशी मुद्रा भुगतान को आरबीआई प्रमाणीकरण के नियमों में छूट दी गयी है, आरम्भ में 'उबर' एक विदेशी प्रवेश मार्ग के माध्यम से भुगतान प्राप्त करके इस नियम से किसी तरह बचता रहा। तो भी, आरबीआई ने तकाज़ा किया कि 'उबर' या तो उन्हीं नियमों का पालन करे जो भारत स्थित टैक्सी सेवा प्रदाताओं पर लागू होते हैं अथवा अपनी दुकान बन्द कर दे।[4]

इससे भी बदतर होना अभी बाकी था। दिसम्बर 2014 में, नयी दिल्ली के एक 'उबर' चालक पर एक महिला सवारी से बलात्कार का आरोप लगाया गया। सरकार

ने इसका उत्तर राजधानी क्षेत्र में 'उबर' पर प्रतिबन्ध लगा कर दिया, और उसके बाद निर्णयात्मक रूप में घटित घटनाओं ने साबित कर दिया कि 'उबर' जैसा कोई (सर्विस एग्रीगेटर कोई वेबसाइट या प्रोग्राम जो किसी विशेष सेवा से सम्बन्धित जानकारी इकट्ठा करके अपनी वेबसाइट या प्रोग्राम पर प्रदर्शित अथवा लिन्क करता है) जो दावा करता था कि वह एक व्यावसायिक टैक्सी सेवा नहीं बल्कि चालकों को सवारियों से जोड़ने का मंच मात्र है, एक धुँधले नियामक क्षेत्र में दाखिल था[5], यह सुनिश्चित करना किसकी ज़िम्मेदारी थी कि 'उबर' चालकों की पुलिस जाँच पूरी हो चुकी थी? हालाँकि व्यावसायिक टैक्सी सेवाओं के लिए नियम स्पष्ट थे, 'उबर' जैसे किसी एग्रीगेटर के कर्तव्य क्या थे और क्या वह वास्तव में अपने ग्राहकों को एक विश्वसनीय व सुरक्षित सेवा प्रदान करने का दावा कर सकते थे? जल्दी ही अधिक परेशान करने वाले तथ्य निकल कर सामने आये। वह चालक एक आदी अपराधी था, लेकिन किसी प्रकार पुलिस जाँच प्रमाण पत्र प्राप्त करने में कामयाब हो गया था, जिसके बारे में अधिकारियों का दावा था कि वह जाली था।[6] वह एक झूठे नाम के तहत 'उबर' के साथ पंजीकृत हुआ था, और अपनी सवारी पर हमला करने से पहले, उसने बस अपनी सवारी पर नज़र रखने वाली फ़ोन एप्लिकेशन को बन्द कर दिया था। यह देखते हुए कि 'उबर' भारत में एक परिवहन व्यवसाय के रूप में नहीं बल्कि एक प्रौद्योगिकी संस्था के रूप में काम कर रहा था, तो इन सुरक्षा नियमों पर नज़र रखना और उनका उल्लंघन होने पर कार्रवाई करना किसका काम था? उस सेवा पर पूरी तरह से प्रतिबन्ध लगाये जाने का उपयोग नहीं था जब तक कि ऐसे नियम और कानून न बनाये जायें जो विशेष रूप से ऐसे सेवा एग्रीगेटर के लिए उपयुक्त हों।[7]

'उबर' भारत का एकमात्र सेवा एग्रीगेटर नहीं है। एयरबीएनबी (Airbnb–अस्थाई आवास सूचीबद्ध होने, खोजने, और किराये पर लेने में सहायता करने वाली एक वेबसाइट) की बदौलत, कोई भी आतिथ्य उद्योग के नियमों का पालन किये बिना किसी अतिरिक्त कमरे को एक होटल में तब्दील कर सकता है। 'ईबे' लोगों को स्वतन्त्र रूप से एक दूसरे से माल ख़रीदने और बेचने की सुविधा प्रदान करता है। ये सभी सेवाएँ एक मंच के रूप में काम करती हैं, जहाँ ख़रीददार और विक्रेता एक-दूसरे की सेवाओं का मूल्यांकन करते हैं-जिससे बाज़ार में विक्रेता की एक साख बनती है जो कई लेनदेन पूरे होने के बाद मज़बूत होती है, तब उस सेवा का उपयोग करने में ग्राहक अधिक दिलचस्पी दिखाने लगते हैं। आम तौर पर, इसके लिए एक नियामक की आवश्यकता होती है। न्यूयॉर्क शहर के टैक्सी चालक जो एक 'मान्यता प्राप्त तमगा' पाने के लिए बड़ी कीमत चुकाते हैं, या वे होटल जो

नियामक सम्बन्धी आवश्यकताओं को पूरा करते हैं मौजूदा संचालक नियामक लागत वहन करने के कारण अधिक महँगे पड़ते हैं। ऐसे में एयरबीएनबी और 'उबर' जैसी सेवाओं की लोकप्रियता बढ़ने के कारण इनसे प्रतिस्पर्धा करने में उन्हें मुश्किलों का सामना करना पड़ता है। अक्सर, नये व्यापार प्रारूप में इतने अलग होते हैं कि वे मौजूदा 'करों' से बचते हैं। ऐसे में पदस्थ अधिकारी नये व्यापारियों पर 'कर चोर' का ठप्पा लगा देते हैं और उन्हें 'असुरक्षित' घोषित करते हैं। एक ख़तरा यह भी है कि मौजूदा उद्यमी इन नवपरिवर्तनों के खिलाफ़ एकजुट हो रहे हों और उनके प्रवेश में बाधा उत्पन्न करने के लिए नियमों का उपयोग कर रहे हों। इन सभी मामलों में, नियमन और नवपरिवर्तन के बीच के संघर्ष के कारण बाज़ार में काफ़ी तनाव की स्थिति पैदा होती है।

साझा अर्थव्यवस्था 'सूक्ष्म (माइक्रो) उद्यमी' अर्थात् लघु-सेवा प्रदाताओं के एक नये वर्ग को भी जन्म दे रही है, जो अब ऑनलाइन बाज़ार के माध्यम से ग्राहकों तक पहुँच सकते हैं।[8] अमरीका ने ढेर सारे स्टार्ट-अप का उदय होते देखा है जो आपको किराने का सामान और फूल लाकर देंगे, आपके कपड़े धोयेंगे, भोजन पहुँचायेंगे, आपके घर की साफ़-सफ़ाई करेंगे, आपके निजी कार्य करके देंगे, या यदि आप बीमार होते हैं तो आपके घर चिकित्सक भेजने का काम भी बखूबी निभायेंगे। इंटरनेट पर आप अपनी संस्था का 'लोगो' (प्रतीक चिन्ह) डिज़ाइन करवाने के लिए किसी प्रतिभाशाली डिज़ाइनर को नियुक्त कर सकते हैं या काम पर किसी चुनौतीपूर्ण समस्या से निपटने के लिए सलाहकार ढूँढ सकते हैं।[9] शहरी भारत में, अब आप एप्लीकेशन का प्रयोग अपने इलाके में रसोइया, सफ़ाई कर्मचारी और प्लम्बर ढूँढने के लिए कर सकते हैं। प्रत्येक सम्भव अवसर के लिए एक स्टार्ट-अप है जो असंगठित को संगठित करने के लिए मौजूद है। मैकिन्से ग्लोबल इंस्टीट्यूट की एक ताज़ा रिपोर्ट में कहा गया है कि 'भारत लघु स्तर के, स्वतन्त्र सेवा प्रदाताओं का देश है' चाहे वे ग्राफ़िक डिज़ाइनर हों, नर्स या बढ़ई, डिजिटल बाज़ारों के निर्माण द्वारा ये सेवा प्रदाता अपने ग्राहक आधार को विस्तृत बनाने के साथ-साथ विकास स्तर में वृद्धि कर सकते हैं।[10] इस प्रकार का सहयोगपूर्ण मंच, मालिक और कर्मचारी के रिश्ते को पुन:परिभाषित करता है, इस रिश्ते का समर्थन करने वाले 'कर' कानून, रोज़गार कानून, कर्मचारी अधिकारों जैसे नियामक ढाँचे को ख़ुद को दोबारा गढ़ने की आवश्यकता है।

साझा अर्थव्यवस्था और उसके इर्द-गिर्द बुनी गयीं सेवाएँ लम्बे समय तक टिकने के लिए हैं। एक अनुमान के अनुसार इसका मौजूदा वैश्विक मूल्य 1500 करोड़ डॉलर आँका गया है, इस संख्या में तेज़ी से वृद्धि होने का अनुमान है।[11] यह

सार्वजनिक और निजी दोनों संसाधनों का इस्तेमाल करती है जैसे इंटरनेट, जीपीएस और मानचित्रण सेवाओं के साथ-साथ निजी तौर पर विकसित भुगतान प्रणालियाँ जैसे क्रेडिट कार्ड, मोबाइल वॉलेट (मोबाइल फ़ोन द्वारा पैसों का लेन-देन) आदि, और विश्वास और परस्पर सम्बन्ध स्थापित करने पर काफ़ी निर्भर करती है, चाहे वह अनुकूल समीक्षा प्राप्ति के द्वारा हो या आवश्यकता पड़ने पर पृष्ठभूमि की जाँच द्वारा हो। बात जब नियामक ढाँचे के निर्माण की आती है हमें इस रास्ते पर एक मोड़ आगे रहने की आवश्यकता है जो हमें लोगों के अधिकारों की सुरक्षा करते हुए ऐसी सहयोगपूर्ण सेवाओं को पनपने की सुविधा प्रदान करेगा।

यह देखते हुए कि राज्य की कानून व्यवस्था का प्रबन्धन और नागरिक सुरक्षा का वादा करने की क्षमता अपर्याप्त हो सकती है, भारत में जिन्होंने नये व्यापार प्रारूप स्थापित करने का बीड़ा उठाया है उन्हें हमारे नियामक ढाँचे को अपनाना पड़ेगा। उदाहरण के लिए, हो सकता है कि टैक्सी सेवा प्रदाताओं को मज़बूत सुरक्षा मंच का निर्माण करना पड़े। इसका अर्थ यह हो सकता है कि अनिवार्य आवश्यकताओं का पालन करने के साथ-साथ उन्हें ख़ुद अपनी ही जाँच प्रणाली स्थापित करनी होगी जिससे यह सुनिश्चित हो सकेगा कि केवल पंजीकृत चालक ही वाहन चलाते हैं, और टैक्सी पर सवारी को ले जाते समय चालक के फ़ोन पर सवारी पर नज़र रखने वाली एप्लिकेशन को बन्द नहीं किया जा सकता। कुछ सेवाओं ने 'चेतावनी सूचना' की शुरुआत की है, जैसे 'ओला' की एसओएस (संकट का इशारा) सुविधा, एक आदर्श व्यवस्था में ऐसी सुविधा को सीधे स्थानीय पुलिस व्यवस्था से जोड़ा जायेगा। हालाँकि हो सकता है कि परिवहन सेवा एग्रीगेटर अपनी नियामक सम्बन्धी मुसीबतों के लिए अभी भी सुर्ख़ियों में हों, यह मान लेना मूढ़ता होगी कि व्यापार के अन्य क्षेत्रों में इस प्रकार की समस्यायें फिर पैदा नहीं होंगी। सरकार को तैयार रहना चाहिए।

सार्वजनिक-निजी विभाजन

अपनी पुस्तक '*द एन्टरप्रेन्योरल स्टेट*' में, अर्थशास्त्री मारियाना मज़्ज़ूकाटो (Mariana Mazzucato) नवपरिवर्तन की सरकारी आर्थिक सहायता पर एक दिलचस्प दृष्टिकोण प्रस्तुत करती हैं।[12] डीएआरपीए (DARPA-यूएस'स डिफ़ेन्स एडवान्स रिसर्च प्रोजेक्ट एजेन्सी), राष्ट्रीय विज्ञान फाउंडेशन (द नेशनल साइंस फ़ाउंडेशन), द नेशनल इंस्टीट्यूट ऑफ़ हेल्थ, ऊर्जा विभाग (द डिपार्टमेंट ऑफ़ एनर्जी) व ऐसी अन्य संस्थायें, विश्वविद्यालयों और अनुसन्धान प्रयोगशालाओं में बुनियादी अनुसन्धान के लिए आर्थिक सहायता देती आयी हैं, खासकर अक्सर शुरुआती चरण में जहाँ

जोख़िम इतना होता है जो वेंचर कैपिटलिस्ट को निवेश करने से रोक सकता है। इस दृष्टिकोण ने हमारे समय की सबसे बड़ी प्रौद्योगिकीय और वैज्ञानिक सफ़लताओं से कुछ को सहायता करने में मदद की है—गौरतलब है कि इंटरनेट, मानव जीनौम (Human Genome) परियोजना, परमाणु प्रौद्योगिकी, एन्टीबायोटिक दवायें और जीपीएस, इन सभी के विकास में शुरुआती चरण में ही सरकारी सहायता मिलने से लाभ पहुँचा था। स्टीव जॉब्स की अगुआई में 'एप्पल' से जुड़े अत्यधिक लोकप्रिय उत्पादों पर चर्चा करते हुए मज़्ज़ूकाटो कहती हैं, ''स्टीव जॉब्स की प्रतिभा... के कारण उनको बहुत लाभ और सफलता मिली है। जिसका एक बहुत बड़ा कारण था इन्टरनेट, जीपीएस, टच स्क्रीन डिस्प्ले व संचार प्रौद्योगिकी जैसी क्रांतिकारी प्रौद्योगिकियों में बड़े पैमाने पर राज्य निवेश जिसका भरपूर फ़ायदा उनकी 'एप्पल' कम्पनी द्वारा बनाए गये आईफ़ोन और आईपैड ने उठाया। बिना राज्य निवेश के 'एप्पल' यह सफलता न पा सकता। सार्वजनिक आर्थिक सहायता प्राप्त प्रौद्योगिकियों के बिना, सर्फ़ करने के लिए... कोई लहर ही न होती।''

अत्याधुनिक अनुसन्धान के लिए सरकारी आर्थिक सहायता के एक विशेष उदाहरण के बारे में हम जानते हैं। जूलिया प्रोग्रामिंग भाषा के सह–आविष्कारकों में अपने सहयोगी जेफ़ बेज़नसन, एलन एडल्मैंन और स्टेफ़न कार्पिन्सकी के साथ विरल भी शामिल हैं। जूलिया एक ओपन–सोर्स है, एक उच्च निष्पादन प्रोग्रामिंग भाषा, जो 2009 से विकसित हो रही है। आम-तौर पर इसका उपयोग ब्रह्मांड के रहस्यों की खोज से लेकर बिग डाटा (महाकाय सांख्यिकी समूह) से नये अन्तर्ज्ञान को ख़ोज निकालने जैसे विभिन्न प्रयोजनों के लिए भौतिक व सामाजिक विज्ञान वैज्ञानिकों के साथ–साथ इन्जीनियरों और डाटा वैज्ञानिकों द्वारा किया जाता है। हालाँकि जूलिया अपने आप में एक ओपन–सोर्स परियोजना है जिसे दुनिया भर के अनेकों प्रोग्रामरों से योगदान हासिल है, इसे मेसाच्यूसेट्स इंस्टीट्यूट ऑफ टेक्नोलॉजी (Massachusetts Institute of Technology) की सरकारी अनुसन्धान आर्थिक सहायता, अमरीकी सरकारी संस्थाएं जैसे रक्षा प्रगत अनुसंधान प्रकल्प संस्था (डिफ़ेन्स एडवांस्ड रिसर्च प्रोजेक्ट्स), राष्ट्रीय विज्ञान फाउंडेशन और ऊर्जा विभाग से भी लाभ प्राप्त है। इस तथ्य को देखते हुए कि संकल्पना के दौरान एक नयी प्रोग्रामिंग भाषा की व्यावसायिक सम्भावनाएँ आज की दुनिया में लगभग नहीं के बराबर हैं, जब तक कि इसे गूगल, 'एप्पल' अथवा माइक्रोसॉफ्ट जैसी बड़ी संस्थाओं का समर्थन प्राप्त न हो, कोई निवेशक इस तरह की परियोजना में निवेश करना पसन्द करे, यह सम्भावना न के बराबर ही है। फिर भी, ओपन–सोर्स योगदान और सरकारी आर्थिक सहायता ने इस परियोजना को झटके से शुरू कर दिया और यह अपनी पूर्णता की ओर बढ़ गयी,

उस स्तर तक जहाँ दुनिया भर के विश्वविद्यालय अब अपनी कक्षाओं में जूलिया पढ़ाने लगे हैं, और संस्थाएं इसका इस्तेमाल बड़े पैमाने पर करती हैं।

हालाँकि सरकारी आर्थिक सहायता प्रौद्योगिकीय नवपरिवर्तन का एक प्रमुख घटक रही है, कुछ खोजों के परिणाम ख़ुद सरकार के लिए एक अप्रत्याशित चुनौती बन कर खड़े हो गये हैं। उदाहरण के लिए, जिस प्रकार की जानकारी पारम्परिक रूप से सरकारी क्षेत्रों पर प्रतिबन्धित थी उसे सार्वजनिक करने में इंटरनेट युग ने मदद की है, और सरकार व उसके नागरिकों के बीच के विभाजन की धुंधली होती दीवार ने दोनों पक्षों के बीच तनाव का मार्ग प्रशस्त किया है–विकिलीक्स को लेकर मचा शोर एक उत्कृष्ट उदाहरण है, हालाँकि पर्दाफाश की गयी सारी जानकारी विशेष रूप से संवेदनशील या अब तक अज्ञात किसी सूचना का ख़ुलासा करने वाली नहीं थी। जब एप्लिकेशन्स ने सामान्य उपयोग के लिए इस जानकारी का उपयोग करना आरम्भ किया, नये नियामक मुद्दे उठने लगे।

विशेष रूप से दिलचस्प है गूगल मैप्स का मामला। पिछले कई वर्षों से तेज़ी से प्रगत हो रहा है, हज़ारों–लाखों लोग प्रतिदिन इस पर भरोसा करते हैं। लेकिन हर कदम पर, यह विभिन्न नियमों व विनियमों से टकराव भरे चक्रव्यूह में घिर जाता है। गूगल मैप्स को जो पहला विवादास्पद मुद्दा सँभालना पड़ा, वह राजनीतिक सीमाओं से सम्बन्धित अत्यधिक गम्भीर विषय था। दुनिया भर में किसी के लिए भी इस्तेमाल में सुलभ कोई मानचित्रण सेवा, विवादित अन्तरराष्ट्रीय सीमाओं का प्रदर्शन कैसे कर सकती है? आज, जिस स्थान से अनुरोध प्राप्त होता है उस इंटरनेट एड्रेस (पता) के आधार पर गूगल, स्थानीय कानून के अनुरूप मानचित्र का एक संस्करण प्रदर्शित करता है। पिछले कुछ वर्षों में, नक़्शे पर संवेदनशील क्षेत्रों में चिन्हांकन, जैसे सैन्य प्रतिष्ठान, और गूगल स्ट्रीट व्यू सेवा के साथ गोपनीयता और सुरक्षा के मामले आदि ऐसे कई मुद्दे उभर कर सामने आये हैं। इसके लिए हमारे पास प्रौद्योगिकी की एक ऐसी शाखा है जिसे उपभोक्ता प्यार करते हैं, लेकिन जो नियामक प्रक्रियाओं की गति को बनाये रखने के लिए बहुत नवीन और परिवर्तनात्मक है। कई सरकारों द्वारा सम्प्रभुता सम्बन्धी चिन्ताओं का मामला उठाना, और नवीन पद्धतियों पर प्रतिबन्ध लगाना बिना सोचे-समझे दी गयी प्रतिक्रिया है। उदाहरण के लिए, भारतीय सर्वेक्षण (सर्वे ऑफ इंडिया) ने लम्बे समय तक भारत के नक्शा निर्माण कारोबार में पूरी तरह से सरकारी एकाधिकार का लुत्फ़ उठाया है, और हमने उन्हें गूगल मैप्स जैसे नये उत्पादों के प्रति खुलेआम नकारात्मक रवैया इख़्तियार करते देखा है। स्काईमेट (Skymet) और बेंगलुरू-स्थित नागरिक मौसम नेटवर्क (सिटिज़न वेदर नेटवर्क) जैसे निजी मौसम भविष्यवक्ता उस क्षेत्र में प्रवेश कर रहे हैं अभी हाल ही

तक जहाँ आईएमडी (IMD–इन्डियन मीटिरॉलॉजिकल डिपार्टमेन्ट–भारतीय मौसम विज्ञान विभाग) का एकछत्र राज था।[13] भारत में मौसम की भविष्यवाणी के तिलस्मी आईने ने भारत के वार्षिक मानसून मौसम के शुरू होने का अनुमान लगाया है, और स्काईमेट पहले से ही आईएमडी की भविष्यवाणी से अलग मानसून भविष्यवाणियाँ और विश्लेषण जारी करके आईएमडी के साथ भिड़ गया है।[14]

जीपीएस की ही तरह अभी एक हालिया उदाहरण एक सैन्य प्रौद्योगिकी को ऑटोनोमस (स्वायत्त) वाहनों का है, जो जनता के लिए खोला जा रहा है। 'डीएआरपीए' के माध्यम से; संयोग से यह वही संस्था है जिसने इंटरनेट को भी जन्म दिया था; अमरीकी सरकार एक दशक से अधिक इस तरह के प्रयासों को आर्थिक सहायता मुहैया करवा रही है।[15] बुनियादी प्रौद्योगिकी ने अब व्यावसायिक क्षेत्र में प्रवेश किया है, गूगल अपने गूगल चालक मंच के उपयोग द्वारा स्वयंचालित कारों का परीक्षण कर रहा है, 'उबर' ने अभी-अभी 'ड्राइवर विहीन कार और मैपिंग तकनीक विकसित' करने के लिए कार्नेगी मेलॉन विश्वविद्यालय के साथ एक अकादमिक सहयोग की घोषणा की है, और 'एप्पल' कथित तौर पर बिजली-चालित और स्वयंचालित कारों के निर्माण के लिए तकनीक की जाँच कर रहा है।[16] हालाँकि अपने निकट भविष्य में हम अपनी सड़कों पर स्वचालित कारों का चलता कोई कारवाँ नहीं देख सकेंगे, यह विचार करने योग्य है कि विभिन्न अमरीकी राज्य सरकारें पहले से ही ऐसे कानून पारित करना आरम्भ कर रही हैं जो चालक विहीन कारों को राज्य की सड़कों पर संचालित करने की अनुमति देते हैं।[17] एक बार फिर, उभरते रुझानों की कड़ी नज़र रखते हुए और उनके सम्भावित प्रभाव व उन्हें व्यापक स्तर पर अपनाने की सम्भावना का आकलन करते हुए सरकारी नियमों को नवपरिवर्तन का पूर्वानुमान लगाने की आवश्यकता है।

एक अन्य उदाहरण में, हालाँकि अन्तरिक्ष अन्वेषण पारम्परिक रूप से सरकारी दायरे में रहा है, हालिया वर्षों के दौरान निजी क्षेत्र की संस्थाओं और शौक़ीन मिजाज़ लोगों की बढ़ती भागीदारी के कारण इस क्षेत्र में भी हालात बदल गये हैं। स्मार्टफ़ोन धमाके की बदौलत, जीपीएस, कैमरा, एक्सेलेरोमीटर (रफ़्तार मापने का यन्त्र) जैसे प्रमुख इलेक्ट्रॉनिक पुर्ज़ों और सेंसर की कीमतें घटने से ये आम जनता के लिए आसानी से सुलभ हो गयी हैं। *वायर्ड* मैगज़ीन के लेखक और पूर्व मुख्य सम्पादक क्रिस एन्डरसन ने इस अद्भुत घटना को 'स्मार्टफ़ोन युद्ध का शान्ति लाभांश' कहते हुए उल्लेख किया है।[18] साथ दर्शाये आरेख में इस लाभांश भुगतान को समझाया गया है।

आज, कोई शौक़ीन एक ड्रोन का निर्माण कर सकता है, उस पर कैमरा लगा कर संवेदनशील सरकारी सुविधाओं की तस्वीरें ले सकता है। एक आतंकवादी इसका

स्मार्टफ़ोन के संग्राम में शान्तिकाल लाभांश

ड्रोन्स नैनोसैटेलाइट्स रोबोटिक्स वियरेबल्स

ये कई नये निजी उत्पादों और पूरे नये उद्योगों की ओर बढ़ गये हैं

नक़्शे आभासी वास्तविकता स्वचालित कारें और भी हैं

इनमें से प्रत्येक नवपरिवर्तन वर्तमान कानूनों व नियमन से असहमत है

भारत में सर्वे ऑफ इंडिया का नक्शों पर एकाधिकार है

अन्तरिक्ष विभाग (इसरो, आदि) अन्तरिक्ष को मज़बूती से नियन्त्रित करता है

कौन उड़ान भर सकता है और कौन इसे उड़ा सकता है, हवाई क्षेत्र को मज़बूती से नियन्त्रित किया जाता है।

चुनौती : प्रौद्योगिकीय नवपरिवर्तन लोगों के जीवन को सुधारते हैं, लेकिन सुरक्षा और कानून-व्यवस्था को बनाये रखने के सरकारी विचारों से असहमत होते हैं। नियम में बाँधते हुए सरकार नवपरिवर्तन को कैसे प्रोत्साहित करेगी?

इस्तेमाल अधिक खतरनाक प्रयोजनों के लिए कर सकता है। एक कदम और आगे बढ़ते हुए, अमेज़ॉन जैसी संस्थाएं छोटे व्यावसायिक ड्रोन का इस्तेमाल कर अपने ग्राहकों को माल पहुँचाना चाहती हैं।[19]

अमरीका में, स्पेसएक्स (SpaceX) जैसी निजी संस्थाएं अब अन्तरिक्ष यान के विकास एवं नवपरिवर्तन की रुकावटों को दूर करने में लगी हैं, कभी नासा का एकाधिकार रहे क्षेत्र में दृढ़ता से कदम रख रही हैं।[20] क्योंकि नैनोसैटेलाइट्स सस्ती हो गयी हैं, भारत में भी और अधिक निजी ऑपरेटरों के अन्तरिक्ष में प्रवेश करने की सम्भावना है। भारत में एक 'लाभ के लिए निर्मित संगठन' अब चन्द्रमा पर पहुँचने में सक्षम रोबोट का निर्माण और डिज़ाइन करने की 'गूगल लूनर एक्सप्राइज़' (Google Lunar XPrize) चुनौती में भाग ले रहा है, वे क्षेत्र जिसे पहले केवल हमारी सरकारी अन्तरिक्ष संस्था, इसरो ही (ISRO–इन्डियन स्पेस रिसर्च आर्गेनाइज़ेशन–भारतीय अन्तरिक्ष अनुसन्धान संगठन) संचालित किया करती थी।[21] परम्परागत रूप से सरकारी एकाधिकार वाले क्षेत्रों में निजी संस्थाओं के प्रवेश से नि:संदेह नियामक टकराव की एक नयी समस्या पैदा होगी, जिसे सुलझाने की आवश्यकता पड़ेगी।

सरकार के भीतर नवपरिवर्तन : एक बालूघड़ी के रूप में 'आधार'

यूआईडीएआई में काम करते हुए हमने नवपरिवर्तन और विनियमन के बीच सन्तुलन बनाये रखने वाले हालातों का रोज़ सामना किया था। रॉकी माउंटेन इंस्टीट्यूट के अध्यक्ष, ऊर्जा भविष्यवादी अमोरी लोविंस और नन्दन के एक निजी दोस्त ने बेंगलुरू में दिये अपने भाषण वार्तालाप के दौरान समाज में कोई भी बड़े पैमाने का परिवर्तन लाने के लिए आवश्यक चार प्रकार के नवपरिवर्तनों का ज़िक्र किया था : नीति, प्रौद्योगिकी, डिज़ाइन और नवीन रणनीति।[22] 'आधार' परियोजना में इन सभी कसौटियों पर खरा उतरा है। 'आधार' और इससे जुड़ी ई-केवाईसी जैसी सेवाओं को काम करने की अनुमति देने के लिए नीति नवपरिवर्तनों की आवश्यकता थी। सौ करोड़ लोगों के लिए डी डुप्लीकेशन (दोहराव को समाप्त करना) प्रक्रिया को अन्जाम देने की क्षमता सहित भारतीय स्तर व कीमत पर बायोमेट्रिक प्रौद्योगिकी का विकास, नामांकन कार्यक्रम को तैयार व आरम्भ करने के साथ-साथ अन्य 'आधार' आधारित सेवाएँ 'आधार' के यह सभी पहलू लोविंस द्वारा दी गयी नवपरिवर्तन की परिभाषा से मेल खाते थे।

अभी काफ़ी समय नहीं बीता था जब हमने महसूस किया कि आधार एक अन्य नवनिर्माण के मॉडल के लिए भी सही हो सकता है, जिसका निर्माण प्रौद्योगिकी की

एक अवधारणा के रूप में हुआ था लेकिन उसे अब व्यापक स्वीकृति मिल रही है। 2014 के अन्तिम चरण में, नन्दन ने मेसाच्युसेट्स इंस्टीट्यूट ऑफ टेक्नोलॉजी में 'आधार' की संरचना पर एक सम्भाषण दिया था। दर्शकों में एक सदस्य डॉ चिन्तन वैष्णव भी बैठे थे, जिनका शोध कार्य प्रौद्योगिकी और सरकारी नीति को मिलाने वाले इन्टरसेक्शन (चौराहे) पर केन्द्रित है। नन्दन की बात सुन कर उन्होंने कहा कि 'आधार' का डिज़ाइन हू-ब-हू उस ढाँचे से मिलता-जुलता है जिसका उल्लेख सबसे पहले 1994 में अमरीकी राष्ट्रीय अनुसन्धान परिषद की एक रिपोर्ट में किया गया था और जिसे नाम दिया गया था 'बालूघड़ी मॉडल।' जैसा कि चिन्तन बताते हैं, "'बालूघड़ी की बनावट' एक मंच के रूप में इंटरनेट की नवीनता के लिए महत्त्वपूर्ण है; जिसमें एक बहुस्तरीय संरचना की कमर मध्य पर कम से कम मानकीकरण (उदाहरण के लिए इंटरनेट की आईपी परत) नवपरिवर्तन (उदाहरण के लिए सेवाएँ) को तेज़ी से ऊपर और नीचे (उदाहरण के लिए वायरलेस, वायर्ड नेटवर्क आदि) जाने की सुविधा प्रदान करती है।"[23] दूसरे शब्दों में कहें तो, सरल, उपयोग में आसान समाधान 'बालूघड़ी की कमर' का काम करते हैं, साथ ही नवपरिवर्तन को कई चक्रों में ऊपर व नीचे दोनों ओर आने-जाने की सुविधा प्रदान करते हैं। ऐसा ही एक उदाहरण जीपीएस तकनीक है जिसने वेत्तथ शंकरन की किस्मत बदलने में मदद की थी। हालाँकि, जीपीएस तकनीक को पतली कमरमध्य माना जा सकता है, नीचे किसी भी संख्या में उपकरण और सेन्सर स्थित हो सकते हैं जो संकेत का पता लगा सकते हैं, और ऊपर टैक्सी सेवा, फ़िटनेस सेवा आदि सेवाओं का एक समूह है जो कई प्रकार के कामों के लिए स्थान निर्धारण में जीपीएस सेवाओं का इस्तेमाल करता है।

यह प्रारूप 'आधार' पर कैसे लागू होता है? यहाँ कमर वाले मध्य हिस्से में 'आधार' संख्या 'प्रत्येक व्यक्ति के लिए एक विशिष्ट पहचानकर्ता' और इसी संख्या से जुड़ी सत्यापन सेवाएँ शामिल हैं। कमर मध्य के नीचे वाले भाग में डिज़ाइन का नयापन स्थापित है, इस मामले में जिसका तात्पर्य उँगलियों के निशान और पुतलियों के डाटा को कैप्चर करने वाले बायोमेट्रिक उपकरण से है। जिस नवीन पद्धति से लोग 'आधार' के लिए नामांकन करवा रहे हैं इसमें वह भी शामिल है। कोई भी ऐसी सेवा जिसके लिए पहचान के सत्यापन की आवश्यकता हो, कमर से ऊपर के भाग में निहित है। इन सेवाओं ने आधा दर्जन का आँकड़ा पहले से ही पार कर लिया है और अब बहुत सँभलते हुए तेज़ी से ऊपर की ओर बढ़ रही हैं; वर्तमान में जिन सेवाओं के लिए आईडी सत्यापन की आवश्यकता है उनमें केन्द्र सरकार की बायोमेट्रिक उपस्थिति प्रणाली, 'आधार' आधारित भुगतान, अनुवृत्ति के लिए प्रत्यक्ष लाभ हस्तान्तरण, सामाजिक सुरक्षा भुगतान, पीडीएस सुधार, बैंक खातों के लिए केवाईसी और सिम कार्ड आदि शामिल हैं।

आदर्श सरकारी प्रणाली का निर्माण करना

1. **सीमित और विशेष**
एक आसान काम करें और अच्छी तरह करें।

2. **न्यूनतम हस्तक्षेप**
अत्यधिक परिवर्तन न करें।

3. **कानून बनाने में आसान**
साधारण कानूनों को आसानी से पारित कर देते हैं।

4. **न्यूनतम विरोध**
विविध दृष्टिकोणों में कारक।

5. **बढ़ाने में आसान**
कार्यान्वयन समझने में आसान है, कम प्रशिक्षण की आवश्यकता होती है और लाखों बार दोहराया जा सकता है।

संकीर्ण दृष्टिकोण — **सरल डिज़ाइन जो सभी क्षेत्रों में नवपरिवर्तन की सुविधा देता है**

पालन करने में आसान

6. **अपरिवर्तनीय**
परियोजनाओं को स्थायी बनाने के लिए बड़े पैमाने पर संचालित।

7. **अधिकार–क्षेत्र में न्यूनतम अतिक्रमण**
स्थापित होने के लिए कम स्थान।

कानून बनाने में आसान

8. **एक पारिस्थितिकी तन्त्र का निर्माण करें**
सरकारों और बाज़ारों दोनों के लिए एक ही स्तर के अवसर।

प्रौद्योगिकी निर्माण के लिए आसान

9. **नवपरिवर्तन के लिए संरचना**
सरल समाधान उपलब्ध करायें और बाज़ारों को नवपरिवर्तन का संचालन करने दें।

फिर पता चला कि बालूघड़ी प्रारूप शासन प्रणाली निर्माण के लिएं एक अच्छा तरीका है, जो हमें सार्वजनिक वस्तुएँ और सेवाएँ प्रदान करने में सरकार द्वारा कम से कम हस्तक्षेप किये जाने की आवश्यकता के बारे में सोचने के लिए विवश करता है। देखने में जो समाधान सीधा व सरल लगता है वास्तव में वह इतना सरल है नहीं। इसके लिए अनेक विशेषज्ञों को एकत्रित किया गया। उन्होंने मिलकर 'महीन समाधान' (thin solutions) समझने की कोशिश की जिससे कि सरकारी सेवाओं को और अधिक सुघड़ बनाया जाये और अरसे से चली आ रहीं समस्याओं का एकदम नवीन हल भी निकल सके।

जैसा कि दिये आरेख में दर्शाया गया है, 'बालूघड़ी की कमर' पर ध्यान केन्द्रित करते हुए 'महीन समाधान' सरकार को एक महत्त्वपूर्ण प्रतिस्पर्धात्मक धार देता है। नये सिरे से पूरी प्रणाली का निर्माण करने की बजाय, सरकार एक इकलौती, विशिष्ट परिणाम और अपने विकास को तत्पर दृष्टिकोण वाली विशेषज्ञता प्राप्त प्रणाली बनाने पर ध्यान केन्द्रित करने का रास्ता अपना सकती है। यह इकलौता समाधान व्यापक रूप से सार्वजनिक और निजी दोनों प्रकार की सेवाओं के अनुकूल हो सकता है, थोड़े से अतिरिक्त सरकारी प्रयास से एक पूरे पारिस्थितिकी तन्त्र को फलने-फूलने की सुविधा प्रदान कर ऐसी संरचना का निर्माण कर सकता है जो पुरस्कार में नवपरिवर्तन प्रदान करती है। राजनीतिक दृष्टिकोण से भी, एक 'महीन समाधान' समझदारी का प्रतीक है—केवल इकलौती, स्पष्ट रूप से परिभाषित सेवा प्रदान करने के विचार द्वारा, सरकारी विभाग प्रशासन के भीतर कई कन्धों का सहारा लेने की परेशानी से बचा जा सकता है और साथ-ही-साथ बाहरी स्रोतों के विरोध की मात्रा को भी कम किया जा सकता है। महीन समाधानों को यथास्थिति में भारी बदलाव की आवश्यकता नहीं होती, मनमुटाव होने की सम्भावनायें कम होती हैं जिसमें पहले से ही नेकनीयत वाले कई सरकारी प्रयास डूब गये हैं। उन्हें नियमों में बाँधना भी सरल होता है क्योंकि वे दायरे में सीमित हैं, और क्योंकि वे लागू करने और आगे विकसित करने में आसान हैं, वे अपरिवर्तनीय पर्याप्त गति पकड़ सकते हैं।

सरकारी संस्थानों का एक नया वर्ग

यदि हम सरकार में नवपरिवर्तनों को बढ़ावा देने के लिए एक नवीन फुर्तीले, रचनात्मक विचार और कृति रखने वाले संस्थानों का वर्ग निर्माण करने जा रहे हैं, तो नये नियामक को कदम से कदम मिला कर चलने की ज़रूरत होगी। नियामक की अवधारणा इलेक्ट्रिकल इंजीनियरिंग क्षेत्र से उत्पन्न हुई है, एक वोल्टेज रेगुलेटर (क्रम स्थापित

करने वाला) बिजली के वोल्टेज को एक स्थायी स्तर पर बनाये रखने की कोशिश करता है, अचानक उतार-चढ़ाव से इससे जुड़े उपकरणों की रक्षा करता है। उसी प्रकार, नियामक समितियाँ नागरिकों को मुक्त बाज़ार की अनियमितता के आघात से बचाने के लिए होती हैं। आधुनिक समय में, नियामकों से भी उम्मीद की जा रही है कि वे नवपरिवर्तनों को प्रोत्साहित करने वाली नीतियाँ इजाद करें। इन दो परस्पर विरोधी लक्ष्यों के मिलान के लिए एक नाज़ुक सन्तुलन साधने की आवश्यकता है। उदाहरण के लिए, वित्तीय उत्पादों में बिना जाँचे नवपरिवर्तन 2007 के वित्तीय संकट के कारण बन गये थे। हालाँकि कभी-कभी विनियमन नवपरिवर्तन में विलम्ब तो कर सकता है, इसे रोकना नहीं चाहिए।

1990 के दशक के आर्थिक उदारीकरण के बाद, हमने कई नियामक संस्थाओं का निर्माण किया है। नियामक जो वित्तीय क्षेत्र की निगरानी करते हैं जिनमें आरबीआई, सेबी और इरडा शामिल हैं। बहुमूल्य दस्तावेज़ों को सँभालने वाला इलेक्ट्रॉनिक संग्रह स्थान (डिपॉजिटरीज) बनाने हेतु कानून भी पारित किया गया था। शेयरों के कागज़ी प्रारूप को इलेक्ट्रॉनिक बनाने की पहल एनएसडीएल ने की। इलेक्ट्रॉनिक कारोबार के लिए यह एक ज़रूरी पहला कदम था। आज एनएसडीएल (NSDL) जैसे कई और इलेक्ट्रॉनिक संग्रह केन्द्र हैं।

हाल ही में स्थापित 'वित्तीय क्षेत्र विधायी सुधार आयोग' के तहत इन संस्थानों का पुनर्गठन और इन्हें मज़बूत बनाने की सम्भावना है। हमारे पास औषधीय (फ़ार्मास्यूटिकल), विद्युत, खाद्य, और बाज़ार में संस्थाओं के प्रतिस्पर्धा विरोधी व्यवहार पर निगरानी रखने के लिए भी नियामक हैं। बेहतर कार्य करने के लिए, इन नियामक समितियों को सम्बन्धित क्षेत्रों में विशेषज्ञता प्राप्त लोगों की आवश्यकता है, लेकिन जिस प्रकार की प्रतिभा की इन्हें आवश्यकता है उन्हें ये अपनी ओर आकर्षित नहीं कर पा रहे हैं। प्रशासन में दशकों बिता चुके सरकारी अधिकारी प्रौद्योगिकी के मामले में निपुण नहीं होते और अक्सर अपने आसपास तेज़ी से बदलते परिदृश्य से अपरिचित होते हैं।

अपनी नियामक समितियों के लिए हमें मानव संसाधन नीतियों पर पुनर्विचार करने की सख्त ज़रूरत है, ताकि वे सुरक्षा और विकास के दोहरे लक्ष्यों पर काम कर सकें। विकास और परिवर्तन के अनुकूल पारिस्थितिकी तन्त्र के निर्माण और उपयुक्त नियमों के साथ उसका समर्थन करने के लिए एक अनुभवी सरकार की आवश्यकता होती है। यदि विभिन्न नियामकों ने देश के प्रत्येक नागरिक को एक विशिष्ट आईडी द्वारा सशक्त बनाने की क्षमता को नहीं समझा होता तो 'आधार' और इससे जुड़ी सेवाओं की सूची लाभदायक नहीं बन पाती। एक साहसिक दृष्टिकोण और इसका समर्थन

करने के लिए कुछ नियामक शक्ति के साथ, हमें विश्वास है कि 'आधार' उन कई योजनाओं में पहला है जो भारत सरकार और जिन लोगों को सेवा प्रदान करने के लिए इनका निर्माण हुआ है उनके आपसी सम्बन्धों को पूरी तरह से नया रूप प्रदान करेगा।

नौकरशाही के लिए एक नया दृष्टिकोण

एक वरिष्ठ पूर्व-नौकरशाह ने सिविल कर्मचारियों पर सरकार द्वारा लगाये गये नियन्त्रण और सन्तुलन के अनपेक्षित परिणामों के बारे में हमें बताया :

> कुछ साल पहले मैं स्टेट फ़ार्म कॉरपोरेशन ऑफ़ इंडिया में वरिष्ठ पद पर था। हमें अप्रत्याशित वर्षा के बारे में बताया गया जिसके जल्दी होने की सम्भावना थी, संग्रहित बीजों को खराब होने से बचाने के लिए हमने बोरियाँ ख़रीदने का फ़ैसला किया। हमारे पास समाचार पत्रों में निविदा प्रकाशित करने और सबसे कम बोली की पहचान करने वाली मानक प्रक्रिया पालन के लिए समय नहीं था। विपणन अधिकारी ने हमें उसी आपूर्तिकर्ता से उन्हें ख़रीदने का सुझाव दिया जिससे आम तौर हम ख़रीदते थे। बारिश आकर चली भी गयी उसके काफ़ी समय बाद, एक सवाल पूछा गया कि हमने निविदा क्यों नहीं प्रकाशित की थी; क्या विपणन अधिकारी और आपूर्तिकर्ता के बीच कोई गुप्त लेन-देन जैसा समझौता था? निःसंदेह, हम अपने निर्णय को सही साबित करने में सक्षम थे, और मामला रफ़ादफ़ा कर दिया गया, लेकिन यदि एक गम्भीर जाँच शुरू कर दी जाती, तो इस मामले में कोई ग़लती न होने के बावजूद उस अधिकारी के कॅरियर पर एक दाग लग जाता।

किसी जाँच समिति के सामने घसीटे जाने का डर नौकरशाहों में जोख़िम से बचने की प्रवृत्ति पैदा कर देता है और ऐसे में, नयी सोच का दम घुट जाता है।[24]

हालाँकि समाज के साथ खड़े होकर हमारी नौकरशाही को कोसना बेहद आसान है, यह याद रखना महत्त्वपूर्ण है कि जिस प्रोत्साहन ढाँचे के तहत नौकरशाही काम करती है वह उससे बिलकुल अलग है जो हमें निजी क्षेत्र में देखने को मिल सकता है। अपनी पुस्तक '*ब्यूरोक्रेसी : व्हाट गवर्नमेन्ट एजेंसीज़ डू एण्ड वाय* दे डू इट,' में जेम्स क्यू. विल्सन मज़ेदार ब्यौरा देते हुए बताते हैं, वे प्रतिस्पर्धात्मक लक्ष्य जिन्हें सरकारी संस्थाओं को अवश्य पूरा करना पड़ता है : उनसे उम्मीद की जाती है कि वे सरकार द्वारा निर्धारित आधिकारिक जनादेश को जहाँ तक सम्भव हो कुशलता के साथ पूरा करें, साथ ही सभी नागरिकों के साथ अच्छा व्यवहार भी करें, नागरिक सम्बन्धित मामलों के प्रति जवाबदेही के एक निश्चित स्तर को बनाये रखें और हर

सरकार किस काम में अच्छी है	**स्टार्ट–अप** किस तरह किस काम में अच्छा है
पैमाना राष्ट्रव्यापी स्तर पर संचालन करती है	**रफ़्तार** डिज़ाइन बनाने से लेकर बाज़ार में आने तक कुछ ही महीने लगते हैं
स्थिरता दशकों तक मज़बूती से टिकी रहती है	**दक्षता** जल्द निर्माण, सही समाधान मिलने तक तेज़ी से असफ़ल
कर्मचारियों की भर्ती प्रशासक जो हर प्रकार की परियोजना को सँभालते हैं	**कर्मचारियों की भर्ती** क्षेत्र विशेषज्ञ, जो एक विशिष्ट समस्या का समाधान निकालते हैं
प्रोत्साहन परिणाम की बजाय प्रक्रिया पर आधारित	**प्रोत्साहन** बाज़ार द्वारा प्रभावित

हमारी आवश्यकता क्या है

1. स्टार्ट–अप की गति के साथ सरकारी पैमाने का गठबन्धन
2. स्थिरता और दक्षता का जुड़ाव
3. प्रशासन और क्षेत्र विशेषज्ञ को साथ लायें
4. उचित प्रक्रिया का पालन करते हुए बाज़ारों की शक्ति का लाभ उठायें

समय आर्थिक रूप से उत्तरदायी तरीके से काम करें क्योंकि खर्च किये गये प्रत्येक रुपये के लिए वो सरकार और जनता दोनों के प्रति जवाबदेह हैं। इन लक्ष्यों में अक्सर भिड़न्त हो सकती है और होती भी है। इसके साथ ही, विभिन्न अवसरों पर सरकार का समर्थन हासिल करने के लिए इन अधिकारियों को जो समय खर्च करना पड़ता है, इसमें कोई आश्चर्य की बात नहीं कि कई सरकारी परियोजनायें उपयुक्त ढंग से क्रियान्वित होने की बजाय कामचलाऊ ढंग से निपटा दी जाती हैं। सरकारी संस्थानों के एक नये वर्ग का निर्माण करना तब तक एक निरर्थक प्रयास होगा जब तक हम इन संस्थानों में सर्वोत्तम उपलब्ध प्रतिभा की नियुक्ति के लिए नये तरीकों का निर्माण नहीं करते, नन्दन की अध्यक्षता में, ई-गवर्नेंस के लिए मानव संसाधन नीति के सम्बन्ध में गठित विशेषज्ञ समिति द्वारा तैयार 2013 की रिपोर्ट में भी इस मुद्दे पर चर्चा की गयी थी।[25]

इस पूरी पुस्तक में हमने सरकारी काम-काज के एक नये प्रारूप की ज़रूरत की चर्चा की है। यह ज़रूरत नैशनल इनफ़ारमेशन यूटिलिटी पूरी कर सकता है जो देश की चुनौतियों का सामना करने के लिए प्रौद्योगिक सक्षम समाधानों को लागू कर सकता है। इस तरह के प्रारूप में सार्वजनिक-निजी, दोनों पक्षों की प्रतिभा का इस्तेमाल करना चाहिए, और हमें दोनों पक्षों के साथ आने वाली उन शक्तियों को समझना और उनकी सराहना करनी चाहिए। सरकारी कर्मचारियों में प्रक्रियाओं, प्रोटोकॉल (शिष्टाचार) और सरकारी तन्त्र कैसे काम करता है, की गहरी समझ होती है। वे स्थिरता व विशाल पैमाने पर लागू करने के बाद समय की कसौटी पर स्थिर रह सकने वाली परियोजनाओं को क्रियान्वित करने पर ध्यान केन्द्रित करते हैं। वे यह भी समझते हैं कि सरकारी परियोजनायें समावेशी होने के लिए तैयार की जाती हैं, बजाय कुछ चुनिन्दा लोगों को उच्च स्तर पर लाभ प्रदान करने के, जहाँ तक सम्भव हो जनसंख्या के एक बड़े वर्ग को लाभान्वित करने के लिए इनका निर्माण किया गया है।

दूसरी ओर, निजी क्षेत्र परम्परागत रूप से ही लाभ को लक्ष्य बनाने पर ध्यान केन्द्रित करता है, जिसका अर्थ जोख़िम के लिए दृढ़ इच्छा-शक्ति का विकास व अनिश्चितता और लक्ष्य परिवर्तन के साथ अधिक से अधिक सहज होना है। न केवल आज की बल्कि आने वाले कल की समस्याओं का भी समाधान निकालने के लिए प्रौद्योगिकी को समझने और लागू करने की योग्यता पर भारी निवेश किया गया है। शिक्षाविद और गैर-सरकारी संगठनों से आने वालों के भी अपने ख़ुद के, समान रूप से महत्त्वपूर्ण दृष्टिकोण हैं। समग्र समाधान प्रदान करने के लिए इन सभी विभिन्न दृष्टिकोणों और अनुभवों को एकीकृत और इनका इस्तेमाल किया जाना चाहिए, दर्शाये आरेख में इसे अधिक विस्तार से समझाया गया है। इनमें कुछ सीमायें पहले से ही धुँधली

होनी शुरू हो गयी हैं। भारतीय रिज़र्व बैंक के मौजूदा गवर्नर, पूर्व शिक्षक रघुराम राजन की नियुक्ति का व्यापक रूप से स्वागत किया गया था और यहाँ तक कि डॉलर के मुकाबले रुपये की तेज़ गिरावट को रोकने का श्रेय भी उन्हें दिया गया था।

मनमुटाव से सद्भाव तक : 'आधार' हमें क्या सिखा सकता है

जैसा कि इन दोनों ने सार्वजनिक और निजी क्षेत्र के विशेषज्ञों को आकर्षित किया था, यूआईडीएआई को एनआईयू का एक प्रारम्भिक अग्रदूत माना जा सकता है, और हमारे अनुभव उतार-चढ़ाव के कुछ ऐसे सुझाव प्रदान करते हैं जिनका इस तरह के किसी संगठन द्वारा सामना किये जाने की उम्मीद हो सकती है। लोगों को अपना बेहतरीन प्रदर्शन करने के लिए एक साथ लाने पर किसी महत्त्वाकांक्षी लक्ष्य पर क्या प्रभाव पड़ सकता है उसे हमने सबसे पहले देखा था। जैसा कि आधार के मुख्य निर्माता प्रमोद वर्मा का कहना है, ''वहाँ एक दूसरे के लिए सम्मान था, वहाँ एक बड़ा लक्ष्य था जिसने उद्देश्य की स्थापना की थी। समस्याओं को अनदेखा किया जा रहा था, क्योंकि हम एक बड़े लक्ष्य के लिए काम कर रहे थे। सरकारी अधिकारियों के लिए भी वहाँ किसी स्टार्टअप जैसा वातावरण था इसलिए उद्देश्य की भावना ने सभी को जोड़ रखा था।'' अपनी सरकारी पृष्ठभूमि के हिसाब से बताते हुए राजेश बँसल कहते हैं, ''सरकार में ऐसी परियोजनाओं को सफ़ल बनाने का एकमात्र मन्त्र है ज़िम्मेदारी उठाने के लिए लोगों को आगे लायें, और प्रोत्साहन के रूप में आपको उनका जुनून हासिल होगा। आम तौर पर सरकारी भर्ती की प्रक्रिया में काम के प्रति जुनून को एक महत्त्वपूर्ण कसौटी के रूप में नहीं देखा जाता।''

नि:संदेह, कुछ मनमुटाव पैदा हुआ, और संगठन को सुचारू रूप से चलाने के मामले में इन तनावों को हल करना एक बहुमूल्य अनुभव साबित हुआ। यूआईडीएआई के भीतर आधिकारिक निर्णय लेने की शक्ति किसके पास है ज़्यादातर मनमुटाव उसी को लेकर हुए थे। राम सेवक शर्मा ने हमें बताया, ''सरकारी अधिकारियों का मानना था कि यह एक सरकारी परियोजना है और नीतियाँ बनाने व निर्णय लेने के अधिकार पर पूरा नियन्त्रण उन्हीं का होना चाहिए। दूसरी ओर, निजी क्षेत्र वालों का मानना था कि उन्हें काम करके देने के लिए नियुक्त किया गया था, इसलिए उन्हें भी स्वामित्व मिलना चाहिए।'' श्रीकांत नधमुनी बताते हैं, ''विक्रेताओं पर प्रौद्योगिकी टीम ने अपना नियन्त्रण कस रखा था, लेकिन भुगतान सरकारी खज़ाने से आ रहा था इस वास्तविकता के मिले-जुले संकेत थे—विक्रेता वास्तव में काम किसके लिए कर रहे थे? यदि भुगतान प्रक्रिया को सँभालने के लिए किसी सरकारी

अधिकारी को हमारे साथ प्रतिनियुक्त किया जाता तो यह सब बहुत आसान हो गया होता–तकनीकी समस्याओं के साथ–साथ सरकारी भुगतान प्रक्रिया सम्बन्धित मुद्दों को हल करने के लिए हम एक साथ मिलकर काम कर सकते थे।'' बेशक, आखिरकार यही हुआ था।

सरकार अपने नियम व मानक संचालन प्रक्रियाओं की सूची साथ लेकर चलती है, प्रशासनिक क्षेत्र से बाहर कई लोग उनसे पूरी तरह से अपरिचित होते हैं। शंकर मरुवडा का कहना है, ''हमें समझना पड़ा कि नौकरशाहों को प्रक्रिया का पालन करने और जोख़िम न उठाने का आदेश दिया गया है, जो हमारे लिए एक बहुत बड़ा परिवर्तन था। पालन करने के लिए उनके पास बड़ी संख्या में नियम थे और जिस दबाव के तहत वे काम करते थे हमने उन्हें सराहना सीखा। हमें यह भी सीखना पड़ा कि सरकार में, काम में जल्दबाज़ी करने की बजाय सही अवसर आने का इन्तज़ार करना पड़ता है—यदि आप आगे नहीं बढ़ रहे हैं तो इसका मतलब यह नहीं कि वहाँ प्रगति की कमी है। यह समझ आते ही, हमने सहनशीलता का पाठ भी पढ़ लिया।''

जिन लोगों को निजी क्षेत्र से किसी तरह सरकारी संस्थाओं में धकेला गया था उनके लिए सुपरिभाषित अधिकार और ज़िम्मेदारियों वाले सरकारी पदों का निर्माण करने की आवश्यकता एक आम विषय था। जैसा कि राम सेवक शर्मा कहते हैं, ''मेरे लिए सबक यह है कि भारत के किसी भी सरकारी संगठन में कुशलतापूर्वक काम करने के लिए हमें लोगों की भूमिका को पदानुक्रम सहित, स्पष्ट रूप से व्यक्त करना चाहिए।'' अशोक पाल सिंह कहते हैं, ''सरकारी दायरे में रहते हुए, स्थिति अनुरूप कार्य करने में लचीलापन और स्वतन्त्रता प्रदान करनी चाहिए।'' यूआईडीएआई में यह स्वतन्त्रता साफ़ दिखाई देती थी। प्रमोद याद करते हुए कहते हैं, ''प्रौद्योगिकीविदों के रूप में, जिस तरह के बड़े पैमाने पर, व्यावहारिक उत्पाद का हमारे पास अनुभव था वो आम-तौर पर सरकार में किसी के पास नहीं होता। जब विस्तार से काम करने की बात आयी तो आर.एस शर्मा जैसे प्रारम्भिक संस्थापक टीम के सदस्यों ने इस तथ्य को पहचाना और हमें काफ़ी छूट और समर्थन दिया।''

राम सेवक शर्मा हमारे लिए इसका सार बताते हैं, ''शायद यूआईडीएआई में हम सार्वजनिक और निजी क्षेत्र के बीच पूर्ण सामंजस्य हासिल नहीं कर सके—चाहे सरकार के भीतर हो या उसके बाहर। कामकाज के माहौल द्वारा बनायी गयी मानसिकता को बदलने के लिए पाँच वर्ष एक छोटा कार्यकाल है। लेकिन हमें यह भी याद रखना होगा कि केवल निजी या केवल सार्वजनिक टीम के अकेले प्रयासों द्वारा इस परियोजना को अन्जाम तक नहीं पहुँचाया जा सकता था, और हमने जो किया वही एक तरीका है जिसके द्वारा हम इसे कर सकते थे।''

12

स्वस्थ भारत की ओर

जब स्वास्थ्य ही न हो, ज्ञान स्वयं प्रकट नहीं हो सकता, कला प्रदर्शित नहीं की जा सकती, शक्ति लड़ नहीं सकती, धन व्यर्थ हो जाता है, और बुद्धि काम करना बन्द कर देती है।

—हैरोफ़ैलस

सरमन सिद्दीकी के सात माह के छोटे से जीवनकाल में, उसकी माँ मोक्षदा, उसे पूरे पश्चिम बंगाल राज्य में विभिन्न सरकारी अस्पतालों में ले गयी, वह अपने बेटे को लगातार हो रहे दस्त का इलाज करवाने की कोशिश कर रही थी। कोलकाता से दो घन्टे की दूरी पर स्थित एक छोटे से गाँव में रहने वाली मोक्षदा ने अपने बच्चे के इलाज के लिए रेल और बसों में यात्राएँ कीं। कई डॉक्टरों ने दवाओं के नुस्खे थमा कर सरमन को वहाँ से चलता कर दिया; एक अस्पताल ने उसे भर्ती किया, जहाँ उसे संक्रामक रोगों से पीड़ित अन्य बच्चों के साथ एक भीड़ भरे वार्ड में रखा गया। अपने बेटे के उपचार के लिए उसके परिवार ने महीने भर का वेतन खर्च कर डाला, लेकिन यह स्पष्ट होने पर कि ज़रूरत से अधिक बोझ झेल रहे स्वास्थ्य कर्मचारियों के पास उसके लिए अधिक समय नहीं था, वे लोग उसे घर ले आये। सरमन की यात्रा कोलकाता के एक भीड़ भरे सरकारी अस्पताल में समाप्त हो गयी, जहाँ वह उन इकतालीस शिशुओं में से एक था जिनका छह दिनों के अन्तराल में निधन हुआ था।[1] यह वही शहर है जहाँ 1938 में भारत में मधुमेह का पहला अध्ययन दर्ज किया

गया था। उस समय, लगभग एक लाख लोगों में से मात्र एक हज़ार व्यक्तियों में यह बीमारी पायी गयी थी; वैश्विकीकरण और शहरीकरण की दोहरी अनिवार्यताओं की बदौलत आज पाँच लाख से अधिक कोलकाता निवासी मधुमेह रोगी हैं।[2]

भारत की तीव्र आर्थिक वृद्धि की विसंगति सबसे अधिक इसके नागरिकों के स्वास्थ्य में हो रही हैं। एक राष्ट्र के रूप में हम, अपने अविकसित अतीत के दानवों 'कुपोषण, उच्च मातृ और शिशु मृत्यु दर, तपेदिक व मलेरिया जैसे संक्रामक रोगों' और अचानक हासिल हुई समृद्धि के गहरे समुद्र के साथ-साथ मोटापे, हृदय रोग, मधुमेह व जीवनशैली से जुड़ी अन्य बीमारियों में हुई चिन्ताजनक वृद्धि के बीच घिर से गये हैं। मधुमेह रोगियों की आबादी को देखते हुए हमारा देश विश्व में दूसरे स्थान पर है, जबकि हमारे बच्चों में लगभग 50 फ़ीसदी चिरकालिक कुपोषण का शिकार हैं।[3]

वर्षों से भारत ने निष्क्रिय जन स्वास्थ्य नीतियों का इतना अधिक सामना किया है कि व्यावहारिक रूप से यह गतिहीन सा हो गया है, इस घटनाक्रम की नन्दन ने '*इमेजिनिंग इंडिया*' में जाँच की थी। स्थिति आज भी गम्भीर बनी हुई है। वर्ष 2013-14 के आर्थिक सर्वेक्षण के अनुसार, चीन में 3 प्रतिशत और संयुक्त राज्य अमरीका में 8.3 प्रतिशत की तुलना में भारत की केन्द्र सरकार ने जीडीपी (ग्रॉस डोमेस्टिक प्रॉडक्ट, सकल घरेलू उत्पाद) का महज़ 1.4 प्रतिशत स्वास्थ्य पर खर्च किया है, हमारा जन स्वास्थ्य व्यय दुनिया में बहुत नीचे है, और इस व्यय में सार्वजनिक स्रोतों का योगदान केवल 33 प्रतिशत है।[4] देश भर में सरकारी-सहायता प्राप्त सार्वजनिक अस्पतालों में देखभाल का स्तर व्यापक रूप से भिन्न है, कुल जनसंख्या के लिए उपलब्ध डॉक्टरों और अस्पताल में बिस्तरों की संख्या का अनुपात विश्व स्वास्थ्य संगठन (वर्ल्ड हेल्थ आर्गेनाइज़ेशन) द्वारा निर्धारित मानदंडों से कहीं नीचे है। आसानी से उपलब्ध, उच्च गुणवत्ता वाली सार्वजनिक स्वास्थ्य सेवा की कमी का लाभ निजी क्षेत्र ने उठाया और पिछले एक दशक में निजी अस्पतालों और क्लीनिकों की बाढ़ सी आ गयी। ख़स्ताहाल, अपर्याप्त कर्मचारी और स्वास्थ्य उपकरणों की कमी वाले सरकारी अस्पतालों से परेशान लोग, कोई आश्चर्य नहीं कि, महँगी होने के बावजूद निजी चिकित्सा सुविधाओं की ओर भागते दिखायी देते हैं, 60 प्रतिशत से अधिक भारतीय अपनी चिकित्सा खर्चों का भुगतान अपनी जेब से करते हैं।[5] भारतीय गरीबों के लिए, मात्र एक स्वास्थ्य आपात स्थिति जीवनभर के लिए उन पर ऋण का बोझ डालने के लिए पर्याप्त हो सकती है, गरीबी दूर करने के प्रयासों पर पानी फिर जाता है; स्वास्थ्य मन्त्रालय के अनुसार, स्वास्थ्य सेवा लागत के कारण प्रति वर्ष 6.3 करोड़ लोग अनर्थकारी खर्च का सामना कर रहे हैं।[6]

भारत की सार्वजनिक स्वास्थ्य सेवा व्यवस्था को एक बड़े कायापलट की आवश्यकता है। जबकि हमारी मौजूदा चिकित्सा सुविधायें, विशेषकर ग्रामीण क्षेत्रों में, जनसंख्या की ज़रूरतों को पूरा करने के लिए अपर्याप्त हैं, निजी स्वास्थ्य सेवा पसन्द करने वाले उनका उपयोग करने से भी परहेज़ करते हैं। हमारी स्वास्थ्य सेवा व्यवस्था सुधारने के लिए नीति परिवर्तन की आवश्यकता होगी—एक बड़े सरकारी निवेश सहित—मौजूदा सुविधाओं को अपग्रेड करना होगा और सरकारी अस्पतालों, क्लीनिक और प्राथमिक सेवा केन्द्रों की पहुँच को व्यापक बनाना होगा।

व्यापक पहुँच और कम कीमत

कम सुविधा वाले और दूरदराज़ के ग्रामीण इलाकों तक पहुँचने का एक तरीका इंटरनेट या फ़ोन द्वारा चिकित्सा सेवाएँ उपलब्ध करवाना है। भारतीय निजी क्षेत्र में पहले से ही अस्पताल शृंखलाओं द्वारा टेलीमेडिसिन सुविधा लागू की जा चुकी है, जिससे डॉक्टर हज़ारों किलोमीटर दूर बैठे रोगियों के साथ सीधे बातचीत करके उनका निदान कर सकते हैं।[7] इस तरह की सुविधायें स्वास्थ्य सेवा व्यवस्था में रोगियों के लिए प्राथमिक सम्पर्क केन्द्र की भूमिका निभा सकती हैं, और देश के कुछ दूरस्थ भागों में स्वास्थ्य क्लीनिकों के निर्माण और कर्मचारी नियुक्ति की समस्या को हल करने में सहायक हो सकती हैं। नैदानिक उपकरणों के रूप में स्मार्टफ़ोन की क्षमता एक अन्य रोमांचकारी विकास है जिसका अवश्य इस्तेमाल करना चाहिए। मोबाइल टेलीफ़ोन प्रणालियों के ऑनलाइन एप्लिकेशन स्टोर द्वारा की गयी एक सरसरी खोज से ऐसी अनेकों ऑनलाइन सेवाओं के बारे में पता चलता है जो लोगों को अपनी हार्ट रेट (दिल की धड़कन) की जाँच, कितनी मात्रा में कैलोरी कम की इसका पता लगाने, और मधुमेह जैसी पुरानी बीमारियों की देखभाल में सुविधा प्रदान करने के लिए डिज़ाइन की गयी हैं। अनुसन्धान की एक नयी लहर अब एक छोटे, मोबाइल फ़ोन अनुकूल सेन्सर का विकास करने पर केन्द्रित है, जिनका उपयोग किसी व्यक्ति के खून में ग्लूकोज़ स्तर जैसे शारीरिक मापदंडों का अनुमान लगाने के लिए किया जा सकेगा। किसी के फ़ोन में बस एक सेन्सर लगा कर, उपयुक्त डाटा का संचय, विश्लेषण और आवश्यकता पड़ने पर उसे स्वास्थ्य पेशेवरों को सौंपा जा सकता है। ऐसे प्लग-एण्ड-प्ले (लगाओ और चलाओ) सेन्सर की पूरी सूची एक साथ कई स्वास्थ्य मापदंडों की जाँच करने की सुविधा दे सकेगी, और भारत में सेल फ़ोन उपयोगकर्ता आधार के आकार को देखते हुए, सबसे बुनियादी प्राथमिक स्वास्थ्य देखभाल केन्द्रों को भी प्रारम्भिक निदानकारी प्रयोगशालाओं में बदला जा सकेगा।[8]

देश भर में चिकित्सा सुविधाओं की पहुँच और गुणवत्ता को व्यापक बनाने के दौरान हमारी स्वास्थ्य सेवा व्यवस्था के लिए दूसरी प्राथमिकता कीमत में कटौती पर केन्द्रित होनी चाहिए। सलाहकार संस्था डिलोयट की एक रिपोर्ट में लगाये अनुमान के मुताबिक वर्ष 2005 और 2015 के बीच भारतीय अर्थव्यवस्था पर हृदय रोग, दिल का दौरा व मधुमेह के आर्थिक प्रभाव के परिणामस्वरूप 20,000 करोड़ रुपयों से अधिक के घाटे सहने पड़े थे, हमारी जीडीपी (ग्रॉस डोमोस्टिक प्रॉडक्ट, सकल घरेलू उत्पाद) की 1 फ़ीसदी के बराबर ये राशि अर्थव्यवस्था पर भारी दबाव डाल रही है।[9] कुशल, कम-कीमत में रोगी के रख-रखाव की सुविधा प्रदान करने का सर्वोत्तम तरीका इएचआर (EHRs–इलेक्ट्रॉनिक हेल्थ रिकॉर्ड्स–इलेक्ट्रॉनिक स्वास्थ्य रिकार्ड) का सृजन होगा। आज, एक औसत व्यक्ति की चिकित्सा का इतिहास आम तौर पर डॉक्टर द्वारा लिखित ब्योरों, वर्षों पुरानी टेस्ट-रिपोर्ट, एक्स-रे और स्कैन रिपोर्ट से भरी एक मोटी फ़ाइल में समाया रहता है। चिकित्सा सेवा प्रदाताओं के पास आम-तौर पर अपने ख़ुद की आन्तरिक डाटा संग्रहण प्रणालियाँ होती हैं, जो एक दूसरे से अलग और पूरी तरह स्वतन्त्र रूप में संचालित होती हैं, इसलिए चिकित्सा व्यवस्था द्वारा एक विशिष्ट रोगी की प्रगति का परामर्श पाना असम्भव है।

शल्य-चिकित्सक व लेखक अतुल गवान्दे, कैमडेन, न्यू जर्सी में एक चिकित्सक जेफ़री ब्रेनर द्वारा किये गये एक दिलचस्प प्रयोग का वर्णन करते हैं।[10] ब्रेनर ने कैमडेन के अस्पतालों में रोगियों के प्रवाह की निगरानी शुरू कर दी, और अपना ध्यान उन रोगियों पर केन्द्रित किया जिन पर बीमा कम्पनी को सबसे अधिक धन ख़र्च करना पड़ता था। पता यह चला कि ये वह लोग नहीं थे जिनको सबसे भयानक बीमारी है या जिनकी दवाइयाँ बहुत महँगी हैं; वास्तविकता यह थी कि सबसे अधिक पैसा उन लोगों पर खर्च किया जा रहा था, जिनकी बीमारियों का सही तरीके से इलाज या प्रबंधन नहीं हो रहा था। उदाहरण के तौर पर एक आदमी नियमित तरीके से अपने ब्लड प्रेशर की दवा नहीं खा रहा था जिसके फलस्वरूप उसका गुर्दा पूरी तरह नाकाम होने की स्थिति पर पहुँच गया था। उसके स्वास्थ्य सुधार और डायलिसिस की कीमत के तौर पर बीमा कम्पनियों द्वारा किये गये हज़ारों डॉलर के भुगतान से बचने के लिए मात्र इतना सुनिश्चित करना पर्याप्त था कि उसने अपनी दवाई समय पर ले ली है।

भारतीय सन्दर्भ में, ब्रेनर के मॉडल के कई उपयोग हैं। उदाहरण के लिए, एन्टीबायोटिक दवाओं के अन्धाधुन्ध प्रयोग और उपचार के तरीकों का पालन करने में नाकामयाबी ने तपेदिक की दवा-प्रतिरोधी किस्में व अन्य 'सुपरबग' (बैक्टीरिया की एक नस्ल जो कि एन्टीबायोटिक दवा-प्रतिरोधी बन गया है) को जन्म देने का

काम किया है, यह एक उभरता संकट है जिससे निपटने के लिए हम 'चिकित्सा व आर्थिक', किसी भी प्रकार तैयार नहीं हैं। यदि कोई उन सभी एन्टीबायोटिक दवाओं की निगरानी कर सके जो किसी रोगी को लम्बे अरसे से दी जा रही हैं, और यह सुनिश्चित करे कि वे सही ढंग से ली गयी हैं, एन्टीबायोटिक प्रतिरोध की समस्या से बचा जा सकता है। इस प्रकार स्वास्थ्य की निगरानी तभी सम्भव है यदि हर रोगी के पास एक ही जैसा, एक दूसरे के साथ काम कर सकने वाले प्रारूप में 'ईएचआर' हो। यह पथप्रदर्शक पहल भारत में पहले से ही मौजूद है, इस तरह की ईएचआर प्रणाली को अपोलो अस्पताल की शृंखला ने लागू किया है।[11]

स्वास्थ्य को डिज़िटल बनाना : इलेक्ट्रॉनिक मेडिकल रिकॉर्ड प्रणाली

स्वास्थ्य सेवा के लिए एक सार्वजानिक, राष्ट्रव्यापी मंच बनाने से क्या लाभ होगा? हर बार डॉक्टर के पास जाने पर मिलने वाली कागज़ की पर्ची सँभाले बिना, रोगी अपने चिकित्सा सम्बन्धी इतिहास तक आसानी से पहुँच सकेंगे। गोपनीयता संचालन, डाटा साझा करने व उसके उपयोग सम्बन्धी नियम निर्धारण के बाद, इस डाटा को अब उन सभी स्वास्थ्य सेवा प्रदाताओं के लिए उपलब्ध करवाया जा सकता है जो फ़ैसले को सूचित करके बेहतर निर्णय ले सकें। यन्त्र अधिगम एल्गोरिदम (एक प्रक्रिया अथवा नियमों की सूची, गणित या अन्य समस्याओं को सुलझाने के दौरान विशेष रूप से किसी कंप्यूटर द्वारा अपनायी जाती है) को प्रत्येक रोगी के पुनर्निरीक्षण और विशिष्ट रूप से निर्मित उपचार योजना विकसित करने के लिए लागू किया जा सकता है। इस डाटा को देश में व्यापक स्तर पर सार्वजनिक स्वास्थ्य प्रचलन को समझने के लिए भी संग्रहित किया जा सकता है।

इसकी शारीरिक संरचना के मामले में हमारी कल्पना है कि 'ईएमआर' (EMRS—इलेक्ट्रॉनिक मेडिकल रिकॉर्ड सिस्टम—इलेक्ट्रॉनिक मेडिकल रिकॉर्ड प्रणाली), कई प्रौद्योगिकी सेवा प्रदाताओं द्वारा प्रदान की जाने वाली एक सेवा होगी। प्रत्येक प्रदाता एक दूसरे के साथ काम कर सकने वाले दिशा निर्देशों की एक सूची की पुष्टि करेगा, इस मंच के उपयोगकर्ताओं को अपनी पसन्द के किसी विक्रेता को चुनने की सुविधा दी जायेगी, साथ ही साथ एक सेवा प्रदाता से दूसरे के पास जाना सरल हो जायेगा। 'ईएमआरएस' अस्पतालों, औषधालयों, क्लीनिक, बीमा कम्पनियों, नैदानिक प्रयोगशालाओं आदि सभी हितधारकों को जोड़ने वाली कड़ी का काम करेगा। उदाहरण के लिए, एक फ़ार्मासिस्ट (औषध बनाने वाला) किसी चिकित्सक का लिखा नुस्खा प्राप्त कर सकता है, चिकित्सक, लैब से ऑनलाइन किसी बीमारी

की परीक्षण रिपोर्ट हासिल कर सकते हैं, और बीमा कम्पनियाँ पूर्व इतिहास के आधार पर ग्राहक की आवश्यकतानुसार विशिष्ट रूप से निर्मित मूल्य सूची प्रदान कर सकती हैं। 'आधार' संख्या इस प्रणाली में प्राकृतिक रोगी पहचानकर्ता के रूप में काम आ सकती है, और स्वचालित रूप से एक बुनियादी स्तर की जानकारी साझा की जा सकती है, जबकि 'कुछ सार्वजनिक, कुछ निजी' मॉडल के तहत अतिरिक्त जानकारी जारी करने के लिए रोगी की सहमति आवश्यक होगी।

संग्रहित डाटा की संवेदनशीलता को देखते हुए, एक ईएमआरएस प्रणाली अत्यधिक सुरक्षित होने के साथ-साथ रोगी व डाटा, दोनों की गोपनीयता सम्बन्धी सभी आवश्यकताओं को पूरा करने वाली होनी चाहिए। बिग डाटा और क्लाउड कंप्यूटिंग के उद्‌भव को देखते हुए, सभी रिकॉर्ड क्लाउड में ऑनलाइन आराम से रखे जा सकते हैं, इससे आसान संग्रहण और उपयोग की सुविधा मिलेगी। पूरे ईएमआरएस की संरचना को इस तथ्य का सम्मान करना चाहिए कि किसी रोगी का चिकित्सा डाटा उन्हीं का है, और वे जहाँ भी चाहें उसे अपने साथ ले जा सकते हैं, या निजी इस्तेमाल के लिए इसे डाउनलोड कर सकते हैं। स्मार्टफ़ोन पर उपलब्ध कराने जैसी सेवाओं के द्वारा ग्राहक सुविधा पर ध्यान केन्द्रित करने वाले ईएमआरएस प्रदाता, सरल उपयोगकर्ता अनुभव प्रदान करते हैं, अच्छा कार्य-निष्पादन रिकॉर्ड, और प्रतिस्पर्धी कीमत रखते हैं, अन्ततः रोगी का विश्वास जीत कर अपनी आमदनी में इज़ाफ़ा कर लेते हैं।

कुछ स्वाभाविक प्रश्न हैं, वहाँ कौन सा डाटा संग्रहित है, और कौन उसका इस्तेमाल कर सकता है। एक मज़बूत डाटा नियामक आवश्यक है। अमरीका में, एचआईपीएए (HIPAA—द हेल्थ इंश्योरेंस पोर्टेबिलिटी एण्ड एकाउंटेबिलिटी एक्ट 1996), डाटा को साझा व गोपनीयता को नियन्त्रित करता है; हमें भी सरकार द्वारा ऐसी ही डाटा नियामक संस्था स्थापित करने की आवश्यकता है, जिसके कार्य सूची में, डाटा साझा करना, गोपनीयता को नियन्त्रित करने के लिए कानून निर्माण, वैश्विक मापदण्डों (जैसे चिकित्सा डाटा को नियन्त्रित करने वाले एचएल7—HL7 और डीआईसीओएम—DICOM मानक) के आधार पर डाटा साझा करने के लिए फ़ाइल प्रारूप, और एक दूसरे के साथ काम कर सकने योग्य दिशानिर्देशों की स्थापना व सातत्यपूर्ण अनुपालन के लिए ईएमआरएस प्रदाताओं की निगरानी करना शामिल होगा।

ईएमआरएस 'बिग डाटा' का गुप्त कोष होगा, सार्वजनिक स्वास्थ्य प्रवृत्तियों को पहचानने, सांख्यिकीय आँकड़ों को इकट्ठा करने, रोग की निगरानी और महामारी प्रकोप का पता लगाने के लिए इसके विश्लेषणों को संग्रहित किया जा सकता है।

स्वस्थ भारत की ओर

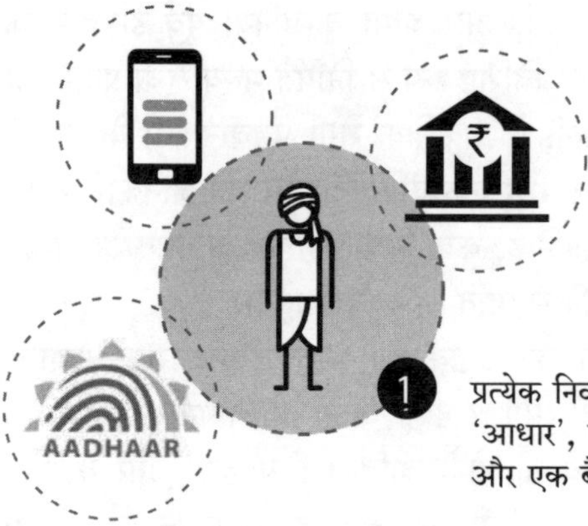

1 प्रत्येक निवासी के पास एक 'आधार', एक स्मार्टफ़ोन और एक बैंक खाता होगा।

2 सभी इलेक्ट्रॉनिक स्वास्थ्य रिकार्ड ऑनलाइन व पेशेवर तरीके से प्रबन्धित किये जायेंगे।

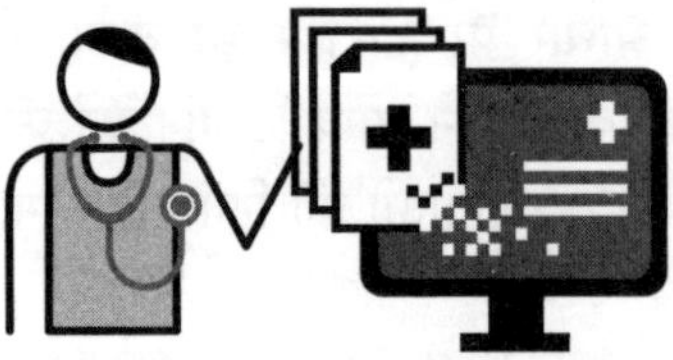

3 चिकित्सा प्रणाली के सभी प्रदाता इलेक्ट्रॉनिक स्वास्थ्य तन्त्र में शामिल होंगे।

4 डाटा नियामक गोपनीयता व सुरक्षा सम्बन्धित मुद्दे सँभालेगा।

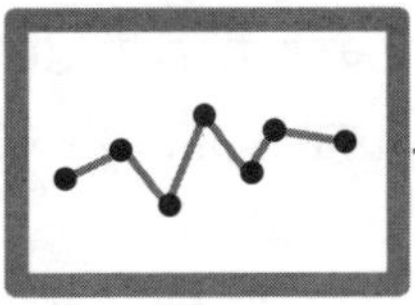

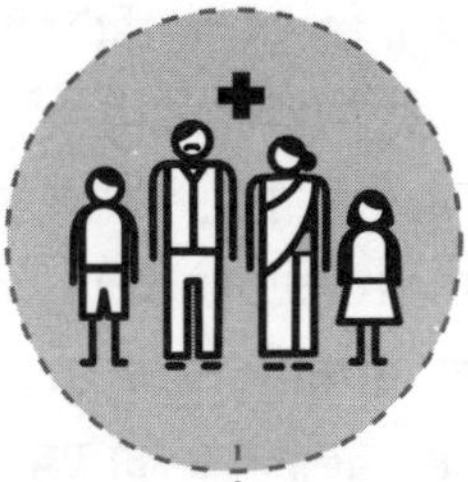

5 इलेक्ट्रॉनिक तन्त्र के डाटा को सार्वजनिक स्वास्थ्य योजना निर्माण—रोग प्रकोप की निगरानी और स्वास्थ्य मैट्रिक्स को मापने—के लिए इस्तेमाल किया जा सकता है।

6 स्मार्टफ़ोन ऐप्स और वीयरेबल्स उपकरण स्वास्थ्य डाटा संग्रहण के तरीके बदल देंगे।

7 स्मार्टफ़ोन व वीयरेबल्स के द्वारा प्राप्त डाटा को इलेक्ट्रॉनिक स्वास्थ्य तन्त्र में एकीकृत किया जाएगा।

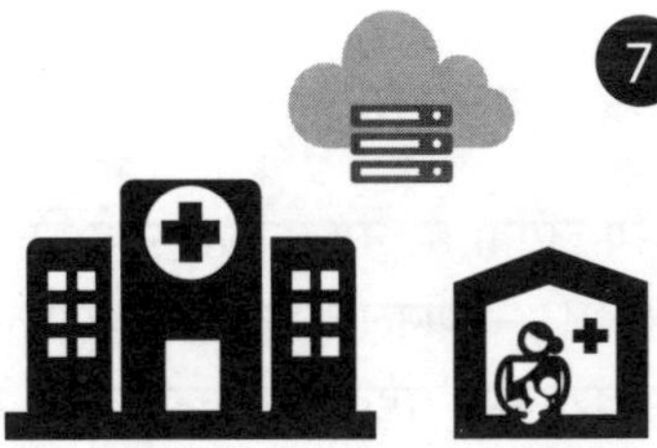

8 सरकारी अस्पताल व प्राथमिक स्वास्थ्य केन्द्र, इलेक्ट्रॉनिक स्वास्थ्य तन्त्र में शामिल होने वाले प्रथम नवागंतुक होंगे।

9 सरकारी स्वास्थ्य कल्याण योजनायें व बीमा कम्पनियाँ इलेक्ट्रॉनिक तरीके से 'आधार' से जुड़े खातों में भुगतान भेजेंगी।

अन्ततः सतर्कता के तौर पर की गयी स्वास्थ्य देखभाल के लिए पूर्णतावादी दृष्टिकोण कायम करने हेतु इस जानकारी को अन्य सामाजिक व पर्यावरण सम्बन्धी डाटा के साथ जोड़ा जा सकता है, जिसने कैमडेन में गुणवत्ता को बेहतर बनाने और कीमत को कम करने में मदद की थी।

भारत की सरकारी चिकित्सा सुविधायें कर्मचारियों की अनुपस्थिति के लिए बदनाम रही हैं; वर्ल्ड बैंक की एक सर्वेक्षण रिपोर्ट के अनुसार लगभग 40 प्रतिशत प्राथमिक स्वास्थ्य क्लिनिक कर्मचारी किसी भी समय, कार्रवाई के लिए अनुपस्थित थे।[12] प्राथमिक स्वास्थ्य केन्द्रों और अस्पतालों में सरकारी स्वास्थ्य कार्यकर्ताओं के साथ-साथ मान्यता प्राप्त 'आशा' (ASHA-एक्रेडिटेड सोशल हेल्थ एक्टिविस्ट्स-सामाजिक स्वास्थ्य कार्यकर्ता) व आँगनवाड़ी कार्यकर्ताओं और अन्य पराचिकित्सा (पैरामेडिकल) कर्मचारियों की उपस्थिति और उनके कामकाज की निगरानी में ईएमआरएस मददगार साबित होगा। ईएमआरएस व सूची में शामिल बीमा प्रदाताओं द्वारा डाटा एकत्र करके, सरकारी बीमा योजनाओं (राष्ट्रीय स्वास्थ्य बीमा योजना इस योजना का प्रमुख उदाहरण है) की जाँच के लिए भी ईएमआरएस का उपयोग किया जा सकता है।

यूआईडीएआई कार्यकाल के दौरान नन्दन ने कई स्वास्थ्य सचिवों के साथ इस विचार को लेकर बहस की थी, लेकिन प्रशासन के भीतर पकड़ बनाने में यह नाकामयाब रहा था।

क्लाउड पर स्वास्थ्य : राष्ट्रीय स्वास्थ्य सूचना तन्त्र

एक ईएमआरएस निर्माण में काफ़ी लम्बा समय लगता है, नये कानून, नयी नियामक समितियाँ और सम्भवतः एक नयी एनआईयू (NIU–नेशनल इनफ़ार्मेशन यूटिलिटी–राष्ट्रीय सूचना उपयोगिता) के निर्माण की आवश्यकता पड़ती है। एक स्वस्थ भारत के लिए हमारे पथ प्रदर्शक में, हमारी कल्पना के अनुसार यह एनआईयू, स्वास्थ्य पारिस्थितिकी तन्त्र के सभी प्रदाताओं को एक डिजिटल छतरी के नीचे लाने वाले साझा मंच 'एनएचआईएन' (NHIN–नेशनल हेल्थ इनफ़ार्मेशन नेटवर्क–राष्ट्रीय स्वास्थ्य सूचना तन्त्र) का रूप ले लेगा, कागज़ रहित राष्ट्रीय स्वास्थ्य तन्त्र के निर्माण का रास्ता साफ़ हो जायेगा। स्वास्थ्य से जुड़े स्मार्टफ़ोन सेवाएँ व वीयरेबल्स (पहनने योग्य) रोगविषयक उपकरणों के फैलाव को देखते हुए, देश के सम्पूर्ण स्वास्थ्य डाटा के केन्द्रीय भण्डार की भूमिका निभाते हुए, एनएचआईएन को इन क्षेत्रों में नवपरिवर्तन को आगे बढ़ावा देने वाले संसाधन के रूप में कार्य करना चाहिए।

सभी सरकारी अस्पतालों व प्राथमिक स्वास्थ्य केन्द्रों के ऑनलाइन आ जाने से, सरकार एनएचआईएन की प्रथम संचालक बन जायेगी, जबकि बाकी प्रदाता समय के साथ-साथ प्रणाली में प्रवेश कर सकते हैं, एक अतुल्यकालिक डिज़ाइन जो एनएचआईएन को अत्यधिक समय निवेश किये बिना जल्दी से शुरुआत करने की सुविधा देता है और साथ ही यह भी सुनिश्चित करता है कि इस शुरुआत से पहले प्रत्येक भागीदार को भर्ती कर लिया जाये। उसी तरह जिस प्रकार 'आधार' से जुड़े बैंक खातों का उपयोग सरकारी भुगतान वितरण के लिए किया जा सकता है, 'आधार' से जुड़े एनएचआईएन का इस्तेमाल, सरकार किसी को स्वास्थ्य सम्बन्धित भुगतान करने के लिए कर सकती है, जैसे कि जननी सुरक्षा योजना अथवा आशा कार्यकर्ताओं के प्रोत्साहन द्वारा मिलने वाले लाभ।

अन्ततः, भुगतान क्षितिज में हम निजी क्षेत्र को भी शामिल करने की उम्मीद कर रहे हैं, उदाहरण के लिए, बीमा कम्पनियों को किसी बीमा पॉलिसी की शर्तों के तहत स्वास्थ्य सेवा प्रदाताओं को भुगतान करना पड़ता है, वे उसके लिए एनएचआईएन का उपयोग कर सकती हैं। ऐसी किसी प्रणाली के कार्यान्वयन तथा प्रसार के लिए चिकित्सा व प्रौद्योगिकी दोनों की समझ रखने वाले कुशल पेशेवर महत्त्वपूर्ण होंगे। एनएचआईएन पारिस्थितिकी तन्त्र निर्माण के जनादेश के साथ एक समर्पित टीम की नियुक्ति के लिए स्वास्थ्य मन्त्रालय एक नया विभाग बना सकता है।

बात जब जन स्वास्थ्य सेवाओं की हो तो, एक राष्ट्र के रूप में हम अदूरदर्शी नीतियों, असन्तुलित विकास व अपर्याप्त धन को लेकर निष्क्रियता बर्दाश्त नहीं कर सकते हैं। खंडहर हो चुकी सार्वजनिक सुविधायें, गरीबों की पहुँच से बाहर निजी सुविधाओं के साथ-साथ गरीबी की बीमारियों व समृद्धि के रोगों से पीड़ित हमारी अर्थव्यवस्था को एक विश्वासघाती कार्यबल के द्वारा कमज़ोर बनाती जा रही है जो और अधिक रोगग्रस्त होती जा रही है। टुकड़ों में ढूँढे गये समाधान अब काम के नहीं रहे, और अपने सबसे अहम स्वास्थ्य संकट का समाधान ढूँढ निकालने के लिए आवश्यक बड़े परिदृश्य के अवलोकन हेतु हमें प्रौद्योगिकी की क्षमता का इस्तेमाल अवश्य करना चाहिए।

13

आगामी पीढ़ी का शिक्षण

दिमाग खाली बर्तन नहीं जिसे भरा जाये, ज़रूरत है इसे सुलगाने की ।

—प्ल्यूटार्क

फरवरी 2015, महाराष्ट्र राज्य सरकार ने सरकारी स्कूल के लगभग 400,000 शिक्षकों के लिए अपना वार्षिक मूल्यांकन परीक्षण आयोजित किया, जो या तो प्राथमिक स्कूल (कक्षा 1-5) या उच्च प्राथमिक स्कूल (कक्षा 6-8) में पढ़ाते थे। परीक्षा देने वाले सभी प्राथमिक स्कूल शिक्षकों में से मात्र 1 फ़ीसदी उत्तीर्ण हुए। उनके उच्च प्राथमिक अनुभाग के सहयोगियों ने बेहतर प्रदर्शन किया—उनमें से लगभग 5 फ़ीसदी परीक्षा में सफ़ल रहे थे। स्पष्ट शब्दों में कहें तो, महाराष्ट्र प्राथमिक स्कूल के 99 प्रतिशत शिक्षक व इसके उच्च प्राथमिक स्कूल के 95 प्रतिशत शिक्षक पढ़ाने के लिए अयोग्य हैं, और यह उस राज्य की हालत है जहाँ बाक़ियों की तुलना में शिक्षा के आँकड़े बेहतर हैं—महाराष्ट्र में छह और चौदह वर्ष की आयु के बीच के बच्चों में 99 प्रतिशत आधिकारिक तौर पर स्कूल में दाखिला ले रखे हैं, और वहाँ हर पच्चीस छात्रों के लिए एक शिक्षक है।[1] इन चौंकाने वाले परीक्षण परिणामों का तथ्य यह है कि भारत में, शिक्षा पर किये जाने वाले कुल सार्वजनिक ख़र्च का 80 प्रतिशत हिस्सा शिक्षक प्राप्त करते हैं।[2]

'अर्थव्यवस्था पर व्यापक प्रभाव करने वाली शिक्षा जैसी शायद ही कोई बातें होंगी। हमारे स्कूलों का पतन भारत की नींव में पड़ी एक गहरी दरार है, और

यह हमारी स्वास्थ्य उपलब्धियों और प्रजनन दर से लेकर आर्थिक गतिशीलता व राजनीतिक विकल्प सभी पर प्रभाव डालती है।' *'इमेजिनिंग इंडिया'* का यह कथन हमारे देश की प्रगति में शिक्षा की महत्त्वपूर्ण भूमिका पर ज़ोर देता है। हमारी आबादी का लगभग 25 प्रतिशत अभी भी अशिक्षित है;[3] प्रौद्योगिकीय क्रान्ति का लाभ उठाने की उम्मीद हम कैसे कर सकते हैं यदि चार में से एक व्यक्ति पढ़ या लिख नहीं सकता? ब्रिक्स/बीआरआईसीएस (ब्राज़ील, रूस, भारत, चीन और दक्षिण अफ्रीका) राष्ट्र के समूह में हमारे सभी समकक्षों की साक्षरता दर हमसे बेहतर—लगभग 90 फ़ीसदी है—और छात्रों पर शिक्षक अनुपात हमसे बेहतर है।

बढ़ते निवेश, गिरते परिणाम

भारत के शिक्षा क्षेत्र को सताने वाली समस्यायें नयी नहीं हैं, ये सामाजिक और राजनीतिक विचारधाराओं के उस जटिल समूह के प्रभाव को दर्शाती हैं जिनकी ऐतिहासिक विकास की जाँच नन्दन पहले *'इमेजिनिंग इंडिया'* में कर चुके हैं। तभी से सरकार ने सकल शिक्षा को बढ़ावा देने के लिए तैयार की गयीं नवीन योजनाओं का शुभारम्भ करना जारी रखा है। सबसे पहले सर्व शिक्षा अभियान आया, उसके बाद शिक्षा का अधिकार कानून (2009) लाया गया, दोनों कानून की परिकल्पना व भारत के बच्चों को शिक्षित करने की सम्भावना के लिए प्रशंसनीय हैं।

अफ़सोस की बात है, भारत में कई अच्छी उद्देश्य पूर्ण योजनाओं का सच यही है कि उनका कमज़ोर कार्यान्वयन सबसे बड़ी बाधा रही है। सरलता से अनुमानित परिणाम जैसे—स्कूलों के निर्माण, शिक्षकों की नियुक्ति व छात्रों की उपस्थिति दर पर ध्यान केन्द्रित किया गया और प्रदान की जा रही शिक्षा में गुणवत्ता को नज़रअंदाज़ किया गया है। जैसा कि एएसईआर (ASER—एनुअल स्टेट्स ऑफ़ एजुकेशन रिपोर्ट—शिक्षा की वार्षिक स्थिति रिपोर्ट) केन्द्र की निदेशक रुक्मिणी बॅनर्जी कहती हैं, ''केवल निवेश के द्वारा हम समानता नहीं ला पायेंगे।'' जब तक स्कूली शिक्षा व्यवस्था पर किया जा रहा सम्पूर्ण व्यय व प्रयास प्रभावी तरीके से शिक्षा के परिणामों में परिवर्तित नहीं हो जाता, समान अवसर के लिए असली लड़ाई में हार का सामना करना पड़ेगा और शिक्षा के क्षेत्र में हमारी बड़ी व बढ़ती हुई सार्वजनिक लागत व्यर्थ जायेगी।''[4]

हालाँकि दाखिले की दरों में बढ़ोतरी बरक़रार है, कई छात्र स्कूल में दाखिला लेने के बाद कुछ ही वर्षों के भीतर स्कूल छोड़ देते हैं; यूनिसेफ (UNICEF) के अनुमानानुसार भारत में स्कूल में दाखिला लेने वाले करीब 20 करोड़ बच्चों में से,

अनुमानतः 8 करोड़ बच्चों द्वारा प्राथमिक शिक्षा पूरी किये बिना ही स्कूल छोड़ने की सम्भावना रहती है।[5] यहाँ तक कि स्कूल में रहते हुए भी वे बहुत अधिक नहीं सीख पाते, शिक्षा सुधार के अग्रणी प्रयासों का नेतृत्व करने वाले एक गैर सरकारी संगठन 'प्रथम' के तत्वावधान में प्रकाशित नवीनतम एएसईआर (असर न्यूअल स्टेटस ऑफ एजुकेशन रिपोर्ट) के अनुसार, तीसरी कक्षा के 78 प्रतिशत बच्चे व पाँचवीं कक्षा के 53 प्रतिशत बच्चे कक्षा दो का पाठ नहीं पढ़ सकते हैं।[6] इस अध्ययन ने निजी स्कूलों में अपने बच्चों के दाखिले के लिए माता पिता में बढ़ती होड़ से भी पर्दाफाश किया है, ग्रामीण क्षेत्रों में भी, यही धारणा है कि निजी स्कूल उच्च स्तर की शिक्षा प्रदान करते हैं और वह उनके बच्चों का भविष्य सुरक्षित करने की दिशा में एक बेहतर निवेश हैं। भारत द्वारा पिछले एक दशक में प्राथमिक शिक्षा पर 9400 करोड़ डॉलर खर्च करने के बाद, ये परिणाम हैं।

सार्वजनिक और निजी स्कूलों में बढ़ता विभाजन शिक्षा के क्षेत्र को प्रभावित कर रही एक बड़ी परेशानी का ही सूचक है। जैसा कि 'प्रथम' के सह-संस्थापक माधव चव्हाण कहते हैं, "पिछले एक दशक में शिक्षा प्रतिष्ठान की प्रमुख सोच यह रही है कि यदि हम जो करते आये हैं उसे ही और अधिक व बेहतर तरीके से करेंगे तो शिक्षा गुणवत्ता में सुधार आयेगा।"[7] ज़ाहिर है, यदि हम अपने बच्चों को शिक्षित बनाने के अपने लक्ष्य को साधना चाहते हैं तो सोच के इस तरीके को जितनी जल्दी हो सके नकारना होगा। कैलिफोर्निया विश्वविद्यालय, सान डियेगो के अर्थशास्त्री व प्रोफ़ेसर कार्तिक मुरलीधरन लिखते हैं, 'इसलिए यह आवश्यक है कि "सामान्य क्रियाकलाप" समझ कर किसी स्कूल को और अधिक निवेश वस्तुएँ उपलब्ध कराने को महत्त्व देने की बजाय शिक्षा नीति को चाहिए कि वो शिक्षा परिणामों में सुधार लाने पर ध्यान केन्द्रित करे।'[8] यदि हमें तेज़ी से व मापनीय परिवर्तन को प्रभावी बनाना है, तो हमें उस तरह के प्रौद्योगिकीय उपकरणों का उपयोग करना होगा जो दुनिया भर के लोगों में ज्ञान को प्रसारित व एकत्रित करने के तरीकों में क्रान्तिकारी बदलाव की शुरुआत कर रहे हैं।

कक्षा परिवर्तन

ऑनलाइन शिक्षा प्रणालियाँ स्कूल व कॉलेज दोनों स्तर पर पारम्परिक शिक्षण अनुभव को बाधित कर रही हैं। स्कूली स्तर पर, शिक्षक व उद्यमी सलमान खान की 'खान अकादमी', एक नि:शुल्क ऑनलाइन शिक्षा मंच है, जो कक्षा में छात्रों के कार्य करने के तरीकों को बदल रही है। खान अकादमी विविध विषयों पर प्रश्न

सूची सहित ऑनलाइन वीडियो उपलब्ध कराती है, उपयोगकर्ता की क्षमताओं के आधार पर उन प्रश्नों की कठिनाई का स्तर बदल जाता है। घर पर यह वीडियो देखकर और फिर किसी शिक्षक की सहायता से स्कूली घन्टों के दौरान गृहकार्य करवाने से खान के वीडियो पारम्परिक कक्षा व्यवस्था में परिवर्तन ला रहे हैं।[9] खान के शब्दों में, ''छात्र घर पर लेक्चर सुन सकते हैं और स्कूल में अपना समय गृहकार्य करने में बिता सकते हैं, यानि प्रश्नों को हल कर सकते हैं। इससे उन्हें अपनी गति अनुसार आगे बढ़ने, वास्तविक महारत पाने की सुविधा मिलती है, और शिक्षकों के लिए भी प्रत्येक छात्र को व्यक्तिगत रूप से समझा पाना सम्भव हो पाता है।'' खान अब अपने उन वीडियो को सर्वस्वीकृत पाठ्यक्रम में शामिल करने के लिए स्कूलों के साथ काम कर रहे हैं। उनकी टीम ने एक डैशबोर्ड (नियन्त्रण-पट्ट) भी बनाया है जिससे शिक्षक व्यक्तिगत स्तर पर छात्रों की प्रगति को जाँच सकेंगे, यह एक ऐसा विचार है जो लगता आसान है लेकिन इसकी क्षमता ज़बर्दस्त है। उनके अनुसार ''हमने वहाँ जाकर कुछ डाटा इकट्ठा किया और एक चार्ट बनाया, और शिक्षकों को झटका लगता था—हर बार। यह प्रौद्योगिकी का अत्युच्च शिखर नहीं था। लेकिन वे पूरी तरह हैरान थे, जैसे कि इससे पहले ऐसा कुछ था ही नहीं।'' एक ऐसे प्रतिरूप के निर्माण द्वारा जिसमें छात्र अपनी गति के अनुसार सीख सकें व एक निश्चित विषय में महारत हासिल करने के लिए पुरस्कृत किये जायें जबकि शिक्षकों को भी प्रगति पर निगरानी रखने और प्रत्येक छात्र को आवश्यक सहायता प्रदान करने की सुविधा मिलेगी, खान अकादमी ने वन-ऑन-वन (एक-के-लिए-एक) अवधारणा हेतु एक व्यावहारिक दृष्टिकोण का मार्ग दिखाया है।

प्रौद्योगिकी का इस्तेमाल, जैसा कि कार्तिक मुरलीधरन ने परिभाषित किया ''भारतीय शिक्षा प्रणाली के सबसे बड़े संकट,'' उच्च गुणवत्ता की प्राथमिक शिक्षा उपलब्ध कराने की चुनौती का समाधान निकालने के लिए भी किया जा सकता है।[10] हमारे द्वारा उपरोक्त लिखित आँकड़ों के अलावा—एएसईआर सर्वेक्षणों से पता चला कि कक्षा पाँच के सभी छात्रों में मात्र एक चौथाई सरल विभाजन का गणित कर सकते हैं, और आधे से भी कम पढ़ सकते हैं। प्राथमिक शिक्षा क्षेत्र में संकट की भयावहता ने आउट-ऑफ-द-बॉक्स (अ-सामान्य) समाधान की आवश्यकता की ओर ध्यान आकर्षित किया है जो उस अन्तराल को भरने में मदद कर सकेगा जिसका समाधान मौजूदा प्रणाली के पास नहीं है। और तब, नन्दन और उनकी पत्नी रोहिणी ने एक गैर-लाभकारी पहल जिसे उन्होंने 'एकस्टेप' (EkStep) नाम दिया है, उसका शुभारम्भ किया, जिसका उद्देश्य '20 करोड़ से अधिक पाँच वर्षीय

बच्चों के लिए प्रयुक्त साक्षरता के साथ-साथ गिनती व गणित कौशल में सुधार लाने हेतु एक शिक्षार्थी-केन्द्रित प्रौद्योगिकी-आधारित मंच का निर्माण करना है।'

बच्चे बेहतर सीखते हैं जब उनके पाठ रोचक, इन्टरैक्टिव (संवादात्मक) और मज़ेदार होते हैं, इसके लिए, 'एकस्टेप' साक्षरता व गणित की बुनियादी अवधारणाओं को खेल का रूप देने की योजना बना रहा है, उन्हें रोचक सामग्री में तब्दील कर रहा है जिसे टैबलेट या स्मार्टफ़ोन जैसे आधुनिक उपकरणों पर उपलब्ध करवाया जा सकेगा। 'खेलते खेलते स्वयं-शिक्षा' यहाँ का मन्त्र है—बच्चे अपनी क्षमतानुसार ज्ञान को आत्मसात कर सकते हैं, एक ऐसे प्रारूप में जो सरल व मनोरंजक है। इस प्रकार की शिक्षा स्कूलों और उनके बाहर दोनों जगह प्रदान की जा सकती है, खान अकादमी मॉडल की ही तरह, छात्रों को व्यक्तिगत शिक्षा की 'बाइट्स (स्वाद)' चखने की सुविधा प्रदान करता है।

बच्चों के अनुकूल 'एकस्टेप' उपयोगकर्ता इन्टरफ़ेस, सहयोगपूर्ण सामग्री व एक मापनीय प्रौद्योगिकी मंच द्वारा समर्थित होगा, जिसे कई माध्यमों द्वारा वितरित किया जा सकता है। नैसकॉम के उत्पाद परिषद के अध्यक्ष रवि गुरुराज का कहना है कि ''इस प्रकार की किसी परियोजना में यथास्थिति मेंढक कूद, विस्तारपूर्वक प्रौद्योगिकी का लाभ उठाती है, मंच को बड़े पैमाने पर अहमियत देती है और देश भर में सभी वर्गों के नागरिकों के लिए प्रारम्भिक शिक्षा में परिवर्तन लाती है।''[11] 'एकस्टेप' के बुनियादी विचार को बिल गेट्स ने भी मान्यता दी है, जो सोचते हैं कि, 'मोबाइल फ़ोन पर शिक्षा सॉफ्टवेयर में तेज़ विकास उस तरीके को बदल कर रख देगा जिससे दुनिया भर के छात्र व शिक्षक प्रतिदिन सीखते हैं।'[12]

बात जब उच्च शिक्षा की आती है, पारम्परिक विश्वविद्यालय अनुभव तथा शिक्षा पद्धति को एमओओसी (MOOC's—मैसिव ओपन ऑनलाइन कोर्सेज़—बड़े पैमाने पर मुक्त ऑनलाइन पाठ्यक्रम) द्वारा चुनौती दी जा रही है। इसकी शुरुआत तब हुई जब हार्वर्ड, स्टैनफ़ोर्ड और एमआईटी जैसे प्रतिष्ठित विश्वविद्यालयों ने इंटरनेट पर वीडियो टेप लेक्चर उपलब्ध कराने का फ़ैसला लिया, आज कॉर्सेरा, यूडासिटी और ईडीएक्स जैसी संस्थाएं दुनिया के सर्वश्रेष्ठ विश्वविद्यालयों में से कुछ एक के सम्पूर्ण पाठ्यक्रमों को ऑनलाइन उपलब्ध करा रही हैं, लोगों को दाखिला लेने, लेक्चर देखने और दुनिया भर में कहीं से भी गृहकार्य भेजने की सुविधा दे रही हैं, एक सकल शिक्षा तन्त्र का निर्माण हो रहा है। एमओओसी तो भारत में इतना लोकप्रिय हो गयी है कि कॉर्सेरा का सबसे बड़ा विदेशी छात्र उपयोगकर्ता आधार ही भारतीय हैं, और यूडासिटी व ईडीएक्स के शीर्ष उपयोगकर्ताओं में भी शामिल हैं।[13] छात्र अब प्रसिद्ध स्कूलों का विश्व स्तरीय शिक्षण निःशुल्क प्राप्त कर सकते

हैं, कुछ निश्चित सेवाओं के लिए वे ऑनलाइन परीक्षा या पूर्ति-प्रमाण पत्र के लिए भुगतान का विकल्प भी चुन सकते हैं, बाद में जिसका इस्तेमाल वे अपने रिज़्यूमे को आकर्षक बनाने के लिए कर रहे हैं।

आईआईटी जैसे भारत के शीर्ष विश्वविद्यालयों में से कुछ, इन एमओओसी मंचों का हिस्सा हैं, लेकिन हमारी अपनी स्वदेशी ऑनलाइन शिक्षा प्रणालियाँ भी हैं। भारत सरकार एनएमईआईसीटी (NMEICT—नेशनल मिशन ऑन एजुकेशन थ्रू इनफ़ार्मेशन एण्ड कम्युनिकेशन टेक्नोलॉजी—सूचना एवं संचार प्रौद्योगिकी के माध्यम से राष्ट्रीय शिक्षा मिशन) का संचालन करती है, जिसने 'साक्षत' नामक एक ऑनलाइन शिक्षा पोर्टल का आरम्भ किया है। इसके साथ ही एनपीटीईएल (NPTEL—नेशनल प्रोग्राम ऑन टेक्नोलॉजी एनहांस्ड लर्निंग—राष्ट्रीय प्रौद्योगिकी अभिवृद्धि कार्यक्रम) का प्रभार भी एनएमईआईसीटी के पास है, जिसमें विज्ञान और इंजीनियरिंग के छात्रों के लिए ऑनलाइन सामग्री सृजन में सात आईआईटी व भारतीय विज्ञान संस्थान सहयोग दे रहे हैं।[14] चुनौती अब नियमित पाठ्यक्रम में इन ऑनलाइन मंचों को जोड़ने की है। वर्तमान में एमओओसी को पारम्परिक कक्षा आधारित पाठ्यक्रम के परिशिष्ट के रूप में देखा जाता है, बाद वाला आपको एक मानित विश्वविद्यालय से डिग्री प्राप्त करने के योग्य बनाता है, जबकि पहले वाला उस प्रकार की कौशल प्राप्ति के लिए और अधिक महत्त्वपूर्ण है जिससे आपको नौकरी पाने में मदद मिलेगी, एक ऐसे देश में यह एक महत्त्वपूर्ण पहलू है जिसके उच्च शिक्षा मानक इतने निम्न हैं कि लगभग हर वर्ष पास होने वाले आधे स्नातक किसी भी क्षेत्र में बेरोज़गार हैं।[15]

विकल्प की सुविधा, धोखाधड़ी का खात्मा

हालाँकि एमओओसी, नवपरिवर्तन और शिक्षा क्षेत्र में राज्य की भूमिका से जुड़े नियामक मामलों की ओर ध्यान आकर्षित करता है, इसमें सरकार प्रोत्साहन को बढ़ावा देने के माध्यम से एक अन्य बाधा उत्पन्न कर सकती है। वर्षों से स्कूल वाउचर (रसीद) विचार पर विस्तार से चर्चा की गयी है, और '*इमेजिनिंग इंडिया*' में भी इसका उल्लेख किया गया था। यह विचार उपभोक्ता को चयन की शक्ति के साथ-साथ स्कूलों की बजाय छात्रों को आर्थिक सहायता प्रदान करता है। केवल सरकारी स्कूलों पर पैसे बहाने की बजाय, धन का एक भाग स्कूल वाउचर देने के लिए इस्तेमाल किया जा सकता है, जिसे छात्र अपने मनपसन्द स्कूल में अपनी शिक्षा के भुगतान के लिए उपयोग कर सकते हैं। स्वाभाविक रूप से, छात्रों का झुकाव, चाहे वह सरकारी हो या प्राइवेट; सर्वोत्तम स्तर की शिक्षा प्रदान करने वाले संस्थान

की ओर होगा, वाउचर प्रणाली प्रतिस्पर्धा की वह भावना जगाती है जिससे दोनों संस्थानों के समूहों की समग्र गुणवत्ता को बढ़ाने में मदद मिल सकती है। सरकार की ओर से स्कूलों को दिये जाने वाले धन का प्रवाह अब मुक्त बाज़ार सिद्धान्तों का पालन करेगा, सर्वोत्तम प्रदर्शन करने वाले स्कूलों को अधिक धन मिलेगा क्योंकि उनमें अधिक छात्र दाखिला लेंगे, और उम्मीद से कम प्रदर्शन करने वालों को या तो अपनी कमर कसनी होगी या कारोबार से बाहर जाना होगा। शिक्षा प्रणाली पर स्कूल वाउचर के प्रभाव की कल्पना नन्दन एक सुधार के रूप में करते हैं जो 'आर्थिक सहायता और कार्यान्वयन में से आदर्शवाद को प्रभावी रूप से अलग करता है और इसे आसान बनाता है, जैसे कि, यदि ये छात्रों में आकर्षण पैदा कर सकें तो मौजूदा और नाकाम सरकारी स्कूलों का प्रबन्धन निजी क्षेत्रों को सौंप दिया जाये। इससे निजी क्षेत्र और गैर सरकारी संगठन, पहले से ही विद्यमान स्कूल के बुनियादी ढाँचे और सरकारी स्कूल भवनों में प्रवेश कर जायेंगे, बजाय वर्तमान दृष्टिकोण के जिसमें हम एक वैकल्पिक निजी स्कूल प्रणाली का शुरू से निर्माण कर रहे हैं।' भारत की कुछ राज्य सरकारों के साथ-साथ पार्थ शाह और उनकी टीम द्वारा भी सेन्टर फॉर सिविल सोसायटी में प्रारम्भिक परियोजनाओं को लागू किया गया है।

स्कूलों और छात्रों के लिए एक केन्द्रीय पंजीकरण और वाउचर-जारी करने के मंच निर्माण में 'आधार' को इस्तेमाल किया जा सकता है। छात्रों की 'आधार' संख्या का उपयोग कर उन्हें प्रणाली में पंजीकृत किया जा सकता है। फिर छात्रों की 'आधार' संख्या के आधार पर वाउचर जारी किये जा सकते हैं, और माता-पिता अपनी पसन्द के किसी स्कूल में अपने बच्चों का दाखिला करवाने के लिए उन्हें उपयोग में ला सकते हैं। आरटीई की धारा 12 ने निजी और गैर सहायता प्राप्त स्कूलों को आर्थिक रूप से वंचित पृष्ठभूमि के छात्रों के लिए अपनी कुल नामांकन क्षमता का 25 प्रतिशत अलग रखने का जनादेश दिया है, और यह भी कि इस तरह के छात्रों को प्राथमिक स्तर तक नि:शुल्क और अनिवार्य शिक्षा दी जानी चाहिए। आरटीई अधिनियम का यह प्रावधान हमें वो वाउचर प्रणाली बनाने का अवसर देता है, जिसमें गरीब परिवारों को स्कूल वाउचर जारी किये जायेंगे, माता-पिता जिसका इस्तेमाल बच्चों का मिलान स्कूल के साथ करने के लिए कर सकते हैं ठीक वैसे ही जैसे कक्षा बारहवीं पूरी होने पर इंजीनियरिंग या मेडिकल कॉलेजों के लिए छात्रों का मिलान किया जाता है।[16]

अन्त में, हम अपना ध्यान डिग्री व कौशल प्रमाण पत्र को डिजिटल रूप देने के प्रश्न की ओर ले जाना चाहेंगे। प्रधानमन्त्री नरेन्द्र मोदी पहले ही डिजिटल लॉकर पहल की घोषणा कर चुके हैं जिसमें शैक्षिक प्रमाण पत्र सहित किसी व्यक्ति के

महत्त्वपूर्ण दस्तावेज़ क्लाउड में सुरक्षित रूप से संग्रहित किये जायेंगे और आवश्यकता पड़ने पर सरकारी विभागों द्वारा इस्तेमाल किये जा सकेंगे।[17] बाज़ार में नकली रेज्यूमे लेकर घूमने वालों की संख्या, सारी हदें पार कर चुकी है, एक अनुमान के मुताबिक आईटी उद्योग में पाँच में से एक नकली साबित हो रहा है।[18] लोग फ़र्ज़ी कम्पनियाँ तक बनाने से बाज़ नहीं आते, जो नौकरी की तलाश में भटकते लोगों के लिए नकली अनुभव प्रमाण पत्र बना सकती हैं। नौकरी तलाशने के दौरान उन्हें अपनी विशेषज्ञता और कौशल का बखान करने में मदद करते हैं।[19] 'आधार' आधारित पहचान के साथ संयुक्त एक अभौतिक डिग्री व्यक्ति की शैक्षिक योग्यता के लिए एक गारन्टी का कार्य करती है, नौकरी तलाशते प्रत्याशियों व सम्भावित नियोक्ताओं के बीच विश्वास बढ़ता है। लोगों को अब अपने डिग्री प्रमाण पत्र की प्रतियों को सत्यापित और नोटरी प्रमाणकारी करवाने की ज़रूरत नहीं पड़ती, कागज़ी दस्तावेज़ो की प्रतियाँ प्रमाणित करवाने के चक्कर में होने वाले मनमुटाव दूर होते हैं।

'प्रवेश परीक्षाओं (एंट्रेंस एग्ज़ामिनेशन)' के दौरान होने वाली धोखाधड़ी के चलते शिक्षा के क्षेत्र में 'आधार' की एक और तत्काल आवश्यकता पैदा होती है, जो मध्य प्रदेश में लम्बे समय से चल रहे व्यापम घोटाले द्वारा उजागर हुई। 'व्यापम', मध्य प्रदेश व्यावसायिक परीक्षा मण्डल का हिन्दी संक्षिप्त नाम है, यह राज्य में विभिन्न प्रवेश परीक्षाओं के संचालन का उत्तरदायित्व निभाने वाला एक स्वायत्त निकाय है। अयोग्य छात्रों द्वारा रिश्वत के बदले इन परीक्षणों में उच्च रैंक प्राप्त करने के लिए बेईमान बिचौलियों, सरकारी अधिकारियों और राजनेताओं के साथ सांठगांठ करना; धोखाधड़ी के सबसे आम तरीकों में से एक है जिसका उल्लेख नन्दन 'इंजन व बोगी' घोटाले के रूप में करते हैं। एक अच्छा छात्र बीच में बैठ कर 'इंजन' की भूमिका निभाता था और उसके दोनों तरफ़ बैठे, नक़ल करने वाले छात्र 'बोगी' थे। 'आधार' इस तरह की धोखाधड़ी का सफ़ाया करने में कैसे मदद कर सकता है? नन्दन समझाते हैं, ''जब आपकी कोई परीक्षा है, तो आप 'आधार' का उपयोग कर (छात्रों को) प्रमाणित करते हैं यह सुनिश्चित करने के लिए कि वे सही उम्मीदवार हैं। और आप तब तक सीट जारी नहीं करते जब तक वे कमरे में प्रवेश नहीं कर लेते और फिर आप बेतरतीब तरीके से उन्हें कोई सीट बैठने के लिए दे देते हैं। यह रॉकेट विज्ञान नहीं है, बहुत सरल है। और इसके लिए लोग मारे जा रहे हैं।''[20]

शैक्षिक प्रमाण पत्र को अभौतिक रूप में रखने की कार्रवाई का विचार सबसे पहले 2010 में प्रस्तावित किया गया था, 2011 में राष्ट्रीय शैक्षणिक निक्षेपागार विधेयक संसद में पेश किया गया और वर्तमान सरकार द्वारा इस पहल को आगे ले जाने की उम्मीद है।[21] ठीक उसी प्रकार जैसे स्टॉक डिपॉज़िटरीज़ स्टोर शेयर प्रमाणपत्र

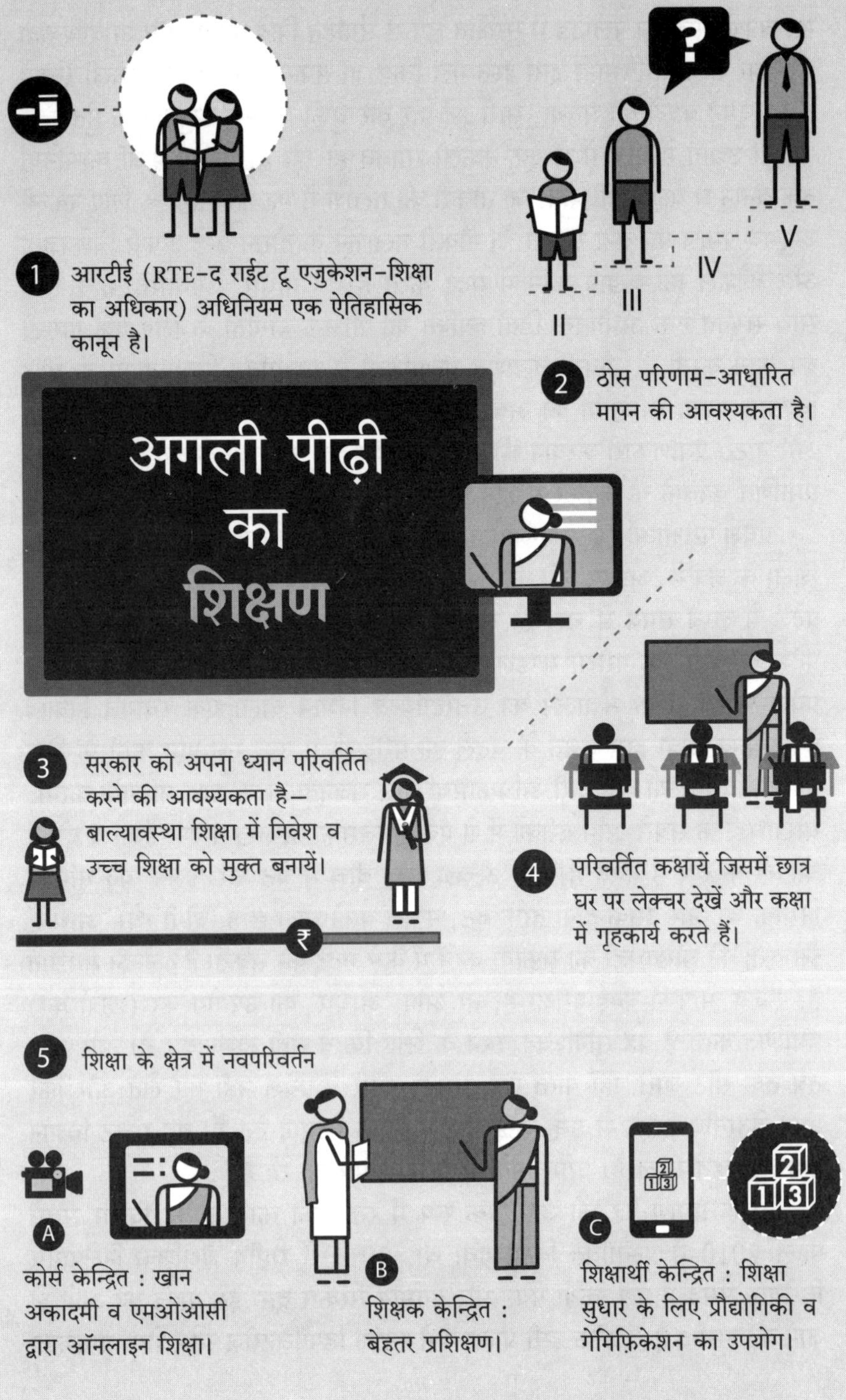
1 आरटीई (RTE–द राईट टू एजुकेशन–शिक्षा का अधिकार) अधिनियम एक ऐतिहासिक कानून है।
?
II
III
IV
V
2 ठोस परिणाम–आधारित मापन की आवश्यकता है।
अगली पीढ़ी का शिक्षण
3 सरकार को अपना ध्यान परिवर्तित करने की आवश्यकता है– बाल्यावस्था शिक्षा में निवेश व उच्च शिक्षा को मुक्त बनायें।
₹
4 परिवर्तित कक्षायें जिसमें छात्र घर पर लेक्चर देखें और कक्षा में गृहकार्य करते हैं।
5 शिक्षा के क्षेत्र में नवपरिवर्तन
A
कोर्स केन्द्रित : खान अकादमी व एमओओसी द्वारा ऑनलाइन शिक्षा।
B
शिक्षक केन्द्रित : बेहतर प्रशिक्षण।
C
शिक्षार्थी केन्द्रित : शिक्षा सुधार के लिए प्रौद्योगिकी व गेमिफ़िकेशन का उपयोग।

6 सरकार व छात्रों के सभी कार्य-प्रबन्धन के लिए इलेक्ट्रॉनिक राष्ट्रीय शिक्षा नेटवर्क।

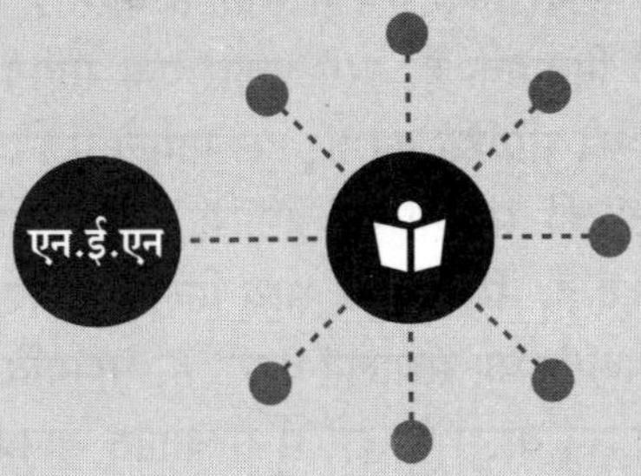

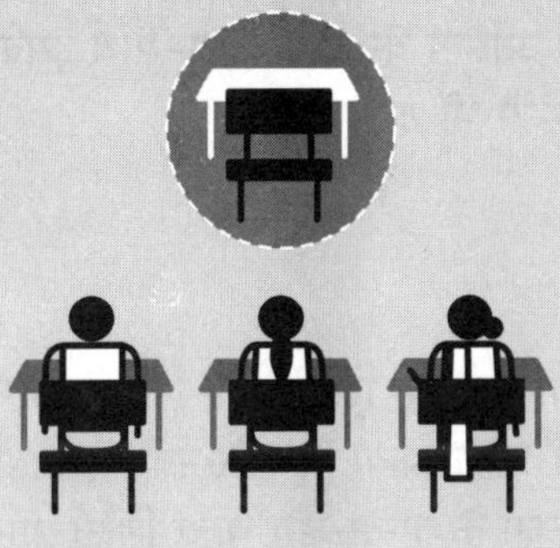

7 सॉफ्टवेयर मंच जो स्कूलों व छात्रों को आरटीई मानदंडों के अनुकूल मिलान की सुविधा प्रदान करता है।

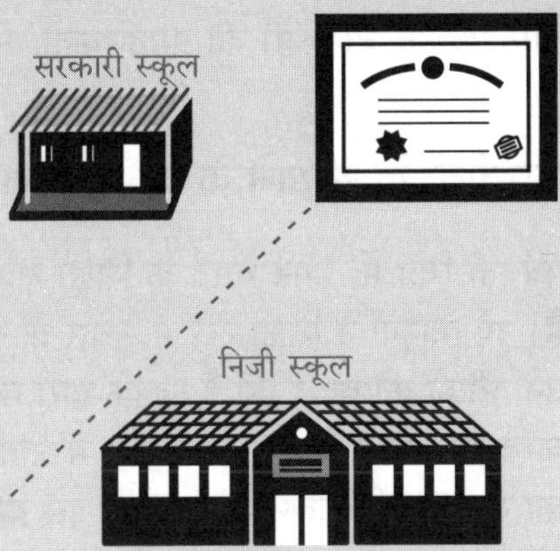

8 निजी स्कूलों के लिए मान्यता व गुणवत्ता नियन्त्रण को पूरा करने के लिए शिक्षा नीति में परिवर्तन।

9 नये शिक्षण मॉडल के उपयोग से शिक्षा एक सतत्, आजीवन प्रक्रिया बन जाएगी।

10 सरकार एक आर्थिक सहायता प्रदाता से सामर्थ्यप्रदाता बन जाती है, नियामक प्रदान करती है और सार्वजनिक व निजी नवपरिवर्तन को शिक्षा के साथ एकीकृत करती है।

को इलेक्ट्रॉनिक रूप में संग्रहित करते हैं और उनके कामकाज की देखरेख के लिए एक नियामक हैं, इसी प्रकार एक राष्ट्रीय शैक्षणिक निक्षेपागार, इलेक्ट्रॉनिक प्रमाण पत्र को संग्रहित करेगा; इस मामले में नियामक की भूमिका इन प्रमाणपत्रों में निहित डाटा की सत्यता को प्रमाणित करने की होगी। इस तरह के संगठन पहले से ही मौजूद हैं, नैसकॉम के साथ मिलकर एनएसडीएल की एक उप संस्था राष्ट्रीय कौशल पंजीकरण का संचालन करती है, सम्भावित नियोक्ताओं को आईटी उद्योग में नौकरी तलाशने वालों के बारे में सत्यापित जानकारी देने के लिए बनायी गयी है। इस तरह का कोई निक्षेपागार, दस्तावेज़ को साझा करना आसान बनाने के साथ-साथ इसके पास संग्रहित जानकारी की प्रमाणिकता की गारन्टी भी देगा।

भारतीयों के सीखने के ढर्रे में बदलाव

पूर्ववर्ती चित्र में, हमने भारत के शिक्षा क्षेत्र में परिवर्तन के लिए दिशा-निर्देश दर्शाये हैं। नये कानूनों ने शिक्षा क्षेत्र में सुधार के युग में प्रवेश किया है, और नयी पद्धतियाँ उन तरीकों को बदल रही हैं जिनके द्वारा छात्र कक्षा के अन्दर और बाहर शिक्षा प्राप्त करते हैं। हमारी शिक्षा प्रणाली पर मंडराती सबसे महत्त्वपूर्ण समस्याओं में से कुछ का समाधान निकालने के लिए हमें इस क्रमागत विकास का उपयोग करना चाहिए। चूँकि बाल्यावस्था, शिक्षा के लिए एक महत्त्वपूर्ण चरण है, हम वकालत करते हैं कि सरकार को अपना ध्यान 'परिवर्तित' करते हुए प्रारम्भिक शिक्षा पर ध्यान देने व उच्च शिक्षा क्षेत्र को मुक्त बनाने की ओर ध्यान केन्द्रित करना चाहिए। फ़िलहाल, बात जब यह दबाव डालने की हो कि किस स्तर पर कौन सा विषय पढ़ाना चाहिए तो सरकार ही सर्वोच्च प्राधिकारी है। क्या होगा यदि सरकार बिलकुल भिन्न दृष्टिकोण अपनाते हुए संस्थानों को अपने छात्रों के लिए ख़ुद अपनी अध्ययन योजना बनाने का अधिकार प्रदान कर दे? ऐसे मामले में, 'उबर' और 'ईबे' जैसी सेवाओं द्वारा इस्तेमाल की पद्धति की तर्ज़ पर, शिक्षा प्रदाताओं में विश्वास जागृत करने के लिए सरकार एक उपयोगकर्ता—मूल्याँकन प्रणाली निर्मित कर सकती है। किसी प्रदाता का मूल्याँकन और गुणवत्ता का फ़ैसला नौकरशाही नहीं, बल्कि उपयोगकर्ता करेंगे।

सरकार और छात्रों के बीच क्रियाकलापों जैसे स्कूलों और छात्रों के मिलान के लिए आरटीई अधिनियम के तहत वाउचर व्यवस्था की देखरेख, आदि को सरल बनाने हेतु एक एनआईयू निर्मित किया जा सकता है। इस एनआईयू को इस अवधारणा के साथ भी काम करना होगा कि शिक्षा सर्वत्र प्रचलित कक्षा मॉडल तक ही सीमित नहीं है, कोई छात्र चाहे किसी शिक्षक के द्वारा सीख रहा हो या किसी स्मार्टफ़ोन पर खेल

के द्वारा, शिक्षा एक प्रवाही, आजीवन प्रक्रिया बन जानी चाहिए। इस परिवर्तनकाल के अनुरूप ढलने के लिए, सरकार को एक निवेशक बनने से आगे बढ़ते हुए एक सामर्थ्यप्रदाता बनाना चाहिए, नवीन शिक्षा पद्धति को फलने-फूलने की सुविधा देने वाले नियामक व नीतिगत वातावरण का निर्माण करना चाहिए।

भारत की शिक्षा प्रणाली में आप जहाँ भी नज़र दौड़ायेंगे, आपका सामना उन मुद्दों से होगा जिन्हें तत्काल समाधान की आवश्यकता है। लाखों बच्चों को कभी किसी भी प्रकार की औपचारिक स्कूली शिक्षा मिल ही नहीं पाती। और जिनको मिलती है वे अक्सर निम्न स्तर की शिक्षा प्राप्त करते हैं। सरकार पब्लिक स्कूल प्रणाली में पानी की तरह पैसा बहा रही है जो भारत के सबसे गरीब और सबसे वंचित बच्चों को शिक्षित करने की चुनौतियों का सामना करने के लिए हर प्रकार से अपर्याप्त है, बड़ी आर्थिक कीमत पर अभिभावकों के झुण्ड-के-झुण्ड निजी शिक्षा क्षेत्र की ओर जा रहे हैं, हालाँकि इस तरह के संस्थानों में दी जा रही शिक्षा की गुणवत्ता में अन्तर हो सकता है। हमारे उच्च शिक्षा संस्थान लोगों को डिग्री थमा रहे हैं, जिन लोगों में कोई कौशल नहीं, और जो रोज़गार के लिए अयोग्य हैं। अक्षम व्यक्ति सरासर हताशा के कारण एक नौकरी पाने के लिए धोखाधड़ी का सहारा ले रहे हैं।

ऐसा कोई रामबाण नुस्ख़ा नहीं है जो भारत में शिक्षा की हर एक बीमारी का इलाज कर सके। अच्छी शिक्षा की कमी लोगों के लिए अवसरों के द्वार बन्द कर उन्हें आर्थिक विकास के हाशिये पर धकेल रही है। खोयी क्षमता नागरिक व देश दोनों के लिए तीव्र और हृदय विदारक है। इस प्रकार की एक मौलिक सामाजिक समस्या के लिए, 'आधार' के मामले की ही तरह सरकारी, निजी क्षेत्र, गैर सरकारी संगठन आदि संगठनों के सुमेल प्रयास की आवश्यकता है। हमें नवीन विचारों को लागू करने की ज़रूरत है-उनमें से बहुत सारे-और अधिकांश सभी के महत्त्व को पहचानने की आवश्यकता है जो प्रौद्योगिकी आधारित नवपरिवर्तन को कार्यान्वित कर सकते हैं, केवल छात्रों के शिक्षण के तरीके को बदलने के लिए ही नहीं, लेकिन मौलिक रूप से हमारे शैक्षिक परिदृश्य को बदलने के लिए भी।

14

हमारे ऊर्जा क्षेत्र में नयी जान फूंकना

हम बिजली इतनी सस्ती कर देंगे कि केवल अमीर ही मोमबत्तियाँ जलाया करेंगे।

—थॉमस अल्वा एडिसन

लोहा सिंह एक अविश्वसनीय फ़िल्म स्टार बन गया है, लेकिन हालात का मारा, गाली-गलौज करने वाला, भारत के हिन्दी भाषी क्षेत्र कानपुर का निवासी होने के साथ-साथ यह पुरस्कार-विजयी डॉक्यूमेंटरी 'कटियाबाज़' का नायक भी है। यह शीर्षक उसके पेशे का हवाला बिजली के रॉबिन हूड के रूप में देता है, यानि समृद्ध इलाकों के बिजली के तारों को अवैध रूप से पुन:व्यवस्थित कर बिजली रहित इलाकों में भेजना। एक ऐसा शहर जहाँ गर्मियों का औसत तापमान तपती भट्टी की तरह 48 डिग्री सेल्सियस है और लोग बिजली कटौती से त्रस्त हैं और जहाँ बिजली एक दिन में पन्द्रह घन्टों तक गायब रहती है। वहाँ के निवासी इस सिरफ़िरे बिजली चोर को पैसा देने के लिए तैयार हैं, जो अपने नंगे हाथों से ज़िन्दा तारों को पकड़ता है, यहाँ तक कि उसने एक ट्रान्सफ़ार्मर तक उड़ा दिया था ताकि वह अन्दर बिछायी तारों को पुन:व्यवस्थित कर बिजली की निर्बाध आपूर्ति सुनिश्चित कर सके। इस दौरान, केईएससीओ (KESCO—कानपुर इलेक्ट्रिसिटी सप्लाई कम्पनी लिमिटेड) भारी नुकसान की चपेट में है जिनके लिए माँग में वृद्धि, अपर्याप्त आपूर्ति, बकाया बिल, और ज़ाहिर है लोहा सिंह और उसके जैसे चोरों द्वारा की जा रही चोरियाँ

ज़िम्मेदार हैं। हालाँकि, 'कटियाबाज़' एक मनोरंजक, सोचने को विवश करने वाली फ़िल्म है, यह भारत के विद्युत् क्षेत्र की नाक में दम करने वाले सबसे बड़े मुद्दों में से कुछ के लिए एक मार्गदर्शक ग्रन्थ भी है।[1]

जलवायु परिवर्तन के खतरनाक कगार की ओर अग्रसर

ऊर्जा संसाधन प्रबन्धन भारत के आर्थिक विकास का इतना अनिवार्य घटक है कि नन्दन ने *'इमेजिनिंग इंडिया'* में एक पूरा अध्याय भारत की ऊर्जा नीतियों की उत्पत्ति व प्रभाव को समझने के साथ-साथ क्षेत्र की स्थिति का मूल्याँकन करने को समर्पित किया है। तब से बढ़ कर भारत दुनिया का चौथा सबसे बड़ा ऊर्जा उपभोक्ता बन गया है, अपनी ऊर्जा सम्बन्धी आवश्यकताओं को पूरा करने के लिए बड़े पैमाने पर विदेशी आयात पर निर्भर है और सम्भवतः दुनिया भर में आयात पर सर्वाधिक निर्भर देशों में से एक हो जायेगा।[2] आज भी हमारी ऊर्जा अर्थव्यवस्था काफ़ी हद तक जीवाश्म ईंधन पर निर्भर करती है, उदाहरण के लिए, भारत दुनिया का तीसरा सबसे बड़ा कोयला उपभोक्ता है, इसके सभी सहायक परिणाम पर्यावरण में गिरावट, ग्लोबल वार्मिंग या भूमण्डलीय तापक्रम वृद्धि व जलवायु परिवर्तन साथ आते ही हैं।[3] परम्परागत ऊर्जा क्षेत्र के लिए भारी मात्रा में दी जा रही अनुवृत्तियाँ, वैकल्पिक ऊर्जा पद्धतियों में बड़े पैमाने की नयी खोज को हतोत्साहित करती हैं, जबकि राज्य संचालित बिजली वितरण बोर्ड की जेबें हल्की कर उन्हें बिजली उपभोक्ताओं की ज़रूरत के लिए भुगतान करने में असमर्थ बना रही हैं। जैसा कि हमने पहले भी उल्लेख किया था, पिछले कुछ वर्षों में तेल की वैश्विक कीमतों में गिरावट आयी है, गम्भीरता से पुनर्विचार करने और भारत की ऊर्जा नीतियों का पुनर्निर्माण करने का उचित समय यही है।

बिजली वितरण में अक्षमता, ऊर्जा उत्पादन और खपत के सन्तुलन को बुरी तरह बिगाड़ रही है। बिजली के तारों अथवा चोरी के कारण अपव्यय होने से बिजली का नुकसान होता है, जो एटी एंड सी (AT&C – एग्रीगेट टेक्निकल एण्ड कमर्शियल – कुल तकनीकी और वाणिज्यिक) हानि के रूप में लगाये गये अनुमान के मुताबिक केवल चीन और अमरीका से कम है। अपव्यय घाटे ट्रान्समिशन प्रणाली के भौतिक स्वरूप के कारण पैदा होते हैं; जो काफ़ी हद तक अपरिहार्य हैं, और दुनिया भर में एक से ही होते हैं। हमारे यहाँ अपव्यय में बढ़ोतरी का मुख्य कारण बिजली की चोरी है। इन तीन देशों द्वारा उपभोग की जा रही ऊर्जा की तुलना में जब इस तरह के नुकसान इकट्ठा होते हैं, यह स्पष्ट हो जाता है कि चीन और अमरीका अपेक्षाकृत कम अक्षमताओं पर काम कर रहे हैं, जबकि आश्चर्यजनक रूप से भारत की 30

फ़ीसदी बिजली की चोरी हो रही है। अक्सर यह सब बिजली बोर्ड कर्मचारियों की मिलीभगत से होता है।[4] बिजली के उपयोग को मापने की प्रणाली, बिल भेजना और राजस्व संग्रह भी कमज़ोर हैं जिसके कारण सार्वजनिक क्षेत्र वितरण विभागों को राजस्व हानि का और अधिक दंश झेलना पड़ता है। करीब 30 करोड़ भारतीय अभी भी बिना बिजली के ही जीवनयापन कर रहे हैं, और भारत के 43 प्रतिशत ग्रामीण अपने घरों की रोशनी के लिए मिट्टी के तेल पर निर्भर करते हैं।[5] विश्व बैंक के अनुमान के मुताबिक, 2017 तक ही भारत के बिजली क्षेत्र का वार्षिक घाटा 2700 करोड़ डॉलर तक पहुँच सकता है।[6]

कार्बन डाइऑक्साइड के उत्सर्जन और जलवायु परिवर्तन में चिन्ताजनक वृद्धि अब वैश्विक चिन्ता का कारण बन चुके हैं, वैकल्पिक ऊर्जा स्रोतों के विकास के लिए काफ़ी प्रेरणा मिल रही है। हम इस बारे में बहस कर सकते हैं कि दोष किसे दिया जाये, तथ्य यही है कि यदि नवीकरणीय ऊर्जा स्रोतों में निवेश की तत्काल व आवश्यक कार्रवाई न की गयी तो उष्णकटिबंधीय क्षेत्रों में, जैसे भारतीय उपमहाद्वीप व अफ्रीका को सबसे अधिक क्षति उठानी पड़ेगी। इस मामले में, भारत को विरासत में मिला कमज़ोर बुनियादी ढाँचा और प्रौद्योगिकी की ओर हमारा कम रुझान, वास्तव में वरदान का काम करेंगे; हमारे तेज़ी से बदलते ऊर्जा क्षेत्र की ज़रूरतों को पूरा करने वाली सर्वोत्तम संस्थाओं का निर्माण करने के लिए हम स्वतन्त्र हैं, और हरित ऊर्जा प्रौद्योगिकियों को अपनाने में अन्य देशों की सफलताएँ और विफलताएँ एक दिशा-निर्देश की भूमिका निभाते हुए हमारा मार्गदर्शन कर सकती हैं।

भारत के भावी ऊर्जा ग्रिड का चेहरा वर्तमान बिजली वितरित करने वाले ऊर्जा ग्रिड से बहुत अलग दिखाई देगा। कोयला, गैस और कुछ हद तक परमाणु ऊर्जा संयंत्रों जैसे बिजली उत्पादन के पारम्परिक तरीके, इनमें से लगभग सभी का एक सतत परिणाम है, इन पर ही निर्भर रहने की बजाय, ऊर्जा प्रणालियों को नवीकरणीय स्त्रोतों द्वारा सविराम ऊर्जा उत्पादन, जैसे पनबिजली संयंत्रों, पवन चक्कियों और सौर पैनलों के साथ-साथ जैव ईंधन, भूतापीय, ज्वार और समुद्री उष्णता स्रोतों को भी एकीकृत करना चाहिए। भारत के ग्रामीण परिवार में से 85 प्रतिशत आज भी अपने प्राथमिक ऊर्जा स्रोत के रूप में जैव ईंधन (जलाऊ लकड़ी, गोबर) पर ही निर्भर करते हैं, और ये अभी भी ग्रिड से अलग हैं।[7] इनके साथ एक अधिक घातक समस्या भी खिंची चली आती है—घर के भीतर जैव ईंधन जलाने से उत्पन्न होने वाला धुआँ इस हद तक साँस की समस्या पैदा कर सकता है कि विश्व स्वास्थ्य संगठन के अनुसार, भारत में साँस की पुरानी बीमारी के कारण होने वाली मृत्यु दर दुनिया में सर्वाधिक है।

भविष्य में, कुछ उपभोक्ता भी उत्पादक की भूमिका निभा सकते हैं, उदाहरण

के लिए, किसी सौर पैनल द्वारा उत्पन्न अतिरिक्त बिजली को प्रणाली में वापस भेजने से। परम्परागत संचारण और वितरण ग्रिड, सविराम आपूर्ति और ऊर्जा के उल्टे प्रवाह की जटिलताओं को कुशलता से नहीं झेल पाते। वर्तमान संचालित ग्रिड एक तरफ़ा मार्ग की तर्ज़ पर काम कर रहे हैं। चाहे वह बिजली वितरण हो या फिर सूचना वितरण; दोनों ही बिजली संस्था से उपभोक्ता की ओर जाते हैं। दूसरी तरफ़, उपभोक्ता को तब तक अपनी बिजली खपत की मात्रा का थोड़ा-बहुत अथवा बिलकुल भी अनुमान नहीं होता जब तक उनके हाथ में बिजली का बिल न आ जाये, और उन्हे यह भी पता नहीं होता कि जिस बिजली का वे उपभोग करते हैं उसे पैदा करने में नवीकरणीय अथवा अनवीकरणीय में से किस प्रकार के ऊर्जा स्रोत का इस्तेमाल किया गया था, व्यवस्था में उपभोक्ता का अधिकार बस बिजली कटौती होने पर जन उपयोगी सेवा को सूचित करने तक ही सीमित है।

भारत के बिजली क्षेत्र का कायाकल्प : स्मार्ट ग्रिड और नवीकरणीय ऊर्जा

हमारे बिजली ग्रिड की पारदर्शिता और दक्षता बढ़ाना तभी सम्भव है जब वे स्मार्ट ग्रिड बन जायें, हमारे देश के ऊर्जा का परिदृश्य बदलने के लिए प्रौद्योगिकी और डिजिटल प्रक्रियाओं की शक्ति को मिलाने से इस काम को अन्जाम दिया जा सकता है। इस तरह के स्मार्ट ग्रिड संचार के दो-तरफ़ा प्रवाह होते हैं, नवीकरणीय ऊर्जा स्रोतों को प्रणाली के साथ एकीकृत करने की सुविधा के साथ-साथ ऊर्जा कम्पनियों को अपने तन्त्र की अधिक प्रभावी तरीके से निगरानी करने की सुविधा भी देते हैं, साथ ही उपभोक्ताओं को उनके ऊर्जा उपयोग के बारे में और अधिक जानकारी भी प्रदान करते हैं। वैकल्पिक ऊर्जा स्रोतों के उपयोग के साथ-साथ जीवाश्म ईंधन के अधिक फलोत्पादक उपयोग को बढ़ावा देने से, स्मार्ट ग्रिड कार्बन डाइऑक्साइड के उत्सर्जन व अन्य ग्रीनहाउस गैस (जल वाष्प, कार्बन डाइऑक्साइड, मीथेन, नाइट्रस ऑक्साइड, और ओज़ोन) में कटौती के साथ-साथ जलवायु परिवर्तन की बढ़ती समस्या पर लगाम लगाने में मदद करते हैं। इटली से लेकर अमरीका तक, परिचालन क्षमता में वृद्धि व पर्यावरण पर प्रभाव को कम करने के दोहरे लक्ष्यों के साथ दुनिया भर के देश स्मार्ट ग्रिड मॉडल को अपना रहे हैं।[8] हालाँकि व्यापक डाटा उपलब्ध नहीं है, 2011 में ईपीआरआई (EPRI—इलेक्ट्रिक पावर रिसर्च इंस्टीट्यूट) द्वारा किये गये एक अध्ययन से पता चलता है कि स्मार्ट ग्रिड की परिकल्पना को साकार करने के लिए लगभग 50 करोड़ डॉलर (बीस साल की अवधि में) शुद्ध निवेश

की आवश्यकता होगी, इस तरह की एक बिजली व्यवस्था के लाभ को अरबों में आँकना चाहिए, 2.8 से 6 के अनुपात में ख़र्च-पर-लाभ होने की सम्भावना है।[9]

एक स्मार्ट ग्रिड निर्माण में क्या-क्या होता है? बिजली संस्थाओं के लिए, बिजली की लाइनों पर स्थापित सेन्सर, तन्त्र की हर प्रकार की स्थिति की वास्तविक समय में जानकारी देते हैं और लोड (भार), जमाव और अभाव का पता लगाने की सुविधा प्रदान करते हैं, और एक सहज व निर्बाध बिजली की आपूर्ति सुनिश्चित करने के लिए अपने संसाधनों को अधिक प्रभावी तरीके से सुव्यवस्थित करता है। बिजली के विच्छेदों की गड़बड़ को दूर से ही ठीक किया जा सकता है, किसी तकनीशियन द्वारा उसे हाथों से ठीक करने की आवश्यकता नहीं रहती। बिजली चले जाने पर इस प्रकार के सेन्सर एक पूर्व चेतावनी तन्त्र की भूमिका निभा सकते हैं, ताकि समस्या को तत्काल पहचाना व दूर से ही ठीक किया जा सके, इससे पहले कि वह समस्या विकराल रूप धारण कर इसे एक बड़े पैमाने के ब्लैकआउट में तब्दील कर दे, जैसा कि 2012 में उत्तर भारत में हुआ था, इतिहास में, वो अब तक का सबसे बड़ा ब्लैकआउट था।[10]

उपभोक्ताओं के लिए स्मार्ट मीटर बिजली उपयोग की जाँच कर सकते हैं, ये मीटर्स वापस बिजली संस्थाओं को व ख़ुद उपभोक्ताओं को जानकारी भेजते हैं। उपभोक्ताओं को पता होता है कि वास्तव में वे कितनी बिजली इस्तेमाल कर रहे हैं, और यह जानकारी बिल के कारण होने वाले विवादों को रोकने में मदद कर सकती है। बिजली संस्थाएँ 'समयानुसार मूल्य निर्धारण (टाइम-ऑफ़-डे प्राइसिंग स्कीम)' योजनायें लागू करना भी शुरू कर सकती हैं, प्रणाली पर अत्यधिक लोड के दौरान ग्राहकों से अधिक कीमत वसूली जायेगी। प्रारम्भिक अध्ययन से पता चला कि मकानमालिक को उनकी बिजली खपत का डाटा उपलब्ध कराने के परिणामस्वरूप घरेलू बिजली खपत में औसतन 3-5 फ़ीसदी तक की गिरावट देखने को मिली है।[11] जन उपयोगी सेवाओं के उपयोग के पैटर्न (नमूनों) को रिकॉर्ड करने की अनुमति देने से, स्मार्ट मीटर के द्वारा चोरी व दुरुपयोग का पता लगाना भी आसान हो जाता है। स्मार्ट मीटर के क्षेत्र में इटली अग्रणी रहा है; 2001 के बाद 3 करोड़ से अधिक स्मार्ट मीटर लगाये जा चुके हैं, और सभी इतालवी परिवारों में से 85 प्रतिशत अब अपने बिजली की देखरेख के प्रबन्धन के लिए स्मार्ट मीटर का उपयोग करते हैं।[12]

वास्तविक समय में विद्युत स्रोतों की निगरानी की क्षमता के कारण जन सेवाओं को माँग व आपूर्ति के दबावों को तेज़ी से और अधिक से अधिक सटीकता से निपटाने की सुविधा मिलती है। इससे बिजली के छोटे और सविराम उत्पादन करने

वाले स्रोत, जैस पवन चक्कियाँ और छतों पर लगे सोलर पैनल को बिजली आपूर्ति प्रणाली में एकीकृत करना सम्भव हो जाता है। भविष्य में, स्मार्ट ग्रिड की ऊर्जा के द्वारा इलेक्ट्रिक कारों को भी रिचार्ज किया जा सकेगा। मौजूदा ऊर्जा स्रोतों का अधिकाधिक उपयोग करने हेतु अपनी परिचालन क्षमता सुधारने के साथ-साथ बिजली संस्थाएँ स्मार्ट ग्रिड का उपयोग प्रणाली में नवीकरणीय ऊर्जा स्रोतों के एकीकरण के लिए भी कर सकती हैं। ऊर्जा कार्यक्षमता को वास्तव में पाँचवाँ 'ईंधन' करार दिया गया है, और रॉकी माउंटेन इंस्टीट्यूट के अमोरी लोविंस ने दक्षता या संरक्षण के माध्यम से बचाई गयी शक्ति का वर्णन करने के लिए एक नये शब्द 'नेगावाट' को इजाद किया है।[13]

ऊर्जा की कार्यक्षमता को कई क्षेत्रों में नवीन पद्धतियों द्वारा संचालित किया जा रहा है।[14] नवीकरणीय ऊर्जा स्रोतों ने, विशेष रूप से सौर ऊर्जा के क्षेत्र में, उपलब्ध ऊर्जा आपूर्ति को बढ़ाया है, और अब उपभोक्ता छोटे उत्पादकों और भंडारक की भूमिका निभाते हुए वास्तव में पावर ग्रिड का 'विकेन्द्रीकरण' कर सकते हैं।[15] संग्रहण अब सस्ता हो रहा है—टेस्ला की इलेक्ट्रिक कारों को चलाने वाली बैटरी जल्दी ही घरेलू इस्तेमाल के लिए भी उपलब्ध हो सकती हैं।[16] स्मार्ट प्रणालियाँ बिजली खपत की देखरेख अधिक कुशलता से कर रही हैं। ये सभी कारक परिणामी निष्पादन और बचत में सुधार के साथ-साथ परम्परागत ऊर्जा ग्रिड संरचना में एक व्यापक परिवर्तन का मार्ग प्रशस्त कर रहे हैं। भारत में इसी प्रकार का परिवर्तन लाने के महत्त्व के बारे में पूर्व केन्द्रीय मन्त्री जयराम रमेश ने यह टिप्पणी की थी, उन्होंने ज़ोर देकर कहा था कि मात्र गीगावाट को ही लक्ष्य बनाना पर्याप्त नहीं है और न ही वास्तविक ऊर्जा परिवर्तन के लिए काफ़ी होगा। आवश्यकता, विकेन्द्रीकृत उत्पादन के साथ-साथ वितरण को भी बेहतर बनाने के प्रयासों को सुनिश्चित करने की है ताकि जिन स्थानीय समुदायों तक बिजली नहीं पहुँच पा रही उनके घरों में बिजली पहुँचे।[17]

भारत के ऊर्जा उत्पादन के स्वरूप एक राज्य से दूसरे राज्य में आश्चर्यजनक रूप से बदलते हैं। आज, गुजरात, ऊर्जा अधिशेष होने का दावा कर सकता है जबकि आन्ध्र प्रदेश 12.1 प्रतिशत ऊर्जा की कमी से जूझ रहा है। स्मार्ट ग्रिड इस सम्पूर्ण क्षेत्र की असमानता को समानता में परिवर्तित करने में मददगार साबित हो सकते हैं, अधिशेष बिजली को प्रणाली में भेज कर और उसे उन क्षेत्रों में वितरित करके जहाँ इसकी एक सुनियोजित तरीके से ज़रूरत है, बिना इस बात की परवाह किये कि कोई बिजली संयंत्र कहाँ स्थापित है और बिजली उत्पत्ति के लिए किस प्रकार की ऊर्जा इस्तेमाल कर रहा है। स्मार्ट ग्रिड का इस्तेमाल भारत की बिना मीटर वाली विशाल जनसंख्या, अधिकतर कृषि-सम्बन्धी, को भी शामिल करने के साथ-साथ

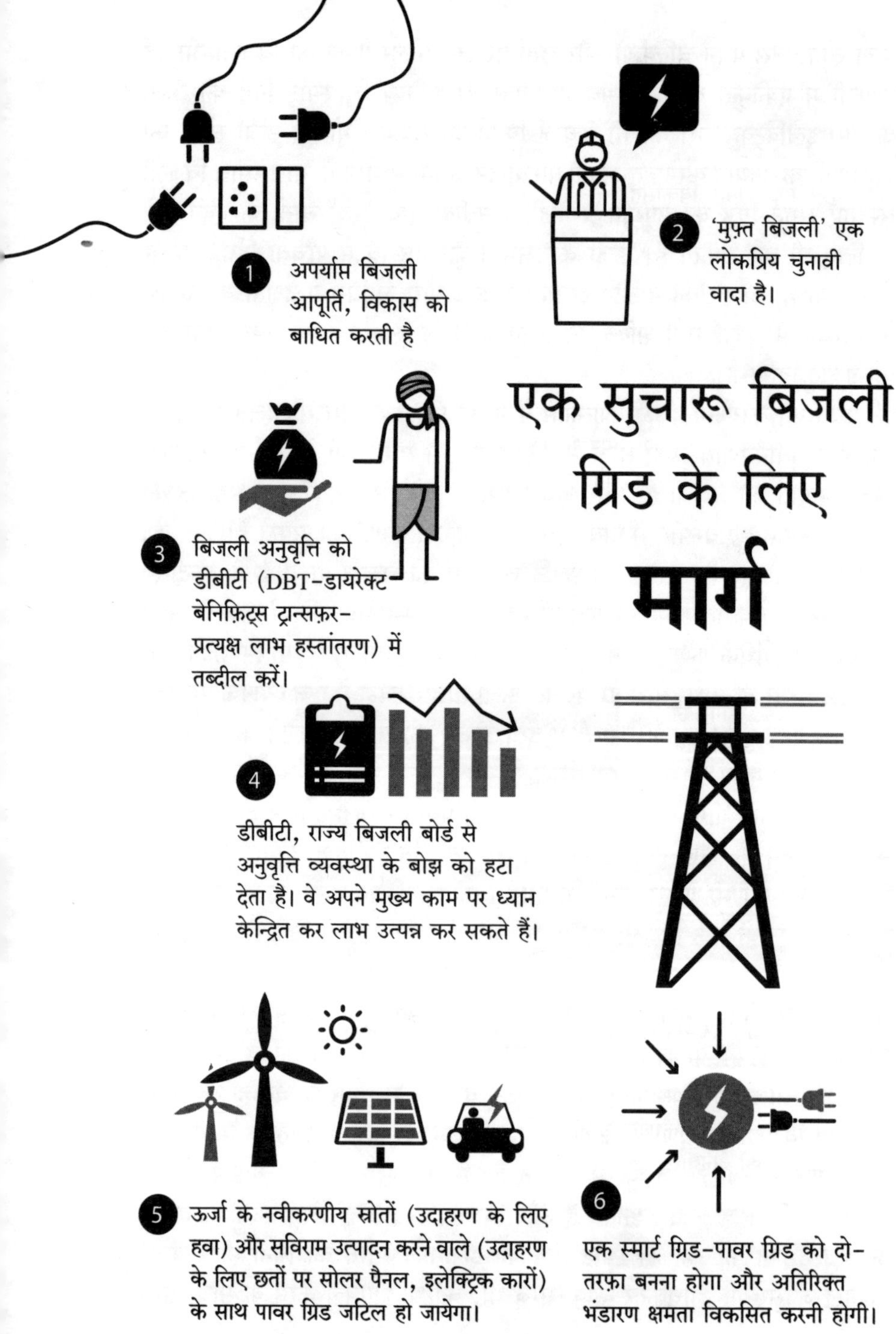
एक सुचारू बिजली ग्रिड के लिए मार्ग
1 अपर्याप्त बिजली आपूर्ति, विकास को बाधित करती है
2 'मुफ़्त बिजली' एक लोकप्रिय चुनावी वादा है।
3 बिजली अनुवृत्ति को डीबीटी (DBT-डायरेक्ट बेनिफ़िट्स ट्रान्सफ़र-प्रत्यक्ष लाभ हस्तांतरण) में तब्दील करें।
4 डीबीटी, राज्य बिजली बोर्ड से अनुवृत्ति व्यवस्था के बोझ को हटा देता है। वे अपने मुख्य काम पर ध्यान केन्द्रित कर लाभ उत्पन्न कर सकते हैं।
5 ऊर्जा के नवीकरणीय स्रोतों (उदाहरण के लिए हवा) और सविराम उत्पादन करने वाले (उदाहरण के लिए छतों पर सोलर पैनल, इलेक्ट्रिक कारों) के साथ पावर ग्रिड जटिल हो जायेगा।
6 एक स्मार्ट ग्रिड-पावर ग्रिड को दो-तरफ़ा बनना होगा और अतिरिक्त भंडारण क्षमता विकसित करनी होगी।

7

चरम ऊर्जा के लिए क्षमता विकसित करना बन्द कर दो; नयी, सस्ती बैटरी में ऊर्जा संग्रहित करें।

8

क्रियाशील मूल्य निर्धारण जो ग्राहकों को स्मार्ट ऊर्जा प्रबन्धन जिससे वे अपनी बिजली खपत का अनुकूलन कर सकते हैं की सुविधा देता है।

9 प्रोत्साहन के रूप में भुगतान : जो उपभोक्ता सौर पैनलों, बिजली वाहनों, हवा चालित जनरेटर के द्वारा ग्रिड में ऊर्जा भरते हैं, उन्हें भुगतान किया जायेगा।

10

कार्बन क्रेडिट लोगों को अपनी CO_2 उत्सर्जन बदलने का संकेत देगा।

ऊर्जा प्रबन्धन को सँभालने के लिए नये संस्थानों का निर्माण : सरकार की भूमिका

1 ऊर्जा अनुवृत्ति प्रबन्धन के लिए राष्ट्रीय ऊर्जा नेटवर्क की स्थापना— उपभोक्ताओं को प्रत्यक्ष लाभ हस्तांतरण, और नवीकरणीय ऊर्जा उत्पादकों को अनुवृत्ति।

2 लाखों उत्पादकों, वितरकों और उपभोक्ताओं के लिए सार्वजनिक मानक और प्रोटोकॉल बनाना, जो भविष्य में ग्रिड में एक-दूसरे के साथ जोड़े जाएंगे।

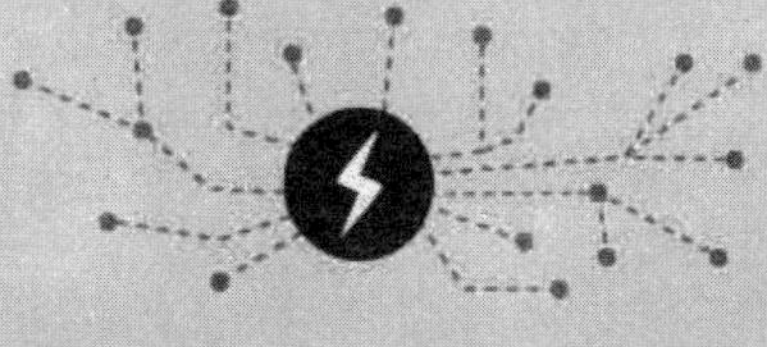

यह पहचानने के लिए भी किया जा सकता है कि कौन से उपभोक्ता रियायती बिजली पाने के अधिकारी हैं और इसके द्वारा धोखाधड़ी को भी रोकना सम्भव हो सकता है।

रोशन कर रहे हैं : एक सुचारू पावर ग्रिड का मार्ग

पूर्ववर्ती आरेख में भारत में एक स्मार्ट पावर ग्रिड निर्माण के लिए दिशा निर्देश दर्शाये गये हैं। इन विचारों की नींव अधिकतर दो रिपोर्टों में निहित है, 'विद्युत क्षेत्र के लिए आईटी टास्क फ़ोर्स की रिपोर्ट' (2002) और 'प्रौद्योगिकी : भारत में बिजली वितरण परिवर्तन को सक्षम बना रही है' (टेक्नोलॉजी : एनेब्लिंग द ट्रान्सफ़ार्मेशन ऑफ़ पॉवर डिस्ट्रीब्यूशन इन इंडिया) (2008), जो 2002 में इन्फ़ोसिस और सीएसटीईपी (CSTEP—सेन्टर फ़ॉर स्टडी ऑफ़ साइंस, टेक्नोलॉजी एण्ड पॉलिसी—विज्ञान तकनीक एवं नीति अध्ययन केन्द्र) द्वारा तैयार की गयी रिपोर्ट का नया संस्करण था।[18] इन दोनों रिपोर्टों को तैयार करने वाली समिति की अध्यक्षता नन्दन ने की थी, और सात वर्षों बाद, वे अभी भी भारत के बिजली क्षेत्र के लिए प्रौद्योगिकी क्या कर सकती है और क्या नहीं कर सकती, इस पर महत्त्वपूर्ण दृष्टिकोण देते रहते हैं:

> यह एक कुशल ऊर्जा प्रणाली की रूपरेखा प्रस्तुत कर सकती है, भविष्य के स्मार्ट ग्रिड के लिए तकनीकी डिज़ाइन बनाने के साथ-साथ हमें व्यावसायिक और व्यावहारिक मुद्दों का समाधान निकालने में मदद कर सकती है। एक स्मार्ट ग्रिड के तकनीकी डिज़ाइन में, आईटी बारीकी के साथ बिजली की वास्तविक समय में निगरानी और नियन्त्रण में मदद कर सकती है, एक मज़बूत, स्वसुधारक ग्रिड का निर्माण करने के साथ-साथ कटौती, लोड, अधिक जमाव और अभाव का पता लगाने व बड़ी संख्या में नवीकरणीय उत्पादनों, भंडारण उपकरणों और प्लग-इन हाइब्रिड वाहनों (वाहन चलाने के लिए दो या दो से अधिक भिन्न ऊर्जा स्रोतों का उपयोग करने वाले वाहन/रिचार्जेबल बैटरी अथवा किसी अन्य ऊर्जा भंडारण उपकरण का उपयोग करने वाले वाहन) जैसे उपकरणों के दो-तरफ़ा विद्युत आदान-प्रदान की स्थापना में भी सहायक सिद्ध हो सकती है। व्यावसायिक और व्यावहारिक मुद्दों के सन्दर्भ में, आईटी चोरी और हानियों को पकड़ने में मदद कर सकती है, ग्राहकों के लिए विकल्प प्रदान करती है, टीओडी (ToD—टाइम-ऑफ़-डे) या वास्तविक समय जैसे नयी मूल्य निर्धारण पद्धति की सुविधा देती है, ज़्यादा बेहतर पारदर्शिता और संरक्षण को सम्भव बनाती है, और जटिल बिल बनाने, संग्रह और सूचना प्रबन्धन के लिए ढाँचा प्रदान करती है।

तो, इस क्षेत्र में प्रौद्योगिकी की सीमाएँ क्या हैं? रिपोर्ट में कहा गया है :

> हमें यह याद रखना चाहिए कि आईटी अपने आप में प्रथाओं और मूलतत्वों को प्रत्यक्ष तौर पर नहीं बदल सकती। इसमें आपूर्ति और माँग, शुल्क दर निर्धारण और बिजली की गुणवत्ता सहित विद्युत प्रणाली के मूलतत्वों में फेरबदल शामिल हैं– परिचालन प्रथाओं और संगठनात्मक संस्कृति में बदलाव, नुकसान और चोरी को कम करना, पर्यावरण की चुनौतियों का सामना करना, और प्रशासन व परियोजना प्रबन्धन को बदलना शामिल है। लोग, विशेष रूप से प्रशिक्षित और तकनीकी उपकरणों से लैस कर्मी, इस परिवर्तन को प्रभावित करने में सिद्ध हो सकते हैं।

इस तरह के किसी भी समाधान में प्रशासन को अपने कन्धों पर बिजली रियायत के पहाड़ जैसे बोझ पर ध्यान देना होगा। हम अनुवृत्ति के लिए प्रत्यक्ष लाभ हस्तांतरण मॉडल की दिशा में कदम बढ़ाने की वकालत करते हैं ताकि राज्यों के बिजली बोर्ड अनुवृत्ति प्रबन्धन की दिशा में अपनी शक्ति खर्च करने की बजाय सभी नागरिकों को भरोसेमन्द बिजली उपलब्ध कराने के अपने प्रमुख जनादेश पर ध्यान केन्द्रित कर सकें।

नवीकरणीय ऊर्जा स्रोत भले ही भारत में अभी विकास की प्रारम्भिक अवस्था में हैं, लेकिन उनमें अपार क्षमता है। शहरी घरों की छतों पर चमकते सौर पैनल दिखना अब कोई नयी बात नहीं है और नयी दिल्ली स्थित पर्यावरण व वन मन्त्रालय का नया कार्यालय सौर छत प्रणाली (सोलर रूफटॉप सिस्टम) द्वारा संचालित है। चूँकि इन सविराम ऊर्जा स्रोतों को ग्रिड में जोड़ना आरम्भ कर दिया है, इन्हें कुशल रखरखाव की आवश्यकता होगी। छोटे उत्पादक तन्त्र के लिए योगदान देना शुरू कर देंगे, दो–तरफ़ा ऊर्जा प्रवाह को बढ़ावा मिलेगा। इस प्रकार की उत्पादक सामग्री को सँभालने और उन्हें माँग और आपूर्ति प्रबन्धन में एकीकृत करने के लिए ग्रिड की भंडारण क्षमता को विकसित करना होगा। अत्यधिक बिजली क्षमता के बिजली उत्पादन संयंत्रों का निर्माण करने की बजाय भंडारण की गिरती कीमत का उपयोग कम लागत वाली बैटरी प्रणालियों का निर्माण करने में किया जा सकता है जो जब ज़रूरत हो तब बिजली का भंडारण कर सकें और उच्च माँग की स्थिति में उसकी आपूर्ति कर सकें। इस सिलसिले में हवाय (Hawaii) का एक सचेत करने वाला किस्सा सुनने में आया, जहाँ घरों द्वारा सौर ऊर्जा की आपूर्ति ने स्थानीय बिजली संस्थाओं को इतना अभिभूत कर दिया कि ग्राहकों को नयी सौर छत प्रणाली स्थापित करने से मना कर दिया था। वहाँ और दूसरी जगहों की परम्परागत बिजली संस्थाएँ

ग्राहकों और सौर ऊर्जा संस्थाओं दोनों के लिए इसे आर्थिक रूप से अलाभकारी बनाकर सौर ऊर्जा उदय में कटौती करने की कोशिश कर रही हैं।[19]

औसत भारतीय उपभोक्ता के व्यवहार में परिवर्तन की भी हम आशा करते हैं, जिसकी पूर्ति भविष्य के बिजली ग्रिड में बिजली के एक निष्क्रिय प्राप्तकर्ता से एक सक्रिय भागीदार बनने से होगी। वे 'नेस्ट' जैसी बिजली उपयोग की वास्तविक जानकारी प्रदान करने वाली नवीन पद्धतियों का उपयोग कर अपनी बिजली खपत के प्रारूप को अनुकूलित कर सकते हैं। फ़ीड-इन-टैरिफ़ (Feed-in-tarrif) अर्थात् जहाँ ग्राहकों को इलेक्ट्रिक वाहनों या छत सौर पैनल के इस्तेमाल से उत्पन्न ऊर्जा को ग्रिड में भेजने पर भुगतान मिलता है, नवीकरणीय ऊर्जा स्रोतों के उपयोग को प्रोत्साहित कर सकते हैं, और ऊर्जा बचत प्रथाओं को व्यापक स्तर पर बढ़ावा देने हेतु उपभोक्ताओं के लिए स्वच्छ ऊर्जा और कार्बन क्रेडिट का सिद्धान्त लागू करने में सहायक हो सकते हैं।

बात जब स्मार्ट ग्रिड की संगठनात्मक देखरेख की आती है, अक्षमता, भ्रष्टाचार और भारी वित्तीय घाटे से आक्रान्त भारत के लड़खड़ाते सार्वजनिक क्षेत्र की ऊर्जा उपयोगिताओं के कन्धे इस बोझ को उठाने में अक्षम हैं। हमें एक ऐसी पद्धति की ज़रूरत है, जहाँ हम सरकार के साथ-साथ ऊर्जा क्षेत्र से विशेषज्ञों को आकर्षित कर सकें, और बिजली संस्थाओं, नियामकों, नीति निर्माताओं, प्रौद्योगिकी सेवा प्रदाताओं, मानक समितियों, उपभोक्ता समूहों व प्रौद्योगिकी क्षेत्र के विशेषज्ञों, अर्थव्यवस्था, कानून व दूसरे क्षेत्रों से भी मेल-मिलाप स्थापित कर कार्य के लिए कई हितधारकों को साथ ला सकें। ऊर्जा प्रबन्धन का एक नया मॉडल बनाने के लिए सरकार को एक और महत्त्वपूर्ण कार्य करना होगा, उन आम मानकों और प्रोटोकॉल की स्थापना करके निजी क्षेत्र में नवपरिवर्तन को बढ़ावा देना होगा, जो उत्पादन, वितरण और ऊर्जा की खपत में नये ऑपरेटिंग मॉडल की बुनियाद की भूमिका निभा सकते हैं।

भारत के विद्युत क्षेत्र में अनिश्चितता के बादल मंडरा रहे हैं। दुनिया भर में बढ़ती ऊर्जा कीमतों के झटकों से बचने के लिए हम अब अनुवृत्तियों का उपयोग ख़ुद को अलग-थलग करने के लिए नहीं कर सकते, हम जीवाश्म ईंधन प्रयोग को लेकर बढ़ रहे कोलाहल को अनसुना नहीं कर सकते, और हम इस तथ्य को भी अनदेखा नहीं सकते कि हमारी ऊर्जा नीतियाँ और कार्यप्रणाली लम्बे समय से पूर्णतः असंवहनीय हैं। प्रौद्योगिकी संचालित समाधानों को लागू करने के लिए हमारे पास यह अनूठा अवसर है जो स्मार्ट, टिकाऊ ऊर्जा समाधानों की निर्मिती करने में भारत के लिए अग्रणी बनने का मार्ग प्रशस्त कर सकता है जिससे देश की अर्थव्यवस्था और ऊर्जावान हो सकेगी।

15

न्याय में विलम्ब, न्याय न मिलने के बराबर है

अपनी अच्छाई में, इन्सान सभी जानवरों से श्रेष्ठ है लेकिन कानून और न्याय के अभाव में वह सबसे बुरा है।

—अरस्तू

यह बात एकदम स्पष्ट है कि भारतीय न्याय व्यवस्था गहरी मुश्किल में है। किसी भी नज़रिये से देखें, चाहे हमारे लिए उपलब्ध न्यायाधीशों और अदालतों की संख्या हो अथवा उनके सामने रखे मुक़दमों का शीघ्र निबटारा करना हो, हमारा न्याय तन्त्र एक ख़स्ताहाल, निराशाजनक कार्यप्रणाली है। हमारे पास प्रति 10 लाख लोगों पर मात्र दस से पन्द्रह न्यायाधीश हैं, और हमारी जनसंख्या-पर-न्यायधीशों की संख्या का अनुपात विश्व में सबसे कम है।[1] 2014 तक, सम्पूर्ण भारत में लम्बित मुक़दमों की चौंका देने वाली कुल संख्या 3 करोड़ तक पहुँच चुकी थी।[2] देश भर में लम्बित सभी मुक़दमों का फ़ैसला करने के कठिनतम लक्ष्य को साधने के लिए यदि अपनी मौजूदा ताकत के दम पर हमारा न्याय तन्त्र अपनी आस्तीन ऊपर कर भी ले तो, आन्ध्र प्रदेश उच्च न्यायालय के न्यायाधीश वी.वी.राव का अनुमान है कि उन्हें पिछले मुकदमे निबटाने में ही 320 वर्ष लग जायेंगे।[3] कुछ वर्ष पहले, दिल्ली के चीफ़ जस्टिस ए.पी. शाह ने स्वीकारा था कि दिल्ली उच्च न्यायालय 466 वर्ष पीछे चल रहा था, मुक़दमों का बोझ हटाने के एक प्रयास में, अदालत ने एक मामले की सुनवाई के लिए औसत समय घटा कर पाँच मिनट से कुछ अधिक कर दिया।[4]

अदालत में पाँच मिनट का समय मिलना भी भारत की जेलों में पड़े और अपने मुक़दमे की सुनवाई की प्रतीक्षा कर रहे 300,000 कैदियों के लिए एक सराहनीय राहत होगी। उनकी तादाद तेज़ी से बढ़ रही है, और उनमें से कई या तो अनपढ़ हैं या कम शिक्षित हैं। यदि उनके मुक़दमों की सुनवाई उच्च न्यायालय द्वारा की जानी है–जैसा कि किसी अपील के मामले में होता है–वे एक और अन्तहीन प्रतीक्षा के अधर में लटक जायेंगे, क्योंकि निचली अदालतों से होते हुए सुप्रीम कोर्ट तक पहुँचने में, किसी मुक़दमे को अनुमानतः पन्द्रह से बीस वर्ष लग जाते हैं।[5] यह कोई आश्चर्य नहीं, भारत में कानूनी मामले अक्सर पारिवारिक विरासत बन जाते हैं, बच्चों और वादियों के बच्चे और फिर उनके भी बच्चे/पोते-पोतियाँ मूल शिकायतकर्ताओं की मृत्यु के लम्बे अर्से बाद भी निष्ठापूर्वक अपने परिवार के मकसद के लिए उस लड़ाई को जारी रखते हैं।

हमारी रुग्ण न्याय व्यवस्था

हालाँकि दिमाग बहुत चकरा रहा है, इन समस्याओं में से कोई भी विशेष रूप से नयी नहीं है। 1924 में स्वतन्त्रता पूर्व युग की रैनकिन समिति के साथ शुरू करते हैं, समितियों, आयोगों, सम्मेलनों और रिपोर्ट की एक अन्तहीन व्यूहरचना की गयी थी, ये सभी न्यायिक सुधार समस्या के प्रति समर्पित थीं। ज़ाहिर है कि जब भी न्यायिक दक्षता को बढ़ाने की बात उठती है तो अधिक न्यायाधीशों की नियुक्ति व अधिक अदालतों के निर्माण जैसे उपायों सहित अन्य सुझावों की कोई कमी नहीं होती। उन्हें लागू क्यों नहीं किया गया?

आंशिक तौर पर इसका उत्तर है 'धन'। भारत अपनी जीडीपी का 1 फ़ीसदी से भी कम, न्यायपालिका पर ख़र्च करता है, अन्य लोकतान्त्रिक देशों की तुलना में वह कहीं कम है।[6] इस मामूली रकम में से आधे से अधिक ख़ुद न्यायपालिका द्वारा, न्यायालय शुल्क और जुर्माने के माध्यम से एकत्र किया जाता है। कार्यकारिणी और विधान मण्डल द्वारा न्यायपालिका पर नियन्त्रण और संतुलन रखा गया है। जैसा कि अलेक्जेंडर हैमिल्टन ने फेडेरलिस्ट पेपर्स में लिखा है :

> इसके विपरीत, न्यायपालिका का प्रभाव न तो तलवार पर और न ही धन पर है; समाज की ताकत अथवा समृद्धि दिशाहीन हो चुकी हैं; और जो भी हो, यह कोई क्रियात्मक समाधान नहीं निकाल सकती है। वास्तव में कहा जा सकता है कि न तो 'बल' है और न ही 'इच्छा' है, बस मात्र फ़ैसला ही है; और अन्त में अपने फ़ैसले की प्रभावकारिता के लिए कार्यकारी शाखा की सहायता पर निर्भर रहना होगा।[7]

हालाँकि इनका निर्माण, शक्ति का एकसमान वितरण सुनिश्चित करने के लिए किया गया था, न्यायपालिका के कामकाज पर इन बाधाओं का प्रभाव अत्यधिक है। यहाँ तक कि 2007 में, भारत के तत्कालीन मुख्य न्यायाधीश के.जी. बालाकृष्णन ने भारत की कानून व्यवस्था की कछुआ चाल का दोष यह कहते हुए सीधे सरकार पर डाल दिया था कि ''न्याय में विलम्ब का मुख्य कारण न्यायपालिका से अधिक कार्यकारिणी बल व सरकार की प्रशासनिक शाखा हैं।''[8]

फ़िलहाल इस समय, भारतीय न्यायपालिका की समस्याओं की जड़ें इतनी गहराई तक पहुँच चुकी हैं कि प्रणाली में केवल अधिक पैसा फेंक कर अधिक न्यायाधीशों की नियुक्ति अथवा अधिक अदालतों के निर्माण से इन समस्याओं का समाधान निकाल पाना सम्भव नहीं है। हालिया वर्षों में, हमने न्यायिक प्रक्रिया में तेज़ी लाने के प्रयास में फ़ास्ट-ट्रैक अदालतों का उद्भव देखा है, लेकिन यह भी सुई से तलवार का काम लेने के प्रयास जैसा ही है। हम भारतीय समाज के किसी अन्य ऐसे पहलू के बारे में सोच नहीं सकते जहाँ यह तो स्पष्ट है कि सामान्य समाधान अब काम नहीं करेंगे, न्यायपालिका की संचालन व्यवस्था को नया स्वरूप देने के साथ-साथ प्रक्रियाओं व संस्थाओं का एक नया वर्ग बनाने का यही समय है, जिससे हमारी कानून व्यवस्था तेज़, निष्पक्ष और पारदर्शी हो जाएगी। प्रौद्योगिकी वो नींव है जिस पर इन प्रक्रियाओं और संस्थाओं का निर्माण होना चाहिए।

प्रौद्योगिकी द्वारा हमारी अदालतों का सुधार

सुधारों की पहली श्रेणी में कानूनी प्रक्रिया की रोज़मर्रा की बारीकियों की देखरेख के लिए प्रौद्योगिकी-आधारित प्रणालियों का निर्माण शामिल है। सुनवाई के लिए किसी मुकदमे की तैयारी के 90 प्रतिशत काम में न्यायाधीश के हस्तक्षेप की ज़रूरत नहीं होती। इसमें दस्तावेज़ बनाना, सबूत इकट्ठा करना और सुनवाई का समय निर्धारण करना जैसे नियमित कार्य शामिल होते हैं, साथ ही यह सुनिश्चित करते हुए कि इन कार्यों में नियम कानूनों का पालन हो रहा है। प्रौद्योगिकी-आधारित सेवाओं के विकास द्वारा, डाटा रखरखाव व प्रगति की निगरानी जैसी गतिविधियों को आसानी से व्यवस्थित व तेज़ किया जा सकता है, जिससे न्यायिक अधिकारियों पर बोझ कम होगा और अदालत के बहुमूल्य समय की बचत होगी जो अक्सर कार्यप्रणाली की छोटी-छोटी बातों पर बहस में व्यर्थ जाता है।

आज, एक साधारण व्यक्ति को अदालत के द्वारा उसके मुक़दमे की प्रगति के बारे में दी गयी थोड़ी-बहुत जानकारी और कम नियन्त्रण के कारण, भारत की

न्याय व्यवस्था काफ़ी हद तक अपारदर्शी बनी हुई है। कानूनी कार्य पद्धतियाँ अक्सर जटिल व भ्रामक लग सकती हैं, परिणामस्वरूप उनका पालन ग़लत तरीके से होता है और विलम्ब का कारण बनती हैं। एक केन्द्रीकृत, प्रौद्योगिकी संचालित न्यायालय संचालन मंच इन मुद्दों का समाधान निकालने में मदद करेगा, और यह हमारे द्वारा प्रस्तावित सुधार की दूसरी श्रेणी है।

इस तरह का एक मंच सभी मुक़दमों के रिकॉर्ड व दस्तावेज़ों के इलेक्ट्रॉनिक भण्डार के रूप में कार्य कर सकता है, डाटाबेस से सम्बन्धित जानकारी ढूँढने में न्यायाधीशों व प्रतिभागियों दोनों को सुविधा होगी। हमारे जैसी किसी व्यवस्था में यह विशेष रूप से महत्त्वपूर्ण है, जो लगभग पूर्णतः काग़ज़ पर निर्भर है और जहाँ प्रत्येक मामले के लिए नियमित रूप से कागज़ों के अम्बार तैयार किये जाते हैं।1993 का मुम्बई बम विस्फोट मामला, भारत में सबसे लम्बे समय से चल रहा मुक़दमा था, इसकी कानूनी सामग्री में 120,000 से अधिक पृष्ठ इस्तेमाल हुए थे, जिन्हें अदालत ले जाने के लिए ट्रकों पर लादना पड़ा था।[9] यहाँ तक कि काग़ज़ का एक पन्ना गुम होने के परिणामस्वरूप अत्यधिक विलम्ब झेलना पड़ सकता है, और फिर पुस्तकालय जैसे ढेरों काग़ज़ों में से एक आवश्यक दस्तावेज़ अथवा जानकारी के टुकड़े को ढूँढना, समय की भयंकर बर्बादी है। इलेक्ट्रॉनिक डाटाबेस बनाने से न्यायिक अभिलेखों पर नज़र रखने के साथ-साथ जानकारी इकट्ठा करने और उसके संग्रहण के लिए एकसमान प्रक्रियाओं की स्थापना करने में आसानी होगी।

अदालत की गतिविधियों और सुनवाई के विवरण वाले एक अदालती कैलेन्डर से किसी मुक़दमे की प्रगति पर भी नज़र रखना सरल हो जायेगा, और कार्य निष्पत्ति का अनुमान लगाने व अत्यधिक विलम्ब को चिन्हित कर उस पर आगे जाँच पड़ताल करने की सुविधा मिलेगी। अक्सर मुक़दमों के स्थगन एक अन्तहीन शृंखला की बदौलत अनिश्चितकाल के लिए खिंचते चले जाते हैं, नागरिक प्रक्रियात्मक कोड में किये 2000 संशोधन में केवल तीन बार स्थगन की अनुमति देकर इस मुद्दे का समाधान निकालने की माँग की गयी थी। स्थगन की संख्या पर नज़र रखने के लिए अदालती कैलेन्डर इस्तेमाल किया जा सकता है, और तीन बार स्थगित हो चुके मुक़दमों को तत्काल सुनवाई के लिए हरी झण्डी दिखाई जा सकती है, इससे यह सुनिश्चित होगा कि कानूनी देरी के प्रमुख कारण को तत्क्षण दूर कर दिया गया है।

प्रत्येक व्यक्ति के मुक़दमे पर उसी मामले में समर्पित किसी योजनाकार के द्वारा नज़र रखी जा सकती है, जहाँ न्यायाधीश उस मुक़दमे की श्रेणी या विषय के आधार पर प्रत्येक मामले के लिए एक योजना निर्धारित करेंगे। मुक़दमे की प्रगति के अनुसार योजनाओं पर लगातार नज़र रखने के साथ-साथ उन्हें पुनर्योजित किया जा सकता

है, और मुक़दमे की सुनवाई व उससे सम्बन्धित घटित सभी घटनाओं के लिए एक चल सारणी बनायी जा सकती है। 'केस (मुक़दमा) डैशबोर्ड' के द्वारा प्रत्येक मुक़दमे की स्थिति पर नजर रखी जा सकती है, जिससे विलम्ब का आसानी से पता चलेगा, और मुक़दमों की प्रगति और उनके निपटान को लेकर किसी विशेष अदालत के समग्र कामकाज का डाटा उपलब्ध हो सकेगा। कई न्यायिक प्रक्रियाओं के लिए मुक़दमे में लिप्त दलों की व्यक्तिगत उपस्थिति की बजाय उन्हें डिजिटल रूप से पूरा करने की सुविधा प्रदान करने के लिए ई-फ़ाइलिंग प्रणाली का निर्माण किया जा सकता है।

इस प्रकार की व्यवस्था का निर्माण उसे समावेशी बनाने, न्यायाधीशों, वादियों, वकीलों, पुलिस, जेल अधिकारियों व नागरिकों को इसमें शामिल कर, संचालन को सुचारू बनाने और जानकारी वितरण की असमानता को दूर करने के लिए किया गया है। इससे मुक़दमे की व्यवस्थित योजना बनाना भी सम्भव हो जायेगा, अदालत की सुनवायी को अधिक कुशल तरीके से योजनाबद्ध करने से समय की बचत करने में मदद मिलेगी, मुक़दमे से सम्बन्धित सामग्री की तलाश में लगने वाले समय में कटौती होगी, निर्णय लेने की प्रक्रिया में सहायता मिलेगी, जवाबदेही में सुधार और विभिन्न विभागों व संस्थाओं में देरी को कम किया जा सकेगा और सबसे महत्त्वपूर्ण बात, न्याय व्यवस्था अधिक नागरिक-अनुकूल बन पायेगी।

परिवर्तनकारी संस्था : राष्ट्रीय न्याय तन्त्र

भारत में प्रौद्योगिकी-आधारित न्यायिक सुधार के प्रयास शुरू किये गये हैं, लेकिन उन पर अभी भी सीमित रूप से अमल किया जा रहा है। उदाहरण के तौर पर, भारत के मुख्य न्यायाधीश ने न्यायपालिका के लिए एक योजना व प्रबन्धन प्रणाली के निर्माण का आह्वान किया था, जवाब में, 2008 में राष्ट्रीय न्याय अकादमी ने भोपाल में न्यायाधीशों के एक समूह के सामने पेश कर दिया, उस योजना को वे आईएमएजे (IMAJ—इनफ़ार्मेशन मैनेजमेंट सिस्टम फ़ॉर एडमिनिस्ट्रेशन ऑफ़ जस्टिस— 'न्यायिक प्रशासन के लिए सूचना प्रबन्धन प्रणाली') कह कर बुलाते हैं, इस प्रणाली की चर्चा हम पहले भी कर चुके हैं जो एक न्यायिक मंच की तरह कार्य करेगी; यह प्रस्ताव अपने योजना चरण से आगे नहीं बढ़ पाया। 2011 में, सरकार ने 'न्याय प्रदान और कानूनी सुधार के राष्ट्रीय मिशन' के निर्माण को मंज़ूरी दी थी, इसकी कल्पना न्यायिक प्रक्रिया को तेज़ व निष्पक्ष बनाने के लिए एक व्यापक कायापलट के रूप में की गयी थी।[10] न्यायिक प्रक्रियाओं को डिजिटल बनाने में मदद हेतु एक ई-कोर्ट परियोजना भी स्थापित की गयी है,[11] लेकिन इस तरह की पहल द्वारा निर्धारित महत्त्वाकांक्षी लक्ष्य

न्याय में विलम्ब = न्याय न मिलना

समय पर न्याय करने के लिए दिशा-निर्देश

1. 2014 में, भारत भर में **3 करोड़** मामले प्रलम्बित थे।

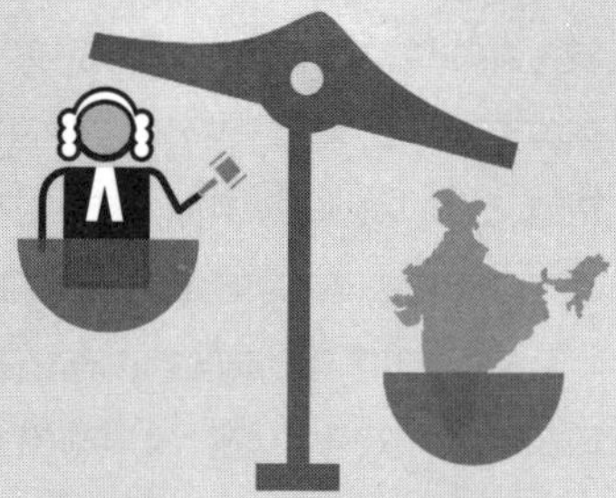

2. हम अपनी न्याय व्यवस्था पर बहुत कम खर्च करते हैं।

3. न्यायालय प्रक्रिया पर समय बर्बाद करते हैं, न कि न्याय पर।

4. एनजेएन (NJN-नेशनल ज्यूडिशयल नेटवर्क-राष्ट्रीय न्यायिक तन्त्र) के माध्यम से हमारी अदालतों को कारगर बनाने के लिए प्रौद्योगिकी का इस्तेमाल।

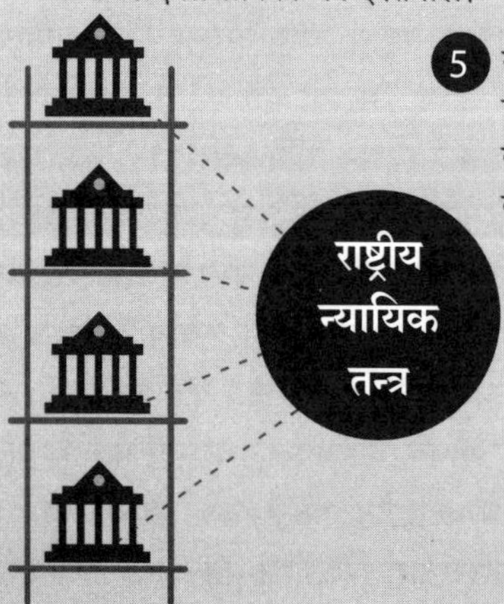

5. स्वतन्त्रता बनाये रखने के लिए 'एनजेएन की वित्त व्यवस्था' अदालत के बजट द्वारा होगी।

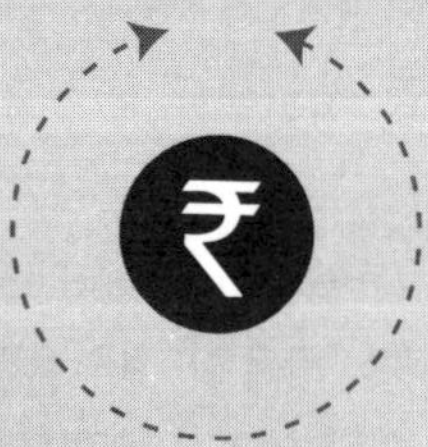

6. सभी प्रमुख न्यायिक गतिविधियों के लिए ऑटोमेशन (प्रौद्योगिकी द्वारा काम)।

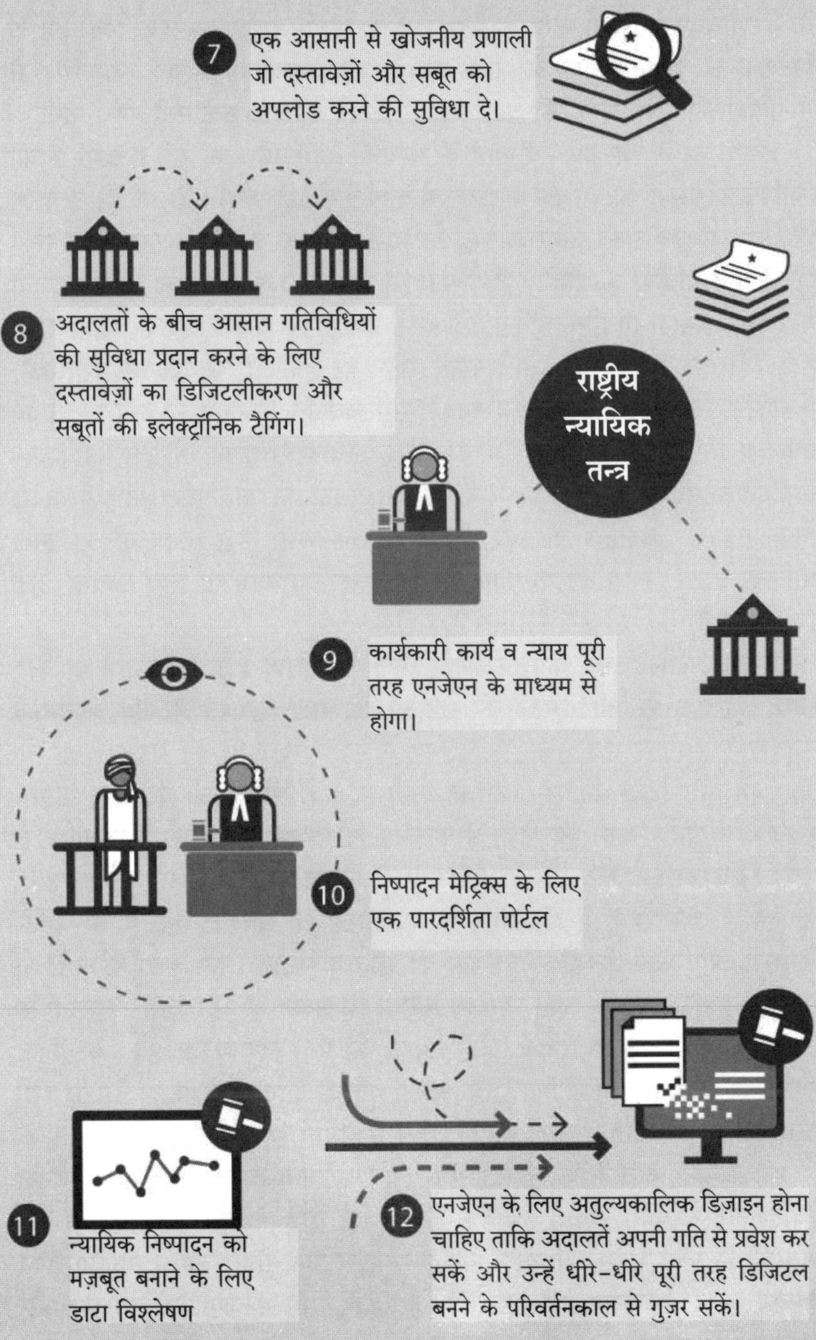
7 एक आसानी से खोजनीय प्रणाली जो दस्तावेज़ों और सबूत को अपलोड करने की सुविधा दे।
8 अदालतों के बीच आसान गतिविधियों की सुविधा प्रदान करने के लिए दस्तावेज़ों का डिजिटलीकरण और सबूतों की इलेक्ट्रॉनिक टैगिंग।
राष्ट्रीय न्यायिक तन्त्र
9 कार्यकारी कार्य व न्याय पूरी तरह एनजेएन के माध्यम से होगा।
10 निष्पादन मेट्रिक्स के लिए एक पारदर्शिता पोर्टल
11 न्यायिक निष्पादन को मज़बूत बनाने के लिए डाटा विश्लेषण
12 एनजेएन के लिए अतुल्यकालिक डिज़ाइन होना चाहिए ताकि अदालतें अपनी गति से प्रवेश कर सकें और उन्हें धीरे-धीरे पूरी तरह डिजिटल बनने के परिवर्तनकाल से गुज़र सकें।

अभी भी पहुँच से दूर ही हैं। 2008 में, नन्दन ने केन्द्रीकृत अदालत प्रबन्धन प्रणाली के कार्यान्वयन पर चर्चा करने के लिए ख़ुद तत्कालीन राष्ट्रीय न्यायिक अकादमी के निदेशक डॉ. मोहन गोपाल के साथ-साथ उच्चतम न्यायालय के एक न्यायाधीश से मुलाकात की, लेकिन उनकी यह पहल भी अपने अन्जाम तक नहीं पहुँच पायी।

दुनिया भर की सरकारें नयी तरह के संस्थानों का निर्माण कर रही हैं इससे उनकी न्यायिक व्यवस्था को अधिक कुशलता से कार्य करने की सुविधा मिलती है। उदाहरण के लिए, संयुक्त राज्य अमरीका में, उन सभी सहायता कार्यों की देखरेख के लिए जो कानूनी प्रक्रिया का हिस्सा हैं, 1939 में संयुक्त राज्य अमरीका के न्यायालयों के 'एओ' (AO—एडमिनिस्ट्रेटिव ऑफ़िस—प्रशासनिक कार्यालय) की स्थापना की गयी थी। अब यह 'एओ' आवश्यकता पड़ने पर वकीलों, सार्वजनिक प्रशासकों, एकाउंटेंट, सिस्टम इंजीनियर, विश्लेषकों, सांख्यिकीविदों और अन्य कर्मचारियों को उपलब्ध कराता है, दरअसल, अदालतों के सुचारू संचालन के लिए आवश्यक नियमित कामकाज को इसी प्रकार के बाहरी संगठनों को आउटसोर्स (ठेके पर देना) किया गया है (हालाँकि वे अभी भी सरकार का हिस्सा हैं), अदालतों को उनके मौलिक उद्देश्य 'न्याय देने के काम' पर ध्यान केन्द्रित करने के लिए स्वतन्त्र छोड़ दिया गया है।[12]

हमारी अदालतों को कमज़ोर बनाने वाले अत्यधिक बोझ को घटाने के लिए भारत को एक ऐसे ही संगठन की सेवाओं की सख्त ज़रूरत है। एक केन्द्रीकृत न्यायालय संचालन मंच सृजन के माध्यम से न्याय व्यवस्था को बेहतर बनाने के लिए हम कुछ दिशा-निर्देश प्रस्तावित करते हैं, एक समिति जो पूरी तरह काग़ज़ रहित न्याय प्रदान करने की दिशा में परिवर्तन लाना शुरू करेगी। सभी दस्तावेज़ व सबूत डिजिटल बना दिये जायेंगे और आसानी से ढूँढे जा सकेंगे, और अदालतों के माध्यम से किसी मुक़दमे की प्रगति पर नज़र रखी जा सकेगी, मुक़दमे की बेहतर निगरानी और कार्य-निष्पादन प्रबन्धन की सुविधा मिलेगी। इस डाटा में कुछ को सार्वजनिक विश्लेषण के लिए उपलब्ध कराया जा सकता है और जिसे अदालतों के समग्र कामकाज को सुधारने के लिए रुझानों का पता लगाया जा सके। केन्द्रीकृत न्यायालय संचालन मंच में हित धरक अपनी गति से दाखिल हो सकते हैं और इसी तरह कागज़ आधारित प्रणाली नियमित रूप से समाप्त हो जायेगी।

हम कल्पना करते हैं कि एक राष्ट्रीय सूचना उपयोगिता-एनजेएन (NJN—नेशनल ज्यूडिशयल नेटवर्क—राष्ट्रीय न्यायिक तन्त्र), इस तरह के मंच निर्माण व उसकी निगरानी के लिए सबसे अधिक आकर्षक संगठनात्मक मॉडल होगा। न्यायपालिका जमकर अपनी स्वतन्त्रता की रखवाली करती है, और एनजेएन की संरचना और

कार्य-पद्धति को उस स्वतन्त्रता की पूरी तरह रक्षा करनी चाहिए। उदाहरण के लिए, एनजेएन सुप्रीम कोर्ट के संरक्षण में काम कर सकते हैं, काफ़ी कुछ वैसे ही जैसे राष्ट्रीय न्याय अकादमी फ़िलहाल कर रही है, और इसके लिए धन की पूरी व्यवस्था आवंटित अदालत बजट के द्वारा हो सकती है। एनजेएन के कामकाज में दखलंदाज़ी का अधिकार रखने वाले हितधारक के रूप में वही संस्थाएँ शामिल होंगी जो इसकी सेवाओं की प्रधान उपयोगकर्ता होंगी अर्थात् कानून मन्त्रालय, उच्चतम न्यायालय और उच्च न्यायालय।

इसके जनादेश को प्रभावी तरीके से सँभालने के लिए, एनजेएन को कानूनी विशेषज्ञों और प्रौद्योगिकीविदों दोनों की सेवाओं की आवश्यकता होगी, दोनों को एक-दूसरे के क्षेत्र का व्यावहारिक ज्ञान होना चाहिए ताकि कानून का अक्षरशः पालन करते हुए भी प्रक्रियाओं को सरल बनाया जा सके। आज, न्यायाधीशों को पर्यावरण सम्बन्धी विवादों और पेटेंट (Patent) की मुकदमेबाज़ी से जुड़े जटिल मुक़दमों की सुनवाई करनी पड़ती है, जिसमें वैज्ञानिक और कानूनी विशेषज्ञता के विविध क्षेत्र शामिल होते हैं। न्यायाधीशों से इन सभी क्षेत्रों की जानकारी हासिल करने की उम्मीद करने की बजाय एनजेएन को इन क्षेत्रों में विशेषज्ञों की भर्ती करनी चाहिए, जो न्याय प्रक्रिया को पूरा करने के लिए अपने प्रशिक्षण व अनुभव की विविधताओं का इस्तेमाल कर सकें, प्रणाली में एक ही व्यक्ति पर ज्ञान का बोझ कम होगा।

कानून का उद्देश्य नागरिक व राज्य के बीच सन्तुलन कायम करना है। यह बहुसंख्यकों की निरंकुशता से अल्पसंख्यकों की रक्षा करता है। इसके साथ ही, कानून के समक्ष सभी नागरिक समान होने चाहिए। एक स्थिति जिसमें गरीब और वंचित लोग उचित प्रक्रिया व समानता के प्रत्येक सिद्धान्त का उल्लंघन करने वाली अपारदर्शी सर्प-कुंडलियों और कछुए की चाल से रेंगती न्यायिक प्रणाली में फंसे हुए हैं। यदि हम इस गलत को सही बनाना चाहते हैं तो हमें अपने न्यायतन्त्र को मज़बूत बनाने वाले नये संस्थानों का निर्माण करना होगा, और उन संस्थानों में उन नवीन प्रतिभाओं द्वारा जान डालनी होगी जो उनको अधिक कुशल बनाने के साथ-साथ उनके कामकाज में पारदर्शिता को बढ़ावा दें। केवल तभी हम एक स्थिर राष्ट्र के बारे में अरस्तू के सिद्धान्त को सार्थक बना सकेंगे, एक ऐसा राष्ट्र जिसमें कानून के समक्ष सभी लोग एकसमान हों।

16

रीबूटिंग इंडिया : एक अरब महत्त्वाकांक्षाओं को साकार करना

भविष्य तो पहले से ही यहाँ है—बस इसे समान रूप से बाँटा नहीं गया है।

—विलियम गिब्सन

भारत की बारह मुख्य चुनौतियाँ

इस पूरी पुस्तक यात्रा के दौरान, हमने बारह मुख्य चुनौतियों और उनका समाधान निकालने वाले मंचों की चर्चा की है—जो प्रत्यक्ष रूप से नागरिकों, व्यवसायों और सरकार को प्रभावित करते हैं। नयी नवपरिवर्तित अर्थव्यवस्था में, सरकार को मंच व पारिस्थितिकी तन्त्र का निर्माण, जिन्हें आगे बढ़ाया जा सके ऐसे न्यूनतम व सरल समाधानों का विकास, और एक उचित नियामक व्यवस्था प्रदान करने के संदर्भ में सोचना चाहिए।

'आधार' तथा 'पहल' (एलपीजी अनुवृत्ति) के रूप में हम पहली दो मुख्य चुनौतियों को पार कर चुके हैं। आज, यहाँ 90 करोड़ से अधिक 'आधार' धारक हैं, और इनमें से 20 करोड़ संख्याएँ सीधे बैंक खातों से जुड़ी हैं। लगभग 14 करोड़ एलपीजी उपभोक्ताओं की अनुवृत्ति उन्हें अपने बैंक खातों में प्रत्यक्ष हस्तान्तरण के रूप में मिल जाती है, इस प्रणाली ने काफ़ी हद तक धोखाधड़ी के द्वारा होने वाले घोटालों और सरकार पर अनुवृत्ति के बोझ दोनों को कम किया है। आज की तारीख़ में

एलपीजी अनुवृत्ति के रूप में 25000 करोड़ रुपये उपभोक्ताओं को हस्तान्तरित किये जा चुके हैं। ये दोनों मंच अब मज़बूती से स्थापित हो चुके हैं। कई अन्य अनुवृत्ति और सामाजिक सुरक्षा कार्यक्रमों के लिए इसी प्रणाली को लागू करना आसान होगा।

अगली चार मुख्य चुनौतियाँ जिनका हमने वर्णन किया है उनकी रूपरेखा तैयार हो चुकी है और उनके शीघ्र कार्यान्वयन का कार्य प्रगति पर है, लेकिन वह स्तर हासिल किया जाना अभी बाकी है। हमने इलेक्ट्रॉनिक भुगतानों सहित नकद रहित अर्थव्यवस्था के लिए दिशा-निर्देशों पर चर्चा की है। माइक्रो एटीएम, बैंकिंग सेवाओं को देश में प्रत्येक दरवाज़े पर ले आयेगा। ई-केवाईसी के साथ, हम एक काग़ज़ रहित समाज की ओर कदम बढ़ाना आरम्भ कर देंगे, जिसमें अधिक कागज़ी कार्रवाई वाले दस्तावेज़ पकड़ कर घन्टों लाइन में प्रतीक्षा किये बिना, एक बैंक खाता खोलने से लेकर सरकारी सहायता का लाभ उठाने तक, सेवाओं की एक शृंखला का उपयोग इलेक्ट्रॉनिक तरीके से किया जा सकेगा। आखिरकार, काग़ज़ रहित समाज और जटिल प्रक्रियाएँ व्यवस्थित होने से सरकार व कारोबार तक हमारी पहुँच अधिक सुलभ हो जायेगी साथ ही हमारी अर्थव्यवस्था अधिक समावेशी बन जायेगी।

इलेक्ट्रॉनिक टोल, जिसकी संरचना को अब लागू किया जा रहा है, प्रत्येक वाहन को उसकी विशिष्ट पहचान, उसका 'आधार' मिल जायेगा। ट्रक और लोग अब हमारे सभी राजमार्गों पर आराम से आवागमन करेंगे, टोल प्लाज़ा पर लगने वाले प्रतीक्षा समय में कटौती होगी। लागू होने के बाद, वस्तु एवं सेवा कर भारत में एक एकल साझा बाज़ार का सृजन करेगा, और धोखाधड़ी पर पूर्णविराम लगा कर धीरे-धीरे सरकारी राजस्व में वृद्धि होने लगेगी। जीएसटी द्वारा उत्पन्न डाटा में किसी व्यापारी की व्यावसायिक गतिविधियों के बारे में महत्त्वपूर्ण जानकारी निहित होगी और ऋणदाताओं द्वारा जिसका इस्तेमाल लाखों छोटे व्यापारियों की साख का आकलन करके उन्हें ऋण (क्रेडिट) उपलब्ध कराने हेतु किया जा सकता है। वास्तव में, किसी व्यवसाय के डाटा-आधारित क्रेडिट आकलन के लिए जीएसटीएन द्वारा उत्पन्न डाटा को विभिन्न अन्य ई-कॉमर्स मंचों, जैसे भुगतान प्रणालियों, और कारपोरेट मामलों के मन्त्रालय द्वारा आरम्भ किये गये मंच 'एमसीए21' के डाटा के साथ जोड़ा जा सकता है। नये क्रेडिट स्कोरिंग मॉडल की बदौलत लेनदेन के भुगतानों, जैसे कर भुगतान, सोशल मीडिया गतिविधि आदि की जानकारी को मिला देता है, यही डाटा फिर उस आधार की भूमिका भी निभा सकता है जिस पर किसी व्यक्तिविशेष को ऋण लेने की सुविधा दी जाती है। उसी प्रकार जिस प्रकार कंप्यूटर एल्गोरिदम हमें स्वचालित कार प्रदान कर सकेगा, ठीक उसी तरह एल्गोरिदम लाखों लोगों व छोटे व्यवसायों के लिए ऋण सुविधा का मार्ग प्रशस्त कर सकता है।

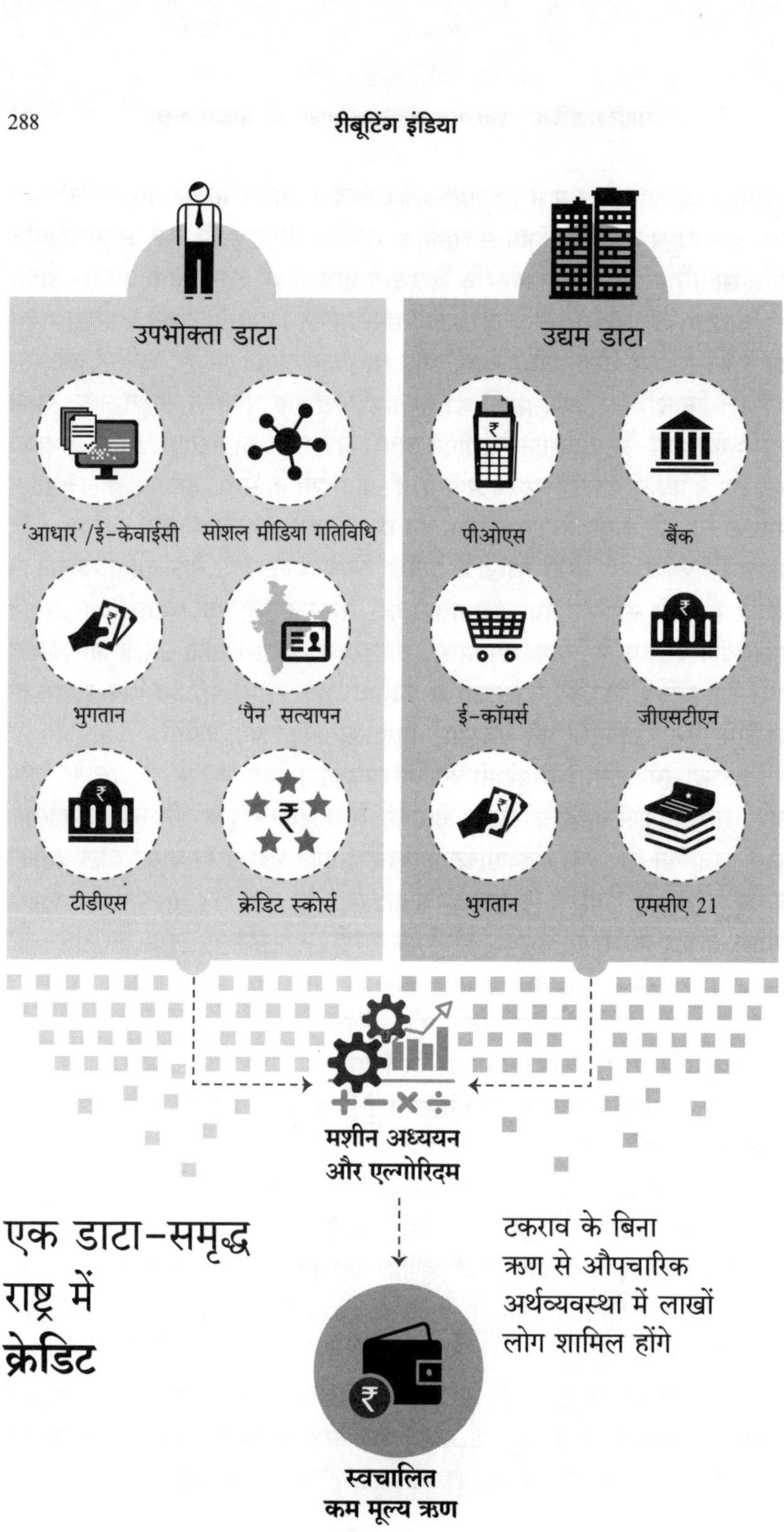
उपभोक्ता डाटा
'आधार'/ई-केवाईसी
सोशल मीडिया गतिविधि
भुगतान
'पैन' सत्यापन
टीडीएस
क्रेडिट स्कोर्स
उद्यम डाटा
पीओएस
बैंक
ई-कॉमर्स
जीएसटीएन
भुगतान
एमसीए 21
मशीन अध्ययन
और एल्गोरिदम
एक डाटा-समृद्ध
राष्ट्र में
क्रेडिट
टकराव के बिना
ऋण से औपचारिक
अर्थव्यवस्था में लाखों
लोग शामिल होंगे
स्वचालित
कम मूल्य ऋण

अन्त में, अन्तिम छह मुख्य चुनौतियों में, हम पिछली छह के द्वारा मिली सीख और अनुभवों का परिणाम निकालेंगे। आज प्रौद्योगिकी के उपयोग के कारण ही भारत के चुनाव स्वतन्त्र और निष्पक्ष तरीके से हो रहे हैं। क्योंकि चुनाव आयोग ने 'आधार' को मतदाता आईडी से जोड़ने के अपने घोषित लक्ष्य का दायित्व उठा लिया है, हमारी मतदाता सूची में गड़बड़ करने और हमारे लोकतन्त्र को कमज़ोर बनाने वाली समावेशन व बहिष्कार की त्रुटियों को सुधारा जा सकेगा। निवेश उपलब्ध कराने की बजाय परिणामों पर ध्यान देने हेतु हमने अपनी शिक्षा प्रणाली पर पुनर्विचार करने के लिए प्रौद्योगिकी आधारित कार्यक्रमों के दिशा-निर्देश भी तैयार किये हैं। स्वास्थ्य सेवा क्षेत्र के लिए, हमने इलेक्ट्रॉनिक स्वास्थ्य रिकॉर्ड को राष्ट्रव्यापी स्तर पर लागू करने की एक योजना की रूपरेखा बनायी है, जिसे इस क्षेत्र में नवपरिवर्तनों के साथ तालमेल बैठाने के लिए तैयार किया गया है, जैसे कि नैदानिक उपकरणों का कार्य कर सकने वाले पहनने योग्य उपकरणों (वीयरेबल्स) की शुरुआत। ऊर्जा के क्षेत्र में हमने, अनुवृत्तियों को कैसे सुव्यवस्थित किया जाये और दुनिया के साथ मुक़ाबला करने के लिए अगली पीढ़ी के स्मार्ट ग्रिड की आवश्यकता पर भी चर्चा की है जहाँ लाखों छोटे उत्पादक अपनी इलेक्ट्रिक कारों अथवा छत सौर पैनल के द्वारा ऊर्जा उत्पादन शुरू करेंगे। हमने उन क्षेत्रों की भी पहचान की है जहाँ हमारी खण्डित होती न्याय व्यवस्था का कायापलट करने के लिए प्रौद्योगिकी को इस्तेमाल किया जा सके। अन्ततः, हमारा मानना है कि भ्रष्टाचार का मुक़ाबला करने का एकमात्र समाधान कुछ व्यवस्थागत सुधार ही हैं, जहाँ व्यय सूचना तन्त्र—एक मुक्त प्रणाली के माध्यम से सरकारी खर्च के प्रत्येक रुपये का पता लगाया जायेगा।

ये 12 मंच मिलकर नागरिकों को सुशिक्षित, स्वस्थ और योग्य बनाने; व्यवसायों को समृद्ध करने; सरकार के लिए पर्याप्त राजस्व इकट्ठा करने तथा सामाजिक-सुरक्षा कार्यक्रमों का कुशलता से संचालन करने में सक्षम होंगे ताकि व्यवस्था की कमियों के कारण समाज में कोई भी वंचित न रहे। रॉबर्ट एफ कैनेडी का प्रसिद्ध कथन है :

> सकल राष्ट्रीय उत्पाद हमारे बच्चों के स्वास्थ्य, उनकी शिक्षा की गुणवत्ता, या उनके खेलकूद की खुशी नियत नहीं करते हैं। इसमें हमारी कविता की सुन्दरता अथवा हमारे विवाह की ताकत, हमारी सार्वजनिक बहस का ज्ञान या हमारे सरकारी अधिकारियों की ईमानदारी शामिल नहीं होती। यह न तो हमारी बुद्धि और न ही हमारी हिम्मत, न हमारी सूझ और न ही हमारी सीख, न हमारी करुणा और न ही हमारी देशभक्ति का मूल्याँकन करते हैं, संक्षेप में, यह प्रत्येक चीज़ का मूल्यांकन करते हैं, सिवाय उन चीज़ों के जो जीवन सार्थक बनाती हैं।[1]

एक वैश्विक महाशक्ति बनने की क्षमता वाला भारत, अगले कुछ दशकों में, दुनिया की तीन सबसे बड़ी अर्थव्यवस्थाओं में से एक बनने की ओर अग्रसर है।[2] किन्तु यह सम्भव नहीं हो पायेगा यदि हम घिसे-पिटे रास्तों पर चलते रहेंगे और विकास के लाभ को विशेषाधिकार प्राप्त कुछ लोगों तक ही सीमित रखेंगे। हमारी सरकार, हमारे व्यापार और हमारे समाज में बड़े पैमाने पर प्रौद्योगिकीय-ईंधन युक्त संरचनात्मक सुधारों की आवश्यकता है।

सरकार क्या है?

हालाँकि हम सरकार को जड़मूल से बदलने की बात करते हैं, चलिये एक कदम पीछे हटकर एक बुनियादी प्रश्न पूछते हैं : सरकार क्या है, और उसका उद्देश्य क्या है? यह ऐसा प्रश्न है जिस पर सरकार में अपने कार्यकाल के दौरान हमने स्वयं सोच-विचार किया था। निर्भर करता है कि आप पूछ किससे रहे हैं, कई उत्तर मिलेंगे। कुछ लोग सरकार का वर्णन 'कुछ संस्थानों के संग्रह' के रूप में करते हैं—विधायिका, कार्यपालिका और न्यायपालिका, नियन्त्रण व सन्तुलन द्वारा शासित जो शक्तियों के विभाजन को नियन्त्रित करते हैं। कुछ सरकार को अर्थव्यवस्था के चश्मे से देखते हुए उस पर समाजवादी, पूँजीवादी आदि होने का ठप्पा लगा देते हैं। कुछ के लिए, सरकार अपने राजनीतिक झुकाव वाम-पन्थी अथवा दक्षिण पन्थी के रूप में वर्णित होती है। आम आदमी के लिए, उनकी सरकार उनके स्थानीय राजनेता व स्थानीय नौकरशाह हैं जिनसे उनका नियमित रूप से वास्ता पड़ता है। गरीब के लिए, उनकी सेवाओं की प्रदाता को सरकार कहते हैं, हालाँकि इन सेवाओं की गुणवत्ता कभी-कभी बेहद हल्की होती है। अमीर के लिए, सरकार अक्सर एक अक्षम व भ्रष्ट रोड़ा है जो उनके रास्ते की बाधा बनता है। दुकानदार के लिए सरकार रिश्वत माँगने वाली 'कर' संग्रहकर्ता है; वेतनभोगी कर्मचारी के लिए, यह वो प्राधिकारी है जिसके लिए थोड़ा बहुत या कुछ भी न करते हुए वह अपने मासिक भुगतान का एक बड़ा हिस्सा चेक के रूप में हासिल करता है।

ये सभी उत्तर सच हैं, लेकिन ये सभी झूठ भी हैं। ऐसा इसलिए, क्योंकि सरकार के बारे में हमारा दृष्टिकोण इस बात पर निर्भर करता है कि हमारा सामना उसके कौन से भाग से होता है। सभी उत्तरों को एक साथ जोड़ते हुए, हमारा मानना है कि सरकार का मौलिक स्वभाव उस मंच की तरह है, जिस पर पूरा देश एक साथ आकर जुड़ जाता है और प्रत्येक नागरिक का भला करने की दिशा में संसाधनों को एक प्रणाली में ढालने वाले कानूनों व संस्थाओं का निर्माण करता है। बदले में, प्रत्येक

नागरिक को इस प्रणाली से प्रश्न पूछने का अधिकार है जब यह उनकी अपेक्षाओं पर खरा उतरने में विफल होती है।

एक नये राष्ट्र के बुनियादी ढाँचे के निर्माण से लेकर अकाल से मुक़ाबला करने के लिए हरित क्रान्ति, राष्ट्रीयकरण व अर्थव्यवस्था के आगामी उदारीकरण तक, हालिया वर्षों में, हमारी सरकार का ध्यान विकसित हुआ है। प्राथमिकताओं की परिवर्तित विस्तृत श्रेणी हर युग में लोगों की आवश्यकताओं के दर्पण को दर्शाती है, और सरकार को इनमें से प्रत्येक चुनौती से प्रभावी तरीके से पार पाने के लिए विकसित होना पड़ेगा।

डाटा द्वारा शासन

पूर्व प्रौद्योगिकी के युग में, एक विशेष लक्ष्य की प्राप्ति के लिए सरकार का सबसे सामान्य तरीका एक सार्वजनिक क्षेत्र की संस्था का निर्माण था। सस्ते ईंधन की प्राप्ति के लिए? सार्वजनिक क्षेत्र तेल विपणन संस्थाओं का निर्माण करना। खाद्यान्न खरीद और किसानों के लिए न्यूनतम अनाज कीमतों की गारन्टी के लिए? भारतीय खाद्य निगम को ले आयें। सभी के लिए बैंक खाते व ऋण? समाधान के रूप में राष्ट्रीयकृत बैंकों को ला खड़ा करें। लेकिन क्या केवल यही मॉडल है जो काम करता है?

हमारा मानना है कि यही समय है जब सरकार को एक नया मॉडल अपनाना चाहिए—डाटा द्वारा शासन। व्यावहारिक तौर पर यह कैसे काम करेगा? एलपीजी के मामले की ओर रुख करते हैं, सस्ते ईंधन की सहज प्राप्ति के लिए जहाँ सरकार अनुवृत्ति प्रदान करती है। प्रौद्योगिकी की एक महीन परत की बदौलत आज, सम्पूर्ण एलपीजी अनुवृत्ति योजना बदल चुकी है। ग्राहक एलपीजी के लिए बाज़ार मूल्य का भुगतान करते हैं, और अनुवृत्ति की राशि सीधे उनके बैंक खातों में हस्तांतरित कर दी जाती है। कौन व्यक्ति अनुवृत्ति का लाभ उठा रहा है और वे कितने सिलेण्डर इस्तेमाल कर रहे हैं, यह पता लगाना आसान हो गया है।

एक सिलेण्डर हासिल करने में लगने वाला औसत प्रतीक्षा समय, स्थानीय खपत प्रतिमान, मौसमी रुझान आदि, सरकार के लिए यह डाटा किसी भी मात्रा में उपयोगी निरीक्षण प्रदान कर सकता है। यदि किसी क्षेत्र में प्राकृतिक आपदा की मार पड़ती है तो, सरकार को मात्र एक बटन दबाने भर की देर है, और पीड़ित निवासियों को उनकी आवश्यकता के अनुसार उच्च अनुवृत्ति मिल जायेगी। इसी तरह, पैन कार्ड धारक नागरिक जो एक निश्चित राशि में आयकर का भुगतान करते हैं एलपीजी के लिए बाज़ार मूल्य चुकाने में सक्षम हो सकते हैं, और प्रणाली द्वारा एक बार

उनकी पहचान होने के उपरान्त, उन्हें पूरी तरह से अनुवृत्ति मिलना बन्द हो सकती है। इस लक्ष्य की प्राप्ति के लिए अब सरकार को सार्वजनिक क्षेत्र के संस्थानों का निर्माण करने की आवश्यकता नहीं है। एक मंच के माध्यम से सरकार इसे सहजता से अन्जाम दे सकती है, जहाँ कोई भी व्यवसाय भाग ले सकता है और डाटा के आधार पर नीतियों का निर्माण और उन्हें लागू किया जायेगा।

राष्ट्रव्यापी बैंकिंग कवरेज के लक्ष्य को प्राप्त करने का एक आसान तरीका सरकारी घोषणा है कि सभी लाभ सीधे बैंक खातों में हस्तान्तरित किये जायेंगे। यह बैंकों को सभी के खाते खोलने का जनादेश दे सकता है, और यह खोले गये खातों की संख्या, कुल जमा और वापस निकली गयी धनराशि, एक खाते में औसत शेष राशि आदि के बारे में नियमित रूप से जानकारी माँग सकता है। इस डाटा के आधार पर, सरकार बैंकों का लेनदेन शुल्क बढ़ा कर उन्हें दूरदराज व ग्रामीण क्षेत्रों में जाकर अपनी सेवाएँ प्रदान करने का प्रोत्साहन दे सकती है, जबकि अधिक लाभदायक शहरी बाज़ारों में प्रतिस्पर्धा को प्रोत्साहित करने के साथ-साथ वित्तीय सेवाओं के लिए सार्वभौमिक पहुँच के लक्ष्य को आगे बढ़ा सकती है।

डाटा द्वारा शासन के लिए एक महत्त्वपूर्ण आवश्यकता है कि इन संख्याओं को वास्तविक समय में इकट्ठा किया जाये। नयी दुनिया में वार्षिक सांख्यिकी का कोई अर्थ नहीं है। हमें देश के हर कोने से डाटा के प्रवाह की आवश्यकता है, जो हर क्षण अपडेट होना चाहिए। सही तरीके से प्रोत्साहनों की संरचना करके, बाज़ार की शक्ति का लाभ उठाते हुए, और वास्तविक समय में डाटा पैदा करने वाले मज़बूत प्रौद्योगिकी समाधान के निर्माण द्वारा, सम्पूर्ण नौकरशाही को एक केन्द्रीय डैशबोर्ड पर समायोजित किया जा सकता है। सरकार का हृदय-केन्द्र के रूप में एक एनओसी (NOC-नेटवर्क ऑपरेशन सेन्टर-नेटवर्क संचालन केन्द्र) की कल्पना करना, उस पर नज़र रखना, निगरानी करना और प्रशासनिक प्रक्रियाओं के पूरा होते ही उनका आकलन करना आसान है।

पिछले कुछ वर्षों में निर्मित मंच, नागरिकों, बाज़ारों व राज्य के बीच परस्पर होने वाली क्रियाओं को बदल देंगे। जबकि ये मंच अपने आप में अकेले ही शक्तिशाली हैं, साथ मिलने पर ये अपने हिस्से से अधिक लाभकारी परिणाम देंगे। एक डिजिटल पहचान के रूप में, 'आधार' इलेक्ट्रॉनिक पहचान प्रमाणीकरण की सुविधा देता है। ई-केवाईसी कागज़ी दस्तावेज़ों व फ़ोटो जमा करने के झंझट से छुटकारा दिलाता है। ई-साइन मंच सुरक्षा व इलेक्ट्रॉनिक दस्तावेज़ों की प्रमाणिकता की गारन्टी देते हुए लोगों को डिजिटल हस्ताक्षर वाले किसी भी दस्तावेज़ की पुष्टि करना सम्भव बनाता है। सम्पत्ति दस्तावेज़ों से लेकर डिग्री प्रमाण पत्र तक डिजिटल लॉकर मंच

डिजिटली हस्ताक्षरित सभी दस्तावेज़ों के लिए एक सुरक्षित भण्डार है। भारतीय राष्ट्रीय भुगतान निगम ने एकीकृत भुगतान प्रणाली की शुरुआत की है, किसी भी सेवा के लिए मोबाइल-आधारित भुगतान करने की सुविधा देता है। इन सभी को एक साथ जोड़ने पर, ये नागरिकों को उनके जीवन और सरकार के साथ लेन-देन को डिजिटल बनाने में सशक्त करेंगी। परिणामस्वरूप, लोगों के रोज़मर्रा के जीवन से सरकार गायब हो जायेगी; कार्यालयों व नौकरशाहों के रूप में प्रकट होने की बजाय, अब सरकार केवल अपनी सेवाओं के वितरण और उनके परिणामों के माध्यम से ही प्रकट हुआ करेगी।

आइये धारावी के पिटकेकर परिवार के यहाँ दोबारा चलते हैं, जिनका हमने पुस्तक में पहले उल्लेख किया है, और उनके इर्दगिर्द सामाजिक-आर्थिक माहौल का जायज़ा लेते हैं। मालव्वा पिटकेकर, जो प्रति दिन 1.25 रुपये कमाने के लिए कचरा बीनती थी, उसके लिए भविष्य का विचार शायद 1970 की 'रोटी, कपड़ा और मकान' की महान त्रिमूर्तियों से अधिक कुछ नहीं रहा होगा। मुद्रास्फीति की स्थिति को छोड़ कर, एक साधारण गणना द्वारा हमें पता चलता है कि 1970 में भारत की सम्पूर्ण जीडीपी वर्तमान भारत के मात्र दो वर्ष की सामाजिक सुरक्षा व्यय के बराबर थी। जैसे ही मालव्वा के बेटे राय्प्पा ने अपने चमड़े के कारोबार के साथ समृद्धि की सीढ़ियाँ चढ़ना शुरू किया, 1990 के दशक का आर्थिक उदारीकरण शुरू हो गया। अब लोग बुनियादी आवश्यकताओं को पूरा करके की सन्तुष्ट नहीं होते थे, उन्हें अब 'बिजली, सड़क, पानी' की नवीन त्रिमूर्ति में समाहित एक बेहतर जीवन की दरकार थी। रायप्पा के बच्चों की महत्त्वाकांक्षाओं ने आर्थिक विकास की वर्तमान गति को अब पीछे छोड़ दिया है, हमें विश्वास है कि ये वो पीढ़ी है जो 'जाम त्रिमूर्ति' अर्थात् 'जन धन', 'आधार', 'मोबाइल' के डिजिटल मन्त्र का समर्थन एक आशाजनक भविष्य की कुन्जी के रूप में करेगी।

यदि मालव्वा को सरकारी पेन्शन मिली तो प्रशासन के लिए यह पता लगाना सरल होगा कि क्या उसके खाते में धन जमा हो चुका है, और वह पैसा विधिवत निकलवा लिया गया है। रायप्पा के मामले में, जीएसटीएन द्वारा एकत्र उसके व्यावसायिक लेनदेन का डाटा उसकी साख का आकलन करने के साथ-साथ उसके लिए ऋण सुनिश्चित करने में मदद कर सकता है। डाटा को साझा करना, क्रेडिट की गणना व जोख़िम विभाजन के एक पारिस्थितिकी तन्त्र को विनियमित करने से इस कार्य में सरकार की भूमिका और भी अप्रत्यक्ष हो जायेगी। बात जब राय्प्पा के बच्चों की आती है, यदि वे शिक्षा छात्रवृत्ति प्राप्त करते हैं, उनका पैसा सीधे उनके बैंक खातों में हस्तान्तरित किया जा सकता है। जैसे ही वे उच्च शिक्षा के लिए कदम बढ़ायेंगे,

1	**'आधार'** पहचान के लिए	कार्यान्वित
2	**प्रमाणीकरण** पुष्टि करता है कि आप कौन हैं	कार्यान्वित
3	**ई–केवाईसी** डिजिटल हस्ताक्षर प्राप्त करने के लिए आवश्यक	कार्यान्वित
4	**ई–साइन** किसी भी 'आधार' धारक को डिजिटल दस्तावेज़ों पर हस्ताक्षर करने की सुविधा देता है	तैयार/सीसीए द्वारा अधिसूचित
5	**डिजिटल लॉकर** जहाँ डिजिटल दस्तावेज़ों पर कई लोगों, कारोबार या सरकारों द्वारा ई–साइन किये जा सकते हैं	प्रगति में है

समावेशी

लेन-देन की लागत घटा कर लगभग शून्य की जा सकती है, सरकारी सेवाओं का उपयोग व्यापक होगा।

सुरक्षित भण्डारण

लम्बी समयावधि के लिए सुरक्षित रूप से संग्रहित किया जा सकता है।

भरोसा

डिजिटल हस्ताक्षर के साथ, जालसाज़ी की गुंजाइश बहुत कम है।

गति

कागज़ी कार्रवाई जो कई दिन या सप्ताह लेती है, वह कुछ मिनट में पूरी की जा सकती है।

5 मंच जो सक्षम बनाते हैं एक कागज़ रहित समाज

पर्यावरण समर्थक

बड़े पैमाने पर डिजिटल दस्तावेज़ों के उपयोग से काग़ज़ की खपत और अपव्यय कम हो जाएगा।

सहूलियत

सभी 5 मंचों की सेवाओं का इस्तेमाल स्मार्टफ़ोन पर किया जा सकता है।

उनकी मानव पूँजी का सबूत—उनका डिग्री प्रमाण पत्र—एक डिजिटल लॉकर में उपलब्ध हो जाएगा।

इन सभी डाटा मंचों के द्वारा सरकार मात्र समग्र परिणामों की निगरानी करने की बजाय, प्रत्येक नागरिक को व्यक्तिगत सेवाएँ प्रदान करने में सक्षम हो जायेगी, ई-कॉमर्स संस्थाओं का संचालन पहले से ही इस मॉडल के अनुसार हो रहा है। यदि हम मेंढक कूद के द्वारा अपनी मौजूदा समस्याओं को लाँघ कर वैश्विक मंच पर एक बड़ा खिलाड़ी बन कर उभरना चाहते हैं, उसके लिए एकमात्र उचित मार्ग यही है। हालाँकि, हम दोहराते हैं कि सामान्य रवैयों से बात नहीं बनेगी। एक सौ पच्चीस करोड़ लोग परिवर्तन चाहते हैं, और उन्हें यह अभी चाहिए; उनके प्रश्नों का उत्तर केवल और केवल प्रौद्योगिकी ही है। परम्परागत रूप से, प्रौद्योगिकी को लाने और उसका उपयोग करने के पीछे सरकार का उद्देश्य सिर्फ़ प्रक्रियाओं को स्वचालित बनाना था—उदहारण के लिए कागज़ के दस्तावेज़ों की बजाय उन्हें इलेक्ट्रॉनिक तरीके से सँभालना, लेकिन उससे नागरिकों की ज़िन्दगी में कोई सुधार नहीं आता। प्रौद्योगिकी सक्षम समाधान से हमारा यह मतलब कदापि नहीं है। सरकार का उद्देश्य, उसकी भूमिका और जिस तरह वह अपने कार्यों का संचालन करती है—हम प्रौद्योगिकी को इसके मूल में स्थापित करते हुए, सरकार की जड़ मूल से पुनर्कल्पना करने की बात कर रहे हैं।

योजनाबद्ध तरीके से भ्रष्टाचार से जंग

अभी या बाद में सुधार के हर प्रयास को हमारी प्रशासनिक मशीनरी पर मंडराते स्थानिक भ्रष्टाचार से निबटना चाहिए। 2जी, सरधा, व्यापम घोटाले सहित बेहद लम्बी सूची लगभग हर दिन, अखबार की सुर्ख़ियों की मूक चीखें बन कर एक और घोटाले का पर्दाफ़ाश करती हैं—जो फिर जल्दी ही आरोपों की खाई में उतर कर कभी डूबने कभी तैरने लगते हैं। करीब से देखने पर पता चलता है कि इन घोटालों में से हर एक का पता एक अन्तर्निहित प्रणालीगत मुद्दे द्वारा लगाया जा सकता है। दूरसंचार संस्थाओं को स्पेक्ट्रम लाइसेंस आवंटित करने के लिए एक सुनियोजित, नीलामी आधारित प्रणाली होने से फिर कभी कोई 2जी घोटाला नहीं हो सकेगा। औपचारिक प्रणाली के द्वारा सार्वभौमिक वित्तीय समावेश करने से, किसी सरधा घोटाले का जन्म नहीं हो सकेगा। पर्याप्त कॉलेजों द्वारा उत्तम शिक्षा की पेशकश और योग्य व्यक्तियों के लिए पर्याप्त रोज़गार के अवसर प्रदान करने से कभी कोई व्यापम घोटाला घटित नहीं हो सकेगा।

अभी भी, मज़बूत प्रणाली का निर्माण करके घोटालों से बचा जा सकता है। यह भविष्यवाणी करने के लिए कि घोटाले कहाँ किये जायेंगे किसी ज्योतिषी की आवश्यकता नहीं पड़ती—वे तभी होते हैं जब सरकार ख़ुद एक खरीददार, विक्रेता के रूप में या कलम के एक झटके से संस्थाओं से भारी मुनाफ़ा या घाटा झटकने में सक्षम नियामक होती है। वे तब होते हैं जब ज़ाहिर तौर पर ज़रूरतमंद लोगों को लाभ देने के लिए माल रियायती दामों पर बेचा जा रहा होता है, शोषण और घोटाले के लिए यही परिपक्व स्थिति होती है। वे होते हैं जब कहीं किसी चीज़ की कोई कमी होती है—उदाहरण के लिए स्कूलों और कॉलेजों में सीटों की कमी अथवा नौकरी की कमी। वे होते हैं जब कराधान और अनुपालन के इर्दगिर्द बुने अस्पष्ट नियम रिश्वत ऐंठने के मौके पैदा करते हैं। वे होते हैं जब उत्पादों और सेवाओं में एकाधिकार स्थापित हो जाता है। वे होते हैं जब सरकार की बजाय बाज़ार कीमतें तय करता है। इन विकृतियों से प्रत्येक को, और इनके अलावा कई और को भी, डाटा और प्रौद्योगिकी का उपयोग कर हल किया जा सकता है।

डाटा सुरक्षित रखना

कुछ लोगों के लिए उस भविष्य की सोच जिसमें प्रौद्योगिकी इस तरह की प्राथमिक भूमिका में है, बहुत ही खतरनाक और डरावनी होती है। इस प्रकार के परिदृश्य से हम अपना बचाव कैसे करें? हमें पहले यह समझना चाहिए कि यह सिर्फ़ सरकारी डाटा संग्रह प्रणाली ही नहीं है जिसके बारे में हमें चिन्तित होना चाहिए; निजी संगठन भी बड़ी मात्रा में उपभोक्ता जानकारी इकट्ठा करते हैं और उसका विश्लेषण करते हैं। हालाँकि सरकार को उन सख्त नियमों की सूची के तहत काम करना चाहिए जिनके लिए वह बाध्य है, जिसके लिए आवश्यक है कि एक मज़बूत गोपनीयता और डाटा संरक्षण कानून का निर्माण किया जाये। कुछ को यह डर भी है कि सरकार अपने ही लोगों के विरुद्ध इस डाटा का उपयोग कर सकती है। यह देखते हुए कि कानून बनाने पर सरकार का एकाधिकार है, यह चिन्ता जायज़ है।

यह वह स्थान है जहाँ हमें अपने ध्यान की दिशा, संस्थानों के डिज़ाइन, शक्तियों के विभाजन और प्रणाली को आपे से बाहर जाने से रोकने वाले नियन्त्रण व सन्तुलन की ओर ले जानी चाहिए। डाटा संरक्षण कानून को केवल किसी की व्यक्ति की गोपनीयता के अधिकार की ही रक्षा नहीं करनी चाहिए, बल्कि इसे सरकार से भी सुरक्षा प्रदान करनी चाहिए। हालाँकि, अन्त में हमें यह समझना चाहिए कि व्यापक परिवर्तन लाने हेतु पूर्णतः अविश्वास भरी मानसिकता के साथ कोई भी सरकार के

भीतर काम नहीं कर सकता। लाज़िमी सन्देह के अतिरिक्त, हमें उस व्यवस्था में अपना भरोसा कायम करना चाहिए जो पिछले अरसठ वर्षों से कार्यरत है, और अपना ध्यान उन संस्थाओं के निर्माण की ओर केन्द्रित करना चाहिए जो निर्धारित लक्ष्यों को साध सकें।

एप्प आधारित अर्थव्यवस्था

भारत को अक्सर 'अनौपचारिकता के अभिशाप' से आक्रांत देश कहा जाता है। ज़मीन के छोटे से टुकड़े को जोतते लाखों किसान, तंग दुकानों में बिक्री करते खुदरा विक्रेता, सड़कों के किनारे सब्ज़ी बेचती औरतें; लगभग सम्पूर्ण रोज़गार का तीन चौथाई अनौपचारिक क्षेत्रों में है।[3] अपनी अर्थव्यवस्था को एक 'औपचारिक' रूप देने के लिए एक साझा समाधान औद्योगिक मॉडल को अपनाना है, जिसमें हज़ारों कर्मचारियों से लैस संगठित कारखानों, संगठित खुदरा दुकानों का एक तन्त्र, और बड़े संगठित खेत जो हज़ारों हेक्टेयर भूमि में फैले हो सकते हैं, उनके निर्माण को बढ़ावा देना है। बीसवीं सदी में पश्चिमी दुनिया इसी मार्ग पर चली थी। लेकिन क्या भारत के लिए वास्तव में यह इक्कीसवीं सदी की योजना है?

प्रौद्योगिकी के आगमन के साथ, हमें लगता है कि अर्थव्यवस्था को औपचारिक बनाने के लिए ये एक पूर्णतः नया तरीका है। तेज़ी से देशव्यापी होती स्मार्टफ़ोन की पहुँच के साथ, हम क्लाउड कंप्यूटिंग की शक्ति का लाभ उठा सकते हैं, एक अलग तरह के संग्रहण के लिए बिग डाटा और विश्लेषण, जो निजी क्षेत्र में पकड़ बना रहा है। आज, 'ओला' और 'उबर' जैसी टैक्सी सेवाएँ वो एग्रीगेटर्स हैं जो एक ही मंच पर हज़ारों अलग-अलग चालकों का संयोजन कर रही हैं। हज़ारों लोगों के घरों और अतिरिक्त बेडरूम को एक मंच पर लाने से, एयरबीएनबी के पास अब सबसे बड़ी होटल शृंखला की तुलना में कहीं अधिक कमरे हैं। भारत में, 'ओयो' (Oyo) कमरों ने बजट होटलों के मामले में यही सफ़लता हासिल की है। फ्लिपकार्ट और एमेजोन वे बाज़ार प्रदान कर रहे हैं जहाँ व्यापारी लाखों-करोड़ों ग्राहकों को कुछ भी बेच देते हैं।

1937 में लिखे अपने पथप्रदर्शक लेख, 'द नेचर ऑफ़ फ़र्म' में अर्थशास्त्री रोनाल्ड कावस का तर्क था कि लेनदेन को पूरा करने की लागतें, सूचना को खोजने की लागतें, समन्वय व करार की लागतों का मतलब है कि खुद को फर्मों में व्यवस्थित करना लोगों को आर्थिक रूप से अधिक लाभकारी लग रहा है। जैसे ही इन लागतों को लेकर संघर्ष बढ़ेगा, संस्थाओं को अपना विस्तार करना जारी रखना

होगा। हालाँकि 1937 में, यह एक सटीक वैश्विक नज़रिया था, आज प्रौद्योगिकी ने कावस के सिद्धान्त को समाप्त कर दिया है। शायद भारत छोटे खुदरा व्यापारियों, छोटे किसानों और छोटे उद्यमियों की उपस्थिति को बनाये रख सकता है; उन्हें बड़ी संस्थाओं के अनाम कर्मचारियों में परिवर्तित करने की बजाय 'ग्रिड पर' ला सकते हैं। अपने स्मार्टफोन के साथ, वे बेहतरीन तकनीक, आपूर्ति और सूचना का उपयोग कर पायेंगे, बाज़ारों को करीब ले आयेंगे और अपने लिए जीविका का सृजन कर सकेंगे।

सरकार को केवल एक मज़बूत नियामक व्यवस्था का निर्माण और प्रभावी सामाजिक सुरक्षा जाल का संचालन करने की आवश्यकता होगी। वास्तविक मंचों में प्रौद्योगिकी के द्वारा संगठित लाखों किसान, लाखों उद्यमी और लाखों खुदरा विक्रेता एक साथ मिलकर रोज़गार सृजन, नवपरिवर्तनों और रचनात्मकता को बढ़ावा देने हेतु एक अत्यन्त शक्तिशाली बल बन जायेंगे। बात चाहे शहरी क्षेत्रों में भूमि की कमी की हो, भूमि अधिग्रहण और एकत्रीकरण की कठिनाई की हो, या मात्र हमारी राजनीतिक अर्थव्यवस्था और स्थानीय स्तर से नियन्त्रित–नीचे से ऊपर जानेवाले–लोकतन्त्र के सन्दर्भ की हो, एक राष्ट्र के रूप में हमारी बाधाओं के साथ यह दृष्टिकोण बड़े करीने से गुँथ जाता है। यदि हम भारत के विकास के एक नये युग की शुरुआत करना चाहते हैं, तो जिस प्रकार हम अपने नागरिकों और उनके आर्थिक सिद्धान्तों की देखरेख करते हैं उसकी नये सिरे से पुनर्कल्पना करनी होगी।

एक नवीन संघीय ढाँचा

केवल हमारी अर्थव्यवस्था ही नहीं बल्कि हमारी सरकार तन्त्र की संरचना को भी पुनर्विचार की आवश्यकता है। वे दिन गये जब राज्यों को नियन्त्रित करने के लिए केन्द्र धन का इस्तेमाल छड़ी के रूप में करता था। हालाँकि भारतीय संविधान राज्यों को बराबर के भागीदार होने का दर्जा देता है, अतीत में सत्ता के सन्तुलन का झुकाव उनसे विपरीत दिशा की ओर था, धन के लिए केन्द्र पर उनकी निर्भरता तेज़ी से बढ़ती जा रही थी। आज, हमारे कई राज्यों का संचालन सुचारू रूप से हो रहा है, और नीति आयोग के गठन व आगामी जीएसटी सुधार के साथ ही वे और अधिक राजकोषीय स्वतन्त्रता हासिल कर लेंगे। परिवर्तन हेतु धन अब प्रेरणा शक्ति नहीं रह गया है–राजकोषीय प्रोत्साहन के द्वारा आप सुधार नहीं ला सकते। 2014–15 में 32 फ़ीसदी की तुलना में नवीनतम बजट और चौदहवें वित्त आयोग की सिफ़ारिशों के तहत, केन्द्र को राज्यों के साथ अपने राजस्व का 42 फ़ीसदी हिस्सा साझा करना

होगा।[4] यानि, धन का एक काफ़ी बड़ा हिस्सा अब केन्द्र द्वारा राज्यों को खुली निधि के रूप में प्रदान किया जाएगा।

हमें किसी राज्य के एक राजस्व अधिकारी का एक उदाहरण याद आ रहा है। उन्होंने बताया था कि एक विशेष वर्ष में, केन्द्र द्वारा राज्य की मध्याह्न भोजन योजना के लिए आवंटित राशि, कुल बजट का केवल 80 प्रतिशत थी। राज्य अब क्या करता? क्या वह छात्रों को भोजन प्रदान करने की सेवा बन्द करने के लिए कारण के रूप में बजट की कमी का हवाला दे सकता था? बेशक नहीं। मध्याह्न भोजन योजना को जारी रखने के लिए एक समाधान के रूप में किसी दूसरे विभाग से धन प्राप्त करके धन का प्रबन्ध किया जा सकता था। लेकिन केन्द्र से प्राप्त धन आम तौर पर एक विशेष उद्देश्य के लिए निर्धारित होते हैं, और चाहे कितना भी आवश्यक हो उसका उपयोग कहीं और नहीं किया जा सकता। निधि प्रवाह के इन मुद्दों को योजनाओं की संख्या में कमी लाकर और उन्हें अधिक कुशलता से संचालित करके हल किया जा सकता है; समान रूप से महत्त्वपूर्ण है, केन्द्रीय कोष का एक बड़ा भाग खुला होना चाहिए, धन को कैसे खर्च किया जा सकता है इस पाबन्दी को हटा कर, राज्यों को उनके धन को अधिक प्रभावी तरीके से प्रबन्धन करने की अनुमति मिलनी चाहिए।

बड़ी तेज़ी से, भारत अब उस स्थिति पर पहुँच रहा है जहाँ धन अब कोई बाधा नहीं रही है। कई राज्यों की वित्तीय स्थिति काफ़ी मज़बूत है। केन्द्र–राज्य के सम्बन्ध विकसित होकर इस अवस्था पर आ पहुँचे हैं जहाँ हमारा मानना है कि केन्द्रों को न केवल धन प्रदान करना चाहिए बल्कि उन्हें विकास के लिए विश्वस्तरीय मंच भी उपलब्ध करवाने चाहिए राज्यों को इस चीज़ की स्वतंत्रता होनी चाहिए कि वे केन्द्र द्वारा उपलब्ध कराए इन मंचों का प्रयोग करने के लिए खुद निर्णय लें क्योंकि उन्हें भागीदारी में एक स्पष्ट लाभ दिखता है न कि कानून के डंडे के ज़ोर पर। जीएसटीएन एक ऐसी ही साझेदारी है। 'आधार' और सामाजिक सुरक्षा योजनाओं की पुनर्संरचना भी एक अन्य ऐसी ही साझेदारी है। इलेक्ट्रॉनिक टोल, जैसे ही यह राष्ट्रीय राजमार्ग से परे जाकर सभी परिवहन सम्बन्धित भुगतानों के लिए साझा मंच बन जायेगा, एक और महत्त्वपूर्ण पहल बन कर उभरेगा। व्यय सूचना तन्त्र, एक बार शुरू होते ही, धन के प्रवाह, उपयोग और निगरानी को कारगर बना देगा। प्रत्येक मंच जिसकी हमने इस पुस्तक में चर्चा की है उसमें केन्द्र–राज्य–स्थानीय सरकार की भागीदारी को एक नया स्वरूप और हमें शासन की एक नयी शैली प्रदान करने की क्षमता है। हमें विश्वास है कि एक सच्ची सहयोगी गणतन्त्र प्रणाली इन्हीं सबसे मिल कर बनती है।

रीबूटिंग इंडिया

अधिकतर लोगों के लिए, राज्य के साथ परस्पर व्यवहार करना एक तनावपूर्ण और दुष्कर कार्य है। लम्बी कतारों में खड़े होना, जानकारी तक पहुँच की कमी, राशन के लिए अन्तहीन प्रतीक्षा, भ्रष्ट अधिकारियों से निबटना—ये सभी बड़ी और छोटी दोनों प्रकार की मात्र कुछ ही परेशानियाँ हैं, जिनसे लोगों का ज़रूर वास्ता पड़ता है। कोई ऐसा तरीका है जिससे हम इन परेशानियों को कम कर सकें, वास्तव में लोगों के लिए इन्हें 'अदृश्य' कर सकें? इसी परिकल्पना को साकार करने के लिए इस पुस्तक के विचार एक यथार्थपूर्ण दिशा-निर्देश का ख़ाका तैयार करते हैं।

इस पुस्तक में हमारे द्वारा प्रस्तावित विचारों के लिए सबसे बड़ी बाधा है मानसिकता। एक प्रणाली जो पदानुक्रम को दृढ़ता से पकड़ लेती है, वहाँ यह समझ पाना कठिन हो जाता है कि एक पच्चीस वर्षीय 'तकनीकी विशेषज्ञ' के पास पचास से अधिक आयु के किसी अनुभवी अधिकारी की तुलना में बेहतर सुझाव हो सकते हैं। मान्यताएँ और ज्ञान किसी ऊँची मीनार के शिखर पर नहीं बल्कि विभिन्न विषयों की सीमाओं पर स्थापित होते हैं। यही कारण है कि समस्या का समाधान निकालने के लिए बड़े बजट और हज़ारों कर्मचारी नहीं बल्कि बहुत कम ख़र्च में एक टीम जिसमें प्रौद्योगिकीविद, सामाजिक कार्यकर्ता, सफ़ल कारोबार चलाने वाले, उस क्षेत्र के विशेषज्ञ और नौकरशाह शामिल होने चाहिए। आराम कुर्सी पर विराजमान विशेषज्ञों और विफ़लता के प्रथम संकेत पर ही आक्रमण के लिए तत्पर आलोचकों से विचलित हुए बिना हमें बार-बार प्रयास करने होंगे और तेज़ी से विफ़ल होना होगा। क्योंकि नागरिकों को परेशान करने की बजाय डाटा विश्लेषण के द्वारा धोखाधड़ी को खोजना आसान है। भ्रष्टाचार को अधिक कानूनों, अधिक निरीक्षकों और अधिक लोकपालों के माध्यम से नहीं बल्कि भ्रष्टाचार को पनपने का अवसर न देने वाली प्रक्रियाओं की पुनर्कल्पना के द्वारा समाप्त किया जा सकता है। बेहतर होगा कि सरकारी व्यवस्था के लिए कोई प्रवेश बाधाएँ ही न हों, लाभ और सेवाओं के उपयोग के इच्छुक लोगों के लिए अधिक बाधाओं का निर्माण करने की बजाय उन्हें धोखाधड़ी का पता लगाने में इस्तेमाल होने वाले डाटा और प्रौद्योगिकी के साथ स्वतन्त्र रूप से प्रवेश करने की सुविधा मिलनी चाहिए। सरकार को न्यूनतम मंचों का निर्माण करना चाहिए और लोगों की रचनात्मकता को नवपरिवर्तनों का संचालन करने देना चाहिए। सर्वोत्तम विचार केवल सरकारी कमरों में ही नहीं बल्कि कहीं भी पाये जा सकते हैं। सर्वोत्तम समाधान अतीत के उदाहरणों पर आधारित नहीं होते, बल्कि भविष्य की प्रत्याशा में निहित होते हैं।

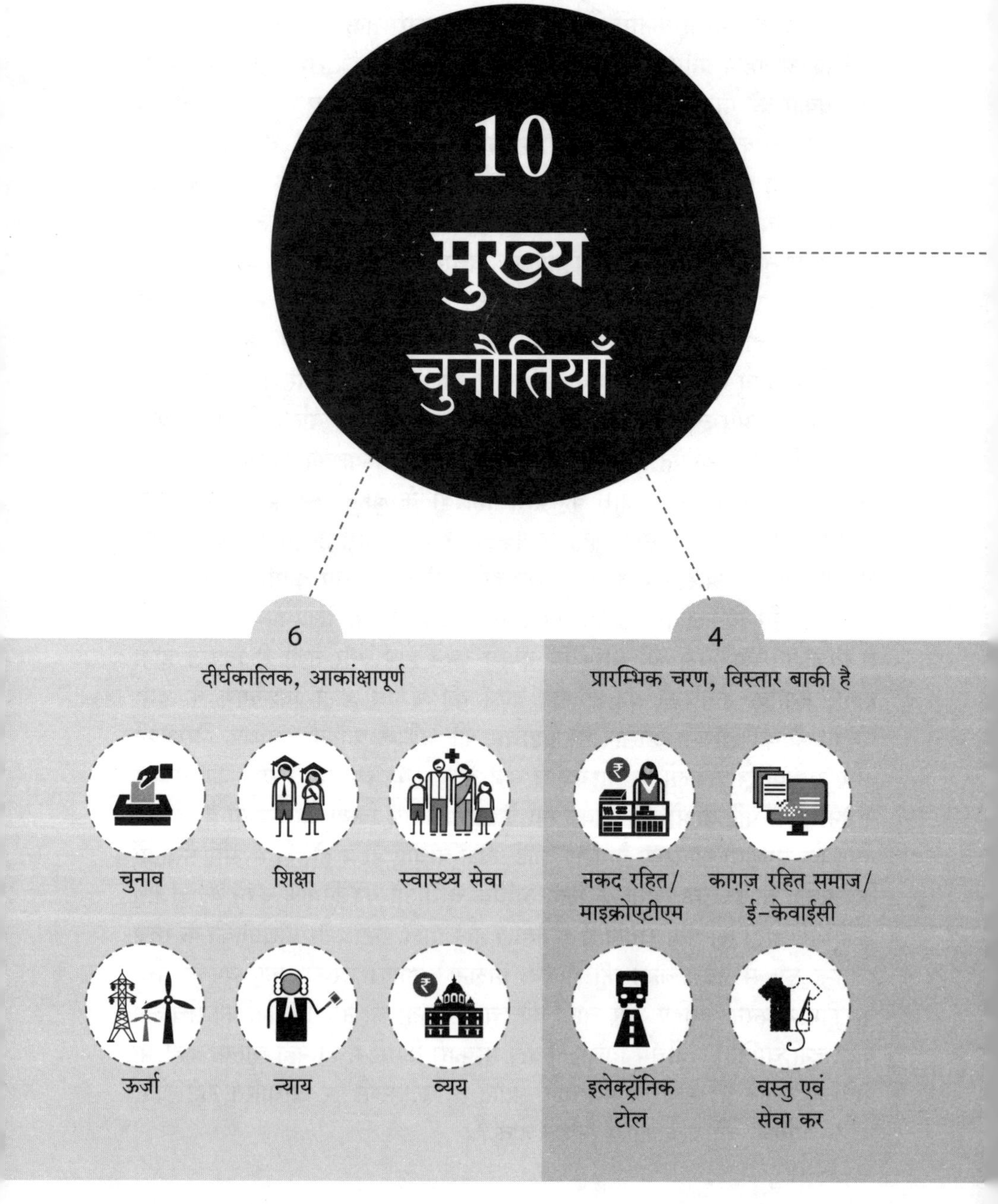
10
मुख्य
चुनौतियाँ
6
दीर्घकालिक, आकांक्षापूर्ण
चुनाव
शिक्षा
स्वास्थ्य सेवा
ऊर्जा
न्याय
व्यय
4
प्रारम्भिक चरण, विस्तार बाकी है
नकद रहित/
माइक्रोएटीएम
काग़ज़ रहित समाज/
ई-केवाईसी
इलेक्ट्रॉनिक
टोल
वस्तु एवं
सेवा कर

प्रधानमन्त्री
x10
+1
सरकार के भीतर दस स्टार्टअप
101 लोग
भारत की कायापलट और एक अरब महत्त्वाकांक्षाओं को पूरा करने में मदद
2
दृढ़ता से स्थापित, बड़ा पैमाना
AADHAAR
'आधार' और एपीबी
एलपीजी अनुवृत्ति डीबीटी मॉडल
भारत पुनर्निर्माण के लिए 12 मंच

बड़ी समस्याएँ, छोटी टीम

सरकार में हो अथवा कहीं और, किसी भी परियोजना की सफ़लता दो बातों पर निर्भर करती है : उस कार्य के लिए सही लोग, व एक संस्थागत ढाँचा जो पारिस्थितिकी तन्त्र में हर किसी के लिए उचित प्रोत्साहन प्रदान करता है। 'आधार' के दौरान हुए हमारे अनुभव के आधार पर हमारा दृढ़ विश्वास है कि प्रत्येक मुख्य चुनौती जिसका हम सामना करते हैं उसका समाधान निकालने के लिए सरकार में एक स्टार्ट-अप की आवश्यकता है। उतना ही महत्त्वपूर्ण है, अन्ततः स्टार्ट-अप को एक पृथक समिति बनाये रखने की बजाय उसे सरकार की मुख्य समिति में एकीकृत किया जाये; यही एक रास्ता है यह सुनिश्चित करने के लिए कि मनमुटाव की गुंजाइश को कम करते हुए, ये परियोजनायें सरकार में कायम व कामयाब रहें।

यह सुनिश्चित करने के लिए कि ये परियोजनायें नौकरशाही के बोझ तले डूबेंगी नहीं, आवश्यक है कि उनका संचालन राष्ट्रीय नेता, प्रधानमन्त्री के प्रभुत्व में हो। जब हम भारत की पूर्व सरकारों के कुछ स्टार्ट-अप की ओर नज़र डालते हैं तो, प्रधानमन्त्री और अगुआई करने वाले नेतृत्व के बीच घनिष्ठ सम्बन्ध उभर कर सामने आते हैं—इसका एक उदाहरण है, जवाहर लाल नेहरू और डॉ. होमी भाभा के सौहार्दपूर्ण रिश्ते, जिन्होंने भारत के परमाणु ऊर्जा कार्यक्रम का मार्ग प्रशस्त किया। शीर्ष स्तर के द्वारा प्रदान निष्ठापूर्ण समर्थन ही सरकार के भीतर उद्यमी परियोजनाओं को सफ़ल बनाता है।

बाज़ारों में, प्रतिस्पर्धा से परिवर्तन आता है। कोई नया प्रतियोगी एक बेहतर उत्पाद प्रस्तुत कर सकता है, और पुराने एकाधिकार का स्थान ले सकता है। राजनीति में परिवर्तन, चुनावी प्रक्रिया द्वारा आता है। सफ़ल होने के लिए, नेताओं में लोगों की आकांक्षाओं पर खरा उतरने की योग्यता होनी चाहिए। क्योंकि दुनिया प्रौद्योगिकी के साथ विकसित होती है, सरकार को कदम के साथ कदम मिला कर आगे बढ़ना होगा, और ऐसा करना राजनीतिक आकाओं पर निर्भर करता है।

इस पुस्तक में हमने बारह मुख्य चुनौतियों की पहचान निश्चित की है; इनमें से पहली दो 'आधार' और 'पहल'—से हमने पहले ही सफ़लतापूर्वक पार पा लिया है। अब हमारे पास दस और मुख्य चुनौतियाँ बचती हैं जिसके लिए हमें सरकार के भीतर दस स्टार्ट-अप की आवश्यकता है, जिनमें से प्रत्येक में इन क्षेत्रों से दस समर्पित महारथियों की एक टीम होनी चाहिए। प्रधानमन्त्री के प्रभुत्व के तहत काम करने वाली ये टीमें, व्यापक परिवर्तन व एक अरब महत्त्वाकांक्षाओं को पूरा करने में सक्षम नवीन सोच का उत्तरदायित्व उठा सकती हैं।

हमारे लिए बेहतर होगा कि हम सपने देखना, जोख़िम उठाना, और एक अरब महत्त्वाकांक्षाओं को साकार करने की कोशिश करना जारी रखें; ज़्यादा से ज़्यादा क्या होगा, हमारे औंधे मुँह जा गिरने का ख़तरा बना रहेगा। एक अरब आवाज़ों को अनसुनी करना, एक अरब कुण्ठाओं को अनसुलझे ही छोड़ देना, और 'सामान्य बात है' के ढर्रे पर चलते रहना हमारे देश के लिए अधिक भयंकर, और सबसे ख़तरनाक है।

टिप्पणियाँ

प्रस्तावना

1. Ghoshal, Devjyot. 11 April 2012. 'How Aadhar is transforming lives across Jharkhand'. Rediff.com.
   http://www.rediff.com/money/slide-show/slide-show-1-column-aadhar-is-transforming-lives-across-jharkhand/20120411.htm
2. Golden Quadrilateral Highway Network, India.
   http://www.roadtraffic-technology.com/projects/golden-quadrilateral-highway-network/
3. Bagla, Pallava. 23 September 2014. 'Mangalyaan, the cheapest Mars mission ever'. NDTV.
   http://www.ndtv.com/india-news/mangalyaan-the-cheapest-mars-mission-ever-66974
4. Rashtriya Swasthya Bima Yojana.
   http://www.rsby.gov.in/about_rsby.aspx
5. Andreessen, Marc. 20 August 2011. 'Why Software Is Eating the World'. *The Wall Street Journal.*
   http://www.wsj.com/articles/SB10001424053111903480904576512250915629460
6. Saran, Rohit. 26 December 2005. '1995: Cell phones arrive'. *India Today*.
   http://indiatoday.intoday.in/story/bengal-cm-jyoti-basu-made-indias-first-cell-phone-call-to-telecom-minister-sukh-ram-in-1995/1/192421.html
7. Telecommunications statistics in India:
   https://en.wikipedia.org/wiki/Telecommunications_statistics_in_India
   Telecom Regulatory Authority of India. 4 July 2012. 'Highlights on Telecom subscription data as on 31st May 2012'.
   http://www.trai.gov.in/WriteReadData/PressRealease/Document/PR-TSD-May12.pdf
   Press Trust of India. 29 January 2014. 'India to have 243 million Internet users by June 2014: Report'. NDTV.
   http://www.ndtv.com/india-news/india-to-have-243-million-internet-users-by-june-2014-report-549211
8. 'Life in a slum'. BBC News.
   http://news.bbc.co.uk/2/shared/spl/hi/world/06/dharavi_slum/html/dharavi_slum_into.stm
9. Varghese, Gigil, Zachariah, Mini Pant, and Dagli, Kinjal. 17 January 2009. 'Slum Gods'. *Hindustan Times*.

http://www.hindustantimes.com/india/slum-gods/story-QBMRbH33hPfZnBkVlVo81I.html

10. Press Trust of India. 15 March 2012. 'Economic Survey 2011–12: India to join league of youngest nations by 2020'. *Economic Times*. http://articles.economictimes.indiatimes.com/2012-03-15/news/31197250_1_demographic-dividend-economic-survey-life-expectancy
11. World Bank Group. Ease of doing business rankings. http://www.doingbusiness.org/rankings
12. Micklethwait, J., and Wooldridge, A. 2014. *The Fourth Revolution: The Global Race to Reinvent the State*. Penguin Books.
13. Guha, Ramachandra. 2007. *India After Gandhi: The History of the World's Largest Democracy*. Pan Macmillan.
14. Anand, Umesh. September 2012. 'Ratnauli's wired hero'. http://www.civilsocietyonline.com/pages/HOF_Details.aspx?185
15. Growth of Facebook. http://en.wikipedia.org/wiki/Template:Facebook_growth
16. Shah, Ajay. 2006. 'Improving Governance Using Large IT systems'. *Documenting Reforms: Case Studies from India*. S. Narayan (ed.). New Delhi: Macmillan India, pp. 122–148. NSDL charges. https://nsdl.co.in/about/charges.php
17. 2001 Census of India: Migration. http://censusindia.gov.in/Census_And_You/migrations.aspx
18. Shah, Amrita. 2007. *Vikram Sarabhai: A Life*. New Delhi: Penguin Books.
19. Transcript of Federalist Papers, No. 10 & No. 51 (1787–1788). http://www.ourdocuments.gov/doc.php?flash=true&doc=10&page=transcript
20. Pritchett, Lant. 2009. 'Is India a Flailing State?: Detours on the Four Lane Highway to Modernization'. HKS Faculty Research Working Paper Series, RWP09-013, John F. Kennedy School of Government, Harvard University.

1. 'आधार' : पाँच वर्षों में शून्य से एक अरब तक

1. 30 September 2010. 'Ranjana Sonawane is now a 12-digit no.'. *Times of India*. http://timesofindia.indiatimes.com/india/Ranjana-Sonawane-is-now-a-12-digit-no-/articleshow/6654987.cms

   Rabade, Parag. 2 October 2010. 'Ranjana, the UID of Aadhaar'. *Deccan Herald*. http://www.deccanherald.com/content/101472/ranjana-uid-aadhaar.html

   29 September 2010. 'Meet the nation's first UID holders'. Rediff.com.

http://www.rediff.com/news/report/no-one-will-cheat-me-now-uid-recepient-tembhali/20100929.htm
Pal, Chandrima. 30 September 2010. 'For Tembhli, power, paint and an identity'. *Mumbai Mirror*.
http://www.mumbaimirror.com/mumbai/cover-story/For-tembhli-power-paint-and-an-identity/articleshow/16057599.cms

2. Unique Identification Authority of India, Public Data Portal.
http://portal.uidai.gov.in
3. Parker, Ian. 3 October 2011. 'The I.D. Man'. *New Yorker*.
http://www.newyorker.com/reporting/2011/10/03/111003fa_fact_parker.
4. UNICEF India Statistics.
http://www.unicef.org/infobycountry/india_statistics.html.
5. April 2010. 'UIDAI Strategy Overview: Creating a Unique Identity Number for Every resident in India'. Unique Identification Authority of India (UIDAI), Planning Commission, Government of India.
6. Nilekani, Nandan. 2008. *Imagining India: Ideas for the New Century*. New Delhi: Penguin Books.
7. Nilekani, Nandan. January–March 2014. 'The Untold Story of Aadhaar'. Inclusion.
http://inclusion.skoch.in/story/10/the-untold-saga-of- aadhaar-310.html
8. PTI. 12 January 2012. 'Planning Commission, Home Ministry in tussle over UID project'. *Economic Times*.
http://articles.economictimes.indiatimes.com/2012-01-20 news/30647230_1_uidai-home-ministry-aadhaar-numbers
9. Unique Identification Authority of India, Public Data Portal Dashboard for enrolments.
https://portal.uidai.gov.in/uidwebportal/dashboard.do.
10. Mehdudia, Sujay. 18 February 2014. 'Government fully committed to Aadhaar'. *The Hindu*.
http://www.thehindu.com/news/national/government-fully-%20 committed-to-aadhaar/article5699113.ece
11. 29 August 2011. 'Plan panel, parliamentary committee red flag rising UID costs'. *Indian Express*.
http://archive.indianexpress.com/news/plan-panel-parliamentary-committee-red-flag-rising-uid-costs/838507/0
12. UIDAI Working Papers. 'Ensuring uniqueness: Collecting iris biometrics for the unique ID mission'.
https://uidai.gov.in/UID_PDF/Working_Papers/UID_and_iris_paper_final.pdf
13. Anand, Utkarsh. 25 March 2014. 'Don't exclude those without Aadhaar, share data: SC'. *Indian Express*.

http://indianexpress.com/article/india/india-others/supreme-court-bars-sharing-of-uidai-info-denial-of-benefits-to-those-without-aadhaar/

14. Standing Committee on Finance (2011–12), fifteenth Lok Sabha, Ministry of Planning. December 2011. 'The National Identification Authority of India Bill, 2010'. Forty-Second report. http://164.100.47.134/lsscommittee/Finance/42%20Report.pdf
15. 11 September 2014. 'Government approves fifth phase of Aadhaar enrollment in UP, Bihar, Jharkhand and Chhattisgarh'. *Economic Times*. http://articles.economictimes.indiatimes.com/2014-09-11/news/53811399_1_uidai-mantri-jan-dhan-yojana-aadhaar-enrollment
16. Nair, Pravin. 20 April 2014. 'First Aadhaar card owner struggles for a living'. *Hindustan Times*. http://www.hindustantimes.com/india/first-aadhaar-card-owner-struggles-for-a-living/story-4XDs3Ffu0aoG8NCPRWDj3O.html

2. 'आधार' : पर्दे के पीछे

1. Parker, Ian. 3 October 2011. 'The I.D. Man'. *New Yorker*. http://www.newyorker.com/magazine/2011/10/03/the-i-d-man
2. Thimmayya, Daniel. 5 April 2015. 'Trafficked Women, Orphans Finally Get an Aadhar of Existence in Tamil Nadu'. *New Indian Express*. http://www.newindianexpress.com/thesundaystandard/Trafficked-Women-Orphans-Finally-Get-an-Aadhar-of-Existence-in-Tamil-Nadu/2015/04/05/article2747850.ece
3. Kumar, Raj. 16 December 2012. 'See how Aadhaar benefits women'. *Telegraph*. http://www.telegraphindia.com/1121216/jsp/jharkhand/story_16321510.jsp#.VZ51JxOqqko
4. December 2009. 'Biometric Design Standards for UID Applications (Version 1.0)'. Unique Identification Authority of India. http://uidai.gov.in/UID_PDF/Committees/Biometrics_Standards_Committee_report.pdf
5. Krebs, Brian. 6 July 2009. 'Researchers: Social Security Numbers Can Be Guessed'. *Washington Post*. http://www.washingtonpost.com/wp-dyn/content/article/2009/07/06/AR2009070602955.html
6. Radicati, Sara. April 2013. 'Email Statistics Report, 2013–2017'. The Radicati Group. http://www.radicati.com/wp/wp-content/uploads/2013/04/Email-Statistics-Report-2013-2017-Executive-Summary.pdf
7. 'Google Search Statistics'. Internet Live Stats. http://www.internetlivestats.com/google-search-statistics/
8. 'Number of monthly active Facebook users worldwide as of 2nd quarter

2015 (in millions)'. Statista.
http://www.statista.com/statistics/264810/number-of-monthly-active-facebook-users-worldwide/

9. Anders, George. 19 February 2014. 'Facebook's $19 Billion Craving, Explained By Mark Zuckerberg'. *Forbes*.
http://www.forbes.com/sites/georgeanders/2014/02/19/facebook-justifies-19-billion-by-awe-at-whatsapp-growth/

3. सरकारी भुगतानों पर भरोसा

1. 2013. 'Report of the Committee on Comprehensive Financial Services for Small Businesses and Low Income Households'. Reserve Bank of India.
https://rbidocs.rbi.org.in/rdocs/PublicationReport/Pdfs/CFS070114RFL.pdf
2. Ghosh, Palash. 6 June 2013. 'How many people pay income tax? Hardly anyone'. *International Business Times*.
http://www.ibtimes.com/how-many-people-india-pay-income-tax-hardly-anyone-1294887
3. Yardley, Jim. 28 December 2011. 'In One Slum, Misery, Work, Politics and Hope'. *New York Times*.
http://www.nytimes.com/2011/12/29/world/asia/in-indian-slum-misery-work-politics-and-hope.html
4. Burman, Abheek. 25 October 2013. 'Informal workers, making up 90% of workforce, won't get a good deal till netas notice them'. *Economic Times*.
http://articles.economictimes.indiatimes.com/2013-10-25/news/43395491_1_neelkanth-mishra-india-fall-informal-economy
5. 28 September 2013. 'India's Informal Economy. Hidden Value'. *Economist*.
http://www.economist.com/news/asia/21586891-activities-out-sticks-may-add-more-gdp-was-thought-hidden-value
6. Dr G. Rajan, Raghuram, Governor, Reserve Bank of India. 11 December 2013. Talk at the Delhi Economics Conclave titled 'Financial Sector Reforms'.
http://www.rbi.org.in/scripts/BS_SpeechesView.aspx?Id=863
7. Collins, Daryl, Morduch, Jonathan, Rutherford, Stuart, Ruthven, Orlanda. 2009. *Portfolios of the Poor: How the World's Poor Live on $2 a Day*. Princeton: Princeton University Press.
http://rbidocs.rbi.org.in/rdocs/PublicationReport/Pdfs/CFS070114RFL.pdf
8. February 2012. 'Report of the Task Force on an Aadhaar-Enabled Unified Payment Infrastructure'. Ministry of Finance, Government of India.

http://finmin.nic.in/reports/Report_Task_Force_Aadhaar_PaymentInfra.pdf

9. April 2010. 'From Exclusion to Inclusion with 'Micropayments'. Unique Identification Authority of India. http://uidai.gov.in/UID_PDF/Front_Page_Articles/Strategy/Exclusion_to_Inclusion_with_Micropayments.pdf
10. October 2010. 'Growth, financial inclusion, and a $22.4 billion savings'. McKinsey & Company. http://mckinseyonsociety.com/inclusive-growth-and-financial-security/
11. Wolman, David. 2012. *The End of Money: Counterfeiters, Preachers, Techies, Dreamers—and the Coming Cashless Society*. Boston: Da Capo Press, p. 353.
12. 2015. 'Pradhan Mantri Jan Dhan Yojana'. Department of Financial Services, Ministry of Finance, Government of India. http://pmjdy.gov.in/account-statistics-country.aspx
13. Thornycroft, Peta. June 2006. 'The $100,000 note that won't buy a loaf of bread in Zimbabwe'. *Telegraph*. http://www.telegraph.co.uk/news/worldnews/africaandindianocean/zimbabwe/1520590/The-100000-note-that-wont-buy-a-loaf-of-bread-in-Zimbabwe.html
14. Gustafsson, Katarina, and Magnusson, Niklas. 28 October 2013. 'Stockholm's Homeless Accept Cards as Cash No Longer King'. *Bloomberg*. http://www.bloomberg.com/news/2013-10-27/stockholm-s-homeless-accept-cards-as-cash-no-longer-king.html
15. 14 November 2013. 'Mobile Money: The Opportunity for India'. Mobile Money Association of India (MMAI) and GSMA submission to the Reserve Bank of India.
16. Ghosh, Suprotip. 8 December 2013. 'Banking the Unbanked'. *Business Today*. http://businesstoday.intoday.in/story/rbi-expansion-general-public-helps-take-banking-rural-india/1/200646.html
17. February 2015. 'Unified Payments Interface. API and Technology Specifications (Version 1.0)'. National Payments Corporation of India. http://www.npci.org.in/documents/API_Technology_Specifications_Version_1.pdf

4. हमारे सामाजिक सुरक्षा तंत्र की मरम्मत

1. 12 February 2012. UP farmer on fertilizer availability. https://www.youtube.com/watch?v=YBATYKn_cBY
2. 10 June 2008. 'Karnataka farmers on rampage over fertilizer shortage'. *Times of India*.

http://timesofindia.indiatimes.com/india/Karnataka-farmers-on-rampage-over-fertilizer-shortage/articleshow/3115597.cms
3. Green Revolution. Wikipedia.
http://en.wikipedia.org/wiki/Green_Revolution
4. Mukherji, Biman. 8 July 2014. 'India to Keep Grain Supplies on Fears of Poor Monsoon Rains'. *Wall Street Journal*.
http://www.wsj.com/articles/india-to-keep-grain-supplies-on-fears-of-poor-monsoon-rains-1404814017
Statistics on Agricultural Production, FAOSTAT.
http://faostat.fao.org/site/339/default.aspx
5. Ministry of Law and Justice. The National Food Security Act, 2013.
http://indiacode.nic.in/acts-in-pdf/202013.pdf
6. 'Wiping every tear from every eye': the JAM Number Trinity Solution.
http://indiabudget.nic.in/es2014-15/echapvol1-03.pdf
7. Bajaj, Vikas. 7 June 2012. 'As Grain Piles Up, India's Poor Still Go Hungry'. *New York Times*.
http://www.nytimes.com/2012/06/08/business/global/a-failed-food-system-in-india-prompts-an-intense-review.html
8. 17 March 2012. 'Let them eat baklava'. *Economist*.
http://www.economist.com/node/21550328
Friedman, Thomas L. 7 April 2012. 'The Other Arab Spring'. *New York Times*, Sunday Review Op-Ed.
http://www.nytimes.com/2012/04/08/opinion/sunday/friedman-the-other-arab-spring.html?_r=0
9. Myers, Norman. 9 August 2007. 'Perverse subsidies'. *The Encyclopedia of Earth*.
http://www.eoearth.org/view/article/155197/
10. World Bank Data, fertilizer consumption (kilograms per hectare of arable land).
http://data.worldbank.org/indicator/AG.CON.FERT.ZS
11. Anand, Geeta. 22 February 2010. 'Green Revolution in India Wilts as Subsidies Backfire'. *Wall Street Journal*.
http://www.wsj.com/news/articles/SB10001424052748703615904575052921612723844
12. Padma, T.V. 13 August 2009. 'Thirsty Indian farming depleting water resources'. SciDevNet.
http://www.scidev.net/global/farming/news/thirsty-indian-farming-depleting-water-resources.html
13. Lahariya, Khabar and Tewari, Saumya. 10 July 2015. 'Mathuranpura And The World's Worst Groundwater Crisis'. IndiaSpend.
http://www.indiaspend.com/cover-story/mathuranpura-and-the-worlds-worst-groundwater-crisis-87432

14. Zhong, Raymond. 17 July 2014. 'This Is Why India Has to Shrink the Subsidy Raj'.
http://blogs.wsj.com/indiarealtime/2014/07/07/this-is-why-india-has-to-shrink-the-subsidy-raj/
15. Poovanna, Sharan, and Saha, Samiran. 19 May 2013. 'Car makers run into diesel dilemma'.
http://www.newindianexpress.com/business/news/Car-makers-run-into-diesel-dilemma/2013/05/19/article1596282.ece
Davies, Alex. 22 August 2013. '10 Reasons You Should Buy A Diesel Car'. *Business Insider India.*
http://www.businessinsider.in/10-Reasons-You-Should-Buy-A-Diesel-Car/articleshow/21967160.cms
16. Gelb, Alan and Diofasi, Anna. 17 March 2015.'Ghostbusters: Linking Subsidy Reform and Biometric Identification in India'. Center for Global Development.
http://www.cgdev.org/blog/ghostbusters-linking-subsidy-reform-and-biometric-identification-india#_ftn1
17. Dehejia, Rupa Subramanya. 20 June 2011. 'Economics Journal: How the Oil Subsidy Fuels Corruption and Death'. *Wall Street Journal.*
http://blogs.wsj.com/indiarealtime/2011/06/20/economics-journal-how-the-oil-subsidy-fuels-corruption-and-death/
18. Narayan, Hari. 5 January 2013. 'The extraordinary tale of an ordinary man'. *The Hindu.*
http://www.thehindu.com/features/magazine/the-extraordinary-tale-of-an-ordinary-man/article4269047.ece
19. 9 January 2014. 'Fuelling controversy'. *Economist.*
http://www.economist.com/news/finance-and-economics/21593484-economic-case-scrapping-fossil-fuel-subsidies-getting-stronger-fuelling
20. 12 June 2014. 'Scrap them'. *Economist.*
http://www.economist.com/news/leaders/21604170-there-are-moves-around-world-get-rid-energy-subsidies-heres-best-way-going
21. 24–25 September. G20 Leaders' Statement: The Pittsburgh Summit.
http://www.g20.utoronto.ca/2009/2009communique0925.html
22. World Bank data, military expenditure (% of GDP).
http://data.worldbank.org/indicator/MS.MIL.XPND.GD.ZS
23. June 2011. 'Interim report of the task force on direct transfer of subsidies on kerosene, LPG and fertilizer'. Ministry of Finance, Government of India.
http://finmin.nic.in/reports/Interim_report_Task_Force_DTS.pdf
24. 'Wiping every tear from every eye': the JAM Number Trinity Solution.
http://indiabudget.nic.in/es2014-15/echapvoll0-3.pdf

25. Shah, Viral. 'Transparency in the LPG subsidy'. Prof. Ajay Shah's blog. (Professor, National Institute of Public Finance and Policy). http://ajayshahblog.blogspot.in/2012/07/transparency-in-lpg-subsidy.html
26. Aji, Sowmya. 26 March 2012. 'Stink of a gas scam'. *India Today*. http://indiatoday.intoday.in/story/karnataka-24-lakh-fake-domestic-gas-connections-uncovered/1/178073.html.
27. August 2012. 'Fossil-Fuel Subsidy Reform in India: Cash transfers for PDS, kerosene and domestic LPG'. The Energy and Resources Institute, TERI University. http://www.iisd.org/gsi/sites/default/files/ffs_india_teri_rev.pdf
28. Press Trust of India. 1 June 2013. 'LPG subsidy directly in bank accounts from today in 18 districts'. NDTV. http://www.ndtv.com/india-news/lpg-subsidy-directly-in-bank-accounts-from-today-in-18-districts-523967
29. Mukherjee, Promit. 3 July 2015. 'DBTL helps govt save Rs 10,000 crore as illegal LPG consumption falls'. *Mint*. http://www.livemint.com/Industry/PGCreyRo9L9rCt3Vx3xyBO/%20DBTL-helps-govt-save-Rs10000-crore-as-illegal-LPG-consumpti.html
30. May 2014. 'Review of the Direct Benefit Transfer for LPG Scheme, Committee Report'. Ministry of Petroleum and Natural Gas, Government of India. http://petroleum.nic.in/docs/dhande.pdf
31. Indo-Asian News Service. 5 February 2015. 'PAHAL Yojana will end black marketing in LPG, says PM Narendra Modi'. Firstpost. http://www.firstpost.com/business/pahal-yojana-will-end-black-marketing-in-lpg-says-pm-narendra-modi-2081573.html
32. Press Trust of India. 10 July 2014. 'Budget 2014: FM Arun Jaitley raises subsidy bill but promises overhaul of grants'. *Economic Times*. http://articles.economictimes.indiatimes.com/2014-07-10/news/51300717_1_subsidy-bill-fertiliser-subsidy-lakh-crore
33. Dr Shenoy, Bhamy V. March 2010. 'Lessons Learned from Attempts to Reform India's Kerosene Subsidy'. The International Institute for Sustainable Development. http://www.iisd.org/pdf/2010/lessons_india_kerosene_subsidy.pdf
34. Kurmanath, K.V. 6 December 2012. 'Aadhaar, PDS database link to help AP plug loopholes. *The Hindu Business Line*. http://www.thehindubusinessline.com/info-tech/aadhaar-pds-database-link-to-help-ap-plug-loopholes/article4171521.ece
35. Agarwal, Surabhi. 17 February 2015. 'Aadhaar works well where put in use'. *Business Standard*. http://www.business-standard.com/article/economy-policy/aadhaar-works-well-where-put-in-use-115021700034_1.html

Mishra, Asit Ranjan. 3 July 2015. 'NDA govt kicks off PDS reforms with direct cash transfers'. *Mint*.
http://www.livemint.com/Politics/BfeNi5AreTn1cJ8ROIzxXM/NDA-kicks-off-PDS-reforms.html

36. Press Trust of India. 14 February 2010. 'Slogan of "bijli, sadak, pani is passe": Nilekani'. *The Hindu*.
http://www.thehindu.com/news/national/slogan-of-bijli-sadak-pani-is-passe-nilekani/article106404.ece
37. Press Trust of India. 13 March 2015. 'Government expenditure on Aadhaar project is Rs 5,630 crore'. *Economic Times*.
http://articles.economictimes.indiatimes.com/2015-03-13 news/60086261_1_aadhaar-project-aadhaar-numbers-uidai-project
38. Sethi, Nitin, and Agarwal, Surabhi. 24 February 2015. 'Centre takes steps to convert PDS to cash transfers'. *Business Standard*.
http://www.business-standard.com/article/economy-policy/centre-takes-steps-to-convert-pds-to-cash-transfers-115022400033_1.html

5. ई-केवाईसी का साथ, कागज़ रहित जीवन की सौगात

1. 26 February 2014. 'Axis Bank introduces e-KYC, MicroATM facility'. *The Hindu Business Line*.
http://www.thehindubusinessline.com/companies/axis-bank-introduces-ekyc-microatm-facility/article5729216.ece
2. 20 August 2014. 'Digital India—A programme to transform India into digital empowered society and knowledge economy'. Press Information Bureau, Government of India.
http://pib.nic.in/newsite/erelease.aspx?relid=108926
3. Rai, Suyash, Sharma, Smriti, and Sapatnekar, Sanhita. 14 September 2014. 'A dramatic cost reduction for KYC using the e-KYC API of UIDAI'. Prof. Ajay Shah's blog. (Professor, National Institute of Public Finance and Policy).
http://ajayshahblog.blogspot.in/2014/09/a-dramatic-cost-reduction-for-kyc-using.html
4. November 2012. 'Aadhaar e-KYC Service'. Unique Identification Authority of India.
http://uidai.gov.in/images/commdoc/ekyc_policy_note_18122012.pdf
5. 28 August 2014. 'PM Narendra Modi launches Jan Dhan Yojana; to focus on combating financial untouchability'. *Indian Express*.
http://indianexpress.com/article/india/india-others/pm-narendra-modi-launches-jan-dhan-yojana-to-focus-on-ending-finacial-untouchability/

6. अर्थव्यवस्था के साथ वस्तु एवं सेवा कर का एकीकरण

1. Lakshmi, Rama. 26 December 2014. 'Is India's country-wide tax a "game-changer" for business?'. *Washington Post*.
http://www.washingtonpost.com/world/asia_pacific/is-indias-country-wide-tax-a-game-changer-for-business/2014/12/24/b0a5eef4-4654-40d3-9297-ad6ced6451b8_story.html
2. 18 September 2015. 'India's dream of borderless trade grinds to a halt at checkpoints'. IBN Live.
http://www.ibnlive.com/news/india/indias-dream-of-borderless-trade-grinds-to-a-halt-at-checkpoints-1102758.html
3. Sinha, Varun. 22 November 2014. 'How GST Will Change the Face of Indian Economy'. NDTV.
http://profit.ndtv.com/news/economy/article-how-gst-will-change-the-face-of-indian-economy-701413
4. October 2014. 'India Development Update: Continue Domestic Reforms and Encourage Investments'. World Bank.
http://www.worldbank.org/en/country/india/publication/development-update-domestic-reforms-encourage-investments
5. 16 January 2014. 'Narendra Modi calls for reforms amid "tax terrorism"'. *Times of India*.
http://timesofindia.indiatimes.com/city/ahmedabad/Narendra-Modi-calls-for-reforms-amid-tax-terrorism/articleshow/28866113.cms
6. 14 July 2014. 'Finance ministry wants taxman not to harass taxpayers'. *Times of India*.
http://timesofindia.indiatimes.com/business/india-business/Finance-ministry-wants-taxman-not-to-harass-taxpayers/articleshow/38346860.cms
7. Mahalingam, T.V. 6 July 2014. 'Budget 2014: What India's five manufacturing hubs expect from Modi government to kick-start growth'. *Economic Times*.
http://articles.economictimes.indiatimes.com/2014-07-06/news/51107986_1_manufacturing-sector-world-manufacturing-hubs
8. 'The World Bank Indicators'.
http://data.worldbank.org/indicator/GC.TAX.TOTL.GD.ZS.
9. July 2004. 'Report of the Task Force on Implementation of the Fiscal Responsibility and Budget Management Act, 2003'. Ministry of Finance, Government of India.
http://finmin.nic.in/reports/FRBM_report.pdf
15 December 2009. 'Report of the Task Force on Goods and Services Tax'. Thirteenth Finance Commission, Government of India.
http://rajtax.gov.in/vatweb/download/gst/13th%20FCR.pdf
10. Chidambaram, P. 14 June 2015. 'The GST Bill is history in the making'. *Financial Express*.

http://www.financialexpress.com/article/fe-columnist/the-gst-bill-is-history-in-the-making-p-chidambaram/84453/

11. 31 January 2011. 'Report of the Technology Advisory Group for Unique Projects'. Ministry of Finance, Government of India. http://finmin.nic.in/reports/tagup_report.pdf
12. 26 December 2014. 'GST: Gujarat wants 1% extra duty to continue till states want it'. *Economic Times*. http://articles.economictimes.indiatimes.com/2014-12-26/news/57420384_1_gst-council-anti-dumping-duty-gst-regime
13. July 2010. 'The IT Strategy for GST (Version 0.85)'. Empowered Group on IT Infrastructure on GST headed by Nandan Nilekani (Ministry of Finance, Government of India). http://finmin.nic.in/GST/IT_Strategy_for_GST_ver0.85.pdf
14. 20 December 2014. 'GST: Finance Minister Arun Jaitley introduces "biggest tax reform" Bill'. *Indian Express*. http://indianexpress.com/article/india/india-others/goods-service-tax-bill-introduced-in-lok-sabha/

7. आर्थिक विकास के लिए टकराव रहित राजमार्ग

1. Lakshmi, Rama. 23 March 2014. 'India's quest to build modern toll roads hits a pothole'. *Washington Post*. http://www.washingtonpost.com/world/indias-quest-to-build-modern-toll-roads-hits-a-pothole/2014/03/22/ecfd7b0a-a5fa-11e3-b865-38b254d92063_story.html
2. 26 September 2011. 'Police say toll plaza murder solved; suspected killer arrested'. NDTV. http://www.ndtv.com/article/india/police-say-toll-plaza-murder-solved-suspected-killer-arrested-136203
3. Bhan, Rohit. 17 October 2012. 'MP who pulled out gun at toll plaza refuses to apologise'. NDTV. http://www.ndtv.com/article/india/mp-who-pulled-out-gun-at-toll-plaza-refuses-to-apologise-280919
4. 28 September 2013. 'India's informal economy. Hidden value'. *Economist*. http://www.economist.com/news/asia/21586891-activities-out-sticks-may-add-more-gdp-was-thought-hidden-value
5. June 2014. 'Assessment of Operate-Maintain-Transfer (OMT) and Toll Collection Market for Road Projects in India'. Crisil Research. http://www.crisil.com/pdf/research/Assessment_of_OMT_TollCollection-Roads.pdf
6. Sunil, B.S. 17 December 2012. 'Why India needs an aggressive highways programme'. *Mint*. http://www.livemint.com/Opinion/b2TvLxkpta7EEkXWaqnnKK/Why-

India-needs-an-aggressive-highways-programme.html

7. Kripalani, Manjeet. 11 March 2009. 'Fabindia Weaves in Artisan Shareholders'. *Bloomberg.*
   http://www.bloomberg.com/bw/stories/2009-03-11/fabindia-weaves-in-artisan-shareholders
   Fabindia website.
   http://www.fabindia.com/company/
8. Kaushik, Manu. 20 March 2011. 'Highways to prosperity'. *Business Today.*
   http://businesstoday.intoday.in/story/toll-road-developers-are-making-the-most-of-indias-ambitious-highway-expansion-plan/1/13611.html
9. Lakshmi, Rama. 21 December 2012. 'An expressway outside New Delhi mirrors India's problems and promise'. *Washington Post.*
   http://www.washingtonpost.com/world/asia_pacific/an-expressway-outside-new-delhi-mirrors-indias-problems-and-promise/2012/12/21/464a6500-3988-11e2-9258-ac7c78d5c680_story.html
10. September 2011. 'Report by Apex Committee for ETC Implementation'. National Highways Authority of India, Government of India.
    http://www.nhai.org/doc/17feb12/etc_apexcomm_report_final_7oct.pdf
    28 June 2010. 'A Unified Electronic Toll Collection Technology for NHAI'. Ministry of Road Transport and Highways, Government of India.
    http://www.nhai.org/ETC%20report.pdf
11. 25 October 2014. 'Nitin Gadkari to Launch Electronic Toll System on Oct 31'. NDTV.
    http://www.ndtv.com/india-news/nitin-gadkari-to-launch-electronic-toll-system-on-oct-31-683790
12. 8 June 2012. 'Shoddy road checkpoint system imposes huge cost on the economy'. *Economic Times.*
    http://articles.economictimes.indiatimes.com/2012-06-08/news/32124221_1_toll-plazas-octroi-and-state-taxes-toll-points
13. 31 October 2014. 'ICICI Bank, Axis Bank tie up for electronic toll collection programme'. *The Hindu Business Line.*
    http://www.thehindubusinessline.com/industry-and-economy/logistics/icici-bank-axis-bank-tie-up-for-electronic-toll-collection-programme/article6552213.ece
14. 'Congestion Charge'. Transport for London.
    http://www.tfl.gov.uk/modes/driving/congestion-charge
    'Electronic Road Pricing'. Land Transport Authority, Singapore government.
    http://www.lta.gov.sg/content/ltaweb/en/roads-and-motoring/managing-traffic-and-congestion/electronic-road-pricing-erp.html

15. 1 November 2005. 'Road Transport Service Efficiency Study'. World Bank.
http://siteresources.worldbank.org/INTSARREGTOPTRAN SPORT/PublicationsandReports/20747263/Final_version03 NOV2005.pdf

8. सरकारी खर्च को व्यवस्थित करना

1. Cruz, Marcos, and Lazarow, Alexandre. September 2012. 'Innovation in Government: Brazil'. McKinsey & Company.
http://www.mckinsey.com/insights/public_sector/innovation_in_government_brazil
2. 'Where does my money go?'. Open Knowledge Foundation.
http://wheredoesmymoneygo.org
3. 'Open Government Partnership'.
http://www.opengovpartnership.org/
4. Aiyar, Yamini, and Raghunandan, T.R. 'Pull, not push, to open up spending'. *Mint*.
http://www.livemint.com/Opinion/uuVwhsKE8wKNa13sjI2tHN/Pull-not-push-to-open-up-spending.html
5. 31 January 2011. 'Report of the Technology Advisory Group for Unique Projects'. Ministry of Finance, Government of India.
http://finmin.nic.in/reports/tagup_report.pdf
6. 'The Right to Information Act (2005)'. Government of India.
http://rti.gov.in/rti-act.pdf
7. 2012. 'Do schools get their money?' Paisa 2012, Accountability Initiative. ASER.
http://www.accountabilityindia.in/sites/default/files/state-report-cards/paisa_report_2012.pdf

9. प्रौद्योगिकी द्वारा लोकतन्त्र को मज़बूती

1. 18 February 2012. 'Dead people on voter list—Poll panel detects instances of proxy voting, orders repoll'. *Telegraph*.
http://www.telegraphindia.com/1120218/jsp/northeast/story_15148226.jsp#.U9nknFYk_LQ
2. Press Trust of India. 24 April 2014. 'Captains of India Inc vote for stable and decisive govt'. *Economic Times*.
http://articles.economictimes.indiatimes.com/2014-04-24/news/49378102_1_vote-new-government-india-inc
3. Rana, Preetika, and Sugden, Joanna. 15 August 2013. 'India's Record Since Independence'. *Wall Street Journal*.
http://blogs.wsj.com/indiarealtime/2013/08/15/indias-record-since-independence/

4. 21 February 2013. 'Towards Universal Suffrage'. New Zealand Electoral Commission.
http://www.elections.org.nz/right-vote/towards-universal-suffrage
Equal Franchise Act, 1928, UK Parliament.
http://www.parliament.uk/about/living-heritage/transformingsociety/electionsvoting/womenvote/parliamentary-collectionsdelete/equal-franchise-act-1928/
6 August 2015. 'Introduction To Federal Voting Rights Laws'. The United States Department of Justice.
http://www.justice.gov/crt/introduction-federal-voting-rights-laws-1
5. Guha, Ramachandra. 2007. *India after Gandhi: The History of the World's Largest Democracy*. London: Macmillan.
6. 11 March 2014. 'Election Expenditure per elector up by twenty times in 2009 compared to first General Elections'. Press Information Bureau, Election Commission, Government of India.
http://pib.nic.in/newsite/PrintRelease.aspx?relid=104557.
7. Tewari, Saumya. 13 March 2014. 'Betting On Rural Votes This Time Too'. IndiaSpend.
http://www.indiaspend.com/special-reports/betting-on-rural-votes-this-time-too-44937
8. Election Commission of India.
http://eci.nic.in/eci_main1/the_setup.aspx
9. Shekhar, G.C. 7 April 2014. 'Autumn of Al-Seshan. Lest we forget how bad it was till he cleaned it up'. *Telegraph*.
http://www.telegraphindia.com/1140407/jsp/nation/story_18163764.jsp#.U9kJEVYk_LR
10. Ansari, Javed M. 15 December 1994. 'The unsparing rod'. *India Today*.
http://indiatoday.intoday.in/story/cec-t.n.-seshan-tightens-electoral-reform-screws-to-clean-up-entire-election-process/1/294621.html
11. Chouhan, Shashank. 3 April 2014. 'Facts and figures for India's 2014 general election'. Reuters.
http://blogs.reuters.com/india/2014/04/03/facts-and-figures-for-the-2014-general-election
12. Nilekani, Nandan. 2008. *Imagining India: Ideas for the New Century*. New Delhi: Penguin Books.
13. *Electronic Voting Machines, General Elections 2009 Reference Handbook*. Press Information Bureau, Ministry of Information and Broadcasting, Government of India.
http://pib.nic.in/elections2009/volume1/Chap-39.pdf
14. 18 April 2004. 'A Voting Revolution In India?'. *Businessweek*.
http://www.businessweek.com/stories/2004-04-18/a-voting-revolution-in-india

15. Babe, Ann. 4 February 2015. 'Can Open-Source Voting Tech Fix the U.S. Elections System?'. Techonomy.
http://techonomy.com/2015/02/can-open-source-voting-tech-fix-u-s-elections-system
16. In the Supreme Court of India Civil Original Jurisdiction, Writ Petition (Civil) No. 161 of 2004.
http://www.supremecourtofindia.nic.in/outtoday/wp(c)No.161of2004.pdf
17. Press Trust of India. 21 June. 'Election Commission to introduce EVM and VVPAT system for more transparent electronic voting'. *Economic Times*.
http://articles.economictimes.indiatimes.com/2011-06-21/news/29683624_1_polling-stations-voter-electronic-voting-machine
18. Mukul, Akshaya. 1 June 2011. 'EVM with paper trail to be tested in 200 places'. *Times of India*.
http://timesofindia.indiatimes.com/india/EVM-with-paper-trail-to-be-tested-in-200-places/articleshow/8671700.cms?referral=PM
7 September 2013. 'Nagaland first to use VVPAT system'. *Deccan Herald*.
http://www.deccanherald.com/content/355939/nagaland-first-use-vvpat-system.html
19. Press Trust of India. 9 October 2013. 'Supreme Court asks Election Commission to implement paper trail in EVMs'. NDTV.
http://www.ndtv.com/india-news/supreme-court-asks-election-commission-to-implement-paper-trail-in-evms-537127
3 April 2014. 'Bangalore South Chosen for VVPAT System for LS Polls'. *Outlook*.
http://www.outlookindia.com/news/article/bangalore-south-chosen-for-vvpat-system-for-ls-polls/835552
20. 2 March 2009. 'The new voting machine: Totalizer'. *Indian Express*.
http://archive.indianexpress.com/news/the-new-voting-machine-totalizer/429666/
11 March 2009. 'No E-Voting In Germany'. European Digital Rights.
http://history.edri.org/edri-gram/number7.5/no-evoting-germany
21. Kumar, Vikram. 13 August 2013. 'Delhi hit by massive poll scam: Election commission unearths 13 lakh bogus voters and over 80,000 valid voter cards for dead people'. *Daily Mail*.
http://www.dailymail.co.uk/indiahome/indianews/article-2392340/Delhi-hit-massive-poll-scam-Election-commission-unearths-13-lakh-bogus-voters-80-000-valid-voter-cards-dead-people.html
22. Voter turnout data for India, International Institute for Democracy and Electoral Assistance.
http://www.idea.int/vt/countryview.cfm?id=105

28 February 2015. '85 million fake or duplicate names on electoral rolls: EC'. *Hindustan Times*.
http://www.hindustantimes.com/india/85-million-fake-or-duplicate-names-on-electoral-rolls-ec/story-gnFsWrjqG64upBMGJ1s7lN.html

23. Kulkarni, Pranav. 18 April 2014. 'An entire society in Kothrud could not vote'. *Indian Express*.
http://indianexpress.com/article/cities/pune/an-entire-society-in-kothrud-could-not-vote
24. Press Trust of India. 7 May 2009. 'CEC Navin Chawla nearly missed his vote!'. NDTV.
http://www.ndtv.com/india-news/cec-navin-chawla-nearly-missed-his-vote-393695
25. Chakravarty, Praveen. 28 April 2014. 'The mysteries of "dead" and "deleted" voters'. Rediff.com.
http://www.rediff.com/news/report/slide-show-1-ls-election-the-mysteries-of-dead-and-deleted-voters/20140428.htm#4
26. Gopalaswami, N. 14 December 2012. 'Voting with your fingertips'. *The Hindu*.
http://www.thehindu.com/opinion/lead/voting-with-your-fingertips/article4196670.ece
27. Agarwal, Surabhi, and Aravind, Indulekha. 22 November 2013. 'Voting out errors'. *Business Standard*.
http://www.business-standard.com/article/beyond-business/voting-out-errors-113112201061_1.html
28. 8 April 2012. 'EC, Janaagraha team up to enrol voters'. *DNA India*.
http://www.dnaindia.com/bangalore/report-ec-janaagraha-team-up-to-enrol-voters-1673026
2 February 2015. 'Update the rolls'. *Business Standard*.
http://www.business-standard.com/article/opinion/update-the-rolls-115020201461_1.html
29. 25 January 2015. 'Aadhaar database to be embedded with that of EPIC by 2016: CEC'. *Economic Times*.
http://articles.economictimes.indiatimes.com/2015-01-25/news/58433297_1_aadhaar-database-development-politics-political-parties
15 February 2015. 'ECI to Launch Mission of Electoral Roll Authentication from 1st March'. Press Note, Election Commission of India.
http://eci.nic.in/eci_main1/current/Press_Note_15_02_15-%20Hyderadad-1.pdf
30. National Electoral Roll Purification and Authentication Programme (NERPAP), National Voters' Services Portal.
http://nvsp.in/nerpap.html

31. Ali, Arshad. 22 March 2015. 'Will link Aadhaar number to voter ID cards to ensure no duplicacy: CEC H.S. Brahma'. *Indian Express*. http://indianexpress.com/article/cities/kolkata/cec-will-link-with-aadhaar-to-ensure-no-duplicate-voter-id/
32. Ferenstein, Gregory. 21 February 2015. 'Watch how quick it is to vote in the most advanced democracy on earth, Estonia'. VentureBeat. http://venturebeat.com/2015/02/21/watch-how-quick-it-is-to-vote-in-the-most-advanced-democracy-on-earth-estonia/
33. Taneja, Mansi, and Agarwal, Surabhi. 23 January 2015. 'E-Voting: Voter IDs to be connected with Aadhaar'. *Business Standard*. http://www.business-standard.com/article/politics/e-voting-voter-ids-to-be-connected-with-aadhaar-115012201274_1.html

10. राजनीति में एक नया युग : पार्टी एक मंच के रूप में

1. Lincoln's plan of campaign in 1840. *Collected Works of Abraham Lincoln*. Vol. 1, p. 181. http://quod.lib.umich.edu/l/lincoln/lincoln1/1:196?rgn=div1;view=fulltext
2. Mehta, Vanya. 4 December 2013. 'Will NRIs' novel campaigning propel Aam Aadmi in today's poll?'. *Deccan Herald*. http://www.deccanherald.com/content/372607/will-nris039-novel-campaigning-propel.html
3. Mail Today Bureau. 7 April 2011. 'Anna Hazare's fight grows via SMSes, Facebook'. *India Today*. http://indiatoday.intoday.in/story/lokpal-bill-anna-hazares-fight-grows-via-smses-facebook/1/134550.html
   Mahesh, Ashwin. 29 December 2013. 'Rise of problem-solving, digital citizen'. *Deccan Chronicle*. http://www.deccanchronicle.com/131229/commentary-sunday-chronicle/article/rise-problem-solving-digital-citizen
4. Ali, Mohammad. 1 October 2013. 'AAP took baby steps on social media, now it's a runaway hit'. *The Hindu*. http://www.thehindu.com/news/cities/Delhi/aap-took-baby-steps-on-social-media-now-its-a-runaway-hit/article5190122.ece
   Ninan, Sevanti. 13 December 2013. 'Learning media strategy from AAP'. *Mint*. http://www.livemint.com/Opinion/HwHIPVrpDJC2Ax0TcTv03N/Learning-media-strategy-from-AAP.html
5. Ghose, Dipankar, and Vatsa, Aditi. 15 February 2015. 'The Big Picture: What's AAP'. *Indian Express*. http://indianexpress.com/article/india/india-others/whats-aap/
6. Gupta, Shekhar. 12 February 2015. 'Waking up to a new "usual"'. *India Today*.

http://indiatoday.intoday.in/story/shekhar-gupta-aap-arvind-kejriwal-delhi-election-bjp-congress/1/418585.html

7. Scherer, Michael. 7 November 2012. 'Inside the Secret World of the Data Crunchers Who Helped Obama Win'. *Time*.
http://swampland.time.com/2012/11/07/inside-the-secret-world-of-quants-and-data-crunchers-who-helped-obama-win/
8. Willis, Derek. 25 September 2014. 'Narendra Modi, the Social Media Politician'. *New York Times*.
http://www.nytimes.com/2014/09/26/upshot/narendra-modi-the-social-media-politician.html?smid=tw-nytimes&_r=0&abt=0002&abg=1
9. Bangalore South Lok Sabha constituency, Wikipedia.
https://en.wikipedia.org/wiki/Bangalore_South_(Lok_Sabha_constituency)
10. NGP VAN.
https://www.ngpvan.com

11. एक नवीन अर्थव्यवस्था में सरकार की भूमिका

1. 10 May 2007. 'To do with the price of fish'. *Economist*.
http://www.economist.com/node/9149142
Iype, George. 13 August 2002. 'Of mobile phones, fishermen and changing lifestyles. Rediff.com.
http://www.rediff.com/news/2002/aug/13spec.htm
2. Jensen, Robert. 2007. 'The Digital Provide: Information (Technology), Market Performance, and Welfare in the South Indian Fisheries Sector'. *The Quarterly Journal of Economics*, 122 (3): 879–924.
http://qje.oxfordjournals.org/content/122/3/879.abstract
3. Srinivasan, Janaki, and Burrell, Jenna. 2013. 'Revisiting the fishers of Kerala, India'. Proceedings of the Sixth International Conference on Information and Communication Technologies and Development: Full Papers, vol. 1, pp. 56–66.
http://dl.acm.org/citation.cfm?id=2516618
4. Reserve Bank of India Notification. 22 August 2014. 'Security issues and risk mitigation measures related to Card Not Present (CNP) transactions'.
https://rbi.org.in/scripts/NotificationUser.aspx?Id=9183&Mode=0
5. Agarwal, Vibhuti, Malhotra, Aditi, and Thoppil, Dhanya Ann. 8 December 2014. 'Uber Banned in Delhi After Rape Allegation'. *Wall Street Journal*.
http://www.wsj.com/articles/uber-banned-in-delhi-after-rape-allegation-1418036309
6. Anand, Jatin. 9 December 2014. 'Verification certificate of driver leaves Delhi Police red-faced'. *The Hindu*.

http://www.thehindu.com/news/cities/Delhi/verification-certificate-of-driver-leaves-delhi-police-redfaced/article6675115.ece?homepage=true.
Sikdar, Shubhomoy. 8 December 2014. 'Uber cab driver had been jailed earlier in a rape case'. *The Hindu*.
http://www.thehindu.com/news/cities/Delhi/uber-cab-driver-had-been-jailed-earlier-in-a-rape-case/article6672130.ece
Press Trust of India. 9 December 2014. 'Uber unsure about driver Shiv Kumar Yadav's police verification'. *Economic Times*.
http://articles.economictimes.indiatimes.com/2014-12-09/news/56879572_1_uber-police-verification-public-service-vehicle

7. Rajagopal, Arjun, Sane, Renuka, and Sundaresan, Somasekhar. 19 December 2014. 'Policy puzzles of the digital nirvana'. Prof. Ajay Shah's blog. (Professor, National Institute of Public Finance and Policy).
http://ajayshahblog.blogspot.in/2014/12/policy-puzzles-of-digital-nirvana.html
8. 9 March 2013. 'All eyes on the sharing economy'. *Economist*.
http://www.economist.com/news/technology-quarterly/21572914-collaborative-consumption-technology-makes-it-easier-people-rent-items
9. 29 December 2014. 'There's an app for that'. *Economist*.
http://www.economist.com/news/briefing/21637355-freelance-workers-available-moments-notice-will-reshape-nature-companies-and
10. Kaka, Noshir, Madgavkar, Anu, Manyika, James, Bughin, Jacques, and Parameswaran, Pradeep. December 2014. 'India's tech opportunity: Transforming work, empowering people'. McKinsey Global Institute Report.
http://www.mckinsey.com/insights/high_tech_telecoms_ internet/indias_tech_opportunity_transforming_work_empowering_ people
11. Fok, Evelyn. 31 January 2015. 'Sharing economy fails to gain ground in Indian market as startups wary of model'. *Economic Times*.
http://articles.economictimes.indiatimes.com/2015-01-31/news/58650703_1_sharing-economy-taxi-aggregator-vardhan-koshal
12. Mazzucato, M. 2013. *The Entrepreneurial State: Debunking Public vs. Private Sector Myths*. London: Anthem Press.
13. Sally, Madhvi Sally. 30 April 2014. 'Demand for accurate weather predictions heralds burgeoning business opportunity for private forecasting firms. *Economic Times*.
http://articles.economictimes.indiatimes.com/2014-04-30/news/49523457_1_laxman-singh-rathore-skymet-weather-services-weather-data

Srinath, Pavan. 25 July 2014. 'A Citizen Weather Network'. http://blog.knowyourclimate.org/2014/07/a-citizen-weather-network/

14. Bhosale, Jayashree, and Sally, Madhvi. 4 June 2014. 'Private forecaster Skymet declares monsoon arrival, IMD disagrees'. *Economic Times*. http://articles.economictimes.indiatimes.com/2014-06-04/news/50330087_1_skymet-monsoon-arrival-imd
15. DARPA Urban Challenge 2005. http://archive.darpa.mil/grandchallenge05/
16. Fisher, Adam. 18 September 2013. 'Inside Google's Quest To Popularize Self-Driving Cars'. *Popular Science*. http://www.popsci.com/cars/article/2013-09/google-self-driving-car
    Winkler, Rolfe, and Macmillan, Douglas. 2 February, 2015. 'Uber Chases Google in Self-Driving Cars With Carnegie Mellon Deal'. *Wall Street Journal*. http://blogs.wsj.com/digits/2015/02/02/uber-chases-google-in-self-driving-cars/
    Taylor, Edward, and Oreskovic, Alexei. 14 February 2015. 'Apple studies self-driving car, auto industry source says'. Reuters. http://www.reuters.com/article/2015/02/14/us-apple-autos idUSKBN0LI0IJ20150214.
17. 18 September 2014. 'Coming to a street near you'. *Economist*. http://www.economist.com/news/business-and-finance/21618531-making-autonomous-vehicles-reality-coming-street-near-you
18. Pauker, Benjamin. 29 April 2013. 'Epiphanies from Chris Anderson'. *Foreign Policy*. http://foreignpolicy.com/2013/04/29/epiphanies-from-chris-anderson/
19. Amazon prime air. http://www.amazon.com/b?node=8037720011
20. SpaceX. http://www.spacex.com
21. Lunar XPRIZE: Team Indus. http://lunar.xprize.org/teams/team-indus
22. Wiseman, John. 18 June 2012. Interview with Amory Lovins. Post Carbon Pathways. http://www.postcarbonpathways.net.au/wp-content/uploads/2012/10/Amory-Lovins-interview_final.pdf.
23. 1994. *Realizing the Information Future: The Internet and Beyond.* Washington, D.C: The National Academies Press. http://www.nap.edu/openbook.php?record_id=4755&page=53
24. Madhu, V. 15 March 2015. 'Why the Prevention of Corruption Act needs to be amended urgently for officers to deliver results'. *Economic Times*.

http://articles.economictimes.indiatimes.com/2015-03-15/news/60137465_1_public-interest-servant-corruption-act

25. January 2013. 'Report of the Expert Committee on the HR Policy for e-Governance'. Department of Electronics and Information Technology, Ministry of Communications and Information Technology, Government of India.
https://negp.gov.in/pdfs/HR_Policy_for_eGovernance.pdf

12. स्वस्थ भारत की ओर

1. Anand, Geeta. 'One Family's Futile Quest to Get Help for Their Baby'. 30 July 2011. *Wall Street Journal.*
http://www.wsj.com/articles/SB10001424053111904800304576474362697223954
Hayden, Michael Edison. 2014. 'In West Bengal, a Pilgrimage of the Sick'. Roads & Kingdoms.
http://roadsandkingdoms.com/2014/in-west-bengal-a-pilgrimage-of-the-sick/
2. Bahri, Charu. 'Diabetes: The Epidemic That Indians Created'. IndiaSpend.
http://www.indiaspend.com/sectors/health/diabetes-the-epidemic-that-indians-created-18722
3. Sinha, Kounteya. 19 November 2012. '44 lakh Indians don't know they are diabetic'. *Times of India.*
http://timesofindia.indiatimes.com/india/44-lakh-Indians-dont-know-they-are-diabetic/articleshow/17274366.cms?
13 May 2013. 'Helping India Combat Persistently High Rates of Malnutrition'. World Bank.
http://www.worldbank.org/en/news/feature/2013/05/13/helping-india-combat-persistently-high-rates-of-malnutrition
4. Press Trust of India. 9 July 2014. 'Economic Survey 2014: "More needs to be done to give quality, affordable healthcare"'. *Economic Times*.
http://articles.economictimes.indiatimes.com/2014-07-09/news/51248036_1_health-sector-infant-mortality-rate-national-health-mission
Kalra, Aditya. 28 February 2015. 'India keeps tight rein on public health spending in 2015–16 budget'. Reuters.
http://in.reuters.com/article/2015/02/28/india-health-budget-idINKBN0LW0LQ20150228
India Health Statistics 2014, OECD.
http://www.oecd.org/els/health-systems/ Briefing-Note-INDIA-2014.pdf.

5. December 2012. 'India Healthcare: Inspiring Possibilities, Challenging Journey'. McKinsey and Co.
http://www.mckinsey.com/global_locations/asia/india/en/latest_thinking
6. December 2014. 'National Health Policy 2015 Draft'. Ministry of Health and Family Welfare, Government of India.
http://www.mohfw.nic.in/showfile. php?lid=3014.
7. Lalmalsawma, David. 4 June 2014. 'Telemedicine in India Might Be Just What the Doctor Ordered'. Reuters India.
http://blogs.reuters.com/india/2014/06/04/telemedicine-in-india-might-be-just-what-the-doctor-ordered/
8. Tran, Joseph et al. 2012. 'Smartphone-based Glucose Monitors and Applications in the Management of Diabetes: An Overview of 10 Salient "Apps" and a Novel Smartphone-connected Blood Glucose Monitor'. *Clinical Diabetes*, vol. 30 (4), pp. 173–178.
http://clinical.diabetesjournals. org/content/30/4/173.full.
Hoskins, Mike. 28 March 2013. 'Dario: Turning Your Smartphone Into a Glucose Meter'. Healthline.
http://www.healthline.com/diabetesmine/the-dario-turns-your-smartphone-into-a-meter.
Aungst, Timothy. 6 November 2013. 'The next frontier, attaching health sensors directly into your smartphone'. iMedicalApps.
http://www.imedicalapps.com/2013/11/frontier-health-sensors-smartphone/
9. 2011. 'Cardiovascular Diseases in India: Challenges and Way Ahead'. Deloitte.
http://www2.deloitte.com/content/dam/Deloitte/in/Documents/life-sciences-health-care/in-lshc-cardio-noexp.pdf
10. Gawande, Atul. 24 January 2011. 'The Hot Spotters'. *The New Yorker*.
http://www.newyorker.com/magazine/2011/01/24/the-hot-spotters
11. 'HIT or Miss. The digitisation of medical records is getting closer'. 16 April 2009. *Economist*.
http://www.economist.com/node/13438006.
12. Chaudhury, Nazmul et al. 2006. 'Missing in Action: Teacher and Health Worker Absence in Developing Countries'. *Journal of Economic Perspectives*, vol. 20 (1): 91–116.
http://pubs.aeaweb.org/doi/pdfplus/10.1257/089533006776526058
Muralidharan, K. et al. 2011. 'Is There a Doctor in the House? Medical Worker Absence in India'. Working paper, Harvard University.
http://scholar.harvard.edu/kremer/publications/there-Doctor-House-Medical-Worker-Absence-India

13. आगामी पीढ़ी का शिक्षण

1. Salve, Prachi. 2 May 2015. '$94 Billion on Basic Education Doesn't Address Teaching Crisis'. IndiaSpend. http://www.indiaspend.com/cover-story/94-billion-on-basic-education-doesnt-address-teaching-crisis-46964
2. Tewari, Saumya. 19 May 2015. 'Teachers Get 80% of Education Expenditure: New Report'. IndiaSpend. http://www.indiaspend.com/cover-story/teachers-get-80-of-education-expenditure-new-report-31884
3. CensusInfo India 2011, Final Population Totals. http://censusindia.gov.in/2011census/censusinfodashboard/index.html
4. Banerjee, Rukmini. 19 January 2012. 'The Crisis in Learning'. *Indian Express*. http://indianexpress.com/article/opinion/columns/the-crisis-in-learning/99/
5. '80 million kids drop out without completing basic schooling: UNICEF'. 12 April 2013. *The Hindu*. http://www.thehindu.com/todays-paper/tp-national/80-million-kids-drop-out-without-competing-basic-schooling-unicef/article4608635.ece
6. 'The National Picture'. Annual Status of Education Report, 2013. http://img.asercentre.org/docs/Publications/ASER%20Reports/ASER_2013/ASER2013_report%20sections/thenationalpicture.pdf
7. Chavan, Madhav. 2013. 'Old Challenges for a New Generation'. http://www.pratham.org/templates/pratham/images/madhavchavanarticle.pdf
8. Muralidharan, Karthik. 18 March 2013. 'Using Evidence for Better Policy: The Case of Primary Education in India'. http://www.ideasforindia.in/article.aspx?article_id=119
9. Khan, Salman. 9 April 2011. 'Turning the Classroom Upside Down'. *Wall Street Journal*. http://www.wsj.com/articles/SB10001424052748704101604576248713420747884
10. Muralidharan, Karthik. 25 November 2013. 'An Evidence-based Proposal to Achieve Universal Quality Primary Education in India'. http://ideasforindia.in/article.aspx?article_id=222
11. Phadnis, Shilpa. 18 November 2014. 'Nandan Nilekani now logs in to boost primary education'. *Times of India*. http://timesofindia.indiatimes.com/india/Nandan-Nilekani-now-logs-in-to-boost-primary-education/articleshow/45184536.cms?

12. Patel, Nilay. 22 January 2015. 'Bill Gates is guest-editing The Verge in February. Technology will build a better, safer, healthier world by 2030'. *The Verge*.
http://www.theverge.com/2015/1/22/7870497/bill-gates-interview-future-verge-guest-editor.
13. Nair, Malini. 18 August 2013. 'MOOCs click with Indians'. *Times of India*.
http://timesofindia.indiatimes.com/home/sunday-times/deep-focus/MOOCs-click-with-Indians/articleshow/21890105.cms
14. Sakshat.
http://www.sakshat.ac.in
NPTEL.
http://nptel.ac.in
15. '47% of graduates of 2013 unemployable for any job: Study'. 27 December 2013. *Economic Times*.
http://articles.economictimes.indiatimes.com/2013-12-27/news/45626762_1_employability-aspiring-minds-graduates
16. Voucher schemes in India, School Choice, Centre for Civil Society.
http://www.schoolchoice.in/voucherschemeindia.php
17. Hebbar, Nistula. 29 August 2014. 'PM Modi's big plan: Get education, medical & birth records online in a Digital Locker'. *Economic Times*.
http://articles.economictimes.indiatimes.com/2014-08-29/news/53362935_1_prime-minister-narendra-modi-suggestions-government-offices
18. Nandakumar, Indu, and Julka, Harsimran. 8 August 2012. 'Resume fraud weighs on Indian IT industry, one in five CVs contain fake information'. *Economic Times*.
http://articles.economictimes.indiatimes.com/2012-08-08/news/33100650_1_nasscom-fraud-national-skills-registry
19. Madhusoodan, M.K., and Phadnis, Shilpa. 29 September 2013. 'Fake companies help fluff CVs for a fee'. *Times of India*.
http://timesofindia.indiatimes.com/india/Fake-companies-help-fluff-CVs-for-a-fee/articleshow/23227973.cms
20. Sen, Anirban. 14 July 2015. 'The Return of Nandan Nilekani'. ETtech.
http://tech.economictimes.indiatimes.com/news/people/the-return-of-nandan-nilekani/48059846
21. 12 January 2010. 'Shri Kapil Sibal announces new initiative to demat degrees: National database of academic qualifications in electronic format envisaged'. Press Information Bureau, Government of India.
http://pib.nic.in/newsite/erelease.aspx?relid=56816.
'Cabinet clears Academic Depository Bill'. 23 March 2011. *The Hindu*.
http://www.thehindu.com/news/national/article1561573.ece?mstac=0

14. हमारे ऊर्जा क्षेत्र में नयी जान फूंकना

1. Dedhia, Sonil. '*Katiyabaaz* is electrifyingly real'. Rediff.com. http://www.rediff.com/movies/report/review-katiyabaaz-is-electrifyingly-real/20140822.htm.
2. Energy Statistics 2015, Central Statistics Office, National Statistical Organisation, Ministry of Statistics and Programme Implementation, Government of India. http://mospi.nic.in/Mospi_New/upload/Energy_stats_2015_26mar15.pdf
3. 26 June 2014. 'India energy data and analysis', U.S. Energy Information Administration. http://www.eia.gov/beta/international/analysis.cfm?iso=IND
4. 1 August 2012. 'Power grid failure: 30% power lost to theft, politics. *Times of India*. http://timesofindia.indiatimes.com/india/Power-grid-failure-30-power-lost-to-theft-politics/articleshow/15300572.cms
5. McCarthy, Julie. 17 February 2015. 'What's it like to live without electricity? Ask an Indian villager'. npr.org. http://www.npr.org/sections/goatsandsoda/2015/02/17/386876116/whats-it-like-to-live-without-electricity-ask-an-indian-villager
6. 24 June 2014. 'Switching on power sector reform in India'. World Bank. http://www.worldbank.org/en/news/feature/2014/06/24/switching-on-power-sector-reform-in-india
7. June 2014. 'Sustainable Energy for All: Compendium of the Work of UN Agencies in India'. http://www.un.org.in/img/uploads/UNIDO-Compendium-Report-27-05-14.pdf
8. 'Building the smart grid'. 4 June 2009. *Economist*. http://www.economist.com/node/13725843
9. 'Estimating the Costs and Benefits of the Smart Grid'. 2011. Technical Report, Electric Power Research Institute. http://www.rmi.org/Content/Files/EstimatingCostsSmartGRid.pdf
10. Sharma, Amol, Chaturvedi, Saurabh, and Choudhury, Santanu. 31 July 2012. 'India's Power Network Breaks Down'. http://www.wsj.com/articles/SB10000872396390444405804577560413178678898
11. McKerracher, C., and Torriti, J. 2013. 'Energy consumption feedback in perspective: Integrating Australian data to meta-analyses on in-home displays'. *Energy Efficiency*, vol. 6 (2), pp. 387–405.
12. Scott, Mark. 16 November 2009. 'How Italy beat the world to a smarter grid'. *Businessweek*.

http://www.businessweek.com/globalbiz/content/nov2009/gb20091116_319929.htm
13. 15 January 2015. 'Invisible fuel'. *Economist.* http://www.economist.com/news/special-report/21639016-biggest-innovation-energy-go-without-invisible-fuel
14. 1 March 2014. 'Negawatt Hour'. *Economist.* http://www.economist.com/news/business/21597922-energy-conservation-business-booming-negawatt-hour
15. 15 January 2015. 'Renewables. We make our own'. *Economist.* http://www.economist.com/news/special-report/21639020-renewables-are-no-longer-fad-fact-life-supercharged-advances-power
16. Dzieza, Josh. 13 February 2015. 'Why Tesla's battery for your home should terrify utilities'. *The Verge.* http://www.theverge.com/2015/2/13/8033691/why-teslas-battery-for-your-home-should-terrify-utilities
17. Ramesh, Jairam. 24 February 2015. 'Gigawatts-plus approach'. *Mint.* http://www.livemint.com/Opinion/MvWm203A52IBxf3iN72QUM/Gigawattsplus-approach.html
18. IT task force report for power sector. http://www.infosys.com/newsroom/features/Documents/2002-ITTask-Force-Report.pdf
    2008. 'Technology: Enabling the transformation of power distribution'. Report by CSTEP and Infosys. http://www.infosys.com/newsroom/features/Documents/power-sector-report.pdf
19. Cardwell, Diane. 18 April 2015. 'Solar power battle puts Hawaii at forefront of worldwide changes'. *New York Times.* http://www.nytimes.com/2015/04/19/business/energy-environment/solar-power-battle-puts-hawaii-at-forefront-of-worldwide-changes.html?_r=1

15. न्याय में विलम्ब, न्याय न मिलने के बराबर है

1. 9 May 2013. 'Only 13 judges for every ten lakh people in India'. *The Economic Times.* http://articles.economictimes.indiatimes.com/2013-05-09/news/39144068_1_judges-high-courts-justice
2. 1 December 2014. 'More than 3 crore court cases pending across country'. NDTV. http://www.ndtv.com/india-news/more-than-3-crore-court-cases-pending-across-country-709595
3. 6 March 2010. 'Courts will take 320 years to clear backlog cases: Justice Rao'. *The Times of India.* http://timesofindia.indiatimes.com/india/Courts-will-take-320-years-

to-clear-backlog-cases-Justice-Rao/articleshow/5651782.cms?referral=PM

4. 13 February 2009. 'It would take Delhi HC 466 yrs to clear backlog: CJ'. *The Indian Express*.
http://archive.indianexpress.com/news/it-would-take-delhi-hc-466-yrs-to-clear-backlog-cj/423127/
Garg, Abhinav.' 30 May 2012. 'At 5 minutes per case, Delhi high court clears 94,000 in 2 years'. *Times of India*.
http://timesofindia.indiatimes.com/city/delhi/At-5-minutes-per-case-Delhi-high-court-clears-94000-in-2-years/articleshow/13663493.cms?referral=PM
5. Krishnan, K., Jayanth, Raj Kumar, C. 2011. 'Delay in Process, Denial of Justice: The Jurisprudence and Empirics of Speedy Trials in Comparative Perspectives'. *Georgetown Journal of International Law*, vol. 42. Jindal Global Legal Research Paper No. 5/2011.
17 January 2013. 'India to have 15 crore pending cases by 2040, report says'. *The Times of India*.
http://timesofindia.indiatimes.com/india/India-to-have-15-crore-pending-cases-by-2040-report-says/articleshow/18054608.cms?referral=PM
6. Adhivarahan, V. 3–4 May. 2003. 'Case Management and ADR for Banking Sector'. Paper presented in International Conference on ADR and Case Management. Law Commission of India, Ministry of Law and Justice, Government of India.
http://lawcommissionofindia.nic.in/adr_conf/adivarahan1.pdf.
7. Hamilton, Alexander. The Federalist No. 78.
http://www.constitution.org/fed/federa78.htm
8. 9 April 2007. 'CJI: Deciding validity of law part of judicial function'. *The Hindu*.
http://www.thehindu.com/todays-paper/tp-national/cji-deciding-validity-of-law-part-of-judicial-function/article1825458.ece
9. '1993 Mumbai blasts trial longest in India's history'. Rediff.com.
http://www.rediff.com/news/report/mumbai-blasts-1993-trial-longest-in-indias-history/20130321.htm
10. 24 June 2011. 'Reforms could see disposal of cases in three years'. *The Hindu*.
http://www.thehindu.com/news/national/reforms-could-see-disposal-of-cases-in-three-years/article2129739.ece
11. e-Courts: A Mission Mode Project to Transform Justice Delivery by ICT Enablement of Courts.
http://ecourts.gov.in
12. Judicial Administration, United States Courts.
http://www.uscourts.gov/about-federal-courts/judicial-administration

16. रीबूटिंग इंडिया : एक अरब महत्त्वाकांक्षाओं को साकार करना

1. Kennedy, Robert, F. 18 March 1968. Speech at the University of Kansas. http://www.jfklibrary.org/Research/Research-Aids/Ready-Reference/RFK-Speeches/Remarks-of-Robert-F-Kennedy-at-the-University-of-Kansas-March-18-1968.aspx
2. 2015. 'Long-term macroeconomic forecasts: Key trends to 2050'. A special report from The Economist Intelligence Unit. http://pages.eiu.com/rs/783-XMC-194/images/Long-termMacroeconomicForecasts_KeyTrends.pdf
3. 'Informal sector and conditions of employment in India'. NSS 68th Round (July 2011–June 2012). National Sample Survey Office, Ministry of Statistics and Programme Implementation, Government of India. http://mospi.nic.in/Mospi_New/upload/nss_report_557_26aug14.pdf
4. Economic Survey 2104–15: 'The Fourteenth Finance Commission (FFC)—Implications for Fiscal Federalism in India?'. Ministry of Finance, Government of India. http://indiabudget.nic.in/es2014-15/echapvol1-10.pdf

स्थापित 1912
100 वर्षों की
श्रेष्ठ प्रकाशन परम्परा
राजपाल

राजपाल एण्ड सन्ज़ की स्थापना एक शताब्दी पूर्व 1912 में लाहौर में हुई थी। आरम्भिक दिनों में अधिकतर धार्मिक, सामाजिक और देश-प्रेम की पुस्तकें प्रकाशित होती थीं और हिन्दी के अतिरिक्त अंग्रेज़ी, उर्दू व पंजाबी भाषा में भी पुस्तकें प्रकाशित की जाती थीं।

1947 में भारत-विभाजन के बाद राजपाल एण्ड सन्ज़ को नए सिरे से दिल्ली में स्थापित किया गया और साहित्यिक पुस्तकों के प्रकाशन का आरम्भ हुआ। रामधारी सिंह दिनकर, महादेवी वर्मा, बच्चन, अज्ञेय, शिवानी, आचार्य चतुरसेन, विष्णु प्रभाकर, राजेन्द्र यादव, मोहन राकेश, रांगेय राघव, कमलेश्वर और अन्य साहित्यिक लेखकों की कृतियाँ यहाँ से प्रकाशित होने लगीं। राजपाल एण्ड सन्ज़ से प्रकाशित *मधुशाला, कुरुक्षेत्र, मानस का हंस, आवारा मसीहा, कितने पाकिस्तान, आषाढ़ का एक दिन* जैसी पुस्तकें हिन्दी साहित्य की 'क्लासिक पुस्तकें' मानी जाती हैं और आज भी लोकप्रियता के शिखर पर हैं। भारत के राष्ट्रपतियों और प्रधानमंत्रियों की पुस्तकें प्रकाशित करने का गौरव भी राजपाल एण्ड सन्ज़ को प्राप्त है। नोबेल पुरस्कार से सम्मानित अर्थशास्त्री डॉ. अमर्त्य सेन की सभी पुस्तकों के हिन्दी अनुवाद यहाँ से प्रकाशित हैं। अन्तरराष्ट्रीय चर्चित पुस्तकों के अनुवाद, विश्वविख्यात कोशकार डॉ. हरदेव बाहरी द्वारा सम्पादित 'राजपाल' शब्दकोशों की श्रृंखला और किशोरों के लिए सैकड़ों पुस्तकें राजपाल एण्ड सन्ज़ से प्रकाशित हुई हैं।

पाठकों के स्वस्थ और सुरुचिपूर्ण मनोरंजन और ज्ञानवर्धन के लिए समर्पित राजपाल एण्ड सन्ज़ से हिन्दी और अंग्रेज़ी में पुस्तकें प्रकाशित होती हैं जो देश के सभी बड़े पुस्तक-विक्रेताओं और विश्व भर के ऑनलाइन विक्रेताओं के यहाँ उपलब्ध हैं।

राजपाल एण्ड सन्ज़

1590 मदरसा रोड, कश्मीरी गेट, दिल्ली-6, फोन: 011-23869812, 23865483
email: sales@rajpalpublishing.com, facebook: facebook.com/rajpalandsons
website: www.rajpalpublishing.com